地方政府治理与
财政改革实践

Local Governance and Fiscal Reform

中国财政学会城镇财政研究专业委员会 编

中国财经出版传媒集团
中国财政经济出版社

图书在版编目（CIP）数据

地方政府治理与财政改革实践／中国财政学会城镇财政研究专业委员会编．—北京：中国财政经济出版社，2019.9

ISBN 978-7-5095-9159-8

Ⅰ.①地… Ⅱ.①中… Ⅲ.①地方政府-行政管理-研究-中国 ②地方财政-财政改革-研究-中国 Ⅳ.①D625 ②F812.7

中国版本图书馆 CIP 数据核字（2019）第 177945 号

责任编辑：胡 博 续 磊　　　责任印制：刘春年
封面设计：王 坦 王 颖　　　责任校对：徐艳丽

中国财政经济出版社 出版

URL：http://www.cfeph.cn

E-mail：cfeph@cfemg.cn

（版权所有　翻印必究）

社址：北京市海淀区阜成路甲28号　邮政编码：100142
营销中心电话：010-88191537
北京财经印刷厂印装　各地新华书店经销
787×1092 毫米　16 开　36.75 印张　751 000 字
2019 年 9 月第 1 版　2019 年 9 月北京第 1 次印刷
定价：118.00 元
ISBN 978-7-5095-9159-8
（图书出现印装问题，本社负责调换）
本社质量投诉电话：010-88190744
打击盗版举报热线：010-88191661　QQ：2242791300

《地方政府治理与财政改革实践》

编委会

编委会主任：傅志华
编委会副主任：韩凤芹
编委会委员（按姓氏笔画排序）：
    王金祥 方砚烽 孔月娥 申学锋
    朱筱菁 刘宝革 李 敏 陈宣安
    贺文元 莫淦波 高晓光 董世元

财政支持乡村振兴战略实施的思路与建议

（代序）

傅志华

一、推进乡村振兴要避免认识误区

对于乡村振兴战略，各级政府制定了许多规划，有的已经大刀阔斧开展工作，这是积极的一面。但是，我们在调研时注意到，有些地区和部门对乡村振兴战略存在认识上的误区，值得关注和深入讨论。

（一）误区一：乡村振兴的任务就是振兴农村

实施乡村振兴战略就要坚持农业农村优先发展，这是一个重大战略思想，是党中央着眼"两个一百年"奋斗目标和农业农村短腿短板问题做出的战略安排。由于乡村振兴战略的重点在农业农村，很多人觉得乡村振兴就是农村振兴，就是把农村的事情办好；乡村振兴就是在广大乡村区域，山田林湖处处开花，就是要推动要素离城进乡，把乡村当作未来经济建设的主战场。这是典型的认识误区。

城市与乡村血脉相融、地域相连，属于一个统一的有机体。实施乡村振兴战略，从本质上来说就是以乡村振兴战略引领城乡融合发展，从以往的城乡统筹思维转变为城乡融合思维，这是观念上的重大转变。提"乡村振兴"而不是"农村振兴"，实质上是中央发展思路的转变：前者是从人的发展角度出发，体现城乡融合，更多强调市场力量的参与，充分发挥市场对资源配置的决定性作用；后者是从经济发展角度出发，体现城乡统筹，更侧重于政府行为指导资源配置。乡村振兴战略必须着眼于城乡融合，围绕"融合"二字下功夫，打破传统的城乡发展模式，以农业农村振兴为核心，以城乡融合为宗旨，建立健全城乡融合发展体制机制和政策体系，加快推动生产要素在城乡之间互联互通、双向对流，在推进城乡融合过程中实现乡村振兴。

（二）误区二：财政支持就是加大投入力度

财政作为城乡基本公共服务的主要资金供给者，必须坚持农业农村优先发展，在乡村振兴资金投入上优先保障，这是其职责所在，也大有可为。在实际工作中，很多部门提出要财政加大投入力度，认为这是乡村振兴资金的主要来源。这种观念实际上忽视了一个现实的问题：财政不是万能的，乡村振兴所需的庞大资金不是财政能够独立承担的，而是需要依靠多元筹资机制。在调研中发现，制定乡村振兴规划时，各部门都提出站在部门立场的资金需求，加总起来就是天文数字，财政根本无力承担。

财政加大乡村振兴投入力度是必要的，但绝不能过度依赖财政。财政是宏观调控部门，要兼顾各方，所以必须探索建立多主体、多渠道、多形式的投融资机制，形成财政金融共振格局。支持乡村振兴，需要树立"财政引导、市场化运作"的理念，完善投融资体制，拓宽投融资渠道，形成财政、金融、社会资本等多元化的投融资体系，合力推进乡村振兴。

（三）误区三：乡村振兴意味着放弃城镇化

乡村振兴是城乡融合之路，而城镇化是一个重要推手。乡村振兴既不是推动要素离城进乡、把乡村当作未来经济建设的主战场，更不是要改变人口进城的趋势、实现乡村人口全面增加。过去很多地方存在城市偏向，决策者把一些基础设施、公共资源集中配置到城市，导致一些乡村出现了凋敝现象。乡村振兴战略在一定程度上是对这种倾向的矫正，但也不能因此而遏制城镇化趋势，因为核心城镇的发展对于乡村振兴能够发挥关键作用，能对乡村发展产生产业拉动效应和需求满足效应。特别是一些落后地区，城镇化正是乡村振兴的紧迫任务，只有区域性中心城市得到进一步发展，才能对乡村、小城镇起到带动作用。因此，乡村振兴要顺应城乡融合发展趋势，重塑城乡关系，推动人才、土地、资本等要素双向流动，特别是要促进有能力在城镇稳定就业和生活的农业转移人口有序实现市民化。当然，乡村振兴首先是为了六亿人的安居乐业，其次才是为了城市人的美丽乡愁。不能为了城市人无处安放的乡愁去打造盆景，更不能用发展城镇的思路发展乡村。这是把握城乡融合发展的重要尺度。

（四）误区四：乡村振兴是立竿见影的速决战

农业强不强、农村美不美、农民富不富，决定着亿万农民的获得感和幸福感，决定着我国全面小康社会的成色和社会主义现代化的质量。如期实现第一个百年奋斗目标并向第二个百年奋斗目标迈进，最艰巨最繁重的任务在农村。无论是乡村产业发展、公共服务供给，还是脱贫攻坚这个"硬骨头"，都需要时间，不可操之过急。我们需要增强实施乡村振兴战略的紧迫感，但也必须清楚乡村振兴是一个历史工程，具有长远性、持续性、艰巨性，我们要有历史耐心。有些政府和部门在推进乡村振兴时带有急躁心态，认为几年内就能完成振兴，这是突出的急于求成心理。

"罗马不是一天建成的"。乡村振兴作为国家战略，当然不可能一蹴而就。实施乡村振兴战略将伴随现代化建设的全过程，需要有序推进、久久为功。中共中央、国务院印发的《乡村振兴战略规划（2018—2022年）》明确提出了近期目标和远景谋划：到2022年，乡村振兴的制度框架和政策体系初步健全；到2035年，乡村振兴取得决定性进展，农业农村现代化基本实现；到2050年，乡村全面振兴，农业强、农村美、农民富全面实现。我们在推进乡村振兴战略时也要制定短期目标、中期目标、长期目标，瞄准2022年、2035年、2050年的关键节点，循序渐进实现每个阶段的目标，最终完成战略总目标。

上述认识误区，在各级政府、不同部门有不同程度的表现。我们在推进乡村振兴工作时需要加以重视，避免因认识上的不足影响实际工作。

二、乡村振兴战略根本目标是防范公共风险

进入新时代，社会主要矛盾的变化给经济社会发展带来了新的不确定性，而城乡差距的存在和贫富分化的加剧是这种不确定性的导火索。从本质上讲，实施乡村振兴战略就是为了防范公共风险、实现公共风险最小化。

（一）新时代中国特色乡村振兴的内涵

乡村兴则国家兴，乡村衰则国家衰。当前，我国最大的发展不平衡是城乡发展不平衡，最大的发展不充分是农村发展不充分。实施乡村振兴战略，实现"人的振兴"，既是解决发展不平衡不充分问题的需要，又是满足人民日益增长的美好生活需要的现实要求。

乡村振兴战略的新内涵，集中体现为三个"新"：

一是新思路。乡村振兴战略与以往农业农村发展思路一脉相承，是我们党在农业农村发展理论和实践上的又一重大飞跃。进入新时代，乡村振兴战略站位更高，实现了从城乡统筹发展到城乡一体化再到城乡融合发展的思路转变，进一步丰富了建设社会主义新农村的标准和内涵。实施乡村振兴战略，关键是要改变过去以物为主的理念，真正实现"人的振兴"，这是"三农"工作的一个新的重大战略决策。

二是新目标。以往中央一号文件多是聚焦某一项具体工作来拟定具体目标，2018年中央一号文件内容更全面、目标更高远、规划更长远。不是某一方面的单一振兴，而是从乡村发展的实际出发，实现产业振兴、人才振兴、文化振兴、生态振兴、组织振兴的全面振兴。同时，通过"三步走"的方式完成乡村振兴目标任务，也充分结合决胜全面建成小康社会、分两个阶段实现第二个百年奋斗目标的战略安排。

三是新要求。相较于2006年中央一号文件提出的建设社会主义新农村20字指导方针"生产发展、生活宽裕、乡风文明、村容整洁、管理民主"，2018年中央一号文件除了沿用"乡风文明"外，其余四句都提出了新的更高要求：从"生产发展"到"产业兴旺"，从"生活宽裕"到"生活富裕"，从"村容整洁"到"生态宜居"，从"管理民主"到"治理有效"。在中国特色社会主义进入新时代、"三农"事业获得长足发展的新形势下，新要求更符合广大农民群众日益增长的美好生活需要。

（二）乡村振兴是防范公共风险的根本抓手

当前社会，个体不确定性与公共不确定性都在增加，风险呈现网络化、立体化、

全球化等特征,且互为风险源、自我迭代、快速扩散。个体风险是能够以个体方式防范化解的风险,而公共风险与政府的公共责任有关,最终责任需要由政府承担。实施乡村振兴战略、解决发展不平衡不充分问题,实际上就是解决新时代面临的公共风险、实现公共风险的最小化。

1. 不实施乡村振兴战略的三大风险。

一是经济风险。农业是支撑国民经济建设与发展的基础产业,但传统农业属于弱质产业。农业受自然风险和市场风险的双重影响,加之基础薄弱、抵御风险的能力较低,因而具有典型的弱质性和落后性。如果不实现农业现代化,推进三产融合,提高农业发展质量与水平,农业将无法为经济社会的进一步发展提供充足的物质基础保障。

二是社会风险。当前,城乡贫富差距不断扩大。与城镇相比,农民收入整体水平不高,农村教育、医疗、养老等公共服务也亟需改善。我国重点关注的脱贫人口,也大多数生活在农村。如果无法实现农民收入的持续快速增长,一些贫困者可能从暂时贫困走向长期贫困和代际贫困,城乡差距和贫富差距也会趋于常态化。

三是生态风险。应对生态环境风险,政府提出了生态文明建设,眼前是要着力防治污染。而农村长期存在着严重的生态环境问题,农药化肥大量使用使土壤遭受污染,生活垃圾无法及时处理。如果农村的发展不树立生态环保理念,农村就无法成为安居乐业的美丽家园,即使农村经济有量的提升也不会有质的改善。

2. 无法有效推进乡村振兴的风险。

如果乡村振兴无法有效推进,没有"以人为本"实现"五位一体"的振兴,实际结果与农民预期效果相差较大,将极大地影响政府的公信力。千千万万农民对美好生活的追求没有达到预期,将会产生蝴蝶效应、多米诺骨牌效应,使个体风险外部化,影响农村稳定、加大治理难度、扰乱国家公共秩序,最终转化为更大的公共风险。

在防范各种风险过程中,也有产生新风险的可能性。如果不遵循经济社会发展规律,不考虑财政的可承受性和金融的安全性,只愿做"显功"不去做"潜功","大干快上"地推进乡村振兴战略的实施,虽然会在一定程度上化解社会风险和生态风险等公共风险,但无疑会加大财政风险和金融风险。如若二者交互作用,螺旋式转化上升将产生新的更大公共风险。

(三)政府支持乡村振兴应谨防不恰当作为引发新风险

推进乡村振兴,需要全社会多主体、多力量、多机制的介入与协同。政府是至为关键的主体之一,在制度政策设计、资金投入引导、监督工作进展等方面发挥重要作用。政府支持乡村振兴,应以防范公共风险为导向,以公共风险最小化为目标,正确处理好政府、市场、社会三者之间的关系。

1. 政府发挥作用要适当,避免过度投入形成债务风险。

要正确处理市场与政府的关系,推进政府职能转换,强化服务型政府建设,发挥政府政策指引、投入引导的作用。中央政府应对乡村振兴战略的实施与推进进行科学的顶层设计，明晰乡村振兴的科学内涵、推进思路、发展目标、阶段任务，确保乡村振兴战略沿着正确的方向前行。地方政府根据顶层设计，结合当地实际，制定具体的实施规划和推进乡村振兴战略的改革方案与工作计划。政府除了发挥引导作用外，还应有效地提供公共产品，加快实现城乡基本公共服务均等化，在"市场失灵"领域积极作为。同时要改变政府干预包办过多的做法，防范过度干预市场和片面强调政府投入而造成的财政金融风险。财政要坚持疏堵结合、防范风险，既开好"前门"，将政府债务资金优先用于支持乡村振兴等党中央、国务院确定的重点领域，又严堵"后门"，严禁借乡村振兴之名违法违规变相举债，引发债务风险。

2. 市场在优化资源配置中起决定性作用，政府通过制度建设防范市场失灵可能导致的风险。

市场机制的主要优势在于通过竞争体系的制度安排，提高竞争效率和资源配置效率，以尽可能少的资源投入获得尽可能大的效益。政府在乡村振兴中要坚定不移地发挥市场机制的作用，不断完善产权制度，赋予广大农民更多的财产权益和经营权利，优化要素市场化配置，激活土地、劳动力、资本、技术等基本生产要素，实现产权有效激励、要素自由流动、价格灵活反应、竞争公平有序、企业优胜劣汰。市场发挥决定性作用，不是说放任市场随意作为，政府也要通过制定负面清单、完善产权制度等方式，防范市场失灵引致各种风险。要着力提升财政资金管理水平和政策成效，建立健全以结果导向配置涉农资金的绩效管理机制，逐步将绩效管理涵盖所有财政涉农资金项目；切实加强扶贫、教育、医疗、养老等重点领域民生资金监管；加强涉农资金管理制度和内控制度建设，建立健全及时有序的风险应对机制。

3. 充分发挥社会力量的积极作用，同时防范各行其是的低效风险。

社会主体是乡村振兴的重要力量，这种力量不仅内涵于乡村社会，更来自于城市社会，要以人为纽带充分发动社会力量助推乡村振兴。农民是乡村振兴的主体力量，必须确立农民在乡村振兴中的主体地位，赋予农民主体权利和主体责任。此外，乡村集体经济、涉农龙头企业和乡镇集体企业、高校与科研机构等社会组织、具有乡村情怀的能人贤达等，也都是推进乡村振兴的重要力量，应千方百计鼓励和支持其发挥作用。要使各种社会力量真正发挥作用，政府必须建立和完善社会主体参与乡村振兴战略的体制机制，实现社会主体自主参与、合作参与、协同参与齐头并进，防止出现各种力量各自为政、一哄而上的局面，避免造成效率低下、无法达到乡村振兴预期的风险。

三、潍坊致力于打造乡村振兴的样板：经验与困难

作为我国发展现代农业的先驱，潍坊的农业和农村发展处于较高水平。同时，潍坊乡村振兴工作也面临诸多问题与挑战。基于这种典型代表性，我们系统考察了潍坊

乡村振兴的现状与问题，从中找寻破解思路与完善路径。

（一）发展阶段：打造"潍坊模式"升级版的关键期

依托于"潍坊模式"，潍坊农业农村发展水平处于全省和全国前列，已具备率先推进实施乡村振兴战略的能力与条件。打造"潍坊模式"升级版、探索乡村振兴战略实施路径，成为现阶段潍坊之重任。

模式创新成效显著，农业农村发展已成标杆。改革开放以来，潍坊积极创新农业农村发展模式，成功探索出可行有效的潍坊模式（包含寿光模式、诸城模式）。得益于模式创新，潍坊农业农村发展水平快速提升，成为山东省和全国的排头兵。在农业机械化、规模化、科技化、产业化、品牌化等方面，潍坊均领先于山东省及全国平均水平。例如，潍坊农业科技进步贡献率为65%，高出山东省平均水平1.73个百分点，高出全国平均水平7.5个百分点。而作为农业产业化发展的先驱，潍坊土地经营规模化率为71%，比山东省平均水平高出29个百分点。同时，潍坊拥有规模以上农业龙头企业3100家，在山东省占比接近1/3。各方面指标表明，在模式创新的作用下，潍坊已成为我国农业农村现代化发展的前沿阵地和示范标杆，具备率先探索乡村振兴战略实施路径的能力与条件，如表1所示。

表1　　　　　潍坊同山东全省及全国平均水平的对比（2017年）

指标	全国	山东	潍坊
农业灌溉水有效利用系数	0.53	0.6374	0.66
农作物耕种收综合机械化率（%）	65.2	83	91.2
农产品加工转化率（%）	60	—	78
土地经营规模化率（%）		40	71
农业科技进步贡献率（%）	57.5	63.27	65
规模以上农业龙头企业数量（家）	—	9600	3100
"三品一标"数量（个）		7508	1113
主要农作物统防统治覆盖率（%）	27.7	—	40
主要农作物秸秆综合利用率（%）	82	89	92
畜禽粪污综合利用率（%）	低于60%	76	86
湿地保护率（%）	49	51	60

数据来源：根据公开资料收集整理所得。

国家赋予重任,"潍坊模式"亟待升级。"潍坊模式"的精髓是改革和创新,这也是潍坊持续推进农业农村发展的一贯准则。顺应"蓝黄"经济区两大国家战略(《山东半岛蓝色经济区发展规划》和《黄河三角洲高效生态经济区发展规划》)的需要,潍坊启动了"中国食品谷"项目,着眼于打造食品行业品牌,持续推动农业以及整个国民经济的转型升级。2018年8月,潍坊被批准为首个国家农业开放发展综合试验区,其使命是聚集新技术、新产业、新业态和新模式,为全国农业对外开放和现代农业发展提供新样板、新经验。无论是内在发展动因还是国家赋予重任,打造"潍坊模式"升级版和乡村振兴齐鲁样板已成为潍坊的历史使命,当前和今后一个时期正是潍坊践行这一使命的关键时期。

(二)打造"潍坊模式"升级版的现实基础

潍坊既是区域性工业强市,也是全国性农业大市,农业农村发展基础较好,农民收入水平相对较高。总体来说,潍坊乡村振兴已处于高起点,如何提质增效、升级上台阶是下一步的关键。

1. 国民经济基础良好,财政支持稳定有力。

潍坊国民经济持续快速发展,工业化水平、城镇化水平不断提升,为财政支持乡村振兴提供了较好的物质基础。

国民经济基础雄厚。潍坊产业门类齐全,工业尤其是制造业根基厚实,是我国重要的装备制造业基地。近年来,潍坊经济始终保持快速增长,2005年至2017年平均增长率达12.3%。同时,国民经济实现了从"二三一"到"三二一"的产业结构重大调整,第三产业的贡献率高达54.9%。目前,潍坊已经初步形成现代产业体系,全市共有规模以上工业企业3800多家,实现主营业务收入1.2万亿元,约占山东省的1/10和全国的1%。另外,潍坊新型城镇化进程稳步推进,常住人口城镇化率已达到60%。具体如图1所示。

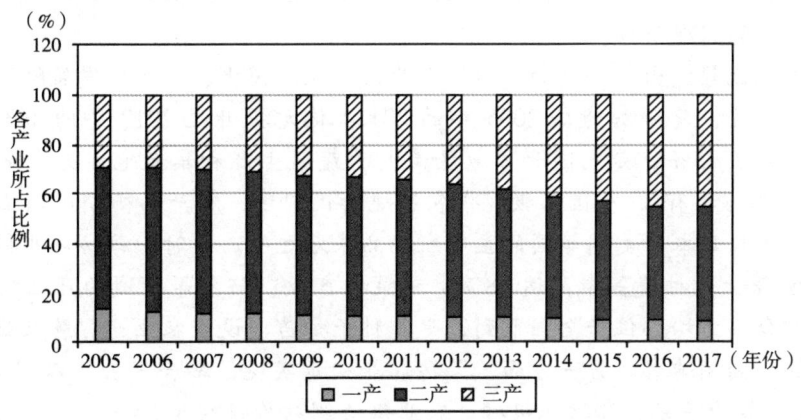

图1 潍坊国民经济三次产业结构(2005—2017年)

财政资金持续发力。经济持续发展，为潍坊财政大力支持农业农村发展奠定了有利基础。一方面，支农惠农资金投入稳步增加。潍坊支农惠农预算支出从2014年的26.5亿元增加到2017年的32.4亿元，且投入增幅明显高于一般公共预算支出增幅。同时，潍坊通过风险补偿、成立基金等方式积极引导金融和社会资本支持农业农村发展。另一方面，支农惠农范围不断扩大。2017年，潍坊财政支农惠农资金主要用于脱贫攻坚、农业发展、农林水利基础设施建设、农村生活条件改善等四个方面，产业、文化、生态和组织四大板块均有涉及，如图2所示。

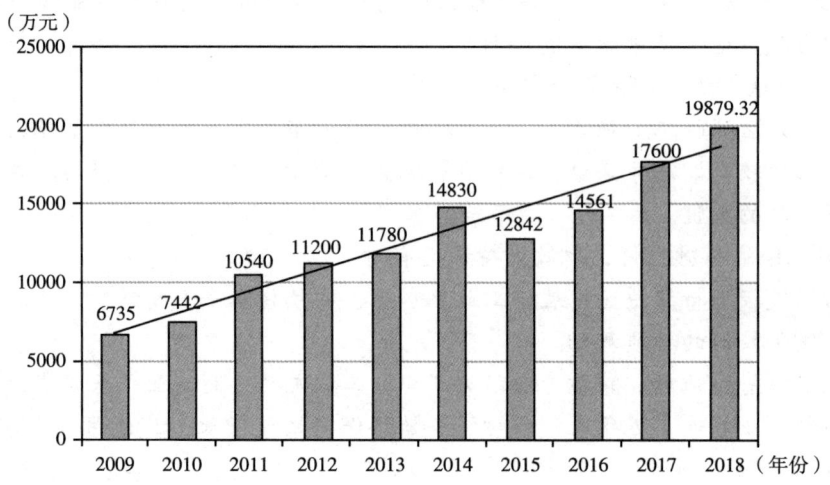

图2 潍坊市级财政支农资金预算安排（2009—2018年）

注：图中直线为线性趋势线。

2. 农业农村有序发展，农民生活显著改善。

在财政长期的稳定支持下，潍坊农业农村发展水平不断提升，为实施乡村振兴战略创造了良好的客观条件。

农业产业优势突出。一方面，潍坊农业已进入规模化、产业化发展阶段。农业是潍坊的优势产业，其增加值从2005年的201.4亿元提升至2017年的493.30亿元，年均增长率为7.75%，是我国北方地区最大的蔬菜生产和集散地，更是京津地区的"菜篮子"。潍坊共有25个国家级现代农业规模化园区，农产品畅销国内200多个大中城市，是出口日本、美国等国的主要农产品基地之一。同时，潍坊农业科技进步贡献率高达65%，良种覆盖率高达98%，蔬菜、畜牧、苗木等领域的产业规模、品牌影响力和综合实力均已位居全国前列，更是种子种苗、设施农业、智慧农业、会展农业等领域的全国领跑者。另一方面，潍坊农业初步实现了融合发展。以"诸城模式""寿光模式"等为基础，潍坊积极推进农业供给侧结构性改革，一二三产业融合发展开始启动。潍坊不仅有大量的农业产业融合项目，而且还形成了农业内部有机融合型等五大融合发展模式。传统优势产业与文化、旅游等新兴产业不断融合,为农业挖潜升级提供了重要保障,如图3所示。

图3 潍坊农业产业增加值(2008—2017年)

农村发展蒸蒸日上。一是人居环境明显改善。潍坊大力推进农村环境污染治理工作,不仅高质量、超标准完成绿化任务,而且通过厕所改造、建设镇级污水处理厂等方式改善农村生活环境。例如,全市57个农村社区已实现生活生产污水的全覆盖、高质量处理。二是文化建设稳步推进。2016年,潍坊在全省率先实现建制镇图书馆全覆盖,且基层综合性公共文化设施(场所)达标率高达94%。依托大量的设施/场所,乡村传统文化开始复苏,2017年共吸引游览参观者达50余万人次。同时,农民业余文化生活日益丰富,基层文化人才队伍不断壮大,文化活动朝着品牌化方向发展。三是治理体系日趋完善。通过基层党组织专项整顿行动,潍坊各村"两委"班子结构不断优化,并且与农业组织之间的关系日益紧密,在确保农产品质量安全和贫困户持续稳定增收方面起到了重要作用。同时,全市已实现镇街公共法律服务中心(站)、村(社区)司法行政办公室全覆盖,基层治理水平和服务能力显著提升。

农民生活水平大幅提升。得益于农业的快速发展,潍坊农民收入不断增加。农村居民人均纯收入从2000年的3437元提高至2014年的14776元,年均增长率高达10.98%。到2017年,潍坊农村居民人均可支配收入达到17434元,比2015年、2016年分别增加了2544元、1336元。同时,潍坊农民收入在全国已处于较高水平,2017年农村居民人均可支配收入分别比全国和山东省平均水平高出4002元、2316元。农民生活水平得到明显改善,人均生活消费支出从2000年的2074元提高至2017年的11125元,年均增长率高达10.39%,且在山东省和全国都处于较高水平,如图4所示。

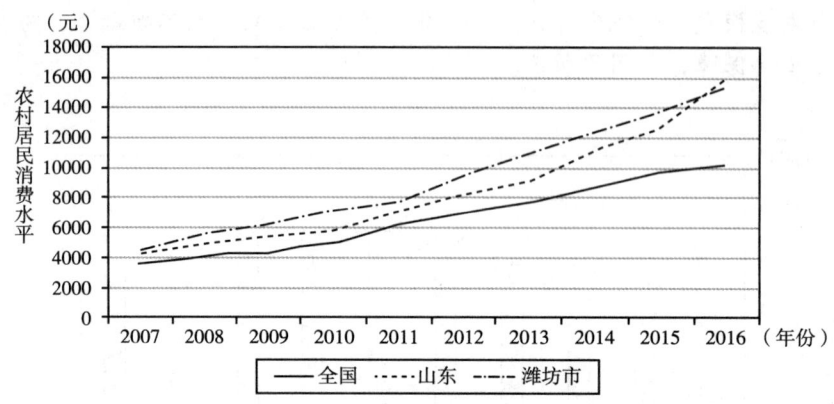

图 4　潍坊与全国、山东省农村居民消费水平的比较（2007—2016 年）

（三）目前面临的主要问题及原因

从中长期来看，潍坊农业农村发展也面临一些阻碍和挑战，需从根本上寻找原因，以最大可能消除实施乡村振兴战略的潜在风险。

1. 短板与问题：人的问题最关键。

乡村振兴是一个系统工程，要求从政治、经济、社会、文化与生态等多个方面协同推进，需要产业、基础实施等物化的振兴，但关键因素还是人。坚持"以人为本"理念下的人的振兴，是乡村振兴的重中之重。从这一层面来看，潍坊还存在明显短板，乡村振兴可能受到多重制约。

第一，人才储备不足。农民是乡村振兴的主体，发展阶段决定了人的问题是潍坊乡村振兴的最大短板。一是基层领导干部队伍专业结构不够优化，招商、规划、科技等方面专业型干部极为缺乏。二是基层专业人才人数较少，各类人才存在缺口。据有关部门统计，全市乡村振兴工作的人才缺口达 19821 名，其中现代种业、设施农业等农业现代化领域更是缺少人才 6417 名。乡村教育、医疗等公益事业领域普遍面临人才少、引人难、留人难问题，且现有人才队伍存在结构性失衡、年龄老化等问题。三是涉农专业技术人员储备不足。全市涉农专业技术人员约有 5.1 万人，但只有约 0.23 万人（占比 4.5%）具有硕士及以上学历或高级职称，且其中仅有 270 余名（占比约为 0.7%）在涉农工作一线。

第二，基础设施及服务不足。潍坊农村基础设施仍然存在供求不匹配、配套服务供给不足等问题，难以满足农业农村现代化发展的要求。一是先进农业生产性基础设施建设滞后。全市现有农业相关基础设施普遍存在老化和功能退化问题，设施完好率和综合配套率较低。同时，设施农业的设施标准低、设备配套差，且相关调控设备智能化水平低，农业现代化所需的物流、信息、智能管理等先进设施设备投入明显不足。二是基础设施配套服务供给有限。在农村基础设施建设过程中，指标化、重复化倾向依然明显，基础设施供给与农村实际需求匹配度低。同时，重设施、轻服务问题普遍存在，配套服务供给不足，图书馆等公共基础设施未能得到充分有效利用。三是城乡基本公共服务差距明显。农村的通讯、水利、绿化等公共设施历史欠账较多，居住、交通、教育、医疗等公共服务供给不足。城乡基本公共服务无法实现均等化，制约了人才等关键生产要素的自由流动以及农村发展能力的提升，其中一个重要的问题是：南部山区自我发展能力有限，存在脱贫人口再返贫现象。

第三，农业高质量发展后劲不足。受人才不足、资金短缺、同质竞争等因素影响，潍坊农业高质量发展面临瓶颈制约。一是农业深加工化程度仍然偏低。农业企业仍以提供初级产品为主，精品化、特色化发展不足，高附加值、高科技含量产品相对较少，产品深加工程度明显不足。二是农业服务化还处于较低水平。现有现代服务业规模尚小，田园综合体、农村电商等新模式、新业态尚未形成较强的辐射带动作用，"接二连三"的农业"新六产"也尚未取得质的突破。三是农业品牌化发展缺乏保障。潍坊虽然产生了大量地域性、全国性品牌，但因为中小企业各自为战、政府监管与保障工作不到位、区域性品牌规划管理缺失等原因，这些品牌并未充分发挥引领带动作用。

第四，财政保障压力持续增大。由于资金缺口大、使用方式单一、利用效率低等原因，潍坊财政负担日益加大。一是财政收入有限但刚性支出不减，财政可用资金也日益捉襟见肘。近年来潍坊公共财政收入增速逐年递减，到2017年已降低至8.5%，但财政刚性支出占比始终保持在80%左右，财政收支差额呈扩大趋势，可用财力愈发不足。二是项目式投入弊端凸显，资金利用效率不高。上级部门在设计和推行项目时实地调研不足，未能充分考虑承接部门承受能力与民众实际需求，且对资金使用限制过多，直接引致了项目供求不匹配、承接管理部门提质增效积极性不高、资金浪费等问题。三是涉农资金碎片化问题严重，资金整合利用不足。涉农工作同样属于多头管理，部门间职能重叠和协调缺位，导致涉农资金高度分散，无法有效发挥财政资金的促进作用及其对金融社会资本的引导带动作用，如图5所示。

第五，制度障碍依然存在。潍坊实施乡村振兴战略面临诸多制度障碍，制约着打造升级版各项工作的有序推进。一方面，农村集体产权制度深化改革面临多重难题。承包地调整和确权处置缺乏明确规定，产权仍不明晰，集体资产股权不好落实，农村产权抵押融资机制不健全，这些都限制了新型农业主体成长，阻碍模式创新和新型模式推广。另一方面，城乡要素市场化机制有待完善。受制于以城乡户籍分割为典型代表的各项制度以及日益扩大的城乡信息鸿沟，城乡要素难以实现自由流动，要素市场化更是无从谈起。城乡要素市场化不畅，阻碍了人才、资金、土地等要素的有效配置，城乡融合发展和乡村振兴受到严重阻碍。

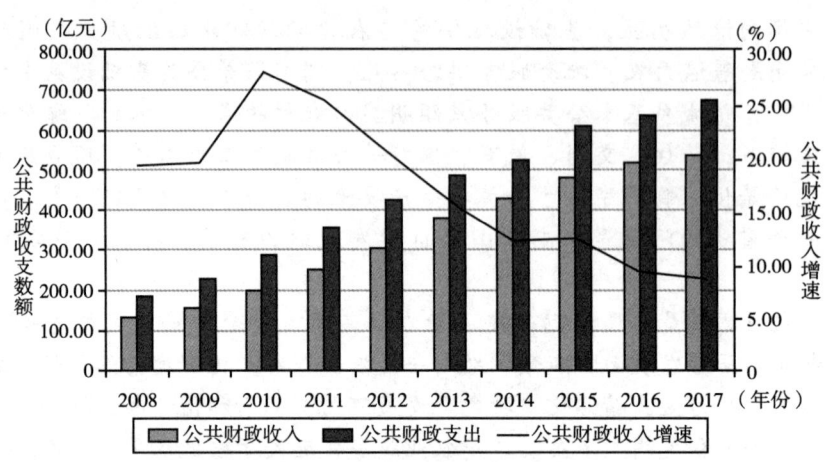

图5 潍坊公共财政收支情况（2008—2017年）

2. 原因解析：重物轻人是根源。

上述短板与问题并非潍坊特例，而是在全国各地普遍存在。归根结底，是政府在支持农业农村发展中理念滞后、思路僵化，难以适应新时代新形势的新要求。

第一，重物轻人普遍存在，政府投入缺乏创新性。习近平总书记多次提到"以人民为中心"的发展理念，这应是各级政府制定并实施经济社会政策的根本遵循。换句话说，人是物的使用者或享有者，物的投入必须是为了人。但是，在实际工作中重物轻人倾向仍然普遍存在。受"重物轻人"理念影响，政府投入方式僵化，缺乏创新性，即"只见物不见人"。在农业农村领域，具体表现为：一方面，财政资金主要用于基础设施等物的建设，而忽略了教育、医疗等人的能力与素质建设；另一方面，物的建设经常脱离人的需要，造成大量公共设施/设备被闲置，公共资源浪费问题严重。虽然各级政府不断增加对物的投资力度，但并未从根本上解决乡村发展面临的困境。

第二，宏观战略规划缺位，短视化问题极为突出。乡村振兴工作应着眼长远，坚持战略引领、规划先行。然而，现实情况往往是战略规划缺位。一些地方政府要么没有就相关工作制定中长期战略规划，要么所制定的战略规划因脱离实际情况而丧失引领作用。战略规划缺位，使得具体执行中短视化问题突出，主要表现在：一是急于求成，倾向于通过加大投入、扩大基础设施建设等完成考核指标；二是静态地制定工作目标和实施标准，忽略了社会需求的动态性；三是以完成短期任务为主，较少对前期投入进行维护和开发利用；四是各地区或部门各自为政，供需脱节、重复建设、同构竞争等普遍存在。

第三，全局协调管理不力，生产要素缺乏协同性。农业农村现代化是一个艰巨任务，其实现不仅需要增加人、财、物等生产要素的投入，更需要各类生产要素有机组合、协同发挥作用。但是，由于管理分散、协调不力，生产要素之间有效衔接不够、协同发力不足成为各地区的普遍情况。例如各级政府在农村地区大力兴建基础设施、公共服务设施，但甚少提供配套的服务人员与资金，结果自然是设施闲置与资源浪费。在促进农村产业发展时，未能同步推进资金投入与人才培育及引进，结果是农业高质量发展缺乏持续动力。另外，各级政府更多注重有形生产要素的投入与管理，却忽视了对品牌、声誉、标准等无形要素的管理与利用。各类生产要素缺乏耦合效应、协同性不够，直接导致农业难以摆脱低效率、低效益困境。

四、财政支持乡村振兴的总体思路

思想引导行动，理论推动实践。财政支持乡村振兴战略实施，核心是人的问题、钱的问题和改革的问题，必须明确思路和方向，站在战略高度思考实践路径，落实好新时代的新使命。

（一）围绕"人的振兴"，支持"以人为本"理念下的重点领域

坚持"以人为本"理念下的人的振兴，是乡村振兴关键之关键。必须既注重物质投入的硬件建设，更重视人的振兴这一软件建设，实现从过去重"物"到新时代重"人"的观念转变。"人的振兴"有三个层面的内涵：一是把五级书记抓乡村振兴的要求落实到位，党政主要领导要作为第一责任人；二是培育和造就一批新型职业农民，使其成为乡村振兴的真正主体，即乡村振兴的参与者、建设者和受益者；三是在社会治理层面推动乡村治理现代化，实现政府治理和社会调节、村民自治的良性互动。

财政支持"人的振兴"，要突出重点领域和关键环节，避免"眉毛胡子一把抓"。一是紧抓农民增收这个关键点，筑牢防范公共风险的篱笆。坚持将乡村产业放在乡镇和村，把产生的效益、解决的就业、获得的收入留在农村，真正让农业就地增值、农民就近增收。二是支持打好污染防治攻坚战，坚决完成改善农村人居环境的硬任务。抓好乡村垃圾污水治理、厕所革命、村庄风貌建设这三件事，建设生产高效、生态宜居、生活美好、人文和谐的美丽新乡村。三是紧抓脱贫攻坚这一乡村振兴应有之义，财政支持乡村振兴要与精准脱贫有机衔接，形成二者相互支撑、互相配合的良性互动格局。

（二）围绕"钱从哪里来"，构建多元共振投入格局

在理念转变方面，财政要变"被动买单"为"主动请客"。要做足资金支持工作，加大投入力度，同时也要转变"财政就是买单者"的被动思维，积极参与乡村振兴所涉及领域的顶层设计和整体规划，着力解决制度碎片化和资金碎片化等问题，确保财政资金可持续性的同时，更注重宏观调控作用的发挥。

在实践操作方面，财政要重点发挥引导作用，创新融资机制。支持乡村振兴需要大量资金，公共财政不断加大投入是职责所在。但仅靠财政投入是远远不够的，必须

发挥财政资金的引导作用，撬动金融资本和社会资本，健全多渠道资金支持机制，为乡村振兴提供充足的资金保障。构建财政金融联动机制，应坚持"政府引导、市场运作"的原则，把握好财政和金融的结合点，既要发挥财政优化配置资源的作用，又要激活金融部门的内生动力，更好地服务于"三农"。实现财政与社会资本联动，可以规范运用PPP模式，撬动金融与社会资本支持乡村振兴重大项目建设。目前中央层面正在加紧规范PPP发展，应积极抓好机遇，在规范化轨道上实施PPP项目，避免各类乱象带来的风险，推进乡村振兴项目提质增效。

（三）围绕"改革问题"，推进相关制度改革齐头并进

实施乡村振兴，根本之策是推进相关制度改革，打破城乡要素分割局面。财政要始终把制度建设贯穿于支持乡村振兴的全过程，以完善产权制度和要素市场化配置为重点，激活主体、激活要素、激活市场，通过产权制度的完善和要素配置的市场化解决城乡的互联互通问题，促进城乡融合发展。

目前我国正在推进农村集体产权制度改革试点，各地应积极落实中央要求，在完成承包地确权登记颁证工作后继续深化农村土地制度改革，推行土地所有权、承包权、经营权"三权分置"，同时加快推进清产核资和股份合作制改革两项硬任务，努力把改革向纵深推进。财政应采取措施推动城乡要素的互通互联，打破城乡二元分割的体制藩篱，推动城乡要素平等交换、公共资源均衡配置，真正建立起向农村倾斜的城乡融合发展体制机制。财政要积极发挥调控作用，探索城乡要素和资源公平配置的实现路径，大力支持要素均等化改革。

五、财政支持乡村振兴的几点建议

当前和今后一个时期，财政支持乡村振兴要在"从重物转为重人"理念的引导下，找准突出短板，因地制宜分类施策，为推进乡村振兴战略提供有力资金支持和制度保障。

（一）树立"以人为本"理念，瞄准"人的问题"补短板

乡村振兴，需要政府、社会的积极作为，需要产业、基础设施等物化的振兴，但关键因素还是人。过去一个时期，重物轻人的支持模式取得了巨大成效，推动了经济发展和基础设施提升，但也带来了一些问题，尤其是人的因素未能很好给予满足。当前推动实施乡村振兴战略，必须在理念上从重物转向重人，将满足与人直接相关的需求作为财政投入的根本导向。

1. 支持人才体系建设，提升农村人力资本水平。

乡村振兴，人是关键，要支持完善以公益教育培训机构为主体，大专院校、农业龙头企业、专业合作社等积极参与的新型职业农民培育培训体系。这就要求财政加大对乡村基础教育、职业教育、就业培训、培智扶志的支持力度，增强农民自觉学习意识、创业意愿，培养造就适应现代农业发展、新兴产业振兴、美丽乡村建设要求的新

型职业农民。在引进人才方面，要加快乡村科技服务体系和人才体系建设，推进科技人才下乡。树立"不求所有、但求所用"柔性引才理念，引进适应乡村振兴新业态的技术人员，完善服务保障机制，改善营商环境，为他们创造良好就业创业环境，促使他们在乡村振兴中发挥主力军作用。

2. 弥补"人的维度"物化建设，推动乡村基础设施"提质升级"。

在新农村建设探索初期，我们的关注点较多地放在"物的新农村"，在村容村貌、基础设施等方面投入较多，这在客观上导致农村教育、科技、卫生、文化等公共资源投入偏少，农村人口素质偏低、人才缺乏，新农村建设人的问题日益突出。为此，在推进乡村振兴时要特别注重人的振兴这一软件建设，财政支持农村基础设施建设也要向直接关系人的需求的领域倾斜，而不是简单地增加物化的基建投入。对于规划的新型农村社区，要参照城市社区标准，以县乡为单位统筹布局推进集中供水、供气、供热和垃圾、污水集中处理，持续推动基本公共服务下沉，打造健康乡村、文化乡村、幸福乡村。

3. 扶持新型农业经营主体，提升乡村组织化程度。

新型农业经营主体是"人的振兴"关键环节，财政要鼓励和支持家庭农场、农民合作社、龙头企业、农业社会化服务组织发展，开展新型农业经营主体带头人培育行动，大力支持技能培训，提高其产业融合带动能力。以农村集体产权制度改革为契机，加强财政对集体经济组织的支持力度，以财政入股等手段，推动以村集体、村干部、群众联合入股的形式，组织发展农民专业合作社，大力实施村集体经济振兴计划，建立村级集体增收长效机制，推动村级集体经济持续增长。

（二）遵循"因地制宜"原则，分类推进农业产业现代化

乡村振兴是总体战略部署，而产业振兴是乡村振兴的经济基础。各级政府要在遵循中央总体部署的前提下，根据各地实际给予支持，核心是解决农业产业的真正需求。

1. 重点推进三产融合，基础好的地区着力打造"升级版"。

产业发展是乡村振兴的经济基础，必须大力推动财政政策与产业政策有机结合，把三产融合发展作为乡村振兴的重要载体给予重点支持。在农业产业基础一般的地区，大力支持农村一二三产业"小融合"，对农业全产业链建设、三产融合发展等领域涉及产业化的项目予以政策支持，培育农村新产业新业态。同时重视城乡一二三产业"大融合"发展，促进乡村休闲度假、养老养生、健康旅游等体验型、消费型产业发展，推动形成与整体产业转型互促共进的融合型产业体系。

在部分农业产业已有较好基础的地方，重点支持产业升级转型，形成农业现代化的样板。如山东潍坊，目前在农业现代化方面已经取得突出成绩，但打造潍坊模式升级版任务依然艰巨。下一步潍坊要以国家农业开放发展综合试验区、潍坊（寿光）国家高新区、食品谷等平台为带动，以重点项目建设为支撑，突出蔬菜、畜牧、林

木、花卉四个优势产业，抓好乡村旅游、农村电商、农村光伏三个新兴产业，重点扶持一批农业龙头企业，整合创建一批创业创新示范基地，推进农村产业融合发展示范园建设，实现潍坊农业发展质量的总体提升。

2. 以绿色生态为导向完善财政支农政策，有基础的地区重点打造新业态。

乡村振兴需要以绿色生态为导向。对于一般条件的地区，当前主要任务是构建以绿色生态为导向的财政支持模式，将支农政策扶持方向转到"提升供给质量、促进农民增收、优化生态环境"上来。实施农村环境综合整治行动，聚焦农村生活垃圾处理、生活污水治理，建立健全生态系统保护机制，加强对耕地、林地、湿地、生态资源保护和支持力度，全面治理农村污染问题，推动农业高品质发展。

在农业现代化已有较好基础的地方，财政要着力支持现代经营体系建设，以扶持适度规模经营、社会化服务支撑、与"互联网"紧密结合的各类新型经营主体为重点，提高农业的集约化、专业化、组织化、社会化水平，促进小农户和现代农业发展有机衔接。具备一定条件和基础的历史文化名村、生态特色村、山区村等，可加快发展休闲度假、文化创意、农耕体验等新产业、新业态。

（三）明确"多元共振"思路，构建多元化财力保障机制

财政提供稳定的资金支持是夯实乡村振兴基础的内在要求，但仅靠财政投入是远远不够的，必须强化财政资金的"四两拨千斤"作用，引导和撬动金融资本和社会资本参与，健全多渠道资金投入机制，为乡村振兴提供充足的资金保障。

1. 引导和支持金融资本支持乡村振兴。

构建财政金融联动机制。应坚持"政府引导、市场运作"的原则，发挥财政优化配置资源的作用，激活金融部门的内生动力，变传统的"单兵突击"为"联动出击"，实现财政金融政策的有效结合。通过财政补贴、贷款奖补、税费减免等政策，鼓励金融机构参与乡村振兴。银行要积极推进土地承包经营权抵押试点，并探索创新适合乡村振兴项目的抵押贷款形式和综合服务模式。探索股权投资基金等方式，组建政府投融资平台，或依托已有的农业类投资公司开展乡村建设。

2. 撬动社会资本积极投入乡村振兴。

实现财政与社会资本联动。规范运用PPP模式，撬动社会资本支持乡村振兴重大项目建设。财政应主动通过PPP模式保护和支持新型农业经营主体，保障金融机构利益，提高各市场主体的参与积极性。可以选择田园综合体、高标准农田建设、污水处理、现代产业园区等领域，探索适合乡村发展的PPP模式。通过可行性缺口补助方式，利用资本金注入、财政补贴等形式，保障项目公司基本收益。

3. 构建政企银保担"五位一体"的协同支持体系。

除财政支持和引导金融资本、社会资本投入乡村振兴外，农业产业的天然弱质性要求必须有相应的保险和担保体系。因此，要加快构建财政支持、新型农业经营主体、银行、政策性保险和政策性担保"五位一体"的协同支持体系。应鼓励保险机

构和政策性担保公司在省以下建立子公司或办事处，提供农业保险、保费优惠、贷款担保、担保费率优惠等服务。通过政府引导，形成以新型农业经营主体为主要支持对象，以产业发展和新型农业经营主体需求为导向，"农业主体申请→银行审核→保险承保→提供担保→银行放贷"的银保贷联动机制。

4. 探索发行乡村振兴专项债券。

在加强债券管理和风险控制的基础上，可允许地方政府探索发行乡村振兴专项债券，完善专项债券体系。政府可基于优质项目发行专项债券，专门支持乡村振兴特定领域。其中，专项债券要以项目对应的新增建设用地土地有偿使用费和土地出让收入来进行偿还。同时，未来还可以乡村振兴PPP项目规范运行为基础，探索发行PPP项目专项债券。

（四）夯实"制度保障"基石，推进产权制度和要素均等化改革

财政要积极支持产权制度、要素均等化等相关制度改革，构建有利于乡村振兴的体制机制框架，确保"重物更重人"的理念落到实处。

1. 深化农村集体产权制度改革。

农民是农村集体经济组织的成员，享有集体土地承包权、宅基地使用权、集体资产收益分配权。深化土地三权分置改革和农村集体产权制度改革，就是要改变农村土地收益分享机制，完善土地经营权和宅基地使用权流转机制，建立健全城乡之间、地域之间的利益补偿机制，确保农民共享经济发展成果，让农民在改革中受益。在实施乡村振兴过程中，可结合当前农村集体产权制度改革，最大程度地盘活农村集体资源，扶持村级集体经济发展，探索集体经营的新路子。农村集体经济组织本身不能改制为公司、企业，但可以依法设立公司、企业，并依法从事经营活动和承担市场风险。支持以村为单位组建土地股份合作社，鼓励乡村组团发展、整村土地流转和统一经营，让农民获得生产、加工、销售全程利润分红，建立农业与农民利益联结机制。

2. 推进支持城乡融合发展的财政体制机制建设。

城乡融合发展，需要结合目前中央与地方财政事权和支出责任划分改革，明晰各级政府职责，统筹考虑城乡要素平衡，着力构建城乡均衡发展的公共服务体系。应根据国务院发布的《基本公共服务领域中央与地方共同财政事权和支出责任划分改革方案》，明确中央与地方在城乡基本公共服务方面的事权和支出责任，合理划分各级政府间的公共服务职责。综合衡量各级政府财政收入能力及公共产品提供责任，科学核定财政转移支付标准，推进财力的纵向和横向均等化，为落后地区和乡村的经济发展和基本公共服务供给提供财力保障。

3. 促进城乡要素资源互通互联。

城乡要素资源互通互联，当前主要任务是落实农业转移人口市民化，推进乡村要素具备吸引人才和公共资源的能力。要按照城乡融合的要求，推进中心城市、县城和

小城镇协同发展,促进基础设施和公共服务向农村延伸,下大力气推动农业转移人口市民化。财政要重点支持建立城乡一体的高水平医疗和教育体系,推进乡村文化建设,在诸如公共交通、绿色发展等领域焕发社会主义新农村的独特优势和强大吸引力,通过高质量的公共服务吸引人才和资本进入乡村。

(五)紧抓"绩效管理"建设,确保乡村振兴资金高效使用

乡村振兴资金不仅要保障充足,更要使用有效。要按照全面实施绩效管理要求,推进财政绩效管理改革,确保乡村振兴资金提质增效,用到实处、恰到好处。

1. 对乡村振兴资金的用途进行科学分类。

围绕乡村振兴重点任务,从政府与市场的关系和支出责任两个方面将财政支持乡村振兴的资金分为公益、准公益、竞争三大类。公益类领域尽量按照因素法进行分配,财政要发挥主导作用;准公益类领域一般实行政府购买服务;竞争性领域要充分发挥市场在资源配置中的决定性作用,采用基金、贴息、以奖代补等市场化手段,激励社会主体加大投入。

2. 统筹整合财政支农资金。

推动涉农资金整合,从根本上改变财政资金碎片化状况。探索建立涉农资金统筹整合长效机制,确保有限资金集中投向乡村振兴重点领域,发挥财政资金的综合效应和引导作用。贯彻落实《国务院关于探索建立涉农资金统筹整合长效机制的意见》,不断完善"大专项+任务清单"的管理模式。从中长期来看,要结合中央与地方的事权和支出责任划分、各职能部门权责重新调整,对乡村振兴资金进行全面清理,实行立项、分配、管理、绩效评价等全过程管理,建立权责明晰、责任明确的乡村振兴专项资金体系。

3. 深化零基预算改革。

要切实改变现行"基数+增长"的预算分配方式,取消部门预算和专项资金预算基数,基于基本支出和项目支出分类实施零基预算,探索建立基本支出标准化、科学化和项目支出绩效化的新型预算模式。根据政府工作任务、乡村振兴战略发展规划,在提前编制预算、细化支出内容的基础上确定年度预算。建立"能进能出"的财政资金分配机制,消除部门财政资金基数化、固定化、长期化等弊端,增强财政的宏观调控能力。

4. 推进预算绩效管理改革。

强化系统性预算绩效管理改革。以政府和部门职责、中长期发展战略目标等为导向,把事前评估、事中监控、事后评价三个阶段有机结合起来,建立包含准入、绩效目标、预算执行监督和绩效监管、绩效评价和结果应用、退出等全过程的管理体系。特别是要以绩效管理数据信息库和信息数据交换平台为基础,确保公民、社会组织、市场主体等多元参与。以预算绩效管理为抓手,推进绩效管理与财政需求和预算管理相融合,与预算单位强化项目管理、提升管理成效相契合。

5. 探索制定中期财政规划。

建立中期财政规划，必须基于发展定位、乡村振兴发展战略目标和主要任务，在科学预判未来三年财政收支情况的基础上，确定财政收支政策和乡村振兴重大项目资金安排，通过逐年滚动管理，实现规划期内跨年度预算收支平衡。按照三年滚动方式编制中期财政规划，第一年规划约束对应年度预算，后两年规划指引对应年度预算。科学测度和评估财政收支情况，合理测算和安排分年度、分部门和分类别支出规模和项目，实现三年收支整体平衡。

目　　录

财政支持乡村振兴战略实施的思路与建议（代序）
　　　傅志华 ……………………………………………………………………… 1

第一篇　财政体制与财政政策

财政改革发展面临的问题和建议
　　　潍坊市财政局课题组 ……………………………………………………… 3
新常态下深化公共财政体制改革若干问题研究
　　　温州市财政局课题组 ……………………………………………………… 8
事权与支出责任相适应财政体制的浅思考
　　　李新龙　李小朝 …………………………………………………………… 18
事权与支出责任相适应的分税制财政体制操作层面完善研究
　　　张继东　刘自胜　李新龙 ………………………………………………… 23
个人所得税法律制度的完善
　　　张惠雯 ……………………………………………………………………… 35
减费降税政策对地方财政和经济发展影响探析
　　　董世元　黄永贵　杜云峰 ………………………………………………… 53
全面推进预算绩效管理　稳步构建财政"大绩效"管理格局
　　　李维鸿　赵协武 …………………………………………………………… 59
机关事业单位养老保险改革的政策研究
　　　董世元　陈天翔　杜云峰 ………………………………………………… 66
政府信息公开条例实施中的问题与对策研究
　　　任永涛 ……………………………………………………………………… 75
政府部门决算公开问题的研究
　　　王玉宾 ……………………………………………………………………… 90

完善温州市市对区财政体制研究
　　温州市财政局课题组 ·· **97**

财政花钱换机制研究
　　——以潍坊市改革实践为例
　　潍坊市财政局课题组 ·· **105**

"营改增"影响及对策建议
　　——以潍坊市为例
　　潍坊市财政局课题组 ·· **118**

焦作市财政中长期预算调查与思考
　　任立宏　李新龙 ·· **125**

第二篇　供给侧结构性改革与财政管理创新

发挥财政职能作用服务供给侧结构性改革
　　丁　岱 ·· **133**

政府引导基金风险管理策略研究
　　——基于"三维外延式"管理模式的分析
　　张中华 ·· **141**

如何防控地方债务和金融风险
　　王　佳 ·· **146**

加快温州政府产业基金建设的思考
　　温州市财政局课题组 ·· **155**

推进温州供给侧结构性改革的财政思考
　　温州市财政局课题组 ·· **163**

推进PPP模式的地方实践与思考
　　黎清华　常兴成　杜云峰 ·· **179**

社会资本参与公共服务难在何处
　　——以医疗领域为例
　　潍坊市财政局课题组 ·· **184**

基于债务管理和风险防控的公共基础设施建设投融资可持续新模式研究
　　吕　冰 ·· **191**

大数据视野下的综合治税
　　——焦作市政府大数据管理应用的创新与探索
　　史开国　赵军华 ·· **204**

市场经济条件下引入企业管理理念加强财政管理的思考
  衣志伟 ·· 210
"四本预算"统筹安排运用问题初探
  吴中区财政局课题组 ·· 218
村级集体经济组织推行"政经分离"问题的思考
  苏州太湖国家旅游度假区财政分局课题组 ···················· 224
推行财政专项资金清单管理的对策研究
  赵协武 王 平 杜云峰 李巧俐 ···························· 229
提高国库管理效能研究
  张红乔 王 静 左 佳 崔 爽 ······························ 236
财政新常态下盘活财政存量资金的路径研究
  ——以温州乐清市为例
  温州市财政局课题组 ·· 249
保定市盘活存量资金政策研究
  陈树存 石雯静 陈 磊 ··· 262

第三篇 地方经济发展与财政管理实践

"营改增"后做好地方财政蛋糕的思考
  ——以温州市瑞安市为例
  温州市财政局课题组 ·· 269
荆门市乡镇财源建设情况调查报告
  董世元 杜云峰 ·· 278
加快温州财源建设的思考
  温州市财政局课题组 ·· 286
烟台市发展政府产业引导基金的探索与实践
  李明哲 ·· 298
市、县两级财政评审工作转型的思考
  林 涛 孙从亚 黄 磊 ·· 304
吴中经济技术开发区加强政府投资重大工程建设资金管理的实践与思考
  苏州吴中经济开发区财政分局课题组 ··························· 312
财政投资评审工作现状、问题及对策研究
  ——以荆门市为例
  丁 岱 陈 新 ·· 317

潍坊市政府购买服务的实践与探索
　　　李元春　宋来忠 ·· 326
中国地方政府绩效预算改革实践与思考
　　——以焦作市为例
　　　李新龙 ·· 333
东莞市塘厦镇预算绩效管理工作的探索与实践
　　　李　智　赵素文 ·· 340
烟台村级公益事业一事一议财政奖补绩效调查分析
　　　刘宝革 ·· 346
荆门市政府采购代理机构存在的问题及对策建议
　　　鄢君霞　宋　军　刘　勇 ·· 351
烟台市政府采购工作探索与实践
　　　任信美 ·· 360
政府购买服务实证研究
　　——以东莞、温州、保定等8市（区）政府购买服务的实践为例
　　　联合课题组 ··· 365

第四篇　民生事业与财力保障

烟台市财政民生投入成效、问题及对策建议
　　　周　波　李玉华 ·· 385
烟台市就业创业情况调查报告
　　　王金钟 ·· 392
保定市困难群众基本生活救助制度调研报告
　　　李照力　绳春梅　楚瑞珏 ·· 398
吴中经济开发区村改居财政经费保障的调研报告
　　　吴中经济开发区财政分局课题组 ································ 405
供给侧结构性改革背景下保定市精准扶贫工作研究与对策
　　　李彦庆　刘德茂　李树贵　刘　伟 ····························· 412
达州市公共财政民生支出困境及对策研究
　　　李　敏　李晓军 ·· 428
革命老区精准扶贫财政实践与思考
　　——以四川省达州市为例
　　　李晓军 ·· 432

第五篇　经济转型与产业发展

突破转型发展关键节点的政策建议
　　李春光　李伟嵩　逄希滨 ………………………………………… 443
扶持温州市实体经济发展的财税政策研究
　　温州市财政局课题组 ………………………………………………… 451
加快温州产业集聚区发展的财政政策研究
　　——以温州市瓯江口、浙南沿海先进装备制造产业集聚区为例
　　联合课题组 …………………………………………………………… 466
振兴温州工业经济的财税政策思考
　　温州市财政局课题组 ………………………………………………… 480
焦作市中小企业融资问题研究
　　李喜明 ………………………………………………………………… 491
保定市支持民营经济发展的财税政策研究
　　康爱民　王延杰　陈伟光　王式兵 ………………………………… 501
支持民营经济发展的财政政策研究
　　——以潍坊市为例
　　刘锡田　孙超　逄希滨　张茂锦 …………………………………… 508
保定市装备制造业税收变动及财源培植研究
　　王占革　王猛 ………………………………………………………… 517
京津冀协同发展机遇对扩大消费的影响研究
　　潍坊市财政局课题组 ………………………………………………… 526
财政支持焦作市现代农业生产发展的调研报告
　　康黎明 ………………………………………………………………… 532
财政促进烟台文化产业发展的对策
　　张明玉 ………………………………………………………………… 538
建立和完善养老产业服务体系
　　——基于栖霞市的调研与思考
　　郝伟　张志兴　范振凯　吴绍丽 …………………………………… 544
潍坊市物流业发展情况调研报告
　　张连学 ………………………………………………………………… 552

后　记 …………………………………………………………………… 559

第一篇　财政体制与财政政策

财政改革发展面临的问题和建议

潍坊市财政局课题组

结合工作实践，我局对经济财政相关问题进行了认真的思考，并根据党的十八大确立的改革发展方向，提出了一些思路建议。

一、当前财政体制和管理面临的突出问题

（一）政府和市场责任不清晰，越位和缺位并存

从经济体制看，在市场经济下，应该坚持发挥市场在资源配置中的基础性作用。但在国家层面上，依靠政府推动经济增长的模式逐渐强化，地方层面亦然，长期来看该模式是不可持续的，需要加快转变方式，着力激发经济发展内在活力。

从财政政策看，过度包揽和保障不足问题并存。近几年中国经济发展迅速，政府财力增幅明显，在这种环境下，国家可以集中解决一些长期积累的社会矛盾和问题，这样既可以解决民生问题，又可以为启动消费、实现可持续发展奠定基础。然而，政府并没有下气力去解决，反而包揽了很多非必需政府承担的项目。比如对市场主体的直接补助，不仅效率低、效果差，还会导致企业不公平竞争，破坏市场秩序。因此，未来财政改革应更加注重普惠性和公平性，将资金重点投向科技研发、创新创业、中小企业等具有正外部效应的领域，这样还可以腾出相当多财力去解决一些迫切需要解决的社会问题。

（二）政府活动增加交易成本，影响市场活力

目前，各级政府都不同程度地存在一些没有特定职能的机构，对市场经济具有阻碍作用。例如，具有部门背景的社会中介机构依然利用垄断资源开展业务、原本早应退出政府序列的行政办公室和各类行业协会的复活、一些部门不断寻求增加"职能"、应该取消的收费罚款、很多超期收费的公路站口等等，为市场正常活动带来大量成本和隐性损失，这些成本和损失可能数倍、数十倍于部门取得的收益。既得利益已经固化，需要财政主动承担改革成本，采取逐步赎买的办法，切断其与市场活动的

联系，从根本上理顺机制体制，增强市场活力。这些支出是必要的，财政花1000万元，获得的社会收益可能达到1亿元甚至更多。

（三）政府管制的环节多、门槛高，限制了民间资本发展

一方面，目前民间资本积累很多，同时许多领域的需求也很旺盛；另一方面，政府却在诸多领域（包括准公共服务领域甚至纯粹的市场领域）管制太多。其实在准公共服务领域，只要放开门槛，理顺体制，不用财政花钱包揽，民间资本、社会力量就可以解决。如教育、医疗卫生、养老等社会事业领域，由于门槛过高，限制了民间资本进入和社会公益组织发展，造成公共服务过分依赖政府、供给严重不足。再比如城镇化，很多人还是按照传统思路，计算政府要承担的成本有多大，事实上，城镇化的很多成本可以由市场组织、社会组织、个人来分担。只要政府打破城乡资源自由流动的障碍，理顺人口进城、资本下乡的体制，赋予民间更多的制度空间，就可以加快城镇化进程。例如，浙江省苍南县的龙岗镇，基本上就是农民自发建设起来的，政府投入的成本很低。

二、推进财政改革发展的建议

我局认为，地方财政当前最重要的职能是民生保障、产业发展、城乡建设和预算管理。围绕这四个方面，提出以下想法和建议。

（一）民生保障

1. 强化政府保障的基本责任。提供均等化的基本公共服务，是政府义不容辞的责任。今后，财政资金应优先用于这些方面，除了中央统一的政策外，对于政府不管没人管的民生问题，财政应超前研究、主动买单，坚定不移地做好保障工作。同时，尊重经济社会发展的内在规律和特点，在保障水平和项目布局上，不超越发展阶段，不超出财力可及，确保政策的可持续性。

2. 引导民间资本投入公共服务领域。当前，公共服务供给与经济快速发展和日益增长的居民需求还有较大差距，不仅影响居民幸福感、满意度，还抑制消费需求和城市化进程。造成这种情况的原因，主要是社会事业投资渠道单一、过分依赖政府投入。鼓励民间资本投资社会事业，突破政府财力限制，加快完善公共服务体系，不仅可以满足人民群众多层次多元化需求，还可以将社会事业产业化，拓展经济发展空间，在这方面各级大都有政策，但实施效果并不明显，应加大落实力度。

3. 推行政府购买服务模式。市场经济体制下，生产者和供给者分离是趋势，大部分服务都可以面向市场采购。即使是基本公共服务，政府也不必亲力亲为，只要市场能够提供的，完全可以购买服务。一方面，可以打破"养人养机构"的保障模式，

避免背上长期的财政包袱。另一方面，可以培育更多的市场组织，利用市场竞争和退出机制，提高供给效率。我市在社区卫生、城市环卫保洁等领域推行政府购买服务，不但提高了服务质量，而且减少了财政投入。

4. 发展社会公益组织。加快发展社会公益组织，引导其提供公共服务，与地方政府共同面对、解决社会问题，对于提高社会管理水平具有重要的现实意义。前期我局已尝试对"潍坊义工"等民间组织给予适当补助，鼓励他们更好地提供助学、助残、义诊、心理疏导、活跃社区文化等公共服务。

（二）产业发展

1. 坚持发挥市场配置资源的基础性作用。将发展自主权交给市场组织，对市场办得了、办得好的，让位于市场，政府的责任就是为市场主体创造最好的发展环境，打造集聚要素资源的"政策洼地"和"人才高地"。财政工作的重点，应着力优化政策、人才和创业环境，营造宜居宜业的城市环境，为市场主体发展提供充分空间。2017年我们研究制定了重点产业项目投资激励、鼓励全民创新创业、总部经济发展、运用政府采购支持创新节能企业发展等一系列政策措施，对提振市场信心、激发市场活力产生了积极作用。

2. 动员一切力量激发创新创业热情。当前，从山东省来看，各级抓大项目、重点项目的经验和手段比较丰富，但在发展草根经济方面却认识不足、措施不多，而这也是我省与南方省份的差距所在。今天的小微企业、草根经济孕育着未来的重点企业，是经济发展的真正希望所在。从公共财政角度，创新创业具有较大正外部效应，但起步艰难，应介入大力扶持，把政府该承担的成本主动承担起来。建议在工商注册登记、行政审批等方面，简化手续，放宽准入限制；对新注册小微企业，在一定期限内给予全额税收补贴，降低或取消收费，打造"零税费"的创业环境，促进小微企业轻装上阵、快速成长。

3. 撬动金融资源支持产业发展。金融是现代经济的核心。财政扶持产业发展，应由面向企业投入向引导金融资本投入转变，用财政"小投入"撬动金融"大资源"，这也是近年来财政职能转型的重要经验。一方面，制定金融发展战略和扶持政策，通过助推金融机构改革、鼓励新型金融组织发展、构建诚信体系等，营造金融生态环境，打造"实体型、创新型、民生型、草根型"金融体系。另一方面，通过贷款风险补偿、增加贷款风险缓释金、发行中小企业集合票据等措施，引导金融资源加大实体经济投入，改善了民营市场主体和中小企业融资环境，起到了"发展一个产业，带动整个经济"的效果。

当前受货币政策影响，地方实体经济发展急需更大规模的金融资源投入。潍坊市已经上报省政府，申请率先推进民间金融试验区建设，而且财政也可以拿出一定的金融风险基金，鼓励加快发展各类新型金融组织。

（三）城乡建设

1. 统筹运营资源支撑城市建设。政府长期以来的投入形成了大量沉淀资产，加上尚未开发的公共资源，规模很可观。这些资源运作好了，就能变成资本，转为现金流。特别是公共设施、行政事业单位资产，以及地下空间、广告经营权、公共设施冠名权、特许经营权等无形资源，均可统筹纳入运营范围，通过资源整合、经营权转让、租赁拍卖、融资贷款和投资参股等多种手段，以资源交换收入，放大聚财的"乘数效应"，提升城市建设支撑能力。

2. 超前规划适应城镇化的公共服务布局。城市化加速、农村转移人口向城镇聚集的客观现实，对城市、乡镇公共服务规模和质量提出新需求，而这恰恰是城镇化的内涵所在。为此，需要根据人口变化趋势，提前谋划布局教育、医疗卫生、社区服务等公共设施，提高城市、乡镇、城镇承载能力，力求以更多、更完善的公共服务迎接新居民的不断到来。

3. 引导金融社会资本进入农村领域。在城市化进程不断加快形势下，农村资源面临新的整合格局，但受现行农村产权制度制约，各类资本难以进入农村领域，影响了农村建设发展和城镇化进程。因此，建议从农村资产的确权保护、扩大交易范围等方面给予制度保障：一是明确农村资产、资源的权利和期限，打破制约农村资源资产化的制度障碍，盘活农村耕地、荒山、荒滩、湖塘等集体资源；二是拓展农村资产、资源的交易范围，允许城市企业、个人进入运营，参照工业或商业用地年限放宽租赁期限，为社会资本进入农村创造条件。

（四）预算管理

1. 支出预算与事业规划相结合。预算支出部门要研究前瞻性路子，制订事业发展中长期规划，明确阶段目标和责任。预算安排紧扣部门规划，根据实际需要和财力可能安排资金，该保障的没有增幅限制，该减少的不必维持基数，彻底打破"基数＋增长"的资金分配模式。

2. 预算管理与绩效评价相结合。坚持从绩效出发，改革预算管理方式，绩效与次年的预算挂钩，奖勤罚懒，奖优惩劣，使支出部门更重于绩效而不是开支数额大小，真正使资金跟着事业、项目走，进一步增强公共资金使用责任，避免用钱单位干好干坏一个样，甚至干不干事都一样。同时，通过政府采购，向优秀的中介审计机构采购服务，参与绩效评价和监督，发挥第三方客观独立的作用，促进绩效管理的深化。

3. 财政手段与金融手段相结合。特别是面向一般性市场主体的产业扶持资金，更多采取股权、债权等金融手段投入，在支持产业发展的同时，壮大自身规模，为扶持更多企业奠定基础。去年潍坊市全面梳理对市场主体的直接补助项目，按照"存量不变、调整增量"的原则，统筹整合新增的专项资金，设立蓝色产业基金，发挥公共投资基金、政府引导基金作用，不以营利为目的，与国内外金融机构、专业基金合作，实行"投入股权化、运作市场化、管理专业化"，放大资金规模，着力支持重点园区、科技型中小企业、公共平台和创新创业项目等，放大了产业投入效果。

4. 资金管理与资产管理相结合。坚持资金、资产管理并重，一方面，要探索利用市场机制，管理运营好城市的体育、文化、会展等公益性资产，提高利用效益，也减轻资产运行造成的财政负担；另一方面，加强行政事业单位资产管理，实行资产配置预算，并建立"公物仓"，对一些办公设施和物品的配置，不再安排资金，而是调剂配给实物，既提高资产配置效率和运营管理水平，又节约支出。

5. 依法理财与民主理财相结合。一方面，预算管理是从根本上规范和约束部门行为的手段，也是从源头上解决铺张浪费的重要措施，应该抓住中央转变作风的机遇，进一步强化预算约束，并通过预算公开发挥好社会监督作用；另一方面，为使预算支出更好地贴近居民需求，应加快民主理财的探索，动员更多群众参与公共议题研究和自身美好生活建设。去年我市通过网站等渠道公开征集了一批公共服务项目，已纳入2013年预算；今后我们将多渠道向人大代表、政协委员以及广大居民征集意见，进一步增强财政支出的针对性、公开性、可行性，解决好广大群众最关心、最直接、最现实的利益问题。

新常态下深化公共财政体制改革若干问题研究

温州市财政局课题组[*]

《中华人民共和国预算法》（2014年修正）的颁布和国务院相继出台的关于深化预算管理制度改革的决定、关于加强地方政府性债务管理的意见等政策文件，充分显示了深化财税体制改革，建立现代公共财政制度对于全面深化改革的重要性和紧迫性。在新常态下，温州必须结合实际，解放思想，创新思路，进一步深化公共预算管理改革，加强地方政府性债务管理，健全财权与事权相匹配的财政体制，创新投融资机制，切实提高政府理财能力。

一、新常态下温州深化公共财政体制改革的实践与成效

（一）深化公共预算管理改革

近年来，温州市以构建预算编制、执行、监督"三位一体"机制为目标，深化预算管理改革，取得了显著成绩。2014年，市级部门公用经费压减5%、一般性项目支出压减10%，"三公"经费预算比上年压减30%；纠正不合规公费支出272条，涉及金额4537万元。在2015年部门预算编制方面，部门预算编制比省级部门提前6个月，处于全国领先水平。在2015年召开的市"两会"上，每位市人大代表和政协委员都拿到了我市新鲜"出炉"的预算读本，这标志着我市预算管理工作迈上新台阶。

1. 以部门预算编制为龙头，推进预算管理科学化。一是完善制度，早编预算。出台《加强市级部门预算编制和管理的实施意见》《温州市市级部门预算财政结余资金管理办法》《温州市部门预算编制业务规范》等文件，为部门预算编制提供制度保障。实行预算早批复早编制，2015年市级部门预算从2014年3月下旬开始布置，于9月底完成"二上"预算草案，真正做到在批复本年度预算的同时开展下一年度草案编制。

---

[*] 课题组组长：余中平；课题组副组长：陈胜利；课题组成员：蒋小伟、林敏、杨友义、潘海涛、林坚、杨海曼（执笔）。

二是定额管理，盘活结余。完善支出定额标准体系，公用经费下新设立单项定额经费，将机动车燃修费、其他交通补贴和其他公务支出作为公用经费的组成部分，实行定额管理，切实保障预算单位职能正常运行，合理控制支出，提高预算执行率。加强财政结余资金管理，本级财政当年形成的结余原则上不再结转，以前年度形成且两年以上的结余资金原则上收回，两年以内的结余资金根据实际情况处理，有力优化财政资金配置，提高财政资金使用效率。

三是创新手段，多元审查。首次实施部门预算交叉互审，对上会44个系统共222个预算单位的"一下"预算实行业务处室交叉互审，认真梳理出六大类十二小点突出典型问题，并及时交流反馈和规范管理。采用人大上会审查、重点审查、公开听证等方式，审查部门预算，并将人大审查意见运用到所有预算单位，逐一整改落实审查意见。2014年10个重点审查单位的部门预算满意率从上年70%提高到90%。特别是为了把好财政支出关，市人大常委会在去年首次实施的基础上，再次对住建、林业、安监、文广新局等单位2014年部门预算召开听证会，温州成为全国第一个对部门预算组织听证会的地级市。

2. 以国库集中支付为核心，推进预算管理精细化。首先，完善国库集中收付运行机制。建立规范、统一的国库集中支付制度框架体系，2014年市级和县级所有基层预算单位、市级所有预算单位的政府投资项目资金实现国库集中支付改革全覆盖。建立完善的动态关联账户管理机制，通过设置关联账户将所有单位的基本户纳入监控范围，并适时扩充预警监控范围，实现预算执行监控的明细化和动态化管理。建立现金使用与公用经费安排考核挂钩机制，2014年市级预算单位授权支付公务支出的非现金使用率达到94%以上，比上年同期增长8.3个百分点。其次，健全财政资金安全理财机制。完善财政性资金存放、拨付、岗位分离等环节的管理制度，加强财政资金管理关键岗位和风险点监管，强化岗位责任督查制度，每笔资金拨付凭证造册、登记、交接，确保资金安全。发挥财政调控职能，制定财政资金存放考核激励办法，引导银行业金融机构加大支持经济社会转型发展的信贷力度，促进财政资金保值增值。

3. 以绩效管理机制为抓手，推进预算管理效率化。一是着力实现预算绩效管理全过程。出台《关于全面推进预算绩效管理工作的实施意见》《市级财政预算绩效目标管理办法》等规范性文件，明确和优化绩效目标管理、绩效跟踪监控、绩效评价及评价结果应用和信息公开等工作流程，完善全过程预算绩效管理机制。

二是着力实现预算绩效管理全覆盖。提前3年完成财政部绩效管理扩面增点的规划目标，涉及33亿元财政资金、2877个市级项目，并对部分重点项目进行财政复核、跟踪监控、重点评价。

三是着力实现绩效管理结果全应用。将绩效管理纳入政府对部门的工作考核，并公开市级部门绩效自评复核结果，以约谈的方式开展绩效问责。强化绩效管理结果与预算安排挂钩机制，将绩效目标融入预算管理，对金额在 30 万元以上的项目全部要求预期绩效目标申报，并将其作为安排预算的重要依据。

(二) 加强地方政府性债务管理

1. 全面开展清查，摸清政府债务规模。为全面掌握政府债务情况，近年来，市财政局组织力量对全市地方政府债务进行了全面清查，对政府性债务进行分类清理和登记。通过清理，基本摸清了地方政府债务的总量、结构、期限、融资渠道、债务用途和偿债情况。

2. 规范政府投资行为，严格控制新增债务。近几年来，我们按照公共财政的要求，严格把好融资审批关。对该由市场化运作的项目，一律推向市场；该由建设项目直接融资的，财政部门一律不予融资。有效控制了政府新增债务，提高了投资效益。

3. 实行债务分类化解，健全政府债务偿还机制。为了保证按期偿还政府性债务，防患于未然，我们根据政府债务的性质，有针对性地对其实行分类管理和化解，明确和落实偿债责任，初步建立了与负债规模相适应的还贷机制。

4. 加强债务风险管理，提高风险防范能力。建立政府债务动态监控制度。由专门机构和专职人员对地方政府债务进行定期统计和动态监控，实时掌握地方政府债务规模、债务结构和风险状况，并编制政府性债务动态变化情况表，计算出债务预警的监测指标，向决策机关提供有效的信息，为下一步健全债务预警机制提供依据。

(三) 健全财权与事权相匹配的财政体制

1. 健全收入划分体制。2010 年开始，市区国税收入和地税收入划分都实行"增量分成"办法，即在 2005 年体制调整的基础上，进一步将部分市级企业国税收入按属地管理原则下放到区，并以 2009 年各区国税收入和地税收入（按区域划分和属地管理原则调整后计算）为指标，2010 年及以后年度国税收入和地税收入比 2009 年增加部分由市级与各区分别进行分成。2013 年，为进一步建立市区共同发展的收入增长和财力分配机制，对市区财政体制进行了补充，在 2010 年的大体制原则上不变的情况下，将市级的门征收入（除特殊情况之外）、外驻温纳税户（除建筑业外）及特定企业等一些有利于各区开展社会化征管的税收收入下放给区。

2. 完善财力分成办法。由于市本级承担的城市管理、社会事务等部分事权下放，为体现事权与财权相适应及财力下沉的原则，2010 年体制调整进一步完善了财力分成办法，即区体制上交省、市部分，以 2009 年决算数为基数，作为固定上交；2010 年以后，区地方财政收入超过 2009 年收入基数的增量部分，省与区实行"二八"分成，即省得 20%，区得 80%，市财政不再参与分成。

3. 建立激励约束措施。一是财政供养人员控制制度。各区财政供养人员（不包括教育、卫生等事业单位人员）当年增长率在 0—1% 的，不奖不罚；超过 1% 的，每超1人罚3.5万元；人员比2009年有压缩的，每压缩1人奖励7万元。从财政供养人员来看，市级财政供养人员（35027人）占市区财政供养人员的比重达50.2%。2013年市级地方财政税收收入70.88亿元，占市区地方财政税收收入138.16亿元的51.3%。因此，市级税收收入占比与市级承担支出责任基本相符。二是市区预算调节资金制度。在确定的各区2009年支出基数（区级财政体制结算留用数）基础上，年均递增超过10%的部分上交20%作为市区预算调节资金，专项用于市区民生事业。三是根据财力状况，采用因素法，逐步提高区级基本公共支出保障水平，增强区级基本公共服务供给能力。如遇国家、省出台重大政策，因此增加的政策性支出，市级按"增量分成"的比例负担。

（四）创新投融资机制

1. 整合财力推进城市建设。根据经济社会发展需要，按照市委市政府总体部署要求，我市整合财力最大限度地安排预算资金和其他财力用于政府投资项目建设，并通过调度、调剂、暂借等方式盘活可支配财力支持项目实施，有效地推进了城市建设和公共基础设施建设。

2. 确保重点，兼顾一般。突出政府提供公共产品和公共服务的职能，集中有限的财力全力支持保障重大交通设施工程、公共安全工程、市政运行维护工程、生态环境保护工程和"六城联创"等资金需求。

3. 分类指导、续建优先。按照"有序有度"的工作思路，优先安排续建项目、结算项目资金需求，特别是确保一批在建重点项目的资金需求。

4. 储备项目、深化前期。对于拟建项目按轻重缓急进行梳理，严格把控新建项目审批，对工程前期工作进展缓慢或前期工作不成熟但必须建设的项目暂缓安排工程建设资金，将其作为储备项目纳入2014年政府投资预算，安排部分项目前期资金，支持推进项目前期工作。

二、新常态下温州深化公共财政体制改革面临的困难与问题

（一）公共预算管理改革

1. 预算编制有待完善。首先，部门预算编制与全口径预算编制要求相比，仍有一定差距。现有预算编制可能出现部门项目和专项资金项目、政府投资项目之间同样项目交叉、重复、多头申报，难以统一审核的问题。也使人大在审查和监督政府预算时，不能全面了解部门预算的组成情况。其次，专项资金和政府投资项目预算的执行率较低，资金使用效益不明显的问题依然存在，资金分配的方法方式还有待改进。最后，预算公开与中央进一步细化政府预决算公开内容、扩大部门预决算公开范围和内

容的要求还有很大距离,在预算公开的规范化、提高预算的易读性等方面还需要很多工作需要推进。

2. 预算执行有待完善。一是执行进度不均衡,预算执行的计划性不强,资金下达不及时。一些项目前期准备不足,没有预计实施过程中如政府采购、招标等必要的程序,执行进度快慢不一。二是总体执行率不高,部门预算人大审查机制建立后,执行率逐年提高,但未纳入重点审查的专项资金、政府投资预算执行率相对较低。三是执行过程中影响支出的新增因素多。新出台的各种社会管理和产业政策、措施均要求政府加大政策扶持力度,提高补助标准,需要经常调整或增加项目预算支出,财政的可承受能力和政策可持续性难以保障。

3. 财政监督有待健全。一是财政监督、审计监督、人大监督、社会监督的财政大监督格局有待健全,系统性的协调机制有待完善。二是运行实施层面,财政监督的系统性、全程性、有效性仍不够,财政监督结果仍没得到充分利用。三是一些部门对绩效预算的重视度和认识有待提高,绩效预算的编制深度还不够,绩效目标设置过于简单,年度绩效的时间滞后,不利于人大监督,绩效的结果还无法全面作为预算编制的依据。

(二) 地方政府性债务管理

1. 债务结构不合理,偿还压力大。我市政府性债务主要是城市基础设施投融资形成,融资主体主要是各投融资机构。从融资渠道来看,资金主要来自各银行的项目贷款,由于商业银行的贷款期限要求和效益原则与城建项目的低经济效益不相匹配,因而贷款的成本较高,且资金的使用往往受到严格的条件约束。另外,我市的债务结构以直接债务为主,这部分必须由政府全部偿还。且债务偿还期限以中短期为主,偿债时间集中,还本压力大。

2. 分散管理,债务规模难以有效控制。我市债务管理体制机制的不健全是加重地方政府债务的重要因素。目前,我市普遍存在部门分头融资,缺乏统一调度和整体规划,使得政府债务分散管理,由单位各自借贷、各自核算、各自使用、各自归还,债务规模难以有效控制,债务资金使用效率低、浪费大。另外,由于现行干部考核制度普遍存在缺陷,使得各部门举借的政府性债务缺少责任追究机制。

3. 债务偿还机制基本不健全。偿债计划实施和稳定的偿债资金来源无法保障。除城建资产处置收入、部分交通建设项目收费等具有较强的偿还能力外,其他基础设施虽然社会效益明显但市场化程度低,收益来源有限,自身偿债能力不足。

(三) 财权与事权相匹配的财政体制

1. 收入划分计算不尽完善。首先,我市从 2005 年开始将市级企业收入下放后,采取了"先保收入基数,再增量分成"的办法,即在 2009 年基数之内由市和各区按收入基数比重分享，超基数部分按比例分享。这种方法确保了财政体制调整后，市和各区的收入稳定增长，不会出现大起大落的现象，但计算相对烦琐，不利于各级财政预测分析财政收入进展情况。

其次，市级固定收入一般具有跨区域、难以区分属地等特性。中央省属企业、银行及非银行金融单位、市级国有集团等企业税收收入往往实行跨区域经营却在总机构（注册在鹿城区）汇总缴纳，如2014年市级固定收入中央省属企业、市级20大国有企业集团及下属全资二级企业、银行及非银行金融单位的税收收入中，在鹿城区区域内占比分别为92%、93.97%、96.33%，龙湾、瓯海区域都仅约2000万元，占比不到10%，开发区几乎为0。此外，市级固定收入中还包括了在市区区域以外的市级重点企业收入、与省、县（市）分成的企业收入、省体制改革金融烟草等税收收入下划收入，这些收入都难以区分属地。

2. 区级财政收支平衡压力逐年增加。一方面由于受局部金融风波的影响，市区税收收入增长乏力，加大了财政收支平衡困难。另一方面财政支出不断膨胀导致收支缺口进一步扩大。近年来，尤其是2009年以来，中央、省先后出台义务教育绩效工资、离退休老干部津补贴、医药卫生体制改革、城乡居民合作医疗及养老保险等系列重大民生政策，地方财难以消化政策所需支出。此外，区级财政供养人员增长过快，支出标准就高不就低，没有采取逐步消化过渡解决方式，也增加了收支平衡压力。从收支平衡看，三区的一般公共预算资金留用数都小于基本运行支出水平，基本运行支出财力保障困难。

3. 上划中央税收收入占比很大。增值税和所得税占县（市）财政收入大头，2014年市区增值税和所得税占税收总收入超过60%，中央集中了"两税"的大头，即增值税的75%和所得税的60%。市区上划中央税收收入占比为43.36%，其中鹿城区域为41.1%、龙湾区域为45.62%、瓯海区域为46.78%、经开区区域为55.44%，从上划中央税收收入占比来看，温州市将趋近一半的收入上划，特别是第三产业发展落后于制造业发展，上划中央收入的比重更大。

（四）投融资机制

1. 市级财政建设资金来源衰竭，资金保障难以持续。目前，建设财政靠土地出让金支撑的格局未变，建设资金来源渠道有限，资金筹集能力堪忧。一是由于市区土地出让收入分配向区（功能区）、市级国资集团公司倾斜，市本级可分配数额逐年递减。二是城建资产处置收入不复存在。随城建体制改革，城建资产划入市城投集团和市名城集团，市本级政府已无城建资产可供处置。三是公共预算基本上保吃饭，无过多财力保建设，每年只能安排一小部分建设资金。四是在现有经济增速下滑的态势下，过多依靠土地出让收入大幅增长支撑政府投资项目建设几乎无可能。五是国发〔2014〕43号文件出台后，对地方政府债务实施更规范更严格的管理，未来债务的总量以及增量将会受到严重影响,一方面是存量债务甄别后,总量受警戒线制约,并要消化置换一部分存量债务;另一方面是一部分项目的新增债务无法通过银行借贷来解决转由财政负担;同时随着事权的明确,政府与市场的边界将越发清晰,部分项目实施主体将由政府承接而加重财政负担。

2. 政府投资刚性支出压力增大,投资需求难以遏制。一是保续建项目支出压力逐年递增。已列入2015年政府投资预算、需市财政保障的续建项目总投资,在未来建设期内尚需安排大量的建设资金。二是城市维护管理的运行经费支出刚性,2014年已近3亿元。三是市委市政府在市级国资集团公司组建时,要求市财政承担的市级国资集团公司注册资金(货币部分)还需23.5亿元。四是由市级国资集团公司承建,市财政已承诺的市级重大项目资本金总计还需83.66亿元。五是由市级国资集团公司代行公共财政职能建设的一批BT项目,需每年安排建设资金用于回购。

3. 政府投资体制机制有待完善,财政压力难以承受。一是投资欲望与财力保障不匹配,投资项目建设时序亟待优化科学安排。二是部分单位存在片面追求投资率最大化的问题,在投资规模上重量不重质,在投资功能上贪大求全,在投资回报和投资效益方面考虑不多。三是投融资平台的理财积极性尚未充分调动,融资成本过高、融入资金沉淀多、还本付息与项目收入时序缺乏有效衔接、资产处置(安置)不及时等现象与融资难、抵押物少、项目现金流不足等问题并存,需财政不时调度资金缓解集团公司支出困难。四是部分公共事务建设管理事权与财权还不匹配,公共事权分担需进一步完善,尤其是城市管理维护运行方面市级事权负担过重。

三、新常态下温州深化公共财政体制改革的路径选择及对策建议

(一)公共预算管理改革

1. 完善预算编制体系。认真学习贯彻2014年修正的《中华人民共和国预算法》和《关于深化预算管理制度改革的决定》精神,把预算改革作为加强公共财政管理的首要工作来抓。一是完善政府预算体系,探索预算统筹安排机制,提高政府对全口径预算资金的统筹利用效率。继续编制权责发生制政府综合财务报告。二是深编、细编部门预算,研究和完善支出标准,实现基本支出定额标准化管理。按照省政府部署,扩大部门预决算公开范围、细化公开内容,加大"三公"经费公开力度。三是做好非税收入(政府性基金)年度预算编制,提高非税收入(政府性基金)的预算编制水平。

2. 完善预算执行管理。强化国库资金管理,提高结转结余资金使用效率。深化国库集中支付改革,完善动态监控机制,实现财政资金支付全过程监控,试行资金支付CA认证制度,以动态监控促管理转型。推进全市乡镇财政国库集中支付和公务卡

改革，全面推行公务卡强制结算目录制度。落实新行政、事业单位会计制度，完善单位财务管理考核，制订《市级部门预算执行情况考核暂行办法》。强化预算刚性，争取2015年部门预算执行率达到90%以上。

3. 健全财政大监督机制。按照"三位一体"组织体系要求，建立与预算编制、执行相互协调相互制衡的全过程财政监督新机制。一是继续推进财政大监督制度建设。适时出台社保基金、政府性债务等方面的财政监督检查办法。二是稳步推进全过程、全口径预算绩效管理，扩大预算公开评审和专项资金竞争性分配范围，将绩效目标管理范围覆盖市级所有财政资金，探索部门整体支出绩效评价。三是继续探索创新政府采购组织形式，优化采购程序，提高采购效率。进一步推进政府向社会力量购买服务并加强绩效管理。四是以加强结算审核为重点，加强财政项目预算审核，尝试开展全过程造价控制。

（二）地方政府性债务管理方面

1. 完成政府性债务的清理甄别工作。国务院《关于加强地方政府性债务管理的意见》（国发〔2014〕43号），对地方政府性债务管理进行了顶层设计和具体部署，对此我市要认真研究，寻找对策，及时向党委政府主要领导做好汇报。近段时间，重点是要做好地方政府性债务的清理甄别工作。甄别后的政府存量债务逐级汇总上报国务院批准后，将分类纳入预算管理。财政部门要加强与发改、审计、国资等部门沟通协调，特别是要积极协调同级审计部门提前参与清理甄别工作，并将有关审计意见及早报送市审计部门汇总审核。

2. 合理把握负债"度"。坚持适度负债，有效控制债务规模，始终将政府性债务风险处于可控范围。要进一步梳理重大建设项目，根据自身的财力保障重点建设项目，优化建设进序，确保安全运行。同时，要注重土地资源的开发利用，通过盘活城建资产和企业存量资产、优化企业债务结构、完善国有集团公司和融资平台公司的股权结构等措施，逐步提高国有企业资产质量和盈利能力，强化公司现金流管理，不断提升政府投资项目的偿债能力。

3. 提高债务规范化管理水平。首先，健全政府性债务监督机制。对政府性债务资金实行内外监督相结合的办法，内部监督由财政监督部门实施监督，外部监督由人大、审计、监察等部门实施监督。其次，建立健全偿债责任制。按照"谁决策、谁负责"的原则，明确项目责任人偿债责任，把偿债情况作为领导干部考核和任用的依据；对于偿债不力的，应追究其领导责任。

4. 健全风险防范预警机制。建立健全债务分析报告制度，对各债务单位、投融资公司的债务余额和结构变化、使用去向及用途、贷款方式（抵押等）、还贷期限、风险程度、资金来源（放贷银行、上级转贷等）、资产情况、借款部门、现金流等内容进行统计分析，对照债务风险预警指标，建立我市政府性债务风险预警机制，并形成报告按季报送市主要领导。同时，今后需继续加强风险防范，根据我市债务规模和财力情况继续充实偿债准备金，防范和化解地方政府性债务风险。

（三）财权与事权相匹配的财政体制

1. 明确市区收入划分。在新一轮财政体制调整时，除市本级要继续保留的企业和收入外，其他企业应继续实行属地征收管理。同时，新的市区体制要进一步明确市区收入划分，将市区公共财政预算收入按属地管理原则划分为市级固定收入、区级固定收入、市区共享收入。此外，简化财政收入划分计算方法。我市"先保收入基数，再增量分成"的办法计算相对烦琐，可以借鉴杭州、广州、珠海等地的做法，进一步简化财政收入划分计算方法。采用共享收入按比例总量分享，影响到市和各区原来的既得利益部分，财力通过体制结算上解或补助来保证。

2. 强化财政收支平衡约束。在市区财政体制确定以后，各区要对各自财政收支平衡负责，要进一步强化预算约束和"量入为出"观念，公共财政预算资金首先用于保障党政机关运行和基本民生支出，再有财力再确定办多大的事，不允许列赤字，年终除体制规定补助项目结算以外，市财政一般不再另行补助。

3. 建立必要的激励机制。为更好调动各区发展经济、培植财源的积极性，促进市区财政收入持续稳定增长和区域共同发展，确保实现财政收支平衡，建立一定的激励机制是十分必要的。可以借鉴其他地市经验，采取"每年比上年的增量部分实行分段比例分成"的办法，结合温州市调结构的要求，对各区每年共享税收入比上年实绩的增量部分实行分段比例奖补政策。

4. 进一步规范对县（市）的转移支付。结合落实市政府《关于进一步加强市级财政专项资金管理工作的通知》（温政办〔2014〕51号）精神，新一轮市区财政体制调整必须与规范对县（市）的转移支付同时考虑，通过建立体制机制，进一步规范市对县（市）的转移支付，保障市区和各县市协同发展。

（四）投融资机制

1. 增收入，加大市级资金筹集力度。一是要从城市总体规划调整中挖掘财源，做好城市规划的经济论证，科学确定平衡用地规模和开发利用时序，主要是对城市发展所需的投入与产出按总收支平衡、年度现金流平衡和可持续发展等原则算好账。二是把土地出让工作作为年度预算资金筹集的"重中之重"来抓。三是尽快建立投资筹资双考核机制，从机制中挖掘财源。各建设责任单位要在制订年度投资计划的同时，制订相匹配的年度筹资计划，切实落实好投资筹资责任制。

2. 提效益，合理优化政府投资项目支出。一是加强项目经济评价分析工作，围绕项目投资规模、资金来源、投融资方案以及项目现金流等方面对政府投资项目进行前期论证。科学合理确定项目的功能、投资标准和投资规模，防止盲目"贪大求洋"。二是政府投资项目审批单位要根据城市发展需要和财力可能,严把项目进入年度计划的关口,优化项目实施时序。三是按照"保续建、控新建、缓结算"和"保重点、保民生"的要求,进一步梳理现有政府投资项目,优化建设资金支出。

3. 优机制,改进投资项目管理。一是加强对政府投资项目的造价审核工作,通过分析、整理、归类影响工程投资控制的各种因素,合理控制项目工程造价。二是通过"数字财政"建设,提升对政府投资项目的财政财务管理水平。三是建立完善政府投资项目管理体制机制,加快建立国资集团公司项目投资包干建设机制,严格控制项目融资成本和工程造价,加快建立项目建设资金保障机制,确保建设资金来源持续稳定。

4. 拓渠道,多元筹资合力推进建设。遵照"政府引导、社会参与、市场运作"原则,进一步拓展引资思维,创新投资理念,开放投资领域,加大引资力度,充分发挥财政资金的杠杆作用,加大政策扶持力度,引导更多社会资金共同参与政府投资项目建设。一是在项目上,要从单体项目投资合作向区域性综合性项目联动投资合作开发,从单一的公益性项目投资合作向公益性项目与经营性项目联动投资开发转变,加快推出诸如滨江商务区、历史文化街区等区域性复合型招商引资项目。二是在引资上,要依托在外温州人力量,大力拓展招商引资渠道,积极引进央企、外企、民企共同参与温州大投入、大建设,加快形成国资、民资、外资一起上的政府主导、多元投入、共同开发的格局。三是引入项目收入机制上,要根据建设项目特点引入项目收入机制,要尽量将非经营性项目转为准经营性项目,盘活建设资金,加快建设步伐。四是大力推广运用政府和社会资本合作(PPP)模式。2014年9月24日,财政部下发了《关于推广运用政府和社会资本合作模式有关问题的通知》(财金〔2014〕76号),为PPP模式的大力推广指明了方向;同时,也为地方政府如何转变政府投资模式,加强地方政府性债务管理,鼓励和吸引社会资本参与基础设施建设和运营,拓宽基础设施建设融资渠道,提高公共产品质量和效率指明了道路。

事权与支出责任相适应财政体制的浅思考

焦作市财政局　李新龙　李小朝

事权与支出责任问题表面上看是上下级政府之间财政分配规则问题，究其核心和本质，则是中央与地方政府之间集权与分权关系问题。党的十八大确定"预算、税收、事权与支出责任相适应财政制度"三大财税改革任务，从攻坚梯次上，按照循序渐进、稳步推进的原则，将事权问题放在最为重要，但也是最为艰巨的位置。将事权问题研究的视角，从央地关系切入，拿财政体制剖析，那么支出责任操作层面和实践应用的问题，就可以迎刃而解。深化事权与支出责任相适应的财政体制改革，属于顶层设计，更是基础建设，不容忽视。

一、事权关系与支出责任

事权是指一级政府在公共事务和服务中应承担的任务和职责。中央政府和省市县乡五级政府，各自拥有中央与地方事权，承担相应的职责。支出责任则是指政府运用财政资金履行事权，满足公共服务需要，所承担的财政支出义务。事权与支出责任总体上应该是对等的，某级政府拥有某项事权，则要担负相应支出责任。但在一些特别情况下，事权与支出责任是不对等的，比如义务教育，属于纯公共产品，具有一般公共性的特性，并且是全国范围的公共产品，其支出具有外溢性，不适合地方政府担负全部支出责任。但按照属地和效率原则，义务教育更适合于地方管理，于是中央设计了通过对地方财政的教育转移支付制度，再加上硬性规定地方教育支出必须占到财政支出的一定比例，将中央的义务教育事权与地方的义务教育支出责任结合起来，形成两者统一。现行财政体制中出现事权与支出责任不对等、不适应的矛盾问题，情况各异，其产生原理不同，需要具体分析，因事制宜，采取不同的应对和调整。

从时间序列观察，事权问题始终贯穿于财政体制变革之中，历次改革都绕不过事权关系的调整。1978年改革开放之后，央地关系由统收统支"大一统"的全国一盘棋，到1994年的分税制"分灶吃饭"的财政体制，中央和地方各级政府划分了税种，首先在收入方面分清了各自权责。1994年以后，事权关系总体上有三次大的变革：一是事权与财权相统一阶段。按照"一级政府一级事权、一级财权、一级预算、一级税权、一级债权"的定位，这次改革理想化地构想了中央与地方事权关系。分税制改革较为迅速和科学地厘清了央地之间收入关系，但中央与省级之间事权划定没有及时跟进，而是悬置起来，没有实质性突破和进展。上行下效，省以下各级政府"只分收入，不分事权"，逐级集中收入，事权下移层层传递，事权与财权没有形成真正统一。二是财力与事权相匹配阶段。2007年前后，"分税制"改革的强大效用已经在集中财力、强化调控方面显著体现出来。但是，各级政府事权划分的严重滞后和地方财力保障配套制度的缺失，导致出现地方财政困难的严重局面。各级财政状况被形象比喻为"省级财政蒸蒸日上，市级财政稳稳当当，县乡财政哭爹喊娘"。由此，中央和省级财政通过建立健全上级转移支付制度，寻求以对市县财力保障方式，解决地方财政困难和"无钱办事"的窘境。三是事权与支出责任相适应阶段。党的十八大确立了事权与支出责任相适应的改革任务，这是立足目前发展阶段，解决现实财政体制问题。多年来"分税制"改革，已渐进触及事权划分这一核心问题。中央集权制度和威权地位这两个基本点不能动摇，但需要与市场体制和手段相适应。中央与地方之间，既需要权责适度和一般对等，也需要一定范围和程度上形成市场化的"契约"关系，并在上下级财政体制上得以体现，加以约束。

二、事权配置与责任承担

当前，中央与地方各级政府之间，在事权与支出责任上问题颇多。特别是事权与支出责任不相统一的问题，集中反映在三个方面：一是笼统。历次财政体制改革对事权问题，要么避而不谈，要么避重就轻，中央和地方各级政府的文件和制度中，都是原则规定。《国务院关于实行分税制财政管理体制的决定》规定"中央财政主要承担国家安全、外交和中央国家机关运转所需经费，调整国民经济结构、协调地区发展、实施宏观调控所必需的支出以及由中央直接管理的事业发展支出"，要求"地方财政主要承担本地区政权机关运转所需支出以及本地区经济、事业发展所需支出。"对于某级政府具体应做某事，需做某事，鲜有涉及。现实中如果遇到事权"打架"问题，往往"一事一议"。二是雷同。不论事项大小，上下一般齐。省市县在所需"办事"上，都是"主要承担本级机关运转所需经费，协调地区发展以及事关全区域经济和社会发展全局的重点基础项目建设支出，本级直接管理的事业发展支出"。上下级财政一脉相承，对于区域内的经济、教育、科学、文化、卫生事业以及基础建设等，什么事项都管。三是不对等。在南水北调、三峡工程等跨区域重大基础设施建设项目上，中央把握事权，同时按相关区域受益情况，筹集部分地方收入，由中央政府统一建设，统筹支出，这样就能够将事权与支出责任对等结合起来。但换在教育事项上，就没有这么简单了。教育谁来办？谁应办教育？义务教育和高等教育是否举国都来办？在政策和制度上，没讲清也没说明。我们看到的是往往是"赚钱"的高等教育产业，各级政府都来争着办，"花钱不赚钱"的基础教育，哪级政府都不是很想管。

央地之间在事权配置上的不清晰、不规范问题，外延折射到各级政府在支出责任上的不对等、不匹配。这些问题和矛盾长期积累发酵，这是造成中央和地方出现"有权无责""有责无权"现象的根本原因。试以中央和HN省、JZ市、XW县政府的教育支出情况，进行例证分析。具体分析2012—2015年各级财政教育支出情况，数据显示，各年全国地方教育支出占比均为95%；全国教育支出中，普通教育占比在75%—77%区间之内。分级次看，以2014年教育支出结构数据为样本，全国义务教育、高等教育、职业教育三项占比分别为44%、15%、8%；HN省三项占比分别为54%、12%、8%；JZ市三项占比分别为59%、11%、6%；XW县三项占比分别为53%、0、1%。（注：2012—2015年中央与地方教育支出情况表在此省略）。

通过历年数据的对比分析，能够反映出以下现实问题。

第一，上面"请客"，下面"买单"。教育事项总体上属于中央事权，其中部分教育事项属于中央与地方共同事权，如职业教育。对应于支出责任，目前现状是从中央到地方逐级分解下达，一级一级地落实到县乡基层。在法律规定和制度设计上，对于教育的财政投入，《中华人民共和国教育法》规定，"国家财政性教育经费支出占国民生产总值的比例应当随着国民经济的发展和财政收入的增长逐步提高"，"各级人民政府教育财政拨款的增长应当高于财政经常性收入的增长"。党的十八大新的财税改革以来，特别是十八届三中全会决定重点支出一般不再同财政收支增幅挂钩，2014年修正的《中华人民共和国预算法》删除了以前预算审查和执行中涉及法定支出的规定，全国人大也正在逐步取消重点支出与收支挂钩事项，但是教育投入始终并且必须是各级政府的重点保障。2012—2014年，国家财政性教育经费占GDP比例分别达到4.28%、4.16%、4.15%，均超过了4%。2015年为3.87%，有所下降。但另一个关键问题是，各级政府之间，究竟如何保障？如何更具绩效？《国务院关于基础教育改革与发展的决定》规定："县级政府是农村义务教育的责任和投入主体"，而县乡基层财政本身就困难，实际上又承担了发展义务教育大部分责任，任务叠加，难上加难。但如果财政教育支出落实不到位，板子是要打在地方政府屁股上的。实践中会形成地方政府东挪西借保教育投入，年底为了保支出指标而拼凑教育支出项目的现象，背离了财政教育投入政策设计的初衷。

第二，了无边界，各行其是。教育支出从性质分类可以分为纯公共产品、准公共产品、混合公共产品、非公共产品等。对于各类教育事项，属于公共财政保障？还是可由市场化方式解决？政策上没有界定，实践中鲜有定性判断。各级财政教育支出中"民办公助""公办民营"情况现实存在。目前，在政府收支分类中，仅是简单地将财政教育支出分为教育事务支出、普通教育、职业教育、成人教育、特殊教育和其他等，五级财政上下口径一致。但在上下级财政之间，对于义务教育、职业教育、高等教育等不同性质和阶段，对于生均经费、教师工资、教育基建等不同类别和项目，谁来支出？谁出多少？没有进行细分，没有详细规定。在某一级政府，同样有类似问题。地方政府是去办地方高校还是来办职业教育？各地思路不同，做法不一。现实问题是，地方财政既承担了地方性高校其高额的生均经费，不堪重负，难以为继，而且还不利于地方高校"走出去"的教育资源整合。并且，如果这一刀高等教育"蛋糕"切多了，职业教育等"蛋糕"就变小了。

三、对策建议

央地关系特别是事权划定问题，这是现代财政体制根基所在，也是难点所在。不论中央集中还是下放事权，都需要先定规矩，再具体办事。也就是定好事权，分清责任，做到权清责明，权责对等。

（一）明晰事权

对于能够非常明确分清中央还是地方的事权，可以适用例举法，列出事权清单和支出责任清单。对于无法或难以划清事权与支出责任的事项，可以通过描述法，以该事项是否具备公共产品性质，来确定是否由财政提供；以该事项由哪级政府负责更为便于管理、更加具有绩效，决定赋权于哪级政府，并相应承担责任。对于事权的设定，既需保证财政体制的一贯性，又要遵循市场化的契约精神，即一般性事项要遵循法制原则，不设特区，以确保体制的严肃性；对于特例式事项，可以在央地或地方各级之间"一对一"谈判协商，赋权委托或"拼盘"办事，进行市场化抉择。

（二）划定责任

各级政府支出责任是由其承担的事权决定的，在各级事权做到清清楚楚之后，支出责任划分问题就不再是问题了。例如，义务教育由于其外部性特征，作为全国性的事权，由目前的县级事权上升为中央事权，由中央拿钱，地方办事，若出了问题则由地方负责，中央只管追责。职业教育是地方性的事项，中央将事权全部交给地方，由地方政府承担事权与支出责任，办不好适合地方特色的职业教育，地方经济社会发展受损，自行承担后果和责任。

（三）保障财力

长期以来，饱受诟病的上级转移支付制度，并不是制度本身有什么问题，而是由于上下级事权不定这一根本问题造成的。一般转移支付和专项转移支付数量、比例孰多孰少，这取决于中央事权有多少，地方事权有多少，各级政府都需要干什么。随着事权与支出责任的划清，转移支付制度变革的主体任务，就是依据各级事权，根据支出责任大小，通过上下级财力测算，科学合理配置财政资源，做到各级政府特别是基层政府"有钱办事"，在基本财力得到保障的前提下更好去办事。

（四）追责问效

事权与支出责任不仅需要体制严肃性，也需要动态适应性。一方面，上下级财政体制要相对稳定，特别是涉及事权划定的重大问题，不能朝令夕改，随意变动。但是，谁的事谁来办，一旦定好，办好办坏不一样，必须逐级追责问效。另一方面，具体到某个事项，让哪一级政府拥有事权，由哪一级政府办理更具效率、效益和效果，并非一成不变，随着经济和社会发展环境的变化，需要在确保体制严肃性基本原则下，动态地观察和调整。

事权与支出责任相适应的分税制财政体制操作层面完善研究

焦作市财政局　张继东　刘自胜　李新龙

财政管理体制主要是财力和财权的分配关系，实质上就是各级政府在财政管理上的集权和分权问题。央地财政关系经历了从"事权与财权相结合原则""财权与事权相匹配原则""财力与事权相匹配原则"到"事权与支出责任相适应"的不同表述。1994年"分税制"施行后，省以下财政体制重点完成了收入方面的基本框架，支出方面则没有重大突破和进展，特别是没有从根本上厘清政府间事权与支出责任。十八届三中全会确立深化财税改革任务，中央政治局《深化财税体制改革总体方案》要建立事权与支出责任相适应的制度，理顺中央和地方财政分配关系。按照事权、支出责任、税源、收入划分的逻辑思路，地方政府财政需要结合"分税制"的深化，从操作层面研究思考。

一、焦作市政府间事权与支出责任配置状况

（一）政府间事权配置状况

1. 河南省与焦作市政府间事权配置状况。事权指一级政府在公共事务和服务中应承担的任务和职责。河南省从1994年1月1日起，省对市地实行分税制财政管理体制。对市地的财政管理体制，在支出方面：根据省与市地政府事权的划分，省级财政主要承担省直机关运转所需经费，协调地区发展以及事关全省经济和社会发展全局的重点基础项目建设支出，省本级直接管理的事业发展支出。市地财政主要承担市地政权机关运转所需经费以及本地区经济事业发展支出。

2. 焦作市市以下政府间事权配置状况。在市县区层面，从1994年1月1日起，市对县区实行分税制财政管理体制。支出方面：根据市与县区政府事权的划分，市级财政主要承担市直机关运转所需经费，协调地区发展以及事关全市经济和社会发展全局的重点基础项目建设支出，市本级直接管理的事业发展支出。县区财政主要承担县区政权机关运转所需经费以及本地区经济事业发展支出。

事权配置情况如表1所示。

表1　　　　　　　　　　政府间事权配置表

级别	分类		主要事权
省	省（自治区）		管理行政区域内的经济、教育、科学、文化、卫生、体育事业、城乡建设事业和财政、民政、公安、民族事务、司法行政、监察、计划生育等行政工作。
	直辖市		—
地级	地区		—
	地级市	辖县	管理行政区域内的经济、教育、科学、文化、卫生、体育事业、城乡建设事业和财政、民政、公安、民族事务、司法行政、监察、计划生育等行政工作。
		不辖县	—
县级	县		管理行政区域内的经济、教育、科学、文化、卫生、体育事业、城乡建设事业和财政、民政、公安、民族事务、司法行政、监察、计划生育等行政工作。
	县级市		—
乡级	乡镇		乡、镇人民政府执行本级人民代表大会的决议和上级国家行政机关的决定和命令，管理本行政区域内的行政工作。居民委员会、村民委员会设人民调解、治安保卫、公共卫生等委员会，办理本居住地区的公共事务和公益事业，调解民间纠纷，协助维护社会治安，向上级政府反映群众意见、要求和提出建议。

（二）政府间支出责任配置状况

支出责任是政府承担的运用财政资金履行其事权、满足公共服务需要的财政支出义务。我国政府间事权和支出责任主要依据行政隶属关系，按分税制在中央和地方之间进行了初步划分。

省以下支出责任配置如表2所示。

表2　　　　　　　　　　　　政府间支出责任配置表

级别	分类		主要支出责任
省	省（自治区）		地区社会管理、区域市场的监督和管理；地区性法律的制定和中级司法活动；省级交通道路、水利枢纽等工程项目；省级的社会保障项目；省级治安管理；公共卫生等等。省级财政的主要支出项目包括社会保障支出及各种补贴支出；科教文卫支出；治安设备及警力支出；投资支出；本级政府行政管理支出等。
	直辖市		—
地级	地级市	地区	—
		辖县	市内社会管理和市场监管；基层司法；城市管理；市级公路，市内交通；城市供排水系统；生态环境保护；廉租房和最低生活保障；失业保障和促进就业等。市级财政主要支出项目为本级政府行政管理支出；基础设施和基础产业投资支出；科教文卫支出；低收入人群保障支出；消防和警力支出；生态环境保护等。
		不辖县	—
县级	县		县内社会管理和市场监管；基层司法；城市管理；县级公路，县内交通；城市供排水系统；生态环境保护；廉租房和最低生活保障；失业保障和促进就业等。县级财政主要支出项目为本级政府行政管理支出；基础设施和基础产业投资支出；科教文卫支出；低收入人群保障支出；消防和警力支出；生态环境保护等。
	县级市		—
乡级	乡镇		区域内一般公共服务、公共安全、教育、科学技术、文化体育与传媒、社会保障和就业、医疗卫生、城乡社区事务、农林水事务、交通运输等事务支出等。

各级政府的主要支出结构情况，可以反映出一般公共服务、公共安全、教育、科学技术等事项，在省市县三个层级均有分布。河南省本级在社会保障和就业、交通运输、工业商业金融等事务、国土资源气象等事务、粮油物资储备事务等方面，在全省支出中的占比在20%以上。市县支出中，焦作市本级在公共安全、城乡社区事务、交通运输、工业商业金融、国土资源气象、粮油物资储备事务中的占比在45%以上；县级在一般公共服务、教育、社会保障和就业、医疗卫生、农林水事务中的占比在70%以上。可以看出，县级在教育、社会保障和就业、医疗卫生、农林水事务方面承担了大量任务。

主要支出结构情况如表3所示。

表3　　焦作市2013年主要支出结构表

项目	全省支出（亿元）	省本级 支出额（亿元）	省本级 比重（%）	市本级 支出额（亿元）	市本级 比重（%）	县级 支出额（亿元）	县级 比重（%）
一、一般公共服务	733.21	83.76	11.4	4.81	21.5	17.53	78.5
二、公共安全	261.22	36.92	14.1	5.52	49.0	5.76	51.0
三、教育	1171.52	141.44	12.1	9.15	24.1	28.89	75.9
其中：普通教育	938.32	114.58	12.2	4.74	16.6	23.78	83.4
职业教育	88.65	23.81	26.9	1.6	49.6	1.63	50.4
四、科学技术	80.00	12.17	15.2	1.32	34.5	2.51	65.5
其中：基础研究	1.68	0.69	40.9	0	11.3	0.01	88.7
技术研究与开发	42.05	3.36	8.0	0.47	18.5	2.06	81.5
五、文化体育与传媒	80.78	13.40	16.6	0.79	33.7	1.55	66.3
六、社会保障和就业	731.41	198.35	27.1	5.46	27.0	14.78	73.0
七、医疗卫生	492.48	31.22	6.3	3.94	25.0	11.83	75.0
八、节能环保	111.92	3.24	2.9	1.23	34.4	2.35	65.6
九、城乡社区事务	309.12	3.41	1.1	4.46	47.8	4.87	52.2
十、农林水事务	629.85	43.48	6.9	2.82	14.1	17.25	85.9
十一、交通运输	346.19	90.20	26.1	10.87	77.6	3.14	22.4
十二、工业商业金融等事务	170.42	43.21	25.4	3.6	59.0	2.50	41.0
十三、国土资源气象等事务	53.88	14.96	27.8	2.1	81.4	0.48	18.6
十四、粮油物资储备事务	43.72	31.58	72.2	0.26	48.7	0.27	51.3
十五、其他各项支出	366.60	42.84	11.7	6.69	51.1	6.41	48.9

同时，从中央与地方支出责任情况看，在地方公共财政支出决算中，目前上级转移支付支出占比达到27%左右，地方公共财政支出占比达到73%左右。其中，在焦作市收到的上级转移支付中，交通运输、商业服务业等事务、金融监管等事务支出、住房保障支出占比在60%以上；在区县级收到的上级转移支付中，节能环保、农林水事务、商业服务业等事务、金融监管等事务支出、粮油物资储备事务支出占比在60%以上。

支出责任配置情况如表4、表5所示。

表4　　　　　　2013年焦作市政府间支出责任配置情况　　　　　　单位：元

科目编码	科目名称	决算数	地方支出	上级支出	地方占比	上级占比
	公共财政支出	1831407	1330856	500551	72.67%	27.33%
201	一般公共服务	223445	212537	10908	95.12%	4.88%
202	外交	0	0	0		
203	国防	245	221	24	90.20%	9.80%
204	公共安全	112793	103224	9569	91.52%	8.48%
205	教育	380401	336975	43426	88.58%	11.42%
206	科学技术	38334	33074	5260	86.28%	13.72%
207	文化体育与传媒	23425	17317	6108	73.93%	26.07%
208	社会保障和就业	202401	148056	54345	73.15%	26.85%
210	医疗卫生	157652	121062	36590	76.79%	23.21%
211	节能环保	35858	14850	21008	41.41%	58.59%
212	城乡社区事务	93282	86962	6320	93.22%	6.78%
213	农林水事务	200691	83436	117255	41.57%	58.43%
214	交通运输	140052	26938	113114	19.23%	80.77%
215	资源勘探电力信息等事务	46689	31682	15007	67.86%	32.14%
216	商业服务业等事务	13426	5316	8110	39.59%	60.41%
217	金融监管等事务支出	931	316	615	33.94%	66.06%
218	地震灾后恢复重建支出	0	0	0		
219	援助其他地区支出	0	0	0		
220	国土资源气象等事务	25739	15557	10182	60.44%	39.56%
221	住房保障支出	60900	24186	36714	39.71%	60.29%
222	粮油物资储备事务	5300	2641	2659	49.83%	50.17%
227	预备费	0	0	0		
228	国债还本付息支出	27828	27828	0	100.00%	0.00%
229	其他支出（类）	42015	38678	3337	92.06%	7.94%

表5　　　　　2013年焦作市区县支出责任情况　　　　　　单位：元

科目编码	科目名称	决算数	地方支出	上级支出	地方占比	上级占比
	公共财政支出	1201119	868973	332146	72.35%	27.65%
201	一般公共服务	175343	165723	9620	94.51%	5.49%
202	外交	0	0	0		
203	国防	237	221	16	93.25%	6.75%
204	公共安全	57556	51577	5979	89.61%	10.39%
205	教育	288883	249529	39354	86.38%	13.62%
206	科学技术	25105	20168	4937	80.33%	19.67%
207	文化体育与传媒	15534	9996	5538	64.35%	35.65%
208	社会保障和就业	147833	105381	42452	71.28%	28.72%
210	医疗卫生	118258	86141	32117	72.84%	27.16%
211	节能环保	23518	9150	14368	38.91%	61.09%
212	城乡社区事务	48651	42371	6280	87.09%	12.91%
213	农林水事务	172491	64325	108166	37.29%	62.71%
214	交通运输	31350	14829	16521	47.30%	52.70%
215	资源勘探电力信息等事务	16530	8925	7605	53.99%	46.01%
216	商业服务业等事务	7940	2189	5751	27.57%	72.43%
217	金融监管等事务支出	531	16	515	3.01%	96.99%
218	地震灾后恢复重建支出	0	0	0		
219	援助其他地区支出	0	0	0		
220	国土资源气象等事务	4777	4757	20	99.58%	0.42%
221	住房保障支出	45454	18274	27180	40.20%	59.80%
222	粮油物资储备事务	2718	328	2390	12.07%	87.93%
227	预备费	0	0	0		
228	国债还本付息支出	5062	5062	0	100.00%	
229	其他支出（类）	13348	10011	3337	75.00%	25.00%

（三）政府间财力的适应性调节

1. 河南省与焦作市政府间财力的适应性调节。从提高市县财力特别是县级保障水平角度，河南省推进省以下事权与财力的对等匹配。河南省人民政府《关于完善省与市县财政体制的通知》豫政〔2009〕32号，关于事权的基本原则，即"财力和事权相匹配。按照事权划分，合理确定市县基本支出需求。对自有财力不能满足基本支出的，相应增加基础性补助，确保市县基本支出需要"。

河南省按照中央关于建立市县基本财力保障机制的总体要求，逐步建立县级基本财力保障机制。主要内容是：核定县（市）保工资、保运转、保民生的基本支出需求，加大转移支付补助力度，鼓励县（市）加强收入征管，优化支出结构，逐步提高基本支出保障水平。

财力性转移支付资金优先保证基本财力保障补助，然后用于公共服务均等化补助和奖励。省对市县财力性转移支付包括"两补两奖"。"两补"为基本财力保障补助和公共服务均等化补助，测算范围为全省18个省辖市本级和158个县（市、区）；"两奖"为增加基本保障支出奖励和控制财政供养人员奖励，测算范围为财政部核定河南省2012年的基本财力保障缺口县（市、区）。

市县将转移支付资金与自有财力统筹安排，主要用于保障地方津贴补贴发放、机构正常运转和增加各项民生投入，确保上级各项决策部署及"十项民生工程"，落实教育发展纲要、城乡养老保险和保障性安居工程等重点项目，缺口县转移支付资金集中用于基本财力保障支出，比重不低于90%，严禁用于"三公经费"等一般性支出和楼堂馆所等形象工程建设。

表6为河南省焦作市2013年公共财政预算收入结构相关情况，由表6可以看出，省本级、市本级、县级收入总计中，转移性收入占到各自总收入的50%左右。在转移性收入中，市本级专项转移支付占到26.7%，县级专项转移支付占到18.5%。

表6　河南省焦作市2013年公共财政预算收入结构

项目	省本级 收入（亿元）	省本级 比重（%）	市本级 收入（亿元）	市本级 比重（%）	县级 收入（亿元）	县级 比重（%）
一、税收收入	80.50	10.4	22.59	15.2	42.20	32.3
二、非税收入	53.35	6.9	10.38	7.0	22.17	17.0
三、债务收入	150.00	19.4				
四、转移性收入	393.41	50.9	89.83	60.6	62.30	47.7
返还性收入	107.13	13.9	8.85	6.0	4.01	3.1
一般性转移支付收入	333.14	43.1	41.47	28.0	34.11	26.1
专项转移支付收入	-46.86	-6.1	39.51	26.7	24.18	18.5
收入总计	677.26		122.8		126.67	

2. 焦作市市以下政府间财力的适应性调节。

(1) 焦作市市以下财政体制改革演变情况。按照1994年实行分税制财政管理体制，市对县参照省对市财政体制规定执行。市级固定收入直接缴入市金库，市与县（市）共享收入（城镇土地使用税、土地增值税、耕地占用税）全额缴入县级金库，年终按10%比例专项上解市财政，其他按照省对市财政体制规定执行。市区财政体制在2002年进行了调整。按照属地原则，将纳入分税范围的原市级税源，按其所处行政区域下划到区级征管。同时，对各区之间相互交叉征管的税源户名，按地理位置进行调整。除中央、省级收入和市级固定收入外，各区属地内的增值税25%部分、营业税（不含金融保险营业税）、个人所得税地方分成部分、企业所得税地方分成部分、房产税、城市维护税、城镇土地使用税、教育费附加收入等八种税分别按4∶6或2∶8比例（2007年统一调整为2∶8）市与区分成。市对城乡一体化示范区（以下简称示范区）财政管理体制，示范区范围内原市直固定税源户按原体制执行，新增税源户和示范区原有税源户税收除上缴中央、省部分外，其余留归示范区财政。

市区体制以2001年为基期年计算核定共享收入基数，以后年度必须完成基数，对于当年完成数小于基数的差额部分，按市共享比例扣减区级财力；完成基数的，按市与区共享比例执行；超收部分5年内全留。市财政根据区级组织收入的努力程度、人均财力和公共支出水平等因素，以转移支付的方式促进城区社会公共服务水平的提高。

(2) 重大公共惠民政策。在义务教育、社会保障、医疗卫生等重大公共惠民支出中，从市与县之间的负担标准和比例情况，市级占比在25%—35%之间，区县在65%—75%之间。具体如表7所示。

表7　　　　　　　　焦作市重大公共惠民支出结构表　　　　　　　　单位：元

科目名称	全市	市本级		区县	
	地方支出	地方支出	占比	地方支出	占比
公共财政支出	1330856	461883	34.71%	868973	65.29%
其中：1. 教育	336975	87446	25.95%	249529	74.05%
2. 社会保障和就业	148056	42675	28.82%	105381	71.18%
3. 医疗卫生	121062	34921	28.85%	86141	71.15%

二、焦作市政府间事权和支出责任配置存在的主要问题

焦作市现行市对县市区体制文件政策中,对于事权划分、支出责任划分没有清晰界定和细则规定。事权责任不清、不相适应等一些突出矛盾和问题现实存在。

(一) 政府间事权划分不清晰

上下级政府职责重叠,共同管理的事项较多。目前市区级政府主要承担了义务教育、基础设施、社会治安、环境保护、行政管理等几乎所有地方性公共事务,所需支出基数大、刚性强、增长快,而上级对义务教育、社会保障等一些事项上事权界定不清,实际上由多数由市与县区政府共同负担。上下级政府间事权界定不清,造成支出责任和支出负担容易形成转嫁。一是地方负担上级事务支出过多,如基础教育、计划生育、企业军转干部安置、出口退税等,地方政府在一定程度上代上级政府承担了过多的事权支出;二是配套项目和配套资金占支出比重大。"上面出政策,下面拿票子",而不是"谁请客、谁买单"。如增长地区行政事业单位工资水平、农村合作医疗、城镇最低生活保障等,上级出台的政策往往需要地方负担配套支出,进一步挤占市县乡可支配财力;三是法定支出和政策性支出投入多,财政入不敷出。有关法律规定财政对农业、科技、教育、计生等方面的投入必须高于经常性财政收入增长的比例,而一些上级部门从自身工作发展需要出发,规定了很多达标要求,如执法部门建设、计划生育等,在财力非常有限的情况下,往往靠东挪西凑来勉强达到要求,财政基本上处在疲于应付的状态。

(二) 政府间事权与支出责任不相适应

地方财政经济增长不高和上级财力补助较少等原因,财政难以拿出更多的资金提高保障水平,特别是应由各级财政共同提供的如社会保障资金、城乡道路建设、义务教育阶段的学校建设、社区卫生建设等公共产品,需求缺口巨大。九年义务教育普及、免费和强制三个特点,决定了义务教育不是一种纯地方性质的公共产品,而是全国性的公共产品,各级政府,特别是中央、省级政府理当承担这个责任。对于农村义务教育,《国务院关于基础教育改革与发展的决定》规定:县级政府是农村义务教育的责任和投入主体,负责确保按时足额统一发放教职工工资;统筹安排农村中小学公用经费,安排使用校舍建设和危房改造资金,组织实施农村中小学危房改造和校舍建设,改善办学条件;指导农村中小学的教育教学工作。农村义务教育事业,中央、省级政府负担很少,市县乡政府实际上承担了发展大部分义务和责任。

(三) 政府间财力与支出责任不够匹配

地方财政财力有限,地方政府事权大财权小。在事权不断增加情况下,一些地方政府大量借债,地方财政捉襟见肘,基层财政困难,只能靠卖地或借债筹集资金,以事后债务化解方式形成财力分配上的倒逼。在保证干部教师工资按时发放、及时兑现各种政策性增资后,真正可用于重点建设和发展方面的资金非常有限,许多公益和社会事业财政负担很少或无力负担。专项支出基本上是上级财政追加的专项资金和地方安排的专项配套资金,基本没有资金用于社会发展的需要。在县级财政收入规模一定的前提下,县级政府财力不足,义务教育支出几乎都是县级财政第一位的支出,有些县义务教育的支出已占县级财政支出的50%,仍难以满足义务教育发展的进一步需求。

(四) 政府间转移支付制度不够完善

转移支付制度旨在矫正地区间由于经济发展不平衡所形成的财力差距,但省级以下转移支付制度没有充分体现调节功能和引导作用,专项和有指定用途的转移支付比重占80%左右,财力性转移支付只占20%左右,缺乏力度和规模。上级财政在集中下级财力与向下转移支付两个方面政策不相协调、不能同步的状况日益明显,上级财政集中财力的力度、速度远大于同期向下级转移支付的程度,财权在上,事权在下,造成我市对上级财政贡献大,收益小,补充不足,直接影响财政基本保障能力。2006年前后,按照中央分离办社会工作要求,各城区接收了中铝、焦煤集团、平光等企业办学校,同时,负担了辖区内中央、省属企业政策调整后职工家属社会保障、城市低保、再就业补助、"两免一补"等社会职能。上级财政体制转移支付按基期测算数固定基数补偿,但从长期财力保障角度来讲,按教师增资、社保提标等因素计算,各城区事权加重,而财力被固定,地方财政实际负担呈隐性增加趋势。

三、建立事权与支出责任相适应体制操作层面的意见与建议

(一) 科学划分政府间事权

按照市场经济下政府与市场的分工原则主动调整政府职能,科学界定财权事权的职责范围,明确政府该做什么,不该做什么,建立各级政府"事权清单"。将全部事权划分为三类:第一类是事关国家全局和全国人民利益的公共产品和服务,如国家安全(包括国防、粮食、资源、环境等)、外交、国民经济总体布局和调整、

全国性及跨区域基础设施建设、中央政府机关运转等,这类纯国家事务履行所需支出应由中央财政负担。目前这类支出的范围界定相对比较明确,但支出责任的落实尚不到位,如军转干部安置、现役军人优待、在乡复转军人优抚支出由地方财政负担,另外地方政府在农业方面投入巨大,为保证国家粮食安全发挥了重要作用,实际上代中央政府承担了一定义务。第二类是纯地方性的公共产品和服务,分为省、市、县、乡不同层次,主要负责各自辖区内的行政管理、社会治安与公共秩序、城市基础设施和发展环境、经济建设支出等。第三类是共同事权和责任,需要各级政府按责任和能力大小分担。这类事权是目前所有事权中最多、最不规范、最不明确、对地方财政平稳运行影响最大的因素,也是科学、合理划分政府间事权的重点和关键所在。比较突出的例子是义务教育、计划生育、卫生、社会保障等涉及社会公平与稳定的支出,可在中央政府统一规划和调控的前提下,由中央、省和市县财政共同负担。

(二) 明确政府间支出责任

明确中央、省、市政府在教育、社保、卫生等公共事项上的投入责任,按责任多少的原则安排转移支付给地方政府。经济案件司法审判权等应集中于中央层级,地方政府退出一般竞争项目投资领域。以顶层规划调整、理顺中央和地方三层级事权划分为始发环节,进而按照政府事务的属性和逻辑原理,合理和力求清晰地划分政府间支出责任,尽快启动由粗到细形成中央、省、市县三级事权与支出责任明细单的工作,并在其后动态优化,加强绩效考核约束。通过明确的责任清单来要求上级政府提供委派或指示任务所需要的资金。

(三) 理顺中央与地方收入划分

从财政调节职能出发,理顺上下级之间收入分配关系。通过科学设计上下级财政体制,改变既得利益的固有格局,缩小不同地区在同一政策下的体制性差距,促进公共服务均等化。简化税制,扩大税基,积极完善以税种配置为主的各级收入划分制度,在建立地方主体税种的基础上逐步健全地方税体系。在收入体制方面,合理确定共享税范围,减少共享税税种数量;合理划分省与市区固定税种,保证市区级财政固定收入。大力推进资源税改革和积极扩大房地产税改革试点范围;扩大消费税征收范围,调整部分税目的消费税征收环节,将部分消费税税目收入划归地方;将车辆购置税划归地方收入;积极推进"营改增",将增值税中央增收部分作为中央增加对地方一般转移支付的来源,增加基层财政留用财力。

(四) 优化政府间财力调节机制

实行科学、透明、规范的转移支付制度,提高转移支付的规范化、均等化水平，科学界定"标准收入"和"标准支出"内涵，优化转移支付结构，提高转移支付制度本身的管理和运作水平。加快建立与分税制财政体制相适应的转移支付制度体系，强化收入调节分配，缩小地区间差距。按照人口、地理、服务成本，功能区定位等因素优化转移支付的均等化公式，适当降低专项转移支付占全部转移支付的比重，归并、整合专项中的相似内容或可归并项目；尽量提前其具体信息到达地方层面的时间，并原则上取消其"地方配套资金"的要求，以利于地方预算的通盘编制与严肃执行；积极探索优化"对口支援"和"生态补偿"等地区间横向转移支付制度。

个人所得税法律制度的完善

东莞市财政局 张惠雯

一、前 言

(一) 研究背景

现今,我国宏观调控迫切需要解决的主要问题之一是居民收入分配问题,其中,个人所得税是我国税制结构中的重要税种,被定位为调节收入分配的政策工具。中国现行的个人所得税法律制度是在 1993 年三税合一改革时确定的,之后经过了 1994 年、1999 年、2006 年、2007 年、2008 年和 2011 年共六轮改革。然而,这些改革主要围绕个人所得税税基中的费用扣除标准调整而进行,现行个税存在的核心问题并没有得到本质意义上的改革。

作为与国民息息相关的税种之一,近年来,对个税改革的呼声连绵不断。在每年的全国两会上最为凸显,提高个税免征额的呼声较为激烈。截至 2017 年 3 月 17 日,有关"个税改革"被中青舆情监测室监测的相关舆情信息共达 135402 条,其中北京、广东、浙江等大城市的网民对此话题关注度都较高。而且,财政部于 2016 年 11 月单独设立个税处。各大媒体报道称,2017 年个税改革将会有一些实质性突破,这意味着个税改革将作为未来财税改革的重点之一。因此,从当前现状分析,探究目前个税面临的问题并提出改革建议较为必要。

(二) 研究意义

从理论方面来看,本文以收入再分配调节效应为视角,进行进一步完善个人所得税制度的理论研究。中国征收个人所得税的历史并不久远,自 1980 年开征以来,尤其是随着民众对个税改革呼声愈加强烈,个人所得税制度仍存在许多争论和空缺。笔者通过整理以往学者的重要观点,并将理论与实际相结合,在此基础上进一步对个税的完善进行探析。

从实践方面来讲,可以更好地实现个人所得税收入再分配效应和税收公平。改革开放以来,我国经济迅猛发展,在提高国民收入的同时,也带来了严重的社会公平失衡,国民收入差距逐渐拉大等民生问题。若仍使用1994年全面税制改革形成的个人所得税法律制度,以其为主体框架,则无法做到真实反映纳税人的纳税能力,从某种程度上来看不仅不利于税收公平原则的发挥,还进一步加剧了贫富收入差距。本文希望通过寻求完善我国的个人所得税法律制度的可行方案,提出充分发挥个人所得税收入再分配效益的策略,具有较为重要的现实意义。

(三) 文献综述

起源于18世纪90年代的英国,经过200多年的发展,个税已成为全球大部分国家的税种之一。近些年来,许多学者对个人所得税的改革,如免征额调整、课税单位、计征模式等多方面做了研究。

其中,对于个税费用扣除问题较为关注,主要包括免征额高低、是否应该制定全国统一的标准制度等。2006年以来,我国多次调高了个税的免征额,目前,3500元是我国个人所得税免征额,即工资、薪金费用扣除标准,有的研究者认为当前的免征额太低,应再提高;有的研究者认为3500元的费用扣除标准适合我国当前国情,应予以维持;有的研究者则认为提高免征额并不能解决个人所得税的公平问题。学者认为提高个人所得税的免征额具有"双刃剑"的效果。如岳树民、卢艺和岳希明(2011)通过累进性测度方法及指数分解的定量研究,提出"不能仅仅依靠免征额的变动来提高我国个人所得税的累进性,由于在其他条件不变的情况下,仅提高免征额也许会带来适得其反的效果"[1]的结论。徐建炜等[2](2013)、岳希明等(2014)通过实证分析发现近几年通过免征额的提高、税率级距和最低税率的改变,与发达国家相比,我国个人所得税的税率累进性提高了,但也降低了有效税率,削弱了个税政策在调节收入分配上的作用[3]。

关于税制模式的研究,采用分类所得税、综合所得税与分类综合所得税的争论一直出现。以帕鲁索等为代表的主张实行综合所得税课税模式的思想,其中以美国的个人所得税制度为代表。马国强(2013)等学者认为中国现阶段的税收公平观念、收入分配状况与税收执行条件要求实行分类综合所得税[4]。高培勇(2015)等学者认为,我国个人所得税转换为综合与分类相结合税制刻不容缓[5]。

总体来看,有众多涉及个人所得税法律制度的期刊文献,其主要观点大概包括如下几点:第一,要避免对个税的神圣化,也要避免"无用论",个税具有调节收入再分配的重要功能;第二,我国个人所得税法律制度的设置和征管机制仍有待提高,目前的制度存在较多的弊端,难以发挥其作用。

(四) 研究思路与研究方法

本文通过文献研究法、数据分析法等方式进行研究,通过研究国内外期刊文献,并梳理国家税务总局、财政局及《中国税务年鉴》等官方网站公布的相关统计数据,从我国现行的个人所得税法律制度出发,研究个人所得税法的完善历程。

主要内容包括,第一章阐述研究背景、研究意义和文献综述等;第二章整理近些年个税的改革历程,通过对改革历程的回顾,总结改革得失,并对我国个人所得税进行简要概述;第三章从收入再分配效应和不同群体税收公平角度阐述当前个人所得税制度暴露的问题,最后希望汲取一些国外有效的经验进而提出完善我国个人所得税的策略。

二、中国个人所得税法律制度概述

(一)个人所得税法的改革历程与分析

我国个人所得税自1980年开征,共经历了六轮改革,如表1所示。"提低、扩中、调高"是个人所得税制度的改革目标。

表1   我国个人所得税法律制度的改革历程

	时间	主要内容
开征	1980年9月10日	1981年1月1日起开始实施我国第一部个人所得税法即《中华人民共和国个人所得税法》(以下简称《个人所得税法》);此阶段的个人所得税征税对象还主要是针对外籍人员和外商。1986年发布《个人收入调节税暂行条例》,"对中国公民开征个人收入调节税和城乡个体工商户所得税"。
第一轮改革	1994年1月1日	1994年1月28日国务院颁布《中华人民共和国个人所得税法实施条例》。不再按纳税类型而设立,将原《个人所得税法》中个人所得税、个人收入调节税和个体工商业户所得税等三项合并为统一的个人所得税,同时加以完善费用扣除、纳税人、征税税率、征税项目和免税项目等方面。
第二轮改革	1999年8月30日	第九届全国人民代表大会常务委员会第十一次会议通过了第二次修正的《个人所得税法》,增加了"由国务院规定储蓄存款利息所得征收个人所得税的开征时间和征收办法"的内容。国务院随后规定,"对个人取得的储蓄存款利息所得开征税率为20%的个人所得税"。
第三轮改革	2006年1月1日	第十届全国人民代表大会常务委员会第十八次会议通过《关于修改〈中华人民共和国个人所得税法〉的决定》,将工资、薪金所得费用扣除标准自800元提升至1600元,并增加了"全员全额扣缴申报"的规定。

续表

	时间	主要内容
第四轮改革	2007年6月29日	国务院规定"对在2007年8月15日后孳生的储蓄存款利息所得按照5%的比例税率征收个人所得税"。之后又规定"对利息所得在2008年10月9日后的,暂免征个税"。
第五轮改革	2008年3月1日	第十届全国人民代表大会常务委员会第三十一次会议通过《关于修改〈中华人民共和国个人所得税法〉的决定》,将费用扣除标准自1600元提升至2000元。
第六轮改革	2011年9月1日	第十一届全国人大常委会第二十一次会议通过《关于修改〈中华人民共和国个人所得税法〉的决定》,调整了减除费用标准、税率表、申报时间等方面,向"提低、扩中、调高"的改革目标进一步完善。对工资、薪金所得,费用扣除标准由2000元增加至3500元,将税率结构由原来的9级减至7级,将最低边际税率由5%降至3%,扩大前两档(3%和10%)税率的适用范围,还取消15%与40%两档税率。

根据全国人大网《全国人大常委会办公厅6月30日新闻发布会》得知,于2011年通过调整工薪收入者的纳税面,纳税人数由原本的约28.0%下降为7.7%,由约8400万人减少至约2400万人。换句话说,2011年对《个人所得税法》的调整,一方面,使大概6000万人无须缴纳个人所得税。另一方面,通过调整工资、薪金所得税等超额累进税率及结构,使绝大部分的工薪所得纳税人在享受提高扣除费用标准的同时进一步减轻税负,并在一定程度上加大对高收入者的征税力度。

然而,到现在为止,我国个税改革着重点一直在于税率水平的高低以及免征额的大小,虽在一定程度上使居民的可支配工资得到提高,降低中低收入人群的税收负担,也加大对高收入人群的调节力度,但就个人所得税收入再分配的效益来说,依然存在"避重就轻"的问题。我国个人所得税免征额从800元提高到1600元,再到2000元,直到2011年提高到3500元,这种仅仅提高免征额的税改方式留下了较多问题,诚如岳希明(2012)所说,2011年的税改所追求的收入再分配效应的改善在很大程度上是不确定且不明朗的[6]。

2015年全国"两会"期间,贾康曾表示,个税相当边缘化,"目前,只有2800万人缴纳个人所得税,占整个人口总数不到2%",对于个税的现状,他认为"当前中国个人所得税法律制度的发展已明显不健康,甚至带有畸形特征"。

(二) 我国现行的个人所得税法律制度

1. 实行分类所得税制。中国的《个人所得税法》实行分类征收,将纳税人各项收入按来源性质划分为若干类。就目前来说，第二、第三条规定将征税范围划分为"工资、薪金所得；个体工商户的生产、经营所得；对企事业单位的承包经营、承租经营所得；劳务报酬所得；稿酬所得；特许权使用费所得；利息股息红利所得；财产租赁所得；财产转让所得；偶然所得以及经国务院财政部门确定征税的其他所得项目"等十一类。

在具体征税时，不同性质的收入减除不同限度的必要费用或损失，随后，再按照所对应的税率计征个人所得税额。工资、薪金所得适用5%—35%的7级超额累进税率；对个体工商户生产经营所得以及企事业单位承包承租经营生产所得实行5%—35%的5级超额累进税率；其他所得实行20%的比例税率，并根据规定适用加成征收或减征，如稿酬所得能按应纳税额减征30%，对一次收入畸高的劳务报酬所得可实行加成征收。

2. 以个人为纳税单位。关于纳税人的规定，其定义在现行《个人所得税法》的第一条就明确做出界定，我国采取的是以个人为纳税单位。

《个人所得税法》将纳税人区分为两种，即居民纳税人与非居民纳税人。前者就其来源于中国境内、境外的收入均需缴纳个人所得税，承担无限的纳税义务；后者则就从中国境内取得的所得征收个人所得税，承担有限的纳税义务。

3. 按月、按次计征的纳税期限。关于工资、薪金所得应缴纳的个税，按月计征。只有对特定行业的工资、薪金所得才能适用按年计算、分月预缴的方式缴纳个税。

对于个体工商户的生产、经营所得征个人所得税时，按年计征，分月预缴；对企事业单位的承包经营、承租经营所得应纳的税款，按年计征。两者均在年度终了后进行汇算清缴，多退少补。

《个人所得税法》中还规定了对"劳务报酬所得；稿酬所得；特许权使用费所得；财产租赁所得；利息、股息、红利所得；偶然所得和其他所得"按次计征，以每次收入额作为应纳税所得额。

三、个人所得税法现存问题及分析

（一）收入再分配效应

1. 从基尼系数看我国个税收入再分配效应。基尼系数作为确定居民收入分布、衡量居民收入分配差距的重要指标之一，对其估计和发布为学术界和业界所关注。公平的个人所得税等税收政策能在一定程度上降低基尼系数，而如果个人所得税成为工资税，则只能扩大贫富差距。

整理国家统计局公布的1995—2015年的基尼系数（见表2）后发现，自2000年以来，我国税收的基尼系数均超过了0.40的国际警戒线，民间机构测算的基尼系数更是达到了 0.61。从 2000 年至 2008 年基尼系数呈逐年上升的趋势,于 2008 年达到 0.491 的高峰。从 2009 年起逐步下降,首尾 8 年连续 7 次基尼系数回落。然而,对于基尼系数的回落,学者杨耀武和杨澄宇(2015)对 2003—2013 年进行城乡居民收入历史数据回溯并发现 2008—2013 年间居民收入基尼系数的连续 5 次下降中,只有 3 次统计是显著的,其他年份的收入差距完全有可能并没有发生变化,甚至可能出现基尼系数小幅度上升的情况,其连续 5 年下降的结论有待商榷。

表 2　　　　　　　　　我国 1994—2015 年居民收入基尼系数

年份	基尼系数	年份	基尼系数	年份	基尼系数
1995	0.389	2002	0.44	2009	0.490
1996	0.375	2003	0.479	2010	0.481
1997	0.379	2004	0.473	2011	0.477
1998	0.386	2005	0.485	2012	0.474
1999	0.387	2006	0.487	2013	0.473
2000	0.40	2007	0.484	2014	0.469
2001	0.41	2008	0.491	2015	0.462

资料来源:《中国统计年鉴》及中华人民共和国国家统计局网站整理而得。

可见,断定我国基尼系数从 2009 年开始进入下降趋势还为时过早。我国居民收入差距仍远远高于 0.4 的国际警戒线。

表 3 整理了发达国家 2005—2010 年税前税后基尼系数,基本上税前基尼系数均超过 0.4,而税后则下降较多,普遍较低,税后居民的收入差距明显小于税前的收入差距,因此,税收对居民收入差距的调整起到较为关键的作用。

表 3　　　　　　　　　2005—2010 年发达国家基尼系数

国家	税前基尼系数	税后基尼系数	国家	税前基尼系数	税后基尼系数
美国	0.486	0.378	日本	0.462	0.304
英国	0.506	0.345	德国	0.504	0.293
法国	0.483	0.293			

资料来源:整理学者余芳东《国外基尼系数》数据。

杨博等学者对我国城镇居民财产性收入进行了税前及税后的基尼系数测算,从 2008 年至 2011 年的税前基尼系数分别为 0.5573、0.5541、0.5639、0.5602;税后基尼系数分别为 0.5524、0.5489、0.5592、0.5538。由此可见,个人所得税对调节国内收入差距具有一定的正效应,但是,当前包括个人所得税等税收在内的宏观及微观调控工具,并不能够有效调节国内的收入差距。

2. 从居民收入分组税负情况看个税收入再分配效应。一般来说,个人所得税制度的制定应给收入分配带来改善,从而起到调节作用。根据 2011—2016 年《中国统计年鉴》中城镇居民家庭基本情况,将居民家庭平均分为五等级,分别为低收入户、中等偏下户、中等收入户、中等偏上户和高收入户。由于 2013 年以后没有公布居民的人均年收入,所以,仅对 2011 及 2012 年进行税负计算(见表4)。

表4　　　　　2011—2015 年按收入等级分城镇居民家庭基本情况

年份	项目	低收入户（20%）	中等偏下户（20%）	中等收入户（20%）	中等偏上户（20%）	高收入户（20%）
2015	人均年可支配收入(元)	12230.9	21446.2	29105.2	38572.4	65082.2
2014	人均年可支配收入（元）	11219.3	19650.5	26650.6	35631.2	61615
2013	人均年可支配收入（元）	9895.5	17628.1	24172.9	32613.8	57762.1
2012	人均年收入（元）	11467.105	18374.8	24531.41	32758.8	51838.08
	人均年可支配收入（元）	10351.855	16761.43	22419.1	29813.74	47210.555
	税负（%）	10.33	8.70	8.84	9.08	8.75
2011	人均年收入（元）	9785.36	15880.67	21439.7	29058.92	56674.19
	人均年可支配收入（元）	8774.055	14498.26	19544.94	26419.99	51714.685
	税负（%）	9.73	8.78	8.61	8.99	8.93

资料来源:整理 2012—2016 年《中国统计年鉴》中人均年收入和可支配收入并计算税负。

由表4可知,从低收入户到高收入户的个人所得税税负,并没有呈现上升趋势,低收入户税负反而更高。在 2011 年,低收入户的税负为 9.73%,特别是在 2012 年,低收入户的税负达到 10.33%,均处于所有组别中的最高;而高收入户的税负为 8.75%,其仅高于中等低下收入户的税负（8.70%）。综合 2011 年和 2012 年的税负情况,可见我国的个人所得税制度没有体现收入再分配效应,反而引起反向调节的作用。

(二) 不同收入群体的个人所得税公平分析

1. 实行分类所得税制的公平性问题。我国实行分类所得税制,不同所得类型之间往往容易形成公平问题,包括横向不公平和纵向不公平。

（1）纵向公平性问题。高收入人群与低收入人群最主要的差距体现在所能获得的财产性收入不同，以2011年、2012年（见表5）及2013年为例，2011年高收入户的工薪性、经营性和财产性收入，分别为低收入户的8.06倍、9.44倍、15.97倍。2012年分别为8.16倍、8.52倍、16.81倍。到了2013年，根据李升（2016）的数据发现，高收入户分别为低收入户的7.95倍、10.25倍、34.02倍。

表5　　　　　2011—2012年按收入五等份分农村居民家庭基本情况

年份	项目	低收入户（20%）	中等偏下户（20%）	中等收入户（20%）	中等偏上户（20%）	高收入户（20%）
2012	人均纯收入（元）	2316.21	4807.47	7041.03	10142.08	19008.89
	工资性收入（元）	993.42	2053.75	3196.41	4789.21	8109.60
	经营纯收入（元）	937.74	2216.22	3124.74	4330.36	8500.09
	财政性收入（元）	52.66	84.76	143.18	236.67	885.33
	转移性收入（元）	332.39	452.74	576.70	785.83	1513.87
2011	人均纯收入（元）	2000.51	4255.75	6207.68	8893.59	16783.06
	工资性收入（元）	861.02	1792.19	2739.84	4083.70	6943.62
	经营纯收入（元）	824.87	2018.59	2856.74	3947.58	7784.39
	财政性收入（元）	49.58	84.25	142.42	212.07	791.71
	转移性收入（元）	265.04	360.71	468.69	650.24	1263.35

资料来源：2012—2013年《中国统计年鉴》。

根据2000年至2011年在我国居民分类别收入占比，工薪所得的比例呈下降趋势，而财产性收入占比上升。

然而，从2000—2015年我国个人所得税分类别收入的份额趋势如图1所示。整体看来，我国工资、薪金所得税收收入处于上升趋势，仅在2006年有小幅度下降，于2015年达到65.23%。财产所得税税收与经营所得税税收的比重整体呈现降低的态势。居民分类别收入占比与个人所得税分类别收入趋势竟截然相反，由此可见，若按目前分类所得征收税制，对高收入人群的调节效果较差。

（2）横向公平性问题。个人所得税沦为"工薪税"。以2013—2015年为例（见表6），个人所得税总收入持续增加，从6531.52亿元上升到8617.26亿元，其中，工资、薪金所得占个人所得税总收入超过六成，在2014年及2015年更是超过65%。

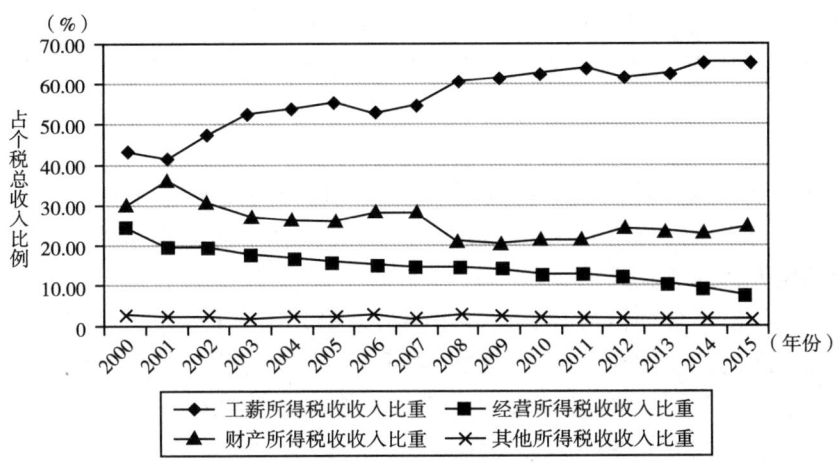

图 1　2000—2015 年我国个人所得税分类别收入的份额趋势

表 6　　　　　　　2013—2015 年全国个人所得税分项目收入情况　　　　　　单位：万元

年份	2015		2014		2013	
合计	86172598	100%	73765974	100%	65315273	100%
1. 工资、薪金所得	56212652	65.23%	48201301	65.34%	40950031	62.70%
2. 个体工商户生产、经营所得	4822704	5.60%	5206926	7.06%	5771038	8.84%
3. 企事业单位承包、承租经营所得	1524678	1.77%	1538851	2.09%	1218131	1.87%
4. 劳务报酬所得	2652130	3.08%	2071737	2.81%	1741264	2.67%
5. 稿酬所得	52387	0.06%	47387	0.06%	43584	0.07%
6. 特许权使用费所得	33573	0.04%	44563	0.06%	22705	0.03%
7. 利息、股息、红利所得	9043438	10.49%	7779758	10.55%	7256432	11.11%
其中：储蓄存款利息所得	3223	0.00%	4650	0.01%	19447	0.03%
8. 财产租赁所得	398505	0.46%	351649	0.48%	283106	0.43%
9. 财产转让所得	9826208	11.40%	7061375	9.57%	6763307	10.35%
其中：限售股转让所得	2767785	3.21%	1866433	2.53%	1506082	2.31%
房屋转让所得	2721252	3.16%	1709275	2.32%	2136550	3.27%
10. 偶然所得	996400	1.16%	939739	1.27%	774665	1.19%
11. 其他所得	422700	0.49%	380075	0.52%	373473	0.57%
12. 税款滞纳金、罚款收入	187223	0.22%	142613	0.19%	117537	0.18%

资料来源：2014—2016 年《中国税务年鉴》整理并计算所得。

此外，工资、薪金等劳动所得的最高税率达到45%，而利息、分红等财产所得税，或是偶然所得，其所适用的却是20%的税率，这种对劳动所得征税重、对非劳动所得征税轻，不仅打击了劳动者劳动的积极性，也有失个人所得税税收横向公平。

2. 以个人为纳税单位的公平性问题。当前，我国法律规定对个人所得税征收选择以个人为纳税单位。但是，这不仅没有考虑每个具体个人的实际税负负担，也容易忽视不同纳税人背后的家庭情况。

生活中往往出现多种情形，假设其中两种情形，第一种是，A未婚，目前单身，月薪一万元，那么其在扣除个人所得税后生活仍然较为宽裕；另一种较为极端的情形是，A是其家庭中唯一的收入来源，上有年迈的父母久病在床，下有初生的婴儿呱呱坠地，那要其同样缴纳近800元每月的个税，用剩余的工资养活一家几口未免过于残酷。

导致家庭之间经济差异的原因之一在于，所要抚养的未成年人以及赡养的老年人数量不同。对于那些仅少数家庭成员有经济收入，却要求他们承担起其整个家庭全部费用的纳税人来说，以个人作为纳税单位无疑会增加他们的税收负担，影响他们的生活水平和质量。

自20世纪80年代计划生育基本国策执行起，30多年来，"421"（即4个老人+2个中年人+1个儿童）的家庭结构在我国成为典型，三代同堂、四代同堂也较为常见。近年来，我国的人口年龄呈老龄化趋势，15至64岁的人口逐年减少，65岁以上的人数持续增加（见表7）。少儿抚养比、老年抚养比、总抚养比都呈连年增加的态势。据估计，中国老年人口比例将会在2015—2035年的20年时间里，比2015年增加1倍。

表7　　　　　　　　　　　　人口年龄结构和抚养比

年份	按年龄组分			总抚养比	少儿抚养比	老年抚养比
	0—14岁	15—64岁	65岁及以上			
2011	16.5	74.4	9.1	34.4	22.1	12.3
2012	16.5	74.1	9.4	34.9	22.2	12.7
2013	16.4	73.9	9.7	35.3	22.2	13.1
2014	16.5	73.4	10.1	36.2	22.5	13.7
2015	16.5	73.0	10.5	37.0	22.6	14.3

资料来源：2012—2016年《中国统计年鉴》。

从个人所得税的免征额看，法律规定的费用扣除标准仅仅包含每月3500元或4800元的生计费用，均没有单独抚养或赡养家庭成员的支出。因此，以个人作为纳税单位的超额累进税率征收机制,使家庭中所需抚养人口数目与纳税人的税负成反比,所需抚养人口越多的纳税人的税负越重,反之,税负越轻。表 8 是我国不同收入群体平均每个劳动力负担人口 2011 年、2012 年的统计情况。

表 8　　　　　　　　不同收入群体平均每个劳动力负担人口

年份	项目	低收入户（20%）	中等偏下户（20%）	中等收入户（20%）	中等偏上户（20%）	高收入户（20%）
2012	平均每个劳动力负担人口	1.51	1.47	1.41	1.35	1.26
2011	平均每个劳动力负担人口	1.52	1.46	1.40	1.34	1.27

资料来源:2012—2013 年《中国统计年鉴》。

由表 8 可知,我国高收入人群平均负担的人口比低收入人群少,因此,个人所得税费用扣除标准更应关注纳税人背后的家庭情况。尤其是 2016 年起实施全面二孩政策,若继续遵循目前"一刀切"的税制进行缴税,不考虑纳税人家庭实际抚养及赡养系数,对于绝大多数人来说,3500 元的免征额面对日渐高涨的物价,实在有点无力从心。"全面二孩"实际上提高了居民的税负水平。

3. 按月为纳税期限的公平性问题。如今看来,失业与再就业成为常态,按现行按月或按次计征制度往往导致非均衡收入税负高于均衡收入税负。就业时,工资薪酬达到缴纳个税标准需要上交个税,而失业时却没有收入,这对非均衡收入者的税收有失公平,也极易造成纳税人税负不公平。

4. 高收入群体的逃税避税分析。高收入群体较低收入群体有更大的权力,这部分群体往往是企业的股东,或是公司高管。谈到高收入群体的逃税避税,笔者不得不提及企业所得税制度,我国企业所得税在费用扣除方面较为宽松,企业自用的两车一艇的进项税额也能依法抵扣增值税。这就造成了企业股东或是高管更愿意将这些支出纳入公司费用,享受着公车私用、公款吃喝、公务旅游的同时,既可以减少公司直接发放给个人的工资、薪金,以逃避较多较高的个人所得税,又能为公司带来抵扣增值税及企业所得税的好处。这也就是部分群体高消费、低税负的原因。

此外,高收入群体一般会选择低收入、高股利的分配方式避税。按当前分类税制进行缴税,同样的月薪 10 万元,如果按工资、薪金标准缴税,则需缴纳近 3 万元的个人所得税,若按利息、股利、红利所得,只需缴税 2 万元,并且这个差异将随着高收入群体工资的增加而快速增加。

四、个人所得税的完善方向

(一) 个人所得税税制改革的总体思路

常常有人把个人所得税问题归根为免征额高低问题,然而"一个税制有许多变量,应通盘考虑、合理设计,若仅仅抓住个税免征额这一个变量就说其决定一切是不科学的态度"。上文已对当前个人所得税现存问题进行论述,因此,对于个人所得税法律制度的改革应该考虑更多因素。

1. 实行综合与分类相结合征收模式。对于我国个人所得税法律税制的改革不能一蹴而就,应采取循序渐进的改革方式,以防止社会矛盾和争议爆发。有学者提出"个税税制的设计思路和实现路径分短、中、长期三个不同时期"。

一般认为,个人所得税法律制度的征收模式分为分类所得税制、综合所得税制与分类综合所得税制三种。

其中,分类所得税制分别计算应纳税额的个人所得税,其以"源泉扣缴"为基础,便于征收,能够控制税源,却带来许多不公。综合所得税制综合纳税人全年所得总额,减除法定费用扣除标准后按照累进税率进行征税,充分体现了税收的公平原则,被发达国家广泛使用,但对纳税人的纳税意识和征管部门的征管技术有较高要求。从各国实际的税制来看,真正纯粹的分类或是综合税制的国家较少,大多数国家的课税模式既包含分类,也包含综合的思想,即使美国征管手段与流程均相对完善,但是理想中纯粹的综合所得税制也未能完全实现。

保持当前分类税制情况下,我国现行的超额累进机制对高收入群体来讲,其效果甚微,对高收入群体如同隔靴搔痒。从分类所得税制向分类与综合相结合的混合课税模式改革,可减少分类所得税制中不同来源的相等收入最终因税负不同所造成不公平问题的"税收扭曲"。由于我国的征管技术水平和纳税人纳税意识等现实条件欠佳,相比典型的综合所得税制,混合课税模式能减少推行综合所得税制带来的高额成本。因此,综合与分类相结合的课税模式是我国目前最佳的模式选择。

对于综合与分类相结合的税制如何分类、如何综合的问题,借鉴日本的做法,按年计算。对于易于把握的所得,如连续性、劳务性如工资薪金、劳务报酬等经常性、经营性收入以及对利息、股息、红利等投资性收入先按分类征收,源泉扣缴。年度终了后,实行综合计征,综合全年总收入,包括上诉分类所得以及其他所得,自行申报,按超额累进机制进行汇算清缴,多退少补。

这种分类综合所得税制,把工薪所得和其他所得综合,覆盖入超额累进机制中,从而减少收入来源多元化的高收入群体的逃税、避税,缓解部分富豪拿"一元年薪""低收入、高股利分配方式"避税的问题,大幅度增加高收入群体的边际税率,确保个人所得税切实成为"富人税",摆脱成为"工薪税"。

2. 以家庭作为纳税单位。家庭是社会生活的基本单位,居民的开销常常以"家庭"的形式展示。对于个人所得税的征收,应考虑纳税人的家庭。

相较于我国,发达国家在个人所得税费用扣除方式和税收抵免的相关问题上进行了较为复杂的制度设计。从我国与美国、日本、法国等发达国家的个人所得税在纳税单位及费用扣除标准等方面对比(见表9)来看,美国及法国都以家庭作为纳税单位,按年征收个人所得税。即使是以个人作为纳税单位的日本,也在费用扣除标准的设计上考虑到老人、小孩等家庭成员的抚养问题、教育问题、住房问题等民生问题。然而,我国现行的个人所得税法中却没有对与教育、住房、家庭成员抚养等相关的问题进行相应的税收处理。近年来,随着抚养比的上升,我国完善《个人所得税法》更应适当考虑纳税人背后的家庭情况。

表9　　　　　　　　　　不同国家的个人所得税规定

	美国	日本	法国	中国
纳税单位	单身、已婚合报、已婚各自申报以及户主	居民和非居民个人	家庭	个人
扣除方式	1. 标准扣除 2. 分项扣除：医疗费用类；房产税等特定税支出；投资贷款利息、住房按揭贷款利息等利息支出；慈善捐赠；盗窃或伤亡损失；教育培训支出；工作相关支出；其他（纳税人自主选其中一种）。	纳税人本人的基本扣除、双亲老人抚养扣除、残疾人或老年人的增加扣除、配偶者扣除、抚养扣除、损失保险费扣除、捐赠款扣除、小规模企业共济款扣除等。	定额扣除、累进扣除和固定比例扣除。 对家庭成员征税区分成年人和未成年人。	工资薪金：基本标准费用扣除（3500元或4800元）；社会保险支出等。 个体工商户生产、经营所得：扣除成本、费用以及损失等。
税收抵免	1. 现金抵免（参与高等教育等美国机遇税收抵免政策；劳动收入税收抵免）。 2. 非现金抵免（儿童及被抚养人税收抵免；老年人和残疾人税收抵免；退休储蓄贡献税收抵免；儿童税收抵免）。	法人税抵免、外国税额抵免、长期住宅贷款特别抵免。	若已婚夫妇都参加工作,则照顾小孩的费用可获抵免、教育费用抵免等。	已在境外缴纳的税款抵免。

同时,伴随着房地产的市场化,居民房贷压力空前巨大,借鉴美国的做法,可通

过对销售房屋等建筑物的资本利得的税收处理、家庭住房抵押贷款利息的扣除、首次住房购买支出的扣除等方面来减轻中低收入群体的税收负担。

全国政协委员、财政部会计标准战略委员会委员张连起也谈道:"对《个人所得税法》的修订,要建立"基本扣除+专项扣除"的机制,适当增加再教育、赡养抚养、首套房贷利息等支出的专项扣除,减轻中低收入群体的生活压力。"

此外,以家庭作为纳税单位,使用的基本扣除和专项扣除机制也应按物价指数进行调整,如英美两国。相同物价水平条件下,如果发生通货膨胀,即使名义货币收入有所增加,实际货币收入却在减少。因此,如果仍按当前这种非弹性的免征额进行扣除,则加重了绝大多数只获得少量收入的群体的生活压力。

3. 简税制、低税率。较简单的税制结构可以降低税收征管的复杂程度,提高征管效率,减少征管部门的征管成本和纳税人的遵从成本。较高的最低边际税率能够减少低收入群体的税负;较低的最高边际税率也能够降低高收入群体逃税避税的动力。

我国个人所得税法对于工资、薪金所得在2011年进行了修订,降低了低收入税级的税率,简化了税率结构的复杂程度(见表10)。然而,前三税级对应的纳税所得额分别为1500元,1500元至4500元,4500元至9000元,级距较小,使中低收入群体往往很容易被征较高税级。

表10　　　　　　　　工资、薪金个人所得税税率对比图

2011年修改前		2011年修改后	
级　距	税率(%)	级　距	税率(%)
1. 不超过500元的	5	1. 不超过1500元的	3
2. 超过500元至2000元的部分	10	2. 超过1500元至4500元的部分	10
3. 超过2000元至5000元的部分	15		
4. 超过5000元至20000元的部分	20	3. 超过4500元至9000元的部分	20
5. 超过20000元至40000元的部分	25	4. 超过9000元至35000元的部分	25
6. 超过40000元至60000元的部分	30	5. 超过35000元至55000元的部分	30
7. 超过60000元至80000元的部分	35	6. 超过55000元至80000元的部分	35
8. 超过80000元至100000元的部分	40		
9. 超过100000元的部分	45	7. 超过80000元的部分	45

资料来源:《中华人民共和国个人所得税法》(2011年修订)。

对比以美国、日本等为代表的发达国家的个人所得税制度如表 11 所示。

表 11　　　　　　　　不同国家的个税边际税率及等级划分

国家	最低边际税率（%）	最高边际税率（%）	等级
中国	3	45	7
美国	10	35	6
加拿大	15.25	29	4
日本	10	37	4
韩国	9	36	4
新加坡	4	22	6

资料来源：结合个税改革需要知行合一等期刊文献；国际货币基金组织（IMF）网站数据。

我国个税制度最低边际税率低于其他国家，最高边际税率高于其他国家，划分等级也较其他国家为复杂。由于最高边际税率偏高（45%），纳税人对征税的抵触情绪较高，高收入人群有更多逃税避税的动力，这也是在我国高税级征税效果欠佳的原因之一。在一定程度上也导致高新企业人工成本的增加，抑制了高端人才引进。因此，适当简化税制，减低税率是个人所得税制度另一完善方向。

（二）加强对个人所得税征管

1. 增强纳税人的纳税意识。公民纳税意识是影响税收征管效力和保证税收稳定的重要因素。分类综合所得税制以纳税人自主申报为前提，因此，现行税收管理中，应加强纳税人的纳税意识，增强其依法纳税的主动性。尤其是对高收入群体，因其逃税避税行为最为严重，逃税避税的空间更大，方式也更多。

对于纳税意识的提高，在政策层面上，国家应对国民进行相关的宣传、教育，另外，通过提高国家财政收支的透明程度，用途明晰化，只有把税收真正转变为公共服务，让纳税人明白自己缴纳的是"明白税"，政府用的是"明白钱"，才能起到关键作用。让纳税人意识到自己的纳税行为不仅仅是为了守法，更是爱国的"匹夫之责"。

2. 强化纳税监控管理。我国 2005 年颁布的《个人所得税法》实行源泉扣缴与自行申报相结合的征收方式，这个自行申报甚至可以看作个税综合税制的试点，不过现在看来，这项改革应该算是失败的。失败的原因，在于目前条件下，税务部门无法掌握个人真实的收入情况。

（1）要充分利用当前科技，实现信息化征收。其一，实行终身化的公民税务代码制度，纳税人自行申报信息与雇主申报信息进行交叉稽查。

由于我国目前个税采取源泉扣缴和自行申报两种纳税方式,因而也能对纳税人自行申报信息与雇主申报信息进行交叉稽查。全面整合税务、工商、社保等信息,确保个税申报的工资薪金所得与社保、年金缴费基数匹配,对不匹配的单位及个人纳入国税局与地税局重点关注的纳税疑点检查的对象范围。

结合监控企业信息库、企业关联人员信息库,加强对高收入群体的个税征管,以非工资、薪金所得为重点,加强对财产转移、利息、股息、红利所得及生产经营所得等的征管力度。并将"灰色收入"纳入个税的征税范围,特别是对于与企业实际经营无关的费用要严格征管,堵塞个人所得税的税收漏洞。例如,当企业在进行企业所得税和增值税预缴纳税申报时,要求其将个人支出单列,并规定不允许扣除企业所得税同时计征个人所得税,如公司高管或股东公车私用,其不但可以抵企业所得税,又能用购车款和加油费抵扣增值税。换句话说,比起普通人,公车私用至少少支出了42%的购车费和17%的加油费。

其二,实名办税,建立纳税人信息系统。

在这个科学技术快速发展的年代,推行非现金结算成为可能。税务应与银行合作,尤其是对现金流的监控,最终目标是让税务机关与其他政府部门信息能够交流畅通,能获取完整信息,这是突破传统征管模式的关键。实现实名办税制度,建立一套纳税人信息管理系统;在确保合乎法律法规与个人信息安全的前提下,多渠道、多角度收集居民和非居民的家庭情况、收入、财产等相关信息,运用大数据等科学技术,改变现今的收入监管方式,提高对居民信息监测水平。

同时,为方便纳税人申报纳税,税务机关应为纳税人提供多渠道申报和缴纳个人所得税,如可直接到税务机关,通过互联网,或是通过手机等。

(2)有效实施税法,采取严格的稽查措施,加强处罚措施。

有效实施税法,应打通个人所得税与其他税种之间的链条,建立个税与其他税种的关联性评估平台,确保个人所得税和其他税种协同,避免政策导向不协同,如企业所得税与个人所得税规定的公益性捐赠政策不统一或重复征税问题。

加强对逃税避税纳税人的处罚措施。如在加拿大,纳税人填税务报表时必须宣誓,确保所填内容正确,这就是常说的"良心保税"的制度,其对不诚实纳税人处罚严苛,情节严重者判处5年的监禁。对于查实逃税避税的纳税人,通过严格的惩戒措施使其为逃税行为付出高额的代价,从而提高纳税人纳税的诚信度。

五、结　语

通过对现行的《个人所得税法》的发展历程出发,阐述其相关规定,并结合以往学者研究及基尼系数、居民收入等数据对其现存问题进行分析。笔者发现个人所得税主要的问题在于没有体现收入再分配效应,也没有充分体现税收公平。因此,本文对某些问题进行分析后,提出实行综合与分类相结合税制、以家庭作为纳税单位和简税制、低税率等改革思路,以及如何加强对个人所得税征管的针对性的建议。

由于研究条件和研究能力的制约,没有进行更深入研究,本文测量税收的收入再分配效应时主要利用国家统计局公布的基尼系数及《中国统计年鉴》中的家庭收入分组数据。而《中国统计年鉴》分组数据本身只是提供抽样样本的平均值,以此为基础对个人所得税再分配效应结果可能存在少许偏差,有待于在今后的研究中作进一步的探讨与挖掘。

参考文献

[1] 岳树民,卢艺,岳希明. 免征额变动对个人所得税累进性的影响 [J]. 财贸经济,2011 (2):18 - 24,61.

[2] 徐建炜,马光荣,李实. 个人所得税改善中国收入分配了吗——基于对1997—2011年微观数据的动态评估 [J]. 中国社会科学,2013 (6):53 - 71,205.

[3] 岳希明,张斌,徐静. 中国税制的收入分配效应测度 [J]. 中国社会科学,2014 (6):96 - 117,208.

[4] 马国强. 论个人所得税基本模式 [J]. 税务研究,2013 (9):3 - 9.

[5] 高培勇. 论完善税收制度的新阶段 [J]. 经济研究,2015 (2):4 - 15.

[6] 岳希明,徐静,刘谦,丁胜,董莉娟. 2011年个人所得税改革的收入再分配效应 [J]. 经济研究,2012 (9):113 - 124.

[7] 杨耀武,杨澄宇. 中国基尼系数是否真地下降了?——基于微观数据的基尼系数区间估计 [J]. 经济研究,2015 (3):75 - 86.

[8] 余芳东. 国外基尼系数 [J]. 调研世界,2013 (5):57 - 60.

[9] 杨博. 我国城镇居民财产性收入研究 [D]. 西南财经大学,2013.

[10] 李升,杨武. 个人所得税改革:以促进公平为视角 [J]. 税务研究,2016 (2):50 - 52.

[11] 刘扬,冉美丽,王忠丽. 个人所得税、居民收入分配与公平——基于中美个人所得税实证比较 [J]. 经济学动态,2014 (1):9 - 17.

[12] 韩洋洋,金鑫. 我国个人所得税实行以家庭课税的问题研究 [J]. 中国商论,2016 (2):155 - 157.

[13] 薛耀洁. 以家庭为单位的个人所得税改革研究 [D]. 兰州财经大学,2015.

[14] 高凤勤,汤慧质. 全面二孩政策背景下的个人所得税改革 [J]. 税务研究,2016 (11):44 - 47.

[15] 个人所得税改革方案及征管条件研究课题组,高培勇,杨志强,王炜,石坚,张斌,蒋震. 个人所得税改革方案及征管条件研究 [J]. 税务研究,2017 (2):38 - 44.

[16] 李炜光,陈辰. 以家庭为单位征收个人所得税的制度设计问题——基于三种所得税征收模式的讨论 [J]. 南方经济,2014 (8):44 - 55.

[17] 岳树民,卢艺. 世界主要经济体个人所得税课税模式及对我国的启示 [J]. 中国税务,2010 (11):18 - 20.

[18] 李学林,李晶. 美国个人所得税中对房地产相关问题的处理[J]. 山西财政税务专科学校学报,2011(4):34-36.

[19] 刘天宇. 中日个人所得税扣除制度之比较[J]. 时代金融,2014(2):89-90.

[20] 温文林. 我国个人所得税工资薪金费用扣除制度研究[D]. 西南财经大学,2014.

[21] 张敬石,胡雍. 美国个人所得税制度及对我国的启示[J]. 税务与经济,2016(1):97-102.

[22] 廖筠,武秀芳,董若斌. 考虑家庭结构的个人所得税费用扣除标准分析[J]. 财经问题研究,2017(2):73-79.

[23] 李迅雷. 个税改革:需要知行合一[N]. 中国联合商报,2017-03-13,A04.

[24] 罗昌财,宋生瑛. 论企业所得税与个人所得税的协同[J]. 税务研究,2016(8):38-42.

[25] 张莉,张虹,沈君怡. 中外个人所得税比较研究[J]. 财会通讯,2016(13):114-117.

减费降税政策对地方财政和经济发展影响探析

荆门市财政局 董世元 黄永贵 杜云峰

近年来，中央、省市深化财税体制改革，相继出台了包括营改增在内的一系列减费降税政策，有效发挥了税收对经济的调节促进作用，用短期财政收入的"减"换取持续发展势能的"增"，为经济保持中高速增长、迈向中高端水平打下坚实基础。为正确把握减费降税政策对地方财政和经济发展带来的影响，努力做好新时期下的各项财政工作，笔者结合荆门市实际，就相关问题进行了探讨。

一、减费降税政策主要成效

（一）减税负、降成本，有效激发企业活力

自2012年12月实行营改增试点以来，国家减费降税政策陆续出台，企业税费负担不断减轻。以荆门市为例，2016年全市共为企业降低成本16.7亿元（企业税费直接减负10.3亿元，制度性交易成本1.3亿元，融资成本1.1亿元，企业用工成本1.4亿元，用电成本2.6亿元），惠及全市90%以上的工业企业。预计2017年将为企业直接减负8.26亿元，其中减税5亿元、涉企收费3.26亿元。税制改革红利的持续释放，有效降低了企业税收成本，增强了企业发展能力，激发了经济主体活力，促进了地方经济健康协调快速发展。2016年，荆门市实现地区生产总值1202.6亿元，增长10.5%；规模以上工业增加值655.75亿元，增长13%，总量居全省第4位；全社会固定资产投资1014.64亿元，增长27.7%；地方一般公共预算收入59.84亿元，增长18.1%。2017年1—7月，全市固定资产投资、一般公共预算收入（同比）增幅全省第一，规模以上工业增加值、出口总额增幅全省第二。

（二）转方式、促转型，优化地方经济结构

各项减税降负政策短期可为企业减负、增加企业投资积极性。长期来看，对推动全市三产融合、产业转型和结构优化的意义重大，加速推进了传统企业转型和重组。2016年，荆门市政府相继出台了支持工业经济、现代农业、现代服务业发展等若干

意见，市级财政安排资金 1.4 亿元支持企业发展，落实企业控息单、缓税单和退城进园单制度，支持中国农谷农副产品加工、钟祥农产品加工和东宝磷化工等产业集群纳入省重点扶持行列；完善财政支持招商引资办法，引入长丰猎豹汽车、金泉新材料动力电池等一大批新产业、大产业项目落户荆门，并由财政出资 1.5 亿元，支持汽车产业进行新产品研发，彻底改变了荆门产业结构现状；完善现代服务业财政扶持办法，大力支持现代服务业发展，2016 年全市现代服务业占地区生产总值比重提高 2.7 个百分点，限额以上商贸企业从 266 家增加到 679 家。2016 年，全市三产业结构为 14.0∶51.9∶34.1，第一、二产业比重分别比上年下降 0.5 个、0.6 个百分点，第三产业上升 1.1 个百分点。

（三）履职能、促改革，培育壮大地方税源

财税部门在落实政策的同时，加强协作配合，实事求是地抓好税源摸底、财源分析、收入测算、业务衔接、风险防控等工作，确保各项政策落到实处。在政策落实的过程中，全市财政部门切实履行财政职能，紧紧围绕地方党委政府重大战略决策部署，抓改革、抓创新，相继出台了含金量高的一系列财政政策。比如，"支持工业发展 30 条""创新创业 30 条""促进招商引资推动创新发展十项政策""骨干财源建设五项举措"等等，2016 年，全市财政部门先后筹措资金 25.3 亿元兑现各类惠企政策，将财力重点向高科技成果转化和高新技术产业项目、骨干税源等行业企业倾斜，同时大力支持工业园区建设、企业上市进行股权融资、债券融券项目，大力支持循环经济和航空装备制造业，以及高科技人才引进等等，不断优化地方经济发展环境，为做优做强地方税源打下了坚实基础。2016 年，全市净增市场主体 12734 户，企业注册资金增长 62.98%；新增亿元企业 68 家、规模以上企业 140 家，分别达到 423 家、922 家。省级工程中心、研发中心和重点实验室达到 16 家，新增高新技术企业 20 家，高新技术产业增加值达到 114 亿元。

（四）改税制、调体制，加快财税改革步伐

各项减税降费政策实施将深刻调整中央和地方政府间财政关系，有利于进一步理顺中央和地方收入划分，推进合理划分政府间事权和支出责任等改革，以此不断提高政府调控能力。近年来，荆门市结合外地做法和地方实际，不断调整完善县市区财政管理体制，制定并实行"收入下划、属地征管、核定基数、增量分成（同增同减），体现激励、暂定三年"市区分税制财政管理体制。譬如，在现行财政体制中建立项目异地落户收入分享机制和税收收入增长奖励机制。对新引进项目落户到其他县（市、区）的，项目建设及投产后缴纳的城市维护建设税、教育费附加、地方教育附加中地方分享部分，由落户方分享；其他税收收入的地方分享部分，项目引进方与落户方按 5∶5 的比例分享。对当年区级地方税收收入增幅高于市区平均水平的区，市

从当年市级分享的增量财力中,安排一定资金给予奖励等等,体制的调整进一步理顺了市区事权关系,明确了支出责任,充分调动了各地培植财源、抓发展的积极性。2016年,荆门高新区和东宝工业园分别居省级开发区综合考评、竞进提质竞赛第一名,京山经济开发区升格为省级高新区;所辖钟祥市和东宝区连续六年跻身全省县域经济20强。

二、存在的主要问题

(一)财政减收的格局短期内难以改变,进一步加剧了地方财政收支矛盾

一方面,减税降费造成财政"硬减收"。一是直接减收。以荆门市为例,2017年1—7月,财政直接减收24654万元(营改增行业税负下降、抵扣范围扩大等减收6427万元;小微企业税收起征点提高、减半征收企业所得税等减收4478万元;科技型中小企业研发费用加计扣除减收1800万元;地方教育附加由2%下降到1.5%减收3503万元;停征行政事业性收费减收8446万元)。二是体制调整减收。营改增后因财政体制调整,2014年基期年地方净减少财力8123万元。由于中央对地方实行定额补助,以后增量财力减少更多。三是征管方式变化减收。营改增后因征管主体和征管方式变化,大部分纳税户将达不到增值税起征点要求,原来的一票制征收难度增加,预计2017年减收1.5亿元以上,且因主税种增值税的减收,将带来附加税城建税、教育费附加减收5000万元左右。另一方面,财政支出刚性增长趋势未变。在落实中央、省减费降税政策的同时,地方财政配套中央、省出台了一系列支持实体经济发展政策措施,这些归根到底都由财政"买单"。比如支持产业发展的财政贴息奖补政策,支持企业上市、重组财政减税返税免费、行政事业性收费取消后对单位的补助,将行政审批前置服务中介服务收费纳入政府购买服务范畴等等,增加了地方财政支出。据初步统计,今年1—7月,全市财政部门兑现支持企业创新发展、总部经济发展、新经济发展、新能源汽车发展、通用航空产业发展,高层次人才引进,固定资产投资补助、基础设施建设补助、上市企业挂牌奖励和再融资及发债奖励等各类政策资金19.6亿元。"放水养鱼"是一个长期的过程,减费降税对实体经济休养生息的作用,需要很长时间来培育,财政减收的格局在短期内难以改变,各类发展支出压力剧增,地方财政将要经受很长一段时间的"阵痛期"。

(二)地方配套政策的落地效率和效益有待进一步提高

为确保减税降费政策真正落地生根,发挥其应有作用,荆门市在支持创新创业、产业转型发展等方面出台了一系列配套政策,有力地支持了实体经济发展。从相关配

套政策的落实情况看,还存在一些不容忽视的问题:一是配套政策制定不够精准。一方面,为响应上级号召,落实地方党委决策部署,政府相关经济职能部门都在制定出台新的优惠政策,由于部分政策调整过快,新旧衔接不到位,导致前后口径标准不一,加之宣传不够深入,造成少数政策知晓面不广,市场主体的获得感不强。另一方面,部分政策制定时,由于门槛标准设计过高,导致政策执行仍停留在"纸面上"。比如,荆门市围绕新能源汽车产业发展制定了很多优惠政策,但享受对象分别须取得工信部准入资质、2017年主营业务收入达到10亿元以上,由于汽车行业属全市新兴产业,市内企业暂未达到条件,不能享受优惠政策。二是配套制度的滞后造成政策落地难。比如,在支持创新创业方面,2015年以来,荆门市出台了很多"含金量"高的财政政策,也准备了不少真金白银,每年财政安排几千万的资金,但资金使用效率不高,表面上看是政策落地效果不好,实际上还是配套制度设计上出了问题,导致与实际脱节(如,吸引创新创业主体的不只是"利"的诱惑,还包括一个地方的经济环境、人文氛围、交通和生态环境等等多个方面)。此外,为确保资金安全,相关政策兑现要按程序由各地、各部门受理、汇总、审核,部分政策还需审批后方可兑现,工作流程较为复杂,造成政策兑现不够及时。三是市场主体的政策落实难以把握。目前的情况是各类优惠政策密集出台,但企业未必就真正"享用"好了。譬如,实施减税降费让利后,企业将节省的成本投向哪里,是不是投入到再发展、再研发,投入多少能产生多大效益,能为财政增加好多收入,无法估量和把握。如果企业将节省的成本投入到一些无效的生产供给中,那么减税降费政策效应就会大打折扣。

(三) 创新型小微企业税收优惠政策有待进一步完善

从当地税务部门了解的情况看,目前在兑现创新型小微企业税收优惠政策上存在一些问题和不足。一是创新型小微企业优惠范围过窄。首先,目前对小微企业有"小型微型"和"小型微利"的划分,不同的优惠政策适用不同的划分范围,这会给纳税人和征税机关造成极大的困扰,纳税人和税务机关都需要花费大量的成本研究其适用的政策,造成很高的遵从成本。其次,认定标准过于严格,相当一部分创新型小微企业由于技术上的要求,购进了一些价值高昂的设备,资产规模超过了小微企业的认定范围。但是小微企业处于发展初期,成本投入较大,企业利润率偏低,在市场竞争中处于非常不利的地位。二是优惠政策目标过于笼统。小微企业数量巨大,营业范围也涉及各行各业,由于规模较小,很大一部分小微企业的经营管理和会计账簿都很不规范,尤其是一些家庭式的小作坊根本无法划分经营和家庭的费用支出,这就给一些纳税人制造了偷逃税款的机会,造成国家财政收入损失。而且,针对所有的小微企业实施统一的优惠政策,实际操作的难度非常大。而创新型小微企业,既是创新型高新技术企业的雏形,又是小微企业中的优质群体,有着更大的发展潜力。三是税收优惠形式单一。我国现行对小微企业的税收优惠政策形式单一,主要是税基式减免和税率式减免，但由于创新型小微企业和普通中小企业的经营方式和企业特点不同，这些优惠政策并没有有效地降低创新型小微企业的税负。创新型小微企业一般进行的是一些技术含量高的生产经营活动，需要大量的成本去引进先进的设备、技术和人员。所以，针对创新型小微企业税收的优惠政策应该注重解决企业研发支出的问题，允许企业对购进的固定资产进行加速折旧或者提高企业研发支出加计扣除的比例。

三、相关对策建议

（一）进一步完善地方配套政策，切实发挥政策"组合拳"效应

中央、省出台的一系列减费降税政策相当于是推进供给侧结构性改革这场大"宴席"中的"主打菜"，要把"宴席"办好，达到预期效果，还需要地方结合各自实际，及时拿出本地"特色菜"，达到"各炒一盘菜，共办一桌席"，将政策"组合拳"效应发挥到最大，不断夯实财政持续稳定增收的经济基础。因此，在配套政策制定上，地方财政部门要加强对接、靶位精准，重点突出"三个着力"：一是着力优化环境。一方面财政管理体制机制要与简政放权，加快转变政府职能等全方位释放市场潜力的举措相匹配，进一步厘清市、县（市区）之间事权财权，理顺分配关系，充分调动各层级发展经济的积极性。另一方面，着重抓好市政及工业园区规划、基础设施投入及配套功能建设等，增强区域的集聚与辐射能力，并结合财政资金补贴、政策倾斜等形式，加强政府与金融市场和资本市场的对接，不断改善投资环境，引导各类资源向实体经济转移。二是着力做大税源。以推动产业转型升级、培育地方骨干财源为中心，充分发挥财政政策的"添加剂""催化剂"作用，将财政扶持政策的重点向具有核心竞争力的主导产业项目倾斜，不断推进产业发展从规模速度型粗放增长向质量效益型集约发展转变，从增量扩能向调整存量、做优增量转变，从传统增长点向新的增长点转变，以此不断优化地方税源结构，做大做强财政"蛋糕"。三是着力创新创业。大众创业、万众创新是提升城市未来竞争力的核心。在落实好现有减费降税政策的同时，应大力实施以财政金融扶持政策为主的一系列新举措，推进创新驱动发展战略，提高产业企业的核心竞争力。包括解决创新创业"最先一公里"的资金来源问题，通过政务服务创新、投融资体制创新以及创新创业载体和平台建设，推动创新创业主体与金融机构对接，与资本市场对接，从而提高整个区域对创新创业主体的吸引力。

（二）进一步优化财政投入管理机制，切实提高财政投入绩效

财政投入作为地方配套政策的直接手段，如何将有限的财力用在刀刃上，发挥"四两拨千斤"的作用，是激活市场"无形之手"，有效释放经济活力的重要一环。

在财政资金使用上要树立经营理念,紧扣关键环节,精细管理,不断提高资金使用效益。重点是要做到"三个突出":一是突出统筹整合。对现有用于支持经济发展的财政专项资金应进行全面梳理,对性质相同、用途相近的予以归并整合,变"零钱"为"整钱",集中财力办大事。在资金投向上,严格程序,设立市、县(市、区)产业发展项目审核委员会,对重大投资项目进行评估和审批。二是突出专业管理。对面向市场主体的发展引导资金,实行市场化运作,让"专业的人"做"专业的事"。比如,在产业发展引导基金管理上,成立专门的管理机构,代表政府行使出资人的权利和并承担相应义务,通过与专业基金投资公司合作,利用其专业团队的成熟经验共同开展投资活动,确保投资效益,规避投资风险。在这一过程中,政府既要"放手"又不"撒手",在完善项目筛选、资金监管等体系的基础上,充分发挥市场机制的作用。三是突出监督考核。将减费降税等政策落实情况纳入财政监督检查范围,组织专班开展定期或不定期督查,严肃查处政策落实不力的行为。同时,根据政府资金投入的不同性质,建立起一套对所有投入实行全方位绩效考核的制度体系,倒逼资金使用单位加强管理,注重绩效。譬如,建立发展专项资金使用台账,跟踪监督问效,将资金使用情况与下年度资金安排挂钩;加强对产业引导基金的绩效评价,重点对基金吸引撬动金融和社会资本的杠杆率、经济和社会效益的贡献率、基金自身的资产增值率等指标进行考核,促进产业引导基金运用效率的提高。

(三)进一步优化顶层制度设计,改善创新型小微企业生产经营环境

创新型小微企业的发展对经济的稳定和发展又有着至关重要的意义,建议中央、省加强顶层制度设计,不断完善创新型小微企业优惠政策,创新我国的小微企业税收机制。一是扩大创新型小微企业税收优惠范围。统一小微企业的认定标准,避免政出多门造成的混乱;放宽对创新型小微企业的认定范围,争取将大多数创新型小微企业纳入其中,让所有的创新型小微企业都能享受减免税收的优惠,增强企业竞争力。二是丰富创新型小微企业的税收优惠形式。结合企业发展周期原理,针对创新型小微企业发展的阶段性特点,制定全面、系统、完善的税收优惠体系,为创新型小微企业的发展提供全方位的支持。三是要提高创新型小微企业税收征纳效率。简化税制,减少申报和缴纳增值税和所得税的频率,或简化记账要求,改变当前的分税种申报制度为统一综合申报制度,降低创新型小微企业的纳税遵从成本,提高创新型小微企业税收征纳效率。

全面推进预算绩效管理
稳步构建财政"大绩效"管理格局

荆门市财政局　李维鸿　赵协武

近年来，全国各级财政部门认真贯彻落实党中央、国务院关于提高财政资金绩效的要求，在加强预算绩效管理方面开展了积极探索。荆门市财政局按照省财政厅的统一部署，稳步推进预算绩效管理工作，经过两年多的探索和实践，全市的预算绩效管理工作取得了一定成效，同时也面临诸多困难和问题。

一、预算绩效管理工作开展基本情况

(一) 组织机构逐步健全

荆门市预算绩效管理工作原由市行政事业单位资产管理局承担。为强力推进预算绩效管理工作，实现机构、职能、人员、经费"四到位"，根据省财政厅《关于加快推进预算绩效管理工作的通知》（鄂财绩发〔2013〕7号）文件精神，结合荆门市工作实际，经专题请示，市编办以荆编办文〔2013〕55号文批复市财政局，同意将原财产评估管理科更名为预算绩效管理科。为切实加强领导、工作上下对接和整合人力资源，预算绩效管理科作为市财政局内设科室与市行政事业单位资产管理局合署办公，并将财政部门开展绩效管理工作所必须的工作经费纳入了年初部门预算，专项用于开展绩效目标审核和绩效评价、聘请第三方机构和专家、宣传培训等绩效管理工作。与此同时，各县（市、区）财政局也根据工作实际，设立了预算绩效管理科（股）或安排专人负责相关工作。

(二) 规章制度不断完善

2011年以来，根据工作进展情况，荆门市陆续出台了一系列文件，就加强市级财政项目资金绩效目标编审工作、开展市级部门整体支出绩效目标管理试点工作、建立绩效评价指标体系、推荐专家库人选以及市级财政项目资金绩效评价等工作进行了梳理规范，确保各项工作有序展开。2013年9月，市政府印发了《市人民政府关于推进预算绩效管理的实施意见》（荆政发〔2013〕25号），作为今后做好预算绩效管理工作的指导性文件,对推进全市预算绩效管理工作具有里程碑意义。与此同时,为进一步加强预算绩效管理工作推进力度,市财政局以日常考核和年终考评的相结合方式将预算绩效管理工作纳入单位内部积分量化考核,制定了《预算绩效管理工作积分量化考核管理办法(试行)》(荆财绩发〔2014〕70号),全面加强内部协作,形成改革攻坚合力。

(三)预算绩效目标管理取得突破

在2014年部门预算编制工作中,为进一步扩大绩效目标管理的覆盖范围,制发了《市财政局关于做好2014年市级财政项目资金绩效目标编审工作的通知》(荆财绩发〔2013〕240号)。明确要求与市财政局有预算缴拨关系的所有市直行政事业单位,凡涉及市级财政安排的项目支出,均应按要求实行绩效目标管理,绩效目标管理覆盖面达到100%,并精选出市公安局、市交通局、市民政局、市供销社、龙泉中学等5个预算单位开展整体支出绩效目标编报试点。另外,根据局内部工作积分量化考核管理办法,市财政局于2014年7月初对局内各相关科室是否按照《市财政局关于做好2014年市级财政项目资金绩效目标编审工作的通知》(荆财绩发〔2013〕240号)文件要求对归口部门(单位)的2014年市级财政项目支出实施绩效目标管理进行了突击检查。经检查,各相关科室全部做到绩效目标编报、审核、批复、公开"四到位",部分预算单位甚至三易其稿才通过审核,编报质量明显提升。

(四)绩效评价试点扩面增量

根据《关于开展2012年度市级财政项目资金绩效评价的通知》(荆财行资发〔2012〕432号)文件要求,在2013年市直部分财政项目支出中开展绩效评价试点,以目标清晰、资金来源相对单一,规模合适且在一个预算年度可以完成并充分体现本单位主要职能为选择标准,以涉及民生、支持经济发展、社会公益类的重点项目为试点范围。财政重点评价范围涉及市直10个部门、15个财政项目和1.69亿元资金。2014年,市直绩效评价工作全面开展,制定印发《关于开展2013年市级财政项目资金绩效评价工作的通知》(荆财绩发〔2014〕93号),明确了绩效评价的内容和范围,共涉及43个预算单位、66个财政项目和7.29亿元资金,其中,财政重点评价1.8亿元资金,部门评价5.49亿元资金。相比去年,不仅范围更广,数量更多,而且进一步完善了"单位自评、主管部门评价、财政重点评价"三级评价机制。目前,主管部门评价的绩效评价报告已由市专家组评审完毕,财政重点绩效评价报告已由省专家组评审完毕,绩效评价结果将在一定范围内公开、通报。

(五)宣传培训注重实效

2011年以来,荆门市每年都会通过以会代训的形式,开展一次大规模的宣传培训活动，培训涵盖了预算绩效管理基本理论、基本政策及具体实务操作等内容，覆盖了县（市、区）财政干部、市财政局部门预算管理科相关人员、市直各一级预算单位及项目资金较多的二级预算单位。各县（市、区）财政部门在学习培训后，也分别根据地方实际情况，邀请专家学者组织召开本地区专题培训，反响良好。

此外，市财政局不断创新宣传方式，积极开展预算绩效管理宣传工作。2013年，编印了《预算绩效管理工作手册》，收录了财政部、省财政厅和市财政局出台的有关预算绩效管理的规范性文件，作为全市各级财政和预算部门学习了解预算绩效管理的参考资料。为了进一步增强预算绩效管理工作的影响力，2014年又在荆门日报开辟专栏，进行了为期三个月的专题宣传，并在荆门新闻网、市财政局内网和外网进行了同步更新。全面介绍了预算绩效管理的基本理论、基本政策及实践做法。同时，还及时整编预算绩效管理的动态、信息，在最短的时间内发往新闻媒体、省财政厅预算绩效管理信息网及市财政局内外网进行宣传报道。

二、现阶段预算绩效管理工作面临的现实难题

经过多方努力，荆门市预算绩效管理工作取得了长足的进步，尤其是在预算绩效目标管理、项目绩效评价、宣传培训等"点"的工作上初显成效，然而，在由"点"及"面"形成有机整体和长效机制的质变过程中，还存在着"点"与"点"之间割裂分离、衔接不紧的现实难题，预算绩效管理工作尚不能融入财政日常工作，距离评价结果实用还有一定距离。

（一）预算绩效管理理念有待进一步增强

一是传统理念尚未扭转。经过宣传培训，预算部门对绩效管理的理念有了一定的了解，但长期以来形成的"重安排，轻监督；重争取，轻管理；重使用，轻绩效"的思想短期难以改变，部分单位甚至把这项工作当成了累赘负担，重视不够，缺乏主动性；二是宣传培训广度受限。预算绩效管理是一个涉及全局的系统性工程，需要各方协调配合、共同推进，然而，作为市政府的职能部门，财政部门只能针对单位财务人员开展宣传培训，对于单位领导和其他科室负责人是否重视、是否积极参与无法强制要求；三是人员素质制约工作推进。理解和践行绩效管理理念，离不开高水平的财务人员和扎实的会计基础工作。然而，各单位普遍缺乏懂管理、懂业务、懂财务的复合型人才，财务人员配备也往往不足，甚至存在无证上岗、身兼多职的情况，都在一定程度上影响了绩效管理工作开展的质量。

（二）预算绩效管理制度建设尚不完备

目前，绩效管理工作缺乏法制手段，面对各方利益博弈和多种阻力，难以有效发

挥职能作用。在中央层面上，2014年修正的《中华人民共和国预算法》虽然对预算绩效管理提出了全面规定，但是制定出台新实施条例仍需一定的时间；在省、市层面上，多以政府、财政部门文件为指引，缺少出台足够分量的地方性法规规章为全面推进预算绩效管理工作提供制度支撑，缺乏有效的绩效问责机制和激励约束机制，致使许多部门认为预算绩效管理是财政一家之责，难以形成自觉的行为共识，更多的是被动应付，来一项做一项，推一步走一步，致使本应有机衔接的各个环节，硬生生地被分割成互相屏蔽、互不支撑的单项工作。表面上每项工作都有所推进，但是，一旦进入成果运用环节就弊端尽显。长此以往，预算绩效管理工作就会逐渐流于形式，远离宗旨。

（三）机构设置和队伍建设需要进一步加强

目前，预算绩效管理科作为市财政局内设科室与市行政事业单位资产管理局合署办公。各县（市、区）财政部门虽已设置了预算绩效管理机构或专职人员，但也存在职责不明、形式各异的问题，有的是预算科（股）牵头负责，有的是行政事业单位资产管理科（股）牵头，且专职人员数量多为1人，个别地方因人员紧张，甚至出现身兼多职、专职不专的现象。另外，由于预算绩效管理存在专业性、复杂性等特性，现有工作人员无论是在业务水平上还是人员数量上，都远不能满足绩效管理工作实际要求，亟须加强综合培养力度，引进复合型人才，干部队伍建设任重而道远。

（四）"三库"建设情况不容乐观

预算绩效管理工作涉及许多专业性很强的领域，财政部门虽然对于资金的运行监管具有先天优势，但是，这只是个性指标中的一部分，涉及专业技术、社会评价等指标的时候，就需要专业人士、专业机构共同参与，破除技术障碍。然而，受地方高等教育发展水平和经济发展水平制约，智力支持力量尤其是"三库"建设情况不容乐观。一是根据《市财政局关于建立市级财政项目支出绩效评价指标体系的通知》要求，市财政局借助各部门预算管理科、市直各相关部门、行业专家和绩效专家等力量，对指标库的建设进行了尝试和探索，虽有所收获，但没能达到预期效果。二是为确保绩效管理工作客观公正、规范有序，在全市范围内采取单位推荐和个人自荐两种方式公开遴选专家，建立了约70人的专家库。但是专家库里的财务管理人才所占比例偏大，还需进一步甄别和补充。三是第三方机构实力不足。目前，我市大专院校、研究机构尚不具备实力全面参与预算绩效管理工作，唯一一所高校荆楚理工学院的预算绩效管理研究工作也才刚刚起步。据统计，全市共有资产评估机构6家（其中市直4家）、会计师事务所7家（其中市直4家）。这些第三方机构对预算绩效管理的认识还处于初级发展阶段，不论从技术层面还是执业质量方面都与工作需求存在一定差距。

三、进一步推进全市预算绩效管理改革的构想

目前,预算编制过程中的绩效目标确定、预算执行过程中的绩效监控、绩效评价结果的应用和问责等规范的预算绩效管理模式还在探索之中,面对诸多难题,应该重视顶层设计,充分发挥"四两拨千斤"的杠杆作用,逐步建立起由市财政局预算绩效管理科牵头,项目单位、主管部门、财政业务科室以及财政监督检查等各方面协调运作、合力推进的"大绩效"工作格局,共同构建预算绩效管理的长效机制。

(一)在战略层面,要充分认识全面推进预算绩效管理的"大"意义

预算绩效管理是政府绩效管理的重要组成部分,它强化政府预算为民服务的理念,强调预算支出的责任和效率。推进预算绩效管理是贯彻落实党中央、国务院有关要求,从根本上深化行政管理体制改革、促进政府职能转变、提高部门责任意识,建设"责任政府""阳光政府"的有效举措。党的十六届三中全会提出"建立预算绩效评价体系"后,又在党的十八大报告中进一步提出,要"创新行政管理方式,提高政府公信力和执行力,推进政府绩效管理"。荆门全市更应从战略发展的高度加以重视,形成共识,紧紧围绕"建立机制""完善体系""健全智库""实施工程"等重点工作来推进,力争到"十二五"末期,逐步建立"预算编制有目标、预算执行有监控、预算完成有评价、评价结果有反馈、反馈结果有应用"的全过程预算绩效管理机制。

(二)在政策层面,要尽快建立健全预算绩效管理工作"大"机制

一是积极探索对市直各主管部门的考核办法,争取将预算绩效管理纳入政府年度目标责任制进行考核,增强预算绩效管理工作执行力度。二是财政部门既要负责修订完善预算绩效管理系列制度,与各部门协同配合,尽快出台与财政预算绩效管理相配套的规则制度体系,建立起反映行业特性的绩效评价管理制度,又要不断完善内部预算绩效管理工作积分量化考核管理办法,进一步明确职责分工,优化预算绩效管理各环节工作流程,加强日常监督检查,确保预算绩效管理与预算编制、执行、监督各个业务职能的有机结合。三是充分发挥人大、政协对预算绩效管理的监督作用,建立预算绩效管理监督制衡机制,从而形成多方合作、联手推进的良好氛围。与此同时,还可以借鉴北京、云南等地先进经验,探索建立人大代表、政协委员参与机制,提高绩效评价的公信力和权威性。

(三)在实施层面,推动全过程预算绩效管理"大"创新

一是以政府规划目标优化预算绩效目标管理。我国政府的规划类型从期限角度可

划分为短期、中期、长期，其中，五年规划在规划体系中处于核心地位，它体现了政府工作的方向和重点，也是政绩考评的基本依据，具有较强的约束力。因此，预算绩效目标体系应该是政府规划目标以及政府部门规划目标的集中反映。无论是项目支出绩效目标还是整体支出绩效目标，都必须根据政府规划以及相关部门的规划设立指标，否则，预算绩效目标管理的成效就会大打折扣。另外，待预算绩效目标管理达到一定的水平，同样可以以其更为科学化、精细化的指标来优化政府规划编制，真正做到相互促进、共同发展。

二是以财政大监督抓好绩效运行跟踪。按照中央和省财政改革发展的部署，荆门市财政局目前正在以开拓创新的精神，如火如荼地推进财政"大监督"改革，即坚持"全面加强、统筹协调、规范有序、成果共享"的总体原则，强化"全员监督、全程监督、全面监督"的"大监督"理念，以"金财工程"为平台实现财政业务管理的全过程控制，以统一部署、统一调度、统一运用的方式明确监督职责、整合监督资源、创新监督机制，不断与审计、纪委监察等有关部门加强合作、共享成果，构建预算编制、执行和监督相互制衡、相互协调的财政运行新机制。财政"大监督"改革将破除以往多个部门重复检查、效率不高的难题，为全面突破绩效运行监控"短板"奠定了最为坚实的基础。

三是以"拿来主义"丰富绩效评价手段。面对当前地方智力支持乏力的现状，必须巧妙运用现有资源，重视收集整理各方面有效数据，并以此为支撑，提升绩效评价效率，弥补业务指标、效果指标等短板。"拿来主义"一是要关注外部监督内容，要在党报党刊、网络媒体、社会舆论中寻找共性问题和个性问题，增强评价指标针对性；二是要借用内部权威结论，可以直接运用上级领导部门、同级审计监察部门的检查、考评结果，降低部分评价指标的技术门槛；三是要学习成熟的评价模式，将各地成功的经验与地方实际紧密结合，往往事半功倍。

四是以奖惩结合推动结果应用。一是建立报告和公开制度，每年将绩效管理考评结果向市人大和市政府报告，并逐步扩大公开范围和公开内容，引导社会力量进行监督。二是建立重点监控机制，将绩效考评得分较低、整改落实不到位的单位和项目设置为重点监控对象，在为期一年或整个项目周期的时间里，由纪检监察、财政、审计等部门派员组成联合监督小组，定期就相关工作进行监督检查，确保各项工作依法依规开展。三是建立奖惩问责机制，出台专门预算绩效管理奖惩问责办法，将绩效结果与预算决策、干部选拔任用结合起来，促使单位和部门转变态度，积极主动的实施预算绩效管理工作。

（四）在技术层面，培育健全"大"智库

建立健全荆门市市级预算绩效管理专家库、中介机构库和监督指导库，逐步实现共建共享、动态管理，为我市预算绩效管理提供智力支持和制衡监督。一是扩大培训

范围。培训不应限于行政事业单位相关人员，要逐步把专家库、中介机构库和监督指导库所涉及人员全部纳入培训范围，严把入库关，实行科学分类管理，开设更具针对性的培训活动。二是加强多方合作。预算绩效管理工作的智力资源多集中在发达地区和省会城市，可以由各级财政预算绩效管理机构牵头，为相关学习活动提供交流平台和资金保障，鼓励荆门地区第三方机构以单个项目合作、长期合作共建等形式邀请外地第三方机构、专家学者来荆开展绩效评价业务，边学边做，提高独立开展绩效评价业务能力，逐步实现服务资费标准与荆门发展水平相适应。三是依托高校资源筹建荆门市公共资金绩效管理服务中心，有利于集中地方智力资源提升理论研究水平，有利于统筹对内对外交流合作，有利于科学构建专家库、中介机构库和评价指标库。结合荆门实际，市财政可加强与荆楚理工学院合作，引进专业人才，精选骨干力量，共同筹建，并采取购买社会服务等方式支持服务中心的建设发展。

机关事业单位养老保险改革的政策研究

荆门市财政局　董世元　陈天翔　杜云峰

养老保险制度是我国最为重要的基本社会保障制度之一，机关事业养老保险制度作为社会保险制度的重要组成部分，推进机关事业养老保险制度改革，建立科学合理的养老保障机制，以适应机关事业单位人才流动，减轻财政负担，实现老有所养及社会公平目标，是大势所趋、形势所迫。2015 年 1 月，《国务院关于机关事业单位工作人员养老保险制度改革的决定》（国发〔2015〕2 号）、《国务院办公厅关于印发机关事业单位职业年金办法的通知》（国办发〔2015〕18 号）等系列文件的密集的出台，标志着机关事业单位工作人员养老保险制度将在全国范围正式实施，彰显了国家从制度层面破除养老保险"双轨制"问题的决心。

一、机关事业单位养老保险制度改革的历史沿革

（一）改革背景

我国养老保险制度始于 20 世纪 80 年代，起初以企业养老保险为主要发展对象，直到党的十七大召开，要求促进机关和企事业单位的养老保险制度改革，才逐渐开始开展事业单位养老保险制度改革的试点工作，主要解决转移续接、提高养老金待遇等问题。

1994 年，全国 28 个省市陆续作为事业单位养老保险改革试点，由于各地区在费率、计发办法等方面都有很大的差别，因此一直没有出台统一的试点方案。

2009 年，根据国务院下发改革文件，在山西、上海、浙江、广东、重庆五个省市开展试点。但是，由于一部分事业单位人员担心养老金待遇会大幅度"缩水"，出现提前退休的现象，再加上不同群体出现反面的舆论和观点，导致改革停滞不前，事业单位养老保险改革的效果一直不明显，五个试点省市仍未出台针对事业单位养老保险的具体实施方案。

2011 年，国务院颁布《关于分类推进事业单位改革的指导意见》，重新启动以事

业单位分类改革为前提的养老保险制度改革,但是相关部门对事业单位养老保险仍然未出台具体实施方案和规定。

2015年1月,国务院发布《关于机关事业单位工作人员养老保险制度改革的决定》,加强顶层设计,提出了建立更加公平、可持续的养老保险制度。并要求从2014年10月1日起,在全国范围同步实施机关事业单位工作人员养老保险制度改革,从制度层面破除养老保险"双轨制"问题。4月,国务院办公厅《关于印发机关事业单位职业年金办法的通知》出台。

(二) 改革阶段

1. 探索阶段(1992—1997年)。1992年1月,国家人事部下发《关于机关事业单位养老保险制度改革有关问题的通知》,确立事业单位劳动合同制工人有关养老保险基金的问题以及事业单位养老保险制度改革情况。河北、山东等省陆续制定了相关规定,展开事业单位养老保险制度的试点工作。

1993年12月,国务院办公厅下发《关于印发机关、事业单位工资制度改革三个实施办法的通知》,对机关、事业单位的工资制度进行了调整。到1994年间,为推动事业单位养老保险制度的进一步改革,上海、辽宁等省市开始实行一体化的养老保险制度。同年10月,国家人事部召开会议,总结我国机关事业单位养老保险改革情况,并在会议上交流各地经验和办法,由此,我国事业单位养老保险改革发展到一个新局面。到1997年,进行试点改革的省市区有27个,县市区有1700多个,下发文件的省政府也达到19个。但由于条件的限制,各个地区的做法都有所不同,大部分地区的事业单位工作人员很少参加到养老保险当中,只有少部分地区的事业单位工作人员全部参与到了养老保险当中。

1997年1月,财政部和人事部起草的《关于机关事业单位养老保险制度改革的意见》,对建立与社会保障制度相配套的机关事业单位养老保险提出建议,对养老金的计发办法进行改革,使其能够与企业职工的养老金计发办法顺利衔接。

2. 发展阶段(1998—2005年)。1998年3月,我国成立劳动和社会保障部,企事业单位的养老保险主要是由该部门全权负责,统一规范了我国社会保险的管理体制。

2000年,国务院下发了《关于印发完善城镇社会保障体系试点方案的通知》,要求完善社会保障体系的主要任务之一就是制定研究机关事业单位职工养老保险办法,同时,要求继续完善已经正在改革试点的地区,但未明确方向和制定相关的具体办法。

2001年9月,劳动和社会保障部下发了《关于职工在机关事业单位与企业之间流动时社会保险关系处理意见的通知》,对企业和事业单位工作人员养老保险流动性关系衔接问题进行了解决。

2003年10月,十六届三中全会通过了《关于完善社会主义市场经济体制若干问题的决定》,加强了对事业单位社会保障制度改革的探索和建设发展的强调。

2004年,吉林、黑龙江两个省也加入到试点范围当中。在试点改革过程中,事业单位的养老需求得以满足,提高了退休人员的积极性。然而,由于在我国尚未建立起完善的事业单位养老保险制度,一些地区的事业单位人员仍执行原有的传统养老制度,使我国建立统一完整的养老保险体系受到了严重的影响,与整个改革不相适应。

3. 深化改革阶段(2005年至今)。2005年由人事部通过并于2006年1月1日起执行《事业单位公开招聘人员暂行规定》,统一规范了事业单位招聘。各地区通过人事制度调整和养老保险制度的配合,事业单位中各个分类的特殊群体在养老保险问题上制定了相关办法,使养老保险制度更加完善。

2006年10月,十六届三中全会通过《关于构建社会主义和谐社会若干重大问题的决定》,2007年10月,十七大报告同样要求要完善事业单位养老保险改革。2008年2月,国务院常务会议对事业单位养老保险制度的改革试点工作进行了研究和部署。2008年10月,国务院下发了《关于事业单位工作人员养老保险制度改革试点方案的通知》,主要针对从事公益服务的工作人员进行配套试点改革。2009年先期对山西、浙江、广东、上海以及重庆五个省市开展试点,实行针对事业单位分类改革相关配套的实施办法。

2011年4月,人力资源和社会保障部召开一季度新闻发布会。新闻发言人尹成基表示,在企业、机关、事业单位当中,其退休人员的待遇应当得到相应的调整,其中,最重要的是应当建立能够统筹考虑机关事业单位和企业待遇的问题而相互协调的退休待遇的增长机制。通过这个机制,进一步规范机关、事业、企业退休人员的待遇。

2012年5月,国务院常务会议讨论通过《社会保障"十二五"规划纲要》,要求实现居民城乡全面覆盖的养老保险制度模式,完善事业单位养老保险制度改革是主要任务之一。

2015年1月,国务院发布《关于机关事业单位工作人员养老保险制度改革的决定》(以下简称《决定》),要求从2014年10月1日起,在全国范围同步实施机关事业单位工作人员养老保险制度改革,正式从制度层面破除养老保险"双轨制"。

二、新出台的机关事业单位养老保险改革决定新的变化

(一)明确了改革范围

按照《公务员法》管理的单位、参照《公务员法》管理的机关(单位)、事业

单位及其编制内的工作人员。机关与事业单位同步改革，避免单独对事业单位退休制度改革引起不平衡。

（二）改革了筹资机制

从较为单一的由财政供款为主的渠道变为单位和个人缴费、财政承担养老保险基金的兜底责任的多渠道筹资，形成单位、个人、政府共担的新机制。

（三）改革了待遇计发办法

改革前退休金根据退休前的职务工资和级别工资确定。改革后，基本养老金待遇分为两部分：一是基础养老金，二是个人账户养老金。从国务院《决定》附件"个人账户养老金计发月数表"可以看出：同样年龄退休的，缴费越多，待遇水平越高；退休越晚，待遇水平越高。即由原来按"最终工资"的一定比例分档计发退休费，改为主要按照本人历年缴费多少、缴费期长短来计算养老金标准，工作人员的职务、工资变动可以精细计算到每年、甚至每个月，能够充分体现个人全部职业生涯所作贡献。

（四）注重改革前后待遇的衔接

总的原则是"老人老办法、新人新制度、中人逐步过渡"。"老人"是指改革前已退休的人员，他们原待遇维持不变，并参加今后的待遇调整。"新人"是指改革后新参加工作的人员，他们将来退休时，基本养老金为基础养老金与个人账户养老金两部分之和。"中人"是指改革前参加工作、改革后退休的人员，对他们"逐步过渡"的政策：一是他们在改革前的工作年限确定为"视同缴费年限"，二是发放过渡性养老金。

（五）严格基金管理和监督

规定具备条件的省（区、市）可以从改革一开始就实行省级统筹；暂不具备条件的，可先实行省级基金调剂制度，并积极创造条件，加快向省级统筹过渡。机关事业单位养老保险基金单独建账，与企业职工基本养老保险基金分别管理使用。基金纳入社会保障基金财政专户，实行收支两条线管理，专款专用，确保安全（不会挤占企业职工养老基金）。

（六）实现了养老保险关系转续的无缝衔接

这一政策，打通了机关事业单位工作人员横向流动时养老保险关系难以转续衔接的"瓶颈"，有利于促进人力资源的合理流动和优化配置。参保人在机关事业单位养老保险制度内同一统筹范围转移,只转养老保险关系,不转统筹基金;在同一制度内跨统筹范围转移,或者在机关事业单位和企业之间转移养老保险关系的,要在转移个人账户累计储存额的同时转移部分统筹基金。无论哪种转移方式,工作人员转移前后的缴费年限(含视同缴费年限)连续计算,以维护其合法权益。

(七) 建立了职业年金制度

为构建多层次养老保险体系,优化机关事业单位退休人员养老待遇结构,《决定》中确定职业年金缴费比例为:单位按工资总额的8%缴费,个人按本人缴费工资的4%缴费,两部分资金构成的职业年金基金都实行个人账户管理。工作人员退休时,依据其职业年金积累情况和相关约定按月领取职业年金待遇。

三、荆门市机关事业养老保险运行情况

(一) 制度实施情况

荆门市机关事业单位养老保险试点起步于1984年12月,于1994年10月正式实施,执行的文件为《荆门市事业单位工作人员退休养老保险费用统筹暂行办法》(荆人〔1994〕50号),而后又陆续出台了相关的配套办法,这些办法一直沿用至今。文件规定统筹对象为全市所有事业单位(含企业化管理的事业单位)和中央省属驻荆事业单位的所有工作人员,包括国家干部、聘用干部、固定工人、合同制工人和离退休人员。统筹采取的办法为现收现付待遇确定型,即统筹费用按以收定支略有节余的原则筹集,缴费标准为在职人员工资总额的28%(其中,个人8%,单位20%)。以1994年10月为限,此前参加工作的国家干部和固定工不补缴养老保险金,其工龄视同缴费年龄,此前参加工作的其他人员必须从招工之日补至1994年10月,1994年10月以后参加工作的人员从参加工作之日始缴养老保险金。参保人员的离退休金由养老保险机构发放,待遇由人事部门确定。然而实际运作中,统筹对象仅限于差额预算、自收自支单位的工作人员和全额预算单位的合同制工人,其他人员仍沿用老的退休金办法,退休后由单位和财政承担。

(二) 人员参保情况

截至2014年9月末,全市机关事业单位养老保险参保人数5.66万人,其中在职3.96万人,离退休1.7万人。2014年全市人月均基本养老保险金标准2712元(市直为2695元),基本养老金按时足额发放率和社会化发放率始终保持100%。历年基金累计结余1.62亿元。

（三）工作成效

1. 实行"三个统一"，建立保险制度。逐步建立起社会统筹与个人账户相结合、与企业相统一的机关事业单位养老保险制度，从三个方面进行了"统一"，为改革并轨打下基础。一是缴费比例统一，2006年将缴费比例调整为单位缴费20%、个人8%，与企业养老保险缴费比例一致。二是个人账户规模统一，2009年将个人账户规模调整为本人缴费工资的8%，与企业养老保险个人账户规模相同。三是统筹项目统一，2013年统一了机关事业单位养老保险待遇计发项目和标准，建立起缴费与待遇挂钩的激励约束机制。

2. 完善"三大机制"，保障待遇发放。一是完善扩面征缴机制，以行政手段为抓手，把社会保险工作列入各级政府目标责任考核内容，年终进行考核结账。部分县市将参保人员范围扩大到所有事业单位的所有人员。二是完善财政补贴机制，实行基金预算管理，加强预算执行情况检查分析，落实基金预警制度，便于财政及时安排待遇发放资金。三是完善社会化发放机制，委托金融机构直接向离退休人员发放养老保险待遇，试行"社保卡"发放养老金。

3. 实施"三项防控"，确保基金安全。我市建立了三项防控制度，积极预防和查处骗取养老保险待遇行为，经验和做法在全省受到肯定和推广。一是建立监督举报制度。鼓励全社会对违反规定领取养老保险待遇的行为进行监督，对查证属实事项，给予举报人物质奖励。二是建立静默核查制度。与公安、卫计、民政等部门共享城乡居民生存信息，排查违规领取养老保险待遇的疑似人员，作为重点对象调查核实。三是建立智能监管制度。采取人像识别技术对领取待遇资格进行认证，对未按规定时间进行人像识别认证的，系统自动停发其养老保险待遇。

四、荆门市机关事业单位养老保险改革面临的主要问题

国务院《决定》对改革机关事业单位养老保险制度进行了顶层设计，总体要求为"两明确、两规范、一建立"。"两明确"即"明确实施范围"，从2014年10月1日起，党政机关、事业单位编制内工作人员参加机关事业单位基本养老保险。"明确制度模式"，实行社会统筹与个人账户相结合，基本养老保险费由单位和个人共同负担。"两规范"即"规范待遇计发办法"，实行与企业职工相同的基本养老金计发办法。"规范试点政策"，将改革前已参保人员个人缴费本息划转至本人职业年金账户，退休时一次性支付给本人。"一建立"即"建立职业年金制度"，保持改革后退休人员待遇不降低。

根据国务院要求，湖北省目前正在制订改革实施方案及配套政策措施，拟从

2015年8月正式启动实施。从荆门市情况来看,当前实施机关事业单位养老保险制度改革主要面临以下三大难题。

(一)参保对象界定难

一是在职不在编人员难处理。经调查,全市机关事业单位实有在职人员6.98万人,其中不在编0.93万人。事业单位普遍存在编制不到人和编外用人,以及长期借用其他单位编制内人员情况。二是改革前已经参保人员难退出。在已参加机关事业单位养老保险改革试点人员中,包括改制转企事业单位人员,机关事业单位辞职、辞退后的灵活就业人员,这类人员约0.2万人,已经退休或即将退休,按国务院《决定》应划转到城镇企业职工养老保险,由于机关事业和城镇企业职工养老保险退休待遇有较大差别,可能成为不稳定因素。

(二)地方财政负担难

2014—2015年,全市财政将支出改革相关费用约18亿元。一是承担改革前个人缴费划入职业年金部分。改革前个人缴纳的养老保险费将划转至本人职业年金账户,退休时一次性支付给本人。初步统计,截至2014年9月,全市参加改革试点人员个人缴纳养老保险费约9亿元,而同期基金积累只有1.62亿元,财政需补足7亿多元划转职业年金。二是承担改革后制度运行成本。改革后,财政将承担全额供款单位应缴的养老保险费,并承担基本养老保险基金收不抵支的缺口。经测算,2014—2015年全市财政需承担这两项费用约9亿元,冲减原来由财政直接发放的退休费4.6亿元,财政实际需承担4.4亿元。三是承担同步改革项目费用。养老保险制度改革将与完善工资制度同步推进,在增加工资的同时实行个人缴费。经测算,2014—2015年全市财政供养人员将增加工资支出7亿元左右。

(三)"中人"待遇平衡难

一是老办法没有考虑过渡期内退休人员的职务职称变动。在10年过渡期内退休的"中人",按老办法计发养老金时,规定基本工资、退休补贴按2014年9月本人职务职级(技术职称)对应标准确定,虽然考虑了改革后历年在岗职工工资增长率的影响,但对过渡期内晋升了职务(职称)的人员,老办法计发的待遇难以保持原有水平。二是新办法让部分人员难以享受职业年金。新办法计发的养老金包括基本养老金和职业年金,当新办法计发的养老金低于老办法时,退休人员不能享受职业年金待遇;当新办法计发的养老金高于老办法时,由于限高,退休人员难以完全享受职业年金待遇;职业年金待遇发完为止,对于长寿退休人员而言,将直接降低养老待遇。

五、保障我市机关事业单位养老保险改革入轨的对策建议

如何在时间紧、难度大、要求高的情况下确保改革顺利实施,建议应从以下四个方面入手。

(一)实行部门联动,增强推进改革的工作合力

实施机关事业单位养老保险制度改革,涉及机关事业单位人员切身利益,牵动社会其他群体利益,与公务员登记、事业单位分类改革、人员编制、调整财政支出等问题相关联,牵涉面广、敏感度高、复杂性强,必须"练好协同经,打好组合拳"。应当把机关事业单位养老保险制度改革与事业单位分类改革、定编定员、治理"吃空饷"等工作结合起来,组建由人社部门牵头,组织、编办、财政、地税等相关部门参加的机关事业单位养老保险制度改革工作专班,核实单位类型、预算性质、人员编制、工资和退休费标准,及时研究解决改制转企事业单位和非在编人员转入和参加企业职工养老保险问题、筹措待遇发放资金问题,协同推进改革工作。

(二)强化增收节支,筑牢实施改革的物质保障

一是分类"清欠",提高资金发放能力。市直改革前累计欠费达2596万元,全市均不同程度存在欠缴养老保险费的问题,应当区分情况采取措施清收欠费。对非财政全额供款单位、改制转企事业单位的欠费全额清收。对全额财政供款单位的欠费,清收个人欠费。对于不再纳入机关事业单位养老保险的灵活就业人员欠费,予以核销,转企业养老保险按规定补缴。二是合理"投资",提升基金运营收益。现行政策框架下,基本养老保险基金只能用于购买国债和存入银行,增值有限。可以在加强预算管理、确保发放的基础上,对结余基金通过优化存款结构,合理配置不同存期的基金数额,采取竞争性谈判或公开招标争取优惠市场利率等措施,提高基金收益率。三是实行"延付",缓解财政当期压力。对于划转职业年金的改革前个人缴费,可以实行记账式管理,每年按照国家统一公布的职业年金记账利率计算利息,工作人员退休时一次性支付给本人。

(三)夯实经办基础,提升落实改革的服务能力

改革后,全市机关事业单位参保人数将达到9万人,同时要经办职业年金业务,现有经办能力明显不足。应当按服务对象的一定比例确定经办机构工作人员编制,整合分设的企业、机关事业和城乡居民养老保险经办机构及人员,优化人员配置。

(四)完善政策措施,健全深化改革的制度体系

应以增强公平性、适应流动性、保证可持续性为重点,完善改革配套政策措施,

统一建设信息系统。一是妥善处理改革前后参保人员范围问题。对经组织、人社部门办理了进人手续的不在编人员,通过编制备案方式,经审核确认后,纳入机关事业单位养老保险参保范围。对已参加改革试点、改革后划转企业养老保险的人员,实行过渡政策,减少改革阻力。二是完善中人养老金计发办法。应结合本人职务职称变动因素计发老办法待遇标准,按本人实际平均缴费指数确定视同缴费指数。10年过渡期内进行新老办法对比时,职业年金不纳入新办法计发待遇标准。三是统一建设信息系统。将数据集中管理,做到业务财务一体化、业务档案一体化、网厅一体化、业务流程规范化。统筹与其他相关业务领域的信息共享和业务协同,内部与其他社会保险、工资等系统相关联,外部与编办、财政、公安等部门系统相接,便于审核校对人员基本信息、参保缴费和领取待遇前置条件。

政府信息公开条例实施中的问题与对策研究

保定市财政局 任永涛

人类社会进入21世纪后,信息的重要性日渐凸显。我们已经进入信息时代。20世纪50年代以来,随着民主化浪潮的推进,政府信息公开成为世界发展的潮流。这不仅使政府信息资源充分利用和优化配置,而且调动民众政治参与积极性,对构建透明、民主的服务型政府都具有巨大推动作用。

现代社会是一个复杂的社会。这种复杂性集中体现为信息内容的碎片化、信息传播的快速化、信息来源的多元化,这些特性使得一系列复杂和突发事件经常发生。这对政府的执政能力是巨大考验。"非典"疫情、禽流感疫情、汶川地震、各种群体性事件等自然、人为事件的发生,都要求政府必须及时公开信息,以增强政府的透明度、公信力。因此,研究政府信息公开成为当前理论层面和实践层面的热点。

2007年4月,温家宝总理签署国务院令,公布了《中华人民共和国政府信息公开条例》(以下简称《条例》),自2008年5月1日起开始施行。这标志着我国公民知情权的法律保障制度已经初步确立,我国民主政治建设取得极大进展。《条例》实施五年多来,我们在这方面取得巨大成就,同时仍存在各方面问题。

一、我国政府信息公开工作综述

政府信息公开,既是一场信息革命,也是一场观念的革命。"信息时代的到来不仅改变了世界经济格局,同时也改变了政府的管理模式"。随着社会主义民主政治的发展,我国政治文明程度日益提高,服务型政府作为行政体制改革的基本方向,成为政府治理的新模式。党的十八届三中全会提出国家治理体系和治理能力现代化的目标。这要求政府必须从管理体制、管理方式、运行机制等方面,实现现代化的转型。政府信息公开在这一转型过程中起到了基础性的作用。这就要求政府要从管理方式、体制和运行机制等层面,实现现代化的转型。而政府信息公开便在此过程中发挥了基础性的作用。

（一）我国政府信息公开基本情况

1. 相关概念界定。政府信息：所谓政府信息，即是政府所掌握和拥有的信息。《条例》第二条将其定义为：行政机关在履行职责过程中制作或者获取的，以一定形式记录、保存的信息。它是人们全面考察、评价社会情况，从事政治、经济、科技、军事、文化等活动所必不可少的国家资源。

政府信息公开：学术界对于此概念的定义，认识不尽一致。有的学者认为它是"指政府机关依照法定程序以法定形式公开与社会公众利益相关的所有信息，并允许公众通过查询、阅览、复制、摘录、收听、观看、下载等形式依法利用政府所掌握的信息的行为与制度"。也有学者认为"它是指国家行政机关和法律、法规以及规章授权和委托的组织，在行使国家行政管理职权的过程中，通过法定形式和程序，主动将政府信息向社会公众或依申请而向特定的个人或组织公开的制度"。还有学者指出，"政府信息公开就是政府在公共事务管理中掌握的公共信息，依法定程序、范围、方式、时间向社会公发布，以便全社会能够方便地获取、使用"。尽管定义不同，但都涉及政府信息公开的基本要素。

广义角度的政府信息公开包括政务公开和信息公开。狭义的政府信息公开即指政务公开。虽然两者均要求政府提高其自身行为的透明度，但政务公开更多的是强调行政机关要对外公开其执法依据、程序和结果，属于政府实践层面的公开。而政府信息公开的内涵和外延都要广阔的多，不仅要求政府行政的过程和结果公开，其行使职权过程中获取的信息也要公开。本文讨论的是广义的政府信息公开。

2. 发展历程。早在20世纪80年代我国政府信息公开就开始了相关实践，并不是一些人认为的是从2008年《条例》实施后才开始的。20多年来，我国政府信息公开经历了一个由粗到细、由点到面、由浅入深的渐进式的发展历程，总体来看，大致可以分为以下三个阶段。

第一阶段：初步尝试和探索阶段。1987年，党的十三大提出要建立社会协商对话制度，提高开放程度，充分尊重人民群众的知情权，重大问题需经人民讨论决定，发挥舆论监督的作用。党的十四大以后，反腐败斗争陆续展开，并将推进政府信息公开作为党风廉政建设和反腐败建设的重要方法。党的十五大对实施政务公开提出了明确要求："城乡基层政权机关和基层群众性自治组织，都要健全民主选举制度，实行政务和财务公开"。之后，提出公平、公正和公开的"三公"原则，这为推行政务公开做出了明确的原则规定。

这一阶段的政府信息公开尚且还处于初步尝试和探索阶段，主要特点是：一是以推行政务公开为主要抓手，规范领导干部行为，促进党风廉政建设。通过中纪委推行政务公开，其目的就是将其作为反腐倡廉的重要方式。二是在内容上，局限于政务公开，仅要求行政机关对办事的规则、过程和结果的公开。三是在范围上，主要以乡镇政务公开为重点，并没有全面实行，形成全国范围内的大气候。

第二阶段：逐步推进和深化阶段。2001年，我国加入世界贸易组织（WTO）。这就意味着，政府必须要根除过去政府暗箱操作的劣习，增强公开度和透明度，这同时也促进了我国与国际接轨，加快了我国政府信息公开体系建设。

这一阶段，我国政府信息公开在内部压力和外部环境的推动下，取得了快速的发展，信息公开的范围层次进一步在乡镇一级的政府展开，总体而言，这一阶段的信息公开仍是一个逐步拓展和深化的过程。

第三阶段：不断完善和制度化阶段。我国的政府信息公开受到高度重视始于2003年。一场突如其来的"非典"席卷了全国多个省市。在疫情发生之初，由于未能及时、准确、全面地向外界公布疫情，民众的恐慌情绪不断蔓延。"为了便于民众及时、全面地了解疫情的变化，政府从4月21日起，将原来五天公布一次疫情改为每天公布一次，公布情况既包括确诊的病人数字，也包括疑似病人的数字"。"非典"期间，政府信息公开不再停留在政务公开层面，而是突破了以往的范围和限度，二者以是否包含"知情权"和"政府信息"的内容为主要区分标志，政务公开逐步过渡到政府信息公开。自此，北京、上海、广州、深圳等各级地方政府率先展开了本级政府信息公开制度化建设。与此同时，国家层面也开始着手政府信息公开的制度修订工作。

2005年，中共中央办公厅、国务院办公厅《关于进一步推行政务公开的意见》中提出要"经过不懈努力，使政务公开成为各级政府施政的一项基本制度，政府工作透明度不断提高，政府与群众沟通的渠道更加畅通，人民群众的知情权、参与权和监督权等民主权利得到切实保障"。

2007年1月17日，国务院常务会议审议并原则通过《中华人民共和国政府信息公开条例（草案）》。4月24日，《中华人民共和国政府信息公开条例》公布，自2008年5月1日起施行。《条例》对政府信息公开的范围和主体、方式和程序、监督和保障等内容做出了具体规定。《条例》的公布进一步推进和规范了我国政府信息公开工作，更好地发挥政府信息对人民群众生产生活和经济社会活动的服务作用。

第四阶段：政府信息公开从传统的报纸、广播等媒介向互联网平台拓宽。从2011年开始，我国互联网呈井喷式发展。2011年"7·23"高铁事故，开启了微博信息公开的时代。截至2013年底，我国共有网民6.18亿，全年新增网民5358万人。互联网信息传播速度快、传播面广、受众群体多，使得政府信息公开面临新的严峻挑战。党的十八届三中全会提出要"加大依法管理网络力度，加快完善互联网管理领导体制，确保国家网络和信息安全"。为了贯彻这一战略部署，中央成立了网络安全和信息化小组，习近平同志亲自兼任组长。习近平同志强调："没有网络安全就没有国家安全，没有信息化就没有现代化"。下一步，要推进国家治理能力的现代化，必须正确处理好政府信息公开与国家安全之间的关系。从互联网发展角度看,政府既要充分利用这一平台,加快推进政府信息公开建设,也要切实维护网络安全,维护国家安全。

3. 取得成就。《条例》施行仅12天就发生汶川特大地震。令人欣慰的是,政府在第一时间就通过多种渠道全方位地公布灾情信息,让群众及时了解到真实的灾情。经历了这次灾难后,不仅让全国人民看到了我国政府的力量,也让全世界注视到中国人民强大的民族凝聚力。实践证明,我国政府信息公开制度已初步建立,而且也取得了以下一些成就。

第一,领导体制和运行机制不断完善。由于我国政府信息公开制度不断规范化和制度化,各级行政机关都成立了专门的领导机构,健全了领导体制。如上海市建立了政府信息公开的联席会议制度,将政府信息公开工作列为行政机关考核具体的评估指标;河北省财政厅2008年即制发了管理办法,明确了内设机构的具体职责,不同类别信息的公开渠道和办法,监督及罚则等。

第二,政府信息公开的公众参与意识逐渐增强。自《条例》颁布后,公众了解到可以依据相关法律条例来保护自己的知情权,申请政府信息公开的案件便不断增多。如温州出国考察团事件、陕西华南虎事件、律师严义明申请公开国家4亿投资计划事件等等。由此我们可得知公众参与政府信息公开的意识逐步增强,要求享有知情权的认知水平逐步提高。

第三,信息公开的范围不断扩大。自《条例》颁布后,信息公开的范围不再局限于一些常规性内容,逐步扩展到事关人民群众切身利益上来,如就业、教育、医疗、社会保障、土地征用、房屋拆迁以及公共资金的使用和监督,突发公共事件进展等,呈现结果公开向过程公开转变,一般事项公开向重点事项公开的趋势。

第四,信息公开的方式和渠道不断拓宽。这其中,政府网站发挥了重要作用,成为信息公开的主渠道。目前我国各个省、市、县都建立了本级政府的门户网站,并且都设置了专门的政府信息公开页面。大部分政府网站都设有专门的检索栏用以搜索相关政府信息,便于公众获取信息。此外,政府信息公开的渠道逐渐拓宽,诸如政府公报、公共场所信息查阅点以及新闻发布制度等。

(二) 基本原则

1. 公正原则。政府机关在做出行政行为时充分考虑一切因素,尽可能排除不合理因素干扰,确保行使行政权力不偏私、不歧视,符合法律正义的标准。《条例》从以下几方面对公正原则做出规定:"一是,为保障政府信息公开申请的规范性,申请人一般应采用书面形式申请。二是,为了保障公民平等申请公开政府信息,对于申请人确有经济困难的,经本人申请、政府信息公开工作机构负责人审核同意的,可以减免相关费用。三是,为了避免公开政府信息损害商业秘密和个人隐私，公开后可能损害第三方合法权益，应当书面征求第三方意见；如果第三方不同意公开，则不得公开。"

2. 公平原则。为防止某些群体或社会成员损害其他群体或成员的利益，通过采取以双重或者多重标准来满足私利，《条例》要求同等情况同等对待，不同情况区别对待。为此，《条例》从四个方面对这一原则作了规定："一是，政府机关应当主动公开的基本信息，包括政府机关的机构设置、办事流程，涉及民众切身利益的、需要社会公众广泛知晓或者参与的，还有其他法律法规规定应当主动公开的信息。二是，规定任何公民、法人或者其他组织都可以根据自身需要，向各级政府部门申请获取相关政府信息，使其成为公民、法人和其他组织的一项权利。三是，规定任何组织、个人认为政府机关不依法履行政府信息公开义务的，可以向上级政府机关、检察机关或者政府信息公开主管工作部门举报。四是，规定政府机关依申请提供政府信息，除可以收取成本费用外，不得收取其他费用。"

3. 便民原则。政府机关在信息公开过程中，应当以优质的服务、较高的办事效率履职尽责，方便民众依法获取政府信息。为了体现这一原则，《条例》从七方面作了规定："一是，通过政府网站、新闻发布会、政府公报以及广播、电视、报刊等方式公开政府信息。二是，各级政府应当在各级档案馆、公共图书馆设置政府信息查阅场所，并配备相应的设施、设备。三是，应当在编制、信息公开指南和目录，方便民众查询。四是，政府信息公开必须遵守时限要求，在规定时限内予以公开。五是，规定政府机关应当为填写书面申请确有困难的公民代写书面申请。六是，申请公开政府信息的公民存在阅读困难或者视听障碍的，政府机关应当为其提供必要帮助。七是，公民、法人或者其他组织可以凭有效身份证件或者其他证明文件向政府机关申请提供与其自身相关的政府信息，如医疗卫生、社会保险、税费缴纳等。"

4. 及时准确原则。现代社会瞬息万变，能否及时获得信息具有重要意义，过时的信息基本上毫无价值；行政机关公布的信息应尽量避免出现错误，更不能公布虚假信息，发现虚假或不完整信息的，应当予以澄清。《条例》规定："行政机关应当及时、准确地公开政府信息。行政机关发现影响或者可能影响社会稳定、扰乱社会管理秩序的虚假或者不完整信息的，应当在其职责范围内发布准确的政府信息予以澄清。"

（三）公开的方式

1. 主动公开。《条例》第十八条规定："属于主动公开范围的政府信息，应当自该政府信息形成或者变更之日起20个工作日内予以公开。法律、法规对政府信息公开的期限另有规定的，从其规定"。

信息时代，能否及时获得信息成为个人、企业成败的关键，也是政府发展的基石。试想，如果一个政府不能从民众那里获得反馈信息，如何更好开展工作？因此，只有政府及时、准确地向民众公布相关信息，调动其积极参与，才能及时获取反馈信息和意见，以促进政府更好发展。

2. 依申请公开。从知情权理论来看，任何组织和个人均有权申请获取政府信息，但要求申请人必须提供：申请人的姓名或者名称、联系方式；申请公开的政府信息的内容描述；申请公开的政府信息的形式要求。

公开申请一般要求采取书面形式，但特定情形之下也可选择口头形式。这一例外规定也充分体现以人为本的理念和便民原则，反映了对弱势群体的关心。这一规定主要包含三层含义：一是，对于采用书面形式确有困难的公民可以以口头形式提出申请。二是，受理口头申请的政府机关要为申请人代写相关材料和信息。三是，代写的政府机关必须如实记录申请人的申请内容，且要经过申请人核实。

二、国外政府信息公开的做法及启示

一个国家政府信息公开的程度是其民主政治发展的一个标尺。因此，世界上许多国家都在不断加强政府信息公开建设，将其制度化，以不断增加政府的透明度，提高民众的知情权。

（一）国外政府信息公开的主要做法

1. 信息公开制度都以法律和相关政策来支撑。从国外政府信息公开的发展进程来看，信息公开推进的前提条件是政府信息公开法律制度的制定和完善。二战后，特别是20世纪末，政府信息公开成为一种全球发展的趋势。多数国家政府信息公开是在，"立法为主，相关配套政策为辅"的指导下，开展政府信息公开。

1946年，美国联邦《行政程序法》的颁布，开启了美国政府信息公开的先河。1966年美国国会通过了《信息自由法》，其立法目的是实现公众对政府的监督。该法明确：每个公民获取政府信息的权利是平等的，原则上各项政府信息必须公开，如果政府拒绝提供信息，则应承担相应的举证责任，不能合理获取信息的人，有权向法院寻求救济。《信息自由法》首次以成文法的形式确认公众可以无条件获取政府信息，是美国行政法中保障公民知情权的一项重要法律。

英国为改变保密传统，制定了大量有关政府信息公开的法律法规，如《公共信息法》《信息自由法》《公共部门信息再利用条例》等，为保障《信息自由法》的实施，进行了大量的法律调整和协调工作，使得政府信息公开体系更加完善，途径也更加多样化。

2. 信息公开的范围和内容有明确规定。在政府信息公开的范围和内容的规定上，各国都不尽相同，但基本都坚持了"以公开为原则，不公开为例外"的原则。

国外的信息公开制度更倾向于从公民需求出发的自下而上的公开模式。国外一般都对政府信息中不予公开的内容和范围做出明确规定，以确保政府信息公开相关法律的可操作性。美国的《信息自由法》明确规定了政府机关必须公开和免予公开的信息。对于例外的情况，法律作了明确规定，其目的就是为防止政府以例外为借口而拒绝信息的公开。针对例外情况的信息，如果政府机关认为无须保密，可以全部公开或者删除有关涉密的部分再公开。英国《信息自由法》主要考虑不能损害公共利益以及公共机构和信息申请人以外第三方的利益来确定例外信息，以此来界定信息公开的范围。

各国对政府信息公开范围做出的限制性规定，目的主要是为了维护国家利益、公共利益，同时也有减轻政府机关负担的考量。

3. 信息公开的方式和程序十分规范。分析其他国家政府信息公开的发展进程，公开的主要方式普通采取了主动公开和依申请公开结合的方式。

主动公开方式包括政府出版物公开、互联网公开、阅览室公开、电子阅览室公开，以及新闻发言人公开等。民众除了可以获悉政府主动公开的信息外，还可以依法申请公开其他不属于免予公开范围内的各种政府信息。依申请公开是国外一些国家政府信息公开的主要渠道。政府主动公开的信息在政府信息中所占的比重较小，主要原因在于大部分信息不具有普遍适用性，政府机关没有必要将其全部公开，但民众有权要求政府机关公开与其相关的信息。与主动公开相比，依申请公开既适度减轻了政府工作量、提高了效率，也节约了行政成本。

4. 完善信息公开的监督与救助机制。作为救济手段的运用，政府信息公开监督与救济机制是其主要抓手。其一，多方位的监督体系必须依靠政府信息公开监督与救济机制来推动，使监督工作有章可循，以此充分发挥各类监督主体的作用；其二，通过各种救济手段，政府信息公开监督与救济机制有利于纠正政府机关的违法行为，维护正常的政府信息公开法律秩序。当公众与政府信息公开行为发生冲突或对公开结果不满意时，申请人可以自由选择行政复议或直接提起行政诉讼。通过监督与救济机制，可以加强行政法律监督，限制政府机关行政权力，规范政府信息公开。

（二）对我国的启示

政府信息公开成为众多国家民主化的措施。加强政府信息公开，既是政府行政改革的重要组成部分，也是推动公民政治参与的有效途径。根据我国国情，借鉴国外的优良做法，对我国政府信息公开建设有重要意义。

1. 服务理念是推进政府信息公开的思想基础。在我国，服务型政府理念是在加快政府职能转变过程中所提出的。而在西方国家，服务型政府理念的兴起则是一个历史过程。政府向社会和公众提供完善的信息服务是政府信息公开的本质，而政府信息公开将以人为本的服务理念作为其思想基础。党的十八大报告强调，"保障人民知情权、参与权、表达权、监督权，是权力正确运行的重要保证"。我国政府信息公开的推进主要依靠自上而下的推动,在此过程中,各级政府都应当树立以人为本的服务理念,努力建设服务型政府,加快推进政府职能转变,唯其如此,才能真正有效实现政府信息公开,进而实现全心全意为人民服务的宗旨。

2. 政府信息公开不可一蹴而就。政府信息公开涉及政府治理理念的转变以及其他各个领域的内容,因而它是一个渐进的过程,不可能一蹴而就。通过对历史的梳理,我们发现政府信息公开制度在各国建立和发展是一个非常曲折的过程,尤其是对有保密传统的国家而言,更是如此。政府信息公开是对政府转型的重大考验,应当坚持循序渐进的原则,立足于本国国情和实际,不断提升政府信息公开的能力和水平。

3. 政府信息公开的立法要适合国情。在政府信息公开立法方面,我国需要经历一个较长的过程,既要借鉴国外有益经验,也要加强顶层设计,从国家层面上制定统一的政府信息公开法。因为《政府信息公开条例》是在地方先行改革和建立制度的基础上制定的,目前的《条例》在法律体系中效力层次还比较低,而且与我国《中华人民共和国档案法》《中华人民共和国保守国家秘密法》《中华人民共和国国家安全法》等法律法规中的有关政府信息公开的规定还存在不协调之处。

4. 政府信息公开的推进需要社会的广泛参与。随着公众和社会各界的积极参与,政府信息公开进程越来越快。公民个体的行动往往缺乏理性和规范性,而且成效不明显,相反,如果社会团体能够组织起来,既可以充分表达弱势群体的声音,进而整合民众的诉求,也能够降低制度运行的成本。公众通过社会团体的活动来参与行政机关的立法、决策等公共事务,能够更大程度地实现政府与公众之间的有效互动。

在各国信息公开立法过程中,普遍存在一种现象:通过社会组织与政府的博弈,打破民众与政府对公共信息获取和掌握的不对称,提高民众知情权。因为社会组织往往能够整合并代表民众向政府表达自己的利益诉求,通过民主协商与政治沟通机制,以和平方式在法定框架内达成各方利益的妥协。我国的政府信息公开过程中,政府发挥主导作用,是"政府自上而下的决策"与"民众自下而上的需求"相结合的模式,这种模式能够较好地推进政府信息公开的广度和深度。

5. 政府信息公开需要比较健全的法律制度体系来保障。在一国信息公开制度启动之初,制定一部完整的信息公开法非常困难。因为政府信息公开涉及如何维护国家安全、公共安全、经济安全、社会稳定和尊重与保护商业秘密、个人隐私等一系列问题以及政府内部诸多信息的公开。各国政府信息公开的立法实践已经证明了这一点。

我国目前的政府信息公开制度以《条例》为核心,其他配套制度包括国务院所属机构的相关行政规章和地方性行政法规、规章、政策等,已基本形成相应法律制度体系。我国从20世纪80年代开始,就实施了政府信息公开,但中国真正意义上开始走向"政府信息公开时代",则是以《条例》的出台为标志。不过,任何一部法律法规都不是完美的,需要一个发展的过程,需要在实际运用中,不断地调试和整改,最终趋于完善。《政府信息公开条例》不仅使我国政府信息公开工作走上规范化和法制化和轨道,也为今后进一步开展政府信息公开工作留下巨大的发展空间。

三、我国政府信息公开条例实施过程中问题探析

(一)制度法律体系不完备,政府信息公开行为存在随意性

政府信息公开要坚持"以公开为原则,不公开为例外",信息公开应该作为政府机关的义务来实施,但在一定程度上政府往往将其看作一种行政道德,缺少制度和法律的约束,政府信息公开行为具有较大的随意性。

首先,公民知情权的概念以及公民获取政府信息权利的保障条款,没有在《中华人民共和国宪法》中得到体现。没有根本大法作保障,政府信息公开势必缺乏系统性、可操作性。从行政程序法的角度看,我国历来重视立法实体,而忽视了程序规范。公民的知情权,从某种程度上讲更多的是一种程序上的权利,而行政程序法是政府信息公开的基本法律。所以,我国目前急需制订行政程序法来为政府信息公开提供行政法基础。

其次,《条例》与《中华人民共和国档案法》有冲突。《中华人民共和国档案法》第十九条规定,"国家档案馆保管的档案,一般应当自形成之日起满30年向社会开放,经济、科学、技术、文化等类档案向社会开放的期限可以少于30年"。档案和政府信息是同一事物在不同阶段的体现。如果某一政府不想公开相关信息,即可将该信息转化为档案。这与政府信息公开的目标和实施产生了冲突。如果无法妥善解决,政府信息公开将大打折扣甚至流于形式。

最后,《条例》本身法律位阶太低。它只是一部法规,不是一部法律,也没有具体的实施细则。一些省、自治区、直辖市和拥有设立地方法规的特殊城市,它们往往会制定一些地方法规,其效力反而高于《条例》。这不利于《条例》的贯彻落实。《条例》只是一部法规,没有与之相应的配套实施条例,导致《条例》在实际操作过程中容易成为一纸空文。

(二)主动公开的内容和范围缺乏统一规范,各地之间参差不齐

尽管我国政府信息公开建设还处于初步发展阶段,但根据《条例》规定,各级政府都建立了涉及公共利益的重大决策的信息公开制度和相关程序。不过,对于政府信息公开范围和内涵的界定仍缺乏统一的规范,各地各部门结合本地实际出台具体的实施办法,但都没有清晰界定公开或不予公开的标准,或者标准比较模糊,实施过程中由政府机关根据具体情况来裁量。这就容易导致前文提及的一些政府往往会将政府信息转化为档案信息而不予公开。此外,《条例》中"不得危及国家安全、公共安

全、经济安全和社会稳定"这一规定，是以公开后可能产生的效果作为限制的标准，但这种效果往往只能是预测而无法直接证明。这就导致信息公开范围出现模糊，各地没有统一标准，实践过程中经常会成为政府机关对某项事务不予公开的借口，因此损害公民知情权和参与权。

《条例》第二章第九至十二条分别对分别确定了各级政府及其部门应主动公开的范围，其中财政预算、决算报告列为县级以上政府主动公开的重点内容。财政部机关政府信息公开实施暂行办法也明确，"财政收支统计数据及经全国人民代表大会审议通过的财政预算报告、决算报告"应主动向社会公开。

2009年全国"两会"后，财政部首次公布了全国和中央财政预算报告，从而迈出了预算公开的重要一步，2010年财政部公开内容进一步增加。从中央部委来看，2010年有74家向社会公开了部门预算，占全部中央部门的近一半。虽然公开的内容仅限于部门预算收支总表和财政拨款支出预算表，但毕竟走出了第一步。2011年4月，财政部身体力行，公开的预算内容进一步细化，一是，部门支出预算将把几项大支出首次公开到了第三级即"项"，而以往只公开到第一级"类"和第二级"款"，公众能够从中了解其行政运行预算支出、住房公积金和购房补贴支出等方面的情况；二是，首次列出去年支出预算数和执行数、今年预算数、今年预算数与去年执行数的增减对比，哪些支出增加、哪些支出减少，一目了然；三是，努力做到通俗易懂，在部门预算文字说明中，除了对有关支出口径进行界定外，还对今年各支出增减变化情况进行解释。随后中央各部门纷纷参照财政部做法加大本部门预算公开力度。

地方政府预算公开范围也逐步拓展，2008年底，上海市闵行区开始组织预算听证会，公众讨论政府该如何花钱，通过公众参与来促进政府预算的公开透明。2009年，广州市财政局在官网公开全部114个政府部门财政预算，是中国首次有市级政府公示所有部门财政预算。2010年，四川省巴中市巴州区白庙乡在网上逐笔公开账目，在网民中引起强烈反响，被称为"中国第一个全裸的乡政府"，引起了媒体的极大关注。2012年，北京市有80个部门在各自门户网站公开了本部门预算，比2011年增长近一半，除涉密部门外，各部门严格按照《条例》的规定，在部门预算批复后20个工作日内进行公开。而且，公开的内容更加广泛，首次纳入"三公经费"预算进行单独列示并进行了增减变化解释说明。我省在2010年起积极推进财政预算公开，逐步将省直所有部门和各市县预算向社会公开，自觉接受社会监督。

尽管近年来中央政府和地方各级政府在预算公开的范围和内容上积极推进，但由于理念偏差、法治观念不足、地方政府利益冲突等深层次原因，实际执行中还存在主动公开范围不规范，甚至很多部门"以不公开为原则、以公开为例外"侵犯公民知情权，有意识地逃避监督的情况。

此外，政府预算公开还存在以下几个问题。

1. 内容上过于粗糙。从这几年各级政府及其部门公布预算情况的形式、内容和范围等方面看，给人以避重就轻、避实就虚的印象。公开的预算不够细化，支出都是大类预算，项目过于笼统，没有细化到具体的项目和支出用途。从数据广度来说，虽然包括了上年的支出预算数、实际执行数和今年预算数，并做了简单的完成情况分析和增减对比，似乎一目了然。但仔细分析，这些数据仅是简单的罗列，对于支出项目的构成细节、支出方式、效益目标等情况，公众都无从了解，无法真正实现公众监督的目的。普通民众看不清，即便专业从业人员也不能区分哪些项目涉及民生或刚性支出是必须保障的，哪些是一般性开支可以压减，哪些是专项项目支出能够实现什么效益。

2. 项目还不够全面。2011年起中央各部门及地方政府开始向社会公开"三公经费"（公用接待、公务用车、公务出国费用），到2013年，初步统计83个中央部门（委）公布的"三公经费"中，有59个部门的预算数大于2012年的预算执行数，而在"三公经费"增加100万以上的部门当中，只有22个部门对增加部分进行了简单说明，有19个部门没有进行任何说明。各省之间预算公开内容的差距很大。有5个省没有公开2013年的"三公经费"信息，16个省份公开的"三公经费"表，只是一个数字的总和，"这个数据是怎么计算得来的，没有任何披露"（全国人大代表、暨南大学管理学院会计系教授卢馨2014年两会发言）。中央"八项规定"和习近平同志关于厉行勤俭节约反对铺张浪费重要批示后，党中央、国务院对控制"三公经费"提出了明确要求，李克强总理承诺本届政府任期内"三公"经费只减不增，仅从数字看，各地"三公经费"确实不断压减，但一些专项项目不够细化，难免有项目转移甚至是虚报瞒报的嫌疑。

3. 易懂程度不足。舆论、公众希望政府预算公开，上级部门要求政府预算公开，最终目的是全国或某地的财政状况和某部门财务收支情况能够让民众更完整、准确、直观地了解，从而更好地行使监督权利。预算公开内容上应该尽量用通俗明了的语言、形式上应该更容易接受，让受众能够一目了然，看得懂、看得清。预算财政收支和项目的说明应该和经济形势、社会事务发展等情况相结合，以提供尽可能多的信息供民众查阅。公开的内容如果民众看不懂，参与和监督就无从谈起，客观效果上达不到公开的目的。

（三）政府信息公开存在形式主义

这种形式主义既包括内容的形式主义，也包括方式的形式主义。

从公开内容讲，一些地方政府公开的信息多是表面肤浅的信息，涉及实质内容的深层次信息不多，没有把公众需要的信息全面公开。而公众对政府主导公开的条条框框的形式主义信息并不感兴趣。2009年10月，广州市政府公布了政府预算报告，这是我国第一份网上政府预算报告。翌年，广东省财政厅也在网上公布了其2009年财政预算执行情况和2010年预算报告。但这些报告大多过于专业化，条条框框居多，内容不详细。民众普遍反映政府公开的信息多是抽象的数据，流于形式，无法真正起到监督作用。

从公开方式讲，政府发布信息最重要平台——网站建设还不完善。大多数网站发布的信息没有实用价值，与公众所需信息没有达到有效契合。特别是跟公众平常生活联系紧密的医疗、教育、就业及社保等方面的内容，在政府网站上得不到实用性消息，政府网站起不到信息公开的意义。网站服务也存在问题。一些网站链接打不开、检索功能不健全等问题也反映了政府信息公开的形式主义问题。

（四）政府信息公开的互动性不强，缺乏公民参与

改革开放以来，虽然我国公民政治参与积极性在不断提高，但政府信息公开与公民参与仍然存在一定不适应性。这种不适应性既体现为前文提到的政府信息公开建设不能满足公民知情权，也体现为公民维护自身知情权意识淡薄。

我国经历了2000多年封建统治，老百姓有惯性思维，认为政治是政治家参与的事情，"莫谈国事"的观念深入人心。虽然互联网的发展，民众政治参与性提高了。但关注的初衷经常是以一种好奇和旁观者的心态来看待政府信息，其立足点并没有从提高民众知情权的角度。比如，大多数民众对于政府开支往往只关注总额，而不关心其具体使用方向。久而久之，民众会对一系列的数字缺乏兴趣，最终导致降低甚至丧失参与的积极性。所以，政府不能只从自身角度考虑哪些信息公开，哪些信息不公开，更要考虑民众意愿，要加强二者互动交流。

四、完善我国政府信息公开的对策

加快推进阳光政府和透明政府建设，是政府信息公开建设的出发点，这一建设过程离不开公民的积极参与。当前，我国政府信息公开在实施和推进过程中虽然还存在一些明显的问题和不足，但从另一个角度来看，我国政府信息公开建设还有非常大的提升空间。

（一）靠制度来督促政府机关履行信息公开义务

良好且顺畅的制度体系是政府信息公开的核心保障。首先，要提高《条例》的法律位阶。提高《条例》的法律位阶，是加快推进政府信息公开法律制度体系建设的关键。所以，尽快制定出台《政府信息公开法》迫在眉睫。这套法律制度体系应该包括《政府信息公开法》《档案法》《保密法》《隐私权法》《行政程序法》等。这个过程包括要及时修订与《条例》相关的法律法规。如上文提到的《中华人民共和国档案法》等。

其次，要完善具体实施细则。一方面，地方政府要根据《条例》，发挥地方积极

性，结合地方实际使《条例》更具有可操作性。为此，地方政府应该健全信息公开的体制机制，完善信息公开监督体系（包括内部监督和外部监督），规范信息公开管理制度，加强信息公开平台建设。另一方面，法治部门要出台相关规定，统一司法界认识。这其中最重要工作是统一信息公开的边界。正确处理好信息公开与保密制度的关系。

这里笔者专门就监督机制加以强调。从内部监督角度讲，主要在行政机关自身。应该将政府信息公开纳入行政监察范围。监察的范围应该包括考核制度、举报制度、社会评议制度和责任追究制度、责令改正制度、行政处分制度、行政复议制度等。外部监督主要包括人大权力监督、政协民主监督、新闻媒体和社会舆论监督（朱友刚. 服务型政府视角下的政府信息公开研究［D］. 山东大学，2012）。

（二）畅通公开渠道，建立信息公开行为规范

广阔的渠道是政府信息公开的必要条件。作为政府信息公开的主渠道，这里着重就网站建设加以说明。政府首先要加大对政府网站的关注程度，必须及时全面地公开民众关心的信息。其次，要本着以人为本的理念，注重网站信息的实用性。要根据民众需求增设和删减专栏。

除了应用好政府网络平台外，各级政府还应积极拓宽其他信息公开的渠道，包括政府公报、广播电视、报刊杂志等便于公众知晓的方式，根据需要设立阅览室（包括电子阅览室）或者公告栏、公告墙等其他便于展示信息的方式。除此而外，政府还要利用好新闻发布会和新闻发言人制度。

要建立信息公开行为规范，必须要加强对政府工作人员的行为规范。要加强对政府工作人员的法律知识培训，以强化其法治意识；加强对其网络技术的培训，以提高其业务能力。

（三）突出重点，扩大信息公开的范围

政府信息公开，既要扩大公开的内容和范围，也要突出重点。通过突出重点来带动范围扩展。

从预算公开和"三公"经费公开来看，省市县各级政府都要公开本级预算决算信息和"三公"经费，与人民群众利益密切相关的发展项目也要加快预算决算公开进度，自觉接受社会监督。公开内容上要进一步细化，政府预决算要全部公开到支出功能分类的项级科目，转移支付要到具体项目；除涉密部门外，所有使用财政拨款的部门都应按项级科目公开本部门预决算，而且要逐步公开到基本支出和项目支出，部门决算内容进一步细化，逐步按经济分类公开。

从人民群众关注的热点考虑，主要包括三方面：一是关系人民群众切身利益的政策的制定和执行，如就业、医疗、教育、房屋拆迁、土地征用等。二是公共财政的分

配和使用，如基础设施建设、社会保障、政府部门的"三公"经费开支等。三是政府官员的个人财产状况，如收入情况、不动产登记等。推进这些领域的信息公开，不仅有利于阳光、透明政府建设，还有利于加快推进政府职能转变。

（四）确保民众知情权，促进公民政治参与

政府的公信力来自于民众对其的了解。政府信息公开的程度以及社会主义民主政治建设的程度，与公众对政府的了解程度和政治参与的广度、深度直接相关。

公民参与权的实现，首先来自于知情权。民众只有对知情权认识提高，才能创造出良好的政治生态环境。如何提高民众知情权？很大程度上取决于社会公开意识。几千年的封建传统使人们认为政治是秘而不宣的东西，给其披上一层神秘的外衣。所以，首先要改变人们的思想意识，加强普法教育，使民众充分认识到其享有的权利。还要加大教育投入，提高全民教育水平也是提高民众知情权的有效途径。要为公众积极地获取知情权创造尽可能多的条件、并鼓励公民积极运用法律来维护自己的权利。

在充分享有知情权的基础上，民众才能更好地行使参与权。具体而言，首先要有法律法规和制度的保障。在利益格局多元化的今天，没有充分法律和制度保障，公民政治参与不能持久有效。公民政治参与的制度化水平越高，社会稳定程度也越高。其次，要积极构建多层次、多角度的公民政治参与格局。利益格局多元化决定公民政治参与不可能局限于某一地域、某一领域。服务型政府建设是一个系统工程，政府信息公开也是一项系统工程，这都决定了公民政治参与格局必须多元化。最后，还要建立民主协商的决策机制，包括完善的民意反映机制（公示制度、听证制度、信访制度）。对涉及面广、与人民群众利益密切相关的决策事项，采用报刊、互联网、广播电视等媒介公布或者采取座谈会、听证会、论证会等方式，充分听取社会公众对政府重大决策备选方案的意见后，按有关决策程序进行讨论、审议。

五、结　　语

党的十八届三中全会提出"全面深化改革的总目标是完善和发展中国特色社会主义制度，推进国家治理体系和治理能力现代化"。我们要把推进政府信息公开建设放到国家治理体系和治理能力现代化的高度看待，从根本上讲，就是要加强信息公开的制度建设。

当今世界，正处于大变革大调整时期；当代中国，正处于社会发展转型期。国情、世情要求我们治国理政的方式必须与时俱进，实现政府与公民的良性互动。政府信息公开建设正是实现这一愿景的有效途径。特别是互联网的快速发展，为我们提供了很好的平台，关键是如何将其运用好。

回顾我国政府信息公开的历程，我们深切感受到：政府的透明度与民众的知情

权、参与权密不可分。随着社会主义民主程度不断提高，不仅会激发民众对政府信息公开的积极参与，也会促使政府从被动变主动，主动公开政府信息。从这个角度讲，政府信息公开建设只有进行时，没有完成时。

参考文献

[1] 国务院法制办公室. 政府信息公开条例注解与配套 [M]. 北京：中国法制出版社，2008.

[2] 杨伟东. 政府信息公开主要问题研究 [M]. 北京：法律出版社，2013.

[3] 乔立娜，李鹏. 政府信息公开工作制度与实施 [M]. 北京：中国人事出版社，2010.

[4] 北京大学公众参与研究与支持中心. 政府信息公开公民指南 [M]. 北京：法律出版社，2011.

[5] 国务院办公厅关于进一步加强政府信息公开回应社会关切提升政府公信力的意见 [M]. 北京：人民出版社，2013.

[6] 朱友刚. 服务型政府视角下的政府信息公开研究 [D]. 山东大学，2012.

[7] 刘飞宇，玉丛虎. 多维视角下的行政信息公开研究 [M]. 北京：中国人民大学出版社，2005.

[8] 刘恒等. 政府信息公开制度 [M]. 北京：中国社会科学出版社，2004.

[9] 中共中央关于全面深化改革若干重大问题的决定 [N]. 人民日报，2013 – 11 – 16.

[10] 褚松燕. 我国政府信息公开的现状分析与思考 [J]. 新视野，2003（3）.

[11] 洪伟. 论公民的知情权与政府信息公开 [J]. 浙江师范大学学报，2003（5）.

[12] 江泽民. 在中国共产党第十五次全国代表大会上的报告 [R]. 1997 – 09 – 12.

[13] 刘义理. 提高政务公开中的信息质量 [J]. 党政论坛，2005.

[14] 中国互联网络信息中心（CNNIC）. 第33次中国互联网络发展状况统计报告 [R]，2014.

[15] 张红菊. 英国信息公开制度及其特点 [J]. 中国监察，2009.

[16] 吴文革. 论我国政府信息公开制度建设的现状与发展趋势 [J]. 图书情报工作，2010.

[17] 中华人民共和国档案法 [J]. 档案学研究，1987（1）.

[18] 王洛忠，李姗，李帆. 中国政府预算公开的现状、问题与对策 [J]. 财政监督，2011（4）.

政府部门决算公开问题的研究

保定市徐水区财政局 王玉宾

近年来,我省高度重视预决算公开工作,认真落实2014年修正的《中华人民共和国预算法》和相关制度办法要求,进一步加强制度建设,加大公开力度,扩大公开范围,落实公开责任,细化公开内容,规范公开渠道。省级预决算公开工作取得了扎实成效,全省预决算公开工作进展良好,在2015年全国预决算公开专项检查中名列第一,财政透明度不断提高,对规范管理、提高效益、打造"阳光财政"起到了积极推动作用。

取得突出成效的背后也必须认识到,在地方政府实际执行中,仍存在着预决算公开滞后、缺乏完整性等问题,现就政府、部门决算公开情况进行专题调研,充分认识决算公开的重要性和意义,并通过分析研究全省决算公开典型案例,找出地方决算工作开展的普遍性问题,认真查找原因,多方面创新性的提出解决方案,让人民真正体会到政府的钱进入"透明钱柜",推进财政工作透明度。

预决算公开是加快政府机构改革和职能转变的本质需要,是保障公民知情权、参与权和监督权的重要途径,也是加强财政管理、强化预算执行和预防行政腐败的有效措施。下面针对政府部门决算公开工作所起的作用,分析相关案例经验,找出县级决算公开的不足,进而提出一些浅显的建议,做一下相关阐述。

一、政府部门决算公开的重要性

(一) 国家、省、市政策的明确要求

2014年全国重点工作会议指出,要推动重要领域改革取得新突破,抓好财税体制改革这个重头戏,实施全面规范、公开透明的预算制度,着力把所有政府性收入纳入预算,实行全口径预算管理。各级政府预算和决算都要向社会公开,部门预决算要逐步公开到基本支出和项目支出,所有财政拨款的"三公经费"都要公开,打造阳光财政,让群众看明白、能监督。

2015年,我省根据国务院办公厅《2015年政府信息公开工作要点》以及国家和

省委、省政府的有关要求,坚持"以公开为常态、不公开为例外",不断扩大公开内容、拓展公开渠道、加强制度建设和平台建设,增强公开实效,积极稳妥地推进政府信息公开各项工作。通知下发后,省政府领导高度重视,批示抓好落实,对全省政府信息公开工作作了细化分解和责任分工,提出明确要求。

(二) 决算公开专项检查的实行

为了保持我省在全国的领先位置,根据财政部印发的《关于组织开展2016年财经纪律专项检查的预通知》,2016年8月底省厅下发了河北省财政厅、财政部驻河北省财政厅监察专员办事处《关于开展2016年预决算公开情况预查的通知》(冀财监〔2016〕73号),并在9—10月间各市县自查的同时,对各市县2015年决算、2016年预算的公开情况进行了预检查,力求在全国检查中完美过关,继续领跑。

(三) 决算公开的现实性意义

决算公开秉承了社会主义核心价值观中的"和谐"含义,保障了公民对财政资金运行的知情权、参与权和监督权。从财政管理的角度,虚心倾听公众的建议,努力在公众诉求、各方需求和可用财力之间寻求一种平衡,促进政府决策的科学化和民主化。决算公开将财政资金置于公众的监控之下,综合各方面的意见,避免因少数人的专断决策而发生失误,遏制腐败滋生,保证人民当家做主。

二、全省决算公开典型问题研究及分析

(一) 河北省级决算公开检查名列全国第一案例

自政策推行以来,河北省大力推动财政资金信息公开工作,在规定时间内,省政府预决算信息、省本级113个部门预决算信息和省本级部门"三公经费"支出情况全部实现了公开,在省政府门户网站"河北省级财政预决算公开专栏"集中公开展示。

对"三公经费"支出总额及分配数额与年初预算数、上年支出数进行了对比,说明了增减变动原因,并按照实物量与价值量匹配原则,细化说明了"三公经费"支出相关的公务用车购置数及保有量、因公出国(境)团组数及人次数、公务接待的批次及人数等。省级政府采购信息公开范围不断扩大,采购预算、采购过程、采购结果、采购合同及履约情况等,均进行了公开,全年共发布信息67580条。

(二) 黄骅市财政局阳光财政实施案例分析

为进一步推进阳光政治建设,打造阳光财政,确保财政资金公开、透明、规范、高效运行,按照"打造阳光政治"和依法理财的总体要求,黄骅市财政局进一步健

全和完善财政工作管理制度,推进财政运行公开透明,强化理财工作监督制约,不断提高财政资金使用绩效,全面建设阳光财政、法治财政、干事财政,服务沿海强市、美丽黄骅建设。

1. 制定五大原则。公开透明原则:推行"阳光财政",必须依照国家法律、法规和有关政策规定进行。运行程序和内容必须在法律、法规允许的范围内予以设立。注重实效原则:从实际出发,突出重点,循序渐进,讲求实效,不搞形式主义。动态管理原则:对《实施方案》中确定的内容,要长期坚持。改革创新原则:根据全面深化改革新形势、新要求,不断完善"阳光财政"机制,在实践中丰富内容、创新形式,积极探索务实、管用、有效的途径和方式。社会参与原则:以落实社会的知情权、参与权、表达权、监督权为重点,进一步提高社会公众对"阳光财政"的参与度,充分调动他们的积极性、主动性和创造性。

2. 建立三种机制。理财工作监督制:除涉密信息外,政府预算、部门预算全部细化,包括"三公经费"在内的重点财政资金安排全部公开,接受社会和舆论监督。惠民政策公开制:对惠农补贴、教育、社保、医疗、住房保障等涉及群众切身利益的民生政策,定期进行全面梳理和分类归集,编制民生政策公开手册,及时进行公开,切实保证人民群众的参与权、知情权和监督权。公示制:通过网站、新闻媒体、微信、公开栏等载体,及时将惠民支农政策、政府采购招标、国有资产处置等信息公开,方便社会监督。

(三) 典型案例的可取性分析

从省级案例来看,自2013年底以来,省财政厅大刀阔斧地推行标准化绩效管理改革,使绩效管理成为机关管理的大平台、总抓手,为破解新形势下"不能为、不想为、不敢为"的难题打开了一扇门。省财政厅的做法得到了省委、省政府主要领导的充分肯定,切实做到了政府花钱花多少、怎么花,都应该处于阳光之下,经得起监督。

从地方案例来看,财政支出是地方发展的基础保障工作,关系到地方发展的兴衰,关系到人民幸福生活水平的高低。让政府的钱进入"透明钱柜",一方面,可以对花钱者产生约束作用,谨慎花钱;另一方面,可以减少浪费、流失,让政府的钱发挥出最大的阳光效益,产生阳光力量,打造社会温暖。同时,这种监督本身也提升了政府财政工作的质量,是对人民纳税人的最好尊重。

三、县级决算公开的不足及创新性建议

(一) 剖析基层开展决算公开存在的问题

总体来看,全省决算公开工作取得了明显成效,各级财政信息被社会各界所掌

握,已由原来被动、粗放、任意公开转变为主动、细化、规范公开。但地方基层开展过程中离政策规定及社会各界对信息质量的需求还有一定差距。目前,基层决算公开工作中存在以下几个方面的问题。

1. 公开时间滞后。按照2014年修正的《中华人民共和国预算法》要求,预决算批准（批复）后20日内向社会公开。调研中发现,有的地区存在个别部门决算公开不及时现象,影响了公开的时效性。

2. 主体责任不够明确。一是部分市县和单位对于公开的主体责任缺乏正确认识,财政部门被动替代其他单位部门,成为推动决算公开的主要动力。二是一级预算单位口径不一,将独立核算的下属单位纳入一级预算单位的现象比较普遍,导致汇总决算公开情况不够理想。此外,基层代编决算、会计集中核算等情况,在一定程度上弱化了决算公开的主体责任。

3. 公开质量有待提高。决算公开,其目的在于让公众更直观、更精确地了解相关政府及其部门的财政财务状况。从目前公开的内容、范围和细化程度等方面看,呈现"大而不全"的特点。一是部门机构职责公布不全面。调研中发现,有的部门在上年度公布了机构职责,认为之前公开过了,下一年度就不需要再次公开了,从而导致公开内容不够完整,影响了公众对部门的长期深入的了解。二是部门文字说明不全面。目前除了"三公经费"决算支出外,虽然公开的内容很多,但专业性较强,如果没有专业术语注解和文字说明,公众不易准确理解。三是公开内容不够详细。相对于基本支出,项目支出较为粗略,尤其是公众关注的一些民生项目资金支出不够具体。公车改革是当下社会热点问题,也是人民群众普遍关心的改革内容。因此,在"公务用车购置和运行费"的细化公开上,更应该严格按照要求进行,分为"公务用车购置费"和"公务用车运行维护费"。但个别部门存在为了混淆视听而未进行细化,导致公众无法清晰判断车辆购置和运行的具体费用金额。按照决算公开要求,部门对"三公经费"预决算增减变化原因要做详细说明。但个别部门因为"三公经费"相比于上一年度减少,认为不需要细致说明,甚至还存在个别部门根本不做说明的情况,导致公众无法对"三公经费"的使用情况深入了解。

总体而言,目前的公开情况不能完全满足公众的要求,面向公众公开的本意体现不足。

4. 公开信息化水平较低。过去,我们对政府花钱方面的监督,无论从方式还是手段都比较原始,满足于常态化监督,无法体现在全过程之中,导致许多监督都成为事后算账,不仅监督效率低下、漏洞百出,而且过于依赖人为因素,缺乏科学手段。虽然绝大部分地区按照国家和省的要求,在政府网站设置了预决算公开专栏,但专栏管理普遍较为粗放,多年的各项预决算简单排列,无法按年份、公开的内容等进行快捷搜索查询。有些地区是电子稿传到公开网站,效果比较好;但是有的地区采取的是以照片形式上传到公开网站,效果并不理想,甚至很难看清楚其中的内容。

这也就直接导致了公众参与热情不高。一是网页浏览量普遍偏低。调研发现，绝大多数部门的预决算公开页面的浏览量在百次以下，有个别单位预算公开网页的浏览次数显示为个位数。二是缺乏反馈机制。当前的决算信息公开缺少公众反馈环节和渠道，无法将意见和建议充分反馈，政府责任履行与公众权利之间缺乏互动。

（二）研究决算公开问题产生的原因

1. 重视程度不够。个别地方政府和部门对决算公开工作存在思想认识不够、公开积极性不高等问题，片面地认为本单位或当地政府的一切财政信息只能内部掌握，不应向外界予以公开，甚至对于预决算公开工作存在抵触心理，不愿接受社会对财政信息的监督。过去，一些单位在执行预算时出了这样或者那样的问题，有的地方政府在执行决算计划时巧立名目截留成为"私房钱"，这些做法都对治理"三公消费"、反对铺张浪费造成了阻碍。

2. 监管力度有待加强。目前，我国对于决算公开追责制度方面存在一定空白，监管部门对于未按规定公开财政信息的政府或部门监管力度不够。虽然财政开展了预决算公开的专项检查，但是依然没有专门的管理办法，就不能建立健全长效机制，从而导致决算公开工作在执行中约束力不强。

3. 网络公开环境有待净化。造成个别地方政府和部门不愿公开决算信息的重要原因是个别网民对公开信息发表不良言论，并通过该言论达到对政府施压的目的，同时，个别网民对2014年修正的《中华人民共和国预算法》及信息公开条例的错误解读，也导致社会对政府和部门信息公开期望过高，最终对政府预决算公开形成无形的阻力。

（三）多方面创新开展决算公开工作的建议

种种问题的显现都对政府和部门决算公开工作提出了更高的要求，这项工作是响应国家政府信息公开精神及我国财政体制改革方向的重要环节。各级政府和部门应认真执行信息公开制度，保证财政信息的准确性、及时性、完整性，不断接近政府与社会公众的距离，维护政府公信力、提高公众形象。

1. 建立良好的决算公开法律运行环境。建议国家针对2014年修正的《中华人民共和国预算法》《政府信息公开条例》进一步出台相关实施细则，特别是制订指导各级政府和部门在预决算公开工作中的统计、考核及追责制度，不断提高相关制度的可操作性，详细列明不予公开单位、内容及公开期限等硬性指标，规范各级政府和部门公开行为。将政府和部门预决算公开纳入目标考核内容，采取区域间排名和奖惩等措施，以倒逼机制推动预决算公开，促使部门变被动为主动。同时，在制订实施细则及管理办法时，应将群众关心的"三公经费"、重点基建项目及医疗、养老等民生支出指标作为公开重点，以提高政府信息公开的实际效益，鼓励广大群众对政府和部门财政信息进行监督。

2. 建立预决算公开工作机制。预决算公开工作需要各级政府和部门在《预算法》及信息公开条例的框架下，根据自身实际情况制订预决算公开工作机制，以规范、指导预决算公开工作有序进行。

首先，应提高各级政府和部门对预决算公开重视程度，转变全体工作人员思想，树立正确的预决算公开理念，政府领导应从人、财、物方面给予预决算公开工作必要的支持，并督促相关预算单位给予公开工作必要的配合。

其次，各级政府和部门应强化预决算公开主体职责，明确规定各级政府和部门在预决算公开工作的职责范围，各部门应加强配合、协调，向预决算公开部门提供及时、准确的财政信息。顶层设计中应明确一级预算单位与不予公开的保密单位，按照"谁主体、谁公开、谁负责"的原则，增强部门预决算公开的主动性和自觉性，杜绝代编预决算情况和取消会计集中核算。

3. 加强政府预决算信息公开反馈工作。政府和预算单位应对公开信息进行跟踪分析，及时发现信息公开在数据准确性、规范性、及时性方面存在的不足，并对社会各界针对预决算公开信息提出的建议进行收集、分类、整理，对社会各界提出的疑问进行一一解答，并将合理化建议经过整理后形成调研报告，以此规范日后政府信息公开工作，真正发挥预决算公开效益。加强财政预决算知识普及宣传，对公开的事项做到情况明晰、问题清楚、解释充分、通俗易懂，便于公众查询、比较、监督。提高社会公众对政府信息公开的理解与沟通，真正将政府和部门行政运营情况向社会各界予以公开，形成良好的预决算公开氛围。

加强公开平台建设。充分利用现代科技条件和先进管理手段，丰富公开的途径、方式、形式，为推进预决算公开工作创造良好条件。一是加强财政信息化建设。建设和完善预算管理相关部门的信息系统，实现部门间业务联网和信息共享。二是设置规范的公开格式。同一区域内不同部门的预决算公开，应自上而下设置统一的口径，对数据内容、依据标准、解释说明等予以规范，统一在政府公众信息平台设置专栏，尽量避免出现公开内容散乱的问题。在政府门户网站优化公开目录，更新信息公开指南，充实完善重点领域信息公开栏。各地各部门要陆续升级网站，特别是集中改进决算公开年度报告集中展示栏目。积极运用微博、微信和移动客户端等新媒体公开财政信息。

4. 强化政府预决算公开监管。建议国家进一步出台预决算公开考核、追责制度，以提高监管部门的威慑力。具体内容包括：各地政府应按规定的公开期限在网络等媒体上对财政信息进行公开，逾期未予公开的政府和部门必须在相关网站上做出合理解释；预决算公开相关监管部门应定期开展监督检查，对政府和部门在公开工作中存在的问题提出建议，并督促其认真、及时整改，对于阻碍信息公开的单位及领导给予严厉的处罚，不断增强政府和部门预决算公开意识，同时，对于公开信息及时、准确的政府和部门给予通报表扬。

一是督促政府部门转变观念。让部门充分认识到推进预决算公开的重大意义,增强预决算公开工作的主动性和自觉性,及时、全面、细致地公开政府预决算。二是加大宣传力度。正面引导公众积极行使权利,做好预决算信息解读说明工作,帮助人们正确理解和理性认识预算信息,鼓励民众积极参与,共同推动政府部门预决算的公开,打造阳光透明的预算管理制度。

5. 通过业务培训提高预决算公开质量。积极开展业务培训,不断提高预决算公开工作能力。坚持集中培训、以会代训等方式对决算信息公开队伍进行培训。一是政府和部门应对下一级单位预决算工作进行监督,以保证各级政府和部门预决算信息公开的及时性、完整性、准确性。二是上级主管部门和各级财政部门应对预算单位预决算公开工作进行业务指导,定期组织信息公开业务培训,就基层单位提出的问题进行收集、解答,并将不同地区、单位面临的问题及总结的先进经验向预算单位进行通报。三是上级主管部门应定期对下级预算单位信息公开情况进行统计,实时掌握各级政府和部门预决算信息。

此外,预决算公开要尽量减少专业术语,尽可能使用通俗易懂的语言、形象生动的图表、翔实准确的解释来表述,方便公众理解。要突出公众关心的社保、教育、扶贫等民生方面的预决算支出信息,辅以政策法规解读,做到支出去向具体准确明晰。在部门或政府门户网站强制公开的前提下,倡导多形式公开,充分利用报刊、电视、政务公开栏等媒介,多方位、多角度的公开预决算信息。

通过深入分析与研究,推进政府部门决算公开,对于提升国家治理能力、治理水平,增强政府公信力、执行力,保障人民群众知情权、参与权、表达权、监督权等,都具有重要意义。在此,希望通过各级地方政府的不懈努力,使政府部门决算公开工作真正地落到实处,发挥其应有的作用,为我国的社会主义现代化建设添砖加瓦。

完善温州市市对区财政体制研究

温州市财政局课题组*

一、温州市市对区财政体制的历史沿革

1985—1993 年,温州市实行划分税种、核定收支与分级包干的财政体制,主要对象为鹿城和龙湾两个区级财政;1994 年开始至今,市对区一直实行分税制财政管理体制。期间,为促进市区经济良性发展,调动市、区两级培植财源的积极性,先后在 2001 年、2005 年、2010 年、2014 年对市区财政体制进行了四次较大的调整和完善,包括鹿城区、龙湾区、瓯海区和各类开发区及功能区。

(一) 划分税种、核定收支与分级包干的财政体制

1994 年,根据省政府《关于实行分税制财政管理体制的通知》(传电报〔1994〕30 号),温州市制定下发了《关于实行分税制财政管理体制的通知》(财预字〔1994〕299 号),市对区开始实行分税制财政管理体制,延续至今。

1. 收入划分。中央固定收入包括关税、消费税等;中央和地方共享税包括增值税、资源税、证券交易税;省级财政收入包括省级企业增值税 25% 部分、营业税等;市区财政收入包括市区企业增值税 25% 部分、营业税(不含中央和省级营业税)、市区企业所得税、上缴利润(不含中央和省的营业税和利润)、个人所得税、城镇土地使用税、固定资产投资方向调节税、城建税、房产税、车船使用税、印花税、屠宰税、农业税、农林特产税、耕地占用税、契税、遗产与赠与税、土地增值税、资源税(不含海洋石油资源税),国有土地有偿使用收入、排污费、教育费附加、其他收入等。同时,在中央划分税种的基础上,以区 1993 年财政收入为基数,实行增收分成。即从 1994 年起,区财政收入比基数增长部分,省分成 20%,市 40%,区 40%。

2. 支出划分。市和区支出划分仍按原体制执行。收入返还:1994 年,市对区收入返还数额以 1993 年为基数年核定。按照 1993 年区实际收入以及税制改革和中央、

---

* 课题组组长:余中平;课题组成员:陈胜利、韩加斌、林坚、杨海曼(执笔)。

省、市、区之间的收入划分情况,核定1993年中央从区净上划的收入数额(即消费税+增值税75%+非银行金融企业所得税-中央和省下划收入)。1994年后,收入返还额在1993年基数上逐年递增,递增率按本地区上划中央收入增长率的1∶0.3系数确定,区因此而增加税收返还额省集中20%,市集中20%。

(二) 调整完善的分税制财政体制

从1994年开始,为了促进市区经济良性发展,调动市、区两级培植财源的积极性,温州市财政局先后在2001年、2005年和2010年对市区财政体制进行了三次较大的调整和完善。

1. 2001年市区财政体制调整。2001年,市政府出台了《关于调整市区财政体制的通知》(温政发〔2001〕206号),对市、区间财政体制进行了调整,调整内容主要包括收入划分和市区间财力分成:收入划分即新增纳税户收入级次按工商登记和投资主体划分综合确认,新增纳税户预算级次确定后,其收入由市本级和所在区按比例分成,属于市本级的,市区分成比例7∶3,属于区级的,市区分成比例3∶7。市区间财力分成为:区级财政收入比基数增长部分,省级分成后,市分成35%,区分成45%,区级比重上升5个百分点,市级比重下降5个百分点。

2. 2005年市区财政体制调整。2005年底,对市区财政体制进行了第二轮调整,基本内容主要包括市级企业下放、市区地税收入的划分计算和市区财力的分成等内容。一是将大部分原市级企业下放,按属地原则划分为新各区地税收入,仅保留市级行政事业单位、公用事业单位、市级投资重点项目和单位、特定企业、市区区域以外纳税户等的地税收入为市级地税收入,市级下放的企业收入与原各区地税收入的比重,分别为:鹿城区内市、区5∶5,龙湾区、瓯海区、开发区内市、区2∶8。二是市区地税收入的划分计算,从2005年开始,以2004年各区地税收入为计算依据,保证2004年市级和各区地税收入基数,2005年及以后年度比2004年增加的地税收入由市、区分区进行分成。分成比例依据原市级下放的企业收入与原各区地税收入的比重,即:鹿城区内市、区5∶5,龙湾区、瓯海区、开发区内市、区2∶8。三是财力适当向区级倾斜,即区级财政收入比2004年基数增长部分,省级分成后,市分成34%,区分成46%,相较2001年体制,区级比重再上升1个百分点,市级比重下降1个百分点。

3. 2010年市区财政体制调整。收入划分:市区国税收入和地税收入划分实行"增量分成",即以2009年各区按企业属地管理原则调整后国税收入和地税收入为计算依据,2010年及以后年度国税收入和地税收入比2009年增加部分由市级与各区分别进行分成。财政收支基数:按2009年决算数确定区级各项收支基数,其中支出基数按2009年区级财政体制结算留用数确定。区级财政体制结算留用数=区级一般预算地方收入+上划"增值税、消费税"净返还补助+上划"企业所得税、个人所得税"基数返还补助＋市结算补助（不含援川灾后重建资金、政府投资工程类等一次性财力补助）－体制上交省、市部分。完善财力分成办法：区体制上交省、市部分，以2009年决算数为基数，作为固定上交。2010年以后，区地方财政收入超过2009年收入基数的增量部分，省与区实行"二八"分成，即省得20％，区得80％，市不再参与分成。同时，区上划中央"增值税、消费税"应返还收入比2009年返还基数的增加额，省与区实行"二八"分成，即省得20％，区得80％。

（三）新一轮分税制财政体制

为进一步理顺市区财政分配关系，促进"生财、聚财、理财"积极性，充分发挥财政体制对经济转型升级和民生改善的杠杆作用，温州市于2014年对市对区财政体制进行了改革，自2015年1月1日起开始实行新的市区财政体制，通过四个举措完善市区财政体制。

1. 改革财政收入划分办法。按照属地管理原则，将市区一般公共预算收入划分为市级固定收入、区级固定收入、市区共享收入。市区共享收入采用按比例总额分成，影响到市和区既得部分，通过体制结算上解或补助予以保证。

2. 建立基本运行支出保障机制。以2013年收支为基数，核定2013年区级财政体制结算留用数和基本运行支出水平，如留用数小于基本运行支出水平的，市财政给予一定补助。规范市对县（市）的转移支付，加强市级财政专项资金管理工作。

3. 建立税收收入增收激励奖补机制。在确保实现当年财政收支平衡的前提下，当年各区共享税收收入增量部分实行分段比例奖补。

4. 强化市区两级政府的财政责任。强化确保财政收支平衡的责任，坚决控制财政支出，实现财政收支平衡；强调各区发展经济、培植财源的责任，建立街道税收收入考核奖励办法，进一步调动街道积极性。

二、温州市市对区财政体制改革的积极效应及问题分析

（一）积极效应

近年来，温州市市对区财政体制的改革进一步理顺了市区财政分配关系，规范了税收征管秩序，调动了市区两级政府发展经济、培植财源、增加收入的积极性，初步建立起了市与区共同发展的收入增长和财力分配机制。同时，2015年开始的新体制下市区财力向区级倾斜，有利于提升区级公共服务水平，切实发挥财政体制杠杆作用，更好地为温州市转型发展服务。

1. 进一步理顺财权事权关系，有利于区级政府全面规划统筹区域发展。一方面，2005年、2010年、2014年的市对区财政体制改革均对财事权进行了理顺，对目前已

补助且相对固定的结算项目按新确定的事权关系逐项理顺，确定基数列入体制固定结算补助，大大增加了区级财力；另一方面，市级管理权限下放，区级承担相应的事权，进一步统一了市与区、区与区乃至乡镇街道之间的财权和事权，增强了区级自主理财的动力，有利于推动大都市区建设和城乡区域统筹发展。另外，市对区财政体制更加有效地协调了财政税收、招商引资、项目投资和统计等工作，有利于更加完整科学地反映区域经济运行全貌。各区可以直观掌握下划企业生产经营情况，做好经济运行的预测和分析，准确把握全区税源状况。各区政府可以及时了解其所辖范围内的收入情况，包括所辖乡镇街道和企业的收入进度明细，以及财政、国税、地税收入分成情况，并进而谋划制定相应的发展策略和措施。

2. 进一步完善企业属地管理，有利于税收秩序规范和收入增长。2010年和2014年的市对区财政体制改革对企业属地征管作了进一步完善，解决了企业税收交叉管理的问题，而且能有效地清理税收漏征漏管，打击各类偷骗税行为，预防税款流失。同时，税务机关对辖区内的各种纳税人不分行政隶属关系和经济性质统一征收，有利于各类企业协调发展、公平竞争，在一定程度上避免各区为增加财政收入而随意争夺税源的现象发生。尤其是房地产企业税收规模较大、企业流动性强、地方税收贡献度高，各区对房地产企业争抢激烈。为此，针对性地规范了房地产企业的税收征管，对房地产开发企业原来已经开发建设项目产生的税收仍按原办法执行；对市区除市级企业以外的房地产开发企业新开发项目产生的税收，除按企业集中缴纳的所得税以外，其余税收及附加收入按开发项目所在区域确定收入归属。此外，企业的经营状况与当地财政收入变得更紧密相关，有利于调动各区政府组织收入、协税护税的积极性，更好发挥以街道（乡镇）为依托的协税护税网络作用。

3. 进一步提升区级公共服务水平，有利于推进基本公共服务均等化。2010年和2014年的市对区财政体制改革完善了转移支付制度，如根据财力状况，采用因素法，逐步提高区级基本公共支出保障水平；同时规定，如遇国家、省出台重大政策，因此增加的政策性支出，市级按"增量分成"的比例负担。随着区级财力增强，区级基本公共服务能力不断得到提升。提高了对企业扶持水平、社会保障服务水平、文化服务水平、支农惠农服务水平。如瓯海区加大都市休闲区建设投入，支持泽雅、仙岩等景区环境改善，扶持"文化休闲一条街""农家乐一条街""指南针计划"等项目顺利实施。鹿城区安排"文化大发展大繁荣"专项资金，支持塑造地域特色文化，促进鹿城文化繁荣。同时，也改善欠发达地区的生产生活条件和生态环境，重点支持农村基础设施建设，推进农业生产安全和农业产业化经营。

4. 进一步增强科学用财理财意识，有利于保障民生和支出结构优化。2015开始实施得新体制建立了财政供养人员控制制度，以2013年财政供养人员（不包括教育、卫生等事业单位人员）为基数，每超1人扣缴3.5万元，每压缩1人奖励7万元。这增强了区级政府科学用财理财意识，有利于引导财力向民生等重点领域倾斜。特别是新体制按照量入为出，统筹考虑，科学安排支出，实现财政可持续发展的要求，在确定的各区支出基数基础上（以2009年确定的支出基数，按年均递增10%核定），按年均递增超过10%的部分上交20%作为市区预算调节资金，专项用于市区民生事业，从而进一步优化了财政资源配置。

5. 进一步调动区级政府培植财源的积极性，有利于引导经济转型升级。2015开始实施得新体制在确保实现当年财政收支平衡的前提下，当年共享税收收入比上年实绩的增量部分实行分段比例奖补。

鹿城区每年共享税收收入比上年增长6%—11%（含）的部分，按9.8%比例奖补（市分成比例下降20%）；比上年增长11%—16%（含）的部分，按14.7%比例奖补（市分成比例下降30%）；比上年增长超过16%部分，按19.6%比例奖补（市分成比例下降40%）。龙湾区、瓯海区、温州经济技术开发区每年共享税收收入比上年增长8%—13%（含）的部分，按6%比例奖补（市分成比例下降30%）；比上年增长13%—18%（含）的部分，按8%比例奖补（市分成比例下降40%）；比上年增长超过18%部分，按10%比例奖补（市分成比例下降50%）。为支持龙湾区（高新区）的发展，在上述奖补基础上，再按10%比例奖补（市分成比例再下降50%）。

新体制有利于积极引导各区加快转变经济发展方式，促进企业整合重组和转型升级，大力发展现代服务业，进一步调整优化产业结构，做大做强地方财源。

（二）遇到的问题分析

1. 区级财政收支平衡压力逐年增加。一方面由于受局部金融风波的影响，市区税收收入增长乏力，加大了财政收支平衡困难。另一方面财政支出不断膨胀导致收支缺口进一步扩大。近年来，尤其是中央、省先后出台义务教育绩效工资、离退休老干部津补贴、医药卫生体制改革、城乡居民合作医疗及养老保险等系列重大民生政策，地方财难以消化政策所需支出。此外，区级财政供养人员增长过快，支出标准就高不就低，没有采取逐步消化过渡解决方式，也增加了收支平衡压力。

2. 中央财力集中过多。增值税和所得税占区财政收入大头，这对区地方财政收入增长和收支平衡造成了一定的压力。2015年市区增值税和所得税占税收总收入超过60%，中央集中了"两税"的大头，即增值税的75%和所得税的60%。市区上划中央税收收入占比为43.36%，其中鹿城区域为41.1%、龙湾区域为45.62%、瓯海区域为46.78%、经开区区域为55.44%，从上划中央税收收入占比来看，温州市将近一半的收入上划，特别是第三产业发展滞后于制造业发展，上划中央收入的比重更大。

3. 市级固定收入一般具有跨区域、难以区分属地等特性。全额作为市级固定收入中，包括了中央省属企业、银行及非银行金融单位、市级国有集团等企业税收收入，这些往往实行跨区域经营却在总机构（注册在鹿城区）汇总缴纳，如市级固定收入中央省属企业、市级20大国有企业集团及下属全资二级企业、银行及非银行金融单位的税收在鹿城区区域内分别占92%、93.97%、96.33%，龙湾、瓯海区域都仅约2000万元左右，开发区几乎为0。

此外，市级固定收入中还包括了在市区区域以外的市级重点企业收入、与省、县（市）分成的企业收入、省体制改革金融烟草等税收入下划收入、市级门征户收入（直属一分局、稽查局等门征、二手房等），这些收入都难以区分属地。

三、兄弟城市市对区财政体制改革的借鉴与启示

通过学习考察杭州等7个兄弟城市，我们了解到由于各地的自然禀赋、发展阶段、经济结构、承担的公共服务、社会管理职责等都不尽相同，因此各地的市对区财政体制，大多因地制宜，采取了各不相同的体制形式，总的来说有以下共同的特点。

（一）实行税收属地征管

从7个考察地来看，都实行了税收属地征管，即打破企业隶属关系、行业界限，统一按纳税人生产经营所在地行使税收征收管理。实行属地征收，避免了各区对不同行政隶属关系的企业采取不同政策而造成企业间不公平竞争，同时也在一定程度上避免地方政府为增加财政收入而随意争夺税源的现象，使地方政府更关心投资环境的改善，激发了各区发展经济的积极性，促进了区域经济的协调发展。

（二）财政收入划分计算简便

大部分地区最近体制调整时，都将市与区共享收入实行按比例总量分成。各地对共享收入部分，在市与区按比例划分后，分别形成市、区两级公共财政预算收入。财政收入划分计算简便，市与区能够清晰计算、预测分析各自的收入情况。

（三）体制调整遵循"保存量、调增量"原则

从各地市区财政体制调整情况来看，大都遵循了"保存量、调增量"的原则。如在市级企业下放给各区后，按照市级下放收入和原区级收入所占比重计算分享比例，实行收入共享。或者对不同的区分别实行"超收分成"和"增量分成"。

（四）市级保持一定的固定收入

大部分地区都将一定的财政收入单独作为市级固定收入，同时将小部分税种作为区级固定收入，不实行市与区级共享。大部分地区既将一定的财政收入划分为市级固定收入，又从市与区共享收入中按较高比例分成，市级具有较强的宏观调控能力。此外，一些地区还从所属县市统筹部分资金，建立市级统筹资金，增强市级统筹能力，统筹保障基本公共服务中最基础、最核心的项目。

(五) 收支平衡约束力强

各地公共财政预算资金主要是保证各级党政机关的运行和基本民生支出。各地市级财政主要承担市级党政机关运转所需支出，市辖区内市直接管理的事业发展支出，以及涉及协调地区发展、实施宏观调控所必要的支出。区级财政主要承担区级党政机关运转所需支出以及本地经济、事业发展所需支出。跨区的区域性公共产品和服务支出由市与区共同承担。

各地在市区财政体制确定以后，各区要对各自财政收支平衡负责，要积极组织收入，优化财政支出结构，实现财政收支平衡，不允许列赤字，市财政年终除对体制规定项目结算补助以外，一般不再另行给予补助。

此外，各地为促进市区财政收入持续稳定增长和区域共同发展，大多制定了激励措施。

四、完善市对区财政体制的建议

(一) 明确收入划分

为了确保市级财政和区财政各自的利益，合理承受财政负担，就必须科学合理地划分各级政府间的事权，并严格按照各级政府的利益关联度，来确定收入的划分。温州市从2005年、2010年分别将市级企业地税收入、国税收入下放给区，2013年再次将市级的门征收入（除特殊情况）、外驻温纳税户（除建筑业）及特定企业的税收收入下放给区，市本级仅保留中央省属企业、市级20大国有企业集团及下属全资二级企业、市级行政事业单位、银行及非银行金融单位、外驻温建筑业企业税收和契税收入。

下一步市区体制的改革还需进一步明确市区收入划分，理顺各级政府财政收入的分配关系，确定分享比例，使各级政府的财政机制都能得到有效地保障，从而真正意义上做到财权与事权的相互匹配。尤其在"营改增"的背景下，要保证区级政府难的正常运转，提高区级政府"大力培植财源、努力增收节支"的积极性，促进地方经济的发展。建议，中央政府对增值税的分享比例应该下降到60%。同时，中央和地方对企业所得税分享的比例由原来的六四分成改为五五分成，相应地提高地方政府的分享比例。

(二) 合理划分事权

进一步界定市、区政府间的事权范围，地方事权可分为纯地市级、纯区级以及市、区级政府的混合事权，严格落实市、区政府的事权责任。市、区政府应按照事权责任的明确划分各司其职,不得通过任何形式将责任转嫁给下一级政府。属于市、区政府间的交叉事务,在充分考虑市、区财政的承受能力后,根据市、区政府的受益程度,科学的分担市、区政府的责任。同时,通过相应的制度来划分市、区政府间的事权和责任,保证事权划分方案的稳定性。

对于市级财政,要发挥市级财政在省以下财政体制中的中坚地位,充分挖掘市域经济发展的潜力。根据温州特点合理分配优势资源,优化产业结构和行业分工,提高市级经济发展水平。然后,发挥市级财政在区域内的微观调控作用,设计合理的市区财政关系,在提升市级经济发展水平的同时,还要扩大城市经济规模,根据市区间不同的优势资源,以市级财政在区域内的比较优势,对资源进行整合和优化分配,带动区经济发展,发挥经济辐射作用。

区级事权主要负责保障本级和乡镇政府运转开支及促进区内社会公平和公共服务均等化方面。其次,面对经济发展水平参差不齐、财政贡献度不等的乡镇财政,区级财政应该按照不同地区的经济基础区别对待,保证区内社会公平和财政公共服务的顺利落实。

(三)建立长效奖惩机制

从各兄弟城市市对区财政体制改革的经验来看,为更好调动各区发展经济、培植财源的积极性,促进市区财政收入持续稳定增长和区域共同发展,确保实现财政收支平衡,各地均建立一定的激励机制。因此,建立长效激励机制的成功经验要充分运用到市、区财政体制改革中,激励区级政府增收节支。做到以机制促发展、以发展促增收、多增多奖、以奖促增,充分调动区级增收积极性。在建立科学合理的考核指标体系方面,要将经济增长质量、财政收入增长及征管情况、财政供养人员控制、专款落实情况、财政平衡及消赤减债情况等纳入考核范围,客观评价区级财政运行情况和努力程度。

(四)规范转移支付

转移支付要明确资金流向,财政资金分配要力争科学合理。市级财政要采取有效措施,解决区级政府的财力困难。同时,加强转移支付资金使用的监督,明确规定转移支付资金的用途,确保资金的使用去向,保障财政转移支付资金运行的公开透明,稳步推进和强化地方预算管理、提高资金使用效率。如对目前已补助且相对固定的结算项目按新确定的事权关系逐项理顺,确定基数列入体制固定结算补助。遇国家、省出台重大政策增加的政策性支出,市级按总额分成比例负担。今后事权发生上下划调整的,财力以当年决算数为基数作相应上下划调整。

财政花钱换机制研究

——以潍坊市改革实践为例

潍坊市财政局课题组

一、政府运行机制存在的突出问题

政府历次改革，都在一定程度上遵循了"问题导向"的改革路径。花钱换机制，更要坚持"问题导向"，梳理出与社会主义市场经济不相适应的、影响资源配置效率的机制问题，进而研究针对性措施，实现机制有效转换。课题研究对政府主体、行政运行机制、资源配置机制及公共服务供给机制等关键领域存在的突出问题进行了梳理，具体包括：

（一）政府主体的自我膨胀

根据"帕金森定律"，政府机构都存在一个内在的自发膨胀"基因"。当政府机构膨胀到一定程度，机构臃肿、人浮于事、效率低下、税负增加等问题一并随之而来，导致社会不能承受之重，迫使政府不得不进行精兵简政。我国改革开放以来，进行了七次规模较大的政府机构改革，但是，财政供养规模不减反增，机构改革陷入越精简越膨胀的悖论。

各级各类衍生事业机构丛生，不断寻找套取经济利益的机会，对市场经济的妨害作用非常突出。如：具有部门背景的社会中介机构依然利用垄断资源开展业务、原本早应退出政府序列的行办和各类行业协会的复活、很多超期收费的公路站口，等等，对市场正常的交易活动带来大量成本和隐性损失，这些成本和损失可能数倍、数十倍于部门取得的收益。

同时，政府开支高企，增速远超 GDP，比重逐年上升。2009 年，行政运行的显性成本（指一般公共服务支出）占财政总支出的比重达到 13.2%。如表 1 所示。

表 1　　各国行政成本占财政总支出比重（2009 年）

国家	日本	法国	英国	德国	美国	中国
行政成本占财政总支出的比重（%）	3.62	6.67	7.59	8.83	9.42	13.2

注：数据来源为财政部国库司《2009 年地方财政统计资料》。

【案例1】

以潍坊市为例，市域内仍有7个国省道收费站，多为延期收费，供养收费员600余人，近年每年实现收费收入约1.7亿元，人员相关费用约7000万元，征收成本过高，而且对经济社会的负面影响可能数倍于收益。

（二）行政运行的负外部效应突出

第一，政府部门对社会事业准入的管制环节多、门槛高，日益成为制约社会投资和公共服务发展的障碍。第二，政府机构的收费行为，对发展机会造成损害，机会成本远远高于收费收益，且多已固化为既得利益，严重妨碍市场经济发展。第三，政府部门审批事项过多过细，权责定位不清，决策机制不透明，影响市场和社会活力。

【案例2】

文明城市、优秀旅游城市、百强县等评比日益白热化，一方面既形成了利益寻租，另一方面，这种由政府主导的以偏概全的评比，造成了严重的资源浪费。

（三）资源配置效率低下

一方面，政府占有巨大的资金、资产、资源，另一方面，政府配置资源的机制陈旧，且缺乏有效的监督制约机制，不能与市场经济规律相适应，既诱发大量腐败寻租，又造成使用效率和效益低下，闲置浪费现象普遍。

【案例3】

2013年7月下旬，财政部发布报告显示，综合考虑税收、政府性基金、各项收费和社保金等项目后，当前我国企业综合税负达40%左右，超过经济合作与发展组织国家的24%—27%的平均水平，接近日、韩、美近20年20%左右宏观税负的两倍。在福布斯发布的"全球税收痛苦指数排行榜"中，我国近年来一直排在第2位。

【案例4】

据凤凰财经报道，截至2013年5月，趴在央行账面上的政府存款已达3.2万亿元。公开数据显示，2003年以来，我国国库现金余额以年均37%的速度增长，2011年以后，我国国库的月底余额长期保持在3万亿元左右。

导致资源配置效率低下，闲置浪费现象的原因有以下三点。

第一，支持产业发展的财政专项资金分散投入、无偿使用的方式，导致资金使用绩效低下。主要表现在：一是，资金分配、使用由相关部门掌握，利益格局逐渐固化。二是，同一领域的项目资金多头管理，多个主管部门之间缺乏沟通和统一规划，项目选择畸轻畸重。三是，对市场主体的直接补助，不仅效率低、效果差，还会导致权力寻租，更糟糕的是导致企业不平等竞争，还形成了对企业家的"负激励"，使得最善于创新的企业家很多由研发、开拓市场转向"跑部钱进"、投机钻营。

【案例5】

> 据凤凰财经调查，多数地区"跑部钱进"的成本在30%—40%，有的甚至高达50%。而据审计署披露，专项资金最终用于规定用途的有的低至17%。

第二，行政事业资产管理机制不健全。由于缺乏有效的约束机制，政府资产占而不用现象突出，大量资产闲置，并缺乏交易机会，影响了市场活力。

第三，公共资源管理运营机制不完善。政府占有的公共资源门类繁多，包罗万象。但由于对公共资源产权界定不明晰，造成管办不分，监管弱化，既造成公共资源收益部门化、福利化，又因缺乏竞争激励和外部约束，以及部门严重缺乏资源运营意识，大大降低了公共资源使用效率。

（四）公共服务供给与实际需求错位

第一，公共服务部门垄断现象普遍存在。诸如教育、医疗、绿化、保洁，以及出租车等，在一定区域内往往都是被一个部门垄断，没有竞争，没有评价，导致价格单一、绩效低下。

第二，公共服务项目决策机制不健全。公共服务的提供多由上级部门单方决策，如农村公益电影放映、农家书房等民生项目，一厢情愿式的"一刀切"供给模式，不能充分考虑基层民众对公共服务的需求，影响了公共服务水平，并造成资源浪费。

【案例6】

> 据调研组乡镇实地调查，相当一部分农家书屋、公共电子阅览室因无专门维护管理人员和经费，处于闲置状态。访谈过程中，老百姓反映，农村公益电影放映工程春夏秋冬均实行放映场次、观影人数考核，在严寒和酷暑时节，经常"被观影"，反而成为一种负担。

第三，公共服务和资金补助对象时常错位。如，对困难学生的补助，资金经常是补助给学校，对住房困难群体的补助，经常是对保障性住房建设主体进行补助。补助环节的错位，一方面造成公共服务需求方不一定能真正受益，另一方面还导致弄虚作假、套取财政资金现象。

（五）小结

从国际经验看，政府规模与它的权力大小以及支配资源的多少成正比。综合分析以上问题可知，由于政府和市场边界不清，同时又缺乏有效的监督制衡机制，导致政府权力过大，控制的资源过多，从而影响资源配置效率和要素自由流动。

二、"花钱换机制"的内涵界定及应遵循的理念

机制，原指机器的构造和工作原理。引申到社会领域，指其内部组织和运行规律，是指以一定的运作方式把各个组织联系起来，使它们协调运行而发挥作用。"花钱换机制"，就是立足经济社会长远发展，进一步厘清政府与市场的作用边界，通过赎买等方式，对运行效率低下的机制进行转换或重建，使政府内部的组织、协调、运行更加顺畅，从而促进资源的高效配置和要素的自由流动。结合对关键领域突出问题的梳理，有必要对"花钱换机制"的内涵和外延、应遵循的理念进行深入分析。

（一）为什么要花钱

机制的转换或重建大致可分为三种情形。

第一种情形，既得利益受损，社会总收益增加，需要支付一定的代价和改革成本，对既得利益进行赎买（补偿），从而减小改革阻力，推动改革顺利推进。赎买，就是要尊重原体制下的既得利益，并对改革中既得利益受损阶层予以补偿。其本质是一种妥协，一种策略。固化的利益集团是目前我国深化改革的最大阻力，这在学界已成普遍共识。汪洋副总理曾经指出，与30年前相比，如今改革面对的困难是既有利益格局的制约。同时，不得不承认，很多既得利益者也是改革的重要参与者。在这种情况下，通过赎买，可以获得对改革的支持，甚至将改革的阻力转化为改革的动力，便成为破解当前难以推进的改革项目的现实策略选择。

第二种情形，既得利益未受损，社会总收益增加，可以直接进行"帕累托改进"式的"不花钱换机制"。

第三种情形，在全新的或政府缺位的领域，需要填补机制空白，财政投入予以保障，可称为"花钱建机制"。

后两种情形，是"花钱换机制"的外延，根据李克强总理"机制建设要尽可能完整，不能'碎片化'"的要求，这两种方式不可或缺，也应纳入本文的研究范围。

（二）换什么样的机制

应坚持以问题为导向，围绕政府运行机制、公共资源配置机制、公共服务供给机制等关键领域存在的突出问题，明确机制转换的目标和方向。

第一，对政府越位的主体、行为、制度，通过机制转换，大幅回缩政府的越位之手，把不该管的事务坚决放给市场、交给社会；对政府缺位的职能，通过机制重建予以加强，逐步形成政府在职能范围内有效运转的机制。

第二，充分发挥市场在资源配置中的决定性作用，在财政资金分配、公共资源运营、行政事业资产配置处置等方面，更多地引入市场机制，搭建政府高效配置资源的机制。

第三，鼓励引导民间资本投资社会事业，大力推行政府向市场和社会组织购买公共服务，并优化与社会全面对接的公共服务项目决策、实施、评价、宣传机制，构建低成本、高水平的公共服务的供给机制。

（三）"花钱换机制"应遵循的理念

第一，坚持以政府职能的边界来重新界定政府机构及其运转机制的设置，引导政府职能转变。

第二，财政资金和公共资源配置也要充分利用市场化机制，提高使用效率和效益。

第三，打破传统的公共服务供给模式，通过鼓励引导民间资本投资社会事业，及推行政府购买服务，构建社会化供给体系。

第四，公共政策的决策、实施、评价、宣传要与社会全面对接。

三、"花钱换机制"思路和对策

从解决迫切问题出发，结合潍坊市改革实践案例，当前应在厘清政府与市场的作用边界的基础上，通过财政手段引导或保障，重点加快转换或重建以下几类机制，推动政府职能转变，进一步提高资源配置和公共服务效率。

（一）推动机构改革、简政放权和职能转变的赎买机制

1. 赎买范围的确定。对政府职能越位，有时确实要通过赎买既得利益，实现减机构、减职能、减权力。这就需要首先对既得利益做出分类甄别：第一类是具有"本源合理性"的既得利益，主要是考虑在原体制下由国家法律、政策、方针、规定而取得的利益。这些机构、职能、权力及运行机制已与社会主义市场经济体制不相适应，需要做出调整，如机构改革、收入分配制度改革等。第二类则是由既得利益集团

利用手中掌握的权力,将既得利益合法化、制度化的行为所带来的利益,如公车制度、公费医疗制度等。第三类是指不合法及不合规的既得利益,如,公共资源的部门化、福利化、公款消费等。对于第一类既得利益可以通过赎买的手段进行机制转换,第二类是否付出赎买成本应视博弈情况而定,第三类则应直接利用行政手段予以规范、清理或取缔。

2. 赎买成本的确定。要与既得利益者进行充分的博弈,最理想的结果是在保障改革顺利推进的前提下,赎买成本最小化。使既得利益的损失得到补偿,其他社会成员受益,社会总收益实现最大限度增加。然而,根据以往的经验,如果由既得利益者来主导赎买政策的实施,并确定赎买的价格,改革的目标就很难实现。所以,有必要将对既得利益的赎买,特别是对"特权"的赎买置于领袖权威、法制权威、民主权威的三重约束之下,从而降低赎买成本。

例如,机构改革方面,一是,对未按规定设立或原承担特定任务已完成的事业单位予以撤销时,需要通过财政支付成本实行存量买断,将人员、编制自然消化。在此,建议逐步取消省域内的国省道收费站,降低物流以及出行成本,增强地区产品竞争力,方便居民出行,供养人员在两年内分流结束,分流人员相关费用由各级财政给予保障,同时,将公路养护资金纳入财政保障。二是,对从事生产经营活动的事业单位,直接推进转企改制。根据《中共中央国务院关于分类推进事业单位改革的指导意见》规定,一般可以设定5年的过渡期。在过渡期内,税收优惠适当保留、事业费继续拨付;转制前离退休人员待遇不变,并保障转制前参加工作、转制后退休人员待遇水平平稳衔接。三是,对既承担部分公共职能,又从事部分经营活动的事业单位,不能简单地改为差额保障或自收自支,而是要对承担的职能及人员进行梳理界定,对承担的公共职能和人员要纳入财政保障范围,对经营性职能和人员要推向市场,既确保公共职能的履行,又防止这类机构长期依附于政府,妨害市场公平竞争。承担的公共职能如果属于纯事务性管理,这部分人员可以进行存量买断,不再新增,自然消化,之后可改为购买公共服务。四是,对增加机构人员也要承担改革成本。对应加强政府职能的公共服务、市场监管、社会管理及环境保护等领域,在实行编制调剂、总量控制的前提下增加的机构人员,财政予以充分保障。短期看,虽然成本增加,但潜在的和间接的社会收益可能数十倍于成本。

【案例7】

对市属三座水库进行改制。水资源管理体制不顺和水利发展机制不活,是水利事业发展的突出障碍。在近年启动的事业单位改制过程中,潍坊市大部分水利工程管理单位(以下简称"水管单位")大部分改制为自收自支类事业单位,致使工作人员重经营、轻管理,且由于责任缺失,维修养护经费短缺,影响了工程安全和效益发挥,同时,水利建设资金供需矛盾突出,严重影响了水利事业的发展。为此,潍坊市转变原有水利建设、管理、投入模式,将水库公益事业管理与生产经营分离,建立市场化水利建设投融资主体,加快水利改革发展。主要做法是:对主要从事水利工程建设的山东浩博水利建设有限公司进行重组,组建新浩博公司,并以此为载体,按照"管办分离,事企分开"的原则,将市属白浪河、牟山、高崖三座水库的供水等经营性资产及收入全部剥离到重组后的浩博公司,由其统一运营和管理,强化三个水库经营性资产的运作,将浩博公司打造为资产运营的优质平台,承担原水库经营性资产运营与管理,以及潍坊市水利建设项目的投融资职能,通过整合有效水利资源,扩大经营市场,理顺供水价格,提高资本利润率,逐步实现公司的自我发展、自我壮大。原水库事业人员纳入水库管理局,承担防汛抗旱、水源地保护等公益性职能,并由自收自支纳入财政全额事业拨款供养,预计近年每年财政需支出约 2000 万元。改制办法规定,事业人员只减不增,逐步消化,之后公益性事业通过政府购买服务的方式实现。通过改革,既改变了"养人养机构"的传统做法,又运用市场机制运营资源,推动水利设施建设。

(二) 搭建以政策性风险投资为核心的创新创业扶持机制

1. 机制建立的必要性。目前,随着科技创新、商业模式创新等对产业的颠覆式影响,产业演进的路径已经发生了根本性变化,由原来更多的螺旋式演进变为现在更多的爆发式演进。然而,资金瓶颈却是创新创业企业发展的一大障碍,我国科技成果转化率不足 20%,导致这一结果的原因很多,其中,对科技成果的转换、高科技创业企业的发展等很大程度上受制于资金约束。有关实际调查问卷显示:87.5% 的受访者认为"创业资本供给来源渠道少"是对创业投资支持高校科技成果转化的障碍因素。

分析初创期高科技企业受制于资金瓶颈的原因:一是,财政扶持模式效果不明显。原来财政资金无偿、分散投入的模式下,财政科技资金及支持科技型中小企业发展的种子基金,由于主要依托行政手段配置资源,难免导致资金使用效率低下,同时,多则上千万,少则几百万、几十万的财政科技资金,对于初创期高科技企业的资金需求来说,基本等同于"毛毛雨",且缺乏后续投入支持,难以支撑种子期、初创期高科技企业的发展。二是,金融资本不能有效对接。银行贷款首先考虑安全性,并对资产负债率有严格限定;债券发行、股权融资也很少符合要求;创业板发育不健全,并且针对的也是成长型科技企业,均与高风险的初创期高科技企业资本需求不能匹配。三是,国内风险投资机制尚不成熟。目前我国的风险投资发展缓慢,且多呈现出"红苹果效应",即主要集中在成长期或成熟期企业,从而导致处于种子期和初创期的创业企业通常得不到风险投资的支持。

同时，科技创新、人才创业具有显著的"正外部性"和高风险性，导致在创业风险投资领域不可避免地出现"市场失灵"，因此，支持科技创新、人才创业，是公共财政的重要职能之一。发达市场经济国家相对成熟的资本市场经验表明，风险投资是最适合初创期和成长期中小企业的融资模式，并且，在美国、英国、加拿大等国家和我国台湾地区，都通过政府成立政策性风险投资引导基金，来引导民间资本设立各类商业性风险投资基金，从而促进风险投资形成，并引导私人部门投资者投向种子期或初创期企业，尽管在运作机制上有差异。

综合以上因素来看，在我国现阶段，由财政引导建立一种全新的政策性风险投资机制，对支持科技创新和人才创业来说，是非常必要的，甚至不可或缺的。

在前期发展过程中，由于没有这种风险投资机制，很可能已经错失了很多发展机遇。

【案例8】

成立于1993年的山东临朐华元生物工程有限公司，是国内首家采用生物工程技术发酵法工业化生产透明质酸，省科技厅认定的高新技术企业。企业在国内发酵法生产透明质酸时间最长，技术国内领先，质量达国际同类产品水平，拥有独立知识产权。随着透明质酸的应用范围从化妆品领域扩展到医学领域，市场空间逐渐扩大，公司产能已不能满足需要。2006年，该公司由于资金限制，整体出售给丹麦诺维信公司，两年后，由于对方实施知识产权保护战略，该企业最终丧失了该项技术及产业发展的机会。另有某市一光学企业，掌握了世界前沿的手机摄像头技术，三星公司曾欲与之签订采购订单。虽然该市给予了该企业300万元的市级科技资金支持，但由于现金流无法支撑有效的产能扩张，不能达到三星公司所需产量等相关要求，最终丧失了绝佳的占领市场的机会，目前经营十分困难。

2. 机制建立的思路建议。一是，大力整合产业类专项资金。改变无偿分散投入模式，退出对一般性竞争领域的扶持，集中财力，统筹使用。二是，设立政策性风险投资引导基金。实行市场化、专业化运作，以科技创新、人才创业为扶持重点，借重专业市场力量全面参与项目决策，建立起政府引导的风险投资机制。三是，发挥好引导和杠杆作用。综合运用股权、债权、优先股、担保、再担保、融资租赁等多种方式，加强与国内外各类基金及金融机构合作，引导设立更多风险投资基金，从而更有力地撬动金融社会资本和先进管理手段跟进，支持科技创新和人才创业。

【案例9】

潍坊市改革专项资金使用机制，成立蓝色产业基金，创新扶持产业发展方式。2012年以来，潍坊市创新财政专项资金管理思路，取消对企业点对点的无偿支持，统筹整合科技、文化、农业、教育等专项资金的全部增量及部分存量，以及市级历年结转结余资金，设立了7.5亿元的"蓝色产业基金"，并组建潍坊市投资控股集团，作为公共投资服务平台进行专业运营。运作过程中，借重市场力量全面参与决策、投资和监管，搭建市场化运作机制，充分发挥市场在资源配置中的决定性作用，提高资金使用效率。在使用方向上，退出一般性竞争领域，将有限资金嵌入到公共服务平台、科技创新、人才创业等凸显公共财政导向的关键节点；在使用方式上，综合运用股权、债权、夹层基金投入等手段，突出对初创期、高成长科技型企业的风险投资，并撬动金融和社会资本进入，实现了财政资金的滚动投入，放大了财政资金使用效益。截至2013年年底，已滚动投入10亿余元，撬动金融及社会资本投入43亿元，扶持各类项目40多个，实现了财政资金的倍增效应。如，潍坊市从事立体车库、自动泊车设备等生产的大洋泊车公司近几年发展势头良好，但银行授信额度跟不上企业发展。为此，潍坊市金融控股集团向其提供了3000万元股权融资，带动了2亿元的商业资本股权投入，股权资本进入后，企业资产负债率大幅降低，银行授信又跟进1亿元，帮助该公司两年内从产值几千万的小型企业迅速发展成为产值近10亿元、国内同行业的龙头企业。目前，投资控股集团已经更名为潍坊市金融控股集团，下一步，在搞好项目风险投资的同时，将以支持新型金融业态及地方金融产业发展为主要目标，更好地发挥财政资金支持实体经济的作用。

（三）完善公共资源市场化配置及收益共享机制

目前，推动改革的关键在于勇于打破部门的既得利益，自上而下部署实施，增强改革的强制约束力，并充分发挥纪检部门与财政部门的合力，加强监督，加快推进改革。一是，逐步扩大公共资源市场化配置范围。对凡属公共资源管理部门拥有、控制或者管理的专有性、公益性资源进行逐项梳理，编制《公共资源市场化配置项目目录》，并进行动态调整，确保公共资源市场化配置不留死角。同时，对纳入目录的改革事项制定市场化配置计划和方案，明确部门责任及改革完成时限，确保改革任务的落实。二是，加强公共资源市场化配置配套制度建设。理顺中介评估、政府采购、产权交易等一系列与公共资源交易相关的环节，将资源交易和相关信息披露全部纳入公共资源交易平台。三是，严格收益管理。公共资源市场化配置收益全部上缴财政，实行"收支两条线管理"，增加的收入统筹用于公共服务，实现灰色权力阳光化。

（四）构建社会事业领域的民间资本无障碍投入机制

1. 民间资本投资社会事业的瓶颈分析。公众对公共服务需求日益呈现多样性，单纯靠政府投入根本无法满足。鼓励引导民间资本投资社会事业，各级也出台了很多办法，但民间资本却仍不能顺畅地进入社会事业领域，造成社会福利的损失。分析民间资本投资社会事业的瓶颈：一是，无形的行政门槛阻碍。各级政府在此方面没有明确规定哪些领域可以进入，哪些不可以进入，导致审批无依据，有的则是审批过于繁杂，甚至在审批过程中遭遇玻璃门，导致民间资本望而兴叹。二是，民办与公办社会事业之间的待遇不公。民办社会事业具有行业利润空间小、回报周期长、承担部分公益性的特点，而很多公办社会事业，如公立医院，承担的也不单纯是纯公共服务，其价格机制与民办医院几乎没有什么区别，但是公立医院土地是划拨，还享受公共卫生服务经费补助，以及建设资金贴息补助等政策，而民办医院从用地到建设等各环节，成本要远远高于公立医院，从而无法形成"公平竞争"。三是，公办社会事业对民办事业的挤出效应。由于政府长期包办社会事业，公办社会事业几乎无处不在。比如，在每个乡镇都有乡镇卫生院、公办幼儿园、公办敬老院等，且政府不断加大投入，改善条件，提高质量，导致民间资本的进入十分谨慎。四是，附着在公办社会事业人员身上的身份待遇影响了人才的自由流动，制约民办社会事业发展。公办社会事业人员的，由于长期以来政府包办社会事业的格局，造成大部门事业人才和精英都集中在公办部门，而其事业编制的身份及附着在身份上的各种社会保障待遇，使大部分人难以放弃。

2. 引导民间资本投入社会事业的思路建议。一是，放宽民间资本投资社会事业的门槛。降低民间资本投资社会事业的门槛，并对可以进入的领域进行明确规定，从而发挥市场机制作用，从而既降低政府投入，又提高公共服务水平。二是，政府承担部分成本提高民间资本投资积极性。专门设立"社会事业用地"，执行标准参照工业用地，并完善财政奖补等引导激励政策，调动民间资本投入的积极性。三是，推动部分公办社会事业改制，如乡镇卫生院、敬老院等，激发发展活力，提高公共服务水平。四是，大力推动事业单位改革，推行去行政化，甚至逐步去身份化，并改革企业与事业单位双轨制的养老保险制度。只有逐步剥离附着在公办社会事业人员身上的隐性福利，才能推动人才的自由流动，民办社会事业才能与公办社会事业"公平竞争"。五是，在基础设施和社会事业领域推行PPP模式，通过建立政府与民间资本利益共享机制，引导、调动更多的民间资本投向社会事业领域。

（五）构建与市场和社会主体发展相协调的政府购买服务机制

一是，与事业单位改革同步。政府购买服务的推进，必须与事业单位改革协调推进。政府购买服务的根本目的，是推动政府职能转变，提高公共服务效率。盲目地扩大购买服务范围，单纯为购买服务而购买服务，事业单位改革不同时推进，很可能会导致事业单位更为严重的人浮于事，以及公共服务成本的增加、寻租行为的滋生等。因此，购买服务的范围，应该根据市场主体、社会中间组织发展，及事业单位改革推进程度，循序渐进地扩大。

二是，与社会中间组织的培育发展同步。从国际经验看，社会中间组织是政府购买公共服务的重要承接主体。支持和培育中间组织发展，能充分利用其广泛的网络和灵活工作机制，承担公共服务职能，有效解决信息不对称问题，提高公共服务水平。支持手段包括，对社会中间组织开展的公益性服务项目给予贷款贴息、小额担保贷款等政策优惠，或给予适当资助，鼓励其发展壮大、规范管理，条件成熟的可向其直接购买公共服务。

三是，与绩效评价和监督机制的构建同步。由于服务的定价机构不同于产品的定价机制，在政府购买公共服务推行初期，对公共服务的效率及效果的评价是一大难题，同时，政府购买公共服务本身，也不能解决寻租问题。为此，发达国家建立了专门的评价和监督机构，实现相互制衡。因此，推行政府购买公共服务要与建立健全绩效评价体系与监督机制同步推进。可以参考日本、德国、加拿大等国，建立独立的、专业的第三方监督机构。

【案例10】

探索实行政府购买公共服务。潍坊市在社区卫生、城市保洁，以及图书馆和科技馆管理等领域，率先打破"养人养机构"的传统供给模式，面向市场实行"政府购买服务"，一方面，减少财政投入或经费负担，另一方面，为市场主体发展提供了空间，并利用市场竞争机制，提高了公共服务质量和效率。如在社区卫生领域，按照"政府主导、公益性质、市场机制、购买服务"的思路，充分利用市场医疗卫生资源，通过公开招标确定16个社区卫生服务中心和64个服务站，实行政府"买单"，市场医疗机构为居民提供服务，建立起了社区卫生服务发展新模式。

（六）搭建与社会全面对接的公共政策决策和执行机制

1. 探索公共服务项目民主决策。一方面，政府在公共政策制定过程中，要建立一套有效的民意征集、汇总、处理机制，进而确定提供公共服务的内容、时序、方式等；另一方面，要将更多资金通过一般性转移支付拨付到负有提供公共服务责任的基层政府，由其根据民众意愿和实际需求自主安排，同时，也应发挥社会自治机制作用，如前所述，通过政府购买服务的方式将一些项目交由社区、居委会组织实施，上级则负责资金审核和拨付，并加强资金使用的绩效考核和监督管理，从而提升政策效果。

2. 对财政无偿补助资金的分配应采取"设定标准、公开申报、第三方评价、结果公示"的模式。对财政补助项目及补助标准，也应该集中公示，而非各部门各自为政；公开申报包括窗口申报及网络申报，提高资金分配效率及公正、公平和公开性。

3. 建立统一的政策集中发布平台，解决信息不对称问题。当前，政府各级各部门都热衷于搞信息化工程，但缺乏统一规划与衔接，既造成严重的资源浪费，又导致政府与社会的信息不对称。应搭建统一的政策发布平台，对党委、政府以及各部门出台的政策、标准、申报程序在发布平台上集中公示，做到分类清晰、覆盖面全，使企业、居民对可以享受的政策一目了然，降低获取信息的成本，提高公共服务效率。

4. 完善政府政策咨询机制。在完善市长热线、依申请公开等渠道的同时，各部门都应设置政策咨询及协调处理机制，使公共政策更好地发挥作用。

5. 理顺公共资金补助机制，更多地由补助供方向补助需方转变。公共服务和资金补助制度设计，除因成本过高而缺乏操作性的情况外，应更多的由补助供方向补助需方转变，由补助"物"向补助"人"转变，减少中间环节。在住房保障、医疗保障及救助、教育救助、交通补助等诸多领域，都应由补助中间方转变为直接补助最终受益人，从而降低成本，减少寻租和浪费，提高资金使用效率和政策效果。

【案例11】

探索发放助学"教育券"，提升教育救助资金使用绩效。以往的困难学生教育助学资金，采取补助到学校的方式，不能有针对性地满足困难学生接受教育的需求，又不能有效防止学校通过伪造学籍等方式套取补助资金。为解决这些问题，2011年起，为实施好低保家庭儿童、孤残儿童免费入园政策，潍坊市创新采取发放助学"教育券"方式，入学儿童持"教育助学券"自由选择幼儿园，既尊重了儿童入园自主选择权，又在各类公办、民办幼儿园中引入了竞争机制，促进提升了教学质量。鉴于实施效果良好，2012年起，将助学"教育券"模式扩大到普通高中学校城乡低保等困难家庭及孤残学生，实现困难群体从学前到高中教育免费政策全覆盖。为保障政策执行效果，保障困难学生利益，引入社会志愿者组织合作机制，对各志愿者组织提供的政策规定范围外的特别困难家庭学生，经确认后可直接纳入资助范围；同时，积极邀请志愿者组织对全市所有资助、免费政策执行情况进行监督，使真正的困难学生受益，并避免重复救助。

参考文献

[1] 柏高原. 创业投资引导基金运作机制研究 [D]. 天津：天津大学，2010.

[2] 本刊编辑部. 三十年6次机构改革的逻辑 [J]. 领导决策信息，2012（16）.

[3] 陈霞. 政府购买服务的国际经验借鉴及思考 [J]. 中国政府采购，2013（9）.

［4］顾云松，钟甫宁，刘晓玲．南京市高校利用创业投资转化科技成果问题的实证研究［J］．科学学与科学管理技术，2006（6）．

［5］李建华．既得利益群体大不过民众［N］．长江日报，2012－02－16．

［6］蒲宇飞．是否一定要赎买利益集团［J］．中国改革，2006（6）．

［7］盛岳龙．机构膨胀成因探究［J］．中国行政管理，2000（7）．

［8］孙兴全．赎买公职的经济学［J］．财政监督，2005（1）．

［9］吴昊．中小企业融资难的创新思考——政策性风险投资探析［J］．现代经济信息，2012（7）．

［10］邢少文．又见"赎买论"［J］．南风窗，2013（1）．

［11］熊剑锋．中国财政供养规模调查［J］．凤凰周刊，2013（10）．

［12］熊剑锋．30年机构改革：精简与膨胀的悖论［J］．凤凰周刊，2013（10）．

［13］许小年．改革需要更多共识．搜狐财经，2012－12－23．

［14］徐盈艳．政府购买服务：社区工作的发展路径［J］．经济研究导刊，2013（8）．

［15］赵昌文．关于进一步完善四川省高新技术产业金融政策与服务的研究报告［R］．2007（10）．

［16］张维迎．理性思考中国改革［J］．企业党建，2006（6）．

"营改增"影响及对策建议

——以潍坊市为例

潍坊市财政局课题组

为顺应国家税制改革导向,加快产业转型升级,根据市委、市政府部署要求,我们围绕"营改增"对我市影响进行分析研判,并提出相关对策建议,供决策参考。

一、改革基本情况

2013年8月1日起,我市先后分三批将原营业税中的交通运输业、邮政业等10个行业纳入试点范围。2016年5月1日,我市启动第四批行业"营改增"扩围试点,至此,原缴纳营业税行业全部改征增值税。

(一)改革主要内容

本次"营改增"试点的基本内容是"两扩一调一减"。

1. 扩大试点范围。将建筑业、房地产业、金融业、生活服务业纳入试点,"营改增"全面推开。据统计,本次纳入试点四个行业的企业总计51835户,其中:建筑业8075户、房地产业2793户、金融业963户、生活服务业30620户、其他行业6430户。试点纳税人2015年实现营业收入2466.26亿元,入库营业税103.94亿元。

2. 扩大进项抵扣范围。本次改革后,除购进贷款服务、旅客运输服务、餐饮服务、居民日常服务和娱乐服务增值税进项不得抵扣外,其他所有的购进货物、劳务、服务、无形资产、固定资产和不动产均准予抵扣,彻底打通增值税抵扣链条,为经济发展创造更加公平的税制环境。

3. 调整财政分配体制。改革后,先前由地方全部享有的营业税这一税种将消失。为兼顾地方利益,保持现有财力格局基本不变,国家实行过渡分配方案,将所有行业企业缴纳的增值税全部纳入共享范围,中央和地方分享比例由原来75:25改为50:50。同时,以2014年为基期,核定中央返还或地方上缴基数(中央对原营业税增加分享50%部分减去对增值税减少分享25%部分),中央净上划收入通过转移支付方式返还地方,净下划收入通过定额体制上解。新体制暂定实施2—3年。

4. 保持税负"只减不增"。在实现途径上，除扩大抵扣范围外，还有 3 个方面：一是消除重复征税。虽然部分行业名义税率略有提高，但营业税是"道道征收、全额征税"，而增值税是"环环抵扣、增值征税"，计税依据由全额变为增值额，消除多环节重复征税。二是采取过渡性政策。针对个别企业因短期内不能取得相应进项问题，设置过渡性政策，防止税负上升。不动产销售方面，纳税人在试点日前取得的不动产，以进销差额，按 5% 的征收率缴纳增值税；建筑业方面，对清包方式以及合同约定开工日期在试点实施日前的建筑劳务，仍适用 3% 征收率征收增值税。三是延续原先的优惠政策。金融行业以及生活服务业中的教育、养老、医疗等原营业税免税规定将予以延续。

（二）工作推进情况

"营改增"试点以来，按照市委、市政府部署，市财政、国税、地税等部门加强协作、主动作为，市县两级上下配合、稳步推进改革。

1. 超前研判，做大基数。国家启动改革前，便组织对改革趋势以及对地方财政影响等进行研判，于 2013 年着手组织实施营业税清欠，加快工程项目结算，努力做大营业税基数，当年营业税增长 53.5%、达到 101 亿元，在规模上与烟台持平，营业税占第三产业增加值达到 4.7%，高于烟台 0.6 个百分点。

2. 加强组织，有序推进。市政府建立"营改增"领导小组，统一组织领导试点工作；财税部门加强培训，实现所有试点纳税人培训全覆盖；国地税积极交接，顺利完成信息移交、纳税人登记等 15 个环节工作，目前完成移交纳税人 5.18 万户。5 月 1 日，我市成功开出第一张服务业增值税发票。

3. 稳步实施，降低税负。财税等部门积极宣传，做好政策解读，帮助纳税人理解新税制、遵从新税制、获益新税制。大部分试点企业能够充分利用"营改增"政策，改进经营模式，加快设备更新，降低运营成本。改革期间，每年安排财政专项扶持资金，解决个别企业税负增加问题。

二、对潍坊市的影响分析

"营改增"是新一轮税制改革的重头戏，将会对产业发展趋势、企业经营模式和地方财政收入产生深刻影响。总体来看，除完善税制、降低税负、拉动投资、促进产业结构转型升级等整体面上的好处外，还有以下影响。

（一）有利因素

具体到我市，主要有以下三个方面。

1. 制造业比重高，增收潜力大。改革后，第二产业原增值税地方分享比例翻倍。

在地方财政总体减收的情况下，第二产业比重高的地方相对获益。我市2014年制造业总产值达到1228亿元，是济南市的2.4倍，占全省的8.7%，居第4位。总体看，我市制造业基础雄厚，对未来税源培育相对有利。

2. 基数争取大，利益损失小。国家过渡分配方案，以2014年地方营业税完成额核定税收返还基数。换言之，在2014年以前，地方征缴营业税越多越有利。由于我市提前对改革动向做出了判断，采取应对措施，做大营业税基数，将得到更多税收返还，有效保障地方利益。

3. 市委市政府超前谋划，奠定良好发展基础。近几年，市委、市政府着力发展先进制造业和现代服务业，大力发展总部经济，培育"1669"现代产业体系，淘汰落后产能，这些措施完全符合税制改革导向，为发展奠定坚实基础。

（二）不利因素

"营改增"短期内主要的直接不利因素，是造成各地方财政整体减收，我市也是如此。一是改革自身减税影响。"营改增"对企业减税降负，反映到财政上则是收入减少。初步测算，6—12月全市预计减收13.5亿元。二是体制调整影响。按照国家过渡分配方案计算，今年全市收入规模预计减少14.3亿元。静态看，体制调整因素对收入影响主要取决于产业结构，原三产比重高、二产比重低，减收就多；反之，减收少、甚至增收。如奎文、潍城，主要以房地产业、金融业为主，原营业税占比高、增值税占比低，改革后收入规模分别减少6.8亿元、2.9亿元；制造业比重较大的滨海、昌邑、高新，改革后收入规模则分别增加2.2亿元、1亿元、0.9亿元。

综合计算，以上两项合计减少约27.8亿元，其中，中心城区减少9.9亿元，县市合计减少17.9亿元，影响全市一般公共预算收入增幅约6个百分点，完成全年预算目标压力增大（详见附件）。

（三）产业结构暂不适应改革导向的环节

"营改增"后，随着计税依据、分配体制的调整，原有的产业结构存在一些与税制改革不相适应的地方，主要有以下四个方面。

1. 制造业附加值低。我市制造业虽然基础较好、产值较大，但附加值较低，增值税贡献率仅为4%，分别低于济南、济宁、青岛、日照、莱芜8.3、3.2、2.6、1.9和1个百分点，居全省第6位。"营改增"后，增值税占地方税收收入比重约为40%，这其中的60%部分又来自制造业。因此，提高制造业附加值，对地方主体税源建设十分重要。

2. 服务业规模小。由于小规模纳税人享受减免税政策，同等行业规模下，小企业越多，行业整体税收贡献越少。据统计，目前全市年收入规模500万元以上服务企业4591户，比烟台少近900户，并且多集中在批发零售（1603户）、房地产（814

户)、银行(181户)和保险(252户)4个行业,占总户数的比重达到62%。另外,全市具有山东服务品牌的企业47个,比烟台少87个。总体看,企业规模小、品牌少、竞争力不强。

3. 产业链条短。增值税实行"环环抵扣"的计税办法,域外购入产品和服务越少,域内税收抵扣就越少。因此,一个地区产业链越完备,整个产业链的税收留在域内的就越多;反之,则企业在外地纳税、在本地抵扣情况越多。就我市看,以制造业为核心的产业链并不完备,诸多制造业核心企业在我市,但大部分零部件配套企业在市外。以潍柴控股集团为例,2015年实现增值税销项22.9亿元,抵扣增值税18亿元,其中一半以上进项来自市外,也就是说9亿多增值税在市外缴纳、在我市抵扣,这种"大进大出"模式不利于地方税源建设。

4. 总部机构少。由于总机构汇总纳税能促进总分机构进项充分抵扣,减轻企业整体税收负担,因此企业总机构从自身利益出发,都会有强烈的汇总纳税意愿。加上地方政府基于税收利益考虑,会积极动员本地总机构对外地分机构汇总纳税。因此,改革后总机构对分机构汇总纳税将成为常态,导致分机构税款大量转移到总机构所在地,这对我市影响较大。如,我市电信行业2014年提供税收1.7亿元,我省实施汇总纳税后,2015年全市减收0.4亿元;今年前4个月仅入库2344万元。随着"营改增"全面推开,金融、建筑、房地产业总机构汇总纳税问题也显现出来。据统计,我市银行、保险、证券公司总计104户,仅有潍坊银行、农村商业银行两家总部在我市,其他为二、三级分支机构,均有被汇总纳税风险。

三、对策建议

综上所述,税制改革和财政分配体制调整直接影响地方财源建设,倒逼产业转型发展。前期,市委、市政府适应税制改革,实施一系列产业发展政策措施,取得积极成效。下步,建议围绕税制改革导向,针对存在薄弱环节,做好以下五个方面。

(一)以附加值为导向,着力发展高端制造业

依托我市制造业规模大、基础好的优势,突出高附加值导向,发展具备核心竞争力的先进制造业。

1. 区分引进制造业项目。提高制造业项目引进门槛,限制低附加值项目,腾出发展空间,将土地、用水等有限资源,集中用于培植高端项目。按照"政府支持企业投入成本与企业缴纳税收一定期限内相匹配"原则,综合运用土地补助、基础建设配套费补助、设备购置补助等措施,加快引进高端项目。

2. 突出支持科技研发。科技研发是制造业保持竞争力、提高附加值的关键。制定实施支持高新技术企业发展政策,对符合条件高新技术企业实行税收激励;通过落

实研发加计扣除，实施研发投入补助等措施，引导企业加强科技研发，打造高附加值产品，向高精尖领域发展。

3. 升级传统产业。对现有的附加值较低的传统行业，结合处置僵尸企业，在土地、融资、税费等方面给予一定扶持，引导企业实施技术改造，采用新工艺、新技术，实现提质增效；鼓励企业根据自身实际，实施多元化发展，拓展经营领域，逐步实现跨界转型。

（二）抓住减税机遇，推动服务业规模化发展

推进服务业规模化、品牌化发展，既能够提升竞争力、增加附加值，又能够为消费税提供更多税基。

1. 分行业精准扶持。建议行业主管部门围绕做大做强服务业，采取针对性扶持政策，支持具备一定规模的企业兼并收购同类型企业，做大规模。如依托区位优势，选取重点物流企业给予扶持，从宽落实购进抵扣等税收政策，鼓励企业回购、吸纳个体营运车辆等，加快扩张规模、发展壮大；依托农业发展优势，利用国家同城配送等扶持政策，支持行业龙头企业，借助网络技术等，发展"中百大厨房""中国食品谷"等规模化、品牌化企业。

2. 加快培育引进。一是对"1669"现代产业体系范畴的服务业，实施与制造业同等的优惠政策；二是对服务质量、营业收入、税收贡献达到一定条件企业给予奖励补助，支持企业打造区域品牌；三是鼓励各县市区，研究实施集约化扶持政策措施，引进和培育一批拥有规模、具有核心竞争力的生产性服务企业，改造提升一批老品牌的生活性服务企业，提升服务业规模化水平。

（三）围绕核心企业，加快延伸产业链条

适应改革导向，发展产业链经济，解决好"大进大出"问题。

1. 实施重点扶持。一是建议各县市结合产业发展规划，对区域内龙头企业逐一调研，筛选若干核心企业，统筹政府政策资源，给予精准化、针对性扶持，帮助企业向上下游产业发展、延伸。二是推行"以商招商"，探索将财税、金融、土地等各方面招商政策，给予龙头企业统筹使用，支持企业围绕产业链"以商招商"，吸引上下游配套企业落户，延伸产业链条。

2. 建设配套产业园区。政府通过项目土地、行政事业性收费补助等，支持市场主体建设现代化产业园区，并配套完善水电、管网、排污治污等基础设施，重点吸引龙头企业和相关产业链企业共同入驻。

3. 支持实施并购重组。抓住资本活跃、并购成本低的机遇，综合运用政府并购基金、贷款贴息、补助奖励等措施，支持企业对上下游企业实施并购重组，迅速延伸产业链条。

(四)应对汇总纳税,大力发展总部经济

汇总纳税后,发展总部经济对地方财源建设至关重要,建议从三个方面,采取针对性措施。

1. 培育壮大本土总部。一是市县两级梳理区域内现有企业总部,研究制定专门政策,在融资、税收等方面给予更多扶持,定期调度、帮助解决企业经营方面存在困难,全力支持做大做强;二是综合利用政府资源,支持加快培育地方保险公司、融资租赁公司、产权交易和五板股权融资平台等新兴金融业态;三是通过实施新增税收贡献按比例给予补助等措施,推动我市总部对外地分支机构实施汇总纳税。

2. 积极引进外地总部。更加注重"引进来",将企业总部作为招商引资的重中之重,在土地、税收激励等方面给予更大力度支持;加快潍坊总部基地等市县两级载体建设,在办公用房、高管子女入学等方面提供便利,着力吸引外地企业总部来我市落户。

3. 争取分支机构纳税。一是对原有的分支机构,由属地政府与分支机构逐一对接,争取企业设立独立法人机构,或引导企业分支机构就地纳税;二是对新的招商引资项目,增加对赌条款,保证总公司不对我市分公司汇总纳税;三是对政府基础设施项目,更多运用PPP模式,建立项目法人公司,确保实现属地纳税。

(五)统筹把握改革,构建地方税收体系

"营改增"仅是税制改革的开始,未来3年消费税、资源税、房地产税、环保税等税种相继改革,各级需密切关注,超前布局,对可能成为地方税种的消费税、房地产税等重点培育。消费税、房地产税的多少取决于区域人口基数、消费能力,建议未来通过加快户籍制度改革、落实创新创业政策、提升公共服务、打造宜居环境等措施,全力吸引人口、特别是高端人才向我市流入;通过打击假冒伪劣、欺诈经营等措施,率先打造全省乃至全国放心的消费环境;通过挖掘文化旅游消费资源,建设"北方养老度假区",举办和打造品牌赛事等,发展养老地产、旅游地产,扩大消费税、房地产税税基。

附件   "营改增"对县市区收入影响情况表   单位:万元、%

县市区	2015年一般预算收入合计	其中			"营改增"减收额合计	其中		减收额占一般预算收入比重
		原增值税	改征增值税	营业税		政策性减收	体制性减收	
全市合计	4845057	420343	87433	1039349	-278043	-134995	-143048	-5.7
中心城区合计	1554296	155420	28645	364960	-99142	-57759	-41383	-6.4

续表

县市区	2015年一般预算收入合计	其中			"营改增"减收额合计	其中		减收额占一般预算收入比重
		原增值税	改征增值税	营业税		政策性减收	体制性减收	
市直	67288							
高新区	371202	61438	7883	75695	9593	-10056	19649	2.6
滨海区	279268	42162	3013	27028	21656	-5486	27142	7.8
峡山区	15464	697	65	8099	-4461	-1076	-3385	-28.8
保税区	13748	217	1668	2386	-2195	-385	-1810	-16.0
奎文区	318716	10087	7758	118337	-68361	-15400	-52961	-21.4
潍城区	205799	12804	3940	62388	-28771	-8411	-20360	-14.0
坊子区	123979	11592	2240	33791	-18069	-11645	-6424	-14.6
寒亭区	158832	16423	2078	37236	-8534	-5300	-3234	-5.4
县市合计	3290761	264923	58788	674389	-178902	-77236	-101666	-5.4
昌邑市	273326	37713	2175	42212	9925	-5595	15520	3.6
昌乐县	228939	23567	2253	75285	-33168	-17966	-15202	-14.5
安丘市	190617	19139	2866	49036	-12921	-6109	-6812	-6.8
寿光市	900517	51638	37146	180491	-80280	-23099	-57181	-8.9
青州市	419550	35652	3638	73860	-19863	-16766	-3097	-4.7
高密市	453730	32315	2747	96615	-19933	-2567	-17366	-4.4
诸城市	682416	48081	5896	110572	-12720	-2567	-10153	-1.9
临朐县	141666	16818	2067	46318	-9942	-2567	-7375	-7.0

注：1. 政策性减收是指全面实施"营改增"后，税基及税率变化导致企业税负降低以及增加固定资产抵扣造成的减税；2. 体制性减收是指按照收入过渡性办法，增值税及原营业税改征增税后中央与地方分享比例发生变化造成的减税。

焦作市财政中长期预算调查与思考

焦作市财政局　任立宏　李新龙

一、编制财政中长期预算的历史与具体内容

(一) 顶层设计与制度建设以及组织实施

中长期预算通常是3—5年以上滚动的预算总量框架。2009年4月，财政部确定焦作为全国"一省一市一县"的地市级试点城市实施财政中长期预算。焦作市按照上级财政深入推进预算工作的方案要求，开始着手探索研究编制财政中长期预算，编制完成了2010—2012年滚动预算（注：2012年以后改称中长期预算）。在以后年度，按照三年为一个预算周期循序编制下去。

从制度建设和组织基础入手，焦作市人民政府出台了《关于开展市本级滚动预算编制工作的实施意见（试行）》《政府性投资建设项目十个百分之百实施意见》等制度文件。同时，建立起中长期预算编制的协调工作机制，由焦作市人民政府常务副市长牵头，市财政局、发改委、统计局、审计局、监察局等相关部门参加。按照主体责任原则，明确规定相关部门一把手对中长期预算编制工作负有直接责任。而作为中长期预算编制的主体，市财政局负责全市财政规划与预算的预编与初审，在政府与各个部门之间建立起沟通机制。

(二) 焦作市编制财政中长期预算的具体做法

1. 编制思路与工作原则。焦作中长期预算编制着眼于政府长期的公共政策目标，通盘考虑当前利益和长远利益，以实现资源的科学配置和有效整合，保持政策目标和预算过程的逻辑一致性。为此，确定了四项原则：一是公共性原则。即预算项目安排优先保障政府提供公共产品和公共服务的需要，提高社会公共服务水平。二是规范性原则。即着眼预算流程再造，提高财政工作的透明度和规范化。三是绩效性原则。即明确项目的预期绩效目标，建立绩效评价结果与预算安排相结合的运行机制。四是开放性原则。打破部门壁垒，整合财力，集中投向重大项目，有计划、分步骤地解决关

键问题,提升集中财力办大事和财政资金有效配置的实际效果。

2. 编制的范围和内容。焦作市确定编制中长期预算的部门主要是承担市委市政府中心任务较重、分管项目支出较多、职能领域对全市经济社会发展影响较大的各政府部门,包括发改委、教育局、科技局、卫生局、国土资源局、工业和信息化局等23家部门。主要内容为项目支出预算,基本支出不纳入滚动预算编制范围。主要包括用于生产建设和事业发展方面支出的项目,包括基本建设、科学技术发展、农林水发展、社会抚恤、政策补贴、经济建设等项目。部门在编制财政中长期重大发展项目滚动预算时,实行综合预算,不仅要将财政资金考虑在内,还要将通过融资、争取上级补助、单位自筹等形式筹措的资金纳入编制范围,全面反映预算内外资金及其他资金统筹安排的要求。

3. 预算编制的流程和管理。在安排布置中长期预算编制工作上,我们基本上按照"三上两下"程序进行。即在原"两上两下"编制预算的基础之中,各部门结合本部门制定的中长期工作任务、目标,重新调整三年滚动预算内容并上报财政部门,"三上"最终形成财政部门的中期预算。为做好预算项目的基础性管理工作,通过建立部门项目库和财政项目库,将所有通过申报、论证、评价等环节确定的项目纳入项目库实施滚动管理。项目库实施开放式管理,实时调整,严格项目库进出项目的程序,保证项目库管理的严肃性。为保证滚动预算的严肃性,各部门滚动预算一经批准,原则上不允许进行调整。

二、编制财政中长期预算的挑战和机遇

财政中长期预算在编制过程中也暴露出一些问题,遇到了许多挑战,影响到了这项工作的推广和深化。

(一)编制财政中长期预算的法律依据问题

目前财政部门编制财政中长期预算,编制期限一般为3年。2014年修正的《中华人民共和国预算法》及其《中华人民共和国预算法实施条例》规定,财政部根据国务院编制下一年度预算草案的指示,部署编制预算草案的具体事项。各级人代会批准的预算草案只是本级政府提交的当年预算草案。从法律层面上没有要求各级政府编制期限为两年或两年以上的预算草案,也不存在着预算批准的问题。缺少法律依据,财政中长期预算就没有权威性和严肃性,各部门编制的财政中长期预算只能作为政府或财政部门的一个参考或决策依据。

(二)编制财政中长期预算的制度规定问题

编制中长期预算,财政部门为政府提供一个财政中长期的预算收支计划,其好处

不言而喻。但如何编制，包括编制的内容、方法、流程等等，目前缺少一个制度规定或者说管理办法。我们在设计财政中长期预算编制方案时就遇到这样的问题，我们只有自己制定了一个实施方案，先行试点，从具体实践中来检验我们的工作。

（三）部门财政中长期规划的编制问题

编制财政中长期预算，首先要制订部门的财政中长期发展规划，这是前提和基础。作为一个地级市，在编制中长预算过程中，遇到的一个突出问题是多数部门没有或者说是缺乏制订部门财政中长期发展规划的意识，仅对当年部门或系统工作制定了一个详尽的工作计划。原因是多方面的，比如说部门工作要根据市委经济工作会议、政府工作安排、上级工作计划等来制订，一下子制订三年的工作规划和工作任务目标，还不能进行有效的衔接。

（四）财政中长期预算项目支出计划的申报问题

财政中长期预算，一编三年，第一年预算项目支出计划可以要求与当年批复的部门预算一致，但第二年、第三年如何申报，是保持一个合理比例的增长，还是单位根据需求来申报。我们在工作中规定，编制后两年预算项目支出计划原则上可略高于财政收入的增长幅度。但多数单位从主观上担心财政对新增项目不认可，不愿少报，抱着宁多勿少的心理来申报支出计划，预算额度大幅度增长，远远脱离了财政实际。

（五）财政中长期预算的效果应用问题

编制财政中长期预算，关键在于应用。当初我们提出了五点应用效果。一是为党委、政府决策提供参考；二是促进单位的财政中长期发展规划与财政的财政中长期支出计划有机结合；三是突出预算的前瞻性、计划性，集中财力办大事；四是平衡财力；五是作为编制下年度部门预算的基础。效果应用的好坏，我们认为应当表现在三个满意：政府满意、财政满意、部门满意。如果流于形式，不仅影响到下一年度滚动预算的编制，也会对进一步开展这项工作带来不利影响。但从实践来看，由于受到种种因素制约，效果不尽人意。

在应对问题和挑战过程中，我们也看到了实践效果和前所未有的机遇。一是财政部门预算理念的提升。财政部门既要为政府提供财力保障，又要防范财政风险，既要当好管家，又要为民理好财，仅靠编制一年预算已不能满足工作需求。特别是近年来焦作经济建设和社会各项事业的跨越式发展，政府举债也逐年增加，这都要求有一个强有力、持续发展的财政作保障。在这种情况下，财政不仅要算当年账，还要算明年账、后年账，要有预算的前瞻性。二是预算单位项目规划的强化。近年来，焦作市确定优先发展的政策目标，通过拟定优先发展的政策目标列表，反馈给相关部门。各部门根据中长期规划确定的优先发展领域，确定分年度的事业发展计划和发展性支出总体安排思路（包括财政资金投入方向、领域、重点支出项目及绩效目标），以项目计划书形式提交财政部门审定，形成了较好的规划建设衔接机制。同时，中央和省市有关政策，提供了推进中长期预算的政策机遇。党的十八届三中全会，就财政在国家治理中的职能作用进行了重新定位，特别提出的预算制度改革的新思路，为我们重新认识财政中长期预算开阔了视野。中共河南省委《关于贯彻党的十八届三中全会精神全面深化改革的实施意见》提出"实施中期财政规划管理，建立跨年度预算平衡机制"。

三、对推进财政中长期预算的工作思考

（一）正视财政中长期预算法律问题

从法定意义和实践层面上看，中期预算并非法律意义上的多年预算方案，而是一种约束性程序。根本在于通过规划，为未来若干年政策提供一个项目的优先预算安排与资金保障，是一种放在中期时间范围内，连接政府财政政策和预算估计的制度安排。目前两种观点，一种是对中长期预算管理进行立法，纳入法制化轨道，一种是考虑人大在预算监督方面的职能和作用，探索开展人大对财政中长期预算的审查工作。而目前多数国家并没有规定，立法机关要正式审批中长期财政战略。除少数情况外，立法机关只是了解和掌握中长期预算框架方面的信息，并不会对总额进行正式审批。因此，我们更倾向于人大对中长期预算审批的观点。

（二）在预算中增加中期预算因素，对事关经济社会发展的重点项目进行重点反映

特别是在涉及一些需要多年政府投资才能完成的重大项目，编制年度预算需要反映单个年度的预算情况，而中长期预算则需要对多年投资做出全面反映。目前，我国对于事关长远发展政府投资的重大项目资金，通常采取规划建设的办法，这种跨年度的做法具备中期预算的特点。目前，在重点项目规划上进行预算编制探索，焦作市2013年开始强力推进对经济转型有支撑和引领作用的"十大建设"重大工程，总投资825亿元，涵盖了铁路公路、能源、水利等内容。2013—2015年，财政预算分年度落实资金4.85亿元、4.33亿元，2015年度政府资金不低于前两年预算额度，以保障重点工程建设。

（三）在预算中增加权责制因素，对于政府偿债进度重点反映

从负债率、债务率、偿债率指标看，市本级债务规模在可控范围之内，但自2009年以来我市已经进入还款高峰期，随着偿还数额逐年上升，政府面临较大的还

本付息压力。一种思路是将债务预算列入中长期预算之中，将所有政府性债务逐年列入财政预算。将总预算和债务预算、投融资预算、土地收益预算相吻合，以确保足额还款来源，避免债务雪球越滚越大。完善偿债准备金制度，规避债务逾期造成的信用风险。

（四）总结近年来焦作开展财政中长期预算编制工作的经验和教训

做好将顶层设计的先进理念与焦作的实践经验相结合的研究工作。对于中长期预算，从我国现实情况看，不可能一蹴而就，需要先试点，后推广，逐步推开。特别是有选择性的继续开展试点工作，范围不宜过大，重点是选择编制财政中长期规划工作基础好的部门，有利于部门财政中长期规划与财政预算的有效结合。

第二篇 供给侧结构性改革与财政管理创新

发挥财政职能作用服务供给侧结构性改革

荆门市财政局 丁 岱

一、财政在供给侧结构性改革中的主要作用

"财政是国家治理的重要基础和支柱",这句话也决定了财政在推进供给侧结构性改革中的地位和作用。作为政府调控的重要工具,财政在推进供给侧结构性改革中的任务十分繁重,既要落实好积极的财政政策,又要结合实际,围绕地方党委政府的中心工作,注重从微观层面入手解决制约供给侧的体制机制束缚问题。就现阶段而言,笔者认为财政在供给侧结构性改革中的作用主要体现在四个方面。

(一) 机制引领作用

从经济社会改革的发展历程看,任何一项重大改革的推进,都有离不开财政的身影。特别是当前,财政已经深度介入到经济社会生活方方面面的前提下,财政体制机制创新必将在供给侧结构性改革的进程中,再次承担"先手棋"和"当头炮"的角色。供给侧结构性改革的重点是要解决长期以来政府对市场干预过度、供给抑制等问题。而作为政府调控的重要工具,财政体制机制的创新,将有助于更好地发挥政府作用,而不是更多发挥政府作用,通过政府"有形之手"更好地激活市场"无形之手"。例如,通过减税降费等顶层制度的出台和落实,降低企业生产成本,让企业轻装上阵。通过创新财政投入机制,设立产业发展基金,成立专业的基金公司,将原来由政府做的事,交给市场化的基金公司去做,充分激发市场活力。通过深入推进简政放权,加大财政信息公开力度,降低制度性交易成本,激活企业发展活力,等等。

(二) 要素激活作用

支持经济长期增长的要素,也就是外界常讲的"动力源",主要包括劳动力、土地和自然资源、资本、科技创新、制度等五个方面,也被称为供给侧五大要素。前三

项对经济增长的贡献容易比较多地生成和体现出来，改革开放以来，中国连续多年保持高增速长，主要是靠前三项要素支撑。进入经济新常态后，靠原先的要素动力支撑已经难以持续。改变经济发展的这一困局，必须要靠后两项，即制度和科技创新，来形成新的动力增长机制，提高经济增长活力。时下热议的所谓"全要素生产率"，主要是指后面这两项能够给予新的支撑。而财政资金政策在激活"全要素"的过程中，扮演重要角色。譬如：通过政府政策资金的引导激励与帮扶，来实现对科技创新的支持。通过建立创新创业等发展政策，可以进一步优化发展环境，更好地促进生产要素自由流动、释放新需求、创造新供给。通过财政金融制度的创新，可以进一步激发资本要素市场的活力。通过财税体制改革的全面深化，以及社会保障制度等财政制度体系的不断完善规范，可以进一步改善供给侧的环境和机制，释放经济社会潜力，激发经济发展活力。

（三）财力支撑作用

任何一项改革都离不开政府财力的支持，供给侧结构性改革也不例外。中央、省提出，在供给侧结构性改革上，当前要重点围绕去产能、去库存、去杠杆、降成本、补短板"五大任务"，全力打好化解产能过剩、降低企业成本、消化地产库存、防范金融风险"四个歼灭战"。除了政策制度上的措施外，主要还是靠政府财政支持。对民生保障、必要的公益性项目建设等"短板"方面的投入，仍然以直接投入为主，而且都是"大手笔"。在支持引导产业转型升级、"去产能"方面，必要的"份子钱""引子钱"一分都不能少，而且随着发展的提速，必将"水涨船高"。减税降费，降低企业"成本"后，地方财力相应减少，还要对减费单位进行财力补助，实际上也是间接用财力支持了改革。"去库存"主要还是靠财政激励政策支持。"去杠杆"主要防范化解地方政府债务风险，防止风险向财政聚集，在今后的一段时期内，地方将逐步进入偿债高峰期，财政预算每年都要安排一定的偿债资金。总而言之，财政都要综合平衡、统筹兼顾，拿出实实在在的"真金白银"。

（四）落地保障作用

在供给侧结构性改革的很多领域，需要国家行政、财政、国企、收入分配、价格和投资等多方面的综合配套改革，财政改革政策与其他政策共同发力，才能达到改革预期，这时的财政政策相对整个改革而言具有一定保障作用。在以财政为主导的改革中，财政制度的设计、各项财政政策措施的出台，都有相配套的落实机制作保障。在对政府投入、地方财经秩序等方面的监督管理上，通过常态的、有效的、全方位的监督管理，可以及时发现问题，迅速纠偏、纠错，保证政府投入的效率与效益，确保各项政策快速落地，提高政策的连续性和实效性，从而促进供给侧结构性改革的纵深推进。

二、财政在推进供给侧结构性改革中面临的主要问题

改革就是要破除与经济社会发展不相适应的旧体制与机制，直面经济社会主要矛盾和主要问题，彻底打破原有的利益分配格局。目前已进入到改革的"深水区"，在财政已经深度介入到经济社会生活方方面面的背景下，财政在推进供给侧结构性改革中面临着新的困难与挑战。

（一）"三难"亟待破解

1. 供需平衡难。作为供给侧结构性改革的主要政策手段，财政政策不仅具有需求效应（积极的财政政策主要就是刺激投资需求），同时也具有供给效应，主要包括税收政策（可以直接影响企业生产成本），补给政策（同样可以影响厂商成本），再分配政策（可以影响劳动者的积极性，进而影响供给）。财政政策的需求效应与供给效应究竟哪个更显著，在经济学领域是有争议的，但财政政策同时具有需求效应和供给效应是普遍被承认的。如何在这两者之间找到平衡点，更有效地落实好积极财政政策，如何达到既"保底线"，又"求未来"，对财政工作提出了新的挑战。

2. 政策落地难。财政管理机制的创新和监督检查职能的履行，对保障改革政策落地具有一定的促进作用，但在一些领域政策落地客观上存在很多困难，或者是政策落地效果不好，需要从更深的角度去研究考虑，如何进一步提高政策落实的效益与效率的问题。一方面，配套制度的滞后造成政策落地难。比如，在支持创新创业方面，地方出台了很多"含金量"高的财政政策，也准备了不少真金白银，但由于配套制度设计上出了问题，导致与实际脱节，政策落地效果欠佳。另一方面，市场主体的政策落实难以把握。主要是支持企业的好政策是否被企业用好是一个重要课题，现在的情况是政府不缺乏好的政策，但企业未必用好了。例如，实施减税降费让利后，企业将节省的成本投向哪里，是不是投入到再发展、再研发，投入多少能产生多大效益，能为财政增加好多收入，难以评判。如果企业将节省的成本投入到一些无效的供给中，那么减税降费的政策就是无效的。

3. 财政运行难。供给侧结构性改革的主要政策减税降费将直接导致财政减收。经济转型升级是一个长期的过程，减税存在"时滞效应"，减税对实体经济休养生息的作用，需要很长时间来培育。财政支出刚性增长的趋势没有改观。因此，财政收支平衡压力加大、运行更为艰难的现状短期内不会好转，地方财政将要经受很长一段时间的"阵痛期"。

（二）"四种矛盾"亟待化解

1. 财政资金供求矛盾加剧。长期以来都是千万双手在伸向财政，千万双眼睛

在看着财政。在支持实体经济发展的政策措施上,归根到底都是财政"买单"。比如支持产业发展要财政贴息、奖补;支持企业上市、重组要财政减税返税免费等。在这个时段,供求矛盾就不是简单的供求关系,财政部门更加被推到矛盾的"风口浪尖"。

2. 财政杠杆效应时滞矛盾。比如,通过财政资金和政策"撬动"金融和社会资本,服务实体经济是很现实的有效举措。为撬动银行资金支持中小企业融资贷款,地方财政出台了制度,也拿出了风险补偿金,但由于金融制度改革不配套,加之银行资金和社会资本的逐利性,很容易形成财政唱"独角戏",财政政策落实大多都停留在制度层面,财政资金的引导、放大效应没有充分发挥。

3. 资金投向上的实效性与合规性的矛盾。在财政资金投向上,历来讲的都是扶优扶强,向优势产业企业倾斜,这样既可以保证资金安全,而且资金投入的效益也很明显。但在供给侧结构性改革中强调更多的是支持创新创业,为初创期、种子期,微观经济、草根经济营造更加公平公正的市场经济环境,从而进一步激发微观经济主体活力。如果将财政资金向这些微观经济主体倾斜,资金投入效益难以保证,而且很容易"打水漂"。如果财政直接投入容易出现道德风险问题,通过基金又存在"门槛高、投放难"的问题。因此,如何做到"既抓大又不放小",实现安全性、实效性与公平性、合规性之间的有机统一,对财政部门的智慧提出了新的考验。

4. 创新作为与依法行政的矛盾。2014年修正的《中华人民共和国预算法》对违反规定的财政行为做出了严厉的追责问责规定,但在服务供给侧结构性改革的新形势下,金融贷款、社会资本都要政府担保、财政"兜底",使得财政部门不可避免地陷入"两难"境地。

总的来看,财政在供给侧结构性改革中处于"打头殿后"的重要地位,虽然面临的困难重重、任务艰巨,但两者相互作用、互相支撑、相互促进,推进供给侧结构性改革的过程,也是财政改革发展全面深化,不断提速提质提效的过程。供给侧结构性改革的推进,将有利于提高经济发展质量和效益,进一步优化财源结构,打牢财政持续稳定增收的经济基础;有利于加快建立更为全面科学、更契合地方发展的现代财政制度体系;有利于拓展财政工作职能,全方位提高财政管理水平等。因此,地方财政部门要提高对供给侧结构性改革的认识,理性分析当前存在的困难和问题,切实增强改革的主动性和责任感,超前研究谋划,积极主动投身到改革的浪潮中去。

三、以效益财政建设为抓手推进供给侧结构性改革

供给侧结构性改革强调的是"提高供给体系的质量和效率",让"市场充分发挥

作用"。基于此，我们重新提出了"效益财政"这个理念，旨在通过效益财政建设，全面提升财政政策效益、投入效益、资金效益、管理绩效、工作效能，切实发挥财政在推进供给侧结构性改革中的功能和作用。"效益财政"的提出，与供给侧结构性改革强调的"提高供给体系的质量和效率"一脉相承。因此，"效益财政"这个理念与当前的改革形势、发展思路是比较契合的。建设效益财政，关键是要树立效益理念，强化绩效意识，抓好当前，着眼长远，通过财政体制机制的创新，从供给侧结构性改革入手发挥财政调控和引导职能，提高供给侧的质效。重点要从四个方面着力，实现财政杠杆效应的"最大化"。

（一）着力发挥财政政策功能，彰显政策效应，加快培育发展新动能

财政政策在调整产业结构，优化空间布局，促进经济转型升级上具有风向标和指挥棒的作用，在促进供给侧结构性改革中具有举足轻重的功效。财政部门要结合中央、省财税改革政策精神，结合地方实际，加强政策研究，在此基础上形成一套有利于提高企业核心竞争力，促进产业转型升级，加快推动发展动力转换的财政政策体系，大力培育新的经济增长点。要着重聚焦四个方面的政策研究。

1. 聚焦企业转型升级。支持提升企业发展环境竞争力的财政政策，包括企业兼并重组，企业减税降费、清费减负等等。支持企业去产能、调结构的政策，包括设立专项资金用于解决符合产业政策的企业退出后人员安置，化解过剩产能中的人员分流安置奖补。支持具有核心竞争力的高科技成果转化和高新技术产业项目，提高产业企业核心竞争力。研究全面落实各项税收政策改革的实施问题。

2. 聚焦新兴产业发展。支持高科技人才引进的政策，包括院士入驻，招硕引博，研发机构入驻、众创众包等方面的住房补贴、生活补贴，子女教育社保政策等。支持主导产业和新兴产业发展的政策，包括本地产品政府采购政策，采购补助政策、贷款贴息政策等，突破性发展战略性新兴产业。研究出台淘汰农业过剩产能，推进一、二、三产业融合发展的配套办法，推动传统农业向现代农业转型。

3. 聚焦创新创业。优化创新创业政策落地机制，不断完善相关政策，加快政策落地。落实好创新创业人才生活补贴、创新创业载体和平台建设等财政补助措施，鼓励引导各类创新创业团体集聚发展，促进创新型经济加快成长。

4. 聚焦补齐短板。瞄准供给侧的现代服务业短板、生态环境短板、民生短板、城市基础设施建设等短板，进一步完善财政政策，补齐短板，增强发展的协调性和均衡性。例如，制定"去库存"的办法，围绕"去库存"加快农民工市民化，将稳定就业的外来务工人员纳入公共租赁住房保障范围，完善实物配租中最低收入、低收入家庭租金减免等优惠政策。加强政策引导，刺激商品房销售等等。此外，要积极研究制定"飞地经济"和企业走出去的政策，不断优化地方产业结构、财源结构，夯实财政持续增收的经济基础。

（二）着力发挥财政资金的撬动作用，加快对接资本市场，形成支持供给侧结构性改革的要素集聚效应

财政和金融是实体经济发展的两大"引擎"，两者间是相辅相成的。积极财政政策的乘数效应，需要运用金融工具放大；良好的金融环境，离不开财政政策的支持与引导。年前召开的市委全会上提出，"十三五"期间荆门市要"突出资本要素，加快培育金融市场主体、加快培育多层次资本市场、加快推动金融创新、加快建立金融服务体系，着力打造资本集聚的高地，培育先发优势"。财政要主动研究、主动作为，不断创新财政金融机制，让两者深度对接、良性循环，不断放大财政与金融工具的"叠加"效应，进一步加强对实体经济的支撑，打通地方经济发展的"血脉"。主要从以下三个方面着力。

1. 从更深的层次推进政银合作。设立中小企业贷款风险补偿金，并结合实际不断增加规模，每年安排一定资金注资具有国资背景的担保机构，增强其融资能力；支持金融机构创新金融产品、创新金融服务，加大对种子期、初创期和大学生创新创业的投资支持；通过财政性存款与银行业金融机构贷款挂钩、兑现财政奖励、捆绑财政调度资金等手段，引导银行业金融机构增加有效信贷投放；加快推动过桥贷、政银合作等信贷融资类子基金落地，撬动金融机构按照比例放大信贷额度，缓解实体经济特别是中小企业"融资难、融资贵、融资慢"等问题。

2. 从更广的角度对接资本市场。出台与金融政策配套的财政政策，优化服务机制，大力度推进实体经济与资本市场的对接、政府与资本市场的对接；出台扶助政策支持企业通过"新三板""四板"，进行股权融资、债券融资，提高企业运用资本市场直接融资的能力；抓住国家信贷政策调整机遇，做大做强园区产业投资平台，推进政府投融资平台转型，与资本市场对接，共同组建产业投资公司、项目公司，围绕主导产业、重点园区加快重资产建设。比如，整合政府资源、包装项目，清理盘活行政事业单位的一些经营性资产和闲置资产，推向市场与资本市场对接，壮大城市发展基金规模，加大对城市基础设施建设的投入等等。

3. 从更宽的渠道引入社会资本。坚持推行政府和社会资本合作方向不动摇，加大PPP项目策划力度，着力推进PPP项目落地，实行目标量化管理；进一步做大做实做优产业发展基金，主动对接省级长江经济带产业发展基金，争取国家、省级产业发展基金支持；做大"母基金"，积极与社会资本和金融机构对接，提高专业化管理水平；做优产业子基金，积极推进创新创业基金、并购基金的设立运作，结合产业发展规划，设立更多的产业子基金，服务七大产业。

（三）着力加强财政资金管理，切实提高政府投入的供给效益

财政资金分配作为地方政府配置资源的主要手段，如何让资金能够快速地"流

动起来",及时地"流进该流向的领域",如何将有限的财力用在刀刃上,发挥其应有作用,是激活市场"无形之手"、有效释放经济活力的关键。在财政资金管理使用上要牢固树立经营理念和效益意识,精细管理、创新管理,不断提高资金使用效益。主要从以下五方面入手提高政府资金使用效率。

1. 强化清单式管理。在全面清理、整合的基础上,从创新管理制度、管理体系、管理方式入手,推进清单式管理,及时对外公开资金安排使用情况,接受社会各界监督。建立"负面清单"制度,对违纪违规问题依法处理,并纳入信用负面清单。

2. 强化项目库管理。按照"分建分管、分级建库,评审论证、择优排序,滚动调整、动态管理,绩效评价、结果挂钩"的要求,全面推进财政专项资金项目库建设,所有项目资金一律先评审再入库,不入库的财政不安排预算,进一步增强政府投入的科学性、合理性,提高政府投入效率。

3. 强化专业管理。对面向市场主体的产业发展引导基金,坚持市场化运作,让"专业的人"做"专业的事"。通过与专业基金投资公司合作,利用其专业团队的成熟经验共同开展投资活动,确保投资效益,规避投资风险。在这一过程中,政府既要"放手"又不"撒手",在完善项目筛选、资金监管等体系的基础上,充分发挥市场机制的作用。

4. 强化绩效管理。根据政府资金投入的不同性质,建立一套对所有投入实行全方位绩效考核的制度体系,做到"用钱必问效,无效必问责"。譬如,在产业引导基金使用管理上,建立对基金管理机构及每一支子基金的绩效管理和考核问责机制,年终委托第三方机构分别对各子基金、各产业引导基金使用情况进行绩效评价,重点对基金吸引撬动金融和社会资本的杠杆率、经济和社会效益的贡献率、基金自身的资产增值率等指标进行考核,促进产业引导基金运用效率的提高。

5. 强化监督管理。不断完善财政大监督工作机制,将项目立项、资金使用、资金绩效、资金台账、支出进度等纳入重点检查内容,针对检查出的问题及时纠错、纠偏。将专项资金项目库管理、清单式管理与财政监督有机结合,实行常态化、动态化监管,进一步提高监督质效。扩大财政监督范围,加大对涉企收费的监管力度,严肃查处违规收费和增加企业负担行为,为实体经济保驾护航。

(四)着力转变工作作风,不断提高财政部门的服务效能

供给侧结构性改革的推进,为优化地方财源结构,进一步加快财政改革发展带来了新的机遇,同时也对财政部门的工作作风、行政执行力带来新的考验。财政部门要把握机遇,充分认识新常态下推进供给侧结构性改革的重要意义,不辱改革的使命,以良好的精神状态,优良的作风,过硬的素质,主动应对新的挑战。提高财政部门的服务效能主要从以下三方面入手。

1. 迅速转变观念。将推进供给侧结构性改革作为财政工作的一项重要职能，树立"实体强则财政强"的理念，切实增强改革的责任感、紧迫感，将服务推进供给侧结构性改革、加强财源建设作为当前和今后一段时期财政工作的重点，强力推进抓好落实。

2. 切实转变作风。大力倡导务实、优质、高效的工作作风。主动对接企业、对接市场、对接资本市场、对接项目，加快政策落地。主动研究财税政策，用政策说话，按程序办事，不断提高财政干部领悟政策、执行政策的能力。同时要换位思考，凡事想在前、走在前、干在前，切实搞好优质服务。

3. 全面提高效能。进一步强化财政基础工作，深入推进积分制管理，完善工作调度督办机制，使督办更加聚焦重点工作，更加聚焦落实效率，促进财政管理的科学化、标准化和规范化。

政府引导基金风险管理策略研究

——基于"三维外延式"管理模式的分析

东莞松山湖高新区管理委员会 张中华

政府引导基金是对所有政府参与投资、并吸引金融、投资机构、社会资本参与出资为形式的基金的统称,它是一种利益共享、风险共担的集合投资制度。本文以政府引导基金管理模式为基础,结合其发展现状,从防范风险的角度入手,深入分析政府引导基金风险所在,通过风险评估和采取的应对策略,构建"三维外延式"管理架构和风险预警机制,以期实现政府引导基金投资风险防控能力的提升。

一、建立"三维外延式"管理模式,集约运营实现多方共赢

(一)建立"三维外延式"管理模式的背景

现有的政府引导基金由于受基金管理人才缺乏、政府干预过多、制度规定繁多、决策流程复杂、政府相关领导个人意愿导向等影响,更有因怕投资损失采取"避重就轻"的措施,使投资基金不能真正发挥作用。鉴于此,建议采用"三维外延式"管理模式,多角度多维度管理政府投资基金,有效降低政府投资基金的风险。

(二)"三维外延式"管理模式的特点

主要表现为:管理形式多样化、基金参与多元化、风险分担多面化。

1. 政府搭台,企业唱戏,资本助力。管理形式由原来受政府行政干预过多,拓宽到包括注册专门的资本公司、委托基金经理人管理、由地方政府牵头成立私募投资基金等,使政府由原来的主要经营决策者转变为平台搭建者,政府更多的作用是积极撮合基金的供求双方达成交易。

2. 抱团借势,产业掘金,分享受益。在政府的撮合下,投资基金把政府、银行、基金管理公司、保险公司、担保公司以及社会资本所有者联合在一起,形成利益共同体,借助政府的优势和经济社会影响力,与基金投向产业一道并肩作战,掘金资本市场。同时,政府采取以政府出资和社会资本为主,以银行贷款、担保、税收、政府采

购等方式为辅，想方设法拓展投资基金的资金来源。

3. 整合资源，保险介入，风险共担。丰富的基金管理形式，使政府投资基金有机会重新洗牌，集合多种投资与管理优势。一方面，积极探索建立财政投入、国资收益、基金增值和社会资本投资等多渠道筹措资金，以形成合力，抵御风险。另一方面，保险和担保公司的介入让银行在放贷时没有了后顾之忧，也分散了投资风险。

二、着力危机预警研究，构建"价值再造"风险评估模型

（一）明确政府引导基金的目标

政府应本着引导社会资本的目的，与时俱进，紧跟经济市场变化，致力于提供良好的市场环境，为当地经济实体提供部分资金支持，对区域经济投资发展起到促进作用。同时，明确设立基金的利益出发点是旨在追求利润最大化，还是不以营利为目的；其第一要务是政策目标还是商业性资本目标，或者是两者兼备；然后再决定引入基金的门槛高低。

（二）确定政府合理的投资基金比例

一方面受政府财力及债务压力限制，另一方面创业投资的需求方市场较为混乱，识别投资项目前瞻性的甄别成本较高，也使得政府在确定基金投向时缩手缩脚，为了基金能存续下去不得不选择"短平快"的投资项目，以按期收回投资实现收益，使投资基金偏离创立时的初衷。因此，应根据各地经济发展情况及财力状况和结构调整，合理确定当地设立投资基金占总财政收入的比例以及各基金的比重，也可根据财力的需要逐步增加基金规模，同时可考虑对财政实力薄弱的地区提高国家级基金的出资比例。

（三）设定政府所出资部分的保底回报率

为保障国有资金安全，可在相关协议中商定由基金实际运作方或大股东对国有出资进行兜底，当基金盈利不足或出现亏损时，由合同兜底方仍按保底的年回报率向政府出资方支付本金及投资收益，作为对等条件，在基金盈利超过保底回报率时，政府出资方让渡投资收益的一定比例给兜底方。

（四）构建"价值再造"风险评估模型

尝试建立风险评估模型，对拟投资项目的政策性和经营性特征分别加以甄别，以安全性为评价重点，围绕"保底回报率"核心内容设置指标体系，分配适当的权重，

特别是找出如科技含量高、技术水平新的具有市场潜力或核心竞争力等更适合投资的项目，全面评估衡量有前景、高风险项目。"价值再造"风险评估模型具体内容如表1所示。

表1　　"价值再造"风险评估模型指标体系

风险分项	评估内容	指标名称	指标定义
基金规模风险	衡量最佳基金规模	1. 基金总量自然对数 2. 投资企业数自然对数 3. 基金收入自然对数	1. 基金总量自然对数 = LN（基金总量） 2. 投资企业数自然对数 = LN（投资企业数） 3. 基金收入自然对数 = LN（基金收入）
内部治理风险	投资各方之间的关系及内部控制或流程监督的缺陷、资金闲置等	1. 资金闲置率 2. 资产负债率 3. 投资者持股比例	1. 资金闲置率 = 闲置资金/总资金 2. 资产负债率 = 负债总额/资产总额
投资决策风险	达不到投资目标的决策，对其风险进行估计，计算投资风险价值	1. 基金收入增长率 2. 投资风险报酬率	1. 基金收入增长率 = 基金收入增长额/基期收入额 2. 投资风险报酬率 = 风险系数 × 标准离差率
损失分担风险	计算分担风险的容忍度，以分析资产保全、保险及担保等形式的承受能力	1. 不良投资增长率 2. 风险容忍度	1. 不良投资增长率 = 不良投资增长额/基期不良投资 2. 风险容忍度 =（不良投资率，重大风险发生率，资产联保率）

三、创新基金设立，发挥资本市场优化资源配置的功能

（一）政府引导与市场运作相结合，把握创新切入点

随着产业投资基金的发展，政府设立基金不断有新的形式出现，其中创业型投资基金应用最为广泛，而后期推出的政府引导型股权投资基金、专项投资基金、信保型投资基金等也逐渐被各地方政府推崇。而不论是哪种基金形式，都有其独特的市场需求和运作特色，例如，专项投资基金一般是给予税收或者用地审批上的优惠政策，以便吸引企业更多进来投资；信保型投资基金是由银行和政府共同出资、共担风险，即抑制银行的放款冲动，倒逼银行审慎把握风险，又可改善银企间的互信关系。

（二）对长期性基金建立灵活的投资运营政策

由于多元化和市场化的投资体制没有完全建立起来，绝大部分基金作为财政专户存款在银行账户里，不能发挥资金效用，在考虑正常投资收益率与通货膨胀的各种因素之后缩水严重，曾有专家匡算缩水率近30%。建议对政府储备基金以及养老基金等长期性基金，特别是存在结余较多的基金，应进行投资管理，或自行管理或委托社会机构管理，通过投资运营以实现保值增值。

四、平衡风险收益，处理好三个关系

（一）投资效益和社会责任的关系

当前大多数政府引导基金，是以引导当地小微企业发展、促进企业转型升级或打造本土上市公司等为主要目的而设立发行的，通过帮助企业融通资金，并为所投资企业提供管理、经营、财税、法律等方面的资助，扶持企业发展。而政府则通过企业发展一方面享有直接的投资收益，同时更多是分享企业发展所带来的劳动就业、财政税收及产业升级等社会效益，显然，社会效益是政府性基金的主要目的，不宜过多追求基金投资收益。

（二）短期盈利和长期受益的关系

通常基金在成立时，会约定5—7年的经营期，作为引导性的政府投资资金，起着示范带头作用，以吸引更多的社会资金参与投入。另外，基金所投资的行业或企业，有一个培育、引导、发展的过程，通常投资前期并不能取得较好的财务利润，因此，政府性投资基金不能急功近利，要做好几年不盈利的打算，作为将来长期受益的前期投入。同时，应考虑投资一些短期能够受益的项目，打好组合拳，以保证基金能长期有序、稳定健康的发展。

（三）政府干预和政府引导的关系

政府引导基金通过寻求专业的基金管理团队，对基金公司进行经营管理、并负责开展投资管理业务。政府作为投资参与者，只需按照相关协议履行出资人的权利义务，如对基金公司的经营管理提出合理化建议、委托社会中介机构对基金公司运作进行审计、获取经审计的基金公司财务会计报告等。同时，政府为达到设立基金之目的，又需要对基金所投向行业、地区做出一定的指引。因此，在基金运作管理上，政府应强调引导作用，而尽量减少政府干预，做到只管该管的事，其他以市场运作为导向，保证政府干预不对基金运营产生影响。对于政府牵头或引导型的基金，一旦运作成功，政府就应该全身而退。

五、加强政府对投资基金的监督和考核，引导投资基金正向发展

（一）设立监督委员会或监事会

设立以政府为主导的监督委员会或监事会，在不干预基金管理的前提下，帮助投资基金在重大发展及决策时做到审慎、睿选，起到良好的监督作用。

（二）设立激励机制

制订衡量基金绩效的标准时，要以激励为主，特别是针对进入萌芽期企业的基金（公司）及辅助其成长的担保方、银行等给予一定的奖励，通过税收优惠、减免收费、财政补贴等形式，以提高其参与政府投资基金的积极性。

（三）设计合理的考核指标体系

1. 盈利能力。主要指投资基金的获利能力或投资报酬率。
2. 社会责任行使能力。

（1）面向产业（或企业）的服务能力，包括：①被投放企业的数量：投资基金被投放或者说所扶持的企业个数。②被投放企业的综合毛利率：被投放企业后各年毛利率加权平均后的综合比率。③被投放企业的稳定系数：被投放企业工资发放及时性、企业生活区生产区办公区等安全保卫事件的发生率、银行贷款归还超期率等。

（2）面向社会的服务能力，包括：①被投放企业社会贡献总额：指企业为国家或社会支付或创造的价值总额，包括工资、"五险一金"及其他社会福利支出、利息支出净额、流转税及税费附加、所得税及净利润等。②被投放企业提供的就业人数：为社会提供就业岗位，安置大中专毕业生、残疾人、转业军人等人数。③节能减排支出：为改善生态环境、生产和生活环境而产生的节能减排支出。

3. 成长与发展能力。主要包括：投资基金年投入额变动趋势、投资收益年增长率、被投放企业继续合作意向、监管部门满意度等。

参考文献

[1] 李晓伟，藏树伟. 我国创业投资引导基金的制度供给、运行偏差及制度改进 [J]. 中国科技论坛，2012（9）：130 – 132.

[2] 朱文莉，刘思雅. 政府创业投资引导基金发展现状、问题及对策 [J]. 会计之友，2014（2）：43 – 47.

如何防控地方债务和金融风险

保定市满城区财政局 王 佳

从 2015 年 1 月 1 日起施行的 2014 年修正的《中华人民共和国预算法》规定,"经国务院批准的省、自治区、直辖市的预算中必需的建设投资的部分资金,可以在国务院确定的限额内,通过发行地方政府债券举借债务的方式筹措。举借债务的规模,由国务院报全国人民代表大会或者全国人民代表大会常务委员会批准。"从此开启了中国地方政府举债的法律闸门,也表示中央政府确认了地方政府信用价值的客观存在。但从现实情况看,地方政府债务形成的情况又十分复杂,如何面对新预算法实施后的地方政府债务管理新情况,依法科学合理的动态确认地方政府信用价值的合理规模、有效防控地方政府性债务风险,这既是一个重大的理论课题,又是一个十分迫切需要解决的现实问题。

一、地方政府性债务及其风险的概念探讨

(一)资产负债表里的债务

从资产负债表里,可以明显看出,资产 = 负债 + 权益。负债是指会计单位过去的交易或事项形成的、预期会导致经济利益流出的现时义务,就是资产负债表整个负债那部分。

债务指债权人向债务人提供资金,以获得利息及债务人承诺在未来某一约定日期偿还这些资金。比如应付账款和预收账款这种经营性负债就不属于债务;应付职工薪酬、应交税金、应付利润、递延收益等负债也不属于债务;其他应付款属于负债,一般也不属于债务。对于债务性投资、政府性平台公司之间的借款、财政借款及企业村(社区、居委会)借款等应当支付利息成本并到期归还的部分,其他应付款应当属于债务。

从资产负债表可以明显看出,债务并不是筹资或融资手段的全部。其实,股权(股票)融资、租赁融资、城镇化基金、混合所有制、政府与社会资本合作(PPP)等模式也是十分重要的筹资融资渠道。

(二)地方政府性债务的分类

1. 按会计科目分类,地方政府性债务主要有:短期借款、应付票据、其他应付

款（需要支付利息成本的部分）、长期借款、应付债券、长期应付款等。这个分类有利于区分债务的长短期结构，计算资产负债率，但不利于区分其他应付款中的债务。

2. 按债务形成渠道分类，地方政府性债务主要有：银行贷款、发改委渠道企业债券、银行中间市场票据、应付商业票据、信托贷款、私募基金借款、证券市场的公司债、使用的国债、地方政府债（券），还有财政借款、村居企业借款等。

3. 按时间长短分类，地方政府性债务主要为一年期及一年以内到期的短期债务，一年以上（不含一年期）的债务。一年以上的债务还应区分三年内到期的债务（中期债务）和三年以上到期的债务（长期债务）进行中长期管理。

4. 按审计口径和甄别分类，审计口径把地方政府债务分为一类债务（地方政府负有偿还责任的债务）、二类债务（地方政府负有担保责任的债务）和三类债务（地方政府可能承担一定救助责任的其他相关债务）等，二三类债务属于或有债务，不能与一类债务简单相加。还有一类属政府性债务——通过新的举债主体和举债方式形成的地方政府性债务。

根据财政部《地方政府存量债务纳入预算管理清理甄别办法》（财预〔2014〕351号）文件要求，"对地方政府负有偿还责任的存量债务进行逐笔甄别（即一类债务）：'通过PPP模式转化为企业债务的，不纳入政府债务'；'项目没有收益、计划偿债来源主要依靠一般公共预算收入的，甄别为一般债务'；'项目有一定收益、计划偿债来源依靠项目收益对应的政府性基金收入或专项收入，能够实现风险内部化的，甄别为专项债务'；'项目有一定收益但项目收益无法完全覆盖的，无法覆盖部分列入一般债务，其他部分列入专项债务'。"

这个分类，有利于明确地方政府与地方投融资平台公司的责任，通过地方政府债券的发行减轻地方政府债务利息负担，剥离地方政府依靠投融资公司举债进行基础设施和公共公用设施开发建设的部分功能，减轻投融资企业的历史负担，但由于没有把地方政府债务之外的地方政府性债务直接列入监控范围，这种分类其实仍然存在甄别的边界问题，地方投融资公司，特别是新成立公司的债务仍然得不到有效控制，地方投融资公司也会出现同一集团的不同子公司或不同项目拥有地方政府债券和地方政府性债务甚至企业债务的情况。

（三）地方政府性债务风险

从地方政府角度看，地方政府性债务风险最终表现为地方财政金融风险。对地方政府性债务风险的表现分析，目前已比较成熟，本文直接引用专家的论述。

2014年6月5日《上海证券报》发表了中国社会科学院研究生院客座教授苑德军先生题为《地方政府性债务风险七种表现》的分析文章，指出：地方政府性债务风险是我国金融风险重要的策源地。从我国宏观经济运行与地方政府性债务现状相结合的角度分析，地方政府性债务风险主要表现在以下七个方面：一是经济减速下行使地方政府偿债能力弱化的风险;二是房地产泡沫破灭带来的地方政府性债务违约风险;三是期限错配带来的流动性风险;四是地方政府"借新还旧"带来的债务风险转移和风险累积;五是非信贷融资比重上升带来的风险;六是融资主体相互关联产生的交叉风险;七是地方政府融资平台运作不规范,投资低效或无效带来的风险。

二、地方政府性债务风险评估的方法探讨

政府性债务风险评估的方法比较复杂,也没有现成的完整成熟的方法体系,地区之间、不同时期之间难以进行比较和风险衡量。现根据财政部门、审计部门和企业财务风险评估的情况作一些分析探讨。

(一)三率分别评估法

财政部门在2014年以前,一直采用负债率、债务率和偿债率三大指标进行政府债务风险预警(还有逾期债务率,省略)。

1. 负债率。年末债务余额与当年GDP的比率,是衡量经济总规模对政府债务的承载能力或经济增长对政府举债依赖程度的指标。

$$负债率 = 当年债务余额 / 当年地区生产总值$$

国际上通常以《马斯特里赫特条约》规定的负债率60%作为一国政府债务风险控制标准参考值(全国为GDP)。河北省政府制定的县级地方政府负债率的警戒线为GDP的10%。

2. 债务率。年末债务余额与当年政府综合财力的比率,是衡量债务规模大小的指标。

$$债务率 = 当年债务余额 / 当年地方政府综合财力$$

国际货币基金组织确定的债务率控制标准参考值为90%—150%。其中,

地方政府综合财力 = 地方公共预算收入 + 政府性基金预算收入 + 转移支付和税收返还 + 地方国有资本经营收入 − 专项转移支付

各项收入均包括上年结余以及下级的净上解收入(即下级上解收入 − 补助下级支出)

财政部及河北省政府规定,债务率警戒线为100%。

3. 偿债率。当年还本付息额与地方政府综合财力的比率,为衡量当期偿债压力的指标。

$$偿债率 = 当年还本付息额 / 当年地方政府综合财力$$

从审计公报分析看,国家对地方偿债率的警戒线标准为20%。河北省政府规定

的地方政府偿债率警戒线为15%。偿债率的"当年还本付息额"的借债还债部分的还本金额并不来源于当年可支配财力,而是来源于债务。所以,此种偿债率的计算也存在较多问题。已知负债率(警戒线值)、债务率(警戒线值)、当年地方生产总值和当年地方综合财力,可以计算出两个不同的"当年地方债务余额",所以当年地方债务余额的控制值具有弹性,需要在两个数值之间选定。

(二)预算对应债务率评估法

《地方政府存量债务纳入预算管理清理甄别办法》(财预〔2014〕351号)提供了债务率暂定计算口径,还有逾期债务率(因计算方法简单,省略)。将地方政府债务的债务率分为一般债务率和专项债务率。

一般公共预算的可偿债财力 = 一般公共预算财力 - 保民生、保运转、保工资及其他必要公共服务支出

债务年限 = 地区债务余额/[(逾期债务额 + 2015年计划还本金额 + 2016年计划还本金额 + 2017年计划还本金额)/3]

按上述公式计算,实际上如果逾期债务为0,那么:

一般债务率 = 后三年内的年均一般债务计划还本金额/一般公共预算可偿债财力×100%

即实际上应为一般债务本金偿债率。

政府性基金预算的可偿债财力 = 政府性基金预算财力 - 成本性支出 + 其中已通过政府性债务资金安排的土地收储等成本性支出;并且计算后政府性基金预算的可偿债财力可以为0。

债务年限 = 地区债务余额/[(逾期债务额 + 2015年计划还本金额 + 2016年计划还本金额 + 2017年计划还本金额)/3]

按上述公式计算,实际上如果逾期债务为0,那么:

专项债务率 = 后三年内的年均计划还本金额/政府性基金预算可偿债财力×100%

即实际上应为专项债务本金偿债率。

政府债务率 = 一般债务率×一般公共预算可还债财力占全部可还债财力的比重 + 专项债务率×政府性基金预算可偿债财力占全部可还债财力的比重

根据文件精神,这两个债务率的警戒线仍分别为100%。按比重计算出的政府债务率比前述国际通行债务率大约小平均债务年限的倍数。因此这种方法评估的债务率更能显现政府信用价值。但对第一年还本额高于三年平均时,也会略微低估第一年的政府债务风险。而且通过对本方法的计算公式进行换算可以看出,本办法的债务率与

债务余额大小无关,只与逾期债务加上近三年的计划还本额之和的三年算术平均值大小相关。所以,这种债务率实际上已成为三率评估法的本金部分偿债率。此外,这种债务评估方法并没有考虑债务利息成本的支付风险,不够全面,与国际通行债务率存在口径与计算方法没有可比性。

(三) 综合评估法

政府债务评估方法因没有产品生产、销售环节,所以无法使用企业财务预警方法来评估政府债务风险。根据以上两种评估方法,结合国际国内现状和政府有关部门的审计公告,本文提出要按照国际通行做法并结合国情来建立地方政府债务的评估方法,并建立地方政府债务风险防控指数。

1. 债务率。据报道,美国政府公共债务已达 18 万亿美元,达到 GDP 的 103%。西方主要发达国家的负债率均高于 60%。2009 年,世界主要经济体中日本国债负债率最高,达到 183.77%。

按截至 2013 年 6 月的审计公告显示,全国各级政府负有偿还责任的债务约为 206988.65 亿元,负有担保责任的债务约为 29256.49 亿元,可能承担一定救助责任的债务约为 66504.56 亿元,三类债务共计约 302748 亿元。按 2012 年 GDP 保守测算,全国一类负债率为 38.75%,三类总负债率为 56.68%。

由于 GDP 为中央本级地区生产总值与各地累计汇总地区生产总值并修正后形成。所以国家负债率警戒线需要在中央级、省市级、区县级三级进行分配。实际上,国家 GDP 比全国各地汇总地区生产总值数要小。

据审计署 2013 年 12 月 31 日公告,审计结果表明,截至 2012 年底,全国政府负有偿还责任债务的债务率为 105.66%。全国政府性债务余额为 190658.59 亿元。按此计算,政府综合财力为 180445.38 亿元。财政部网站《2012 年财政收支情况》显示,2012 年全国公共财政收入 117210 亿元,全国政府性基金收入 37517 亿元,两者合计 154727 亿元。可见,政府综合财力的计算是包括了全部公共财政收入、政府性基金收入和政府债务收入及历年结余等,并没有扣除日常运行费、土地征迁成本。

为便于与国际通行标准对照,并能加强对一般债务与专项债务的分类管理,计算国际标准债务率,仍以当年债务余额除以当年地方综合财力计算,其中:

当年债务余额 = 当年一般债务余额 + 当年专项债务余额

当年地方综合财力 = 当年地方政府公共预算财力 + 当年地方政府性基金预算财力及国有资本经营预算财力。政府债务(券)发行与政府债务(券)归还本金对冲后的净增(或减)值应加计(或冲减)当年地方综合财力。

警戒线标准可对照国际标准 90%—150% 执行。还可分别计算:

一般债务率 = 当年一般债务余额/当年地方公共预算财力 × 100%

专项债务率 = 当年专项债务余额
/当年政府性基金预算财力及国有资本经营预算财力×100%

政府债务率 = 一般债务率×当年地方公共预算财力占综合财力比重
+专项债务率×当年地方政府性基金预算财力及
国有资本经营预算财力之和占综合财力比重

2. 偿债率。国家审计署 2013 年 6 月 10 日发布第 24 号公告——《36 个地方政府本级政府性债务审计结果》，公告显示："从偿债率看，36 个地方政府本级中"有 13 个省会城市本级政府负有偿还责任债务的偿债率超过 20%，最高的达 60.15%。"其实这种控制是不合理、不科学的，因为根据前述两个指标已控制了债务余额的总规模。假如可以新增债务总规模，那么原来的债务余额本金的当年到期归还资金相当来源于转借或借新债还旧债，所以当年用地方非债务综合财力归还本金数为 0，把借债还债的本金计入偿债率，且把包括支付利息成本费用在内的比率控制在 20%，显然不够合理；假如需要压缩债务规模，压缩部分的债务本金金额需要使用当年或以后年度地方非债务综合财力归还，且当年净归还本金额已冲减当年地方综合财力。所以本金归还额如果再纳入偿债率进行控制，偿债率警戒线是难以统一划定的。因此，计算当年利息偿付负担率就比较合理。

利息偿付负担率 = 当年支付债务利息成本费用额/当年地方综合财力×100%

可暂定利息偿付负担率警戒线为 10.5%。即相当于债务余额为综合财力的 150% 时，利息偿付负担率为综合财力的 10.5% 时，债务平均年利率水平为 7%。

同时，计算当年借债还债指数再进行具体分析：

当年借债还债指数 = 当年债务收入/当年归还债务本金

当此指数小于 1 时，表示借债额小于还债额，债务余额减少；当此指数等于 1 时，表示借债与还债相同，债务余额既不增加，也不减少；当此指数大于 1 时，表示借债大于还债，债务余额增加。

①当年借债还债指数小于 1 时，债务余额减少，应再计算偿债率：

偿债率 = (当年净归还债务本金额 + 当年支付的全部债务利息成本费用)/当年地方可用财力×100%

警戒线为 100%，如超过警戒线表示还本付息风险较高。

②当年借债还债指数等于或大于 1 时，债务余额不增不减或债务余额增加，还应判断：

当年借债还债付息指数 = 当年债务收入/(当年归还债务本金
+ 当年支付债务利息成本费用)

此指数小于 1 时，说明当年债务收入不能覆盖还本付息额，需要用地方非债务财力承担，按上述公式计算偿债率（当年净归还债务本金按0计算），并偿债率警戒线为100%，表示当年地方可用财力能否覆盖债务当年利息成本费用；此指标等于1时，说明当年债务收入刚好全部用于还本付息，付息风险不大；此指数大于1时，说明当年债务收入扣除还本付息后还有部分资金可用于项目开发建设，付息风险不大。

3. 综合评估。综合评估应在上述负债率、债务率、利息偿付负担率及相关指标和逾期债务率四个指标分别评估的基础，通过风险指数进行风险综合评估：

$$风险指数\ Z = a_1X_1 + a_2X_2 + a_3X_3 + a_4X_4$$

X_1 = 负债率占警戒线的倍数，值可以小于1，警戒线可以变动。如负债率警戒线从20%提高到25%，则 X_1 同口径减小25%/20%倍数，可以进行口径变动前后的比对。

X_2 = 债务率占警戒线的倍数，值可以小于1，警戒线可以变动。

X_3 = 利息偿付负担率占警戒线的倍数，值可以小于1，警戒线也可以变动。

X_4 = 逾期债务率，值可以为0。

修正系数 $a_1 = 1$；修正系数 $a_2 = 1$；修正系数 $a_4 = 100$，修正系数 a_3 稍为复杂。从前述第2点①、②分析中可以看出，偿债率的大小与风险成正比。偿债率大于1时，风险提高。不需计算偿债率的，风险没有变化。因此，我们把需要计算偿债率且偿债率大于1时的情况修正系数定为偿债率，其他情况修正系数定为1。口径的变动前后对比，可以通过修正系数进行承载。

风险指数保留4位小数。所有倍数均保留4位小数，利息偿付负担率超警戒线的倍数应保留6位小数。

从指数计算公式可以看出，Z计算式中的前三项（即 a_iX_i，$i \leqslant 3$）的值如果大于等于1就表示风险较高，第四项尽管系数放大100倍，但如出现逾期情况，应当表示风险较高。Z值的大小如何划定，需要经过统计试算和归纳。但总体上，利用此指数是可以在同一级别不同区域之间进行风险水平评估、比较，可以在本区域的不同时期进行比较和预测，加强债务风险防控。

另外，随着政府综合财务报告编制的成熟和更加科学合理，利用现金流量与总负债之比、净收益与总资产之比、总负债与总资产之比进行政府性债务风险评估与防控也将成为可能。

对于单个融资平台公司，可以进行这些指标的财务风险评估。当然，单个公司的总资产因可能有较大规模的不可变现的基础设施等，应进行扣除（政府回购或BT交易的基础设施应当属于可变更资产）。

再则，作为政府债务风险的评估，还可以采用5—10年的未来可利用资源（主要是土地资源）价值与可变现资产价值之和来估计政府信用价值，进行风险测算评估。单个融资平台公司，也可以用这种可变现资产资源方法进行未来现金来源评估。

三、地方政府性债务风险防控的对策建议

(一) 继续做好口径统一、政府债务甄别,摸清政府债务和政府性债务规模

地方政府性债务风险评估应当包括或有风险,或者还应包括新融资平台公司政府性债务甄别和风险的评估,还应包括准公共产品(服务)和非上市的地方政府全资或控股公司等有地方特色的经营性或准经营性公司的债务甄别和风险评估。尽管这些公司的债务按公司法承担有限责任,但如果这些公司一担发生危机,与原融资平台公司存在的相互担保风险就会大大提高,并对地方政府的信用价值和地方金融生态环境产生严重的不利影响,甚至引发系统性风险。因此,需要继续进行地方性债务的甄别,并加强对这部分地方政府性债务风险的评估与防控。

(二) 控制总量,统一风险评估办法,逐步调整、调准警戒线标准

采取定量与定性相结合的分析方法,进行历史数据的长期积累和风险中期(3年)预测。按上年或前两年的年末实际政府性债务余额、地区生产总值和地方综合财力及债务净增减额、实际支付利息成本等数据,在计算分析实际负债率、债务率、利息偿付负担率、偿债率、逾期债务率等指标的基础上,逐步提高负债率和债务率警戒线标准,明确利息支付负担率和偿债率警戒线标准,并进行上年或前两年的 Z 值指数经验值积累;再根据确定的警戒线标准和中长期经济社会发展规划、财政预算中长期规划(或计划)及新年度地区生产总值预测目标值和批准的预算等进行各比率指标的测算分析,进行 Z 值评估,确定债务控制总规模,并明确债务风险防控方向、重点,落实债务风险防控措施。

(三) 降低地方政府债务风险的具体办法

1. 加快经济发展,提高地区生产总值。在债务余额不变的情况下,地区生产总值的提高,可以降低负债率和 X_1 值;在负债率不变的情况下,可以增加政府信用价值,扩大债务规模。

2. 增收节支,增加地方综合财力和地方可用财力。增加地方综合财力,在债务余额不变的情况下,可以降低债务率和 X_2 值;在债务率不变的情况下,可以扩大债务规模。

目前,增收措施的重点除加大税收、非税收入的征管和改革力度外,主要是要稳定房地产市场发展,采取经济的、行政的、法律的手段,调整限购、限面积、限价、限贷、加息、加税、去补贴等政策,加大政府解困房回购、拆迁货币化安置、人才保

障房购房补贴等力度,去库存、活交易、促消费,保持房地产市场健康稳定发展,尽力保持土地出让金收入现金流。工业用地向成长型、科技型、创新型中小企业倾斜,以市场化拍卖手段解决其投资发展缺地问题,适当提高工业用地出让收益。

提高土地出让收入的地方政府收益含金量,取消或降低定向提取或收费标准,允许土地出让金收入自行提取债务准备金。

节支方面主要包括严格控制政府运行成本支出,继续大力度节减政府"三公"经费开支;加快政府购买服务改革进程,严格约束政府机构人员规模,提高政府工作质量和效率。

3. 优化政府债务结构、降低利息负担,增加资金利息理财收益。通过政府债券置换、发行利率较低的中长期企业债、中期票据等,降低政府性债务存量利率,减轻债务利息成本负担,调整政府性债务期限结构,合理控制政府性债务期限错配风险。拓宽财政性存款和政府性投融资公司现金池存款的保值增值渠道,包括采取存款利率市场招标办法,采取安全性高利率较高的理财产品买卖,采取本地区政府性企业债券协议回购和逆回购、上级及中央政府性企业债券、上级地方政府债券、国债购买和协议回购以及证券市场标准企业债、公司债、标准国债交易等金融市场交易手段,采取建立本级政府投融资平台财务结算中心等等手段,盘活现金池现金,以抵冲政府性债务利息成本支出。

4. 加快政府投融资体制改革步伐,吸引社会资本投资,提高政府公共产品、服务供给的质量和效率。正如本文开始部分所述,政府建设发展性投入的融资或筹资可以采取债务模式,但还可以采取权益模式。积极推进政府与社会资本合作(PPP)模式、进行国有企业混合所制改造、财政经济政策探索产业引导基金等市场化模式和建立城镇化基金等非债务融资模式的投融资改革探索,改善政府资产负债结构,减少债务融资规模,提高政府债务融资和权益融资能力。

(四)各级地方政府应加强对政府性投融资平台的统一监管

作为地方政府性投融资平台,不论是否列入人民银行的名单,不论新旧,不论是否是公共产品服务提供还是准公共产品服务提供,都应当进行统一监管。建立政府性投融资平台公司债务风险评估和预警机制、应急处置机制以及责任追究制度。加大对融资平台公司管理费用的监管,节约非生产性开支。加强每个平台公司的收支计划预算管理,以月为单位进行 12 个月滚动的债务还本付息短期动态监控,以年为单位进行 5 年滚动的债务还本付息中长期动态监控,确保每个平台不发生债务逾期或债务危机。

加快温州政府产业基金建设的思考

温州市财政局课题组*

2015年9月，国务院常务会议决定设立总规模达600亿元的国家中小企业发展基金，以解决中小企业融资难、融资贵的困境。截至2016年8月，全省政府产业基金总规模达1016.35亿元。其中省级220亿元，已到位214亿元。不难看出，在接下来的一段时间里，政府产业基金将对地方产业转型升级带来深远影响。

一、温州市政府产业基金发展现状

（一）温州市产业发展概况

1. 高新产业发展态势良好。2016年1—6月（以下简称1—6月），温州市实现地区生产总值2142.4亿元，同比增长8.2%，比全国和全省分别高出1.5个和0.5个百分点，居全省第3位，其中一、二、三产业分别增长4.2%、6.5%和9.7%。在地区生产总值增速8.2%的背后，是以信息产业为代表的新产业，以新能源、新材料为代表的新技术，以"互联网＋"为代表的新模式，以电子商务为代表的新业态正成为温州经济新的增长点和增长极。1—6月全市实现规模以上（简称"规上"）工业增加值500.8亿元，同比增长7.5%，比去年同期高1.2个百分点。其中，从产业维度来看，高新技术产业、装备制造业和战略性新兴产业增加值更为明显，分别同比增长7.7%、8.6%和7.5%。增速分别比一季度加快2.0个、1.2个和2.8个百分点，占全部规上工业增加值的比重分别为37.8%、44.4%、9.1%，216家高成长型企业上半年产值增长17.3%，拉动规上工业总产值1个百分点。不难看出，温州的高新技术产业发展态势趋向良好。

2. 制造业不断迈向中高端。温州市众多企业在要素制约趋紧的现状下，不断提升企业自身的技术、产品质量和创新成果的数量，科技创新成为企业谋求发展、瓶颈突围的主要途径。例如，电气行业的龙头企业浙江天正电气股份有限公司，该企业一

---

* 课题组组长：沈显克；课题组成员：林坚、周望望、周伟峰、李侠（执笔）。

直把新产品新技术的开发和应用,作为新常态下公司利润新增长点来打造。近年来,该公司省级新产品新技术研发数达 87 项,其中获省部级及以上科学技术奖 4 项,国家火炬计划项目 3 项。2015 年,公司新产品产值率达到 41.5%,新产品创造的利润占公司利润总额的一半。1—6 月,温州市规上工业企业科技活动经费支出总额 24.59 亿元,同比增长 26.0%,高于全省平均 13.3 个百分点;规上工业实现新产品产值 525.32 亿元,同比增长 30.3%,高出全省平均增速 17.4 个百分点,居全省第 1 位;实现发明专利申请量和授权量分别为 5911 个和 1313 件,同比分别增长 157.8% 和 82.4%,增幅分别比全省平均高出 109 个和 35.9 个百分点。卖高端、卖"人无我有"的产品,正成为温州工业企业产业升级的重要举措。

3. 民资回归实业信心增强。1—6 月,温州市完成固定资产投资 1561 亿元,增长 15.5%,高于全省平均 2.9 个百分点。其中工业、房地产和民间投资分别增长 18.9%、21.9% 和 20.2%,分别领先全省 8.5 个、22.7 个和 15.7 个百分点。值得一提的是,温商回归成为扩大有效投资的生力军。1—6 月,全市温商回归,招商引资到位资金达 554.93 亿元,完成市定全年目标任务的 46.24%,比去年同期增加 102.18 亿元,同比增长 22.57%。这也是温州市通过各项举措不断地优化投资环境、渠道和方式,来激发民间投资热情所带来的成效。

4. 财政收入和企业利润同步增长。1—6 月,温州市财政总收入 398.61 亿元,增长 8.0%,增速分别比去年同期和一季度提高 3 个和 2 个百分点。一般公共财政收入 240.07 亿元,增长 8.4%,增速分别比去年同期和一季度提高 3.2 个和 3.1 个百分点。企业利润方面,1—6 月,温州市规模以上工业企业实现利润总额 121.12 亿元,增长 5.8%,实现税金总额 73.78 亿元,同比增长 6.4%,两项增速分别比去年同期提高 5.1 个和 2.0 个百分点。全市规模以上工业企业中,剔除电力行业后,实现利润总额 102.52 亿元,增长 10.1%。216 家高成长型企业实现利润总额 7.41 亿元,占全部规模以上工业企业利润 6.1%,增长 43.8%。高新技术产业、装备制造业、信息经济核心产业制造业等符合转型升级方向的行业利润保持较快增长,分别增长 7.1%、8.8%、16.3%。

(二)温州产业基金发展现状

1. 浙江温州转型升级产业基金。2015 年底成功组建了浙江温州转型升级产业基金,基金规模为 20 亿元,其中温州市占比 60%,省金控占比 40%,一期资金 8 亿元已经顺利到位,有效带动乐清、瑞安、平阳等县(市、区)开展政府产业基金工作。截至 2016 年 8 月底,温州市政府产业基金规模达 51 亿元。温州市首只政府产业基金在平阳率先签约落地,该基金总资本为 1.5 亿元,政府投资占 30%,投入基金 4500 万元,其他主要出资人为金融资本或社会资本,重点投向信息、环保、健康、旅游、时尚、高端制造等产业,投资期限一般为 5 年,最长不超过 10 年。

2. 政府产业基金组织框架。市政府产业基金采用"1+1+N"组织架构，即设立1个基金管理委员会，1个基金法人机构，N个子基金运营机构。

(1) 基金管委会。2015年10月成立温州市政府产业基金管理委员会，明确了领导机构和职责分工，由市政府主要领导担任主任，市财政、发改、经信、科技等相关部门为成员，管委会办公室设在市财政局。

(2) 基金法人机构名称为浙江温州转型升级产业基金有限公司，由市财政局授权温州市财务开发公司和省金控集团合资组成公司制法人机构，日常事务委托市财务公司管理。

(3) N个"子基金"及运营机构，是指母基金和其他基金机构合作设立的N个子基金及其运营机构，目前市财务公司正和基金机构协商洽谈之中。

3. 政府产业基金相关制度和优惠政策。市政府去年底出台《温州市政府产业基金管理暂行办法》，明确了政府产业基金投资方向和原则，规范了政府产业基金的运行管理和监督考核。下一步，市政府还将出台《温州市政府产业基金财政鼓励政策的实施意见》，拟对基金管理机构、子基金合伙人和基金高管人员予以财政奖励，对基金管理机构办公用房实行免租等优惠政策，增加优质机构、资本、人才来温州投资合作的吸引力，提升温州政府产业基金的影响力和竞争力。

4. 设立"子基金"进展情况。基金办和财开公司在半年的探索性谈判中，不断汲取和积累经验，目前已形成数个子基金合作方案。具体包括：准备提交投决会表决的方案2个，正在尽职调查的方案1个，正在深入洽谈的方案7个，如信业基金、天雍投资、弘信资本、九鼎投资、中信建达、易津资本等都在洽谈之中。

5. 投资项目储备情况。通过行业主管部门、科研院所、银行金融机构推荐，以及向市领军企业和高成长性企业公开征集等方式，全面收集和建立投资项目储备库，准备为基金管理机构和企业项目牵线搭桥。从推荐和征集情况来看不太理想，目前报名入库项目仅有10个。

二、温州市政府产业基金建设存在的问题

(一) 政府产业基金吸引力"差"

1. 基金机构来温投资热情不高。由于温州区位优势不明显、资本市场不够活跃，个别企业思维固化，科技型、成长型企业和项目不多以及扶持政策含金量等因素影响，使得优质基金机构来温和政府合作设立子基金以及投资项目的热情不高，需要逐步将短板补齐。

2. 温州本土企业行业竞争力偏低。目前，温州还是以传统产业为主，新兴产业培育和发展相对滞后，科技型中小企业和高成长性企业相对较少；另一方面，由于温

州的优质企业和优质项目相较于上海、杭州的优质企业,仍有一定差距,所以温州的行业竞争力也偏低,未能吸引基金的关注。

3. 政府产业基金谈判效率低。温州政府产业基金的投入领域一般有特定限制,如温州本土的"510"产业,另外政府产业基金在运行过程中还不得从事某些具体行业,如不得投入从事担保、抵押、房地产(包括购买自用房地产)、委托贷款等业务。诸多条件限制,导致政府产业基金项目在落地前需经过层层把关和多方谈判,给人一种政府产业基金耗时较长、效率低下的错觉。如温州市级当下谈判的三只基金,历时半年,还只是到达公式阶段,到项目落地仍需时日。

(二)政府产业基金运行效率"低"

1. 基金使用率低。政府产业基金,一般都是先设立基金,再去找项目,如果没有好的项目可以落实,就造成了资源浪费。自温州市设立产业基金以来,历经已一年有余,可是使用率偏低,截至2016年6月,以全市51亿元的产业基金规模来看,成功落实的项目只有平阳1家,使用率仅有0.88%,普及率不高。

2. 政府产业基金偏向高新技术行业。产业基金设立初衷,其投资方向大致为科技型、成长型高的企业,但由于温州本地经济特点制约,传统产业占有绝对数,在无法甄别传统产业中是否存在高成长型、科技型企业的前提下,产业基金很难青睐温州本地传统企业。

(三)政府产业基金要素支撑"缺"

1. 政府方面人才缺失。由于温州政府产业基金工作尚处于起步阶段,熟悉金融投资、产业发展的专业人才明显不足。市财政局和金投集团虽然高度重视,加强配备,但还是满足不了发展的要求。

2. 市场方面人才缺失。温州民间缺乏熟悉金融、产业、法律、财务等方面的人才,在温州本土从事投资领域的,又能了解股权投资和私募基金投资方面的人才少之又少。这就使政府产业基金的发展处于比较被动的局面,只能摸着石头过河,无法迅速收到成效。

3. 缺乏有效的考核激励机制。目前温州产业基金的应用方面,更多突出财政资金的保值效果,缺少针对政府投资引导基金的评价体系。大多采用事业法人和国有企业的形式,其内部团队激励和人员薪酬也无法与其他金融机构相比,从而很难招聘到高端金融人才。

三、浙江省政府产业基金建设的经验借鉴

截至2016年8月,全省政府产业基金总规模1016.35亿元。其中省级220亿元,

已到位 214 亿元。通过设立子基金和投资项目,政府产业基金撬动社会投资合计 3790.77 亿元。预计 2016 年,全省政府产业基金到位资金要达到 750 亿元,撬动社会资本投资 5000 亿元以上。

(一) 浙江省政府产业基金发展经验

1. 为特色小镇导入优质资产。围绕小镇区域组建引导基金,可以营造创业创新氛围。比如,2015 年省天使梦想基金设立运作以来,先后支持了 100 余个创业项目,占梦想小镇入驻项目的 25%,资助项目覆盖多个行业,进一步加快了梦想小镇创业创新步伐。2016 年又启动规模为 10 亿元的杭州城西科创大走廊首期发展基金,以云制造小镇、云安小镇等特色小镇建设为着力点,吸引社会资本和市场资源,辐射带动全省乃至长三角地区经济转型升级。截至 2016 年 8 月底,省级政府产业基金及参股的区域基金直接投入达 17.8 亿元,先后参与了 10 多个特色小镇建设及相关重大项目落地。

2. 支持七大产业、农业和中小微企业发展。浙江省政府产业基金重点支持信息、环保、健康、旅游、时尚、金融、高端装备制造等 7 大产业以及农业农村发展。同时引导社会资本投资孵化期、初创期的企业,给创新能力强、市场前景好的中小微企业"第一桶金"。截至 2016 年 8 月,通过政府产业基金带动,共有 402.12 亿元资金投向 929 个小微企业项目。具有融资需求的企业,可通过政府组织的投融资对接会,不断吸引社会投资。

3. 基金运作市场化。为了让基金实现市场化运作和专业化管理,浙江省已成功引入鼎晖、复星、软银、基石、高特佳等知名投资管理机构,建立了基金管委会—投资决策委员会—基金法人机构—基金运营机构四级政府指导、市场运作的组织管理架构。

4. 扶持中小企业。通过设立政府产业基金,引导社会资本投资孵化期、初创期的企业,给创新能力强、市场前景好、发展空间大的中小微企业"第一桶金"。截至 2016 年 8 月底,全省通过政府产业基金带动,共有 402.12 亿元资金投向小微企业项目 929 个。

5. 规范退出,政府可适当让利。政府产业基金如何退出投资?根据浙江省今年制定的《浙江省政府产业基金投资退出管理暂行办法》,政府产业基金的退出方式主要有:股权转让、份额转让、股票减持、减少资本、破产清算、解散清算等,退出时产生的归属于政府的本金和投资收益,除明确规定继续用于政府产业基金滚动使用外,应按照规定及时上缴财政部门。在让利处理方面,政府产业基金退出时可适当让利,但不得向其他出资人承诺投资本金不受损失,不得承诺最低收益。针对不同的让利对象,规定不同的让利原则和让利形式。

(二) 对温州的启示

1. 特色小镇的建设是产业基金发挥作用的重要载体。根据温州市特色小镇三年规划，温州要在三年内培育创建50个省、市级特色小镇，并且优先发展信息经济、文化创意、新材料、高端装备制造、金融服务、时尚、生命健康等新兴产业和历史经典产业类型特色小镇。届时，我们可以根据需要引进优质产业基金，把创新要素与产业项目更加紧密地结合起来，着力打造集创新链、产业链、人才链、服务链等要素支撑的特色小镇创新创业生态系统。

2. 新兴产业是产业基金的主要投向。可以将政府产业基金引向新兴产业，特别是温州的网络经济、生命健康、激光与光电、现代物流、旅游休闲、文化创意等产业和农业农村发展等项目，扶持培育更多成长型、科技型企业更快更好地发展。如温州独特的地理优势，各县、市都有其浓厚底蕴的旅游资源，但因其大多受制于资金规模，无合理规划，故而一直未能体现其旅游优势。不妨在将来出台相应扶持政策，将政府产业基金引导到旅游休闲、生命健康和农业农村项目中来，将各地旅游资源进行整合、策划，打响温州旅游品牌。

3. 优秀的投资管理机构是产业基金稳健发展的关键。可以依托市场的力量，或者委托中介机构，或者跟市场的专业投资方合作，出台相应政策引入外地知名的基金投资管理机构，实现温州基金市场化运作和专业化管理。

4. 加大对中小微企业帮扶是产业基金的重要职能。在温州，中小微企业的数量占有很大比例，其中，不乏创新能力强、市场前景好、发展空间大的中小微企业。比如瓯北某小型球阀生产企业，其研发的一项新型蒸汽隔离阀产品，利润高达100%，远高于行业其他产品的平均利润水平10%—20%。所以，我们可以通过政府产业基金，引导优质资金向这类企业投入，发挥他们的特长和优势。

5. 规范退出让利机制是产业基金能够持续发展的重要保障。目前温州在退出让利方面的规定只有：对产业基金投资于初创期、中早期以及具有正外部性的企业（项目），可以采取一定期限收益让渡。在这方面我们可以借鉴省厅的有关规定，建立与之相适应的收益让渡、风险承担等考核机制。

四、加快政府产业基金建设的建议

（一）提升温州品牌效应，吸引基金来温投资

1. 以"温商回归"为契机，打造温州本地优质项目。在2016年世界温州人大会上，签约了30个重点项目，总投资449.9亿元，涉及产业以新一代信息技术、新能源战略性新兴产业，以及医疗健康、现代旅游、总部经济等现代服务业和特色小镇等

项目为主。不难看出,"温商回归"已经成为温州投资项目的主力军。我们应该把握机会,以"温商回归"为契机,引进优质项目,打造温州本土优势产业,提升温州品牌效应,吸引更多的优质基金落户温州。

2. 加强温州本土企业品牌塑造。大力推进企业自主品牌建设,不断提升品牌内涵价值。引导企业注重品牌质量,加强品牌保护和宣传,推动企业从产品竞争、价格竞争向质量竞争、品牌竞争转变;鼓励企业参加国内外各种形式的品牌会展活动,提高在国内外市场的影响力和占有率,打造"温州品牌"形象;支持自主品牌企业"走出去",鼓励有条件的企业注册国际商标、收购国际品牌,加强品牌整合,推进品牌国际化。大力推进品牌保护法制化,加大品牌侵权行为的打击力度;强化品牌保护机制,切实降低企业品牌维权的难度和成本。

3. 提升区域品牌影响力。依托产业集群、产业功能区块和特色小镇,在重点行业、重点领域筛选一批龙头骨干企业,制定行业或区域品牌培育计划,实施品牌发展战略,推动生产要素向品牌企业和优势企业流动,形成集聚效应,培育形成区域品牌;着力培育一批在国内、国际有影响力的知名区域品牌,提升"中国鞋都""中国纺织服装品牌中心城市"等国字号金名片的知名度和美誉度。推进产业特色明显、集聚度高的县(市、区)、乡镇(街道)培育创建全国知名品牌示范区、省区域名牌、温州市优质产品生产示范区等区域品牌。重点抓好永嘉泵阀、瑞安汽摩配、鹿城皮鞋产业等"全国知名品牌示范区"的创建工作。

(二)提高政府产业基金的使用效率

1. 推广政府服务平台,建立优质项目数据库。加大政府产业基金的宣传推广,发现和挖掘本土潜在优质项目,进一步充实投资项目库,并将项目进行分级归类和优势分析,将成果制成投资导向手册,提供给基金投资方。另一方面,发改、经信、商务、科技、旅游等部门多管齐下,积极向基金管理机构推荐本地优质企业项目,探索与上市公司、龙头企业的合作模式。

2. 合理分流政府产业基金到各个领域。政府产业基金投资的目的,不是为了简单地维持旧有的增长速度,而是为调整既有的产业体系,为下一个发展高潮奠定崭新的产业基础。要适时出台政府产业基金财政鼓励政策,引导政府产业基金到各个领域,百花齐放,实现温州产业的整体升级。另一方面,出台财政政策扶持政府产业基金到中小微企业中去,提升一批发展潜力好、创新能力强、社会效益高的企业。

3. 加快推进子基金设立和项目落地工作。要更好发挥产业基金领导协调作用,进一步督促财开公司提高工作效率,加快工作进度,大力推进和基金机构、科研院所、产业园区、上市公司、金融机构等单位合作,采取多种形式和多种途径设立各种子基金,切实把政府产业基金的作用,更好更快地转化为具体的项目中去。

（三）加大人才队伍建设

1. 优化内部激励机制，挖掘高端金融人才。引导基金专业人才和财政部门管理人员的培养等配套措施。一方面，制定政府产业基金绩效考核办法，完善激励机制，对管理团队和人才给予相应激励措施，挖掘高端金融人才来温发展。另一方面，可以广撒"英雄帖"，到外地去拉拢一批知名的基金管理机构，填充目前温州基金人才的空缺。

2. 完善各类资源储备库建设。一方面，利用高校平台，培育本土人才。可以发挥温州大学、肯恩大学等本土高级院校优势，结合温州本土经济，在院校加大力度发展本土高级金融专业人才，培育一批本土的基金管理型人才。另一方面，借助市场的专业力量，或委托中介机构，加快温州金融专业人才库、咨询专家库建设。

推进温州供给侧结构性
改革的财政思考

温州市财政局课题组*

一、温州市推进供给侧结构性改革的财政背景分析

(一) 当前温州市经济财源发展进入"新常态"

1. 经济的"新常态"决定了财政收入的"新常态"。金融危机引发世界经济陷入低速增长和周期性大调整，同时国内面临经济增长换挡期、结构调整阵痛期、前期刺激政策消化期、改革攻坚克难推进期四期叠加的影响，原来的出口、投资和消费"三驾马车"驱动效益日益降低。与此同时，社会矛盾日益凸显、环境污染治理日益紧迫、全面深化改革步入攻坚阶段也影响着温州经济发展走势，导致经济发展呈现波动下滑的趋势。经济增速由高速增长向中高速增长转换，进入增速换挡期。由图1可知，近几年来，温州市GDP随全省经济发展明显进入换挡期，2011—2015年年均增长7.8%，低于全省平均水平0.4个百分点，低于杭州市1.3个百分点。

2. 产业结构和要素紧缺的双重抑制制约了财政收入的增长动力。随着温州市人口老龄化、外来富余劳动力减少导致的人工成本上扬，土地、电力等要素紧缺带来的价格上扬，资源和环境约束日趋强化，导致过去依靠低要素成本驱动和粗放式增长的发展方式难以为继。这势必倒逼经济结构优化升级，促进增长动力向创新驱动转换。

而当前温州的产业结构短板日渐凸显，尤其是第三产业中传统服务业体量较大，主要依靠商业、交通运输业、房地产业的消费性、生产性服务，而具有较高技术、知识和人力资本含量的现代生产性服务业发展规模还有待进一步提升。现代服务业发展的相对滞后，已成为制约温州市经济发展提质增效的一大短板。传统加工业产能过剩

---

* 课题组组长：余中评；课题组成员：陈胜利、潘强、林坚、杨海曼（执笔）、周晓斌（乐清市财政局）、谢钦袖（瑞安市财政局）、阮众贺（瓯海区财政局）。

与结构性矛盾并存。温州的鞋革、服装、低压电器等重点税源产业,普遍存在低端产能过剩、行业利润大幅下滑、企业经营困难的情况,而核心技术的缺乏、自主创新能力的不足、营销模式的落后导致了在研发、设计、产品品牌、市场营销等环节丧失了话语权和主导权,大部分企业仅负责产品加工组装环节,处于全球价值链低端。温州市近年来三大产业比重情况如表1所示。

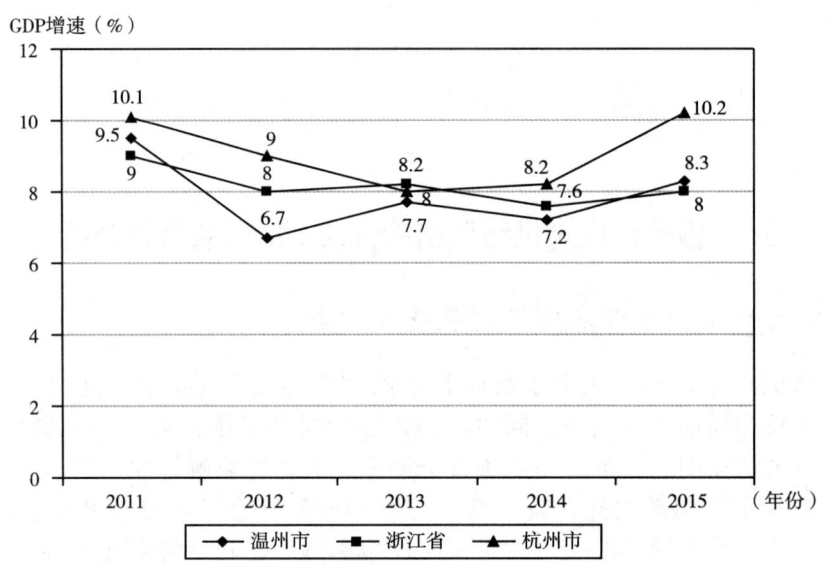

图1　2011—2015年浙江省、杭州市、温州市GDP增速对比

资料来源:浙江省、温州市、杭州市统计公报。

表1　　　　　　　　温州市近年来三大产业比重情况　　　　　　　　单位:%

年份	第一产业	第二产业	第三产业
2011	3.2	52.2	44.6
2012	3.1	50.5	46.4
2013	2.9	50.3	46.8
2014	2.7	47.6	49.7
2015	2.7	45.5	51.8

3. 企业盈利水平的日益下滑限制了财政收入的后续增长。从近5年全市规模以上工业企业主营业务收入和增幅、利润总额和增幅情况来看,2012年温州市规模以上企业工业主营业务收入和利润总额分别下降4.8%和下降9.4%,2013年以来逐年稳步增加,但是增速较慢,后续发展乏力,2015年规模以上工业主营业务收入增速

仅为3%，利润总额仅增长1%，利润总额增速低于浙江省平均水平4个百分点。具体数据见表2。

表2 2011—2015年温州规模以上工业企业主营业务收入和利润总额对比

年份	主营业务收入（亿元）	增长率（%）	利润总额（亿元）	增长率（%）
2011	4041.15	11.3	210.74	1.5
2012	3890.61	-4.8	191.22	-9.4
2013	4022.58	1	213.13	9.0
2014	4238.15	3.7	248.36	13.2
2015	4365.29	3.0	254.23	1.0

资料来源：温州统计公报。

（二）财政收支的矛盾日益凸显

1. 财政收入增长态势不明确。受经济增速换档期的直接影响，温州收入由高速增长转向中低速增长，财政收入增速已告别20%—30%高速增长阶段，步入个位数增长的时代。温州市财政总收入和一般公共预算收入分别从2011年最高18.0%和18.5%的高增速回落到2015年6.5%和7.0%的中低增速（如图2），财政收入压力倍增。从财政总收入和一般公共预算收入增速趋势线来看，财政收入整体呈波浪式换挡下行。2016年以来，温州财政收入增长有所企稳。2016年1—6月份，全市实现财政总收入398.6亿元，增长8.0%，其中地税税收出现一波反弹，增速提升至16.0%，但此次增长属于恢复性增长，主要是清票清税和房地产市场回暖带来的短期效益，还不是建立在结构优化、动能转换基础上的转型发展。作为经济的"晴雨表"，温州税收增长出现的趋势性增长固然与当期出现的经济波动、税收政策调整有关，但更是宏观经济发展阶段性转变的体现。所以，未来几年的税收增长态势能否持续向好尚不明确。

2. 财政支出刚性增长的趋势没有改观。财政收入潜在增长率下降，财政支出刚性增长的趋势没有改观，财政收支矛盾呈加剧之势，平衡收支压力较大。尤其是民生支出增加，财政负担不断加重。近年来，温州市政府在教育、医疗、养老服务、社会保障、城乡基础设施等民生重点领域的财政支出总体呈现上升趋势，"十二五"期间年均增长15.0%，一般公共财政预算支出同比增长13.8%，民生支出增速高于总支出1.2百分点。在此影响下，民生支出的总体比重从2007年的70.5%增加到2015年的77.9%（见表3），特别是社保标准的提高、医疗改革的实施使社会保障和就业、医疗卫生等公共服务支出的比重分别提高了3.4个百分点和7.1个百分点。

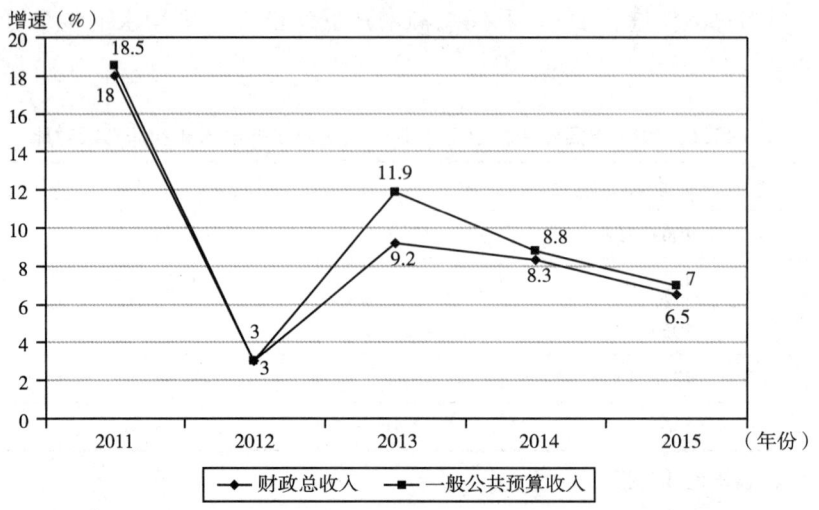

图2　2011—2015年温州市财政总收入和一般公共预算收入增速

资料来源：温州市统计公报。

表3　　　　　　2007—2015年温州市民生支出占总支出比重情况　　　　　　单位：%

年份 科目	2007	2008	2009	2010	2011	2012	2013	2014	2015
公共安全	5.8	7.4	6.6	7.2	6.6	6.8	6.4	6.5	5.7
教育	32.6	35.0	37.0	4.4	34.2	35.2	31.2	28.8	29.0
科学技术	2.0	2.0	1.7	1.8	1.7	1.8	1.7	1.9	1.7
文化体育与传媒	1.3	1.4	1.3	1.3	1.1	1.2	1.3	1.3	1.4
社会保障和就业	6.7	7.6	5.4	5.4	8.0	8.0	9.2	14.4	10.0
医疗卫生	5.8	6.6	7.5	7.9	9.4	9.7	9.4	9.9	12.9
节能环保	0.9	1.1	1.2	1.9	0.7	0.6	0.5	0.8	0.7
城乡社区事务	5.4	5.1	4.4	4.1	6.3	5.9	9.7	5.3	5.9
农林水事务	10.0	10.9	10.0	11.6	8.8	8.5	10.1	7.5	10.7
民生支出小计	70.5	77.0	75.4	75.4	76.8	77.6	79.5	76.5	77.9

资料来源：温州市财政收支执行情况表。

（三）财税改革进入"新常态"

1. 结构性减税逐步展开。为"稳增长"和"调结构"，2015年以来我国加大了结构性减税力度，除扩大小微企业所得税优惠政策实施范围、减轻农村金融机构税负、简并和统一增值税征收率，免征新能源汽车购置税外，2016年5月1日起"营改增"全面实施。结构性减税无疑在一定程度上加大了今后税收增长的压力。但从另一方面看，在当前经济运行压力较大的情况下，结构性减税为企业渡过转型阵痛期起到了"减压增劲"的作用，其中部分试点行业已经出现了良好的增长势头。2016年1—6月，温州的软件和信息技术服务业，租赁和商务服务业，广播、电视、电影和影视录音制作业等行业均实现了较快增长，增速明显高于同期大多数行业。应该看到，2016年以来我国结构性减税是在新一轮财税体制改革的大框架下进行的，是新一轮财税体制改革的重要内容。未来一段时间，我国财税体制改革将在结构性减税基础上逐步展开并不断深入，这将对温州等地方的税种结构以至税收收入产生深远影响。

2. 财政体制改革尚需完善。供给侧结构性改革的关键并不在于短期的经济形势，也不在于具体某个领域的进展状况，而在于经济体制层面下激励相容的体系建设。无论从历史、国外经验和现实问题等方面看，财政体制改革的综合性和重要性，使其成为供给侧结构性改革中的重要组成部分。

2014年，温州对市区财政体制进行了调整，解决了市、区财政收入划分依赖于工商登记的问题，并将与各区有关的市级企业按属地原则下放到区，保证了企业的有序流动。尽管在收支管理方面实施很多措施，但财政体制运行中仍存在一些困难。如各区收支平衡主体责任不明确，区级财政供养人员增长过快，支出标准就高不就低，没有采取逐步消化过渡解决方式，增加了收支平衡压力。城市建设及管养体制配套制度建设方面，也没有明确划分市与区市政设施管养事权与支出责任。

二、温州市财政推进供给侧结构性改革的具体实践

（一）优化资源配置，激活市场力量共同缔造"资金供给"

1. 推广PPP模式，加快资金供给。2015年，牵头组织建立PPP项目库，起草下发《温州市政府和社会资本合作项目库管理办法（试行）》，征集入库项目71个，联合市发改委编制下发了《温州市PPP项目推介本》。从35个项目中筛选确定10个条件较为成熟的项目，作为首批PPP重点推介项目启动招商工作，总投资462亿元，推进成效显著，有效激活了市场力量，为资金供给"雪中送炭"。

2. 推进城中村改造融资，促进城市转型发展。成立温州中桓投资有限公司作为棚户区改造专项贷款承接公司，完成了政府采购流程，出台《温州市棚户区改造政府购买服务管理办法》，设计市区两级交易框架，争取到国开行棚户区改造专项贷款98亿元，到2016年8月底根据工程进度已到位9亿元。

3. 推进城市生态文明建设，加快经济"去产能"。围绕生态化战略，争取中央重金属污染防治、大气污染防治、水污染防治等专项资金和省环境保护专项资金，2015

年下达大气污染防治上级补助专项资金9649.27万元，其中用于"黄标车"淘汰补助资金1364.54万元（2015年温州市共淘汰"黄标车"35311辆，完成率104.1%，列全省第一位），下达城镇污水垃圾处理设施及污水管网工程中央基建投资1200万元。市本级安排下达大气污染防治专项资金1265.5万元，推进了污染减排工作，促进生态环保和经济社会的协调发展，有效实现了供给侧结构性改革的"去产能"目标。

4. 推进政府购买服务，加快政府职能转移。制定了一套完整的政府购买服务制度和工作推进保障体系，2015年购买项目达1000项，范围已扩大到教育、社区、司法、养老、卫生、文化、环保、扶贫、培训、就业、城中村改造等领域，其中购买公共服务类和政府履职辅助性服务类达8.1亿元。2015年市本级共安排4600万元用于推进政府职能转移工作，第一批34家部门的135项职能转移项目向社会发布职能转移公告，与社会组织签订79个职能转移工作协议，其中一些项目已实施并取得了较好效果，如市商务局将"反国际贸易壁垒"职能转移后充分发挥行业协会其信息网络发达的优势，帮助大量企业预防境外贸易风险。

（二）加快创新驱动，引导产业转型升级确保"制度供给"

1. 改进财政科技资金使用方式，驱动企业创业创新。深化科技金融结合试点工作，建立政府、银行、保险公司共同参与，市场化运作的科技型中小企业贷款风险公摊机制，在全省率先开展科技企业贷款保证保险工作，2015年下达1000万元用于企业保费、银行贴息和风险补偿，安排3000万元建立温州首只科技创新创业引导基金。制定《温州市关于发展众创空间推进大众创新创业的实施意见》，市区建成各类"众创空间"10多家，建筑面积4万平方米左右，入住创业团队200多家。2015年共下达知识产权补助670万元，全市发明专利申请量和授权量均超2014年全年水平。

2. 设立产业基金，助推产业转型升级。2015年制订《温州市政府产业基金管理暂行管理办法》，与省产业基金有限公司合作组建了浙江温州转型升级产业基金有限公司，注册资本20亿元，一期8亿元已落实到位（其中省产业基金公司出资3.2亿元）。在此基础上，各县（市、区）也在筹建政府产业基金，2015年7月，平阳财政出资3亿元，设立平阳县产业转型升级基金，这是温州市首只由政府设立的产业引导基金。2016年6月，平阳县政府又和两家社会资本合作设立两个子基金，一家是平阳金投创新股权投资基金，总投资1.5亿元，政府出资占30%；另一家是平阳金投并购投资基金，总投资2亿元，政府投资占20%。层出不穷的产业基金将成为企业转型升级的制度供给"助推器"。

3. 创新专项资金扶持方式，促进企业"降成本"。推进专项资金分配改革，进行竞争性分配试点。试行分行业"机器换人"，推进竞争分配，实施市级百项"机器换人"重点项目,完善竞争性奖励办法,对企业在技术改造中采购工业机器人、智能化制造系统和工厂物联网等设备,按照现行财政体制,给予购置款5%—20%的奖励。支持"机器换人"及"五一〇产业"分行业推进工作、信息化、技术装备、工业设计等专项,统筹省、市两级资金,结合当前重点工作,2015年安排财政性资金近8000万元,累计受益企业单位约200个,拉动工业企业设备投资4亿元,年新增工业产值10亿元以上,有效实现了相关企业供给侧结构性改革"降成本"的目标。

4. 推进产业公共服务平台建设,提高供给活力。支持民航和港口物流等城市大公共平台发展,促进城市航空运力和集装箱吞吐量提升。到2016年6月底,已开通国际、地区航线19条,年吞吐量已达680多万人次,温州与韩国首尔正班航线已获民航局批准,国航温州分公司于2015年11月份正式挂牌成立,是温州市至今成立的第一家基地航空公司。2015年安排市现代港口物流发展资金3520万元,对在温州港进行集装箱运输的船公司、代理公司、集装箱运输卡车、大宗散货企业等进行财政补贴,优化了温州港的集装箱货源结构,进出温州港的货物吞吐量均有所增长,部分船公司还增开航线,对集装箱货源的集聚起到了积极的促进作用,为实体经济发展的血液,注入高效物流供给的活力。

(三) 为企业减税降负,打造一流营商环境营造"服务供给"

1. 培育转型升级中坚力量,助推企业加快发展。制定领军企业培育计划和高成长型企业发现培育计划实施方案,以近三年的企业税收和产值增幅为依据,梳理出工业领域一批领军企业和高成长型企业,建立"措施量身定做、政策集中倾斜"的扶持机制,培育温州经济"新生代"。助推成长型企业发展,拓展中小企业服务券发放范围,支持搭建中小企业公共服务平台,为企业提供技术创新、管理创新、检验检测、中介培训服务,2015年对市区797家小微企业发放1100万元服务补贴券。做好新能源企业增值税退付申报和补贴工作,2015年完成"营改增"试点企业财政补贴审核和拨付共计600万元,刺激新能源产业投资研发,努力减轻企业税负,力促企业"降成本"供给侧结构性改革。

2. 落实各项税费优惠政策,减税降负"降成本"。继续实施"亩产论英雄"土地使用税差别化优惠政策,落实重点群团人员税收优惠政策措施,对僵尸企业大刀阔斧"去产能",为"大众创业万众创新"的企业"降成本",明确并落实棚户区改造有关税收优惠政策,2015年全市上述各项优惠政策减免税额合计8.8亿元。落实规费优惠政策,助推经济发展,2015年全市共减轻企业地税规费负担9.08亿元;全面落实失业保险费降率减负优惠政策,费率从3%下降到2%,惠及全部单位,全市全年共减轻负担3.41亿元;落实小微企业水利基金、20人以下新办企业免征残保金的优惠政策,2015年共减负1654万元;落实社保费优惠政策,2015年6月减征"小升规"企业社保费1362户,2587万元;2015年12月部分工业企业临时性下浮社保费减负 3.7 亿元；落实水利基金优惠政策，减免金额 1.6 亿元。

3. 落实"便民办税春风行动"，完善服务供给。开展规范税收业务、规范税收执法、改革审批制度等十大措施为纳税人办实事、为基层税务人减负担，化解"最后一公里"难题，实现服务供给改革。2015 年 4 月制定下发了《温州市地方税务局关于开展"便民办税春风行动"的通知》，将春风行动分解为 10 大项 21 小项，通过"大服务"工作机制，各部门依职责分工，明确工作任务，确保了"春风行动"各项工作措施落到实处。2015 全市筛选出 1449 户重点税源企业和 2659 户成长型企业名单，解决涉税需求等 14 条实打实的服务措施；走访创业创新企业 188 户，开展专项上门辅导 356 人次，实际解决问题 82 个；为纳税人免费提供纳税申报表以及其他涉税表证单书，免收发票工本费 121.56 万元，免收税务登记证工本费 14.6 万元。

4. 开展税银合作，拓展纳税信用等级供给。2015 年全市共评定纳税信用等级 A 级企业 19860 户，根据国家税务总局关于进一步推广"银税互动"守信激励措施的总体部署，联合市国税局分别于 2015 年 9 月、10 月份协同人民银行市中心支行、市银监分局签订《"税银合作"框架协议》，建立税银信息互通共享机制，推进征信系统的增值利用；同时，与多家银行商定小微企业"税易贷"合作框架，为有市场、有发展潜力、按时足额纳税但难提供有效抵押担保的小微企业提供信用信贷支持，切实支持实体经济发展。2015 年 6 月份推广至今，已有 115 户企业获得 1.5 亿元信贷支持。

三、当前供给侧结构性改革存在的财政问题分析

（一）财政在引导资源配置"供给"方面存在的问题

1. PPP 尚不成熟。过去几年，温州市不断尝试推进 PPP 模式，相关前期工作也正在开展之中，但这个推进过程依然存在着诸多问题。

首先，缺乏 PPP 模式实施的管理机构。虽然，温州以前也有 BOT、BT 的经验，最近也开始在做几个项目的尝试，但这些都是"一案一议"的，基本仍处于"摸石头"阶段，由分管领导专门组织安排实施，在市政府层面并未有实质性的技术支持或指导，没能形成技术支持和动态监管两大职能相互合作、适当分离的组织架构，存在一定的短板。在将来一段时间里，包括新建项目、存量项目的 PPP 模式推进，数量会逐渐增多，需要形成以市政府层面的组织架构体系显得尤为迫切。其次，政府资源无法有效整合。目前温州的各个项目 PPP 模式推进主要是业主单位牵头，虽成立了领导小组，但涉及各个方面的资源却分散在各个相关部门，无法形成最有效整合，各项工作进度也参差不齐。最后，初期项目推出缺乏前期论证（财政支付能力论证和物有所值论证）。每个 PPP 模式推进，需要进行财政支付能力论证和物

有所值论证。毕竟 PPP 模式是一种融资模式，需要政府财力进行支撑，并不可能无限扩大，中央也做了一定的控制。在选择 PPP 模式项目之时，必须得考虑温州市的财力情况。

2. 投融资"收支"难以平衡。市级财政建设资金来源衰竭，资金保障难以持续。市区土地出让收入分配向区（功能区）、市级国资集团公司倾斜，市本级可分配数额逐年递减。在现有经济情况下，过多依靠土地出让收入大幅增长支撑政府投资项目建设几无可能。政府投资刚性支出压力增大，投资需求难以遏制。保续建项目支出压力逐年递增，已列入 2016 年政府投资预算、须市财政保障的续建项目总投资，在未来建设期内尚需安排大量的建设资金。城市维护管理的运行经费支出刚性，由市级国资集团公司代行公共财政职能建设的一批 BT 项目，需每年安排建设资金用于回购。政府投资体制机制有待完善，财政压力难以承受。投资欲望与财力保障不匹配，投资项目建设时序亟待优化科学安排，部分单位存在片面追求投资率最大化的问题，在投资规模上重量不重质，在投资功能上贪大求全，在投资回报和投资效益方面考虑不多。而投融资平台的理财积极性尚未充分调动，融资成本过高、融入资金沉淀多、还本付息与项目收入时序缺乏有效衔接、资产处置（安置）不及时等现象与融资难、抵押物少、项目现金流不足等问题并存，需财政不时调度资金缓解集团公司支出困难，也为"去产能"增加了改革阻力。

3. 政府购买服务难以有效供给。目前，温州市政府购买公共服务的资金来源主要有：财政部门预算资金、政府投资资金、专项资金、体育彩票公益金等。由于资金来源渠道较多，缺乏有效的预算控制，使得个别政府购买服务项目存在较大的主观性和随意性。各分管领导均可根据自己的分工安排政府购买服务项目，尤其是在专项资金里安排政府购买服务项目，而各职能部门往往从本部门利益出发，争资金、争项目，而忽视了项目本身的必要性和可行性。在缺乏统一协调机制的情况下，一方面难以做到按需购买，一些政府不该购买的服务、政府自身能履职的服务也去购买，从而造成资金的浪费。另一方面，一些单位不愿放权，担心会因此弱化其自身职权，难以形成有效服务供给。当有新的公共服务项目或事项增加时，不是优先考虑向社会组织购买，而是要求增设部门、增添编制、增拨经费、扩大办公场地。这样，职能单位的规模是扩大了，可是行政成本提高了，工作效率低下，出现人浮于事的现象。一旦工作情况有变化，这些公职人员由政府安排，其结果是政府拨款养人，加大了政府财政经费的负担。

而从承接主体看，目前承接服务的社会组织力量不足。温州目前在民政部门登记在册的社会组织 4000 多家，其中学术团体 100 多家，行业协会等其他社团组织 2000 余家。长期以来民政部门的前置审批政策和烦琐程序使多数社会组织只能以挂靠机构和草根团队的形式存在，导致温州目前的社会组织独立性差、功能不全、总量不足、人才不足、结构不合理、内控制度不健全、奖励制度不完善，缺乏参与公共服务的经验、服务意识、服务能力、服务水平即服务质量,难以承接政府委托的购买服务事项,服务供给后劲乏力。

(二) 财政在创新与引导产业转型 "供给" 方面存在的问题

1. 公共预算管理改革存在"制度供给"难题。专项资金和政府投资项目预算的执行率较低,资金使用效益不明显的问题依然存在,资金分配的方法方式还有待改进。另外,预算公开与中央进一步细化政府预决算公开内容、扩大部门预决算公开范围和内容的要求还有一定距离,在预算公开的易读性等方面还需要很多工作需要推进。预算执行进度不均衡,预算执行的计划性不强,资金下达不及时。一些项目前期准备不足,没有预计实施过程中如政府采购、招标等必要的程序,执行进度快慢不一。总体执行率不高,部门预算人大审查机制建立后,执行率逐年提高,但未纳入重点审查的专项资金、政府投资预算执行率相对较低,影响了改革的资金供给。执行过程中影响支出的新增因素多。新出台的各种社会管理和产业政策、措施均要求政府加大政策扶持力度,提高补助标准,需要经常调整或增加项目预算支出,财政的可承受能力和政策可持续性难以保障。

2. 产业基金"资金供给"量少效差。一方面温州市产业基金发展还处于刚起步阶段,基金数量少和规模小,引导作用有限。目前,温州获国家批准设立的产业基金1只,规模2.5亿元,市级财政设立的产业基金1只,规模20亿元。而杭州市滨江区目前已有15只政府产业基金(截至2016年6月),无论产业基金的规模还是数量,温州都明显落后于杭州与宁波。另一方面,基金吸引力还不强。温州市成立的政府产业基金主要来源为政府年度预算资金和整合专项资金,在母基金层面尚未引进国开行、社保基金、保险、大型国企等大型机构,在地方政府债务压力攀升等因素影响下,资金的后续保障也使社会投资机构存在疑虑,政府和民间还存在一头热一头冷的状况。从温州市现有情况看,无论是协议资金还是实际到位资金,政府和社会资本之间的投入比例均在1∶5以下,达不到浙江省政府设定的1∶10的目标。

从基金的实际运营情况看,还亟须经验丰富的投资行业复合型管理人才,在基金投向方面,也存在偏离原始目标等。如温州的华盖医药健康产业创业投资基金,由于温州社会上和政府部门很少有专业的医药健康方面的人才,特别是熟悉产业的人才,给投资带来很大困惑,基金目前已投资医药健康领域项目2个,投资金额合计仅3050万元,且基金投向也偏离原始创新、集成创新和消化吸收再创新企业的要求。

3. 引导创新的"制度供给"不足。当前的税收政策虽然不同程度地推动产业结构的优化升级,但由于传统的经济发展方式的运行惯性,再加上我国的税收体系本身的原因,导致现行税收政策不能很好地促进产业结构的优化升级。近年来,温州产业"低、小、散"的格局难以破解,普遍面临产业转型升级的巨大压力和挑战,归其原因,税收支持力度不足也是一个重要因素。如目前税收优惠政策对战略性新兴产业导向作用不强,《中华人民共和国企业所得税法》规定国家需要重点扶持的高新技术企业,减按15%的税率征收企业所得税,该优惠政策的对象是高新技术企业,并非专门针对战略性新兴产业。另外,促进转型升级的税收征管体制不够健全。目前温州市地税基层的税收征管仍以税收管理员制度为主,实行属地管理、分户到人等办法,急需创新制度供给。随着税收环境的不断变化,税收管理员制度产生了岗责不对称的问题。目前温州地税基层人员配置不合理,管理层级低,管理幅度大,人均管理户数过多,业务素质参差不齐,专业化管理程度不高,往往顾此失彼、浅尝辄止。如平阳地税局鳌江税务分局共13人平均年龄47岁,平均每人要管理248户企业和429户个体,工作量大。

正因如此,基层地税部门管理重点往往不准确,突出以组织收入为中心,将主要精力放到了催报催缴上,对纳税申报的质量关注不多,对重点税源和高风险事项管理不到位。尤其在"营改增"后将会更加突出,发票管理职能的取消,简政放权的实施,使税收管理员的职责更加"空心化"。在一般涉税事项实行办税服务厅办结以后,税收管理员一时无所适从。而对转型升级等复杂的涉税事项,受到自身业务水平的限制,一般的税收管理员往往难有作为。

(三) 财税在降低企业税费负担"供给"方面存在的问题

1. 税费负担重,"降成本"任重道远。近年来,温州的企业利润增速普遍出现下滑,其中2015年利润增速下滑尤为明显,但是企业贡献的税收却仍在增长,企业上缴税收增长速度明显快于产值的增长速度,税收负担日益繁重。2016年两会期间,破解温州企业发展困境再次成为热点话题。其中,繁多的税费负担被认为是温州企业面临的最突出问题之一。温州是民营企业的发源地,民营企业需要缴纳包括所得税、增值税、流转税附加、印花税、契税等20多种税项,需要缴纳的费数十种。虽然每单位销售收入中产生的税收不如国企高,但是国企几乎垄断了烟草、石化、石油、电力等上游资源,税负加在产品中由下游民企买单,如果从占有同样资产情况下,国企税收产出明显不如民企。因此,从投入产出的角度,考虑资产的收益,看资产税负,民企税负明显高于国企。近年来社保政策调整较大,对于以劳动密集型为主的温州民营企业,由于社保缴费的基数很高,而实际工资并不高,其社保费的边际负担是极为沉重的。据温州市统计,个别县近年来社保费增长速度远快于税收收入增速,社保费收入已经占到地税组织收入的一半以上,并且大量盈利能力差的企业只有社保费收入没有税收收入,"降成本"仍"路漫漫其修远兮"。

2. 税收优惠受面窄,"降成本"效果有限。2015年,温州市享受企业所得税优惠政策2万多户,减免企业所得税额超过2亿元,企业享受面虽超过40%,但享受减免税额只占实际应纳所得税的百分之十几。从具体优惠政策的受惠面看,也不尽如人意。据市住建委"墙改办"2015年10月"温州市区新墙材企业享受增值税免征、减半征收情况汇总名单",涉及全市共计66户,新墙体材料享受增值税优惠平均受惠面仅40.62%,市区企业优惠政策享受面仅33.33%。温州小微企业众多,2015年底全市纳税人登记户数超过30万户。在现行增值税税收优惠政策中,直接降低增值税法定税率以鼓励小微企业的优惠措施不多,又缺乏专门针对小微企业降低投资风险、鼓励技术创新、提高核心竞争力等方面的税收优惠政策,使中小企业对普惠性的优惠政策参与度虽然很高,但实际享受优惠税额少。截至2015年底,温州市享受税收优惠的起征点以下纳税人户数约占正常状态的纳税人的52.12%,实际受惠税额约占当年全市税收优惠总税额的28.90%,户均受惠税额2187元。同时,在企业所得税税收优惠政策中,企业享受企业所得税优惠的前提是必须获得收入或利润,对部分当前处于发展困境的企业不能起到"雪中送炭"的政策效应。诸如高新技术企业优惠、研发费加计扣除、科技创新等税收优惠政策认定标准十分严格,使得优惠政策覆盖面狭小。

3. "营改增"降成本效果不明显。现行以流转税为主税收体系不利于企业负担降低。目前中国财政收入占GDP比重为30%左右,低于发达国家的比重。但是,我国的税制以流转税为主,企业为承担主体。我国税收超过50%部分由流转税贡献,美国80%以上的税收来自财产税类,日本税制基本以个人所得税、公司税和消费税三分天下。因此,我国税收侧重于流转税而弱化所得税导致了企业生产税负较重,企业每一单位的产出需要支付更多的税金,企业的利润空间被压缩,不利于企业负担降低。从温州的情况看,"营改增"对温州企业降负不明显。从具体实施情况看,"营改增"对温州大部分企业能够起到减税的作用,但仍有少部分企业税负不降反增,尤其是温州金融业税负加重。对于温州中大型企业,税负下降并不明显。另一方面,"营改增"后,地税部门服务对象将从以企业为主向以"自然人"为主转变,从服务对象的数量上来说将呈几何级数增长,纳税人对地税机关的服务评价将更多地体现为一次性评价,这种评价模式对地税机关的服务水平将提出更大的挑战。依靠现有纳税服务体系,为海量纳税人提供全程服务供给,显然捉襟见肘。

四、加快推进供给侧结构性改革的财政建议

(一)引导资源合理配置,进一步缔造"资金供给"

1. 创新PPP模式,扫清资金供给障碍。针对不同的PPP项目,各方应加强沟通,结合各个项目的具体特点,有针对性地设计PPP实施方案,确保项目方案科学、可行。高标准严要求,规范采购。利用采购平台,增加项目影响力。在实施项目采购时,各方当事人应当坚持高起点、高标准、严要求运作,利用好温州市公共资源交易中心进行采购,采购过程公平、公开、公正,打消社会资本的疑虑,增强项目的影响

力。科学资格预审,避免"劣币驱逐良币"。在项目资格预审时,应将目标企业定位为行业大型战略投资运营商,其需要具备一定的投融资能力和丰富的处理项目投资、运营经验。这一设计在一定程度上可以避免"劣币驱逐良币"现象的发生,即杜绝了部分公司恶意报价导致优质投资人无法中标的情形。综合评审,择优选择社会资本。明确项目技术条件、核心边界条件,以便采用公开招标方式进行采购,并以综合评分法作为评标方法。评审指标主要包括商务报价、技术方案、投融资方案、法律方案等四方面,择优选择中标社会资本。

2. 完善投融资机制,加大资金供给力度。增收入,加大市级资金筹集力度。从城市总体规划调整中挖掘财源,做好城市规划的经济论证,科学确定平衡用地规模和开发利用时序,对城市发展所需的投入与产出按总收支平衡、年度现金流平衡和可持续发展等原则算好账。把土地出让工作作为年度预算资金筹集的"重中之重"来抓。尽快建立投资筹资双考核机制,从机制中挖掘财源。各建设责任单位要在制订年度投资计划的同时,制订相匹配的年度筹资计划,切实落实投资筹资责任制。提效益,合理优化政府投资项目支出。加强项目经济评价分析工作,围绕项目投资规模、资金来源、投融资方案以及项目现金流等方面对政府投资项目进行前期论证。科学合理确定项目的功能、投资标准和投资规模,防止盲目"贪大求洋"。政府投资项目审批单位要根据城市发展需要和财力可能,严把项目进入年度计划的关口,优化项目实施时序。按照"保续建、控新建、缓结算"和"保重点、保民生"的要求,进一步梳理现有政府投资项目,优化建设资金支出。优机制,改进投资项目管理。加强对政府投资项目的造价审核工作,通过分析、整理、归类影响工程投资控制的各种因素,合理控制项目工程造价。通过"数字财政"建设,提升对政府投资项目的财政财务管理水平。建立完善政府投资项目管理体制机制。加快建立国资集团公司项目投资包干建设机制,严格控制项目融资成本和工程造价;加快建立项目建设资金保障机制,确保建设资金来源持续稳定。

3. 完善政府购买服务,规范资金供给。纳入预算,规范购买。将政府购买服务列入年度财政预算,确保政府购买公共服务制度化、持续化、常态化。规范支付的标准和程序,着力解决好"购买什么""如何购买""规范购买""规范管理"四个问题。加快政府职能转变。推进政府职能梳理,对转变职能的项目要加以界定,明确哪些是可转移的职能,哪些是不能转移的职能。推动公办事业单位与主管部门理顺关系和去行政化,按照事业单位改革的要求推进有条件的事业单位转为企业或社会组织,制订出台政府向社会组织转移职能目录,会同相关部门探索研究提出通过购买服务方式促进事业单位分类改革的意见和措施,逐步实现事业单位由"养人"向"办事"的转变。强化政策衔接。按照"财政供养人员只减不增"的要求,在有效增加公共服务供给的同时,研究探索通过政府购买服务方式支持改革的政策措施,搞好政府购买服务与事业单位分类改革、行业协会脱钩等相关改革的衔接,实现"费随事转"。

对进行政府购买服务的,相应核减或调整相关工作部门原已为转移的职能所安排的人员和工作经费。建立激励机制。充分考虑承接主体的合理收益,对在养老、教育、医疗等公共服务中发挥重要作用的社会力量,通过公开招标等5种方式以及适当采取"以奖代补""奖优罚劣"等激励手段,支持其发展,提高其服务社会的能力。同时,研究建立社会组织"孵化器",大力培育社会组织。

(二)引导产业转型升级,进一步确保"制度供给"

1. 完善公共预算管理改革,确保财政制度供给到位。完善预算编制体系。探索预算统筹安排机制,提高政府对全口径预算资金的统筹利用效率。继续编制权责发生制政府综合财务报告。深编细编部门预算,研究和完善支出标准,实现基本支出定额标准化管理。按照省政府部署,扩大部门预决算公开范围、细化公开内容,加大"三公经费"公开力度。做好非税收入(政府性基金)年度预算编制,提高非税收入(政府性基金)的预算编制水平。完善预算执行管理。强化国库资金管理,提高结转结余资金使用效率。深化国库集中支付改革,完善动态监控机制,实现财政资金支付全过程监控,试行资金支付CA认证制度,以动态监控促管理转型。推进全市乡镇财政国库集中支付和公务卡改革,全面推行公务卡强制结算目录制度。落实新行政、事业单位会计制度,完善单位财务管理考核,制订《市级部门预算执行情况考核暂行办法》。健全财政大监督机制。按照"三位一体"组织体系要求,建立与预算编制、执行相互协调相互制衡的全过程财政监督新机制。继续推进财政大监督制度建设。适时出台社保基金、政府性债务等方面的财政监督检查办法。稳步推进全过程、全口径预算绩效管理,扩大预算公开评审和专项资金竞争性分配范围,将绩效目标管理范围覆盖市级所有财政资金,探索部门整体支出绩效评价。

2. 推进产业基金建设,破解企业转型难题。尽快形成投资,及时发挥效益。在实行负面清单管理的基础上,督促各地采取措施,加快已设立基金的投资进度,及时发挥效益,减少资金闲置。发挥财政资金的杠杆作用,提高社会资本在基金中投资比重,缓解财政资金紧张现状,以市场化运作方式,积极破解创新型中小企业融资难题,激励创新创业,扩大社会就业,加快创新型经济发展,促进产业升级和结构调整。推动产学研结合与科技成果转化,根据产业投资方向,推进相关科研成果的产业化进程,强化基金与科研成果的紧密结合。借鉴其他地方产业基金的发展经验。为温州现有产业基金发展和后续其他产业投资基金设立提供经验。同时,严格按照国家、省有关文件要求,认真做好基金组建和监管工作,强化产业项目支撑,加强对创投基金的扶持力度,为基金成功运营创造良好条件,共同推进新兴产业培育与发展。

3. 创新优惠"制度供给"方式,加大产业培育力度。从财政投资这种直接手段转向利用财政投融资、财政贴息等间接手段,进一步发挥市场作用,引导社会资金投入。在财政扶持政策的选择上,按照企业发展的不同阶段,用不同的扶持手段给予支持。进一步支持企业成长壮大与转型升级。筛选一批成长性好的具有转型发展潜质的优秀企业、企业产业集群、特色产业区、创业基地等,进一步推动企业梯次发展、产业集聚,着力培育一批技术先进、行业优势明显、辐射带动能力强、具有较强竞争力和影响力的大企业、大集团,培育一批成长性好、科技含量高的企业,培育一批产业集群、特色产业区、发展经济专业村和产业聚集区,提高产业发展水平。支持和推动企业技术创新和管理创新。完善财政科技投入机制,加快实施科技重大专项,大力支持基础研究、前沿技术研究和重大关键技术研究开发,促进企业自主创新,加快高新技术产业和装备制造业发展,鼓励企业增加科研投入,对企业技术改造项目、技术创新活动给予财政补贴,健全有利于科技成果产业化的分配制度。

(三)降低企业税费负担,进一步营造"服务供给"

1. 完善"财、银、企"协作机制,降低企业融资成本。积极探索"财银合作"新渠道,实现财政、银行与企业"三赢",帮助中小企业解决"融资难"问题。扶持、壮大地方金融机构与融资平台。实行财政性存款动态分配和财政存款服务竞标等办法,引导各商业银行加大对企业的投入。设立"发展金融专项资金",鼓励外部金融机构入驻,扶持农村银行、小额贷款公司、信用担保公司等多种面对中小企业的小型民营金融服务机构的发展与壮大。将企业信贷周转资金纳入企业发展专项资金统一管理,重点用于帮助企业还贷周转。探索融资新渠道。完善产权交易市场,完善风险资本的进出机制,为民营企业资产流动、股权交易提供服务。探索帮成长性好、经营业绩优的成长型企业通过发债的形式融资,为企业扩大中长期项目投资提供稳定的资金支持。加大对改制上市企业的财政支持力度,引导企业通过上市进行再融资。支持金融创新。积极探索灵活多样的抵押方式,如无形资产、专利权、股权抵押和海域使用证、保单、仓单、退税单质押等。加快探索建立会员制和区域性再担保机构。

2. 支持产业平台建设,优化企业发展环境。加大对企业公共服务体系建设的扶持力度,对企业创业辅导基地、企业公共服务机构继续给予奖励扶持,对企业公共服务机构开展的企业服务业务给予经费补贴,对入驻企业公共服务中心的中介服务机构按绩效考核给予摊位费补助,推动企业公用服务平台网络进一步完善,改善企业创业创新条件。加快企业公共服务中心建设,从机构、人员、场地、资金等方面为企业公共服务中心提供支持,抓好融资服务平台、市场服务平台、创业服务平台、培训服务平台、法律服务平台、技术服务平台、质量服务平台和信息服务平台等一系列的公共服务平台建设,开展投资、信息咨询、技术创新、人才培训、市场开拓和经营管理等服务,努力为经济提供全方位、高质量的服务。进一步推动全民创业兴业。推动国家法律法规未禁止民间资本进入的领域全面向民间资本开放。进一步放宽注册登记条件,简化登记手续,降低创业门槛,拓展创业主体发展空间。全面建立小型微型企业注册资本金补贴制度,对符合条件的新办微型企业按照实收资本的一定比例给予补贴，调动全民创业兴业的积极性。

3. 落实税费优惠，降低企业税费负担。落实各项税收优惠政策，对国家和各省已经出台的税收优惠政策，要认真落实、严格执行。有针对性梳理整合企业转型升级等方面的税收政策，如对有限责任公司因改制为股份有限公司，对属于个人股东分得并再投入公司的部分暂缓征收个人所得税，在个人股东转让其股份或企业清算股权时如有所得，再按规定征收个人所得税等。切实减轻企业税费负担。进一步完善"营改增"等税制改革。建议尽量减少税收种类、统一税率、适当降低税率等，既为企业减轻负担，又方便征纳双方操作。同时，清理和规范各种收费，坚决打击各种非法收费行为，禁止强行向企业提供各种赞助费或接受有偿服务。完善企业税收服务体系，坚持依法、公开、公正、利民、便民的原则，简化各种申报手续，创新纳税服务形式和服务水平。充分利用报纸、电视、网络等新闻媒体，加强对税收政策的宣传，确保企业及时准确了解税收政策。

推进 PPP 模式的地方实践与思考

荆门市财政局　黎清华　常兴成　杜云峰

一、PPP 工作现状

（一）组织领导有力有序

一是高规格推动。2015 年，荆门市成立由市长挂帅的 PPP 工作领导小组，成立了全省第一个市级 PPP 中心，各县（市、区）也先后成立了 PPP 专职机构，配备了专人，基本形成了"全市一盘棋、上下共联动"的工作格局。二是高标准谋划。PPP 中心成立后，研究出台了《关于推广政府和社会资本合作模式试点工作的意见》，制定了操作规程、项目库管理、社会资本选择、咨询机构考核等 12 项配套管理制度，建立了一套相对完善的制度体系。三是高强度推进。将 PPP 项目推进情况纳入市委、市政府重点督办事项，实行"定期、定向、定项"督办。市政府主要领导亲力亲为，多次召开专题会议研究部署，亲自审定项目布局及建设标准等重点事项，经常性深入项目现场实地调研解决问题；市政府还将 PPP 项目建设情况纳入市政府常务会议议事内容，定期调度，确保了 PPP 项目建设的顺利推进。

（二）基础工作日趋完善

一是搭建项目管理平台。按照"同一标准、统一规范、全面梳理、重复剔除"的原则建立了全市统一的项目库。截至 2017 年 7 月底，全市策划入库 PPP 项目 293 个，总投资 3180 亿元。二是搭建信息共享平台。通过中央、省级信息发布平台，及时发布项目信息；通过召开项目推介会、银政企联席会、新闻媒体宣传等多种方式，搭建双边、多边项目对接平台。截至目前，全市共推介项目 120 个，吸引 300 余家社会资本前来对接合作。三是搭建工作推进交流平台。一方面，对所有纳入实施计划的 PPP 项目，编制项目推进"路线图"，明确项目内容、操作步骤、时间节点，实行"挂图作战、跑表计时、到点督办"。另一方面，在项目推进过程中，采取"请进来、走出去"的办法组织各种类型和层次的业务培训，将培训与实战练兵相结合，培养和锻炼了一批PPP业务知识骨干,为拓展PPP的广度和深度打下了坚实基础。

(三) 工作机制不断规范

一是坚持示范先行。结合荆门市实际,大胆探索,首先选择荆门剧院等项目开展试点,在积累经验后逐步推广,做到"以点带面""示范引领"。截至目前,荆门市已申报财政部PPP综合信息平台项目174个,入选财政部和省级PPP示范项目20个。二是坚持规范操作。为防止政策"打架",研究出台《荆门市PPP项目统一操作规范》。为提高项目可行性,提出"三个一律",即:项目实施方案凡是没有开展并通过物有所值评价的,一律不能按PPP模式建设;凡是不进行财政承受能力论证的,一律不安排财政预算;凡未经本级政府审批的,一律不进入政府采购程序。三是坚持严格评审。面向全国公开征集建立了由79名专家组成的PPP专家库,引入专业力量,对项目运作方式、交易结构、风险控制、监管架构等核心内容展全要素评审,有效防范了财政风险。截至2017年7月底,全市累计落地PPP项目37个,其中3个PPP项目获得财政部普惠金融发展专项奖补资金1400万元。

二、存在的主要问题

(一) 认识上的误区依然存在

荆门市推进PPP模式已近3年,全市上下初步形成"一盘棋"的格局,但仍有少数地方和部门在思想认识上存在误区。一是以偏概全。有的地方将PPP模式简单理解为新型融资模式,总认为PPP就是融资项目,对PPP流程不懂、不熟,在项目识别、建设等方面,首先考虑的是融资和短期利益,忽视了PPP项目全生命周期应发挥社会资本对项目设计、投资建设、运营的优势。二是瞻前顾后。有的地方认为PPP合作期限太长,动辄10年、20年,政府人力成本太高,相对于BT项目简单的建设移交,PPP项目流程操作太过复杂,存在畏难情绪,工作推进不力;有的行业主管部门仍认为组织实施PPP项目是发改、财政或者项目实施机构的事,工作缺乏主动性。三是"贪大求洋"。有的地方急于求成,认为什么项目都可以做PPP,只要沾得上"边",就一哄而上、大干快上,一揽子纳入PPP项目实施计划,不按规范流程操作,"本末倒置",甚至为促成项目加快落地,而为社会资本"量体裁衣",被社会资本"牵着鼻子走"。由于思想认识存在误区,导致PPP工作进展不平衡,少数县市区至今还未完成2017年项目筛选替换工作。

(二) 项目实施能力不足

一是项目识别能力不强。部分地区在项目策划上思维"泛化",过于求多求快,由于部分项目前期论证不充分、不严谨,从而导致 PPP 项目数量多、投资规模偏小,总体质量不高,造成项目推进不快,有的甚至"半路夭折",加剧了政府隐性债务风险。二是协调配合力度不够。一方面,整体协调推进不够。虽然成立了全市 PPP 工作领导小组,但没有制定领导小组议事、决策等工作规则,没有明确领导小组职责分工,领导小组集中决策、精准调度的作用没有充分发挥;另一方面,部门配合不够。PPP 项目涉及部门较多,需要部门间打破壁垒通力合作,才能将项目合作风险降至最低,从目前的情况看,受行业专业所限,在项目推进过程中,存在"各吹各的号、各唱各的调"的现象,少数实施项目一到关键节点就出现"梗阻"。三是履约能力不强。从目前已落地项目实施情况来看,有因政府方规划变动需更改项目建设内容的,有因社会资本方资金不到位而暂停施工的,还有少数社会资本不能摆正角色定位,未履行项目法人职责,一味追求施工利润而轻运营,这些都是履约能力不强,合作意识薄弱的表现。

(三)专家评审质效不高

PPP 项目专家评审基本贯穿 PPP 流程始终。其中实施机构组织的项目实施方案初评、财政部门负责的"两评",还有招标阶段的资格预审、谈判等环节,都需要有专家参与。就目前情况看,部分项目专家评审流于形式,评审质效不高。一是专家组织不符合项目评审要求。在专家的选择问题上,部分项目实施机构不能按照规定程序在采购办专家库抽取专家,而是根据他人推荐或主观了解来选择专家,缺乏一定的合理性和合规性。二是专家不够专业。特别是市一级 PPP 专家库,部分 PPP 专家可能在各自专业角度称的上是专家,但 PPP 是新鲜事物,在国内才刚刚起步,很多专家并未参与过 PPP 项目实务操作,因此在项目评审时难以做到"有的放矢"、精确精准。三是关键环节评审不严谨。在 PPP 项目的几个关键环节,如资格预审、磋商谈判上,往往需要借助专家的力量,才能达到预期效果。而部分项目实施机构因为组织不严谨,准备不充分,一味求快,在关键环节缺乏专家的"身影",没有发挥专家作用,往往给政府方造成非常被动的局面,同时也埋下了风险和隐患。

(四)配套政策体系滞后

一是土地政策有待完善。对于划拨用地能否作价出资、作价出资应当履行的程序、土地价值评估、作价出资后能否进行二级开发等问题,还没有明确规定。二是融资支持有待完善。目前信贷政策仍主要沿用传统政府融资和企业融资思路,强调抵质押物,依旧希望政府无条件兜底。银行短期贷款与 PPP 项目长期融资之间的期限错配问题也比较突出,PPP 项目融资需求难以得到满足。三是税收政策不明朗。主要表现在 PPP 项目资产转让以及财政运营补贴是否扣税等问题上,对 PPP 项目税收政策没有明确适用条款,导致在不少项目谈判过程中,政府方较为被动。

（五）民营资本参与度不广

从荆门市PPP项目推进情况来看，大部分项目联系的社会资本方都是央企、国企和银行金融机构，民营企业参与比例很低，参与比例在50%以下。其主要原因：一方面，PPP项目投资大，运营期限长，收益虽然稳定但总体不高，项目投资后的流动性不足，对民营资本吸引力偏低；另一方面，PPP项目经营期限长，面临的市场风险、项目风险、政策和法律风险等较多，特别是民营企业对政府能不能遵守合约心存疑虑，担心"新官不理旧事"，使得民营资本持观望态度者居多。

三、对策与措施

推广PPP模式是促进地方政府职能转变、提高公共服务质效、创新投融资体制、激活民间投资、实现政企合作双赢的重要路径。在当前经济下行、公共需求增长、财政增长乏力的形势下，要针对PPP模式推进过程中的新情况、新问题，不断完善工作机制，规范操作程序，确保PPP项目真正落地生根、开花结果，为地方经济社会发展作出新的更大贡献。

（一）进一步明确工作职责

一是明确项目实施机构主体责任。督促项目实施机构切实履行好PPP项目建设的主体责任，高质高效强力推进PPP项目建设。二是明确项目公司（SPV）法人职责。督促项目公司切实履行相关权利和义务，在规定时间完成项目建设，按合同履约，主动接受政府和公共的监管和监督。三是明确行业主管部门及PPP中心工作职责。加强与行业主管部门的协调配合，在市级PPP工作领导小组的统一安排部署下，切实履行好部门工作职责，进一步加强工作督办和政策宣传，主动上门沟通服务，帮助解决项目实施机构和项目公司在工作推进过程中的实际问题。

（二）建立项目联评联审机制

PPP项目风险往往具有不可预见性，为适时防控政府风险，增强项目实施能力，要进一步强化顶层制度设计，完善市级PPP工作领导小组工作议事机制，强化市级PPP工作领导小组职能。要建立PPP项目联评联审工作机制，完善物有所值评价指标体系，规范"定性"评价流程，鼓励开展"定量"评价；所有新增策划PPP项目，一律须通过联评小组评审通过，方可采用PPP模式实施；所有PPP项目推进过程中遇到的"疑难杂症"均通过联评联审来解决；项目合同的最终批复，必须通过联评小组评审；未完成可行性研究等项目前期工作的，不启动PPP程序，纯公共基础设施、无运营内容、无现金流的类似BT"延长版"的项目，慎用PPP模式。

（三）切实规范评审专家组成及流程

围绕规范评审程序、提高评审质效，进一步完善"专家库"，严把专家"入库关"，紧扣实施方案初评、财政部门"两评"资格预审、磋商谈判等关键环节，严格规范专家抽选及项目评审流程；对"库内"专家进行分类，定期不定期组织相关培训，提升专家能力素质；研究出台专家评审绩效评价指标体系，进一步明确专家评审职责，建立专家独立评价和责任追究工作机制；对某一行业、某一邻域的专家要坚持择优选用、相对固定，充分发挥专家的专业特长，为 PPP 项目建设保驾护航。

（四）不断优化完善相关配套政策

结合地方 PPP 工作实际，积极搭建多种融资平台，并充分发挥世行、亚行等国际金融机构贷款期限长、利率低、增信能力强的优势，供地方政府对接国内外各类金融资本，在解决地方项目融资难的同时降低融资成本。鼓励各类金融机构为 PPP 项目提供优质、长期的融资，进一步完善专项转移支付资金管理办法、土地作价出资和税收优惠等相关配套政策，加大对 PPP 项目的政策支持力度，尤其是对公共服务领域的项目给予倾斜。

（五）适当放宽民营资本准入条件

一是营造公平竞争市场环境，吸引民间资本参与。创新民营资本引入机制，将民营企业与国有企业以及其他类型企业一视同仁，策划一批投资规模适度、合作年限适中的项目，向民间资本开放，鼓励民间资本积极参与。二是在社会资本选择过程中，政府部门和采购机构要根据项目建设规模和内容设置相应的资格条件，杜绝设置"高标准、高条件"，将民营资本拒之门外。三是规范资本退出机制，保障退出通道畅通。借鉴国内外先进经验，依托各类产权、股权交易市场，为民间资本提供多元化、规范化、市场化的退出渠道。

社会资本参与公共服务难在何处

——以医疗领域为例

潍坊市财政局课题组

近年来,国家出台了一系列扶持政策,鼓励社会资本进入公共服务领域。各地抢抓机遇,积极落实优惠政策,优化发展环境,社会资本投入持续增长,参与比重不断提高,初步构建起多元化、多层次的公共服务供给体系。但是从总体看,和各方面预期还有较大差距,特别是近期出现社会投资增幅回落的趋势更应引起警觉。既然市场有需求,国家有政策,社会资本又充裕,为什么没有实现更快的增长呢?带着这样的疑问,我们到潍坊市就社会资本办医情况进行了调研。

潍坊市是全国17个城市公立医院综合改革试点市之一,也是社会办医国家联系点城市,在引导社会资本办医方面,积极探索、先行先试,趟出了改革路子,走在了全省前面。从政策环境看,2011年率先在全省出台《关于进一步鼓励和引导社会资本举办医疗机构的实施意见》,从规划、准入、扶持等方面,提出鼓励社会办医26条政策;后续相继出台系列配套政策,细化扶持措施,支持社会资本申办各类医疗机构。从规模数量看,社会资本参与比重较高,2015年底全市医疗机构7649家,其中民营医疗机构2711家,占总数的35.4%;医疗机构床位49059张,其中民营医疗机构床位8567张,占总数的17.5%。从投资主体看,参与形式呈现"多元化",既有社会资本直接投资或参股举办的,也有公立医院或企业医院改制的。从机构类型看,参与领域实现"全覆盖",有高水平的脑科、妇产等专科医院,也有大型综合性三级医院。总的看,全市多元化办医格局初步形成,但与全省、全国一样,医疗服务供给能力仍然不足,难以满足人民群众日益增长的多元化多层次服务需求。

围绕社会资本办医情况,我们先后到民办医院、公立医院、政府相关部门等进行调研、座谈,并对比分析其他地区民办医院情况,梳理了社会资本进入医疗领域存在的以下四个主要问题。

一、体制障碍制约社会资本进入

早在2007年,党的十七大就提出"建立基本医疗卫生制度","实行管办分开";

2009年国家新医改意见也把"管办分开"作为指导思想,各地都为此进行了不同形式的探索,但时隔十几年这一原则始终没有真正落实到位。行政主管部门既是政策的制定者和监管者,同时又是公立医院的出资者和举办者,这种既是运动员又是裁判员的管理体制,或许是社会资本频频遭遇"玻璃门"的主要原因。

阳光融和医院设立、发展过程,或多或少反映出这一体制性问题。2011年,潍坊市委、市政府根据国家新医改精神,引进阳光保险集团,与市人民医院合作,将原市民健康中心改造为股份制综合三甲医院—阳光融和医院。这是国内金融保险资金投资建设三甲医院的"首单",也是省内各类社会资本举办大型综合性医院的"首例",具有标杆性意义。医院总投资30亿元,一期建筑面积28万平方米,开放床位2000张。今年5月开业伊始,就给潍坊带来"新气象":公开向社会做出"国际标准,百姓价格"郑重承诺,将"打造最值得信赖的医院"作为愿景追求,以"在这里,每个人都会关心您!"为服务宗旨,与哈佛大学糖尿病中心等多家国际顶端医疗机构全面合作,打造半岛区域医疗健康中心等等。这些规划目标无疑让各方面充满期待。但这样一家能够增加优质医疗资源供给的医院,引进建设过程却十分曲折,甚至几度"夭折"。

对于引进社会资本举办综合三甲医院,合作方人民医院及行政主管部门,都持不同看法。他们普遍认为社会资本逐利性强、缺乏社会责任、监管难度大,整体上持排斥态度,倾向于由市人民医院自己管理运营。基于这种认识,无论是双方谈判,还是后来协调推进的过程中,都增加了很多难度,很多事项都需要市委、市政府主要领导或分管领导调度、推动,导致开业时间一拖再拖。阳光融和医院的培育"花期"长达5年,但最终开花结果。这是省政府大力支持和潍坊市委、市政府强力推动的结果,应该说还算"个案",如果不能建立起长效机制,大部分社会资本仍然难以畅通进入。

从准入机制看,多数社会资本反映机构设置规划也是"玻璃门"。医疗机构设置审批,需主管部门出具"符合医疗机构设置规划的正式文件",不符合规划的原则上不能设置。而医疗机构设置规划对民办医院数量和形式作了具体限制,"一纸文件"把社会资本卡在门外。对公立医疗机构实行规划,可促进政府投入合理布局,但对民办机构具体数量和形式进行规划的合理性值得商榷。长庚医院在厦门,因规划等原因,选址远离市区,发展受到限制;明基医院在南京,举办过程中也遇到一些阻力,发展并不顺利。

对比社会资本"进入难",公立医院扩张却几乎不受限制。国务院2015—2020年医疗卫生服务体系规划纲要明确,"严格控制公立医院单体床位规模的不合理增长";在《关于进一步鼓励和引导社会资本举办医疗机构意见》中提出,"调整和新增医疗卫生资源时优先考虑社会资本",其目的是为社会资本留出空间,发挥"鲶鱼"效应,倒逼公立医院提升服务质量和效率。但近几年许多地方公立医院业务用房规模、床位数量都呈现大幅增长,而且基本是靠举债建设。公立医院快速扩张,容易巩固其垄断地位，诱发"为还贷求营利"冲动，挤占、压缩社会资本生存空间，难以从根本上解决"看病难、看病贵"问题。

二、现行政策难以支撑投资回报

准入上的"玻璃门"让社会资本"不能进"，扶持政策的"不给力"则让社会资本"不愿进"。医疗等公共服务领域普遍具有前期投入高、回报周期长的特点。为鼓励社会资本进入，国家出台一系列扶持政策，给予土地优惠、税费减免、财政补助等，但相对高昂的投入成本而言，优惠力度相对偏小，政策规定较为笼统，不足以支撑社会资本生存。

从调研情况看，扶持政策涵盖多个领域，但对成本影响较大的主要有：一是土地政策，按照国土资源部第21号令，对营利性医疗机构"协议出让最低价不得低于出让地块所在级别基准地价的70%"。二是税费政策，对营利性医疗机构提供医疗服务，免征营业税（营改增后，免征增值税）；3年内免征房产税、城镇土地使用税。三是财政政策，国家提出对非营利性医疗机构重点专科建设等方面，给予政府补助；对社会办医疗机构，通过政府购买服务方式，支持承接当地公共卫生和基本医疗服务等。总的来看，国家财政补助政策规定，缺乏具体标准、实施细则，地方政府难以操作实施。特别是在清理优惠政策、加大审计检查的大背景下，地方不好把握。据阳光融和医院自己测算，在现行政策下，不考虑医疗市场环境变化等因素，以同等公立医院收费标准计算，静态投资回报期在13年左右。

较高的投资成本、漫长的回报周期，使众多社会资本望而却步。在引进阳光保险集团之前，潍坊市委、市政府还与总市值500亿元、年营业收入100亿元的泛海集团，总市值250亿元的九州通医药集团，支撑台湾60%医疗市场的长庚医院，以及上海仁济医疗集团、台湾明基医院、中国医药大学等实力雄厚的社会资本或专业机构进行了对接、洽谈，但他们均表示成本过高，现行政策之下无账可算。九州通医药集团战略投资负责人表示"我们集团已经发展到一定规模，投资办医院是为回馈社会、打造品牌，并不单纯为追求经济效益，但是也不能承受长时间亏损，这样没办法向股东交代"。

鉴于这种情况，潍坊市委、市政府从长远发展考虑，经过集体决策，将国家相关政策"具体化"，在土地优惠、运营补贴、税收补助等方面，加大扶持力度，最终在竞争性谈判基础上，确定急于在健康养老产业试水的阳光保险集团作为合作方。

三、"双重标准"影响公平竞争

社会资本即使突破制度障碍、带着亏损风险，进入公共服务领域，发展仍然面临诸多困难。尤其是转型时期，一些"双重标准"的制度设计，使社会资本难以公平参与竞争，生存、发展遭遇困难。

在寿光晨鸣医院调研期间，信院长表示"医院的核心竞争力是人才和设备，公立医院在这些方面有独特优势，我们虽然有资金，但也难赶超"。寿光晨鸣医院的前身是晨鸣集团职工医院，2008年5月改制为股份制民营医院。理论上讲，"价格"决定资源流动方向，如果资金充足，招聘人才、购置设备应该不存在困难。

人才方面，主要受编制制度制约。政府为公立医院核定编制，拥有编制的医生是"体制"内的人，一定程度上由政府兜底，相对有保障；民办医院多数则刚刚起步、不确定因素大，绝大部分医生顾虑未来发展，即使面对高薪诱惑，也不敢贸然放弃编制跳槽。

设备方面，根据国家医用设备管理规定，"大型医用设备的管理实行配置规划和配额制度"，由于公立医院已经占有区域内绝大部分设备配额，新增民办医院要想上大型设备只能"等、靠"；即使通过自有资金购买到设备，未取得《大型医用设备配置许可证》也不能使用，使用即属于违规。如，南京明基医院，以高标准三甲医院为发展目标，但因拿不到购进设备的配额，无法与江苏省人民医院、南京鼓楼医院等竞争，发展受到制约。

除此之外，在税费、价格等政策上也不同程度存在双重标准。如税费方面，公立医院、民办医院事实上都在营利，但公立医院可以免税，营利性民办医院则要缴税，增加了运行成本；价格方面，湖北省《关于进一步鼓励和引导社会资本举办医疗机构的实施意见》（鲁政办发〔2012〕51号）规定，"非公立医疗机构用电、用水、用气、用热等与公立医疗机构同价"，但部分地方民办医院相关费用仍执行服务业标准，高于公立医院。再如，融资问题，公立医院表面上以收费为抵押获得贷款，实际上还是依靠政府信用的无形担保，但民非机构由于资产性质为社会所有，不能抵押，虽同为非营利性，也只能自己解决融资问题。

四、监管偏差破坏生存环境

市场是社会资本生存的基础，特别是涉及生命健康的医疗卫生领域，更为注重形象、信誉、品牌。但目前来看，由于监管的偏差，社会资本赖以生存的市场环境被破坏，加重了优质社会资本进入、发展的困难。

医疗市场开放之初，进入的绝大部分是"小、散、弱"的"游医"，如皮肤病、性病、不孕不育等各类小专科，本身具有较强的流动性、逐利性。同时，由于政府部门职责边界不清，监管执法力量薄弱，以及取证认定难等原因，导致监管不及时、不到位。不法社会资本千方百计打"擦边球"，虚假宣传、投机钻营、野蛮生长，损害社会资本形象，破坏市场秩序，导致人民群众不敢、不愿到民办医院就诊。

在潍坊玛丽妇产医院调研过程中，伍院长多次向我们强调，"部分民办医院唯利是图、招摇撞骗，久而久之，老百姓对民办医院形成一种根深蒂固的负面认识，不愿意来看病"。潍坊玛丽妇产医院是由北京中天康医公司投资建设的妇产专科医院，2012年12月正式落户潍坊，总投资1.2亿元，占地面积4000多平方米，是全市规模最大的妇产专科医院。医院医护人员技术水平高、医疗设备先进、环境优雅、服务周到，但是开业很长时期经营状况不佳。像爱尔眼科医院、红十字口腔医院等一批优秀民办医院也遭遇过同样的困惑。特别是今年以来持续发酵的"魏则西事件"，再一次把民办医院推向风口浪尖，加剧了人民群众对民办医院的误解。但仔细分析，事件中武警二院实为公办医院，地方主管部门却无权监管。难怪伍院长说，"莆田系"的标签让我们既感到恐惧，又很无奈。

对比来看，美国私立医院占医院总数的85%、日本占80%、德国占60%，医疗质量整体较高，社会相对比较满意；在台湾地区，私立医院也占80%，其中同为福建人创办的长庚医院提供了60%的优质医疗服务，而大陆的"莆田系"则坑蒙拐骗，成为"过街老鼠"。"橘生淮南则为橘，橘生淮北则为枳"，政府监管缺失无疑是造成这种现状的原因之一。

民办医院的种种乱象，在公立医院也不同程度存在，科室设创收目标、医生收受红包、乱开药、乱检查等。这说明，无论是公办机构，还是民办机构，一旦监管缺失，都有可能会失去操守。

五、小　　结

民办医院发展过程中的遭遇，只是万千社会资本在公共服务领域的缩影。体制上的障碍、扶持上的乏力、待遇上的"双轨"、监管上的偏差，制约着社会资本在公共服务领域的长期参与和健康发展。

围绕这些问题，我们对社会资本进入教育、医疗、养老等公共服务领域，进行了认真研究，按照现阶段能实行、可操作的原则，提出四方面建议。

（一）改革要深化

引入社会资本参与公共服务供给，不能靠地方党委政府"点对点"支持、推动，根本上还是要加快推进改革，理顺体制机制，消除"玻璃门"。

一是职能转变到位。改革已步入深水区，不进则退，应按照国家顶层设计，明确"管办分开"具体实施路径，主管部门逐步剥离具体举办职能，更多承担起行业规划、准入和监管的职责。同时，鼓励地方探索理事会等多种方式，落实公立机构独立法人地位，健全现代法人治理结构。

二是调整考核目标。建议将主管部门引进社会资本情况，作为党委政府对其考核目标之一,并由主管部门定期梳理公开社会资本进入领域、项目情况,引导主管部门"主动开门"。

三是明确准入规则。省级政府统一制定清晰透明、公平公正、操作性强的市场准入规则,明确市、县政府不得新增限制条件。比如,在机构设置规划中,取消对民办机构数量和形式的管控。

四是精简审批程序。围绕简政放权,梳理全部审批事项,在政府门户网站向社会公开,对一定数量以上的社会资本联名要求取消的,重新审查,对不能做出合理解释的,予以取消;对不符合市场经济职能或为规避责任设置的,予以取消。

（二）扶持要加力

公共服务领域投入成本高、回报周期长,要想真正让社会资本充分参与,就必须解决好合理回报问题。建议在现行优惠政策基础上,区分营利和非营利性,制定更大力度、更切合实际、更加精准的扶持政策,让社会资本敢进来、能活下去。

一是在土地政策方面,对社会资本举办非营利性机构的,将无偿划拨土地政策落到实处;对举办营利性医疗机构的,在不改变公共服务用地性质和规划的前提下,以土地成本价为基础,采取竞争性谈判方式协议出让。

二是在税收政策方面,目前各种税收政策期远远短于投资盈利、回报期,多数是从项目建成运营后执行,在前期高投入和不盈利的情况下,作用"杯水车薪"。鉴于医疗、教育、养老等领域民办营利性机构投资回报期约在10年左右,建议将现行免税期限延长至10年,10年后比照高新技术企业税率征收企业所得税。

三是在财政扶持方面,分领域建立可量化的指标体系,综合衡量民办机构承担公共服务情况,在项目建设、设备购置、人才引进等方面,采用财政贴息、奖励补助等方式,加大扶持力度。各地可参照产业扶持政策,针对性制定相同或略高的奖励、补助标准,真正让政策接地气、可落实。

（三）待遇要公平

公平的环境才能有公平的竞争。制度上的双重标准,造成待遇不公平,让社会资本输在"起跑线"上,倒在"终点线"前。建议打破某些领域的"双轨制",坚持权利、机会、规则平等,真正做到"一视同仁"。

一是在制度规定上,分领域全面梳理涉及民办机构发展各项制度,如职称评定、设备购置、票据使用等,凡是存在"双重标准"的,一律比照公办机构予以拉平,或彻底取消相关制度,确保社会资本公平参与竞争。

二是在政策适用上,凡是公办机构享受的,社会资本举办非营利机构均同等享受;社会资本举办营利机构的,根据承担公益责任相应享受部分政策。

三是在编制改革上,加快推进公共服务领域事业单位改革,逐步取消事业编制,在合理确定人员配备标准的基础上,实行"总量控制,动态管理"的全员合同聘任制。在改革过渡期,可视具体情况为民办机构核定一定数量编制,支持其在起步阶段招聘人才;同时,建立退出机制,3—5年内逐步取消。

四是在投资回报上,允许民办非营利机构在启动运营15年内,按不高于同期1年期贷款利率标准提取收益,进一步激发社会资本参与公共服务的积极性。

(四)监管要到位

事实告诉我们,社会资本进入公共服务领域,政府必须强化监管。监管到位,供给增加、服务提升,造福百姓;监管不到位,行业混乱、环境破坏,百姓受害。建议重点做好三方面。

一是强化主管部门监管职能,明确职责任务,加强执法力量,提高执法能力,突出事中、事后监管,真正实现职能归位;依托"大数据"等技术手段,创新监管方式,提升"全行业"监管水平,确保监管到位。

二是理顺部门监管职责,优化调配部门职能,解决"多龙治水"问题。借鉴食品安全管理经验,细化监管部门责任,向社会公示监管事项和责任清单,对失职部门和责任人实行问责,扭转"不管不问没责任"局面。

三是建立严格惩治机制,对不法社会资本实行重罚严惩,大幅提高违法成本,确保监管效果;加快建立完善信用制度,制定违法社会资本"黑名单",让失信者、违法者寸步难行。

四是探索创新监管模式,建立"政府重点监管,行业加强自律,社会有效监督"的综合监管模式,重点畅通社会监督渠道,定期通过报纸、电视、互联网等渠道,将公共服务机构的服务质量、行业规范以及执业安全等情况向社会公开,引导公众、媒体参与监督。

(五)结 语

社会资本参与是公共服务领域"供给侧结构性改革"的最佳实现路径。在履行好政府"保基本"责任的基础上,通过破解瓶颈制约,广泛吸引社会资本参与,大幅度增加优质资源供给,既能够满足人民群众日益增加的多元化、多层次需求,又能够加快现代服务业发展,推动地方经济转型升级。

基于债务管理和风险防控的公共基础设施建设投融资可持续新模式研究

潍坊市财政局 吕 冰

一、引 言

长期以来，各级政府把举债融资作为支持发展的重要手段，通过举债融资，加快基础设施建设，促进公用事业发展，对提升经济社会发展环境、稳定经济增长、保障改善民生发挥了不可替代的作用。但由于体制机制等原因，债务管理和风险防控方面也存在一些问题亟须加以规范解决。2014年10月，《国务院关于加强地方政府性债务管理的意见》（国发〔2014〕43号）出台后，要求规范政府债务举借行为，对政府性债务实行归口财政统一管理，将政府债务收支纳入预算管理，实现借、用、还全过程管理，逐步形成与公共财政体制相适应、管理规范、运行高效的政府性债务管理体制。同时，为拓宽地方政府融资渠道，按照"开前门、堵后门"的原则，允许地方政府在上级下达的额度范围内，发行地方政府债券解决资金不足问题。但目前正处于新旧政府融资手段转换的"阵痛期"，由于新的政府举债融资机制尚未建立，且下达债务额度较少，市、县政府融资需求难以得到有效满足，从而对政府投资产生一定的抑制作用。特别是在当前经济下行压力大、财政收支矛盾尖锐的情况下，政府财政预算内投资"杯水车薪"，对经济发展的促进作用有限。从地区看，政策调整实施至今，政府新建投资项目与往年相比有所减少，而且有些项目处于缓建状态。因此，迫切需要探索研究可持续的公共基础设施建设新模式，拓宽融资渠道，保障重点项目建设和在建项目后续完工，防范和化解债务风险。

二、政府适度举债的客观需要

（一）适度举债是政府调控经济和提供资本性公共产品的客观需要

为了实现有效的宏观经济调控政策，完成财政政策和货币政策控制目标、保证经济健康发展,按照分级预算管理体制的要求,地方政府需要通过筹集资金等途径为居民提供公共产品,一些与地方发展相适宜的债务政策必然存在。特别是公共工程诸如道路、桥梁、校舍、公共绿地、供水、供热、运动设施等初始投资规模大,如城市地铁、高速公路、通信网络等投资动辄上亿,建设周期长,投资额是一个地方年度财政收入甚至国民收入都无法支撑的。另外,虽然部分地方公共产品具有外部性,其受益范围不仅局限于本地,但地方公共产品的成本和收益基本上在一个区域之内,其供给着眼于满足本地居民的需求,成本也应由本地居民负担。所以,这类公共工程一般要通过举债的方式来融资。

(二) 适度举债符合"代际公平"的原则

从受益原则来看,主要有辖区受益原则和时期受益原则两层含义。辖区受益原则侧重于决定各级政府之间提供不同公共产品责任的分配,时期受益原则侧重于决定财政资金的来源,这一原则的应用为地方政府举债提供了基本的理论依据。根据时期受益原则,公共支出所形成的公共产品成本应当由整个受益期内的人们分担。地方政府提供的各种公共产品受益期限长短不同,形成受益在一个财政年度内公共产品的支出称为经常性支出,形成受益跨多个财政年度公共产品的支出称为资本性支出。由于形成公共产品受益期长短的不同,公共支出的来源有很大差别。对于形成受益一个财政年度的地方性公共产品的支出,地方政府一般通过税收筹集资金。因为税收是根据当期产值所形成的收入,与这类支出形成的受益在时间上和人群分布上相对称。对于形成受益体现的是跨财政年度的地方性公共产品,其支出应当由受益的不同时期人们共同分担,这就在客观上要求有一种能够将成本负担向后递延的分担方式。地方政府通过发行债券等方式适度举债可以解决代际公平的问题,由于债务在未来年度逐步偿还,只要债务的偿债期限与受益期限大体一致,成本与受益就可以在时间和人群分布上达到近似的一致,符合受益公平原则。同时,随着科学技术进步和经济社会发展,子孙后代要比当代人更富裕,通过发行长期债券把收入从富的一代转移给穷的一代以增进其福利,符合代际公平的原则。另外,由于一些基础设施建设项目,如公路、铁路、市政设施、城市轨道交通等项目,投资量大、投资期长、发挥作用的时间段长,其效益具有很强的代际转移特点,完全依靠当期财税收入难以解决,而通过适度举债,利用债务代际偿还的作用,兼顾经济社会发展和财政收支的长期均衡,平滑处理公共工程支出负担,更好地造福于公众。

(三) 政府举债是现代市场经济国家的普遍现象,与现代国家治理的机制建设和能力提升具有内在关系

目前,举债不仅是发达国家普遍采用的融资手段,而且也越来越受到发展中国家的重视。为满足一个区域经济和社会发展对资金需求,解决财政资金相对不足的问

题,通过拓宽融资渠道、适度举债的方式,是多数国家的通行做法。例如,在美国,所有的州及州以下地方政府融资几乎全部采用发行市政债券方式来获得;英国则通过隶属于财政部债务管理办公室的公共工程贷款委员会,转贷来自国债资金的国家贷款基金,为地方政府提供借款,幅度高达80%。

(四) 适度举债已经取得良好成效

多年来,世界各国,包括我国的各级政府通过债务融资,对提高当地经济社会发展水平,应对各种财政危机,都发挥了重要的作用。就潍坊市来讲,从2003年以来开展的大规模城市建设,如果没有适度的举债经营,靠财政资金根本无法支撑。据统计,十几年来中心市区城建重点项目市本级累计投资达370多亿元,市区建成区面积增加到156平方公里,人口137万人。人民广场、奥体中心、文化艺术中心、鲁台会展中心等一大批重大功能性项目建成运营,中心城区主次干道和路网工程全面改造贯通,火车站南广场、乐道院和城隍庙片区改造、建筑产业园等重点片区开发逐步展开;白浪河、虞河、张面河等河道整治和植物园、北辰中央休闲区等大规模绿色生态工程凸显了城市底色,市区建成区绿化覆盖率、绿地率和人均公共绿地面积分别达到40.59%、39.49%和17.67平方米;城市污水处理厂改迁扩建及城区污水处理厂升级改造、餐厨垃圾处理、静脉产业园及垃圾焚烧发电厂等项目相继完工并投入运营;旧小区改造全面完成,共计改造旧小区73个、背街小巷249条,涉及2613栋居民楼,改造面积748万平方米,9.8万户家庭31万居民直接受益。可以看出,通过十几年的大规模城市建设,城市环境得到明显改善,功能品质得到巨大提升,城市综合承载力显著增强,被授予"全国人居环境奖"。

(五) 适度举债是城市化建设的现实需求

城市化的提高要求城市基础设施及相关的巨额投资需求。据国家城建管理部门综合测算,每新增一个城镇人口需投入基础设施及相关资金约6万元。截至2014年末,我国城镇化率为54.77%,预计2020年城镇化率达到60%,由此带来的投资需求约为40万亿元。就潍坊市而言,根据城镇化总体规划与测算,到2020年,市域常住人口城镇化率达到65%,中心城市总人口达到300万人、城镇人口236万人,城镇化率达到79%。

随着城市化进程的加快,城市人口持续快速增长,城市道路、供电、供水、燃气、热力管网等市政公用基础设施建设需求将会急剧增加;城市园林绿化、环境卫生和垃圾处理、污水处理等设施建设也需要加大建设规模、提高运行质量;城市交通设施建设依然面临能力不足的尴尬局面和巨大投资机遇,等等。由此看到,我国城市基础设施建设投资需求是巨大的,建设任务也是十分艰巨的,仅靠政府投资难以完成。同时,我们在基础设施建设方面欠账较多,近10余年来各级政府对城市基础设施建设的资金投入都在不断加大，但是与经济社会发展对基础设施的需求相比还存在着不小的差距，地下综合管廊建设基本没有铺开，城市内涝问题还时有发生，城市交通的压力越来越大。城市管廊建设方面，"十三五"期间，潍坊市将结合新区建设、旧城改造、道路新（改、扩）建，计划在滨海区、高新区等区域和火车站南广场、齐鲁台湾城等片区进行试点建设，力争全市完成综合管廊建设80公里（指导造价约1.2亿/公里），预算投资100亿元。"十三五"期间，我市预算投资30亿元推进海绵城市建设。另外，我们还要启动城海城市轨道建设和城区快速路、周边快速路网建设等，预计投资250亿元。以上投资估算，还未考虑潍坊市基础设施正处于集中维修改造期的资金投入，也没有考虑区级承担的投入和重点片区开发投入。未来如此巨大的投资需求，单靠财政资金投入难以支撑，适度举债仍是未来城市基础设施建设投入的必然选择，关键是如何合理控制和把握负债规模，打造良好的投资回报和经营发展模式。

二、政府债务总体情况

（一）全国债务基本情况

政府性债务情况。按照审计口径，政府性债务可分为政府负有偿还责任债务、政府负有担保责任债务以及政府可能承担一定救助责任债务三类。根据2013年全国政府债务审计结果，截至2013年6月底，全国各级政府负有偿还责任的债务206988.7亿元，负有担保责任债务29256.5亿元，可能承担一定救助责任66504.6亿元。其中，地方政府负有偿还责任的债务108859.2亿元，负有担保责任债务26655.8亿元，可能承担一定救助责任43393.7亿元。

（二）债务成因分析——以潍坊为例

1. 城市发展要求。从2003年开展投融资业务，举借政府性债务用于城市发展，这一举措是立足当时经济社会发展的状况和需求，奋力实现发展突破的历史选择。2003年，潍坊市中心城区财政总支出15亿元，其中，正常运转经费和法定增长项目等占75%以上。市级财政预算每年用于支持发展的资金不足2亿元，其中，城建项目预算仅为1亿元。城市基础设施落后、功能不完善、公共服务不足、承载能力低下，城市经济总量小、结构差、辐射带动作用弱。同时，城市化快速发展，城区人口增长迅速，公共服务需求不断扩大。另一方面，大量沉淀的公共资源没有统筹利用，亟须进行资本化运营，提高基础设施投入支撑能力。

2. 财政体制因素。自分税制改革以来，财力越来越多地集中在上级政府尤其是中央财政，地方政府的财政收入占整个财政收入的比重逐年下降，财政支出占整个财政支出的比重却没有相应变化，地方政府财政收入与所担负的财政支出责任不匹配，地方政府财权、事权不统一。在财力不足情况下，各级政府仍然承担了大量的不属于公共财政支持范围的职能项目，只能通过大量举债的方式筹措建设资金。地方政府通过融资来满足支出需求成为普遍现象，举债融资已经成为地方政府筹集资金的一项重要手段。

3. 金融危机背景。2008 年底，国际金融危机爆发，国外需求锐减，国家推出 4 万亿经济刺激计划。2009 年 3 月，中国人民银行与中国银行业监督管理委员会联合发布《关于进一步加强信贷结构调整促进国民经济平稳较快发展的指导意见》，提出"支持有条件的地方政府组建投融资平台，拓宽中央政府投资项目的配套资金融资渠道"。2010 年，欧债危机爆发，国内经济增长受到一定程度的制约。基于金融危机影响，受国家政策驱动，为落实扩大内需政策，促进产业结构升级，满足项目配套要求，地方政府加大融资力度，债务规模出现较快增长。

（三）债务管理存在的问题

现阶段，从全国范围来看，地方政府债务管理主要存在的问题是，尚未建立与经济社会发展需要和资源财力相适应的规模控制机制，举借债务存在一定盲目性；债务资金未全部纳入预算管理，脱离了上级政府和同级人大的监管；没有健全的风险预警机制，未建立规范的信息披露制度。具体到我市来看，主要是以下五个方面。

1. 政府债务缺乏统一规范的管理体制。除外债转贷、国债转贷、地方政府债券转贷实行财政部门统一管理外，其他政府性债务分散于各个部门、单位及平台公司，管理分散、主体不一，缺乏统一的债务管理归口部门。财政部门仅负责对债务数据进行事后汇总统计，难以全面、准确和实时地掌握债务的整体运行情况。同时，由于各部门之间缺乏有效的协调合作，难以对债务实施系统有效地管理。

2. 尚未建立科学规范的债务规模控制机制。一是举债无计划。部分县市区和部门、单位没有根据地方经济发展战略和财政承受能力来合理确定举借债务规模，举债融资存在一定盲目性。二是未纳入预算管理。除财政管理的地方政府债券资金纳入预算管理外，其他大部分政府性债务资金未相应纳入预算管理，游离于人大监督管理之外。三是资金使用不规范。部分单位未按规定用途使用债务资金，或违规投向房地产建设等禁止性领域。同时，部分债务资金支出进度不足，形成了较多的沉淀闲置资金，加之资金使用缺少应有的监督，部分资金使用效益较低。

3. 融资平台公司资产质量不高，集团化程度不足。一是融资计划性不强。部分融资平台公司对负债的规模、还款期限及还款来源等缺乏有效的统筹机制，没有统一规划。二是偿债资金来源单一。多数融资平台公司举借债务主要依靠土地等相关收入偿还，受房地产市场的影响较大。随着债务总量逐年上升，面临较大的还本付息压力，只能通过"借新还旧"等方式勉强维持基本运作。三是多元化经营缺乏。融资平台公司除承担政府融资功能外，公司自身造血能力不强，在上级要求剥离融资平台公司政府融资功能的大背景下，公司其他经营性业务较少，收益较低，今后公司发展转型存在困难。

4. 传统举债模式受到很大限制。目前看来，潍坊市融资的主渠道是融资平台公司，但自从2010年后，地方融资平台受到监管层的严控，银行贷款、信托融资相继受限。随着近期国务院43号文的发布，明确要求剥离政府融资平台政府融资功能，失去政府信用支持的融资平台公司，其融资渠道将越来越窄，再者由于融资平台公司融资渠道单一，多数依赖银行贷款，加剧了银行体系的信贷风险，为了确保公共基础设施建设的可持续性，必须探索建立新模式。（1）银行贷款。作为地方融资来源主渠道的银行贷款，2013年以来，监管层推出了一系列针对地方政府融资平台的监管措施。银监会《关于加强2013年地方融资平台风险监管的指导意见》中明确要求，继续推进地方政府融资平台的风险管控，增大融资平台公司的融资难度，实行"名单制"管理和资产负债率差异化管理，严格控制银行贷款发放规模。（2）债券融资。作为地方融资平台的第二大融资途径，债券融资主要包括短期融资券、中期票据和企业债等三种形式。银监会《关于加强2013年地方融资平台风险监管的指导意见》对金融机构购买债券做出了严格限制，授信和审批权全面交由总行统一监控。除购买受到限制外，银行不得为地方融资平台发债提供担保。2014年9月，对于融资平台类的中小企业私募债的备案暂停受理，意味着融资平台借道私募债窗口融资的方式被封堵，以上因素都增加了债券融资的难度。（3）信托融资。信托融资的成本普遍高于其他融资渠道，一般都在10%—15%，部分接近20%，当前地方债务压力巨大，难以承担通过信托融资产生的资金成本。最后，考虑到政策与风险因素，目前大多数信托公司不接受地方融资平台项目。

5. 债务信息披露、风险预警及处置机制缺位。一是政府债务透明度不高。目前，由于没有对债务信息披露有强制性要求，绝大部分县市区未公开相关债务总体情况及债务项目建设情况等信息。二是未建立有效规范的债务风险预警机制。目前，部分县市区未能真正建立起有效的风险预警防控机制，已建立预警机制的，在指标选取时，也不科学规范，或者选取指标过多，权重设置不当。三是未全面建立偿债准备金制度。根据财政部相关文件规定，有外债和国债转贷的县级及县级以上地方政府应建立偿债准备金制度，但部分县市区未按相关规定建立偿债准备金制度。已经建立的，由于自身财力影响，偿债准备金总量不足，当发生偿债困难需启动应急机制时，不能及时足额偿还到期债务。

三、探索可持续的公共基础设施建设新模式

（一）基础设施建设分类

以资产收益特征划分公共基础设施类别的理论基础是项目区分理论。所谓项目区

分理论就是把项目区分为经营性与非经营性,根据项目的属性决定项目的投资主体、运作模式、资金渠道及权益归属等。根据项目区分理论,以投资项目有无收费机制和资金流入,即能否让市场发挥作用进行分类,可以分为两类:非经营性公共基础设施和经营性公共基础设施。

1. 非经营性公共基础设施。此类公共基础设施无收费机制、无资金流入,这也是市场失效而政府有效的部分,其运营的目的是为了获得社会效益和环境效益,市场机制难以发挥作用。非经营性项目投资主体由政府承担,按照政府投资运作模式进行,资金来源应以财政投入为主,并配以相应的税费作为保障,当然其权益也归政府所有。但在投资的运作过程中,也要按照"供应"与"生产"区分的原则引入竞争机制,按照招投标制度进行操作,并需确保投资决策的科学性、规范性,促进提高投资效益。

2. 经营性公共基础设施。此类公共基础设施有收费机制和资金流入,但这类项目按照有无收益或利润分为两小类,即纯经营性公共基础设施和准经营性公共基础设施。纯经营性公共基础设施,可以通过市场机制有效配置,其投资的目的和动机是利润最大化,其投资运营的过程也是价值增值的过程,因此,此类公共基础设施运营可以通过市场化的投资方式实现。准经营性公共基础设施有收费机制和资金流入,具有潜在的利润,但是因政府政策和收费价格不到位等客观因素影响,无法收回成本,并附带部分公共利益,是市场失效或低效的部分,由于经济效益不高,市场运行的结果将不可避免地形成资金供给的缺口,为维护其公益性,需要政府通过贴息或政策优惠维持运营,或待其价格逐步到位、条件成熟时,即可转变化纯经营性的公共基础设施。关于基于项目区分的城市公共基础设施分类与运营见表1。

表1   城市公共基础设施分类与投资主体

类别	细类	实例	投资主体
经营性公共基础设施	纯经营性	收费高速公路、收费桥梁、收费隧道以及收费的文化、教育、体育等	社会投资
	准经营性	煤气站、地铁、轻轨、自来水厂、垃圾处理厂等收费不到位设施	政府适当补贴吸纳社会投资
非经营性公共基础设施		敞开式城市道路、公共绿化等	政府投资

(二)新形势下地方政府举债模式选择

1. 充分利用地方政府置换债券、新增债券以及政策性贷款。一是在上级下达的地方政府置换债券额度范围内，对债务审计确定政府负有偿还责任债务中期限较短、利率较高、亟待偿还的债务予以置换，变更债权关系，延长还款期限，降低债务利息负担。二是利用新增债券资金，优先用于在建基础设施建设项目后续完工和保障性安居工程建设、普通公路建设发展以及城市地下管网建设改造等重大公益性项目支出。三是积极争取上级期限长、利率低的政策性贷款，如棚户区改造贷款等，加快改善区域性基础设施条件，同时，达到优化债务结构，缓解债务风险的效果。四是利用上级放宽企业债发行的有利条件，重点发行城市地下综合管廊建设、城市停车场建设、创新创业示范基地建设、电网改造等重点领域专项债券，支持基础设施建设。五是充分利用险资。随着我国对保险资金运用渠道的不断拓宽，险资现已可直接投资于股票、基金、债券及海外市场，但是目前的这些投资品种，仍然不能真正做到在期限、成本、规模上与保险资金，特别是寿险资金长期负债的特点较好的匹配，以满足偿付的要求。从资金性质来看，险资具有资金量大、来源稳定可靠等特点，追求的主要是巨额资金的长期保值增值；基础设施项目建设则具有资金需求量大、投资期长，但建成后有稳定的现金流、投资回报稳定和安全的特点，二者可以有效整合。

2. 规范利用 PPP 化解存量债务、承担新建项目。按照服务于社会经济发展的不同方面，PPP 项目大致可分为经济、社会和政府三类。经济类包括交通运输、市政公用事业、园区开发、节能环保等领域；社会类包括保障性住房、教育、文化、卫生等领域；政府类主要服务于司法执法、行政、防务等领域。按照社会资本方、特许经营者和项目公司获得收入的方式，PPP 项目可分为三类：使用者付费方式、政府付费方式和可行性缺口补贴方式（VGF，即用户付费不足部分由政府补贴，或称混合付费方式）。使用者付费方式通常用于可经营性系数较高、财务效益良好、直接向终端用户提供服务的基础设施项目，如市政供水、城市管道燃气和收费公路等。政府付费方式通常用于不直接向终端用户提供服务的终端型基础设施项目，如市政污水处理厂、垃圾焚烧发电厂等，或者不具备收益性的基础设施项目，如市政道路、河道治理等。VGF 方式通常用于可经营性系数较低、财务效益欠佳、直接向终端用户提供服务但收费无法覆盖投资和运营回报的基础设施项目，如医院、学校、文化及体育场馆、保障房、价格调整之后或需求不足的网络型市政公用项目、交通流量不足的收费公路等。运用 PPP 提供公共基础设施的具体操作要点主要分为物有所值评价、风险分担原则、利益共享机制、SPV（特殊目的机构）股权架构四个方面。

3. 基础设施产权权益证券化。基础设施产权权益证券化是指以基础设施产权派生的收益流（如公路过境费、机场建设费等）为依据进行的资产证券化 ABS（Asset Backed Securitization，简称"ABS"）。其中基础设施的所有者即为原始权益人，构成资产池的基础资产是原始权益人对已建成的基础设施拥有的各种权益。通过资产证券化可以将缺乏流动性但又能够产生可预期的稳定现金流的资产汇集起来，按照一定的结构安排对资产中风险与收益要素进行分离与重组，再配以相应的信用担保和增信措施，将其转变成可以在金融市场上出售和流通证券的过程。ABS 是国外一种常见的融资方式，以目标项目所拥有的资产为基础，以该项目资产的未来收益为保证，通过在国际资本市场上发行高档债券来筹集资金的一种项目融资方式。它减小了项目原始权益人自身的风险，使其清偿债务本息的资金仅与项目资产的未来现金收入有关，分散了投资风险。ABS 融资中项目资产是许多已建成的良性资产的组合，政府融资平台公司可以运用 ABS 方式以这些良性资产的未来收益作为担保，为其他基础设施项目融资，不仅可以筹集大量资金，还有助于盘活许多具有良好收益的固定资产。ABS 融资方式的运作则相对简单，它只涉及原始权益人、特设信托机构 SPV、投资者、证券承销商等几个主体，无须政府的特征及外汇担保，既实现了操作的简单化，又降低了融资成本。

自从潍坊市开展投融资业务以来，政府债务资金投向多数为市政建设、公用事业等项目，平台公司已形成了大量存量资产，亟须在融资方式上的创新和突破，由于融资平台公司具有大量可以产生未来现金流的基础资产，进行证券化融资具有独特优势，并有利于盘活优质存量资产，解决流动性问题，化解债务风险。当前，国家对资产证券化给予极大的政策支持，2014 年 8 月，国务院办公厅下发《关于多措并举着力缓解企业融资成本高的指导意见》，提出要大力推进资产证券化，盘活存量，加快资金周转速度；2014 年 10 月，证监会下发《证券公司及基金管理公司子公司资产证券化业务综合管理规定（修订稿）》及配套规则，明确资产证券化业务取消行政审批。上述文件规定，为融资平台公司资产证券化提供了有力地政策支持。

4. 推动投融资主体的转型发展。按照"法人治理、自我平衡、滚动发展、股权融资、企业上市"的思路，推动平台公司转型发展。目前，我市投融资公司业务相对单一，下步要积极推进公司转型发展，实行自我运营、自求平衡，打造实体化公司，实现"融资平台"向"投资发展平台"的转变，实现"融资主体"向"运营主体"的转变。同时，在适当条件下，采取股权融资或实现公司上市。目前，采取股权融资这一融资方式的地方融资平台就有成功案例，例如云南省城市建设投资有限公司并购重组云南红河光明股份有限公司，在上交所上市，主营房地产开发与经营。中铁集团旗下子公司中铁二局股份有限公司在上交所整体上市。

5. 基础设施融资租赁。基础设施融资租赁是集金融、贸易、服务为一体，具有独特的金融功能，在国际上是仅次于银行信贷的第二大融资方式。它有利于拓宽基础设施投资大规模、长期限、低成本筹集项目资本金的渠道，缓解资金的结构性矛盾，降低地方融资平台的负债率，对于地方融资平台风险防范具有重要的意义。地方融资平台拥有大量建设完成的存量基础设施项目，借助于租赁公司融资租赁业务，通过资产的流转可以产生部分增值收益，既盘活了存量资产，提高了资金使用效率，又能反哺新建基础设施项目。租赁公司也因此能够获得优质稳定的业务收入。采用融资租赁，由于融资标的物为承租企业独占使用，因此，承租企业完全可以实现其管理职能。

6. 探索成立城镇化发展基金。通过财政部门牵头，出资成立引导基金，吸引金融机构资金，合作成立城镇化发展基金，基金直接与地方政府基础设施项目对接，投向一级土地开发以及保障性住房建设等，对政府来说，可以借助城镇化基金输血基础设施建设，并不受平台公司贷款条件限制。

四、地方政府债务管理与偿债机制的完善

（一）建立地方政府性债务管理协调机制

探索统筹加强地方政府性债务管理的办法，研究建立政府统一领导、财政归口管理、部门分工协作的有效机制，实行涵盖借、用、还全过程的跨部门沟通协调制度，明确各部门、各环节职能责任，为政府性债务管理提供体制机制保障。财政部门作为债务管理归口部门的主体地位，做好存量债务处理、债务风险预警及化解、债券发行、预算管理、债务考核等各项工作。发展改革部门要加强政府性债务投资项目的立项审批管理工作，从严审批债务风险较高地区的新开工项目。金融监管部门要加强监管、正确引导，制止金融机构违规提供融资。审计部门要加强对政府性债务举借、使用、偿还等情况的审计监督，并将政府性债务审计纳入对市县政府和有关部门主要负责同志的经济责任审计范围。监察部门要对政府性债务举借、使用、偿还等过程中的违法违规行为进行查处和责任追究；对触犯刑律的，移交司法机关依法处理。

（二）建立规范的地方政府举债融资机制

一是健全规范的举债审批程序。年初，由部门、单位提交本年度债务收支计划，具体包括举债项目情况、还款资金来源以及实施期限等内容，由财政部门按照本年度市委、市政府确定的重点工作，对部门、单位提交的收支计划进行汇总审核，并按照轻重缓急确定项目优先保障顺序。在年中上级下达本年度举债限额后，由财政部门根据经济和社会发展的需要，按照本年度财政状况和偿债能力，在上级下达的举债限额内，确定本年度债务收支计划及举债项目，并对政府性债务年度收支计划进行相应调整，经市政府审定后，报人大或其常委会批准后执行。二是将债务资金分门别类纳入全口径预算管理。按照债务资金性质，将政府负有偿还责任债务中，没有收益的纯公益性项目债务资金纳入公共财政预算，将有一定收益且还款来源是项目对应的政府性基金或专项收入的债务资金纳入政府性基金预算。各部门、各单位要将债务收支纳入

部门和单位预算管理。对其他或有债务确需财政资金承担偿债责任的，偿债资金也要纳入相应预算管理。纳入预算管理的债务资金，编制债务资金预算时，要根据债务合同约定，将本年度债务资金收入、还本付息支出情况全面反映到预算中。部门、单位在编制本部门、单位预算时要首先保证债务资金还本付息需要，对未按要求优先偿还债务的，将调剂本部门其他资金用于归还债务。三是严格限定地方政府债务资金用途。举借的债务资金，只能用于公益性资本支出和适度归还存量债务，不得用于经常性支出。四是进行物有所值和财政可承受能力论证，将政府PPP等相关支出，纳入年度支出预算和中长期财政规划。五是通过法律规范政府与社会资本的权力义务。根据项目特点设计确保社会资金稳定预期收益的方案，增加对社会资本的吸引力。以平等合作伙伴关系，通过法律契约的形式界定好政府和社会资本的权利和责任关系。政府要按照法律法规来规范约束自身行为，增强管理过程的法治化、透明化和系统化，保障社会资本的投资权益，避免政策变更的频繁性和随意性。

（三）建立政府投资回报机制

目前，对于政府基础设施建设来讲，投融资不是问题，关键是投资如何收回和实现项目的平衡运营。在政府投资的基础设施建设和重大功能性项目立项时，就要进行全生命周期的成本效益分析，把投资回报测算作为基础设施投资立项的一项必备内容，在履行好公共服务职能的同时，力求最大限度收回投资。同时，要设计合理的盈利模式。由于市场和资本的逐利特性，非盈利或低回报的基础设施项目对于市场和投资方来说是没有吸引力的。因此，如何构建基础设施项目的投资运营模式，使其有经营现金流、实现保本并有适当利润，是这类项目市场化运作成功的前提。这也是目前国内污水处理、垃圾处置和轨道交通等项目市场化能成功的经验。从国内基础设施项目市场化的实践来看，一般采取提供补贴增加收入、降低经营部分的初期投资或配置盈利资源等方式，来保障项目的实施。

一是理顺市政公用产品和服务价格形成机制。《国家新型城镇化规划》提出，"理顺市政公用产品和服务价格形成机制，放宽准入，完善监管，制订非公有制企业进入特许经营领域的办法，鼓励社会资本参与城市公用设施投资运营。"要发挥市场和政府双重作用，加快对市政公用产品和服务的定价机制、成本监管和听证制度的改革。促进城市基础设施以及公用设施收费逐步按照市场导向形成定价机制，对低收入人口生活用水、电、气、地铁、公交等进行补贴。

二是通过政府购买服务模式，设计合理的营利模式。政府要在推动公共物品和服务定价的公开化、社会化和透明化的基础上，针对政府付费、使用者付费、可行性缺口补助等运营方式，科学制定涉及项目的财政补贴、经营收费权和其他支付对价，稳定项目的收益水平。促使社会资本兼顾好社会大众的公共利益与项目投资的市场收益平衡。例如，对污水处理、垃圾处理、污泥处理处置等项目，如果仅由终端用户付费，则项目必然是长期亏损，无法实行市场化。在此领域通用的模式是通过市场化方式引入社会资本负责投资、建设和运营，由政府作为购买方统一采购污水处理服务，并与投资人结算。政府根据运营成本和合理利润确定购买服务的结算价（即"影子价格"），实现社会资本的合理收益，对于影子价格和实际征收的污水处理费之间的差额，由财政予以补贴。垃圾处理和污泥处理处置等项目基本都是采用这一模式。

三是捆绑优质项目或配备资源。构建基础设施投资运营模式常用方法还有，将非营利项目的建设运营和经营性项目的建设运营捆绑起来"搭售"，比如污水处理厂BOT项目捆绑配套管网的投资和运行；或者是配备资源的方式，如采用市政道路和公园等无收入基础设施项目与周边关联地块捆绑开发的手段，用周边土地产生的收益来投资或补贴基础设施项目。例如：香港轨道交通盈利模式。成立于1975年的港铁，从1996年就开始盈利，是全球少数几个实现盈利的城市地铁公司之一，其盈利方式归纳为"轨道+物业"或"轨道+社区"的发展模式。除了运营地铁外，港铁公司还运营着多个高端物业，包括高端商场、住宅、高端写字楼、铁路顾问服务等。港铁公司利用"轨道+物业"的模式把轨道交通投资建设和沿线土地开发升值相互紧扣，利用物业开发回收的增值部分填补轨道项目的资金缺口，达到合理回报。这一模式的具体操作手法为在新铁路沿线，政府给予港铁公司"土地发展权"，对地块进行总体规划。港铁公司以该地区没有铁路为基础的地块价值估算，向政府支付地价。港铁公司兴建铁路，同时与开发商合作地上物业。物业价值因铁路发展提升，港铁公司将物业价值提升所获得的利润，用作投资兴建新铁路并与政府按一定比例分红。

四是规划控制与引导。在建设学校、医院、文化艺术中心、体育场、高铁站等重大功能性项目时，要注重对周边片区的统一规划，特别是对有价值资源进行控制性规划，形成详细的城市设计方案，增加对该片区开发的良好预期，以此吸引社会投资。待功能项目投入运营，带动周边资源升值，实现较好的投资回报和运营收益。

（四）完善政府性债务风险防范机制

一是要建立地方政府性债务公开制度。加强政府信用体系建设，定期向社会公开政府性债务及其项目建设情况，自觉接受社会监督。二是要建立债务风险预警体系。根据各县市区债务情况，测算债务率、新增债务率、偿债率、逾期债务率等指标，评估各县市区债务风险情况，以全面、准确地反映债务的总量和结构风险状况。按照一定权重计算综合债务率，综合债务率或债务率高于预警线的地区，列入风险预警名单，不得新增债务余额，要积极采取措施，逐步降低风险；综合债务率低于预警线，但单项指标有一项高于预警线的地区，列入风险提示名单，并进行风险预警，从严控制新增债务余额。同时，定期通报县市区债务风险情况，公布风险预警名单和风险提示名单。三是要建立偿债准备金制度。各级在年度预算中，根据上年度债务余额情况，按照一定比例（3%—5%）设立偿债基金，并逐步扩大至适当规模。同时，将债务资金与财力统筹安排，优先保障市委、市政府确定的重点项目和还本付息，把债务支出控制在限额内。四是建立债务风险应急处置机制。根据债务风险总体情况，制定应急处置预案，当出现偿债困难时，启动应急处置机制，通过控制项目规模、压缩公用经费、处置存量资产等方式，多渠道筹集资金偿还债务，并启动责任追究机制追究相关人员责任。同时，在债务风险降低到安全线下之前不允许新上项目，要强制将新增财力部分全部用于化解存量债务，切实化解债务风险。

大数据视野下的综合治税

——焦作市政府大数据管理应用的创新与探索

焦作市财政局　史开国　赵军华

一、背　景

近年来，受经济大环境和资源枯竭城市转型等影响，焦作财税收入低速增长，税收比重持续下降。但在税收征管过程中，涉税信息渠道不畅通、征管力量相对不足、长效机制不健全，致使部分税收流失等问题日渐显现。政府各部门掌握着大量的、相对孤立的涉及经济建设、社会事业预测、运行、监控、管理的数据信息，在经济新常态下传统的粗放管理模式已很难适应现代社会治理的新形势、新变化。从大数据管理角度讲面临诸多问题包括：如何统一收集、管理和利用所有数据？如何分析、存储和分配数据，并将其转化为有意义、有价值的信息？如何提高组织间的信息共享，以获得更加综合且有联系的情报？如何回溯数据源提高数据可信度？如何建立统一管控和服务应用平台？如何应对各部门对大数据的需求和分析应用？这些方面的问题都需要政府面对和解决，而运用大数据开展社会综合治税工作就显得意义重大、影响深远。2011—2013年底，市财政局在借鉴外地经验基础上，结合本地实际，以"焦作市财税信息共享平台"为载体和支撑，在全省率先开展信息共享、综合治税领域的实践，开启信息治税、科技治税的探索之路。

二、焦作综合治税创新实践

综合治税是一项社会化程度非常高的复杂性创新工作，涉及政府、部门、行业、社会的方方面面，既要打破行政体制的惯性制约，又要各方面的常态化协同，更需要综合治税相关的各类数据信息及技术平台的强力支撑，为此，焦作市政府采取多措并举的办法，在市委市政府的强力扶持下全面展开。

（一）健全组织架构，形成治税合力

综合治税涉及范围广、牵扯部门多，能否形成治税合力，关键在于组织体系。在

市政府的牵头下，成立了高规格的领导小组。市长、常务副市长亲自担任组长、副组长，各部门主要负责同志任成员。市政府综合治税办公室设在市财政局，财政、国税、地税等部门抽调专人集中办公，专职负责具体工作。市直 50 个涉税部门均明确了分管领导，指定了主管科室，安排专人具体负责信息报送。市综合治税办印发了《关于加快推进全市综合治税信息管理工作的通知》等一系列文件，明确各部门的权力义务，健全了工作机制。在县市区层面，11 个县市区均参照市里模式，下发了工作意见，成立了领导小组，完善了组织架构。

（二）明确部门职责，发挥部门职能

焦作市的综合治税是以部门提供涉税信息、财税跟进加强征管为核心而建立起来的工作机制。部门配合程度直接决定了信息提供的质量和时效，进而成为影响治税效果的关键所在。为此，财政部门成立了 11 个信息采集工作组，对涉税信息收集实行领导包干制，按照综合治税的数据需求切实做好数据采集工作。

1. 明确职责范围。认真梳理涉税部门职能范围，分综合部门、专业部门和执法部门三种类型，逐一明确协税职责，做到一一对应。

2. 提供涉税信息。建立了涉税信息报送制度，各部门均固定一名信息员，定期报送有关信息。同时，切实加强信息处理，综合治税办公室将采集的部门信息分析测算后，将相关涉税信息转至税务部门，由其根据应税项目所在区域和范围，以督办的形式下达至基层征管单位，并对落实情况及征缴税款进行跟踪监督和绩效考评，确保了由信息向税源的实质性转变。

3. 实行委托代征。在利用部门资源深挖涉税信息的基础上，我们又借助有关部门的管理优势、关口优势，通过税务部门委托，对零星分散、易漏难征的税收依法实行代征，切实提高征管效率，最大限度堵漏增收。

（三）强化信息管理，提升治税绩效

运用大数据理念创建焦作市综合治税信息平台，平台建设由政府主导，财政、国税、地税等 50 个部门共同承建，并确立了平台建设逐步构建和完善政府财税"大数据"体系，促进信息共享、对称管理，实现信息管税、综合治税、增收节支，推进财税与经济协调发展建设目标。

（四）完善考核制度，确保治税成效

为确保各部门将综合治税职责落到实处，市综合治税办印发了市直部门和县（市）区综合治税工作考核奖惩办法，明确职责范围和权利义务。市政府将综合治税工作纳入年度工作目标进行考核，并作为政府重点工作，列入督查范围，对不认真履行职责，造成税收严重流失的，将依纪依规追究单位主要负责人和直接责任人的责任。

三、运用大数据理念探索综合治税

(一)明确大数据应用理念

数据是综合治税的根本,应用是数据治税的关键。为此,焦作市财政以大数据理念为基础构建了焦作市综合治税信息平台。平台建设核心作用有四个方面:一是筹建全市财经数据总库,建立焦作财经"大数据",为政府领导层宏观管理与决策提供数据支撑。二是促进全市财税数据信息资源共享与交换,服务政府各部门的管理与业务,促进对称管理,推动部门管理规范化。三是强化对财税及企业数据信息资源的监管,通过不同部门、不同数据信息的比对,排查税收疑点,挖掘流失和潜在税源,实现信息管税、综合治税,即增收管理。四是核实人口、政策效果等基本信息,减少政府性重复性支出,实现节支管理。随着现代信息化技术在财税领域的大规模应用,实现信息化管理,成为综合治税的必然选择。

(二)基于大平台的核心应用

以增收节支为核心的数据应用主要包括:一是地税子系统在地税全系统统一部署,应用重点是数据比对、分析监测,发现疑点数据,核查漏征税款;二是国税子系统在国税全系统统一部署,应用核心是建立国税系统纳税风险评估及风险防范体系;三是筹建财政节支子系统,主要是人社各类保险重复参保信息比对和民政低保家庭基础信息比对应用;四是完善综合治税信息报送子系统,通过内外网采集数据信息;五是统一平台纳税人基础信息,建立综合治税规范数据标准,建立"数据身份证"。

(三)建设成效

平台建设极大提升了焦作财税领域信息化管理应用水平和治理能力,促进了全市综合治税工作的深度开展,成效显著。截至目前,全市财税信息共享平台数据库已装载50个成员单位信息需求表188张(套)、建立了国税、地税、工商、质监、公安、房管、国土、财政8个全量数据库,信息总量达到数据5000余万条。平台建立各类税种、费种分析比对模型30余套,通过信息共享、数据比对、信息排查,核查出2012—2015年疑点税款分别为2.46亿元、3.78亿元、4.23亿元、3.65亿元。2015年,通过市本级各类参保人员信息比对,发现重复参保人员4.7万多人,涉及财政补贴1035万元,通过民政低保家庭信息比对人员5000余人。焦作市开展综合治税工作以来,截至2016年9月底,通过数据共享、对称管理、数据应用,共实现综合治税收入15.77亿元,其中2014年4.37亿元、2015年7.95亿元、2016年1—9月3.45亿元,成为焦作市破解收入征管难题的突破口和新起点。

(四) 困难与问题并存

由于行政体制惯性的驱使和对政府数据资源的模糊认识，综合治税就像一个新生事物一样极其容易夭折或艰难成长。一是部分成员单位信息采集无法保持常态化，尤其是垂直部门的数据采集更加困难，如烟草、电力、保协等，以数据集中在省级管理为由，不提供数据信息。二是数据质量难以保证，不完整、不全面、不准确、不规范，影响了数据匹配，利用率低。从大数据混杂性、相关性、不精确性等理论层面上讲尚可，而目前采集的信息总量尚难以构成真正的大数据，如登记类、备案类、涉税类、评估类数据都是针对性很强的数据种类，都是具体的、精确的，无法按照大数据理论和思维进行利用。三是综合治税信息平台的先天缺陷。目前的综合治税信息平台基本上是传统软件架构设计，并未真正贯彻大数据的思维模式，而囿于传统管理软件的局限性，又很难有更深度地突破与创新，尤其是对大数据的智能化采集与管理、利用与串联、校验与控制，因此，综合治税的技术支撑需要全面创新。因此，以综合治税信息平台为基础，依托焦作政务云中心，以大数据、云计算技术为支撑，以上云、数据整合、创新应用为主线，打造焦作智慧财税，创新政府大数据管理与应用，运用大数据理念和思维，整体提升政府管理服务水平和治理能力成为当前较为迫切的需求。

四、焦作市政府大数据战略

当前，信息技术和互联网的新发展带来了大数据的爆发式增长，数据正在成为驱动经济增长和社会进步的重要基础和战略资源。基于海量数据资源的挖掘和应用催生的大数据产业，蕴含着巨大的商业价值和社会价值，是全球下一个促发创新、角力竞争、提高生产力的前沿领域。2015年8月19日，国务院常务会议通过《关于促进大数据发展的行动纲要》，其中明确指出推动政府大数据开放、共享和安全的重要性。9月26日，国务院发文《国务院关于加快构建大众创业万众创新支撑平台的指导意见》(国发〔2015〕53号)，提出大力发展专业空间众创。11月3日发布的《中共中央关于制定国民经济和社会发展第十三个五年规划的建议》提出，拓展网络经济空间，推进数据资源开放共享，实施国家大数据战略，超前布局下一代互联网。随着经济社会的转型，精准而及时的决策数据成为政府制定政策，促进经济活力的重要手段，而"互联网＋"、云计算、大数据等现代信息技术的逐步成熟和应用，为政府整合资源、创新管理提供了可能，大数据逐步上升为国家战略，已成为实现政府治理体系和治理能力现代化的重要基础。

为进一步提升政府治理和服务能力，加强对市场主体的服务和监管，加强社会信用体系建设，提高财政收入征管能力和政府公共支出监管水平，全面推进简政放权和政府职能转变，在对政府传统"资金、资产、资源"运用的基础上，进一步拓宽管理视野，把数据资产提升到政府资源的战略高度，充分运用现代最新大数据、云计算信息技术，创新大数据应用与服务，以焦作市综合治税和智慧财税云平台建设为基础和契机，统筹规划焦作市政府大数据管理与应用势在必行。

（一）政府及各部门需求迫切

2016年，焦作市诸多部门不断提出基于大数据应用的项目，如社会征信体系、市场主体监管与服务、人口基础信息库、社会信息资源、城市应急指挥、部门业务云、行业云、智慧城市等方面建设需求，随着国家大数据战略的强势推进，这种需求将会越来越多。

（二）统建平台意义重大

焦作市政府大数据公共服务平台建成后，将会在全市形成一个政府级、统一的大数据收集交换、共享开放和应用服务中心，形成全市唯一、最大的基础性大数据仓库，在技术支撑、数据支持、创新应用等方面提供强大的驱动力。从大数据角度看，既可满足政府层面管理治理、监管服务的需要，又能满足政府各部门基于本部门的业务与管理需求，同时也可以整合其他部门业务云、行业云的各类数据，促使全市数据的统一融合和相互流动，作用巨大，意义重大。

（三）目标定位

促进政府部门间信息共享、数据应用；强化财源管理、监测评估与风险防范；规范支出领域管理、节约财政支出，推进和规范财税领域各项工作管控智能化、流程化；创新政府大数据在各领域的应用与服务，逐步实现政府智能化管理，整体提升政府管理服务水平和治理能力。通过政府大数据与信息、高端制造、循环化工、生物医药、新材料、新能源等领域的深度融合和创新应用，进一步带动全市相关产业转型升级，创新发展焦作大数据产业，通过大数据产业壮大产业总量，带动转型升级，建强产业体系，促进协同发展。

（四）建设体系

根据总体目标，焦作市政府初步确定了"一个平台""三层网络""五大系统""九大类数据集""平台＋业务云＋行业云"的大数据建设体系，并最终实现基于政府大数据平台的多元化创新应用。

"一个平台"。焦作市政府大数据服务平台，集成政府内外信息系统产生的数据，形成全市统一的大数据资源池。提供统一的数据管理、数据挖掘、数据共享和数据展示服务。

"三层网络"。实现部门专网、政务网、互联网三层网路信息的互联互通，提升数据共享的层次和效率。

"五个系统"。部门数据采集系统、互联网数据采集系统、数据管理系统、数据应用系统和数据开放系统。

"九类数据集"。基于大数据仓库，梳理分析形成政府宏观管理与决策、社会治理与服务、市场主体服务与监管、社会信用体系、综合治税、政府资金监管、企业监管与服务、信息共享与开放、部门行业应用、大数据创新驱动大数据九类主题数据集。

"平台＋业务云＋行业云"。以平台基础公共数据为支撑，筹建各部门基于大数据运用的业务云，逐步融会贯通各行业领域的行业云，统一整合全市数据资源，破解大数据发展难题，实施焦作市大数据战略。

五、大数据视野下的综合治税

焦作财政大数据规划建设与实施，经历了一个从无到有、积少成多、分步探索的艰难过程。从财经沙盘、到财税信息共享、到综合治税、到智慧财税云平台、到政府大数据平台，究其根本就是——数据，大数据就是宝藏，大数据就是生产力，得数据者得天下。

统一大数据平台建设意义重大，从焦作财税领域大数据平台建设与应用实践及各部门提出的建设任务看，涉及大数据应用的建设项目涉及众多部门、单位、行业、领域，涉及海量信息，涉及大数据、云计算、信息采集、信息应用等前沿 IT 技术，非某一个部门能够独立完成，更非一日之功。且每个大数据项目的建设模式、流程、技术基本相同，信息需求交叉重复，信息采集流程相同，提供数据部门不堪重负，分别实施将会造成极大的资源浪费、协调困难与效率低下。因此，大数据视野下的综合治税已不再适合单打独斗，必须统筹考虑，纳入政府大数据的规划与架构之内，也可作为一个独立的行业云在政府大数据框架内建设应用，唯其如此，综合治税才能获得真正的科技支撑，并在全社会的协同配合下走上持续健康规范运作的轨道。

市场经济条件下引入企业管理理念
加强财政管理的思考

栖霞市财政局　衣志伟

财政收支管理作为政府职能的重要组成部分，一方面是平衡各不同阶层利益的关键，另一方面影响社会经济结构、产业结构，对国家职能的履行有着至关重要的作用和影响。一般来说，在世界范围内，公共部门的管理效率要低于优秀企业，当前的改革是市场化改革，政府也要讲求绩效约束，财政管理更是如此，企业管理的一些理念、方法值得政府尤其是财政部门学习。近几年，栖霞市财政局围绕提高财政管理绩效进行了一些有益尝试，特别是通过对财政管理与企业管理的相似性和差异性进行分析，认识到用企业管理理念管理财政的可行性，大胆把企业管理特别是企业财务管理理念引入财政管理，取得了一定的成效。

一、财政管理与企业管理的相似性

在市场经济中，公共财政存在一个经济资源由私人部门进入公共部门，由财政按照部门预算拨付支出部门，由支出部门履行公共管理职能，对这部分经济资源进行管理的活动，虽然与企业管理具有各自的特殊性，但是，财政收支管理与现代企业管理特别是财务管理在管理背景、管理目标及管理方法上均存在一定的相似性。

（一）管理前提："委托—代理"理论

"委托—代理"关系是契约经济学研究的主要问题，是研究如何设计出委托人与代理人之间的最优契约关系，减少信息不对称，将代理成本控制为最佳水平，也是财务管理的基本思想。政府实际上就是一个国家或社会的代理机构，承担着一种公共受托责任，社会成员通过税费委托政府提供公共产品，纳税的社会成员从总体上可以被视为一个委托人，行使委托权利，这样，社会成员和政府就形成了委托—代理关系。政府作为纳税人的代理人，代表纳税人筹集财政资金，分配和使用财政资金，有责任和义务对财政收支活动进行绩效评价。政府将各项不同的职责和权利交给各个部门，政府可以被看作是委托人，各个部门接受相应的权利履行职责，则可以被看作是代理人，政府和各个职能部门又构成了"委托—代理"关系。这样就形成了一个多重的公共产权"委托—代理"关系，在此关系中，委托人希望代理人不仅要实现其财产的保全，还要实现其财产的高效和安全运行。

（二）管理背景：提高效率的压力

在现代市场经济中，企业面临来自市场的多方面竞争，优胜劣汰的市场竞争法则迫使企业不断提高技术水平与管理效率，以求在残酷的市场竞争中占有一席之地。近年来，世界各国在财政危机、信任危机等多方面的压力下，纷纷开展了一系列声势浩大的行政改革运动，对政府的内部动作模式以及外部管理机制都进行了重大的调整与变革，政府作为纳税人的代理人，职责是为公众办事，就必须对公众负责，把公众之事办好，否则就无法向公众交代，时刻面临提高效率的呼声和压力。

（三）管理目标：整体效率的最大化

在现代市场经济中，有的企业追求利润最大化，有的企业把企业的利润和股东投入的资本联系起来考量，有的企业则把股东财富最大化或企业价值最大化作为目标，总的来说企业以经营效益最大化作为决策和运行目标，自觉适应市场，参与市场竞争，否则就会被市场淘汰。政府以维护公共服务为目标，负责为公众提供不同的公共产品，谋求社会整体的生存和发展，其所支配的经济资源是公众让渡的自身经济权利，是公众接受公共产品的成本，公众必然要求公共部门提供物有所值的公共产品，如果公共管理的经济效率不适应市场经济效率，公众付出与接受公共产品的所得不对称，就难以实现全社会的生存和发展。

（四）管理方法：定量分析的运用

在现代市场经济中，企业要达到财务目标，选择筹资方案时，首先考虑的是能使企业达到财务管理目标的最佳资本结构，并考虑了财务杠杆给企业带来的风险和收益；在投资过程中，为避免损失，企业考虑了投资于固定资产的风险及其经营的杠杆作用，对投资的品种进行了投资组合；在运营控制中，企业要加速资金的流转，提高企业的利润率；在利润分配过程中，企业要选择合适的分配政策，在保留盈余和现金股利之间做出选择。为了满足公众对公共物品的需求和对基础设施的需要，政府根据GDP的增长速度、增长模式及增长要求确定财政支出的规模，根据各项支出的重要性以及在GDP增长中的作用的不同来确定财政支出的结构，同样要制定一揽子支出计划，对财政支出的管理也采用了相似的方法。

二、政府财政管理与企业财务管理的差异性

（一）政府财政管理的内容

政府财政管理是指政府对财政收支所进行的管理，就是政府对财政资金的筹集和

使用全过程进行的管理,是政府管理活动的重要组成部分。财政管理是贯穿财政工作始终、几乎覆盖所有财政领域和财政过程的一项经常性工作,不仅决定着财政工作的整体水平和最终成效,而且在很大程度上制约着财政改革的效应和财政职能的发挥。财政管理的职能主要有五种:第一是决策,即对财政活动采纳方案的选择;第二是预算,即制定预算并实施预算;第三是组织,即为了保证决策预算的有效执行而进行的组织活动;第四是协调,即对财政活动的各种关系之间的矛盾进行协调;第五是监督,即对财政活动的全过程进行检查监控。

(二)企业财务管理的内容

企业管理的内容包括商业管理、人力资源管理、营销学、决策制定、财务管理等多项内容,其中,企业财务管理对企业长期生存和健康发展具有重要意义,我们重点阐述与财政管理最为密切的企业财务管理。企业财务管理的主要内容包括投资决策、筹资决策和股利分配决策三个方面:第一是投资决策,即选择一个最为满意的投资方案,实现资金使用效益的最优化;第二是筹资决策,即确定最佳资本结构,降低企业财务风险;第三是股利分配决策,即如何分配、使用结余资金。企业财务管理的职能包括财务决策、财务计划和财务控制,三者组成了企业财务管理循环,主要环节包括:针对企业的各种财务问题制定项目计划,针对计划期的各项生产经营活动制定预算和标准,对企业实际的资金循环和周转进行记录,根据变化了的实际情况计算应该达到的实际水平并确定与标准的差额,对足够大的差异进行调查,找出产生差异的具体原因,根据原因纠正偏差,使经营活动按既定目标发展,对经营业绩进行评价与考核,根据评价结果对未来进行预测,为下一步决策提供依据。

(三)政府财政管理与企业财务管理的差异

财政收支管理的过程存在区别于企业财务管理的特殊性,一是与企业财务管理相比,政府财政管理缺少竞争。现代市场经济条件下,企业处于充分竞争的环境,效率降低或是经营不善就会处于非常被动的地位,随时可能被市场淘汰。政府是唯一的,虽有来自各方面的压力,却缺乏优胜劣汰的竞争机制。二是与企业财务管理相比,政府财政管理缺少严格的效率约束。经营效率是企业的生命,对财政收支而言,由于具有经济权力和政治权力为依托,难以形成严格的效率约束,为了达到某项效益,有时就会忽视资源使用效率。三是与企业财务管理相比,政府财政管理缺少盈利目标的设定。在全球化和信息化的大背景下,财政部门和企业面对的管理问题,诸如组织行为、计划与控制、资金管理和信息管理等,都是大体相同或相似的,本质区别在于企业以盈利为目的,有预算、有考核、有责任追究,政府部门则负责提供公共服务,弥补市场缺陷,缺少对盈利目标的设定。

三、企业管理理念在加强财政管理中的运用和探索

栖霞市地处胶东半岛腹地,素有"中国苹果之都"美誉,面积 2017 平方公里,人口 66 万,2016 年地方财政收入 11.25 亿元,被列为山东省 37 个现代预算改革试点县之一,在进行试点过程中,我们不断探索提高财政管理效率的有效途径,通过对财政管理与企业管理相似性和差异性的研究,在进行财政决策、预算、组织、协调的过程中,把财政作为一种经济活动,把企业财务管理理念运用到财政管理,降低成本,节约资金,提高财政支出的使用效率,取得了一定的效果。

(一)企业财务管理价值观念的运用

任何企业的财务活动都是在特定的时空中进行的,离开了时间价值因素,就无法正确计算不同时期的财务收支。为此,我们引入企业财务管理价值观念,依法、合规、合理统筹资源,减少运行成本,当好政府的财务总监,提高财政资金的使用效率。一是树立"五项资金统一理念"。从资金的使用价值和使用效益上看,税收收入、非税收入、上级资金、融资贷款、节约资金价值相同,效益一致,我们对五项资金一视同仁,统筹使用,避免了重税收收入、非税收入轻节约资金,重上级资金轻融资贷款等问题。二是统筹使用各项资金。将税收收入、非税收入(含政府性基金收入、行政事业性收费收入、国有资本经营收入、国有资源有偿使用收入等)和政府性债务资金全部纳入财政预算管理,统筹安排运用,统一监管和资金调度,增强政府统筹能力。三是以存款撬动贷款。针对政府融资平台在商业银行融资门槛高、审批时间长、抵押担保条件苛刻、贷款利率高,我们通过积极探索,结合国家政策,大胆创新,通过竞价谈判、调整配置财政存款方式,调动各商业银行为政府融资提供便利的积极性,实现了以低利率置换高利率,以长期置换短期,以政府债券置换融资债务,以信用担保置换实物担保的战略目的,有效化解了债务风险,通过这一举措年可为政府节约财务费用 3000 万元左右。同时,积极推广运用 PPP 等模式,对有现金流、具备运营条件的桃村火车站站前广场、污水处理厂、松山敬老院等基础设施项目,积极引导各类社会资本参与,着力激发和促进民间投资,签订 PPP 协议 12 个,投资额达到 4.6 亿元,纳入省级 PPP 项目储备库 6 个,列为省级 PPP 示范项目 1 个,当年获得上级 PPP 奖补资金 100 万元。四是对财政存款进行公开招投标。引入适度经营的理念推动国库制度改革,提高财政专户资金使用效益。在确保专户支出的前提下,采取财政专户资金存款面向银行公开招投标的办法,实现了国库闲置资金余额最小化、投资收益最大化,每年仅此收益就达 500 多万元。

(二)企业财务战略的运用

企业财务战略是在企业总体战略目标的统筹下,以价值管理为基础、以实现企业

财务管理目标为目的、以实现企业财务资源的优化配置为衡量标准所采取的战略性思维方式、决策方针和管理方针。融合企业财务战略,我们结合栖霞市和财政实际主要进行了三方面探索:

1. 抓好投资战略。不断强化"工业立市"理念,财政资金重点扶持高端装备制造、清洁能源、新材料、电子信息、科技矿业、新兴服务业、旅游、电子商务、苹果等九大优势产业,逐步建立产业发达、门类齐全的生态工业强市。财政每年对地方级纳税超过200万元的企业进行表彰,并将其纳入财政扶持的重点企业项目库,每年投入扶持工业企业发展和园区基础设施资金过亿元,全市工业经济在财政收入中的贡献率一直保持在80%以上,且逐年大幅递增。同时,借鉴企业成立"销售公司"的做法,动员全市力量,积极引进企业在栖霞市设立总部并在栖霞市注册成立销售和贸易分公司,2016年全市总部经济和销售分公司累计完成工商税收2.6亿元,比2015年同期增加3000多万元,增长13%。

2. 抓好筹资战略。新增债务全部利用发行债券的方式,按照栖霞市财政收入规模和增长幅度,合理制定债券发行计划,并将债务收支纳入预算管理,交由人民代表大会审议并接受监督,使政府债务情况透明化,避免了盲目增加债务,降低债务风险。同时,持续完善融资平台融资机制,在充分分析平台资产状况、运营状况、负债状况和资金变动情况基础上,对预期债务和负债率进行测算,提前做好融资规划,在规划范围内针对必须政府投资的项目进行合理融资。

3. 抓好营运战略。加强政府对城市土地供应的调控,全面建立土地收购储备制度,由政府统一规划、征用、开发和出让,并加强和规范国有土地有偿使用收入征收管理,把土地收益真正集中到政府手中。对全市矿产资源进行全面摸底调查,制定矿产资源使用规划,统一事权、统一管理,规范拍卖程序,缩短转让期限,提高拍卖价格。同时,积极盘活城市无形资产,对重要公共建筑物冠名权、城市道路及路牌冠名权、重要公共场所广告权等通过转让、拍卖、租赁等形式,公开推向社会,实行有形化、市场化运行,开发城市资源的潜在价值。以上几个方面每年增加政府收入2亿—3亿元。

(三)企业投资决策原理的运用

企业投资决策的目的是在未来一定时期内获得与风险相匹配的报酬,在市场经济条件下,企业能否把筹集到的资金投放到报酬高、回收快、风险小的项目上,对企业的生存和发展十分重要。财政资金的性质不同,但保障民生、保障重点、提高绩效的原理是相通的。

1. 加强资金整合,集中财力办大事。在"资金性质不变、管理渠道不变"的前提下,把多部门、多渠道资金整合成拳头,集中投放,"多个渠道进水、一个池子蓄水、一个龙头放水",办一件事成一件事,每件事都能切实发挥效益。近年来,累计整合村级一事一议奖补资金、农业综合开发资金、现代苹果产业提升资金以及生态农业示范项目资金等涉农资金 6000 多万元,有力支持了"三农"发展。

2. 调整优化财政支出结构。健全公共支出制度,按照公共财政和统筹发展的内在要求,清理和逐步剔除不属于公共财政范畴和不符合统筹发展方向的支出,盘活资金存量,用好资金增量,坚决砍掉那些无明确用途和明显效果或作用不大的资金项目,每年节约资金均达到 3000 多万元。同时,为了加强存量资金的管理,切实盘活存量资金,对结转两年以上的财政资金及时予以收回,提升了现金流的持续流动性,避免了财政资金趴在账面上"睡觉"。

3. 创建政府引导基金。通过杠杆形式,采取政府投一部分、社会资本投一部分的方式,创立了全国第一支规模达 10 亿元的苹果产业基金,为栖霞市苹果产业创造更好的金融投资环境,全力支持配合栖霞市苹果产业升级改造,有力推动栖霞市苹果产业健康平稳发展。在此基础上,正在着手成立"新能源产业基金"和"生物医药产业基金",通过政府资金的引导作用,吸引集聚社会资金,促进相关产业加快发展。同时,采取建立政府"助保金池"的方式,通过 1∶20 的杠杆,通过与银行协商为企业增信,直接撬动银行贷款投入企业,有效缓解了企业融资压力。

4. 清理压减往来款项和历史债务,化解财政资金风险。近年来,上级连续下发文件,要求采取切实可行的措施,全面清理和压减暂付款规模,我们下大力气开展自查自纠,逐条逐项厘清暂付款情况和形成原因,应收回的及时催缴收回,应列支的尽快形成支出,2016 年底暂付款规模比上年压减 20 亿元以上。同时,积极以市场化手段化解潜在债务风险,将行政事业单位在银行的不良债权资产包,通过谈判的手段,以远低于市场价的价格打包购买,并同律师中介机构合作进行清收,取得了较好的效果,先后以 1175 万元的价格购买行政事业单位不良债权近 3 亿元,化解直接债务 600 万元,间接债务约 4500 万元,清收其他不良债权 700 多万元。

5. 开展工程项目必要性论证。对政府投资工程项目增加了必要性论证,根据论证情况协调相关单位调整建设方案,严格控制标准和规模,避免重复建设、超标准建设和超规模建设。仅校安工程就节约可置换规划用地面积 93333 平方米,节约财政资金 2360 多万元,避免了小学宿舍楼无学生入住、住不满等问题。同时,将专家论证意见引入政府采购事前环节,对于规模较大、技术较复杂的项目,搭建技术论证平台,采购前聘请专家对拟采购物进行论证,有效抑制了超过实际需求和奢侈浪费的采购,有效节约财政支出。

(四)企业资产管理的运用

企业资产包括长期资产和短期资产,长期资产又包括长期投资、固定资产、无形资产、递延资产,在资产管理方面,我们结合企业资产管理模式,主要进行了四个方面探索。

1. 加强行政事业单位资产管理。健全和完善《栖霞市行政事业单位国有资产处置管理办法》规定，严把资产使用关，加强日常使用管理，探索建立集中调配机制和资产统筹运作平台，加速周转，提高资产使用效率。在资产调剂方面，抓住清理整顿办公用房的机遇，在国家政策允许范围内，将行政事业单位对外服务职能全部纳入政务服务中心统一办公，然后将"瘦身"后的单位统一调剂到商业价值低的位置办公，节省约1万平方米办公用房，将其整体划入到市融资平台公司，充实公司资产，发挥资产价值。对房产和公务用车创新采用了网络拍卖方式，公务用车拍卖价格达到评估价值的3倍以上，实现了国有资产最大限度保值增值。同时，积极创新管理模式，全面推进"公物仓"和"政府办公用品"采购平台建设。研究出台了《栖霞市政府公物仓管理暂行办法》，将相关资产全部纳入"公物仓"集中统一管理，并设立专门的存储仓库，专门用于存放行政事业单位闲置资产、报废资产、超标或超配（编）资产、更新资产和经市政府批准举办的大型节庆和会议、文体和展览等活动购置或接受捐赠可循环使用等五大类资产，建立固定资产实物账卡管理制度，进一步推进国有资产共享共用，提高资产利用效率，节约政府行政成本。对政府办公用品实行统一采购，在政府行政中心设立政府办公用品超市，由单位按审批计划统一领用，财政统一与供货商进行资金结算，有效强化了政府办公用品的使用管理。

2. 综合调配使用工程项目资源。在财政投资评审工作中，充分利用掌握全市工程信息的优势，加强工程项目之间的协调，把一个项目不用或者废弃的资源（如把需要挖走的土方调整到需要垫土方的工程）用于另一个需要的项目，使不同工程项目互通有无，推进项目资源的综合利用，有效节约资金，仅209省道改建和校安工程项目就节约资金上百万元。

3. 提升无形资产商誉的价值。由于财力薄弱，我们对工程类项目根据评审价值采取5∶3∶2付款方式，有效缓解了资金兑付压力，也有效保证了资金的及时足额兑付，目前未发生未及时兑付工程款的情况，在社会上获得了良好的反响，致使栖霞市的工程项目十分抢手，推动了栖霞市经济社会的顺利健康发展。

4. 抓好财政投入形成的经营性资产管理。建立了农业综合开发建管后期管护机制，对农业综合开发项目实行"公司+合作社+农户"建设、使用、管护一体化模式，实行财政投入、市场化运作、专业化管理办法，有效调动社会资本建设、经营、管理农业综合开发工程，财政投入农业综合开发项目形成的资产归财政所有、资产归社会资本运营，盈利由资产方和经营方共享，这一做法被烟台市、山东省和全国农业综合开发会议作为经验予以推广。

（五）企业财务分析的运用

企业财务分析是以企业的财务报告等会计资料为基础，对企业的财务状况、经营成果和现金流量进行分析和评价的一种方法，通过财务分析，可以了解企业经营活动中存在的问题，改进企业经营活动，提高管理水平。结合企业财务分析模式，栖霞市出台了一系列创新举措,确保财政管理更加务实高效。

1. 围绕成本控制,建立社保民生项目动态审核数据库。建立了涉及全市 44 项民生的数据库,涉及信息 50 多万条,通过项目库信息进行大数据信息审核比对有效节约资金。例如,在低保对象审核上,对是否拥有机动车辆、房产或者享受公积金待遇等,通过"财政资金综合分析跟踪平台"瞬间即可完成对审核比对。通过以上技术手段,近年来每年节约资金上千万元。

2. 围绕预算约束,推进综合预算改革。2016 年,栖霞市全面淘汰"基数+增长"预算编制方法,规范基本支出定额标准体系,按照厉行节约、反对铺张浪费的要求,对人均公用经费统一按照核定标准确定综合定额保障标准。对项目支出,围绕建立财政部标准和部门内部标准相补充、通用定额标准和专用定额标准相结合的定额标准体系,制定覆盖全面的项目支出定额标准,采取"一事一预算"原则据实核定,结合财力情况、综合平衡情况,从实际出发,逐项审议预算年度内各项支出内容及开支标准,致力构建细化精准、绩效优先、约束有力的综合预算体系。

3. 围绕降低费用,实行工程类材料设备政府统一采购。对政府投资的校舍建设、公路交通、市政基础设施、供水设施升级改造、垃圾处理一体化等 73 个政府投资工程项目所用的水泥、管道、垃圾处理设备、水处理设备等主要材料和设备,由政府通过统一采购确定供应商,既杜绝了施工单位使用假冒伪劣产品,保证了工程所用材料和设备质量,又有效节约了财政资金。2016 年采购水泥、钢材等工程类材料设备总价值 1 亿元,与以往由施工单位市场采购相比,节约财政资金 1000 万元。

4. 围绕绩效管理,开展资金绩效评价。积极推行"花钱必问效、无效必问责"的资金使用管理机制,对一般公共预算支出中的教育、医疗卫生、社会保障和就业、节能环保、农林水事务等九类重点支出,通过总体保障评价和分项保障评价两种方式进行绩效评价;对部门财政资金使用管理,主要以预算收支平衡、暂存暂付款管理、债务风险、年终结转等内容进行绩效评价。建立完善"预算、评审、采购、支付"四位一体管理模式,不断强化支出管理,提高资金绩效。栖霞市的做法先后被山东新闻联播、大众日报等进行了报道宣传。

下一步,栖霞市将就引入企业管理理念管理财政进行进一步的研究和探索,努力做到从理论探索上先行先试、从实践拓展上先行先试、从制度建设上先行先试,不断积累经验,查找不足,努力促进财政事业健康蓬勃发展。

"四本预算"统筹安排运用问题初探

吴中区财政局课题组

一、"四本预算"各自目标、范围

《中华人民共和国预算法》规定:"一般公共预算、政府性基金预算、国有资本经营预算、社会保险基金预算应当保持完整、独立。政府性基金预算、国有资本经营预算、社会保险基金预算应当与一般公共预算相衔接。"其中:

(一)一般公共预算

主要收入来源为税收和收费,预算支出目标是保障和改善民生、推动经济社会发展、维护国家安全、维持国家机构正常运转。支出项目主要包括国防支出、外交支出、一般公共服务支出、公共安全支出、教育支出、社会保障支出等。编制一般公共预算,要求统筹兼顾,在保证基本公共服务合理需要的前提下,优先安排国家确定的重点支出。

(二)政府性基金预算

收入来源为向特定对象征收、收取或者以其他方式筹集的资金,预算支出方向主要为特定公共事业发展。编制政府性基金预算,要求根据基金项目收入情况和实际支出需要,以收定支,专款专用。

(三)国有资本经营预算

收入来源为为国有资本收益,预算支出主要包括资本性支出、费用小支出、其他支出。资本性支出包括国有经济和产业结构调整、节能减排、公益性设施投资、重大技术创新、费用性支出主要是改革重组补助支出、其他支出可用于补充社保基金支出。编制国有资本经营预算,要求按照收支平衡的原则,不列赤字,按需调入一般公共预算。

(四)社会保险基金预算

包括基本养老保险基金、基本医疗保险基金、工伤保险基金、失业保险基金、生育保险基金等。收入主体为社会保险缴款、一般公共预算安排和其他方式筹集的资金,预算支出主要方向为社会保险的支出。编制社会保险基金预算,要求按照统筹层次和社会保险项目分别编制,做到收支平衡、专款专用。

二、"四本预算"相互衔接的必要性

"四本预算"之间保持衔接既是建立全面、规范、公开、透明的现代财政制度的要求,又是满足公共需要的要求。

(一)降低资金使用的分散和浪费,控制政府性债务无序扩张,降低财政风险

在预算执行过程中,难免会出现财力紧张或财力缺口的现象。当某一本预算在执行中出现财力不足或赤字压力时,就需要其他预算在遵循预算原则和保证各预算既定功能的前提下,调剂使用。例如社会保险基金预算的支出压力大、刚性大、长期来看存在收支缺口,因此需要一般公共预算和国有资本经营预算适当补贴。

(二)盘活存量资金,提高财政资金利用效率

目前我国各级财政存量资金的数额依然较大,为稳增长、促改革、调结构、惠民生,需要着力于盘活当前已有的存量资金,同时立足当前、着眼长远,避免将来产生更多的存量资金,提高财政资金利用效率。"四本预算"的有效衔接正是盘活财政存量资金最重要的基础性环境。

三、"四本预算"衔接原则

"四本预算"原则上是自求平衡,同时进行适当调剂,具体衔接关系如图1所示。

由图1可知,在我国目前的四本预算,政府性基金预算与国有资本经营预算和社保基金预算之间不存在资金衔接关系;社保基金预算由于其自身特殊性质,与其他预算间的衔接方向是单向的,"只进不出"。具体衔接关系为:政府性基金预算、国有资本经营预算调入一般公共预算,支持基本公共服务事业、民生事业发展。一般公共预算和国有资本经营预算调入社保基金预算弥补社保基金支出缺口。一般公共预算在必要时支持国有资本经营预算。

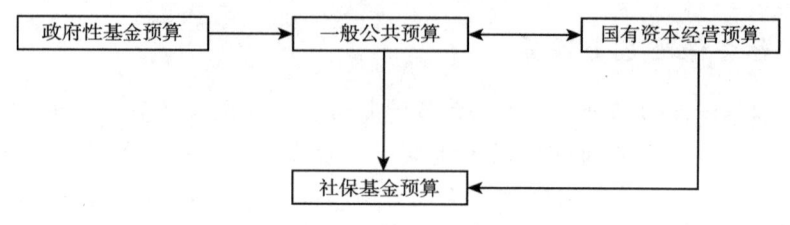

图1 "四本预算"衔接关系

四、我区在"四本预算"统筹安排运用中碰到的主要问题

近几年地方政府的实践操作中,仍存在着"四本预算"进展不一,联动衔接统筹不足等问题。以2015—2017年政府预算编制情况为例,吴中区2015年将社会保险基金预算纳入政府预算编制范围,2016年起试编区本级国有资本经营预算,2017年推进各镇(区)全口径预算编制工作。但受"四本预算"的资金规模和收入来源稳定性不同,以及各镇(区)政府对建立健全政府预算体系的重视程度高低等因素影响,要在全区建立健全一个内容完整、上下联动的政府预算体系主要面临以下问题。

(一)全口径预算编制进度不一

虽然区本级在2017年做到了"四本预算"的统筹编制,但是在推进镇(区)全口径预算编制仍缺乏抓手。特别是一些土地上市交易活跃的镇(区),政府性基金收入远大于一般公共预算收入,仍不愿意编制政府性基金预算,将土地资金作为自身调控财力的一个手段。2017年各镇(区)"四本预算"编制情况见表1。

表1　　　　2017年各镇(区)"四本预算"编制情况

	区本级	甪直	胥口	高新区	临湖	东山	木渎	开发区	度假区	光福	金庭
一般公共预算	√	√	√	√	√	√	√	√	√	√	√
政府性基金预算	√	√	×	√	×	×	√	√	√	×	×
国有资本经营预算	√	×	×	√	×	×	√	√	√	×	×
社会保险基金预算	√	—	—	—	—	—	—	—	—	—	—

注:因吴中区为一个独立的社保待遇统筹区,故暂不要求镇(区)编制社会保险基金预算。

(二)"四本预算"规模和稳定性差异较大

从吴中区2015—2017年"四本预算"年初预算编制情况看,一般公共预算的收入来源主要是税收,在预算资金规模和收入来源稳定性等方面具有明显优势,每年的收支呈较为稳定的增长。除此之外,政府性基金预算,特别是受土地上市成交的不确定性导致收入预算可控性较差,2015年、2017年都需要动用上年政府性基金结余才能做到收支平衡;国有资本经营预算则受国有企业尚不习惯利润上缴,存在多列成本少列收益的行为倾向,且纳入区本级国有资本经营预算编制的国企范围较小,收益收缴比例较低,预算整体规模偏小,2017年全年预算仅相当于一般公共预算的0.18%;社会保险基金预算受现行社会保障制度的"身份有别"影响,同属社会保障性质的财政资金需要列在不同的预算中,且长远看社会保障支出缺口较大,亟待其他预算予以补充。吴中区2015—2017年"四本预算"年初预算情况见表2。

表2　吴中区2015—2017年"四本预算"年初预算情况　　　单位:万元

预算分类		2015年	2016年	2017年
一般公共预算	收入预算	1298785	1308256	1438400
	支出预算	790510	864585	1040063
政府性基金预算	收入预算	708318	823409	1053875
	支出预算	779268	812411	1116641
国有资本经营预算	收入预算	—	630	1929
	支出预算	—	630	1929
社会保险基金预算	收入预算	591640	712000	854303
	支出预算	397575	494475	668560

(三)"四本预算"之间缺乏统筹安排日渐突出

一是政府性基金与一般公共预算中专项收入的性质基本一致,一般公共预算与政府性基金预算及政府性基金预算内部的科目设置存在着大量的重叠和交叉,稍不留意就会对同一项目动用两本预算或两项基金进行安排。二是国有资本经营预算规模的弱小决定了上缴的国有资本收益几乎全部在国有企业内部封闭运行,解决区级国有企业历史问题尚不能满足,调入一般公共预算更是无稽之谈。三是专项收入和政府性基金因为专款专用的要求,年度盈余较多,但各预算即使财力紧张或者财力缺口,因为不能相互调剂使用,势必造成财政资金使用的分散和浪费,无谓增大财政风险。

五、推进"四本预算"统筹安排运用,健全政府预算体系的建议

(一)加快推进镇(区)全口径政府预算编制工作

根据《预算法》等有关规定,指导各镇(区)从2018年起开展全口径预算编制,做精一般公共预算,进一步提高一般公共预算的科学性;做细政府性基金预算,研究建立基金预算支出标准体系;做大国有资本经营预算,合理确定实施国有资本收益收缴的范围和上缴比例。

(二)加大政府性基金预算转列一般公共预算力度

根据上级财政部门部署,自2017年1月1日起将新增建设用地土地有偿使用费专列一般公共预算。但还需进一步清理规范政府性基金,对于具有公共性、能够统筹使用、有持续征收必要的政府性基金,逐步转列一般公共预算,在保障原有支出不减少的前提下,弥补一般公共预算的财力缺口;对于支持重大基础设施建设、具有改革时代特征的政府性基金,则进一步予以规范,适时取消。经过较长一段时期,政府性基金可以完全纳入一般公共预算的范畴,最终取消政府性基金预算。

(三)加大各类专项收入统筹使用力度

根据上级财政部门统一部署,自2017年1月1日起取消水资源费、排污费等专项收入专款专用规定,相关领域支出列入同级预算统筹保障。但仍需进一步清理整合财政专项资金,对目标接近、资金投入方向类同、资金管理方式相近的财政专项资金予以整合统筹使用。

(四)提高国有资本经营预算在全口径预算中的比重

作为倾全区之力打造的国有企业,通过完善我区国有资本运营体系,减轻企业负担以及多种方式消除企业消极抗拒心理,提高利润上缴意识,进而提高国有企业收益上缴的量和质。国有资本收益规模提高后,重新界定国有资本经营预算支出范围,着力减少与一般公共预算的支出重叠。提高调入一般公共预算的比例,将国有企业改革历史问题的解决纳入一般公共预算,实现基本民生的统筹保障。

(五)建立"四本预算"与跨年度预算平衡机制的有效衔接

"四本预算"是横向的预算管理,强调"四本预算"之间的统筹协调。而跨年度预算平衡机制是纵向的预算管理,强调年度间的预算关联。二者作为当前预算管理的两个维度,不可能不存在交集和相互影响。目前,一维的"四本预算"之间的关系

处理尚待时日,再加上"跨年度"这个变量后涉及各本预算对未来几年收入、支出的准确预测,难度更大。但是,跨年度预算平衡机制的建立,如果能解决好两个维度相互影响的关系,实现"四本跨年度预算"的编制,必将实现全口径预算管理的质的飞跃。

村级集体经济组织推行"政经分离"问题的思考

苏州太湖国家旅游度假区财政分局课题组

随着城镇化建设的深入推进,近年来村级集体经济组织"政经分离"改革是诸多农村经济发展先行地区越来越需要面对的命题。所谓政经分离,是将村级集体经济职能从行政自治组织中剥离出来,明确由村合作经济组织或类似性质的集体经济组织承担。同时,村级行政、公共事务等支出成本主要由政府承担,推动农村经济社会稳定和谐发展。

一、改革缘由

在20世纪90年代以前,我国大多数村级行政组织和经济组织是同一个机构,即一个牌子履行两种完全不同的职能,这实际上是在社会一体化基础上将国家行政权力和社会权力进行高度统一的"政经合一"基层政权形式。即便90年代后,各地陆续成立了村经济合作社等新型合作经济组织,代表村集体履行经济职能,但村经济合作社社长也是由村两委领导兼任,合作社的大多数事务还是由村领导决定,合作社的市场开拓和盈利水平某种程度上更多取决于村领导的能力,这在当时确实起到了带头、凝聚、集聚的作用。

但随着市场经济的不断发展,"政经合一"这种运作机制逐渐成为合作社不能适应市场经济发展的瓶颈。一方面,新农村建设和城镇化建设蓬勃发展,越来越繁杂的村级事务和规模体量逐渐壮大的集体经济,让村干部处于疲于应付的状态,工作、管理、服务效率大打折扣。另一方面,外来人口不断增长的村更是面临在每年丰厚红利背景下,外来人与本地人分享集体经济组织利益的问题。而本应由政府承担的新农村建设和城镇化建设支出以及村级政务成本,实际上大部分需要集体经济组织承担,这显然影响了合作社的资本积累,阻碍了其进一步做大做强,也削弱了对农民的分红功能。同时,掌握着体量巨大的集体经济组织经营分配决策权的村领导得不到有效监督,这已经成为很多地方基层矛盾激化的重要因素。于是政经分离改革应运而生。

二、政经分离的作用和成效

从改革实践来看,"政经分离"有利于厘清基层组织职能,明晰集体产权归属,保护农村股民切身利益,有效弱化社会矛盾;有利于逐步形成村级公共开支合理承担机制,减轻合作社负担,助推集体经济组织做大做强,优化农村经济结构;有利于探索农村集体经济与村民自治关系,明确社会公共服务承担主体,改善和加强农村社会管理效能。

一是做大集体经济,带动富民强村。政经分离的主旨在于更好地发展集体经济,发挥集体经济组织的富民功能。通过将集体经济组织从自治组织中分离出来,更加专注于集体经济发展,提高集体经济组织经营效益。吴中区木渎镇天平村以"一个核心,四个分离"为原则探索集体经济"政经分离",即以富民强村为核心,实行管理职能分离、组织机构分离、财务核算分离、资产管理分离。天平村"政经分离"的试点运行逐步建立起产权清晰、权责明确、管理科学的农村集体资产管理体制和营运机制,促进了合作经济的健康发展,有效提高了农民分红水平,2014年天平村稳定收入8100万元,年终包括福利分红户均达19300元。

二是厘清组织功能,优化公共服务。"政经分离"改革有利于解决以往村领导专注于集体经济建设,忽视村级公共服务工作的弊端。同时,由财政支付村级公共开支,解决了以前由集体经济组织承担相关费用,有利于理顺村或社区公共服务承担主体,为村级提供更为优质的公共服务。苏州枫桥街道社区行政及公共服务开支全部由财政承担。2013年,枫桥街道共安排7个社区行政运行经费2480万元,安排居民医保、困难户等支出3000万元。城乡公共服务差距显著缩小,已基本完成由农村村落向城市型社区的转变,初步形成了城乡社会管理一体化的新格局。

三是明确成员身份,保障农民利益。"政经分离"改革中的一项重要工作就是明确成员身份。一方面随着村里的外地人逐渐增加和居住时间的积累,在分红的吸引下,存在着外地人也想获得分红,甚至与本地人争夺集体经济经营收益的潜在风险。苏州枫桥街道以参加一轮或二轮土地承包为主要认定依据,确定村民是否具有集体经济组织成员资格,不具备资格的村民不得作为股东参与经济组织经营决策以及分享分红权利,为集体经济组织筑起一道围墙。另一方面,为了杜绝因人口变动导致的股权变动引发周期性矛盾,很多地方在"政经分离"时同步开展了股权固化。如佛山市南海区即明确股权设置时,需要按照"生不增、死不减"的原则,"确权到人,固化到户"的办法,将一户所拥有的股份永久固定下来,保障并赋予农民对集体资产股份权能的同时,还为日后推进集体股权市场化,激活农村生产要素奠定了必要基础。

四是严格监督管理,杜绝资产流失。集体经济做大做强是集体经济组织的重要工作。但是与此同时,缺乏有效的监督机制,巨大规模体量的集体资产也有着成为腐败温床的潜在风险。吴中区积极探索信息化管理模式，2013年，建立省内首套"区监管、镇（街道）具体操作、村民广泛参与"的三级联动集体资产监管交易服务平台，全区14个镇级交易中心和128个村级交易站全部建成。同时，通过吴中区政府信息网及名城苏州网，为集体经济组织发布各类资产出租信息提供服务。平台运作以来，全区通过监管服务平台，集体资产累计合同租金平均增长13.5%，有效提升基层民主和党风廉政建设。

三、"政经分离"改革还存在的一些问题和困难

尽管"政经分离"在目前的农村改革背景是大势所趋，并取得显著进展，但是面对农村社会生产力发展新要求和农村基层治理新常态下，"政经分离"改革在实施过程中依然面临很多矛盾和新问题。

一是形成合力问题。"政经分离"改革涉及组织分离、人员分流以及集体资产经营权的集权和分权等工作，直接影响多方利益。在某种意义上，该项改革就是"先行先试者的改革精神"与"传统乡村权力集团的改革惰性"的拉锯战。事实上，有的地区村干部担心改革会影响自身以及村组织的经济利益，对改革工作有所抵触，并未形成有效推进合力。有些地方即便在组织形式上作了分离，但是财务、职权、义务等在具体工作中并不明确，还有部分村利用党组织和村委会在村民中的影响力变相影响合作社选举的情况。这在一定程度上影响了"政经分离"的实施，有的地方"政经分离"改革都出现了高开低走未能全局铺开的现象。

二是法律支持问题。无论是"政经分离"，还是其他如股权固化等配套改革，既然是改革，就有可能与现有法律法规发生冲突，这对基层开展相关工作更是增加难度。特别是集体经济组织成员的定义、人员经费支出、公共服务支出、经营收益分配等方面，包括集体资产、股权的市场化流转，各地系列政策、措施得不到国家法律法规的明确支持，更是会让改革受到阻碍，改革成效大打折扣。

三是经济发展问题。"政经分离"主要是为了理顺基层治理结构，更好的发展集体经济，让原有农民享受改革成果。但是在实践中，"政经分离"之后，集体经济发展还是会遇到很多困难。一般来说，集体经济发展由于逐年持续分红的刚需，对项目选择会有颇多顾虑，绝大部分是房租经济、物业经济，很少有投资高回报、高收益的项目领域。改革之前，有些长期收益好的项目可以由村领导拍板决定，但是改革之后，决策权在于股民代表手里，对于有风险的、影响短期分红的项目，很少会得到决议通过。

四、对推行"政经分离"改革的思考

积极推行村级集体经济组织实行"政经分离"，赋予农民更多财产权利，激发农

村经济发展活力，加快城乡发展一体化进程，将现行的集体资产共同共有改为成员按份共有，通过政策支持不断推动合作社市场化、专业化、规范化发展，有效促进集体经济发展壮大、农民增收致富，维护农村社会和谐稳定。在推行"政经分离"工作中从以下几个方面进行考虑。

一是理性看待，因地制宜试点。推行村级集体经济组织实行"政经分离"是大势所趋，但是改革并非"一刀切"，"政经分离"也需要区域经济发展到一定阶段、符合某些条件后才适合开展。比如有些地区的村，外来人口不多，村落与民居基本维系原有状态，本身经济实力很弱，公共事务并不繁杂，即便集体经济组织分离出来，能够起到的作用也并不大。反而因为增加机构、人员会提高经营成本。这些村的"政经分离"改革就没那么急迫。而有的地区区域内撤村并居程度高，原村民分散入住不同农民集中居住小区，这些村就需要加快改革步伐，由财政承担全部公共支出，对村干部进行必要适当分流，积极发展集体经济。而那些撤村并居程度不高或村民集中居住并不分散，但集体经济发展较好的村、社区的"政经分离"改革则需要探索在村党组织核心领导下，自治组织和经济组织各自发挥功能的农村治理模式，并由镇村两级以合理比例共同承担公共支出。

二是强化宣传，清除改革障碍。"政经分离"改革，民主意识渐强的村民看到的是红利和收益，而传统的农村管理体系看到的是权力弱化和改革风险，不同立场对于"政经分离"改革自然持有不同的态度。任何改革都需要获得群众基础和基层支持，否则必然高开低走。"政经分离"也不例外，只有加强组织领导，完善体制机制，加深解读政策，加大宣传力度，将改革工作，特别是"钱从哪里来""人往哪里去""集体经济如何发展"等重要机制充分告知相关群体。组织人员赴已获得改革成效的地区参观学习，以真实事例说明"政经分离"有利于维护各方利益、优化管理服务、推进农村发展，赢得推动改革的多方支持。

三是秉持宗旨，搭建惠民网络。推行"政经分离"，不是为了让村级组织"各自为战"，而是回归本身职能后"劲往一处使"，推动村级集体经济、社会管理以及公共服务的惠民水平再提升。要充分发挥党组织的领导核心作用，由村级党组织统领和监督村级的各类组织和各项工作，为村民提供全方位的服务。而自治组织负责社会管理和公共服务，经济组织负责资产经营和经济发展，最终形成公众广泛参与、共同享受成果的格局。同时，各级财政应逐年加大财政投入，提高村干部福利待遇，加强村级运转经费保障，逐渐减轻集体经济组织在公共服务方面的承担比例，切实提高农民分红水平。

四是抓住关键，开展配套改革。"政经分离"决不能简单的"一股了之"，而是需要开展相应的配套改革，建立完善各项改革机制，合力推动取得改革成效。第一是股权固化。"政经分离"之后，集体经济组织成为独立的市场主体，首要任务就是确定成员资格，也就是将集体资产收益以股份的形式进行量化，并确权到人进行股权固化,筑起防止外来人员占享收益的篱笆。第二是制度建设。"政经分离"是农村基层新的治理模式,也是农村基层各项权利的再次分配。为防止多重阻碍以及实践中的懈怠和抵制,需要从制度入手,做好对党组织、自治组织和经济组织的职能界定。村两委班子成员一般不宜兼任集体经济组织领导岗位,既保证集体经济组织领导对集体经济决策的话语权,也确保经济发展决策在必要监管之下。同时,落实村级公共事务预算制度,统筹必要的集体公益资金,保障村级自治组织良好运作。第三是经济发展。针对不同的村级经济发展现状,明确不同的经济发展模式。经济底子薄的村可以由镇级牵头统筹,进行联合抱团发展。而经济较好的村则可以因地制宜自主发展,也可以积极参与镇级牵头的其他组织形式发展经济。同时,要积极向上对接,落实各类优惠政策,扶持农村集体经济组织平稳发展。最后是公共服务提升。"政经分离"并非是只有利于集体经济组织成员,也是一项着眼于城镇化推进中农村公共服务提升的重要改革。要切实保障资金、资源和有效组织形式,在公共服务的专业性、市场化中不断优化,加大基础设施建设,提供更为必要的、优质的公共服务,推动农村社会进一步和谐稳定发展。

推行财政专项资金清单管理的对策研究

赵协武 王 平 杜云峰 李巧俐

加强财政专项资金管理，不断优化地方财政支出结构，提升资金使用效益，是财政改革管理的重要内容之一。笔者结合实际，就优化支出结构推行财政专项资金清单管理作了一些探讨。

一、推行财政专项资金清单管理的现实意义

财政专项资金清单管理主要是通过有效的清理整合，建立专项资金管理清单，并将清单中的项目名称、主管部门、金额等内容进行公开的专项资金管理方式。其管理模式符合建立现代财政制度的总体部署，符合进一步推进政府职能转变和简政放权的要求，是新形势下创新专项资金管理模式的重要举措，对优化地方财政支出结构，确保财政专项资金依法、规范、高效使用，深入推进财政管理改革具有重要意义。

(一) 专项资金清单管理是深化改革的重要内容

党的十八届三中全会通过的《中共中央关于全面深化改革若干重大问题的决定》（简称《决定》）明确提出，"推行地方各级政府及其工作部门权力清单制度，依法公开权力运行流程"。党的十八届四中全会再次强调，"推行政府权力清单制度，坚决消除权利设租寻租空间。"由此可见，在全面深化改革的时代背景下，推行权力清单制度已成为行政体制改革和廉政建设的一项重要任务。在此背景下，针对专项资金管理薄弱环节，创新管理方式，推行清单式管理，是地方财政部门顺应改革形势的应有之举。

(二) 专项资金清单管理是贯彻落实《预算法》的重要举措

2014年修正《中华人民共和国预算法》以下简称《预算法》颁布实施，首次对预决算公开透明进行了全面、明确、具体的规定，确定了预决算公开透明的法律制度框架，是推进国家治理体系和治理能力现代化的重要改革举措。财政专项资金作为政

府履行职能、推动经济社会发展的重要抓手,在促进发展、保障民生、维护稳定等方面发挥了积极的作用。同时,在专项资金管理中也还存在项目过多过散、分配不够科学、信息不够透明等问题,与现行法律法规不相适应,急需按照全会精神和《预算法》规定对现有管理方式进行创新。

(三) 专项资金清单管理是强化地方源头治腐的重要手段

作为财政专项资金管理使用方式的创新,清单式管理遵循公开、公平、公正原则,将专项资金从分配到使用的全过程对外公开,对各个关键环节重点防控,有效杜绝了在资金分配使用过程中的权力寻租可能,从源头上铲除了腐败滋生的土壤,有利于促进地方反腐倡廉建设,同时也有利于确保财政干部和资金两个安全。

二、当前财政专项资金管理存在的主要问题

(一) 专项资金分散,结构不优

一是财政专项资金数量多、名目繁,存在"小、散、乱"现象。专项资金涉及工业、农业、教育、科学、社会保障等各个领域,涵盖政府各职能部门,由于财权与事权不匹配,各职能部门都有自己的工作目标,都在强调自身工作的重要,而向上级或本级财政部门申报专项资金。申报财政专项资金的部门多、项目杂,相互之间,缺乏统一规划,导致"资出多门""条条管理"。财政资金被分散使用,有限的财力资源难以集中,"撒胡椒面"现象较为普遍。以荆门市为例,2014年市本级一般公共预算项目资金8.3亿元,占当年一般公共预算支出的38%,共安排项目278个,其中30万元以下项目135个,占项目总量的48.6%。二是支出结构不优。用于部门(单位)专项业务和运转的一般性项目支出多、比重大。荆门市本级2014年一般性专项共有186项(其中专项业务124项、运转经费62项),分配到78个部门(单位),占项目总数的67%。与此同时,一般性专项增幅快,2009—2014年年均增长22.5%,高于专项资金平均增幅3.1个百分点。三是支持经济发展投入不足。新常态下财政收入由高速增长转为中低速,在财力增加有限的情况下,政府要筹集资金保工资、保运转、兑现各项奖励性补贴和改革性补贴等刚性支出,为实现预算收支平衡,必须保基本减专项,财政资金支持经济发展的投入下降。荆门市2014年用于工业、农业、旅游等支持经济发展的资金9350万元,虽然总额逐年增加,但增幅低于项目资金的平均增幅5.7个百分点。

(二) 缺乏科学的编制方法

专项资金是执行国家方针政策、社会各项事业发展的保障,也是预算资金分配的

重点和难点。受各种利益驱使,政府部门都争着吃口"唐僧肉",财政部门迫于各方面的压力,左右为难,难以平衡。一是安排标准不统一。项目资金与部门利益直接相关,编制主观性强,部门千方百计"挤进"项目,争预算基数,有的项目带有明显的盲目性和随意性,有的项目政策制定久远,有的缺乏科学性,因没有建立退出机制,对部门既得利益预算难以轻易削减。二是项目库建设滞后。目前专项资金是由各预算部门申报,申报获批后由各部门直接管理。由于管理体制不顺,预算部门多,没有建立规范的项目库,缺乏统一的规划和协调。项目申报各自为政,财政专项资金管理方式、方法多样,下达形式各异,政出多门,统筹协调难度大,难以对专项资金实施有效整合。三是项目预算评审质效不高。以荆门市为例,从 2009 年开始,对市直 100 万元以上项目支出,聘请熟悉相关项目和财务管理的领导和专家组成评审小组,对每个项目的必要性、可行性、合理性、规范性进行细化评审,2012 年绩效评审和项目细化同步进行。在具体执行过程中,由于财政部门对项目具体使用情况掌握不全,专家库人员少,评审时可选择专家有限,缺乏权威性。加之项目信息不对称,申报评审准备工作不充分、不细致,仅能就评审而评审,导致评审结果与实际要求不一致而不能最终应用。四是政策规定与新形势下的需求不适应。现有政策对部分行业资金安排有硬性规定,重点支出同生产总值和财政收支增幅挂钩,肢解了财政预算支出。部门以此为依据,有的预算安排大于实际需要,财政资金往往被"结余",如计生专项。有的不属于本级预算单位,如垂管单位,根据政策要求,必须安排相关资金,地方财政因对部门情况不清楚,难以把握资金预算尺度,资金管理存在"盲区"。

(三) 预算约束软化

一是不能做到专款专用。专项资金支出范围界定不明,预算执行中单位挤占、挪用专项资金情况使用发生,如:单位正常办公人员经费不足挤占专项资金或直接用来弥补正常经费不足;专项资金专项下达或计划批复前,单位将正常经费垫付专项支出,专项经费到位后用于正常公用支出;专项结余用于其他支出项目,日积月累,造成单位挪用专项资金数额较大。二是预算约束不严。由于缺少科学系统的事前规划,有的部门办一件事追加一项预算。有的先使用后申报,倒逼政府和财政事后"买单",既不利于预算的严肃性、规范性,又为预算执行留下隐患。三是资金拨付不及时。受部门建设工程项目前期论证、评审等环节影响,财政部门和项目主管部门的专项资金拨付环节较多,致使专项资金到位不及时,预算部门专项资金安排时间与项目实施时间相差较大。有的项目可能是本年度立项,但在以后年度实施;有的项目资金尚未到位,但项目前期费用已在正常性经费中列支;有的项目已立项,且资金也已到位,但项目却并未实施。以上种种原因,造成项目存量资金偏大,未能及时有效发挥资金使用效益。

(四) 绩效管理意识不强，缺乏问责机制

一是对绩效管理认识不足。在预算绩效目标设定、绩效评价等方面存在消极应付现象，"重分配、轻管理，重支出、轻绩效"的现象较为突出。比如，少数单位在编制绩效目标时，与预算结合度不够，绩效目标与预算编制"两张皮"，无法实现绩效目标的约束力。绩效评价结果运用机制不完善，没有真正发挥对项目资金管理的"倒逼"效用。二是资金使用透明度不高。财政项目支出金额大，影响范围广，社会各界较为关注。项目支出安排是否必要、项目预算是否合理、项目完成后的效果如何，都应该通过预算项目评审、绩效跟踪、绩效评价来解决，最后的绩效评价报告也应作为预算信息公开内容向人民群众公开，接受全社会监督。在实际工作中，有的部门由于项目资金管理不规范，存在种种问题，不敢对外公开。三是缺乏问责机制。新《预算法》明确规定，部门是预算编制、执行和公开的主体。目前，财政专项资金管理上没有按照"权责"统一的原则，明确财政资金管理者和使用者的责任，缺乏科学的绩效问责机制，加之少数部门财务控制意识薄弱，对项目支出跟踪管理不够，致使部分财政专项资金未能发挥其使用效益，甚至发生挤占挪用、损失浪费等违纪违规行为。

三、推行财政专项资金清单式管理的思路与措施

推行专项资金清单管理的主要目标是以清单的方式将财政专项资金从分配、使用、管理到事后监督的各个环节，进行全面梳理、规范、公开，并通过进一步加强各个环节之间的有机对接，整合内外监督力量，进一步提高管理水平，提升财政资金使用效益，逐步形成以制度规范程序，管人、管事、管权的良性运行机制。

(一) 把握专项资金清单管理的原则

在实施专项资金管理清单改革的过程中，主要遵循以下原则：一是正确处理政府和市场、社会的关系。坚持市场导向和公共性原则，厘清政府、市场、社会的职责，清晰界定公共财政运行边界，逐步取消竞争性领域专项，严格控制引导类、救济类、应急类专项资金，把该放的放掉、该管的管好，做到既不缺位，也不越位。二是理顺市区分配关系。理顺市区事权关系，明确支出责任，调整完善市对区财政体制，进一步调动区级财政抓发展、培财源的积极性。同时要加强对县市区的业务指导，通过监督检查、绩效考核等手段，确保专项资金用对"方向"、用出"绩效"。三是集中财力办大事。大力清理、整合、规范专项转移支付，建立健全专项转移支付定期评估和退出机制，逐步取消竞争性领域专项。完善一般性转移支付增长机制，增加一般性转移支付规模和比例。四是提升绩效。加强预算绩效管理，建立预算绩效第三方评价机

制，逐步实现绩效管理范围覆盖所有财政资金，将过去重项目资金绩效评价转向各部门整体支出、政策落实、财务管理、制度建设等方面的评价，加强绩效评价结果应用，将评价结果作为调整支出结构、科学安排资金的重要依据。五是公开透明。建立政府部门专项资金管理清单公开制度，逐步公开专项资金的全过程管理信息，使社会公众及时全面地了解专项资金的规模、分配、使用以及绩效等信息，更好地行使知情权、参与权和监督权。同时，通过公开透明的运作机制，将权力关进制度的"笼子"，有效预防腐败。

（二）不断完善清单式管理机制

推进财政专项资金清单式管理是一个不断探索创新的过程，随着财政各项改革的深入推进，其管理方式有待进一步完善。就现阶段而言，重点要抓好以下几个方面的工作：

1. 建立专项资金管理清单。（1）全面清理。对现有财政专项资金进行全面梳理，重点摸清财政专项资金设立时间、设立依据、预算总额、实施时限、资金来源、资金用途等信息。对法律、法规、规章有明确规定的，原则上予以保留；各部门用于工作运转的专项，原则上"一个部门，一个专项"，最多不超过两个。项目资金分门别类汇总，形成财政专项资金分类目录，报经政府审核确定后，以地方政府名义，批准下达财政专项资金目录。（2）着力整合。将上级财政和本级预算安排，且支持方向、扶持对象和用途相同或相近、地方政府有具体要求的专项资金进行整合。逐步打破"条块分割、各自为政"的格局，实行跨资金性质、跨部门、跨科室整合，有效统筹使用上级资金和本级资金，集中财力办大事。对面向市场主体的资金，原则上整合建立产业发展基金，实行市场化运作。重点是通过挖掘资金存量，整合现有支持产业发展的各类专项资金，设立产业发展基金，逐步扩大基金规模，结合地方产业发展特点，先后设立产业引导、政银合作、实体中小企业发展、科技金融、创业创新等子基金，通过技术创新补贴、股权投资、财政贴息、人才奖励等方式支持地方主导产业发展。（3）建立清单。将清理整合后的专项资金列入管理清单，清单内容统一规定为专项资金类别、名称、主管部门、分配方式。同时，探索建立"负面清单"管理制度，对专项资金管理中弄虚作假、虚报冒领、骗取套取、截留挪用财政资金等失信、失范行为，在有关部门严格依法依规进行处理、处罚的基础上，由财政部门会同有关主管部门将其纳入信用负面清单，并根据情节轻重，对其以后年度申报所有的财政专项资金项目予以限制。管理清单要与专项资金主管部门实现信息共享，并与财政项目库管理系统对接，实现新项目申报与项目库、管理清单的实时对接，保证制度有效落实。

2. 提高项目支出安排的科学性。重点是要编细、编实项目预算：（1）强化基础编实预算。取消支出挂钩政策，支出安排与财政收支、GDP等指标一律不挂钩，不再采取先确定支出总额、再落实具体项目的做法。督促指导地方政府部门严格按照细化预算编制的要求,尽可能科学、准确地预计部门预算各项收入,项目编制要完整,做到"四有":有初步建设方案、有可行性论证报告、有资金预算方案、有财政评审报告。(2)着眼长远编实预算。政府部门根据地方国民经济和社会发展五年规划纲要、部门发展规划及地方党委政府年度工作重点,按照职责分工,建立部门滚动项目库,编制项目支出三年滚动预算,实行动态管理,对未纳入滚动项目库的不得申请预算资金。财政部门做好与部门项目库的对接工作,汇总编制财政滚动项目库,依此编制本级专项资金预算。(3)借助外力编实预算。一方面,要主动邀请人大代表、政协委员参与部门预算编制审查过程,做到开门办预算;另一方面,要进一步完善项目支出细化预算评审制度,依托社会力量,通过聘请专业机构和人员,对部门预算进行评审,提高项目预算安排的合规性、合法性。部门专项资金一经确定,原则上不再新增。对部门承担的新工作、新任务,应首先通过调整既有专项资金的支出结构解决。确需新设或调整的,主管部门对项目设立的必要性、可行性、资金规模、绩效目标等进行分析论证,经财政部门审核后报地方政府审批。对市场能够有效发挥作用的专项,专项资金要逐步退出。对政策和客观情况发生变化,需要完成的特定任务已不存在、专项资金实施绩效达不到预期目标或专项资金管理存在违法、违纪问题的,由财政部门会同主管部门报请地方政府撤销该专项。

3. 完善专项资金管理办法。根据省级相关财政专项资金管理办法,结合地方实际,出台、修订和完善各项财政专项资金管理办法。完善整体管理办法,同时制定分项管理办法。按照"一项资金一个办法"的原则,在办法中明确财政专项资金的设立、退出、用途、使用范围、分配办法等事项,对有关主管部门不积极配合制定管理办法的,财政部门将暂缓安排财政专项资金。对新设立财政专项,各级主管部门要编制行业规划、提出可行性报告,严格按程序报地方政府审批,专项资金执行期限一般不超过3年,到期后由财政会同主管部门进行清理。

4. 加强预算执行管理。(1)严控追加。政府依照法定权限做出决定或者制定行政措施,凡涉及增加或者减少财政收入或支出的,应当在预算批准前提出并在预算草案中做出相应安排。执行中除特殊情况不得随意开财政收支的口子,不得随意调整项目和科目。必须进行预算调整的应当在预算调整方案中做出报告并报人大审议。政府和部门的预算支出必须以人大批准的预算为依据,切实做到有预算不超支,无预算不开支。对无正当理由执行进度缓慢、执行绩效差的项目,在编制下年度预算时,视情况适当调减预算指标。(2)加快执行。严格预算编制、批复时限。在每年市人大会召开的30日前,将市级预算草案的初步方案提交市人大财经委或人大常委会进行初审;预算经本级人民代表大会批准后,在20日内向各部门批复预算;市直各部门在接到财政部门批复后15日内向所属各单位批复预算。(3)强化考核。按照《湖北省地方预算支出进度考核办法》(鄂财预发〔2014〕49号文件)要求,进一步完善预算执行定期考核、通报、约谈制度,强化预算执行责任,对指标下达、计划审批、资金拨付等环节严格时限管理,不断加快支出进度,提高预算支出的均衡性。年初,代编预算,超过当年9月底仍未落实到部门和单位的,除据实结算项目外,收回总预算用于其他急需的项目。年底结余的项目资金,收回总预算。

5. 创新预算绩效管理模式。(1)健全绩效评价机制。建立预算绩效第三方评价机制,逐步实现绩效管理范围覆盖所有财政资金,将过去重项目资金绩效评价转向各部门整体支出、政策落实、财务管理、制度建设等方面的评价,加强绩效评价结果应用,将评价结果作为调整支出结构、科学安排资金的重要依据。(2)严格绩效问责。将金额50万元以上的财政专项支出全部纳入绩效问责范围,由人大、监察、财政、审计、人事等部门联合组成绩效问责小组,并邀请人大代表和专家采取公开随机抽取项目方式,对所选项目通过项目自评材料审阅、财务收支审核、现场视察、单位陈述、现场答辩及综合评价等程序进行公开问责。问责结果分为优秀、良好、合格、不合格四个等次,问责内容包括项目完成情况、组织管理、资金使用及项目所达到的绩效等。(3)建立网上绩效信息平台。将绩效评价与绩效问责的结果通过政府门户网站进行公示,公示期间网民可以上网查看和发表看法,同时增加网上互动环节,单位对于网民的意见需要及时进行答复。(4)加强跟踪监督检查。深化财政"大监督"改革,不断拓展、延伸日常监督和重点专项监督检查范围,增强财政监督的实效性。充分发挥审计与财政联合监督检查作用,依法处理虚报、冒领、截留、挪用、滞留财政资金等违规违纪问题。

6. 推进预算信息公开。除涉密专项外,本级所有财政专项资金,其分配政策、过程和结果,以及执行过程和结果等全过程信息都要在指定网站向社会公开。不断拓宽预算公开范围,强化信息公开的部门责任,逐步将财政专项资金从管理办法到立项、分配、执行、监督、绩效评价等全过程管理信息在网上公开,广泛接受社会监督,推动"阳光财政"建设。

提高国库管理效能研究

唐县财政局 张红乔 王 静 左 佳 崔 爽

一、国库集中支付改革的概念界定

传统意义上的国库管理是指国家财政的出纳机构即人们常说的"国家金库"。随着世界经济的飞速发展与政府公共行为的不断扩张、深化,为了更好地适应市场经济包罗万象、涉及广泛的特点,充分利用了大数据时代的网络信息共享优势,满足维护资金运行的安全稳定等要求现代国库管理制度的概念不断深化。结合权威机构给出的定义国库不仅指国家金库,其内涵是指财政代表政府利用先进的电子化信息处理手段有效控制预算执行,高效管理财政资金和管控公共资产与负债的全面功能。

一般来说,现代国库管理制度是建立在国库集中收付管理基础上的,而国库集中收付管理则建立在国库单一账户体系之上。即利用在央行或其他商业银行开户的财政国库账户,将各级政府和部门的财税收入统一缴入该账户,将中央或省级向下拨付的财政支出从该账户直接拨付到基层预算单位或企业及个人。为各级政府和预算单位设立了零余额账户,专项资金的下达以指标和额度代替资金的拨付,使所有财政买单的政府行为在形成实际支出之前都不会占用库款余额,最大限度地将资金集中在了财政直接控制的范围内。

现代国库管理制度的国债管理和国库现金管理满足了政府公共行为中政府筹资和投资的资金需要。通过多种形式的国债发行以及二级市场的债券融资,不断尝试以更低的融资成本满足财政资金需要;并通过国库现金管理将财政库款水平控制在最佳,超出部分通过投资获得收益。

综合以上几点,通俗来说现代国库管理制度就是政府采取多种手段进行国库资金管理满足财政资金需要,将财政库款保障水平维持在最佳比例,不断提高政府的国库资金控制能力,并且强化对财政资金使用的监督,防治腐败。

二、国库集中支付改革的背景和意义

(一) 国库集中支付改革的研究背景

早在20世纪80到90年代,美欧、澳大利亚、加拿大等发达国家和地区就逐步实现了传统国库向现代国家金库管理模式的转变,建立了不同形式的现代国库管理制度,相比较而言我国的财税体制相对落后、改革进程明显较晚;自改革开放之后,我国在公共财政治理方面做出了很多尝试和探索,随着经济的复苏和公共管理水平的逐步提升,旧的国库管理制度已经难以满足财政资金管理需要,建立完善的现代国库管理机制是必然趋势。20世纪初,经过国务院的批准我国财政部和央行共同制定和颁布了现代国库管理制度改革方案,从此我国的财税体制发生了质的改变。从中央和省级单位的试点推行到逐步扩大试点范围再到全国各省市国库管理制度改革的全面推开,截至2016年底,虽然各地在改革的程度上存在一定差别,但是全国范围内基本实现了国库集中支付改革。在提高资金运行效率,提高财政资金收支透明度,全面提升财政部门预算执行管理能力等方面做出了巨大贡献。

(二) 国库集中支付改革的研究意义

作为预算执行的重要环节,国库管理制度的先进性决定了财政资金运行的安全性,因此也为保障公共经济蓬勃稳定发展提供了有力保障。我国财政国库管理制度历经了17年的改进和完善,从最初确定制度改革框架,到现在逐步建立了涵盖预算执行监控、国债及地方债管理、现金管理、国库单一账户管理的全方位制度体系。目前我国的国库管理制度改革已经深入和细化到基层财政国库管理;结合河北省的经济发展特点,如何进一步完善国库管理制度体系,更好地适应河北基层国库管理现状,对于加强地方财政的收支管理,为地方政府提供有力的财政支撑,避免基层腐败,加强上级对基层财政运行的监控力度等方面具有重要的意义。唐县在河北省各县区中,基层国库管理水平处于上游,在电子化支付改革、内控体系建设、部门决算编报等方面都具有较强的代表性和一定的先进性,因此通过对唐县的国库管理改革的研究对于河北省加强基层国库管理研究具有重要意义,值得全省,特别是水平相当和水平略差的县区进行借鉴和应用。

三、唐县国库集中支付改革的发展现状

(一) 基层财政国库管理政策不断完善和落实

唐县财政国库管理政策不断完善,在强化银行账户管理、规范电子支付流程、加

强预算执行动态监控等方方面面进行了细致的规范，印发了政策文件或转发了省厅相关文件要求各预算单位及乡镇参照执行。根据唐县基层财政国库改革的特点下发了《关于规范乡镇银行账户管理的通知》，推动了乡镇集中支付改革的进程，进一步规范了基层账户设置。结合唐县国库改革的现状，下发了《关于财政资金拨付问题的相关规定》，明确了局内股室职责，提高了资金使用时效。在2016年下旬，唐县财政局将国库管理政策文件及其他财政政策文件汇编成册，发放到各预算单位，方便了单位会计学习政策文件，将制度要求切实落实到工作实处。

（二）基层财政国库支付系统硬件设施逐步完善

集中支付改革离不开系统硬件设施的保障，唐县财政国库管理部门在2012年推行政府财政信息管理系统县级版之前，为了保证县级版的顺利运行，唐县财政国库部门牵头为全县多个条件较差、设备落后的预算单位申请配置了专用计算机，基本实现了全县预算单位和乡镇的财政专网的铺设，配备了财政专用计算机，以及相应指纹仪。

唐县财政国库管理部门积极响应省财政厅要求，于2016年在基层县区中率先上线了国库集中支付电子化系统——河北省政府财政管理信息系统。国库集中支付电子化系统要求每位系统操作人员都要具备个人U-key，为此，在2016年系统上线伊始，唐县财政国库部门会同信息中心为全县51个预算单位及乡镇财务操作及审核人员均配备了记录其指纹和电子签章的U-key。同时，全县五家授权支付业务（其中一家含直接支付业务）代理银行，也按照财政要求配备了相应的专用计算机和U-key，从财政、代理银行、预算单位三方共同提升硬件水平，切实保障了电子化系统的顺利运行。

（三）基层财政国库管理能力显著提高

为了全面深化基层财政国库的改革，提升基层财政国库的管理能力就显得尤为重要。在国库支付业务方面，唐县财政国库部门落实了岗位责任制，明确了每一个资金流程的业务标准，保证资金支付的每一步都有时间节点，全面协调财政、银行、预算单位三方。在《关于规范电子化资金支付流程的通知》中，以国库支付流程图（见图1）的形式进行了生动形象的展示。

在国库业务人员管理方面，为了进一步提高工作效率，规范财政服务行为，按照工作岗位既有分工又有协助的管理原则，结合国库集中支付的业务特点，唐县财政国库部门制定和落实了国库股AB岗工作制度（见表1）。鉴于财政国库支付工作的复杂性和重要性，实行交叉岗工作制度避免了年底任务重或有紧急支付工作时，因某项工作的人员的缺岗导致支付进度受到影响。例如，股长是电子支付系统终审一岗的A岗，在股长因开会或出差不能进行终审的时候，临时授权小张即终审B岗完成资金支付终审，保证资金支付的时效性。同时，小张又是实拨业务的 A 岗，其 B 岗由小刘担任。这样的 AB 岗制度在培养全能型国库技术人才，提高财政国库工作人员的综合业务能力方面，提升人员应对多种工作突发情况的能力也起到了促进作用。

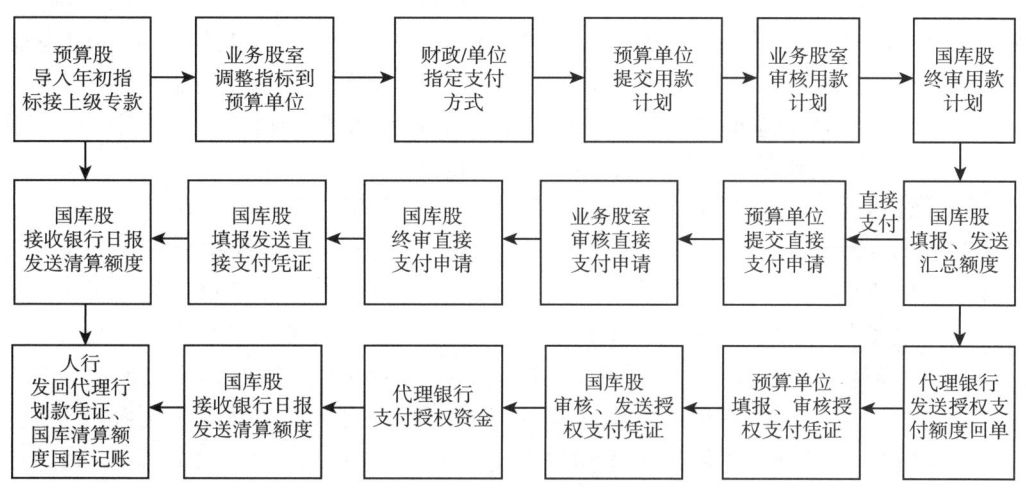

图 1　国库资金支付流程

表 1　国库股 AB 岗工作制

岗位设置	岗位名称	A 岗	B 岗
电子化支付系统	经办	李××	刘××
	审核	刘××	万××
	终审	王××	张××
其他业务岗位设置	实拨	张××	刘××
	月报填报	刘××	李××
	部门决算编制	张××	李××
	总决算编制	万××	王××
	权责发生制报表编制	李××	万××

（四）电子化支付系统的搭建使资金运行效率显著提升

唐县的集中支付改革一直走在保定市乃至河北省同级财政县区的前列，2009 年河北省下达《关于省级第七批预算单位国库集中支付改革有关问题的通知》，唐县财政按照省市要求积极进行财政国库管理支付改革的准备工作，采取切实有效措施，确保改革工作积极稳妥推进。

经过充分的学习、参加培训和业务准备，唐县财政国库管理部门在2012年率先推行了政府财政信息管理系统县级版（以下简称"县级版"），由于新系统刚刚上线，当年仍坚持新旧系统并行，在保证一般财政支付顺利进行的基础上，唐县财政国库管理部门敢于实践、敢于创新，2012—2014年，通过不断与省财政厅技术部门沟通，对实际运行中县级版出现的错误、问题进行反馈，不断提升业务操作水平，终于在2014年实现县级版的全面成熟运行，在推行财政国库管理支付改革，改变传统的分散进行的财政资金支付方式等方面做出了巨大贡献。

在县级版成功运行两年，河北省国库集中支付电子化系统在2013年上线以后，唐县财政国库管理部门积极响应省财政厅要求，于2016年在基层县区中争先更新上线了国库集中支付电子化系统——河北省政府财政管理信息系统。较之前的县级版，新的电子化支付系统优化了支付功能，提升了支付效率，更加保障了资金安全性。在2016年全年运行中，唐县财政依然保持良好的工作热情，积极同省财政厅信息处进行沟通，把实际运行中电子化支付系统反映出来的问题向上汇报，反复实践，为系统的完善与优化做出了不懈的努力。根据本文的统计，2016年1—12月，唐县财政电子化支付的授权支付额度通知单3682笔，授权支付凭证7078笔；直接支付凭证1218笔。财政下达授权支付和直接支付清算额度共计692笔，代理银行提交划款凭证703笔，总计支出金额24.5亿元，差错率为零。资金的安全性和支付效率有了质的提升。

2017年河北省财政厅将"河北省政府财政管理信息系统"作为一个主要模块并入了河北省财政管理信息系统一体化平台，在基本业务流程不变得情况下对软件细节进行优化，在提高资金使用效益，增强财政宏观调控职能，规范财政收支行为方面都有显著提升。唐县紧跟省厅步伐在2017年初完成了全部预算单位的系统更新上线，在新平台推广的过程中积极与预算单位和省财政厅信息处沟通，对于支付数据导入等功能的漏洞进行反馈和系统升级，对于预算单位授权支付凭证审核模块增加终审权限，进一步保障了资金的安全性。

唐县在电子化系统运行过程中，坚持统一规范和标准，既保障了资金安全，又实现了支付业务的高效、快捷。严格按照《国库集中支付电子化安全管理规范》《国库集中支付电子化业务接口报文规范》等国家规范文件要求进行操作和处理，采用加密的电子印鉴强化安全功能。财政部门可实时发送支付指令给代理银行，代理银行接到指令后即可将额度下达至预算单位，并通过国库支付清算联网系统传送至人民银行国库；预算单位在向企业或个人进行款项支付时，向代理银行提交转账凭证或在电子支付系统中填报授权支付凭证，代理银行先垫付资金给收款人，再由县级财政国库部门每日下午15：30准时向人行发起清算，避免了财政资金在代理银行的滞留，省去了以往纸质单据传递需要占用的时间和人力，提高了财政办事效率。

四、唐县国库集中支付改革存在的问题

(一) 基层财政国库内控体系不完善

在基层财政国库内控方面，我国现有的法律法规、条例准则没有进行明确的职责划分和制度规范，导致了国库监督体制的不健全和国库内部控制功能的不完善。最新修订的《中华人民共和国预算法》仅仅是在原则上对国库职能加以阐述，而《国家金库条例》和《国家金库条例实施细则》都已颁布超过20年，难以适应我国2000年以后一直在更新的现代国库管理体制，对于近几年实施的电子化支付系统的相关操作更是没有起到的规范作用。

从国库集中支付改革之前的手工记账、纸质凭证拨款到现在电子化收付系统全面上线，可以说我国大部分地区的国库管理已经发生了翻天覆地的变化，如果国库内控管理再局限在拨款凭证的核查和纸质单据的审查，就很难实现内控制度的真正效用，内控制度缺乏可操作性成为一纸空谈。另外，在现代的国库电子化支付环境下，一些老的国库人员电子技术不够、能力不足，国库管理岗位设置没有根据最新的电子系统的需要进行改革，也是当前内控制度缺失的体现。因此，除了以中央下发的政策文件为依据，为了适应地方改革特点河北省也应该出台相应的内控制度，各级财政部门，特别是基层财政部门应该根据本地国库管理的发展现状，结合电子化支付系统的业务特点，制订既能保障财政资金安全稳定运行，又能衡量国库业务人员工作效率、平衡岗位设置的新内控制度体系。

(二) 乡镇国库集中支付改革中存在问题

推进乡镇国库集中收付制度改革对于健全乡镇财政资金管理机制，规范和强化乡镇财政资金管理，提高资金使用效率具有十分重要的意义：通过推进基层国库集中支付改革，规范乡镇财政的收支管理，能够减少资金拨付环节，降低支出的随意性，可以强化资金在事前、事中、事后全过程监管，从制度上堵塞监管漏洞。本文对唐县20个乡镇的财会人员进行了问卷调查，共发放问卷40份，回收问卷32份，其中有效问卷30份。问卷采取不记名的形式，避免了被调查人员的心理顾虑和抵触情绪。问卷对被调查人的年龄、财政工作时间、工作岗位进行了统计，便于有针对性的分析他们的答卷，问卷主体共有三个模块分别是：支付制度落实、财政基础工作、财政资金监管，每个模块设计了3—5个问题，以选择题的形式为主，适当结合填空题用以征求被调查者的改革建议。通过对各乡镇财会人员的问卷整理分析，发现在具体落实中尚存在以下问题需要改进。

一是相关支付落实不到位。为更好落实省财政厅推进乡镇国库集中收付制度改

革的文件要求，从 2015 年以来，唐县财政局结合自身乡镇财政管理现状出台了包括乡镇账户管理、资金支付管理办法等一系列的相关规定，但在实际推行中由于乡镇财政所人员接触新制度的时间较短，各乡镇的财务管理水平参差不齐，一些乡镇新旧财政干部交替工作尚未理顺，部分乡镇的财务情况比较复杂，导致的乡镇资金支付政策文件的了解程度不够，唐县乡镇财政管理制度还有待完善，调查结果如图 2 所示。

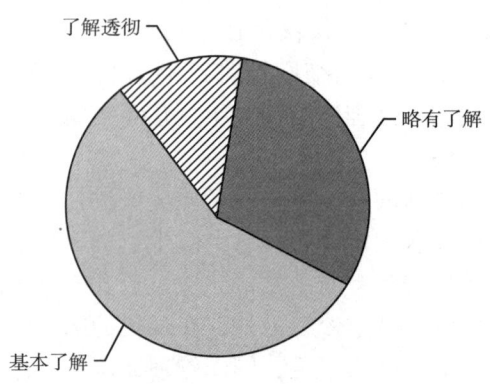

图 2　资金支付政策了解情况

二是财政基础工作薄弱。财政基层管理还存在一些薄弱环节，如上报部门决算报表、"三公经费"支出报表等财政支出报表时，基本数据的收集整理存在不够科学、不够细致的问题；资金拨付的环节存在一人多岗现象；村财乡管的报账单据中存在不合规票据、记账不规范的情况比较多；项目库的建设达不到县级的要求和标准，对于次年需要拨付的专款专项，由于项目库登记的不完善，预测的不准确导致了实际申请资金时难以及时审批，或者不能及时形成支出影响全县的支出进度。同时，目前有一部分乡镇财政工作人员，由于年纪偏大，电脑操作水平较差，网上支付操作流程不够娴熟，运行过程中的不规范，很难适应财政改革变化的趋势。

三是乡镇财政资金监管不到位。目前，对于乡镇所属部门、政府、计生、财政所、中心校等部门实行了乡镇集中收付改革，对乡镇基本存款账户、核准开立的财政专户以外的银行账户基本已合并或撤销完毕。同时，县主要科局负责实施的项目如：县扶贫办或交通局牵头安排的村级或乡镇道路的硬化修整项目，县农业局或林业局牵头安排的经济作物种植、果树种植等项目，项目单位主要对县级主管部门负责，作为项目实施地的乡镇，在项目审批和项目验收过程中难以起到决定性的作用，因此乡级财政部门对资金的监管流于形式，很难全面了解乡镇级各项财政资金的使用情况。在乡镇财政资金特别是公用经费的使用过程中，缺乏严格的全程监管制度，资金支出的随意性难以避免。

(三) 公务卡管理有待加强

公务卡的推行对于强化财政资金支出管理、提高资金使用透明度、加强惩防体系建设、降低现金支出占比起到重要作用，唐县在 2013—2014 年按照省厅及市局要求陆续推出了《唐县公务卡管理办法》《唐县预算单位公务卡结算支付暂行办法》《公务卡结算方式改革消费目录》，对于唐县各预算单位的公务卡使用进行了系统的规范。但是，在 2015 年以后，特别是 2016 年以来，唐县的公务卡管理并没有寻求突破和创新，对于公务卡的使用也缺少长效的监督机制，公务卡管理有待加强。

一是公务卡支出金额没有形成统计数据。从 2016 年以来，唐县对于公务卡支出金额缺少固定的统计备案，对于各单位的公务卡支出情况缺少及时地了解和记录。

二是公务卡的登记使用缺少监管。2016 年以来唐县各预算单位上报备案的新增公务卡数量较少，相比较 2015 年以前数量大为降低。

公务卡使用管理较为滞后的原因主要是：首先，上级财政部门对于公务卡的监管弱化导致的县级财政对于公务卡使用的重视程度降低。其次，由于县级经济市场的刷卡环境落后，导致的行政事业单位持卡人员刷卡受到限制。再次，由于行政事业单位对公务卡使用的意义认识不够，对公务卡的认可程度较低导致的公务卡使用热情较低。

五、进一步完善唐县国库集中支付改革的思路和建议

(一) 完善基层财政国库内控体系的建设

内控制度是保障财政系统安全稳定的基础，建立健全基层财政国库内控体系的建设是唐县实现现代化国库管理改革的前提和保证。2012 年度财政部出台了《关于印发财政总预算会计管理基础工作规定的通知》、2013 年财政部先后出台了《事业单位财务规则》《行政单位财务规则》，唐县国库部门应当认真学习贯彻相关规定，并严格按照以上规定规范单位的财务行为。下面就从完善内部法规制度和加强内部管理的角度，通过对于国库工作流程的把控、严格进行会计核算、利用先进信息技术等方面，来探究如何健全唐县基层国库管理内控体系。

1. 细化部门预算编制，发挥集中支付改革效能。预算控制是内部控制的方法之一，预算控制要求县财政预算部门和各预算单位做好年初预算的编制工作。功能分类填报准确、项目及经费支出测算到位是部门预算是国库集中支付的前提条件，部门预算编制的规范、合理与否，直接关系到集中支付改革的成效。当前，部门预算中的公用经费及人员福利支出预算比较详细，项目支出预算相对简略、粗放。因此，将预算

编制细化到基层预算单位,资金直接支付到项目实施主体,将不必要的资金拨款环节砍掉,避免因人为因素导致的资金滞留,强化财政监督职能的改革目标,充分发挥集中支付改革效能。

2. 完善单一账户体系,扩大集中支付资金比例。银行账户是财政资金运行的出发点和结束点,是资金业务操作的主要载体;按照科学的方法和合理的制度进行财政资金银行账户的管理是保障国库集中支付改革顺利实施的基础。县级财政部门要从以下几个方面做好财政资金账户的管理:(1)继续完善零余额账户的设立和管理。设立零余额账户避免了财政资金在代理银行滞留,只有坚持好零余额账户的规范和完善工作才能确保国库单一账户管理的顺利实施,按照省文件要求,每年进行预算单位零余额账户的年检工作,并且不定期得进行零余额账户的抽检,对于预算单位账户发生变更的及时维护好其零余额账户保证其正常经费的拨付。对于预算单位新增的财会人员,特别是未接触过行政财务工作的人员进行详细的零余额账户管理办法培训,全面完善零余额体系管理。(2)加强财政专户、预算外账户的管理工作。目前仍有部分财政资金需要在财政专户和预算外账户内进行核算管理,除了要逐步减少这部分资金的范围,为了保障财政资金的安全高效运行,严格财政专户的设立审批手续,将不合规的专户及时撤并;加强对专户资金、预算外资金的监管也必不可少,每个月统计财政专户的收支,预算外账户资金的流入和流出,定期形成报表和分析报告。(3)结合国库集中支付运行机制,建立健全会计核算体系。会计核算体系与国库集中支付业务是紧密相关的,只有将国库集中支付业务的每一笔支出科学、完整得记录下来才能保证期末填报总决算报表,部门决算报表等报表的数据是真实有效的。首先,会计核算体系只有充分结合国库集中支付系统的运行机制,合理选择支付单据,有效导出支付信息,才能够及时准确得形成原始凭证、记账凭证、会计账簿。其次,为了方便期末进行财务报告的编制,为下一年度的预算编制和执行提供权威、可靠的决策依据,会计核算体系中也应该设置和完善根据原始数据形成相应的财务报表的功能。再次,加强会计核算体系建设的同时注意提升国库总预算会计的专业素质,通过培训和绩效考核等激励办法促使重要岗位的财会人员对于业务和系统更加熟练,善于进行会计核算过程中的数据提取,发掘和填补会计核算中的弊端和漏洞。最后,要完善好、执行好、坚持好定期对账制度,包括每个月总预算会计账与支付会计账的对账,年底国库总预算会计账与预算单位总账之间的对账等,使人为因素导致的数据错误被消灭在形成统计报表以前,不影响报表的质量。

(二)全面推行乡级国库集中支付改革

乡级国库集中支付改革是河北省实现改革全覆盖的最后一步,也是唐县国库支付改革决定性的一步。唐县财政部门需要破除主管障碍,坚决把改革推向深入,改革主要从以下六个方面入手。

1. 完善内部制约机制，强化资金监管。响应河北省乡镇集中支付改革的文件精神，结合唐县乡镇财政管理现状，整合业务流程，建立既能保证资金运行效度，又能杜绝一人多岗、权力集中的乡镇财政所内部控制制度。除经省级财政部门批准设立的专户资金外，其他预算资金均由电子化系统进行申请及拨付，提高资金运行的透明度。

通过建立乡级财政资金自主监管制度，县级财政部门适当放权给基层乡镇，调动乡镇自主参与资金调配使用的积极性。引导乡镇政府制定特别针对项目资金的"申请—审批—招标—建设—验收"一体化监管办法，寻找项目落实的节点重点进行监督和检查，积极发现监督死角不给资金运行留下安全隐患。在条件成熟的情况下，将村集体财政实行村财乡管集中收付改革，充分利用乡镇财政对于所属村大队的管理优势，逐步规范村级财务行为，包括记账所使用的原始票据必须符合规定，完善收支审批手续，完善固定资产购置及清理登记等。

2. 规范乡镇财政国库单一账户体系。按照《财政部关于乡镇国库集中支付制度改革的指导意见》的要求，借鉴其他省市乡镇财政集中支付先进管理制度，唐县所属的20个乡镇应规范乡镇财政国库单一账户体系，每乡镇最多保留两个账户：乡镇零余额账户、代管资金财政专户。目前，除因乡镇项目较多专户正在撤并清理中的特殊情况外，各乡镇原有的财政专户基本都按要求撤销合并完毕，但是部门乡镇对于分账核算尚难掌控，需要抓紧学习，理清财政专户的专项资金管理，保障专项资金的安全性。

3. 要狠抓思想认识，增强改革的勇气和魄力。国库集中支付制度在乡级推进缓慢，根源在于满足现状的心态没有纠正，难以克服对传统资金拨付方式以"看得见、摸得着"的纸质媒介为主的依赖。因此，唐县财政部门对各预算单位的财会人员要加强宣传引导转变他们的习惯和传统意识，同时积极争取党委和政府的支持，对于偏远乡镇要突破地域条件的限制，利用自身优势落实改革政策。要在不改变"预算单位的资金使用权、预算执行主体地位、会计核算主体地位"三不变原则的基础上，通过改革逐步消除传统财政资金收付制度下存在的弊端，强化预算执行控制和监督，消除腐败、怠政和低效，使财政资金运行透明高效。

4. 扮好改革角色，做好改革攻坚。作为我省财政国库支付改革的最后一站地，我们要明确乡镇财政所担任的角色，即将各级拨付的财政专款不打折扣、毫不耽延得发放到村集体、农民、企业家手中，保障各项惠民惠农政策的落实，保障扶贫开发项目能够顺利实施，保障村内亮化、村级道路硬化的逐步推进。唐县财政部门要深入研究唐县乡镇的实际情况，敢于打破乡镇财政支付的老习惯，借鉴县级国库管理改革的优势和经验，使国库集中支付制度真正成为所有乡镇财务管理的核心基础性制度。

5. 要狠抓责任落实，加强督查考核。有了正确的改革路线方针，还要有过硬的落实方案才能够把改革进行到底。因此,唐县要确立以县主管财政的县级领导为带头人,财政部门主要领导为责任人,县财政国库部门、主管乡镇的业务股室、农财部门等相关部门协力配合,采取有效措施帮助乡镇财政完成国库集中支付改革。将改革任务细化分解,每一步都注明时间节点、具体要求、负责人等,县财政局设立督察组定期考核、通报各乡镇改革落实情况。

6.要做好业务培训,提高乡镇人员操作水平。采取多元化的培训方式,重点抓好各乡镇财务人员的会计电算化、集中收付制度改革等业务培训,使他们能够熟练掌握各项业务流程,熟练运用软件操作系统,灵活解决各种问题,努力提高乡镇财政干部的综合素质,保障集中支付改革的顺利进行。同时加大调研力度,实地听取、查看乡镇集中支付改革情况,加强对乡镇改革机构和人员建设方面的指导,加强改革政策的宣传力度,尽可能多的组织开展地区间的经验交流或区外交流,是乡镇能及时学习到改革进展好的地方的先进经验。

(三) 用电子科技优化国库集中支付管理

国库集中支付电子化管理是国库集中支付改革与信息化管理相结合的一次创新,通过科技手段建立起更为科学的国库资金支付流程和操作规范,实现财政资金支付效率和安全的有机统一。

河北省自国库集中支付电子化系统上线以来,目前已达到预期效果,下一步要重点抓好以下几项工作:一是丰富国库电子支付系统的功能,强化财政国库数据储备和挖掘分析。省厅应抓紧国库电子支付改革的契机,整合预算执行的多个信息平台,聘请计算机程序开发方面的专家,到国内先进省市进行调研学习,争取把河北省财政信息系统维护成一个集预算、预算执行、风险监控等为一体的多功能财政数据运行平台。二是各国库部门做好改革的前期业务和技术准备。全省国库集中支付电子化管理试点地区,积极开展先行先试,各级财政国库要电子化管理改革为契机,严格按照国库集中收付支付管理改革要求,纠正不规范的资金支付方式,进一步树立资金支付流程,通过业务整合,合理调配国库部门和支付中心的岗位人员。同时要按照全省统一部署电子支付安全支撑控件,进行系统安全评测,提前做好支付系统技术改造和省级方案。三是省市县三级财政部门都应尽快建设国库信息系统的灾备系统,强化国库管理信息系统安全配套措施,防范安全风险过度集中和安全风险转移。

(四) 继续强化公务卡改革与公务卡管理

县财政在推进公务卡制度改革工作中,应当在现有的基础上,加强公务卡使用宣传力度、加强县级经济市场的公务卡使用环境建设,同时加强支出审核,减少现金使用,严格执行《唐县县级公务卡结算方式改革消费目录》,从严控制现金支出。唐县在今后公务卡改革落实的过程中,可以从以下三个方面做出努力。

1. 加强内部宣传，提高用卡积极性。通过印发宣传册、召开县级动员会等方式，让行政事业单位干部、职工了解公务卡的使用流程、报销方式、推广意义；并且还让职工充分了解使用公务卡的便捷性、安全性，提高内部人员的用卡积极性，这样使公务卡的使用不再是死的制度而是工作中实实在在的方便。

2. 改善刷卡环境，促进公务卡改革。县级经济市场的刷卡环境可以分为硬件环境和软件环境两个方面。一方面，硬件环境建设方面需要改进的是：要求各代理银行不断完善电子支付系统的硬件配置、普及经济市场上的POS机刷卡网点，确保行政事业单位人员在公务消费时都能够使用公务卡。另一方面搞好软件环境建设，督促代理银行建立健全标准的信用卡管理制度、鼓励代理银行积极协调有关部门，保证预算单位免费用卡，降低商家安装POS机等刷卡设备的成本，降低和多方承担公务刷卡的手续费，切实提高商家提供刷卡服务的积极性。

3. 加强公务卡使用的数据监督，持续发力推动公务卡改革。首先，县财政局应建立常规化公务卡办理使用的统计机制，每半年向各预算单位及乡镇统计一次公务卡的新增及激活情况，并统计公务卡停用销卡情况，了解各单位实际使用的公务卡数量，持卡人的职务分布情况，让财政部门对全县公务卡的运行状态有整体了解。其次，在预算单位每个月上报的三公经费统计报表中增加公务卡支出金额的统计项目，要求各单位准确填报相应的公务卡支出累计金额，由财政部门统计记录全年各月的公务卡支出数据，年末将全年数据形成图表，分析唐县全年公务卡支出的增减变动情况，并对来年的公务卡管理提出意见和建议。

六、总结和展望

本文在河北省基层财政国库管理改革发展的大背景下，针对唐县的国库管理改革现状进行了细致的剖析，对唐县国库管理存在的主要问题进行挖掘，对唐县国库管理改革的经验与优势进行分析，对于河北省其他基层县区具有一定的借鉴意义。针对唐县提出国库管理改革建议主要有以下三点。

一是针对当前电子支付全面上线，旧的国库制度已经难以满足国库支付管理的需要的情况下，提出完善基层国库内控体系的建设，以总预算会计工作等为例提出具体的内控办法；二是在基层国库管理尚不完善的乡镇，提出较为全面的乡镇国库管理改革思路。在乡镇集中支付管理改革方面提出从完善内部制约机制，强化资金监管，规范乡镇国库单一账户体系等方面入手，切实落实好乡镇集中支付改革；三是针对当前公务卡改革难以深入，难以建立常态化管理模式的情况，从"两个环境一个制度"（两个环境指公务卡刷卡的硬件环境和软件环境，一个制度指公务卡管理制度）上提出具体的管理办法。

本文研究的不足是缺少更为专业的数据分析，对当前基层国库管理改革的了解不够深入,对于国库管理方面先进知识的掌握不够透彻。展望基层国库管理改革发展的前景,国库管理将会在"纵向深入"方面继续发展,实现乡镇财政国库管理改革的全面落实,特别是在资金拨付动态监控方面必将更加完善。

参考文献

[1] 财政部国库司. 国库集中支付电子化管理理论与实践 [M]. 北京:经济科学出版社,2013.

[2] 夏祖军. 让公务支出雁过留声,消费留痕 [N]. 中国财经报,2011-12-16.

[3] 刘昆. 不断深化财政国库管理制度改革全面推行支付电子化管理 [J]. 农村财政与财务,2013(11):23-25.

[4] 石英华. 现代国库管理制度改革——现代国库管理制度研讨会会议综述 [J]. 财政研究,2015(8):2-7.

[5] 王金秀. 国库管理体制热战的冷思 [J]. 财政研究,2015(10):33-35.

[6] 燕英,孙建运等. 加强动态监控数据分析利用促进财政资金安全有效运行 [M]. 北京:经济科学出版社,2013.

财政新常态下盘活财政存量资金的路径研究

——以温州乐清市为例

温州市财政局课题组*

一、财政存量资金的理论概述

（一）财政存量资金的定义

一般认为，盘活财政存量资金，主要是指要把一些没有按照预算进度执行、依然趴在账上的沉淀结余资金用起来，更好地提高财政资金使用效益。而财政存量资金，主要是指政府作为财政收支主体，在其财政年度中因收入支出时间错配而正常持有，收入超预算增长、收入延迟划拨而消极持有，支出计划不完善不可执行而被迫持有的财政资金。简单讲，财政存量资金，就是指收入已经发生、尚未安排预算，或者预算已经安排、尚未形成实际支出的财政资金。也就是各级财政部门和预算单位在年末还没花完的钱，或是没花出去的钱。

（二）财政存量资金的分类

财政存量资金根据不同的属性，主要有以下几种分类。

1. 按资金存储的位置划分，可分为三类：一是存储在国库的存量资金（国库存款）；二是存储在财政专户（主要是专项支出财政专户）的存量资金（其他财政存款）；三是存储在预算单位实有资金账户的存量资金（银行存款）。本文将据此重点研究存储在国库的存量资金，并将其细分为一般公共预算存量资金、政府性基金存量资金等。

2. 按资金的来源划分，可分为四类：一是上级补助专项资金形成的存量资金；二是本级资金形成的存量资金；三是留底资金形成的存量资金，比如偿债准备金、财

---

* 课题组组长：余中平；课题组成员：林坚、杨海曼（执笔）、周晓斌（执笔）、韩加斌、饶宁、胡捷。

政周转基金、预算周转金、预算稳定调节基金等；四是权责发生制核算事项形成的存量资金。

3. 按资金形成的时间划分，可分为两类：一是结余资金，也称长期存量资金，即两年以上的存量资金；二是结转资金，也称短期存量资金，即两年以内的存量资金。

二、财政新常态下盘活财政存量资金的背景

（一）经济新常态背景对盘活财政存量资金需要

金融危机引发世界经济陷入低速增长和周期性大调整，乐清市处于社会矛盾凸显期、环境污染治理紧迫期、全面深化改革攻坚期也影响着经济走势。

1. 乐清市经济进入减速换挡期，急需盘活财政存量资金，注入活力。由图1可见，近年来，乐清市GDP随全省经济发展明显进入换挡期，特别是在2012—2013年，低于全省和温州市平均水平。

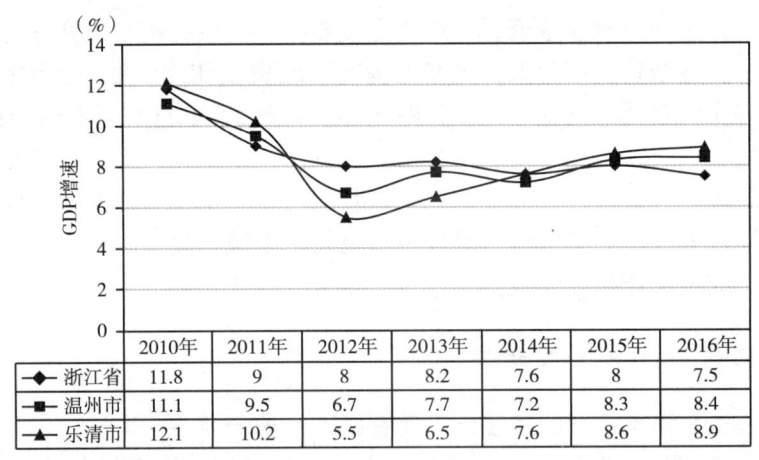

图1　2010—2016年浙江省、温州市、乐清市GDP增速对比

资料来源：浙江省、温州市、乐清市各年度统计年鉴等。

2. 乐清市人均经济发展不容乐观，急需盘活财政存量资金，助推发展。由表1可知，乐清市2015年度人均GDP为6.05万元，虽然高于温州市平均水平0.96万元，但是低于浙江省平均水平1.74万元，低于杭州市更是达到5.26万元，仅为杭州市的53.5%。

3. "十三五"规划全面推开，急需盘活财政存量资金，力促民生工程紧前发展。2016年作为"十三五"规划的开局之年，各项民生工程已经全面铺开：沈海高速复

线工程及温州高速绕北二期项目投入6.80亿元,乐清湾港区铁路支线建设工程项目投入4.55亿元,改造提升农村公路45.4公里,完成路面大中修52.8公里,东山路、五环路等建成通车,完成10蒸吨/小时以下的燃煤锅(窑)炉淘汰改造217台,建成区内农贸市场11个,拨付水利工程建设资金1.03亿元,农村生活污水治理4265万元等等。民生工程的紧前发展,也是2016年度乐清市民生支出达到69.14亿元,占一般公共预算支出的80.2%,民生支出增量达到总增量的209.3%。

表1　　　　2015年度浙江省各地级市和乐清市的人均GDP统计表

GDP排名	地市	GDP（亿元）	GDP（亿元）	常住人口（万人）	人均GDP（万元）	人均GDP排名
1	杭州	9201.16	10053.58	889.2	11.31	1
2	宁波	7602.51	8011.5	781.1	10.26	2
11	舟山	1021.66	1094.7	114.6	9.55	3
4	绍兴	4265.83	4466.7	495.6	9.01	4
6	嘉兴	3352.8	3517.06	457	7.70	5
8	湖州	1955.96	2084.3	293	7.11	6
7	金华	3206.64	3406.5	543.7	6.27	7
5	台州	3387.51	3558.13	601.5	5.92	8
9	衢州	1121.01	1146.2	212.4	5.40	9
10	丽水	1051	1102.34	213.1	5.17	10
3	温州	4302.81	4619.84	906.8	5.09	11
	乐清	774.6	774.6	128.04	6.05	
	全省	40153.5	42886.5	5508	7.79	

(二) 财政新常态背景对盘活财政存量资金需要

1. 地方财政可用财力捉襟见肘,急需盘活财政存量资金。受经济增速换挡期的直接影响,乐清市财政总收入和一般公共预算收入分别从最高40.5%的高增速回落到年均10%的中低增速,财政收入压力倍增。从一般公共预算收入的6项回归趋势线来看,财政收入整体呈波浪式换挡下行。

2. "营改增"对地方可用财力的负面影响,急需盘活财政存量资金。虽然长远来看,"营改增"对是供给侧结构性改革的重要组成部分,它将引领经济转型升级,但是近期来看地,它对乐清市地方可用财力可谓雪上加霜。2017年乐清市增值税和营业税的可比基期为 2014 年 1—12 月，期间，乐清市调整前中央分享的增值税 75% 部分金额为 393828 万元，地方分享的增值税 25% 部分 131276 万元、"营改增" 100% 部分 8851 万元、营业税 100% 部分 116989 万元，地方分享合计 257116 万元，中央地方共计 650944 万元。调整后的中央地方应按五五分成，因此调整后两者皆为 325472 万元。就中央而言，调整前后的差额为 68356 万元，即上解中央 68356 万元，这个上解数在全省各县市区中处于遥遥领先的不利位置。特别是 2014—2016 年间，乐清市增值税增速分别为 10.9%、8.7%、1.6%。就当前的"营改增"财政体制而言，增值税的增速减缓，无疑是给乐清市地方可用财力的重要打击。

3. 乐清市一般公共预算支出刚性增长，急需盘活财政存量资金。乐清市一般公共预算支出一直在 20% 左右的增速徘徊。特别是近年来对民生支出的刚性需求有增无减，各项标准均不低于省级要求，如进一步完善城乡居民基本养老保险制度，基础养老金最低标准调高至 120 元，全年需支出 2.64 亿元。加大最低生活保障、医疗救助的社会救助补助力度，农村、城镇居民低保标准每人每月分别调高至 570 元、670 元；按全市户籍人口人均 15 元标准统筹大病医疗救助专项资金 1935 万元；按人均 4 元标准安排城乡困难居民临时救济资金 517 万元。财政统筹资金 5.2 亿元，使城乡居民基本医疗保障每人每年筹资标准达 780 元，并按每人每年 30 元标准安排居民大病保险基金，城乡居民基本公共卫生服务经费标准提高到每人每年 45 元。收支矛盾的加剧倒逼地方政府盘活存量资金。

（三）政策新常态背景对盘活财政存量资金需要

1. 以身作则，各级领导充分重视。李克强总理已在重要会议中十多次提到盘活存量，如 2015 年 4 月 1 日的国务院常务会议，他要求部署盘活和统筹使用沉淀的存量财政资金，有效支持经济增长；7 月 8 日，他又在国务院常务会议上再次指出，各级财政将已收回沉淀和违规资金 2500 多亿元，加快统筹用于急需领域，国务院将 239 亿元中央预算内投资存量资金调整用于在建重大项目。

2. 有条不紊，相关文件及时发布。中央先后出台了《国务院关于印发推进财政资金统筹使用方案的通知》（国发〔2015〕35 号）、《国务院办公厅关于进一步做好盘活财政存量资金工作的通知》（国办发〔2014〕70 号）、《财政部关于推进地方盘活财政存量资金有关事项的通知》（财预〔2015〕15 号）、《财政部关于收回财政存量资金预算会计处理有关问题的通知》（财预〔2015〕81 号）等文件，浙江省财政厅也出台了更具地方可操作性的《关于印发〈浙江省省级部门财政拨款结余资金管理暂行办法〉的通知》（浙财预字〔2007〕12 号）、《浙江省财政厅转发财政部关于进一步加强地方财政结余结转资金管理的通知》（浙财预〔2013〕56 号）、《浙江省财政厅关于推进盘活财政存量资金有关事项的通知》（浙财预〔2015〕9 号）等文件。

3. 落到实处，有效建立问责机制。为督促基层市县加快盘活存量资金，浙江省财政厅发布了《关于采取有效措施进一步加强财政库款管理工作的通知》(浙财预执〔2016〕42号)。文件通过《财政库款考核排名办法》,对库款余额同比变动、库款余额相对水平、库款保障水平、公开发行的置换债券转贷资金置换完成率、一般公共预算支出累计同比增幅等五项指标进行量化考核。2017年,根据《浙江省财政厅关于加强预算支出进度管理的通知》(浙财预〔2017〕2号)文件,"从每年4月份开始,每月执行率低于序时进度且排名倒数的10个省级部门、10个市县将予以通报,并需撰写情况说明……支出执行进度两个月排名倒数10位的省级部门和市县,省财政厅将视情况采用集体约谈或个别约谈的方式,由分管厅长约谈省级部门分管财务负责人和市县财政局长",财政存量资金的问责机制得到有效建立。

三、乐清市财政存量资金现状

(一)乐清市财政存量资金的最新举措

面对乐清市财力趋紧的财政新常态,乐清市通过"四则运算"盘活财政存量资金。

1. 做好"加法",加大财政支出力度。加快财政支出进度,2016年首次实现一般公共预算支出"双过半"。连续十年保持民生支出增量超一般公共预算支出增量的2/3。在保证优化支出结构的基础上,进一步加快财政支出进度。由图2可见,从2008年到2016年,财政支出进度已经明显前移,最后两个月的支出占比已经从2008年的9.0%和20.6%下降到6.1%和9.5%。

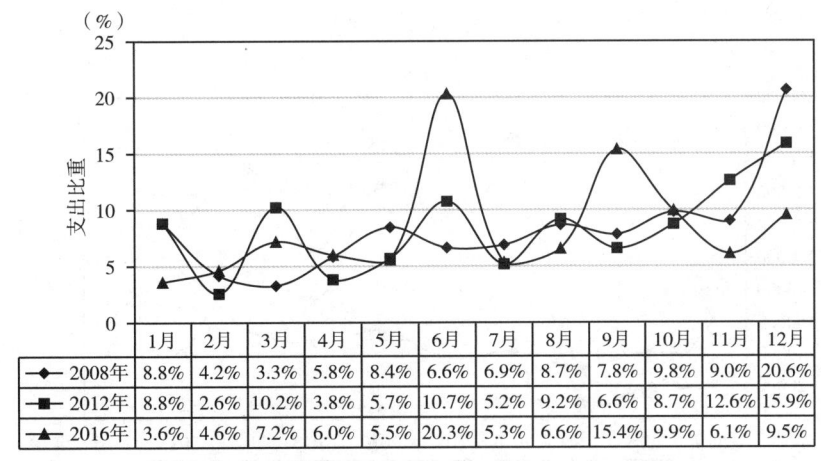

图2 各月份一般公共预算支出占全年支出比重情况

2. 抓实"减法",统筹各类存量资金。一方面,建立财政存量资金动态管理机制和定期清理机制,实现存量资金与预算挂钩。根据《乐清市财政局关于做好2017年市本级部门预算编制工作的通知》（乐财预〔2016〕262号）文件，部门预算支出执行率低于91%的单位，下年预算控制数比上年压缩5%以上。另一方面，加快统筹财政资金。今年以来，统筹税务经费2.3亿元；统筹结余资金3347万元；单位基本户除按正式在职干部人均2000元的标准予以保留的基本支出外，其余资金全部上缴财政，统筹资金4542万元。

3. 放大"乘法"，发挥政策杠杆作用。创新财政支持经济发展方式，加快设立政府产业基金，引导并撬动金融资本和社会资本投资，积极推进PPP试点项目——翁垟污水处理厂建设，盘活存量资金，发挥"乘数效应"。进一步落实行政事业单位公款竞争性存放管理，有效提高财政存量资金收益率，实现财政存量资金保值增值。

4. 用足"除法"，消除存量资金洼地。一方面，加大专项资金改革力度，压减专项资金61项，资金1.88亿元，撤销48项，金额5974万元，调整为部门专项12项，金额628万元，严格控制新增专项资金，实行专项资金动态化管理。另一方面，进一步加大财政专户清理力度，从48个压减为37个，原则上不再新增专户，所有财政专户严格按照上级文件管理。

（二）财政新常态下的乐清市财政存量资金发展趋势

近年来，乐清市在上级财政部门考核的外因和财政新常态需求的内因双重推动下，财政存量资金得到有效挖掘。

1. 一般公共预算结转结余。虽然由图3可知，近10年来，一般公共预算结转结余资金略有上升，但其结转结余率总体呈下降趋势。在乐清市上述"四则运算"的努力下，2016年将达到近年来最低水平（见图4）。

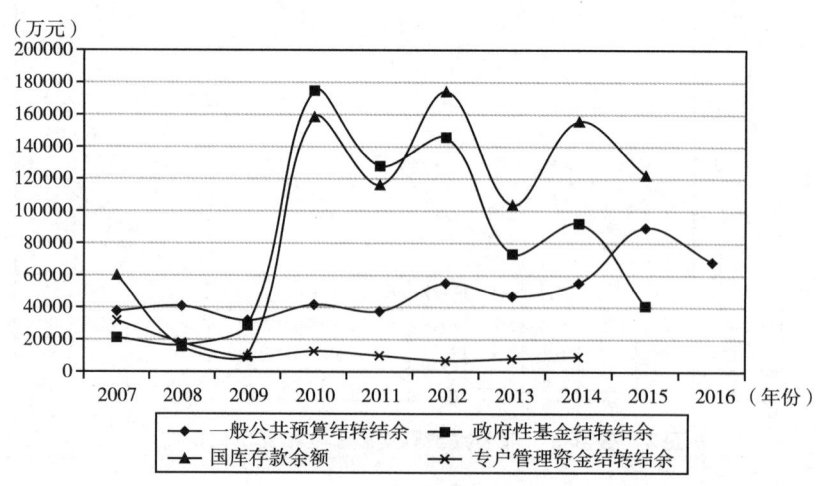

图3　2007—2016年乐清市各项资金结转结余情况

资料来源：财政决算录入表、市政府预决算报告。

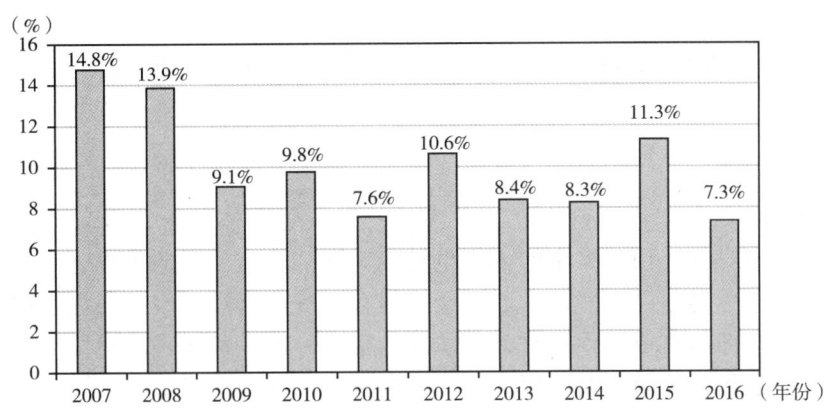

图 4　2007—2016 年一般公共预算结转结余率

资料来源：财政决算录入表、市政府预决算报告。

2. 政府性基金结转结余。一方面，乐清市根据财政部文件要求，加大对政府性基金的统筹力度。根据财预〔2014〕368 号文件规定，2015 年 1 月 1 日起乐清市已将地方教育附加收入、文化事业建设费收入、残疾人就业保障金收入、教育资金收入、农田水利建设资金收入、森林植被恢复费、水利建设专项收入等基金收入纳入公共预算管理。根据财预〔2015〕205 号文件规定，自 2016 年起，乐清市又将原纳入政府性基金预算管理的水土保持补偿费、政府住房基金收入、无线电频率占用费和海域使用金等 5 项基金列转一般公共预算。同时，乐清市还统筹了政府性基金结转结余超收入 30% 部分。另一方面，乐清市采用各种措施，做好精准预算，加快政府性基金支出进度。政府性基金预算执行难度大，主要是因为收支的不确定性，即政府性基金收入的不可预测性和政府投资项目与基础设施建设的不确定性。2017 年，乐清市经过深入调研，建立更加科学合理的政府性基金预算和政府投资项目预算，特别是对土地出让金的每块地分宗测算，科学分解，确保政府性基金的精准预算。由图 3 可知，乐清市政府性基金结转结余虽然在 2010 年因土地拍卖高峰期而出现峰值，但随后在精准预算的推动下，迅速回落。2010 年和 2011 年政府性基金可用资金均有所上升，但其结转结余资金在 2011 年反而下降了。

3. 国库存款余额。根据浙财预执〔2016〕40 号文件等要求，乐清市进一步加强了预算编制管理，提高了预算执行效率，统筹各类结转结余资金，加强置换债券转贷资金置换存量债务工作，每个月末前还要专门召开库款统计分析和形势预判会议。经过各方的共同努力，国库存款余额基本保持在月均用量 80% 以内。由图 4 可见，近年来乐清市国库存款余额稳定在 12 亿元左右。

4. 非税收入统筹管理。根据浙财预〔2015〕47 号和浙财预〔2016〕57 号文件，乐清市进一步将养殖用海项目海域使用金收入等非税收入分年度逐步改列一般公共预算管理，加大了非税收入的统筹力度。

四、财政新常态下盘活财政存量资金的难点

(一) 预算编制不够科学

1. 预算编制的科学性有待提高。在当前的财政管理体制下,财政部门与预算单位间存在信息不对称,预算编制的过程也是两者间的资金博弈的过程。一些预算单位在上报预算时,总是尽可能多地争取资金,但在预算执行过程中,往往忽视资金支付的及时性。财政部门在审核预算时,其掌握的信息一般逊色于预算单位,致使一些多报的预算无法剔除,进而影响预算执行,为资金的沉淀埋下隐患。

2. 预算编制体系没有无缝对接。虽然 2014 年修正的《中华人民共和国预算法》(以下简称《预算法》) 规定了全口径编制的四本预算,但同时又要求四本预算"应当保持完整、独立"。事实上,由于一般公共预算资金捉襟见肘,一些较大项目支出往往涉及多种资金来源。例如,2016 年乐清市统一安排工改增资、社保并轨、乡镇工作补贴和新增人员经费共需追加经费 4.35 亿元。一方面,面对如此巨大的资金缺口,乐清市只能对一般公共预算资金、财政专户统筹资金等各项资金进行综合安排。另一方面,在安排资金的过程中还需要考虑民生、教育、科技等各项考核的比例要求。因此,在处理大型项目支出时,预算编制体系的无缝对接难度加大。见表 2。

表 2　　　　　　乐清市工改增资等经费统计表　　　　　　单位:万元

科室	科目	小计	自行安排	一般公共预算	预算稳定调节基金	预算统筹资金暂存	财政专户统筹资金
乡镇	一般公共服务支出	7218.53	1000		6218.53		0
行事科	一般公共服务支出	1836.29		459.18	1377.11		0
	公共安全	1129.01			1129.01		0
	文化体育与传媒	327.74	327.74				0
	科学技术	108.52	108.52				0
	教育	16075.79		230		5000	10845.79
	一般公共服务支出	659.07		138.93	520.14		0
	公共安全	962.39			203.35		759.04
	文化体育与传媒	114.41					114.41
	教育	3347.21					3347.21

续表

科室	科目	小计	自行安排	一般公共预算	预算稳定调节基金	预算统筹资金暂存	财政专户统筹资金
社保科	一般公共服务支出	684.67	240.85				443.82
社保科	社会保障和就业	211.25	209.94				1.31
社保科	医疗卫生与计划生育	8814.25	1280		7534.25		0
经建科	一般公共服务	83.42					83.42
经建科	环境保护	100.49		100.49			0
经建科	城乡社区事务	731.56					731.56
经建科	交通运输	188.88		188.88			0
经建科	资源勘探	288.18		288.18			0
经建科	商业服务业	210.66					210.66
经建科	国土资源	231.97		231.97			0
经建科	粮油事务	52.99					52.99
社保基金	社会保障和就业	110.77					110.77
价格认证中心	城乡社区事务	17.61			17.61		0
合计		43505.66	3167.05	1637.63	17000	5000	16700.98

3. 法定支出比例要求仍然存在。虽然《预算法》已经明确要求不再设置法定支出比例,但是2015年修正的《中华人民共和国教育法》等法律即便在《预算法》之后颁布,却仍然要求不低于经常性收入的增速。法定支出比例的要求有悖于零基预算的初衷,财政绩效也无法得到充分保障,也是形成存量资金的隐患。

(二)预算执行存在壁垒

1. 项目支出执行力有待提高。一是农业(林业)项目建设与农业季节性生产规律相关,验收发文时已近年终。如晚稻机插、晚稻统防统治、造林项目的成活率验收、冬修水利、农业特设基地的种苗成活率验收等,都要在9月份以后才能确定。二是工程项目在年底结算较多。一些单位年终为了应付农民工工资、偿还银行贷款和民间借款等因素,集中申请结算各类工程项目。三是上级补助资金下达以后,部分重要文件没有及时收到，这也影响了财政支出进度。

2. 专款专用资金是把双刃剑。财政资金的专款专用虽然能让重要项目支出得到有效保障，但这也是资金沉睡的导火线。由于政府性基金管理的规定较细，严格按照规定执行以后会导致部分政府性基金结转结余过大。近年来，乐清市政府性基金结转结余率就一直保持在13%左右（见图5），高于一般公共预算结转结余率，特别是从2009年开始，前者一直处于后者上方，政府性基金结转结余情况相对严重。

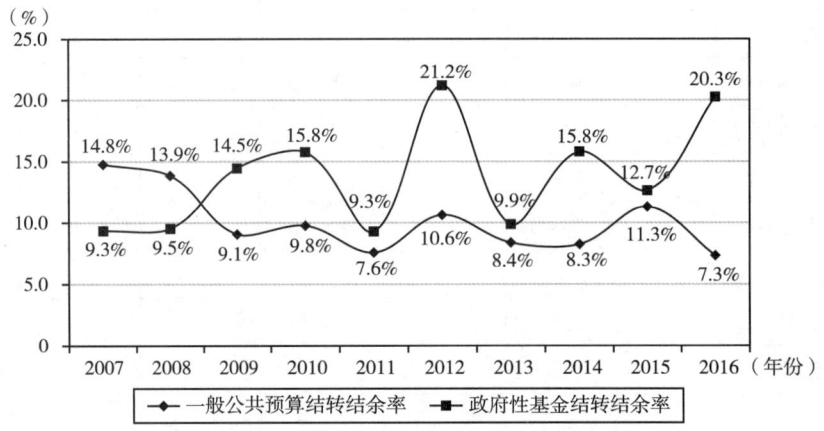

图5　2007—2016年乐清市两大资金结转结余率

3. 社保基金盘活难度大。由图6可见，近年来乐清市社保基金结转结余呈上升态势，从2007年的114040万元到2016年的949166万元，年均增长26.5%。由于我国当前对社保基金管控较为严格，社保基金的投资渠道较为单一，盘活难度较大。

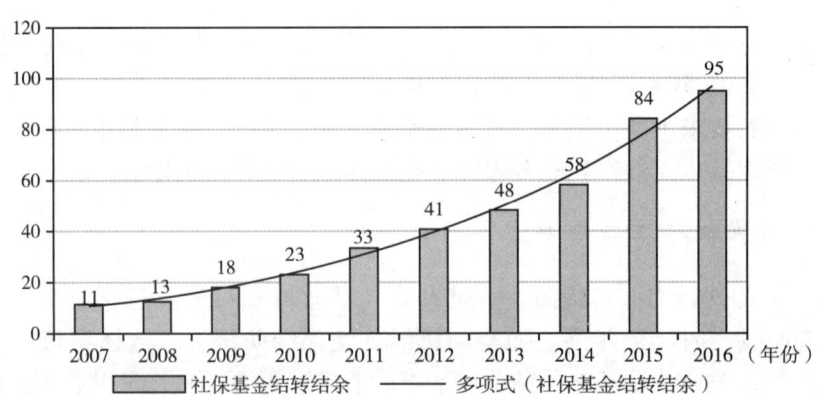

图6　2007—2016年乐清市社保基金结转结余（单位：亿元）

资料来源：财政决算录入表。

（三）预算监督不够到位

1. 缺乏长效有力的监督机制。一方面，虽然浙江省财政厅《财政库款考核排名办法》已经明确了各项指标的考核细则，但地方政府并没有引起充分重视，没有建立切实的长效措施，只是在关键的时间点临时紧急应付。另一方面，"部门预算支出执行率低于91%的单位，下年预算控制数比上年压缩5%以上"的要求落实也有困难，部门单位或是采取特殊手段隐藏进度，或是利用政治方式让压缩资金的规定落空。

2. 缺少财政支出的责任制度。针对财政支出进度偏慢的部门单位，财政部门并没有强有力的问责机制可以应对。特别是在涉及多部门的项目支出时，存量资金的沉淀就更受"责任分摊效应[①]"的限制。

3. 缺少绩效管理的反馈体系。虽然经过最近几年的探索与实践，各地绩效管理工作有了一定的发展，但是绩效管理的反馈应用仍然有些苍白无力。绩效管理反馈的缺失，容易导致部门单位不重视预算执行，从而形成财政存量资金。

五、财政新常态下进一步盘活财政存量资金的路径

（一）以预算编制为源头，夯实盘活财政存量资金的基础

1. 提高预算编制的科学性。一是做好项目库建设。引入先进的项目库管理一体化软件，建立和健全项目库管理制度，制订滚动的五年项目发展规划。部门单位在建立项目时，做好充分的前期工作，进行科学的可行性研究。二是细化项目预算编制。部门单位编制项目预算时，做好充分调查，将项目支出细化到具体使用内容、使用单位，提高预算项目的可执行性，以防预算的"二次分配"。三是建立联评制度。建立各类项目的专家库，在各重大项目列入项目库前，财政部门和专家组成员对项目进行严格评审，层层把关。评审结论作为安排该预算的重要依据。

2. 加强存量资金的统筹安排。在年初根据《预算法》做好四本预算的同时，注重不同资金来源的横向统筹安排，特别是在处理"五水共治"、大拆大整等市委市政府大额资金的重点工作项目时，优先考虑盘活财政存量资金。

---

① 责任分摊效应：1964年3月13日夜3时20分，在美国纽约郊外某公寓前，一位叫朱诺比白的年轻女子在结束酒吧工作回家的路上遇刺。当她绝望地喊叫："有人要杀人了！快救我啊！"听到喊叫声，附近住户亮起了灯，打开了窗户，凶手吓跑了。当一切恢复平静后，凶手又返回作案。当她又叫喊时，附近的住户又亮起了灯，凶手又吓跑了。当她认为已经无事，回到自己家楼下上楼时，凶手又一次出现在她面前，将她杀死在楼梯里。在这个过程中，尽管她大声喊叫，她的邻居中至少有38位到窗前观看，但无一人来救她，甚至无一人打报警电话。这件事引起纽约社会的轰动，也引起了社会心理学工作者的重视和思考。人们把这种众多的旁观者见死不救的现象称为责任分散效应。

3. 加强结转结余资金管理。一是建立结转结余资金的定期清理机制，定期要求各部门单位的年终结转结余资金按照有关规定严格执行。二是针对不同结转结余资金分别按规定处理：对不需要按原用途使用的，按规定调剂用于其他项目；对连续两年未使用的，作为结余资金管理。三是建立项目资金统筹回收制度。对清理确认属于已无法支出或已不需要支出的结转资金，财政予以统筹回收。

（二）以预算执行为抓手，磨砺盘活财政存量资金的锋刃

1. 加快项目支出进度。一是加快上级补助拨付进度。建立项目资金分期预拨机制，督促部门单位和工程施工单位及时定结。二是部分项目用以奖代补代替专款专用。比如上级财政部门对乐清市图书馆建设的奖励。对于工程项目已经完工的奖励性转移支付应及时统筹用于其他项目，以防形成存量资金。三是加强纵向沟通，充分利用省补实时对账系统，及时掌握最新上级转移支付信息，提前预知，及时统筹安排。

2. 适当突破资金壁垒。一是在不违反上级规定的前提下，适当统筹各类专项资金。二是建议出台政府性基金可以调剂使用的范围，明确其可以统筹用于其他民生的项目。三是进一步清理和整合财政专户资金和财政专项资金清单。四是扩大社保基金投资渠道。加大社保基金的债券置换力度，在保证资金安全的情况下，最大限度确保社保基金的保值增值。

3. 深化国库集中支付改革。一是强化与预算单位、代理银行的沟通。积极引导单位及时支付，督促银行提高服务，从而减少存量资金的人为因素。二是优化支付流程。从预算指标开始到最终支付成功，减少中间的审核确认环节，明确审核责任主体，特别是政府采购流程的压缩。三是扩大改革范围。进一步深化国库集中支付改革，特别是卫生、镇（街道）、基本建设等项目单位进行改革，使财政资金不易沉淀。

（三）以预算监督为盾牌，保障盘活财政存量资金的成果

1. 建立长效有力的监督机制。一是进一步落实《财政库款考核排名办法》的有关规定。将《办法》中要求的各项指标进一步分解到部门单位和科室，落实到人，建立更加细化的基层考核管理办法。二是建立联席存量资金通报制度。对执行进度慢、存量资金多的部门单位和科室进行深入调研，查漏补缺。三是落实预算约束。在市委市政府等更高的角度，全面推进"部门预算支出执行率低于91%的单位，下年预算控制数比上年压缩5%以上"的要求。

2. 建立全方位的问责制度。一是政府问责制。建立人大、监察、财政、审计等各部门的联合调查财政存量资金问责。二是舆论问责制。向社会公开存量资金情况，由媒体、微博、微信等其他舆论反馈情况进行问责。三是群众问责制。除保密单位外，在预决算全部公开的前提下，群众可对预算执行慢、预算绩效差的项目进行问

责，防止"破窗效应"的产生。

3. 完善预算绩效管理制度。建立涵盖经济效益、社会效益、生态环境效益、可持续性影响、资金落实情况、实际支出情况等全面的考核指标体系。着力解决"干正确的事"和"正确的干事"，"该不该办事，花多少钱办事，花钱相比是否值得"，形成"讲绩效、重绩效、用绩效"的氛围。同时，扎实推进"预算编制有目标，预算执行有监控，预算完成有评价，评价结果有反馈，反馈结果有应用"的全过程预算绩效管理机制，实现预算绩效管理与预算编制、执行、监督的有机结合，促进财政资金的高效、合理运行。

六、结束语

在未来的财政新常态下，我们要面对地方有限财力和无限支出责任的多重压力，盘活财政存量资金成为地方财政解困的出路之一。然而，盘活财政存量资金就要面对诸多难解的问题。为此，我们应当提高预算编制的科学性，加大存量资金的统筹安排的力度，加强结转结余资金管理，加快项目支出进度，适当突破资金壁垒，深化国库集中支付改革，建立长效有力的监督机制和全方位的问责制度，完善预算绩效管理制度。只有这样，我们才能更加有效地盘活财政存量资金。

保定市盘活存量资金政策研究

保定市财政局　陈树存　石雯静　陈　磊

保定市以"进一步激活财政存量资金,集中有限资金用于稳增长、调结构、惠民生等重点领域和关键环节,不断提高财政资金使用效益"为出发点,多次发文对盘活财政存量资金工作提出了具体要求,明确了管理措施,进一步加快了预算执行进度,压缩了结余结转资金规模,提高了财政资金运行效益。

一、盘活存量资金的基本情况

(一) 取得的成绩

1. 结余结转规模压缩。2014年保定市财政存量资金规模为186亿元,2016年规模为164亿元,同比压减12%。其中一般公共预算结余结转下降43%;转移支付资金压减率达35%。总规模的压缩尤其是一般公共预算及转移支付结转结余的减少说明保障了更多的民生与重点支出事项。

2. 历年结余结转资金得到清理。自2014年底,盘活存量资金政策执行以来,首先清理了2012年及以前年度存量资金,涵盖了以前年度的历年结余,部分指标结余为2005年下达,"沉睡"多年的存量资金得到了清理。按照盘活存量资金政策统一要求,保定市又陆续清理盘活了2013年以来的存量资金。

3. 部门预算结转结余逐年减少。保定市部门预算结转结余资金从2014—2016年压减了76%。各部门结转结余资金在下一年度要么盘活,要么上缴,否则按"小金库"处理。在有效政策的督促下,部门预算的执行率有了大幅提高。

4. 财政统筹能力不断加强。收回的存量资金按照突出重点、统筹兼顾、民生优先、发展优先、综合平衡的原则,专项用于了惠民生、稳增长、治污染等方面的政策性支出。保定市当前财力非常有限,财政统筹能力不足,收支矛盾较为突出。盘活存量资金为保障市委市政府确定的重大项目及较为着急的民生支出事项提供了有效途径,增强了财政统筹能力。

(二) 存在的问题

1. 二次沉淀问题依然存在。财政存量资金盘活统筹安排到部门后，有的部门仍没有在预算年度内形成实际支出，造成资金二次闲置，没有发挥存量资金清理的效能。"二次沉淀"现象的存在，导致该存量资金的盘活成了形式，是不彻底、不及时的盘活。

2. 政府性基金盘活统筹难度大。按相关规定，政府性基金是具有专项用途的资金，盘活统筹存在壁垒。近年来，多项政府性基金转列一般公共预算。同时规定对政府性基金预算结转资金规模超过该项基金当年收入30%的部分，应补充预算稳定调节基金统筹使用。但对于部分收入规模较大的政府性基金，未超过30%部分也有几百万元以上。按照《关于推进地方盘活财政存量资金有关事项的通知》（财预〔2015〕15号）规定，地方政府可在当前政策基础上实行更严格的统筹使用措施。

3. 专项转移支付占转移支付比重高，结转规模较大。2014年转移支付结转结余资金占全部存量资金的23%，2016年占17%。专项转移支付在转移支付中占比仍较高，资金分配层级多、链条长，下达时间通常较晚，既影响效益发挥，又客观上造成年末突击拨付资金、部分专项资金结转结余。基层在执行过程中因不能改变资金类级用途，难以实现全盘统筹。

4. 盘活财政存量资金工作涉及面广，财政难以担当责任主体。盘活财政存量资金工作涉及所有部门和单位，影响公共服务各个领域，仅凭财政一己之力，工作难度较大。财政对各个部门只有督促的职能，很多情况下难以协调。

二、影响盘活存量资金的因素分析

结合实际工作看，保定市盘活存量资金工作确实取得了不错的成绩，但受一些因素的影响，盘活存量还有一定潜力可挖。

（一）盘活存量意识有待进一步加强

盘活存量资金政策执行以来，各级各部门重视程度不一，个别部门和县（市、区）组织领导工作有待加强。需建立健全考核指标，对未按规定完成的，要严肃追究相关部门和人员的责任。同时，各级审计机关要加强审计监督，切实推进盘活存量各项政策的落实。

（二）中期财政规划尚未完全实施

目前，各地市仅编制了三年收支预测，仅是完成了中期财政规划的重要基础工作。中期财政规划尤其是部门三年滚动财政规划,对于测算分年度支出需求,科学预算编制,降低资金结余结转率有重大意义。

(三)转移支付提前下达率有待提高

目前,转移支付提前下达率较以前年度有了大幅提高,但部分转移支付仍在年度预算执行中下达,对年度预算的整体进度和安排产生一定影响。转移支付的下达速度的提升,能够有效解决资金需求等问题。

(四)部分大型项目支出进度较慢

有些资金量较大项目受政府采购、项目进度、合同约定等因素影响,在年度预算内不能按计划形成实际支出。这些大型项目制约因素较多,主管部门(单位)在实际支出时,往往比较慎重,因此易形成沉淀资金。

三、加大盘活存量资金力度的对策建议

如何进一步加大盘活存量资金力度,更加充分的发挥财政资金效益,是保定市面临的现实问题。当前,针对上述问题及影响因素,应切实从以下几方面抓好落实。

(一)政府牵头,加强领导

盘活财政存量资金工作由各级政府牵头,高位运作。财政存量资金支出责任主要在部门,财政只能督促,力度小、难度大,政府牵头组织协调效果将会更加显著。同时,加强上下级财政之间、与部门之间,以及财政内部各相关业务处之间的统筹配合,建立协调运行机制,形成工作合力,减少结余结转等存量资金规模。

(二)建立长效机制,完善相关保障措施

1. 建立健全预算执行监控制度,进一步加快预算执行进度。完善预算执行考核评价办法,将预算执行管理纳入法制化轨道。定期对未下达的专项资金进行梳理分析,对当年确定不能执行的项目,按规定程序及时调整预算,尽快形成实际支出。

2. 建立结余结转资金定期清理机制,进一步压缩结余结转资金规模。每年定期组织清理结余结转资金,摸清底数、分类处理。对收回资金的项目需要在以后年度继续实施的,按照预算管理程序重新申请和安排。

3. 建立暂付款、暂存款清理长效机制,进一步提高财政资金运行效益。每年定期组织清理财政往来款,确保财政暂付款在上年的基础上不断压缩、财政暂存款在上年的基础上只减不增。

4. 建立定期回收机制，做好部门结余结转资金回收工作。年底前对预计能够执行完毕的资金（项目），在确保资金安全的前提下，督促部门（单位）进一步加快预算执行进度。对部门（单位）结余资金，区分情况，按程序报批后依规处理。

5. 深化部门预算管理改革，依法科学编制预算。早编、细编项目支出预算，将预算细化到项级科目和具体项目，减少预算代编和预留项目，提高项目预算编制的科学性、准确性。试编中期财政规划，建立滚动预算管理机制。

6. 打破资金壁垒，加强一般公共预算与政府性基金预算衔接与统筹。建立将政府性基金中应统筹使用部分和基金结余调入一般公共预算机制，并补充预算稳定调节基金。

（三）强化检查督促，确保政策落实到位

1. 加大对结余结转资金管理情况的考评力度，适时通报考评结果，并作为下年度分配部门财政拨款预算总额的重要因素考虑。

2. 加大对盘活财政存量资金工作的跟踪监控力度，重点关注该用未用、使用绩效低下等问题，促进存量资金尽快落实到项目和发挥效益。

3. 对存量资金控制不到位，支出管理不作为、乱作为的，依法依规追究责任，形成提高资金使用效益的落实机制。

第三篇　地方经济发展与财政管理实践

"营改增"后做好地方财政蛋糕的思考

——以温州市瑞安市为例

温州市财政局课题组[*]

"营改增"新体制对地方财政收入造成较大影响,就瑞安而言,近年来大力发展第三产业,营业税基数不断做大,占地方税收收入的比重将近30%,在财政体制分成上占有优势,但"营改增"后情况发生较大变化。如何在巩固现有财源基础上,加大后续财源培植力度,做大做优财政收入蛋糕,是当前亟须研究的一项重要课题。

一、瑞安市地方财源发展现状

(一) 财政收入规模情况

近年来,瑞安市经济持续平稳发展,地区生产总值(GDP)从2006年的276.36亿元增加至2016年的795.02亿元,年均增长11.1%。地方财政收入也稳步上升,一般公共预算收入从2006年的17.48亿元增加至2016年的59.05亿元,年均增长12.9%。分阶段看,"十一五"一般公共预算收入的平均增长率为16.9%,"十二五"平均增长率为10.8%,"十三五"开局之年的增幅为7%,财政收入增长逐渐进入新常态。同时从GDP与地方财政收入的比较情况看,2006年一般公共预算收入占GDP的比重为6.3%,至2016年比重上升为7.4%,财政收入的相对规模总体呈逐步升高态势(见表1)。

表1　2006—2016年瑞安市一般公共预算收入占GDP比重情况

年份	GDP（亿元）	增长率（%）	一般公共预算收入（亿元）	增长率（%）	占GDP比重（%）
2006	276.36	12.9	17.48	21.3	6.3
2007	321.90	13.5	21.16	21.0	6.6

[*] 课题组组长:余中平;课题组成员:吴功宜、林坚、杨海曼、叶剑凯、谢钦袖(执笔)、刘彪(执笔)、冯丽芝。

续表

年份	GDP（亿元）	增长率（%）	一般公共预算收入（亿元）	增长率（%）	占GDP比重（%）
2008	361.93	7.2	23.97	13.3	6.6
2009	382.40	8.7	27.40	14.3	7.2
2010	455.89	14.3	32.70	19.3	7.2
2011	517.87	8.9	38.68	18.3	7.5
2012	551.93	6.8	40.65	5.1	7.4
2013	630.87	9.2	44.74	10.1	7.1
2014	676.88	7.5	48.44	8.3	7.2
2015	720.51	8.3	54.72	7.8	7.6
2016	795.02	8.6	59.05	7.0	7.4

注：2015年一般公共预算收入增长7.8%为可比增幅，主要是原纳入政府性基金预算管理的11项基金转列一般公共预算。

（二）财政收入质量情况

税收是财政收入的主体部分，其收入随着地方经济发展而增加，具有延续性和可持续发展性。相对而言，非税收入受政策性影响较大，收入增减与经济发展的相关度较低。因此，财政收入质量在一定程度上可以用地区税收收入占一般公共预算收入的比值来表现，该指标越大，说明财政收入来源越合理，收入质量越高。2006—2016年，瑞安市地方税收收入（即一般公共预算收入中的税收收入）稳步增长，年均增长13.1%，占一般公共预算收入的比重在88.4%—95.1%之间波动，其中2014年达到最高值，2015、2016年分别下滑至91.0%、89.9%，主要受部分政府性基金收入转列一般公共预算和"营改增"因素影响（见表2）。

表2　2006—2016年瑞安市税收收入占一般公共预算收入比重情况

年份	一般公共预算收入（亿元）	增长率（%）	地方税收收入（亿元）	增长率（%）	税收占比（%）
2006	17.48	21.3	15.45	16.7	88.4
2007	21.16	21.0	18.96	22.7	89.6
2008	23.97	13.3	21.94	15.7	91.5

续表

年份	一般公共预算收入（亿元）	增长率（%）	地方税收收入（亿元）	增长率（%）	税收占比（%）
2009	27.40	14.3	24.91	13.5	90.9
2010	32.70	19.3	30.35	21.9	92.8
2011	38.68	18.3	35.45	16.8	91.6
2012	40.65	5.1	37.89	6.9	93.2
2013	44.74	10.1	40.88	7.9	91.4
2014	48.44	8.3	46.06	12.7	95.1
2015	54.72	7.8	49.79	8.1	91.0
2016	59.05	7.0	53.08	6.6	89.9

（三）"营改增"影响财力情况

根据国务院《全面推开营改增试点后调整中央与地方增值税收入划分过渡方案》规定，全面实施"营改增"后，中央确定增值税收入划分过渡方案为：以2014年为基数核定中央返还和地方上缴基数，从2016年5月1日起，所有行业企业缴纳的增值税均纳入中央和地方共享范围，中央分享增值税的50%，地方按税收缴纳地分享增值税的50%。

2016年，瑞安市完成一般公共预算收入59.05亿元，按照"营改增"新体制结算后，全市可用财力为51.48亿元。如果按照"营改增"前的体制测算，则需完成一般公共预算收入58.06亿元，可用财力为51.75亿元（见表3）。由此可见，虽然"营改增"后一般公共预算收入增加了0.99亿元，但实际上可用财力却减少了0.27亿元。主要原因是，瑞安市2016年非"营改增"增值税入库37.45亿元，同比增长仅3.22%，比年初预算数减收1.75亿元；如果该部分增值税完成年初预算数，按新财政体制结算，可用财力将比原体制增加0.79亿元。

表3　"营改增"体制对瑞安财力影响情况表　　　　　单位：亿元

项　目	"营改增"前	"营改增"后	体制改革后差额
2016年收入执行数	58.06	59.05	0.99
2016年可用财力	51.75	51.48	-0.27
2016年年初收入预算数	59.05	61.02	1.97
年初预算2016年可用财力	52.64	54.50	1.86

二、瑞安市地方财源建设存在的主要问题

(一) 单位 GDP 的产出税收率偏低

从单位 GDP 的税收贡献情况看,2016 年全市每百元 GDP 贡献税收 11.37 元,分别低于乐清市、温州全市 2.43 元和 1.15 元,说明经济对地方财政的贡献率相对较低。瑞安经济正处于新旧动能转换的关键期,产业"低、小、散"问题仍然存在,2016 年全市规模以上工业企业 1058 家,不到企业总数的 4%,产值超 10 亿元企业仅 173 家。

(二) 收入结构需要进一步优化

2014—2016 年,地方税收收入占一般公共预算收入的比重分别达 95.1%、91.0%、89.9%,收入结构总体保持较好,但受部分政府性基金纳入一般公共预算收入影响,税收收入占比略有下滑,随着省厅将收入质量纳入财政管理绩效考核,对优化收入结构提出更高要求。同时,近几年房地产业税收占地方税收总额的比重超过 1/4,由于房地产业税收受国家调控影响波动较大,给收入带来较多不确定性因素。

(三) 税收增长过度依赖重点企业

经济新常态下制造业增长势头趋缓,以华峰为代表的一批制造企业一直是瑞安传统支柱财源,其中华峰、瑞立、胜华波、瑞明等 4 家制造业企业上缴税收一直稳居前位,2016 年税收合计占全市制造业税收收入的比重达 16.5%。但个别重点企业受原材料成本上升导致进项税额增加和企业利润下滑影响,出现较大幅度的减收,如 2017 年上半年减收额超 1000 万元的有 3 家。

(四) 新兴产业对财政收入支撑不足

2016 年,瑞安市四大支柱产业(汽摩配、时尚轻工、高分子合成材料、机械电子)入库地方税收 43.43 亿元,占地方税收总量的 81.8%。但新引进的重大项目对税收拉动有限,如 2016 年新引进的重大产业项目总投资超 5 亿元工业项目,预计 2017 年带来制造业税收增量 100 万元,高新技术产业园进驻企业 47 户,预计 2017 年税收增量 200 万元,对地方财政的增收贡献还不明显。

三、"营改增"对瑞安地方财源结构的影响分析

(一) 财源的产业结构变化

近年来,瑞安市十分注重发展第三产业,三次产业的结构比例关系顺序由"二

三一"逐步调整为"三二一"。与产业结构相对应,"十二五"规划期财源结构也呈现"三二一"的格局。如2015年,瑞安市实现第二产业税收54.09亿元、第三产业税收32.7亿元,其中计入地方税收收入分别为23.18亿元、24.61亿元(为便于统计,以下分产业、分行业、分税种的地方税收收入均不包含省级财政返还税收收入部分),分别占地方税收收入的48.4%和51.3%,财源结构和产业结构基本一致。但2016年5月1日全面实施"营改增"后,当年产业税收结构出现较大变化,2016年第二产业、第三产业地方税占比分别为52.1%和47.7%,分别比上年提升3.7个和下降3.6个百分点(见图1),财源产业结构发生根本性扭转。

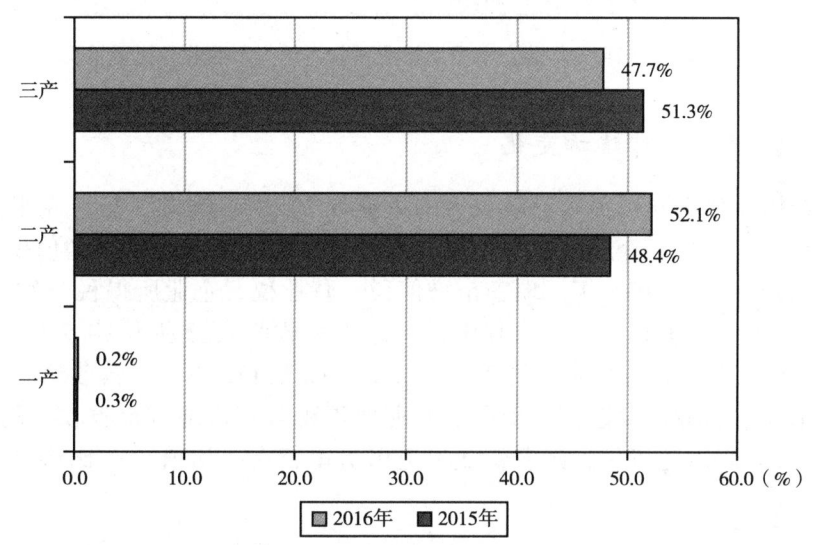

图1　2015—2016年瑞安市产业税收占地方税收收入比重情况

(二) 财源的行业结构变化

财源的行业结构反映了一定时期各行业对财政收入的贡献程度。瑞安市税收支柱行业主要是制造业、房地产业、建筑业、金融业和批发零售业,2015年这五大行业分别入库税收48.21亿元、15.87亿元、5.52亿元、4.5亿元、5.18亿元,其中计入地方税收收入分别为18.23亿元、14.23亿元、4.69亿元、2.88亿元、2.09亿元,分别占地方税收收入的38.0%、29.7%、9.8%、6.0%、4.4%,合计占比为87.9%。"营改增"后增值税按中央与地方"五五分成",2016年以上五大行业分别提供了地方税收收入的43.7%、26.9%、7.8%、5.8%、5.3%,合计占比为89.5%。通过对比,制造业占比上升5.7个百分点,在地方财政收入的比重大幅提升(见图2)。

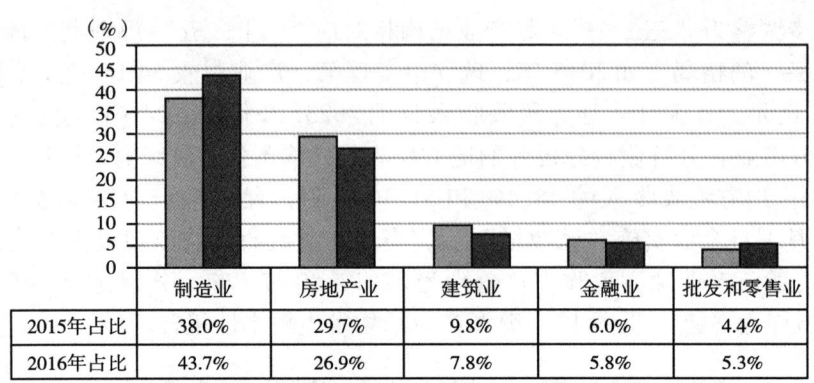

图2 2015—2016年瑞安市重点行业税收占地方税收收入比重情况

(三) 财源的税种结构变化

税种结构反映不同税种对财政收入的贡献程度。"营改增"后，原来三大主体税种增值税、营业税、企业所得税的主体税种构架发生重大变化，增值税的主体税种地位更加凸显。如2015年，瑞安市增值税、营业税、企业所得税分别入库37.4亿元、11.93亿元、15.01亿元，其中计入地方税收收入分别为10.2亿元、11.93亿元、6亿元，占地方税收收入的21.3%、24.9%、11.3%。"营改增"后，2016年国内增值税、营业税及改征增值税、企业所得税分别占地方税收收入的36.7%、13.2%、9.5%。由此可见，随着营业税退出历史舞台，增值税占比将进一步提高（见图3）。

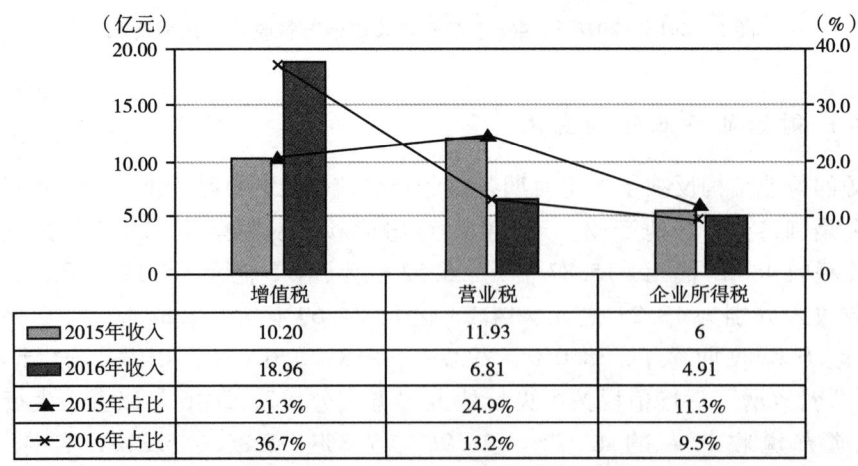

图3 2015—2016年瑞安市主体税种占地方税收收入比重情况

四、培育后续财源做好地方财政蛋糕的对策建议

(一) 树立科学生财理念，着力实现财政可持续发展

1. 要树立"求近应思远"的理念。经济学中的"拉弗曲线"告诉我们，企业实际税负的高低不仅影响收入，而且会影响经济增长，关键要适度。所以，尽管目前收入增长困难，但税收征管不能急功近利，更不能涸泽而渔，应立足当前，着眼长远，尽量增加收入效应，避免出现替代效应。

2. 要树立"欲取必先予"的理念。涵养培育税源的目的是增加财政收入，扩大社会积累。投入是产出之源，没有投入就没有产出。应树立经济是"源"的观念，充分发挥财政在促进经济发展中的职能作用，从政策、资金、服务等方面支持税源建设。

3. 要树立"顾量更重质"的理念。税源建设，应既讲数量，更讲质量，既注重速度，更讲究效益。要按照"量的扩张与质的提升并举"的方针，注重"结构生财"，优化产业结构，不断提高产业税收贡献率，实现产业规模和税收质效的协调联动。

4. 要树立"抓大不放小"的理念。涵养培育财源，既要抱"西瓜"，又要捡"芝麻"，在大力培育重点企业、重点产业税收的同时，应加大对新兴产业和成长性企业的扶持，做到大小兼顾、新老相替、前后衔接，不断增强税收的持续性和稳定性。

(二) 加快产业转型升级，培育壮大骨干税源

总体来看，实施"营改增"新体制后，第三产业对地方财力的贡献度明显降低，而第二产业对地方财政的贡献度大幅提高，因此，优化财源结构的重心是做大做强第二产业，加快推进制造业转型升级和培育建筑业税源，努力做大增值税基数。

1. 以重大项目实施为抓手，促产业提升。结合创建省级创新型城市、省级工业强市和省振兴实体经济激励政策，推进"互联网+""机器人+""标准化+"，激发传统产业创新活力。抓住创建浙东南自主创新示范区的有利契机，主动对接宁波、温州一些高端创新资源和产业项目，争取一批重大招商引资、瑞商回归、侨商回归产业项目在瑞安落地。

2. 以推进平台建设为支撑，促创新发展。支持打造丁山二期产业园、丁山三期产业园、东新产城融合示范带等产业大平台，突出智能制造科技城、小微企业创业园、侨贸小镇、国家汽车电气零部件质检中心、人力资源服务产业园等公共平台建设，为企业科技创新和产业转型发展提供有力支撑。

3. 以培育高端人才为重点，促竞争力提升。投入建设技术转移中心、企业研究院、企业研发（技术）中心、博士后工作站、院士专家工作站等平台，借用"外脑"解决企业技术难题和技术需求。研究提高科技人员职务成果转化收益用于奖励科研负责人、骨干技术人员等重要贡献人员和团队的比例等政策，激发科研人员创新动力。

4. 以"内强外引"为手段，促建筑行业发展。要鼓励做大做强本地建筑企业并加快"走出去"步伐，吸引外地建筑企业在本地落户。目前，瑞安市已出台《关于加强外来建筑企业税收征管工作的通知》，建立税务、住建、水利等13个部门的信息共享机制，下步要加强对外来建筑企业税收的全程控管。

（三）注重财税精准发力，着力引导市场主体有序发展

要在财税政策、资金、服务等方面精准发力，强化财税政策措施的"正向激励"和"反向倒逼"，变直接补助为间接补助、分散补助为集中财力办大事，着力营造公平竞争、良性发展的环境。

1. 完善财税扶持政策。整合各类财政政策和资金，以工业企业综合效益评价为导向，重点扶持企业智能制造、两化融合、科技创新和上市等，加快培育一批优质财源税源。完善财政性存款与服务地方经济发展贡献相联系工作机制，充分调动金融机构支持地方经济发展的积极性。健全贷款和担保风险补偿机制，积极推进"政府+银行+保险"业务运作模式，引导设立小微、涉农和科技型中小企业贷款保险补偿资金，采取业务补助和资本金注入等方式，支持担保机构和再担保机构为小微企业贷款等提供融资担保服务。改进财政补助方式，改革单一的"项目直补"方式，探索政府购买服务、财政后补助等，提高资金使用效益。

2. 用好财政资金杠杆。探索设立"投资引导基金"，坚持"政府引导、市场运作"的原则，采取母子基金架构，母基金项下设立3大子基金：围绕改善提升城市基础设施和推进新型城镇化建设，设立城市发展子基金；围绕支持工业强基和加快第三产业发展，设立产业发展子基金；围绕提高公共服务共建共享水平，设立社会事业发展子基金。提高母基金规模，在子基金层面吸收社会资本。

3. 合力抓好生财聚财。发挥好乡镇、街道培育税源经济的重要作用，瑞安市已出台《关于进一步深化乡镇（街道）财政管理体制改革培育壮大税源经济的通知》，实施税收收入激励奖补政策，税收增量最高按100%全额返还，激发齐抓税源经济的积极性，要通过督考机制确保责任落实到位。同时，要建立"横向到边、纵向到底"的综合治税体系，变税务机关单一征管为政府多部门综合治税，促进税负公平公正。

4. 优化财税服务工作。改变资金拨付模式，将技改专项和开放型经济发展专项作为试点，在保证资金监管不缺位的前提下，删减财政部门审核、联合发文、公示等环节，进一步加快资金拨付速度。推行"先享后管"等举措，推动高新技术企业所得税优惠、研发费用加计扣除、小微企业减免税等各项优惠政策落地生根。落实好兼

并重组、破产重整有关财税政策,帮助"僵尸企业"加快盘活有效资产,引导企业加快整合重组,形成新的优质税源。

(四)加强顶层制度设计,促进地方财政健康运行

1. 重塑地方主体税种。"营改增"后,地方主体税种缺乏,建议加快完善地方税体系,重塑地方主体税种。从发达国家的实践看,美国、英国、加拿大、新西兰等国家的财产税(主要是房地产税)占地方税收的比重相当高,分别为71.8%、99.5%、91.3%、90.3%。目前,国家的房产税改革试点也在逐步推开,一方面可以增加地方税源,另一方面对房地产市场有一定调控作用。

2. 清理规范优惠政策。虽然财政部暂停了财税优惠政策清理,但中央加强市场经济体系建设的力度正在逐步加大,还出台了国发〔2016〕34号《关于在市场体系建设中建立公平竞争审查制度的意见》,要求加强政策审查,不得违法给予特定经营者优惠政策,安排财政支出不得与企业缴纳的税收或非税收入挂钩;上级法制单位还加强了政策把关,违反上述规定的新政策已经被禁止出台,地方培育财源的方式亟待创出一条新路子;同时,各地优惠政策的不统一,不利于全省经济的统筹协调发展。建议对各地优惠进行系统性整合,尤其是对重点产业、重大招商引资项目、区县间企业主体迁移等方面政策作统一的规范,防止出现"窝里斗",维护公共利益,维护市场秩序。

3. 加大转移支付力度。近年来基层财政运行难度不断加大,一方面上级加大清费减负力度,造成地方财政减收;另一方面实体经济处于新旧动能转换的关键期,一系列扶持实体经济发展的措施成效反映到税收上来仍需一个过程,当前财政增收难度很大。同时,财政支出刚性很强,新增需求较多,财政收支矛盾不断加大。建议上级政府在出台减税降费政策的同时,在财政体制上加大倾斜力度,提高转移支付额度,减少下达任务性支出要求。

荆门市乡镇财源建设情况调查报告

荆门市财政局 董世元 杜云峰

乡镇财源即乡镇区域内能提供财政收入的渠道和源泉,是乡镇经济发展成果的直接体现。乡镇财源建设是县级财源建设的重要内容,是加强乡镇社会发展的物质基础,对推进县域经济发展有着重要意义和作用。为进一步摸清荆门市乡镇财源建设现状,探索荆门市乡镇财源建设新思路,近期荆门市财政局组织专班对全市乡镇财源建设进行了调查,现将相关情况报告如下。

一、现 状

2012年,荆门市共有建制乡镇和街道办事处58个,除8个城关镇和街道办事处外(下同),全市乡镇农业总产值316亿元,比2003年110亿元增长近3倍;乡镇工业总产值1126亿元,比2003年48亿元增长近23倍。2012年乡镇固定资产投资总额392亿元,比2003年38亿元增长9.5倍;规模工业企业550家,比2003年的212家增长2.5倍。反映到乡镇财政收支上,主要呈现以下几个特点:

(一)收入规模逐步扩大,但占全市份额下降

2012年,全市乡镇财政总收入10.7亿元,比2003年2.2亿元增加8.5亿元,增长386%,比同期全市地方财政总收入增幅低117个百分点;乡镇公共财政预算收入5.1亿元,比2003年1.6亿元增加3.5亿元,增长219%,分别比同期全市和县(市、区)公共财政预算收入增幅分别低305、490个百分点。2012年,乡镇财政总收入占全市财政收入的比重为9.93%,比2003年下降2.6个百分点;乡镇公共财政预算收入占全市公共财政预算收入的比重为10.1%、占县(市、区)财政公共预算收入的比重为14.1%,分别比2003年下降9.4、17.3个百分点。

(二)收入质量较高,资源性和机遇性特点突出

2012年,全市乡镇公共财政预算收入中税收收入4.98亿元,占乡镇公共财政预算收入的97.5%,分税种看:增值税0.96亿元,占19.3%;营业税1.19亿元,占

23.9%；企业所得税 0.7 亿元，占 14%；资源税 1.1 亿元，占 22%；个人所得税、城建税、房产税、印花税、土地使用税等 1.4 亿元，占 28%。近年来，中央、省强农惠农政策力度不断加大，随着土地综合治理、水利建设、农业综合开发，以及高速公路建设，国家南水北调、引江济汉等工程项目的实施，相应为所在乡镇带来了一定的机遇性税收。据这次调查了解，乡镇实现的营业税基本上都以建安营业税为主，个人所得税、城建税、房产税、印花税、土地使用税等都存在较强的机遇性，加上部分乡镇实现的资源税，两类税收占比达 70% 以上，资源性和机遇性特点较为突出。

（三）乡镇之间收入不均，呈"头小尾大，少数集中"的分布态势

全市 50 个乡镇中，2012 年财政总收入过亿元的乡镇有 3 个（钟祥市胡集镇、双河镇、东宝区石桥驿镇），5000 万—1 亿元的乡镇有 2 个（东宝区子陵镇、京山县永兴镇），1000 万—5000 万元的乡镇有 13 个，1000 万元以下的乡镇有 32 个，财政总收入块头最大的是钟祥市胡集镇，2012 年实现财政收入 2.7 亿元；块头最小的乡镇为钟祥市客店镇，2012 年实现财政收入 82 万元。2012 年，全市乡镇财政总收入过 5000 万元的 5 个乡镇实现公共财政预算收入 3.14 亿元，占全市乡镇公共财政预算收入的 61.5%；5 个乡镇境内的新洋丰肥业、熊家湾矿业、大峪口化工、钟夏水泥、葛洲坝水泥和京兰水泥等 6 家企业实现税收 3.31 亿元，占全市乡镇税收收入的 32.4%。

（四）支出增幅相对较低，占全市比重下降

2012 年，全市乡镇实现公共财政预算支出 7.5 亿元，比 2003 年的 2.16 亿元增加 5.34 亿元，增长 247%，比同期全市公共财政预算支出增幅低 496 个百分点，占全市公共财政预算支出 141.2 亿元的 5.3%，比 2003 年下降 7.6 个百分点。随着税费改革和乡镇机构改革的实施，乡镇教育支出、七站八所支出和惠农补贴等大部分支出转移到县（市、区）一级，乡镇财政支出责任和压力较农村税费改革前大幅减少。

二、乡镇财源建设主要成效

近年来，各级党委、政府围绕全市经济发展战略，以园区和项目建设为抓手，大力发展县域经济，有力带动和促进了乡镇经济发展，进一步夯实了乡镇财源建设基础。

（一）突出工业兴财，不断壮大骨干财源

各地、各乡镇立足本地区位、资源优势，因地制宜，大力发展以工业为主导的行业企业，形成了一大批快速发展的支柱财源。如，钟祥市胡集镇以磷矿业为主导大力

发展本地企业，形成了以磷化工为主，兼有轻工轻纺，建工建材，农药化工等企业。2012年，该镇规模企业达21家，当年实现财政总收入达2.7亿元，比2005年的1138万元增长23倍，其中，公共财政预算收入1.3亿元，比2005年的250万元增长52倍；沙洋后港镇以传统的建材行业为主导发展乡镇经济，目前该镇纳税50万以上的企业，由2008年的1家，发展到2012年有6家，提供税收由2008年的142万元增加到1890万元，增长13倍。2012年，全市乡镇纳税50万元以上规模企业133家，当年提供各种税收7.7亿元，占乡镇税收总额的75.5%，工业财源成为乡镇财政增收的主要动力。

（二）大力招商引资，不断培育后续财源

部分乡镇充分利用本地人脉资源、信息资源和地位优势，打好"政策招商、亲情招商、以商招商"牌，通过招商引资拉动项目投资，培植新的财源增长点。例如，东宝区近郊子陵、牌楼等乡镇2012年通过招商引资，完成重点工程项目投资161亿元，靠投资拉动税收1.6亿元，占全区乡镇区级税收总额的35.6%；京山县永兴镇充分利用本镇地位优势，出台一系列招商引资优惠政策，吸引了12家过亿元投资的大型企业落户，辖区内规模企业由2008年的7家增加到现在的43家，税收超千万的企业有5家，纳税50万元以上的企业由2008年的6家增加到35家。该镇财政总收入从2005年的265万元增加到2012年的6277万元，增长近24倍；公共财政预算收入税收从2005年的194万元增加到2012年的2642万元，增长近14倍。

（三）发展现代农业，不断涵养绿色财源

除工业基础比较好的乡镇外，全市大部分乡镇以发展粮油加工为主，规模逐年扩大；农业专业化组织从无到有，农业产业化建设稳步推进，为现代农业发展打下了坚实基础。例如，沙洋县洪森米业、龙池米业、凤池米业，几家企业产值均超过10亿元已经具有相当规模的竞争力；东宝区通过支持农村合作经济组织发展等形式，大力支持农业产业化建设，全区农产品生产基地达36.8万亩，规模养殖场（户）2406户。2012年，全市乡镇农产品加工龙头企业发展到19家，农业专业合作组织发展到2240家。农业现代化的推进，提高了农民收入，增加了农民购买力，带动了农民消费，繁荣了乡镇商贸流通，同时为今后拓展绿色财源奠定了发展基础。

（四）完善财政体制，不断支持乡镇发展

省管县财政体制实施以来，各县（市、区）不断调整完善乡镇财政管理体制，通过增量分成、财力下移等方式激励、支持乡镇发展。如，钟祥市对经济基础较好的胡集、双河、磷矿镇实行"划分收入范围，核定收入基数，增量五五分成，政策补助相辅"的体制；京山实行"核定收支、分级核算、超收自留、欠收自补"的体制；

沙洋实行"核定基数,定额补助,超收分成,短收不补"的财政体制;东宝对辖区内工业重镇实行"核定收支、确定基数、递增包干上交或定额补助、超收全留、欠收不补"的体制等等,都从一定程度上调动了乡镇抓发展、培财源的积极性。今年4月25日全市县域经济暨第六次园区工作会后,东宝区研究制定《乡镇街道财政收入增长激励办法》《乡镇集镇建设投入激励办法》,建立新的税收增长、招商引资和集镇建设投入激励机制;京山县出台《关于调整完善财政管理体制促进镇级财源建设的意见》,通过"三定""三让""三补""三创新"等措施,助力乡镇财源建设。

三、存在的主要问题及原因

近年来,荆门市乡镇经济发展较快,在一定程度上夯实了乡镇财源建设基础,增加了地方财政收入,但作为县域经济的重要组成部分,乡镇财源建设的短板效应逐渐显现,主要表现在以下四个方面。

(一)乡镇经济发展质效不高,财源增长乏力

从经济发展对地方财政收入贡献的角度分析,无论是在收入块头上,还是在增幅上,都反映出我市乡镇经济发展不快不优,乡镇财政收入增长乏力。2012年,全市乡镇实现公共财政预算收入5.1亿元,比2003年增长219%,远远低于同期县(市、区)公共财政预算收入709%的增幅;乡镇公共财政预算收入占县(市、区)的比重为14.1%,比2003年下降17.3个百分点。原因是多方面的,客观上看,近年来园区和项目建设强力推进,优势资源和生产要素向各县市工业园区倾斜,相应挤压了乡镇财源建设空间;主观上分析,还存在认识不够、动力不足等问题。一是农村税费改革后,乡镇主要精力放在维稳、保运转、落实惠农政策上,对乡镇财源建设的认识有所淡化,特别是在招商引资上,侧重于量的增加,忽视质的增长,财源建设质量不高。二是乡镇财政支出主要靠上级转移支付来解决,很多项目配套资金都由上级财政负担,支出责任随之转移到上级,乡镇一级"吃饭"的压力比过去大大减轻,"等靠要"的依赖思想占上风,普遍存在重支不重收、重用不重养的问题,财源建设的积极性、主动性不够。

(二)与周边地市比,差距逐步拉大

2012年荆门市地方公共财政预算收入在1000万元以上的乡镇有14个,占整乡镇总数的24%,分别比黄石、孝感和仙桃低10个、16.2个、15.6个百分点;公共财政预算收入在500万—1000万元的乡镇有5个,占乡镇总数的9%,分别比黄石、孝感和仙桃低7个、15.8个、46个百分点。公共财政预算收入在100万元以下的乡镇有12个,占乡镇总数的20.7%,分别比黄石(1个)、孝感(6个)和仙桃(无)

高17.6、15.6、20.7个百分点，反映出荆门市乡镇财源建设与周边地市还存在不小的差距，这个差距也是当前荆门市县域经济发展的短板所在。一方面，受地位优势、资源禀赋、发展基础等因素影响，工业强镇"强者恒强"的"马太效应"日益凸显，相比之下，其他乡镇发展缓慢，原有财源日益萎缩，形成两极分化。2012年，我市地方公共财政预算收入在1000万元以上的14个乡镇，基本上都是地处城郊的工业重镇或"资源型"乡镇；12个公共财政预算收入在100万元以下的乡镇，基本上都是"零工业"的偏远乡镇。另一方面，以农业和旅游业为主导的乡镇，由于农副产品加工层次低，旅游开发深度浅，尽管企业收入规模可观，但还没有形成乡镇稳固财源。例如，沙洋县官当镇，洪森、龙池、凤池3家公司2012年产值达34亿元，但由于享受国家农产品加工企业优惠政策，三家企业当年共缴纳税金115万元。旅游重镇京山绿林镇2012年接待游客185万人次，旅游综合收入达7.2亿元，但该镇财政总收入仅为191万元。

（三）传统税源逐步衰减，发展前景堪忧

受资源、能源和环境等制约因素影响，占乡镇财源主导地位的磷化工、建材等工业财源发展优势逐步衰减，过去的发展优势正在逐步演变为潜在的发展危机，成为制约乡镇经济持续发展的软肋，同时也为乡镇财源的持久性、稳定性埋下了不可预见的隐患。一是宋河镇、后港镇、马良镇、子陵镇等老工业乡镇，产品升级换代任务重，经济结构调整压力大。二是胡集镇、栗溪镇、马河镇、麻城镇等资源型工业乡镇，呈现出资源萎缩，品质下降的趋势和可持续发展困难的问题。例如，胡集镇和双河镇磷矿石年加工能力超过1300万吨，而本地开采量不足500万吨，缺口达800万吨以上，需要从宜昌、保康、云南、贵州等地购进，生产成本增加，受国际市场影响，磷化工企业产品价格倒挂，今年每吨磷铵产品亏损150元至220元；栗溪镇、马河镇受煤炭价格走低，以及市场需求大幅减少影响，原煤大量囤积，企业利润较往年大幅下降，影响地方税收。三是双河镇、石桥驿镇等乡镇，尽管磷化工业发展势头强劲，但能耗高，环境治理任务重，短时间内转型困难，随着国家环境保护力度的加大，潜在的发展隐忧很大。

（四）发展环境不优，制约因素较多

当前，存在的一个普遍问题是，大多数远离城郊和工业园区的乡镇难以引进和入驻上规模的好项目、大项目，部分乡镇现有企业受发展所迫向工业园区转移，乡镇现有财源减少。如，原东宝区栗溪镇内的德源米业和山缘香菇，为克服交通不便的劣势，先后迁址到东宝工业园。与此同时，受种种条件限制，乡镇"草根经济"发展缓慢，无法形成一定气候和规模。究其原因，一是基础设施建设落后。受乡镇财力限制，部分乡镇无力对集镇建设进行投入，县（市、区）一级在财力承受范围内，也

不可能对所有乡镇基础设施建设进行大规模投入，导致大部分乡镇基础设施建设落后，承接外资能力相对不足，难以在招商引资上有大的突破。二是历史"包袱"沉重。全市乡镇税费改革后债务近 9 亿元（不含普九债务），平均每个乡镇 1400 多万元，近几年各地虽然采取了许多办法进行化解，但仍然是杯水车薪，不能从根本上扭转债务负担重的局面，并且少数乡镇还有增加的趋势，债务成为乡镇经济发展的沉重"包袱"。三是"草根经济"发展环境不优。目前，对个人小额担保贷款的财政优惠政策，主要集中在县（市、区），并且有严格的准入条件，加之农村金融网点较少，农民发展农产品加工种植业，乡镇个人创业都存在贷款难、融资难的问题，影响乡镇居民个人创业热情。

四、对策建议

加强乡镇财源建设，补齐乡镇经济发展短板，挖掘县域经济发展潜力，扭转两极分化的乡镇财源建设格局，形成"众星捧月"的乡镇财源结构，有利于实现乡镇发展、财政增收的良性互动格局，有利于促进县域经济提质增量，形成新一轮的发展优势。

（一）坚持产业兴镇，夯实乡镇财源基础

一是着力壮大主体财源。各乡镇要进一步解放思想，发挥乡镇劳动力、土地、原材料等资源优势，不断优化发展环境，加大招商引资力度，努力提高招商引资质效，节约招商成本。大力发展工业经济，建设主体财源，使招商引资的成效转化为财政收入的成果。传统工业企业要大力实施科技创新，推动资源型企业的转型升级和产业结构调整。二是着力培植新型财源。各地要坚持因地制宜，发展特色经济，既要注重工业发展，更要注重比较优势，在大力发展工业的同时，加大旅游、商贸、房地产、服务业等产业的发展，培植新型财源。要以新农村建设、新型城镇化建设和城乡一体化建设为契机，大力推动乡镇房地产市场繁荣发展；大力发展休闲农业和旅游业，充分挖掘旅游资源，推进乡村休闲旅游；大力发展乡镇商贸流通和服务业，优化乡镇综合商业网点布局，兴建和扩建农贸市场，拉动消费，繁荣市场。三是着力拓展绿色财源。发展现代农业，不断加大对农业基础设施和农业科技投入，大力发展设施农业，推广高效种植、健康养殖和生态循环模式，提高设施产品的科技含量和生产效益。大力发展新型农民合作经济组织，创新农业生产经营体制机制，培育新型经营主体，提升农业专业合作社水平。大力扶持农业产业化龙头企业发展，提升农副产品精深加工水平，提高其附加值，增加农副产品加工业的税收贡献，把产业优势转化为财源优势。四是着力开辟替代财源。鼓励发展飞地经济，要积极支持乡镇招商引税，引入外地企业到乡镇登记注册，核算纳税，发展"无烟工厂"。要统筹考虑招商地和落户地

的利益分配，引导乡镇将所招客商引入"一核六片十五园"落户。落户项目主要经济指标计入招商乡镇考核。落户项目投产后形成税收的地方留成部分，扣除城市维护建设税、教育费附加收入、地方教育费附加收入后，由招商乡镇财政和落户所在财政共同分享。

（二）创新体制机制，增强乡镇发展动力

一是切实增强乡镇财源建设的自主权。按照"统一领导，分级管理"、财力与事权相匹配的原则，合理划分县乡事权范围和支出责任，除国家、省明确规定县级支出责任外，其他凡适合由乡镇办理的事宜，一律按照费随事转、钱随责走的原则，将可由乡镇办理的事项及其相应的支出基数、支出事权下划乡镇，增强乡镇理财、聚财、用财的主动性、积极性和责任感。

二是切实增强乡镇建设财源的主动性。各县（市、区）要统筹财力，加大资金整合力度，对于在乡镇实施的各类项目，要尽可能发挥乡镇的优势和积极性，以乡镇为单位进行统一规划、统一安排，并委托乡镇实施。要加大对乡镇转移支付力度，尽量做到财力下移，增加乡镇可用财力。对乡镇产生的耕地占用税、契税、土地增值税、城镇土地使用税、城市维护建设税等，在扣除上交部分及征收成本后，全部留在乡镇。

三是切实增强乡镇财源建设的积极性。要按照"基数保基本，增量增活力"的原则，依据乡镇现行经济基础和收支状况，分类确定体制，合理确定财政收支基数，提高乡镇增值税、营业税和所得税分成比例，将增量大部分留给乡镇。建立起有利于乡镇发展的科学合理的财政管理体制，增强乡镇财源建设的内在动力。

（三）加强基础设施建设，改善乡镇发展环境

一是抓好乡镇工业园区建设。各县（市、区）要统筹乡镇工业园区规划，支持乡镇工业园区的基础设施建设，完善园区功能和公共服务体系，提升园区的项目承载能力。提高乡镇工业园区集约发展水平，引导园区企业提高投资强度，提升产业层次，不断提高园区经济的引擎效应和贡献率。二是推进集镇建设。以城镇化建设推动乡镇经济发展，加快推进镇区建设步伐，完善基础设施和公共服务配套，改善镇区交通条件，为乡镇财源建设提供环境支撑。加大对乡镇工程项目建设投入，拓宽乡镇财政增收途径，对乡镇产生的国有土地使用权出让收入、排污费收入、水资源费收入、城市公用事业附加收入在扣除计提、上缴部分及征收成本后全部留在乡镇，主要用于乡镇基础设施建设，使工业强镇和中心集镇成为经济强镇和财源大镇。

（四）加强要素保障，创造乡镇发展条件

一是建立财源建设专项资金。市、县财政要通过调度财政闲散资金、预算列支等

形式，建立财源建设专项资金，支持重点财源建设，并优先用于支持税收增长较快乡镇的财源建设。二是加大信贷支持力度。各级各部门要在政策引导、资金、科技、信息、交通等各方面为乡镇发展提供服务。要加强乡镇金融网点建设，各地金融、信贷担保机构要向乡镇倾斜，落实乡镇中小企业担保优惠政策，解决乡镇企业融资难的矛盾。三是加大用地保障力度。鼓励乡镇争取中央、省、市、县重点项目建设，对纳入市、县重点项目建设的乡镇，市、县在用地上大力支持。市政府拿出一定的用地指标，专项用于支持财源建设强镇。四是加强收入征管。税务部门要加强乡镇税收征管机构建设，增强乡镇征管力量，确保乡镇税收应收尽收。建立财税信息互通机制，乡镇财政、税收征管部门要明确各自职责，加强协调配合，建立信息资源共享制度，分乡镇、分税种建立税源信息档案，清晰反映收入，增加财税透明度。要完善征管手段，提高征管效率，严禁随意减税、免税、买税等，让乡镇财源建设成果体现到财政收入上来。

加快温州财源建设的思考

温州市财政局课题组[*]

2017年2月,在市第十二次党代会上,温州提出了"巩固提升温州在全省的'铁三角'地位,奋力谱写浙江新方位下温州发展的辉煌篇章"的奋斗目标,得到了全体温州人的积极响应。当然,从2017年上半年公布的数据来看,同浙江其他地市相比,温州经济在增长后劲上处于劣势,特别是嘉兴,不但财政总收入已超越温州,增速亦高于温州。所以,关于如何建设温州财源培育的研究就显得尤为重要。

一、温州经济财源概况

(一) 温州经济概况

过去三年,温州市经济发展进入新常态,经济运行呈现稳中有进的发展态势。2014—2016年,全市地区生产总值从4302.81亿元增长到5045.40亿元,年均增长8.3%。全市财政收入从612.44亿元增长到723.96亿元,年均增长8.7%;其中一般公共预算收入年均增长11.7%,税收收入年均增长6.6%(见表1)。通过对比可发现,2014—2016年,温州市的经济运行稳中向好。

2017年上半年份,温州实现生产总值2405.38亿元,同比增长8.4%。全市财政总收入427.37亿元,同比增长8.3%,其中一般公共预算收入252.34亿元,同比增长9.5%,税收收入211.21亿元,同比增长6.4%。不难发现,温州市上半年的经济运行正在企稳向好,财政收入从年初以来增长较快,而增收的原因主要是由经济回升带动工业产品价格上涨和企业效益有所好转、一次性增收因素较多等方面造成。

---

[*] 课题组组长:沈显克;课题组成员:林坚、李侠(执笔)、饶宁。

表1　　　　　　2014—2017年6月温州生产总值、财政收入情况

年份	生产总值（亿元）	同比增减（%）	财政总收入（亿元）	同比增减（%）	一般公共预算收入（亿元）	同比增减（%）	税收收入（亿元）	同比增减（%）
2014年	4302.81	7.2	612.44	8.3	352.53	8.8	326.75	10.6
2015年	4619.84	8.3	677.92	6.5	403.07	7.0	349.56	7.0
2016年	5045.40	8.4	723.96	6.4	439.87	7.7	371.38	5.4
2017年1—6月	2405.38	8.4	427.37	8.3	252.34	9.5	211.21	6.4

（二）温州市财源概况

1. 国地税纳税百强企业现状。2016年，温州市纳税百强企业共缴纳税收172.75亿元，同比增长7.3%，高于同期全市税收增幅1.3个百分点，占全市税收收入的25.2%（见表2）。温州有前7强企业进入全省纳税百强企业榜单。总的来说，2016年国地税纳税百强企业有以下特点。

表2　　　　　　2016年温州市纳税百强企业分规模情况

规模	2016年户数	上年同期户数	2016年税收（亿元）	上年同期（亿元）	税收增幅（%）	2016年户数占比（%）	2016年税收占比（%）
纳税百强合计	100	100	172.75	161	7.3	100.0	100.0
其中：2亿元以上	20	17	85.01	77.39	9.9	20	49.2
1亿—2亿元	41	36	54.67	47.26	15.7	41	31.7
1亿元以下	39	47	33.06	36.35	-9.1	39	19.1

一是大企业龙头作用凸显。在百强企业中，税收超2亿元的有20户，合计实现税收收入85.01亿元，占纳税百强收入的49.2%，以五分之一的户数贡献了接近占比五成的税收，此外，排名前五强企业税收收入均超5亿元，龙头作用显现。

二是第三产业税收占比明显提升。第三产业贡献税收106.37亿元，同比增长21.7%，占税收百强的61.6%，较去年同期占比上升7.3个百分点。反观第二产业，贡献税收66.38亿元，同比下降9.8%，占税收百强的38.4%。

三是制造业、房地产业和金融业税收呈"三足鼎立"之势。由于实体经济转型

艰难,以及"营改增"政策及税收优惠政策减税降负成效显著,导致制造业虽然为支柱行业,但增速回落较大,同比下降7.3%;房地产受"去库存、降利率、大拆大整"等政策影响,市场呈现明显企稳复苏态势,税收同比快速增长27.3%;金融业在银行征管权限下放后税收大幅增长,同比增长40.9%。

2. 高新企业发展现状。自2008年以来,温州市累计认定高新技术企业1107家,证书有效期内企业827家,规模数量列全省第三位。在温州市827家高新技术企业中,规上企业680家,占比82.22%,其中产值超亿元的企业275家,占比33.25%;超10亿元的企业19家,占比2.30%。2016年,温州市实现高新技术产业增加值451.35亿元,同比增长9.6%;高新技术产业增加值占规上工业增加值比重达39.26%;新产品产值1344.79亿元,同比增长13.8%;高新技术产业投资额229.08亿元,同比增长30.2%。

2017年,温州市还将通过加大高新技术企业培育力度、加快创新创业平台建设速度、加强高新技术产业项目投资引导、强化扶持政策落实到位等,完成全年新增高新技术企业160家,省科技型中小企业640家;实现高新技术产业投资320亿元,高新技术产业增加值453亿元。

3. 小微企业发展现状。2015年,温州市开始实施"小微企业三年成长计划",各级各部门在政策、空间、平台、资金、政务等制约小微企业成长的共性问题上取得较大突破,力促小微企业发展。截至2017年6月,温州新增小微企业14482户,完成率90.51%;新增个转企1443户,完成率79.29%,新增八大产业小微企业7055户。新增小微园面积175.6万平方米,新增入驻企业422家,全市小微园入驻企业实现产值103.5亿元。

在解决贷款难方面,温州积极服务小微企业多渠道融资,新增20家小微企业对接多层次资本市场,新增11家小微企业实现直接融资,融资金额7.82亿元;开展小额贷款保证保险试点化解小微企业融资难问题,截至2017年6月,累计开展"小贷险"业务超3000笔,总保额超7亿元。

(三) 温州财源分行业情况——以地税为例

1. 制造业企稳回升。2014—2016年,制造业增幅分别为3.5%、6.8%、1.3%,保持较为稳定的增长状态(见表3)。但是因宏微观经济环境、用工成本等利润空间不断被压缩,制造业低幅稳定增长已成常态,同时,受到"营改增"全面落实影响,部分企业所得税延期申报入库也拉低了制造业税收增幅。而在2017年上半年,制造业出现了较快增长,地税税收入库50.1亿元,同比增长47.6%,一方面,受一次性增收影响,如上半年正泰集团的个人股权转让和股息分红两项地税税收分别达7.1亿元和1.2亿元,远高于去年同期;另一方面,原材料上涨也导致产品价格回升影响,较上年同期回升明显,行业税收有所恢复。

2. 建筑税持续增长后回落。2014—2016年,建筑业增幅分别为19.8%、16.0%、

18.7%（见表3）。在"大投入大发展"战略引领下，建筑业呈不断扩大态势。同时"营改增"之际，地税各单位加强清票、清税和欠税清理力度，也进一步助推建筑业增收。但在2017年上半年，建筑业出现了大幅下降，入库7.5亿元，同比下降17.2%，主要原因：一方面是由于"营改增"后税收体制调整影响和去年同期基数较高；另一方面是上半年整个行业开始回落，根据建筑业工业用电量来看，1—5月份的建筑行业用电下降10.5%。

3. 房地产业持续增长。2014—2016年，房地产业增幅分别为14.0%、6.1%、14.8%，除2015年二手房买卖营业税政策调整（五年变二年）、2014年同期新开楼盘多形成高基数影响、政府供地节奏骤减等因素影响而导致增长幅度为个位数，其余两年均呈快速增长，主要得益于2014年"限购松绑""认贷不认房"政策和2016年宏观政策上一系列降首付、税收减免等房地产市场去库存政策刺激。2017年上半年，房地产入库45.0亿元，可比增长13.8%（见表3）。虽然当前温州市房地产市场形势较好，但税收受"营改增"影响入库时间存在较大差异。一是去年同期因"营改增"前部分企业集中开票引起基数较大；二是"营改增"后房地产企业预征率从5%调整为3%，入库时间又延后。后期这两个因素的影响会减弱，预计增幅能逐步上行。

4. 金融业探底回升迹象明显。2014—2016年，金融业增幅分别为11.8%、0.6%、18.4%，2017年上半年，温州市金融业地税税收入库12.4亿元，增长6.3%，探底回升迹象明显（见表3）。近几年，受民间借贷危机影响，金融业对贷款审核愈加严格，一方面民营企业贷款无门，另一方面银行有钱贷不出去，而且由于连续降息、不良贷款率高位运行、金融机构贷款余额低增长等影响，2015年金融业税收不乐观。而在2016年，金融业在2015年低增长0.6%的基础上回升迹象明显，主要得益于鹿城、瓯海、龙湾等农商行及交通银行、温州银行跨年度税收入库；另一方面，随着不良利率和不良贷款率连续7个月实现"双降"，各单位均加强对金融业从业人员税收征管，金融业的个人所得税保持较为稳定的增长态势。

表3　　　温州市2014—2017年6月份主要行业地税税收分析表

行业	制造业			建筑业			房地产业			金融业		
项目 年份	税收值 （亿元）	同比增减 （%）	税收占比 （%）	税收值 （亿元）	同比增减 （%）	税收占比 （%）	税收值 （亿元）	同比增减 （%）	税收占比 （%）	税收值 （亿元）	同比增减 （%）	税收占比 （%）
2014年	60.7	3.5	20.8	36.0	19.8	12.4	102.0	14.0	35	26.8	11.8	9.2
2015年	64.9	6.8	21.4	41.8	16.0	13.8	108.2	6.1	35.7	26.9	0.6	8.9
2016年	63.4	1.3	21.6	32.0	18.7	10.9	103.5	14.8	35.2	28.1	18.4	9.6
2017年 1—6月	50.1	47.6	31.4	7.5	-17.2	4.7	45.0	13.8	28.2	12.4	6.3	7.7

二、当前温州财源培育存在的问题

(一) 当前财源存在的问题

1. 温州大企业大而不强。以2016年国地税纳税百强企业为例,温州纳税百强企业的规模、结构发展没有优势,全省纳税百强企业里,温州仅入围7户,贡献税收58亿元,远低于杭甬;另一方面,百强企业里垄断行业比重过大,如烟草、银行、电力等垄断性行业在温州纳税百强拥有重要地位,入围29户。此外,因招商政策、政务环境舒适度等因素影响,温州出现一批发展成型的大企业整体或者部分企业业务外迁现象。比如杭州滨江区、余杭区给予企业的招商力度远大于其他市地,所以很多企业都希望到杭州发展,一些传统型企业专门在杭州设立销售公司,在杭州对产品进行销售,虽然产品制造环节的税收仍在当地,但是销售环节的税收就转移了,而吸引企业这样做的原因是因为杭州有相关税收返还,而其他地区的优惠幅度没有杭州那么大,如浙江春风动力股份有限公司,该公司是一家高新摩托车等系列制造上市企业,他们是在2006年从乐清外迁到余杭区的,其坦言,迁入余杭后,最大的感受就是余杭的政务环境让企业舒适。从乐清市市场监督管理局反馈的数据发现,2012—2016年乐清市企业外迁数达87家。

2. 高新企业创新性不足。一是新兴产业集群还未形成。在温州市高新技术企业中,七成以上都是通过传统改造提升,如汽摩配、电器、阀门等行业,而以信息技术、生物医药、新材料等的新兴业态,约占20%,新兴产业仍未形成集聚效应。二是温州科技创新基础弱、底子薄的状况还没有得到根本转变。一些领域与先进地区的差距如今在进一步拉大,企业技术创新能力也较低,导致整体地区的研发水平落后。三是高端科技人才缺乏。由于高新产业集群仍未形成,高端人才都不愿来温州发展,另外,随着高铁、高速的开通,各地交通更加便利,由于本地吸引人才魅力不够,外地人才不愿来不说,很多本地人才也在往上海、广州、杭州流动,从中国移动反馈的数据来看,截至2017年2月,中国移动共有温籍用户720万人,其中474万人在本地生活,246万人在外地发展,也就是说,有超过三分之一的温州户籍人口在外地工作生活。

3. 小微企业小且乱。一是温州的小微企业数量众多、分布较广,层次低、低小散和产业空间分布不合理是小微企业普遍存在的问题。二是很多小微企业是家庭作坊的形式,管理人员素质参差不齐,个别管理人员存在法律意识淡薄,这可能会带来一些社会隐患,如外来人口流动管理难、企业偷排造成环境污染等问题。三是企业成本上涨导致企业利润空间变窄。如原材料、物流成本、劳动力成本和土地成本上涨,特别是原材料上涨,和去年相比,今年的原材料已经涨了10%—20%,

按照订单规定的价格,企业要么只能和订货方协商加价,要么只有降低利润或者是亏本经营了。

(二) 后续财源增长乏力

1. 温州"铁三角"地位即将不保。从区域来看,2017 年上半年,杭州和宁波分别增长 22.7% 和 18.4%,共贡献全省增幅 10 个百分点。虽然从纵向上比较,温州市 2017 年上半年的 GDP、财政总收入和一般公共预算收入发展势头不错,分别增长 8.4%、8.3%、9.5%,但横向比较,全省 11 个地(市)的财政收支情况分析,以增速为指标,温州处全省末尾。温州市财政总收入和一般公共预算收入增幅均位列全省第 11 位,税收收入增幅位列全省第 10 位;另一方面,温州地区的财政总收入、上划"四税"分别收入 427.37 亿元、175.03 亿元,增速分别为 8.3% 和 6.6%,而嘉兴市财政总收入、上划"四税"分别收入 436.62 亿元和 187.33 亿元,分别增长 15.3% 和 15.0%,无论从总量还是增速上,嘉兴市都已超越温州市(见表 4)。从上半年反映的数据来看,温州市财政收入全省"铁三角"地位即将不保。

表 4　　　　浙江省 2017 年 1—6 月个别地市执行情况

执行情况 地区	财政总收入		一般公共预算收入		上划"四税"	
	累计执行数 (亿元)	同比增长 (%)	累计执行数 (亿元)	同比增长 (%)	累计执行数 (亿元)	同比增长 (%)
全省汇总	6029.16	16.70	3361.62	16.80	2667.54	16.50
省级	329.56	8.70	198.71	4.90	130.85	15.10
杭州市小计	1729.51	20.80	903.18	22.70	826.32	18.70
宁波市小计	1443.53	20.10	752.21	18.40	691.32	21.90
温州市小计	427.37	8.30	252.34	9.50	175.03	6.60
绍兴市小计	383.83	12.20	236.35	14.40	147.48	8.70
嘉兴市小计	436.62	15.30	249.29	15.50	187.33	15.00
金华市小计	358.74	11.50	214.27	12.10	144.47	10.50
台州市小计	376.70	21.30	218.17	20.80	158.52	22.00
湖州市小计	241.97	14.50	141.08	17.10	100.89	11.00
舟山市小计	109.11	10.80	76.87	15.00	32.24	1.90
衢州市小计	94.84	12.30	59.90	10.90	34.94	14.60
丽水市小计	97.39	10.60	59.24	15.80	38.14	3.50

2. 政策性减收效益明显。"营改增"以来，从行业看，2016年新扩网的建筑业、金融业、房地产业都为负增长或者低增长。目前改证增值税规模已经低于2014年同期税收水平（2014年同期全口径入库60亿元）。"营改增"为近年来规模最广、力度最大的结构性减税措施，效果十分明显。从后期看，不动产纳入抵扣的范围还将持续放大，企业针对新税制也不断适应，接下去企业抵扣数额还会明显放大。同时，国家还进一步扩大小微企业所得税优惠范围，并对科技型中小企业研发费用提高税前加计扣除比例。在今年持续推进的系列减税措施下，一方面将推动企业降成本后劲，另一方面也给温州市财政收入平稳增长带来较大压力。

3. 一次性增收因素过多。2017年上半年，股权转让所得税等一次性增收因素对温州市财政收入增幅起到了明显的拉升作用。如企业所得税和个人所得税，上半年入库33.21亿元和16.43亿元，分别增长17.9%和45.9%，主要因素为正泰企业的股息分红和股东股份转让造成。而一次性增收因素有很大的不确定性，难以持久。

（三）政府扶持政策存在的问题

1. 税收优惠政策效益不大。温州一些大规模企业表示，现行的税收优惠政策属于"天女散花"的方式，受亲睐企业有限，一是申请优惠政策所需材料冗杂，二是这种撒网型的单个补助数额比较少，对企业受益也有限。对企业而言，他们更喜欢的是直接降费这种方式。但也有例外，某企业就针对税收优惠政策专门成立了一个工作组，该工作组通过优惠政策的逐条筛选研究，帮助企业获得了巨大收益。

2. 政策精准度不高。部分政策与实际情况相脱节，缺乏相应实施细则，导致政策落地难。比如市与县（市、区）的部分政策之间存在标准不一、重叠交叉的问题，个别政策条款设置门槛过高，基层难以执行。有些涉企奖补措施，没有把握好企业生命周期的规律，对企业实际情况和真正需求了解不深，未能在企业成长过程中给予及时的帮助。政策的精准度不高，使政策发挥不出其应有的导向作用。

3. 政府产业基金还未发挥应有的作用。温州自2015年底成功组建了浙江温州转型升级产业基金，截至目前，还只设立了6只子基金，合计规模35.5亿元，无论从数量还是规模，远低于其他地市。主要原因是基金来温热情不高，温州在高新产业、高成长产业发展相对滞后，所以吸引力度低于杭州、上海等地。

三、比对余杭区、柯桥区、温州乐清市财源培育建设情况

（一）余杭等三地近三年财政总收入增长快

此次调研的三个地方，经济发展情况都较好，但也存在差异。从三地反馈的数据来看，余杭区财政发展最为迅猛，从2012年的167.04亿元增长至2016年的400亿

元,增幅达139.5%,远高于其他两地的增幅。柯桥区2014—2016年财政总收入为145.09亿元、160.5亿元、165.2亿元,年均增长6.7%。乐清市2014—2016年财政总收入为111.22亿元、124.08亿元、128.19亿元,年均增长7.4%(见图1)。

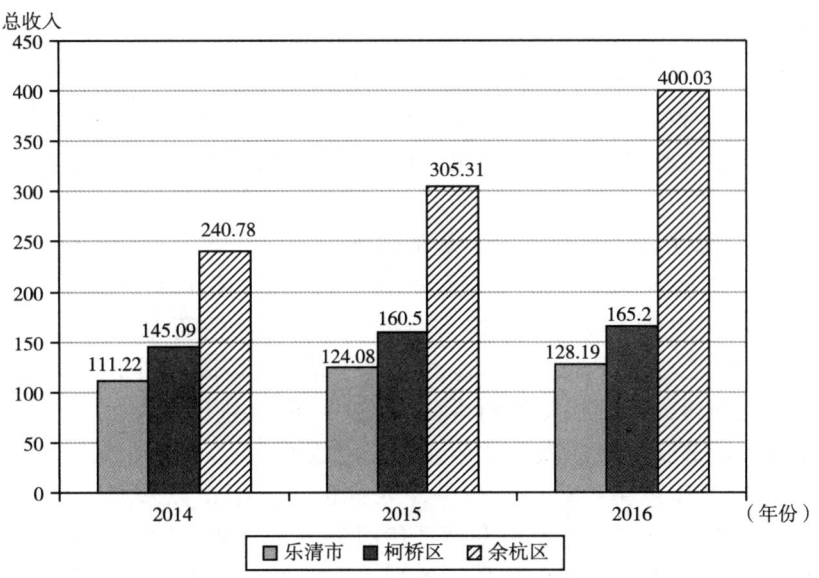

图1　2014—2016年余杭柯桥乐清三地财政总收入(单位:亿元)

(二)余杭等三地财源特色突出

1. 余杭区依托高新产业飞速发展。余杭区特色财源包括互联网产业(阿里巴巴、互联网金融、互联网服务等)、生物医药(贝达药业)行业和房地产业,从2017年上半年的收入看,规模最大的几个行业分别为现代服务业、房地产业和工业,这些主要行业税收贡献合计占财政总收入比重达89.4%。分析未来财源主要包括智能制造(人工智能小镇)、高端装备制造业、生物医药产业、时尚产业、文创产业、股权投资业、上市后员工持股平台减持产生的个人所得税等几个方面。

2. 柯桥区纺织产业一枝独秀。柯桥区以纺织业及相关行业为主,每年全球近四分之一的纺织产品在中国轻纺城交易。2016年,纺织业、化学纤维、化学原料、纺织服装重点纳税行业,共计纳税40.69亿元,占第二产业税收比重51.6%,相关批发零售业入库17.27亿元,同比增长6.7%。

3. 乐清市电气机械制造稳步提升。乐清市是工业强市,分行业看,制造业的主体税源地位较为稳固,其中主要税源行业电气机械制造业呈现稳步提升,近三年占税收比重从54.2%提升到57.8%。分析未来财源,制造业的主体税源地位仍然稳固,而现代服务业、现代农业的税收将会略有提升。

（三）"营改增"后余杭等三地财源建设举措多

1. 余杭区财源建设主要举措。一是从源头推动财源建设。形成由行政一把手牵头，其他部门参与的工作机制，共同抓好税源经济工作。二是推动企业股改上市，从资本市场推动财源建设。2017年上半年，余杭区新增上市企业数50%，上市企业总数已达17家，此外全区43家上市培育企业中的5家正在证监会排队再审，12家已报省证监局上市辅导备案。三是推进税收网格化管理。自2015年起，余杭区19个镇街和经济技术开发区相继成立了网格化管理和服务领导小组，搭建架构391个税收管理网格。

2. 柯桥区财源建设主要举措。一是加快推进政府产业基金。截至2017年6月，柯桥区政府设立产业基金规模达40亿元，参与投资20多个项目，项目总投资规模50.3亿元，政府产业基金累计出资13.8亿元。二是加大招商引资力度。如设立招商引资财政奖励，出台招商引资工作考核激励制度等。三是提升创业创新能力。出台创新人才队伍建设制度，并加快建设柯桥科技城，区政府在土地供给、财政经费等方面给予全力支持，优先保障高层次人才创业创新用地需求。

3. 乐清市财源建设主要举措。一是深入推进工业强市。乐清市全面实施领军、高成长型企业培育工程。二是加快发展现代服务业。乐清市做大做强服务业市场主体，积极创建特色小镇，雁荡山月光小镇列入省级特色小镇培育名单；加快发展民宿、乡村旅游，2016年接待游客1353万人次，旅游收入达137.56亿元。三是提质增效现代农业。2016年新增铁皮石斛种植面积33.33公顷、茶叶种植13.33公顷。

（四）对温州的启示

1. 引进来。结合招商引资、政府产业基金等方式，将适合留在温州发展的企业引进来。温州有其他地区没有的天然优势，如民营企业占据主体、传统行业极具规模、旅游资源十分丰富，可以对招商项目进行甄别分类，将适合温州本土特色发展的企业引进来；另一方面，合理引导政府产业基金，为传统优质企业、高潜力旅游业、特色小镇项目发展助力，发挥政府产业基金应有的作用。

2. 留下来。政务环境好不好成为企业能否留下来的关键，相对比其他地区，温州的政务环境还有很大的改进空间。一些地区存在政府只管招商引进来，但是却没有做好相应的后续服务工作，如永嘉一家旅游开发企业，为当地2012年十大招商引资项目，在企业落户以后遇到了上游水资源环境被养殖场污染的问题，但寻求政府多方面调节不果，水质污染问题至今未被解决。在如何能够将企业留下来上，温州还需加大功夫。

3. 挖潜力。要支持企业转型升级、做大做强，鼓励和引导当地企业通过资本市场实现资源优化配置和制度创新，提升集聚产业效益，推动企业股改上市，从资本市场推动财源建设。温州大企业很少,中小企业散而乱,很难对外商以及人才有吸引作用,只有提升企业规模和品质,才能形成良性循环,促进温州财源培育建设。

四、促进温州财源培育建设的建议

(一) 发挥政策扶持效应

1. 实施振兴传统产业、培育新动能财政专项激励政策。引导各地做优做强产业平台、促进传统产业升级,加快完善电商平台的建设,鼓励在传统产业园区建立电子商务企业集聚区,打造与传统产业紧密结合的电子商务园区。发展新动能、培育现代服务业、支持企业科技创新等,加快企业智能化改造,对使用职能机器人的企业进行政策性补贴,鼓励企业加大研发投入,帮助企业进行高新产业认定,并及时给予高新产业优惠政策帮扶。

2. 鼓励企业做大做强,帮助优质企业上市。浙江省A股上市公司数量高居全国第二位,但温州已上市A股仅18家,数量不仅远落后于杭州和宁波,也落后于绍兴、台州、嘉兴和金华等地。因此,要鼓励和引导温州地区优质企业通过资本市场实现资源优化配置和制度创新,使更多企业进入上市程序,并做好上市宣传,提高企业上市积极性,让"政府拉着企业去上市"到"企业要求政府帮忙上市"转变。

3. 助推企业转型升级,支持高新产业发展。围绕中央供给侧结构性改革,借力环保督查,倒逼传统型企业转型升级,淘汰一批落后、高污染的企业,筛选一批高成长、低排放的企业。在创新驱动方面,做好财政帮扶和税收优惠政策落实,推动更多高新企业发展壮大,同时加快高新产业集聚群建设,带动整个高新行业的发展。

(二) 利用本地优势招商引资

1. 积极招引在外温商。温州有900多万常住人口,有100多万归侨侨眷和海外侨胞,遍布世界131个国家和地区,有200多万在外温州人在全国各地创业,创造了远远大于本土经济的"温州人经济"。要以温商情怀积极招引在外温商回归投资,尤其是在外上市企业、行业领军企业、纳税大户等实力温商的回归。

2. 发展旅游产业。2016年,温州市旅游业增加值为380.40亿元,占全市GDP比重为7.72%,为全省最高。2017年1—7月,温州共接待海内外旅游者5508.22万人次,旅游总产出577.72亿元,分别同比增长20.3%和23.8%。利用温州丰富的旅游资源,去外地招商引资好的旅游开发企业,将当地旅游优势进行长远规划,极推进温州全域旅游,打造全景覆盖、全时体验、全业融合、全民共享旅游盛宴。

3. 发展生命健康产业。2016年,浙江省有五个地方被冠上长寿之乡,而温州,就占有2个——永嘉、文成。而且,温州虽地处浙南,但随着高铁、高速普及,交通十分便利,从上海到温州最快只要3个多小时,杭州到温州也只要2个多小时,上海、杭州等地的老年人来温疗养、度假也十分便利。温州可以依托这些优势,吸引优质企业来温发展生命健康产业。

(三) 发挥政府产业基金作用

1. 推广政府服务平台,建立优质项目数据库。加大政府产业基金的宣传推广,发现和挖掘本土潜在优质项目,进一步充实投资项目库,并将项目进行分级归类和优势分析,将成果制成投资导向手册,提供给基金投资方。另一方面,发改、经信、商务、科技、旅游等部门多管齐下,积极向基金管理机构推荐本地优质企业项目,探索与上市公司、龙头企业的合作模式。

2. 合理分流政府产业基金到各个领域。政府产业基金投资的目的,不是为了简单地维持旧有的增长速度,而是为调整既有的产业体系,为下一个发展高潮奠定崭新的产业基础。要适时出台政府产业基金财政鼓励政策,引导政府产业基金到各个领域,百花齐放,实现温州产业的整体升级。另一方面,出台财政政策扶持政府产业基金到中小微企业中去,提升一批发展潜力好、创新能力强、社会效益高的企业,帮助企业做大做强。

3. 加快政府产业基金运作。加大政府产业基金对实体经济、招商引资的力度支持,加快项目落地进度。同时,加快推进总额10亿元的温州市科技创新创业投资引导基金实质运作,给予高新技术企业和科技创新企业有力支持,促进创业投资、天使投资等集聚发展,激发实体经济发展新动能。

(四) 提升政务环境服务

1. 推进行政审批高效化。长期以来,行政审批因程序烦琐、流程复杂、效率不高而饱受人们诟病。优化政务环境,就必须改革和完善政务运行机制,提高行政效能。2017年,浙江省率先提出"最多跑一次"改革,以"一窗受理、集成服务"为突破口,让老百姓到政府办事跑一次成为常态。作为财税部门,要以此为契机,深化国地税合作,开展联合办税,推进涉税信息共享,深化"互联网+税务"服务,助推"最多跑一次"。

2. 组建政策服务团队帮扶企业。对大拆大整、并购重组、破产及僵尸企业处置涉税问题,要成立专门的政策服务团队给予专项辅导;对拟上市企业在股份制改造中的碰到的涉税问题,进行针对性精准辅导。建立动态培育企业清单,对重大投资项目、龙头骨干企业和重点税源企业实行个性化精准服务和效应分析,促进企业做大做强。

3. 落实招商项目后续工作。可以对新项目落地温州的、实际投资额达到一定投资规模的企业,采取按投资额的一定比例给予奖励,按项目开工和竣工分期落实。针对一些地方为片面追求招商引资总规模，忽视前期已落户企业后续服务的现象，建立招商引资项目负责人制度，确定专人负责项目在引进、落户、后续服务各环节上的帮扶，落实分管领导负责机制，及时反馈企业遇到的问题。

（五）建立人才培育长效机制

1. 做好人才引进工作。一方面，要建立人才引进激励长效机制，如人才引进补贴、购房补贴等，保障引进人才落户配套设施，如外来人才子女落户、就学等。另一方面，要提升温州城市魅力，抓住温州一二个特色亮点，加大宣传，吸引特色专业人才来温，并形成集聚效应。

2. 做好本地人才培育工作。利用高校平台，培育本土人才。可以发挥温州大学、肯恩大学等本土高级院校优势，结合温州当地经济，在院校加大力度发展专业人才，培育一批适合温州发展并能留在温州的人才。

3. 提升人才队伍创新水平。加大对科研院所创新人才的扶持，加强与大院名校的合作，打通在温高校和科研机构成果转化通道，推动重大发明专利产业化。鼓励政府机关事业单位人才创新，推出机关事业单位创新激励机制，提升机关事业人才创新积极性。

烟台市发展政府产业引导基金的探索与实践

烟台市财政局　李明哲

设立发展政府产业引导基金，是财政专项资金管理使用方式的重大变革，也是推动供给侧结构性改革的重要举措，对于进一步放大财政资金乘数效应，引导社会资本投入实体经济、促进经济转型升级具有重要意义。2015年以来，烟台市以创建全省区域性基金管理中心为契机，把发展产业引导基金作为抓产业促发展、强化招商引资、深化财政改革的突破口，紧紧围绕优势产业升级、新兴产业培育、园区建设等方面，全力以赴招引基金、设立基金，形成以制度促规范、以规范提效率、以效率上规模，基金建设全面开花、梯次结果的良好局面。截至目前，全市登记备案的基金总数151只，基金规模突破达到785亿元。

一、烟台市加快发展产业引导基金的措施与成效

发展产业引导基金是一项全新的工作。我们注重把改革的精神、创新的理念、规范的意识贯穿始终，坚持边学习、边实践、边摸索、边总结，稳步推进。

（一）以加强制度建设为先导，着力构建政府引导基金制度框架

把制度建设放在首要位置，在全省较早出台了《烟台市市级股权投资引导基金管理暂行办法》，对引导基金筹资机制、组织架构、管理体系等核心问题逐一进行明确，为基金工作开展提供了基本纲领。在推进过程中又从实践角度出发，制定了《市级股权投资引导基金管理工作流程》，对产业引导基金发起、设立、运营、监管、考核的每个环节、每个步骤进行规范，对基金工作开展的具体流程详细设定，为产业主管部门上手操作提供帮助。2016年初，省里批准了烟台建设山东省区域性基金管理中心的方案，我们迅速以市政府名义出台了《关于加快推进山东省区域性基金管理中心建设的实施意见》，明确了今后一个时期任务目标、落实措施和配套政策，为进一步推动基金健康规范运作提供了政策支持和制度保障。

(二) 以压减财政专项资金为前提，不断做大政府引导基金池规模

烟台市深入落实财税体制改革部署，切实转变财政扶持方式，变"拼政策"为"创环境"、"无偿投"为"有偿用"、"直接补"为"间接引"，大力压减一般竞争性领域专项资金，在2015年，即按照一般竞争性领域专项资金压减50%，其他专项资金压减20%的原则，对各类专项资金进行压减。2016年起除市政府确定的重点转调领域，财政专项资金原则上不再直接投入一般竞争性领域，主要通过设立股权投资基金采取市场化的手段支持经济发展。去年以来，通过压减一般性专项资金，统筹部分新增财力和中央、省切块下达专项资金等多种途径，不断加大政府引导基金注资规模，全市政府引导基金规模达到40亿元，为招引设立更多的股权投资基金奠定基础。同时，还将引导基金实现的收益或退出资金，原则上继续用于补充引导基金，实现滚动发展。

(三) 以广泛招引争取为抓手，尽快聚集一批有影响力的基金群

一方面积极与国开金泰、平安集团、信达资本、融源资本、鲁信黄三角基金等国内知名社会资本和基金管理机构沟通对接、洽谈合作。另一方面通过各种渠道，加大上级各类基金争取力度。目前，省级已经有山东高速城镇化基金、"海上粮仓"建设投资基金、滨海旅游发展基金等10支基金落户烟台或在烟台设立子基金，募集资金总额达274亿元。积极争取国家养老产业试点政策，创新中央、省7亿元补助资金使用方式，成立了规模20亿元的福颐养老投资基金，发起了规模15亿元的养老服务产业基金、规模2.5亿元的养老领域家政餐饮产业基金，极大地推动了养老及相关领域产业发展。此外，与中国人寿合作成立50亿元的中韩产业发展基金，与青岛银行合作成立50亿元的城镇建设发展基金已经进入实施阶段，为建设产业园区、棚户区改造、重点基础设施建设提供强有力的资金支持。

(四) 以服务发展为核心，重点聚焦经济转调的关键领域

坚持基金设立与产业升级相结合，围绕重大战略实施，依托烟台产业基础和产业规划布局，瞄准世界先进制造业、战略性新兴产业等前沿领域，大力发展符合烟台实际的基金群。为支持中韩自贸区建设，中韩自贸协定刚一签订，就以"母基金+子基金"的方式注册成立规模10亿元的中韩（烟台）产业发展和中韩（烟台）产业园两支基金，在全省乃至全国属于首创，为提升烟台中韩产业园品牌效应、争取园区落户提供了有力保障。为打造烟台国际生命科学创新示范区，政府引导基金出资3500万元，吸引社会资本设立规模1.42亿元的烟台市健康医药产业基金；为放大烟台旅游产业优势，发起设立2亿元的旅游产业基金；为进一步擦亮烟台水果品牌，设立1.5亿元现代果业基金；为促进科技成果转化，设立1亿元成果转化基金。这些基金

立足烟台资源禀赋、贴合烟台产业特点，在巩固优势中打造新的产业高地，在引领转调中发挥了更有效的作用。

（五）以强化管理为基础，确保基金运作规范有序

在基金管理过程中牢固树立法治意识、契约意识、合同意识。针对基金专业性强的情况，一方面在全市全面开展基金相关知识培训，加强对基金专业高端人才的引进。另一方面通过政府购买服务的方式，专门成立基金和法律方面的专家库，以政策法律咨询的方式，确保每一个环节、每一个步骤，都严守相关法律法规，严格按照股权投资引导基金管理办法开展工作。在基金推进过程中，方案审批、尽职调查、公示等环节都严格落实规定程序和时限要求，该走的步骤一步不少，确保风险在程序中得到有效管控。在基金具体运营中，严格遵守市场规则，杜绝过度行政干预，充分发挥市场在资源配置中的决定性作用。

二、基金设立发展中存在的问题

政府产业引导基金作为新生事物，由于各项工作才刚刚起步，发展中还面临不少矛盾和问题。

（一）基金投资落地进度较慢

目前，基金运行中最主要的问题就是资金在托管银行闲置时间较长，钱等项目的问题比较突出。分析原因主要有：基金管理机构水平不高，投资机构力量配备不足，团队的专注性有待提高；部门提供的备选项目质量不高，与投资需求的差距较大；受当前经济下行压力较大，一方面，可供投资的项目减少，另一方面，基金管理机构风险意识增强，项目挖掘和投资决策趋于谨慎。

（二）政策导向与市场机制衔接不协调

政府引导基金具有"社会服务"及"让利于民"的特点，其政策导向与市场出资人的收益导向存在矛盾，前者更注重资金的安全和社会公益目标的实现，不以盈利为目标，后者则追求经济利益最大化。与此同时，政府投资引导基金在资金使用上带有很强的地方政策目标。一般而言，地方政府投资引导基金参股的子基金都有一些条件约束，如要求募集资金投资于当地要达到一定比例、在当地设立投资管理公司等。这些强制性要求一方面可能影响基金的运作效率，另一方面双方诉求存在分歧，容易导致"利益共享，而风险不共担"的局面，对于参股基金的收益及风险控制等各个方面均会造成不利影响。

（三）投后监管制度不完备

目前已经出台的《政府投资基金暂行管理办法》等制度规范，对基金投后监管只有面上要求，没有具体实施细则。各类基金投资方式、政策目标差异较大，绩效评价体系设置没有统一标准，具体实施中难度较大。

（四）缺乏优秀的基金管理团队

烟台股权投资引导基金发展起步较晚，目前还处于探索阶段，与先进城市和地区相比，缺乏吸引专业基金管理团队的环境和条件，加上外部的监督不到位和相关法律不健全，容易出现道德风险的问题。同时，由于缺少具备丰富经验的基金管理人员，多数投资机构仅能为企业提供融资支持，而不能为所投资企业提供产业整合、转型升级等增值服务，在帮助投资企业更好地发展壮大方面力不从心。

三、今后一个时期加快推进政府引导基金建设的措施建议

当前经济下行的压力依然很大，稳增长转方式调结构的任务艰巨，资金供给与需求的矛盾突出，迫切需要加快政府引导基金投资运作步伐，更好发挥引导基金带动民间投资、推动创业创新、助推产业升级的重要作用。下一步，烟台市将以打造山东金融创新"第三极"为目标，按照"政府引导、市场运作、突出优势、滚动发展"的工作思路，积极培育引进各类基金，着力提升基金服务水平，促进基金与产业深度融合，加快形成以基金集聚为特色的区域性金融中心。力争到2020年底，全市各类基金规模达到3000亿元以上，形成基金孵化、服务外包、互联网融资等基金机构大量聚集，服务功能完备的基金管理中心。

（一）进一步做好基金招引设立，树立烟台"基金港"品牌

设立基金的目的在于创新财政资金的投入方式，充分发挥激励引导和撬动放大效应，拓宽实体经济融资渠道，吸引社会资本投向我市经济发展的重点领域和关键环节，推动产业提质升级，促进地方经济持续健康发展。一是继续扩大政府引导基金规模。通过一般公共预算、国有资本经营预算等合理安排对政府引导基金注资，进一步壮大市级政府引导基金规模。支持各县市区灵活采用政府出资、向外部机构投资者募集资金等方式发起设立政府引导基金。支持行业主管部门创新财政资金使用方式，推动设立各类专业化引导基金，逐步形成对重点领域和薄弱环节全面覆盖、优势互补的政府引导基金群。二是培育引进基金管理机构。在支持民营资本和各类主体发起设立基金管理公司的同时，积极引进境内外具有较强市场竞争力和品牌影响力的、高层次的现代基金管理机构，到烟台设立专业子公司，努力形成综合性、集团化大型基金管

理机构与专业化、特色化中小型基金管理机构协同发展的开放、包容、多元的基金管理行业格局。三是推进各类基金集聚发展。紧紧抓住国家和省推进基金产业发展的有利机遇,优化配套服务,积极争取国家和省级基金到烟台设立各类专业化、产业化基金。鼓励引导实力雄厚的市场主体发起设立产业投资基金、并购基金等大型基金,发挥龙头企业的标杆示范效应。同时,加大对境内外知名私募基金的招引力度,鼓励其在烟设立各类私募基金及专业管理机构,促进民间资金的有序合理流动,打造私募基金发展示范区。

(二) 强化基金与产业对接,更好引领经济转调和产业升级

加快建立健全多层次基金组织体系,根据企业不同发展阶段及基金业发展需要,大力推动种子基金、天使基金、创投基金、风投基金、过桥基金、并购基金、产业基金等设立发展,为推动基金与产业发展无缝对接及协同发展夯实基础。加快实现基金产业功能的全覆盖,重点围绕机械、电子、食品、黄金和现代化工五大传统产业优化升级,采矿业、食品加工、汽车制造业等28个细分行业提质增效,高端装备制造、新一代信息技术、生物技术、新材料、新能源汽车、节能环保等战略性新兴产业膨胀发展,通过基金与产业企业的深度融合,着力发展一批特色产业集群,形成一批龙头型、旗舰型企业集团,引导中小企业向"专精特新"发展,为经济结构调整和转型升级提供强劲动力。

(三) 加强基金运营管理,提高基金投资效率

一是健全完善基金项目库。结合产业类别和行业特点,进一步分门别类研究制定项目入库标准将符合入库标准的项目及时纳入投资备选库,为基金加快投资创造条件。二是加快推进投融资对接平台建设。按照"政府引导、市场化运作,面向产业、服务企业,资源共享、注重实效、服务融资"的原则,健全完善涵盖各主管部门项目库、各类银行金融机构和中介服务机构以及企业融资需求等信息的企业投融资综合服务平台,通过信息采集、处理、线上基金招投标等方式,快速集中和及时交换各类投融资信息,实现产业企业与基金的双向互通、快速对接,尽早发挥基金效益,助推企业快速成长。三是有效防控各类风险。认真落实基金备案管理有关要求,推动基金及时备案。加快组建基金行业协会等自律组织,强化行业自律管理,督促各类基金管理机构进一步完善内控机制全面风险管理体系,依法依规开展业务,有效防范道德风险。做好引导基金及相关政策绩效评价,最大限度发挥财政资金作用。

(四) 强化政策扶持力度,优化基金发展环境

制订出台支持基金产业发展的政策措施,从注册登记、投资运营、办公用房、项目对接、人才引进等方面给予相应政策与资金支持。设立山东省区域性基金管理中心

发展引导基金,对优质基金项目落户给予配套扶持。积极做好国家自主创新示范区试点相关工作,推动各类基金纳入国家自主创新、创业投资企业扶持政策范围。落实国家有关税收政策,支持各类基金快速发展。鼓励相关县市区结合实际,制定具体的扶持政策和措施,发挥正向激励作用。邀请国内外基金行业高层次专家和学者,举办具有较高层次的基金论坛峰会活动,研究基金产业发展的新动态、新形势、新变化、新趋势,使烟台成为国内基金行业交流、合作的重要平台,加快打造基金业地标城市,扩大基金管理中心对外影响力。

(五)加大人才培养引进力度,夯实基金发展基础

烟台作为地级市,股权投资基金行业起步时间不长,具有丰富实践经验和成熟投资理念的专业人才相对匮乏,行业的快速扩张使得人才缺口进一步加大,也限制了基金行业的发展壮大。要全面落实《山东省金融创新发展引导资金管理暂行办法》《烟台市人民政府关于进一步加快金融业发展的意见》等一系列引才引智相关政策,鼓励吸引基金高端人才来烟创业。同时,依托并联合驻烟高校,加强创投人才培训体系建设,多渠道、全方位提升行业从业人员和政府部门相关管理人员的整体素质,为基金管理中心建设输送高层次、复合型人才。

市、县两级财政评审工作转型的思考

烟台市政府投资评审中心　林　涛　孙从亚　黄　磊

党的十九大报告提出:"加快建立现代财政制度,建立权责清晰、财力协调、区域均衡的中央和地方财政关系。建立全面规范透明、标准科学、约束有力的预算制度,全面实施绩效管理。"预算制度是现代财政制度的重要内容,而预算评审又是预算管理的重要组成部分,是提高预算编制质量,优化预算资源配置的重要手段。为深入贯彻落实党的十九大精神,认真开展"大学习、大调研、大改进",积极推进财政评审工作转型,更好地发挥预算评审在预算管理中的职能作用,我们近日对烟台开发区、蓬莱市及栖霞市的财政评审工作转型、提高行政效能、服务当地经济社会发展等情况做了调研,并对市、县两级财政评审工作转型问题进行了深入思考。

一、市、县两级财政评审工作转型的有关情况

近年来,烟台市、县两级财政评审机构高度重视财政评审工作转型,不断完善评审工作机制,积极推进评审工作标准化、信息化、科学化建设,加强对政府投资项目事前、事中、事后全过程监管,提高了资金使用效益,为服务当地经济社会发展做出了贡献。

(一) 积极开展项目预算评审工作

2016年,为进一步理顺部门职责,烟台市级财政评审机构通过积极与发改部门协调,不再对工程项目概算进行评审,而是以发改部门批复的项目概算为依据,由财政评审机构根据建设单位提供的施工图等资料编制工程量清单及报价,审核确定项目预算。为谋划好、控制好、服务好当地政府投资项目建设,烟台市级及开发区、栖霞市的财政评审机构每年都牵头或参与研究编制当地下一年度的城建重点项目的投资计划。例如,烟台开发区财政评审机构牵头编制开发区管委会2018年度基本建设投资计划,其中独立编制了所有往年项目2018年度资金计划及公益事业新项目。栖霞市财政评审机构对2018年计划建设的248个项目开展了预算评审,涉及18个部门单位,评审金额19.2亿元,充分发挥了预算评审职能,评审结果被作为2018年度预算

资金安排的重要参考依据,增强了年初预算项目支出的计划性和准确性。目前,烟台市、县两级财政评审机构开展的预算评审重点是工程项目预算评审,是财政评审工作转型的一种有益尝试,且已取得明显成效。

(二)稳步推进项目投资评审工作

从目前各地财政评审机构的工作开展情况看,财政部及省级财政评审机构与市、县两级财政评审机构的具体职责有很大不同。因此,无论在财政评审工作转型中还是转型后,项目投资评审都仍将是市、县两级财政评审机构的主要业务。2017年,烟台市级财政评审机构完成城建重点项目及各类民生项目的预算、结算、决算和征迁补偿等评审项目154个,评审总额57.9亿元,审减支出5.25亿元。烟台开发区财政评审机构完成预算、结算评审项目861个,评审总额57.1亿元,审减支出8.57亿元。栖霞市财政评审机构完成预算、结算评审项目203个,评审总额12.11亿元,核减支出2.7亿元。蓬莱市财政评审机构完成预、结算评审项目256个,评审总额9.78亿元,审减支出8600万元。目前,烟台市、县两级的项目投资评审工作模式大体一致,都是对政府投资项目的方案论证、征迁补偿、招投标、工程施工、资金拨付、决结算等各个环节进行全过程跟踪评审,严把各个关口,为当地政府节约了大量资金。具体评审着力点有如下五个。

1. 实行提前介入,前移评审关口。在项目环评、立项等阶段,对不符合城市总体规划、甚至没有规划和环评的项目,一律不予评审。在审核确定项目预算的同时,积极开展设计图纸审查,优化施工设计方案,严格控制设计规模和标准,从源头上控制工程投资。如,栖霞市财政评审机构在审查该市2018年智慧城市项目中数字化城管和综合执法监督指挥系统的预算时,通过对原设计方案进行优化调整,将1900多万元的投资计划压缩到700多万元,为政府节约资金1200多万元。

2. 强化征迁补偿费用审核管理。针对城建重点工程及棚改项目征迁量大、成本高、情况复杂、征迁工作难度大的特点,烟台市、县两级财政评审机构从审核征迁方案入手,严格控制补偿范围及补偿标准,确保政府征迁补偿政策的统一和连续。例如,烟台开发区及蓬莱市财政评审机构全过程参与土地征迁补偿和棚改项目测算,在全辖区内实行统一的拆迁补偿标准;栖霞市财政评审机构也全过程参与土地征迁补偿和棚改项目测算,在全辖区内分为4大区域,在各个区域内实行统一的拆迁补偿标准。该项工作既保证了政府政策的统一连续,又保障了群众的合法权益,维护了社会的稳定。

3. 编审工程量清单及招标控制价。根据建设单位书面申请,烟台市、县两级财政评审机构对工程量清单、招标控制价和招标文件中涉及造价方面的条款进行审核并出具意见,充分发挥财政评审事前控制项目支出的作用,确保招标采购结果更加科学合理。例如,烟台市级财政评审机构根据局支出科室的委托,按照规定的标准,本着统筹兼顾、厉行节约、量力而行、讲求绩效和保证基本需要的原则,对项目的建设规模、功能定位、使用材质等内容进行审核，对于投资规模较大且施工图纸无法一次性提供的项目，财政评审机构根据实际情况和项目需要逐项进行审核，分项编制工程量清单及招标控制价，待项目施工图纸等资料齐全后，20个工作日内完成项目总体预算审查。

4. 及时审核拨付工程进度款。为强化政府投资项目资金管理，按照"先评审、后拨款"的管理机制，烟台市、县两级财政评审机构加大项目跟踪评审力度，对项目单位提报的资金申请，严格按照项目审定预算、合同内容及工程进度审核拨付工程款，确保了城建重点项目顺利推进。2017年，烟台市级财政评审机构共审核拨付各类工程进度款532笔，审核拨付各类资金22.99亿元。

5. 加快推进项目决结算审核工作。根据财政部第81号令《基本建设财务规则》以及《基本建设项目竣工财务决算管理暂行办法》有关规定，为彻底解决工程项目决结算久拖不决问题，自2016年9月起，烟台市级财政评审机构不再接收已竣工项目的决结算资料。在项目竣工后，由建设单位及时组织编报项目竣工财务决算，并在规定时间内报主管部门和财政部门审核。对于2016年9月以前已竣工项目的决结算评审工作，烟台市级财政评审机构采取定期调度进展情况、召开建设单位会议以及印发通知等有力措施，积极督促项目建设单位尽快解决争议问题。2017年，烟台市级财政评审机构共完成结算审查项目21个，审查资金21.77亿元，审减2.6亿元；评审竣工决算项目25个，认定工程造价9.19亿元，核减1.28亿元。

（三）实行评审小组或专管员制度

对于工程建设项目评审工作，烟台市级以资金管理为主线，按项目成立评审小组，落实责任到人，从评审工程项目预算开始到评审决结算结束，一环套一环，环环相扣，建立起事前、事中和事后全过程跟踪监管的科学评审模式。烟台开发区及蓬莱市财政评审机构实行项目专管员制度，每个项目都安排专门的评审人员负责，从前期预算评审到竣工结算审核全过程跟踪管理，严格把关施工过程中的隐蔽工程及工程变更，控制工程造价。栖霞市财政评审机构实行"谁评审、谁负责"制度，主审人从项目立项、预算评审到工程拨款、工程结算全过程跟踪评审，做好记录和档案，为实施责任可追溯机制打好基础。

（四）注重加强财政评审制度建设

没有规矩不成方圆。近年来，烟台市、县两级财政评审机构狠抓制度建设，通过建章立制，用制度管人，靠管制度事，确保财政评审工作管理有序、运作规范。2014年，烟台市级财政评审机构起草并以市政府名义颁布实施了《烟台市政府投资评审管理办法》，进一步加强了政府投资项目管理，规范了政府投资评审行为。2016年，会同局预算科研究制定了《烟台市财政局政府投资项目内部管理规程》，印发了《关于进一步加强市级政府投资项目监督管理的通知》，明确了局内科室单位、项目建设单位及主管部门的职责。烟台开发区财政评审机构印制了内部管理制度汇编，并出台了对审价中介机构考核管理办法，栖霞市财政评审机构先后出台了《栖霞市财政投资评审风险防控暂行办法》《栖霞市财政局关于工程项目基本程序规范及办理流程》等制度文件，蓬莱市财政评审机构先后以市政府名义出台了《蓬莱市政府投资评审管理办法》《关于进一步完善政府投资工程管理操作流程的通知》等制度文件，对政府投资项目评审的范围、管理程序以及工程招投标、预结算审查、监督管理、工程验收、工程款拨付等重要事项，做出统一规范，进一步理顺程序，严格落实责任，形成了行之有效的财政评审工作制度。

（五）充分借助审价中介机构专业力量

由于政府投资项目的工程量清单、招标控制价编制及项目结算等评审工作专业性强、工作量大，烟台市级、开发区及蓬莱市的财政评审机构按照政府购买社会服务有关规定，通过政府采购方式确定社会审价中介机构作为技术支持，由财政评审机构负责对审价中介机构出具的审查结果进行复审定案。这种评审职责相分离的运作模式，适应了项目支出预算评审涉及面广、专业性强、技术复杂的特点，充分发挥了社会专业技术力量在项目支出预算评审中的作用，有效弥补了财政评审机构人员数量不足、专业结构不合理的缺陷，有力保障了财政评审工作的准确性和科学性。

（六）严格防范和化解项目评审风险

2015年，为进一步强化评审内部控制，烟台市级财政评审机构专门成立了评审稽核科，在以往"二级复核"的基础上，实行"三级复核"，由专人负责对财政评审机构其他业务科室提交的项目决结算资料进行全面复审核查，并提出稽核意见。为加强对审价中介机构管理，烟台市级、开发区及蓬莱财政评审机构制定了考核管理办法，对审价中介机构的评审质量、人员配置管理、服务质量等方面进行严格考核。对不符合有关要求、不具备相关资质或在评审工作中出现问题较多的中介机构，依照有关规定要求其整改。对整改不力、成效不大的，予以整顿清理，并暂停服务，督促中介机构不断增强责任心和紧迫感。2015年，有1家审价中介机构的审核结果出现明显误差，烟台市级财政评审机构进行了通报处理，并在计算评审费用时做了相应扣除。栖霞市财政评审机构严格执行"谁评审、谁负责""交叉评审""三级复核"三项制度，还不断提高责任风险意识，对预算评审前置条件严加审核，如无征地手续，则严格按照程序不予评审。烟台开发区及蓬莱市财政评审机构在强化评审质量和防控评审风险方面，也都有相应的复审措施。

（七）大力推进评审工作信息化建设

烟台市、县两级将信息化建设作为提高财政评审效能的重要手段，研究开发政府投资项目信息管理系统,显著提升了财政预算评审的精细化、标准化、智能化水平。2011年6月,为严格规范政府投资项目管理,烟台市级财政评审机构在总结前段工作实践和借鉴外地经验的基础上,与软件公司合作开发了政府投资项目管理信息系统,对市级政府投资项目的概预算、招投标、合同、资金拨付、工程进度、决(结)算、工作档案等环节实行软件管理,实现了与市财政局预算科、经建科和城管局、住建局等多个部门和单位信息资源共享。2013年,又陆续与城发公司、城投公司等项目单位联网,且实现了与局国库科的国库支付系统并网,确保权力在阳光下运行,进一步规范了政府投资项目的监督管理,切实提高了工作效率。烟台开发区在以前的信息管理系统基础上,按照预先设想的功能重新开发了项目信息管理系统,项目的基本信息由管委部门单位填报,部门单位可以随时掌握项目的评审进展情况,实现了财政评审工作的公开透明。

(八)持续强化财政评审队伍建设

2004年,烟台市级财政评审机构成立后,烟台市级高度重视并及时督促各县市区加快评审机构建设。截至2009年10月,烟台市所属14个县市区先后成立了财政评审机构,其中正科级2个、副科级10个、股级2个,人员编制114名,在职人员98名,在全市范围建立起了专业齐全、结构合理的评审队伍,为做好财政评审工作打下了坚实的基础。目前,烟台市级财政评审机构实有在职人员20名,烟台开发区财政评审机构实有评审人员10名,蓬莱市、栖霞市财政评审机构各实有评审人员8名。近年来,烟台市、县两级财政评审机构通过多种方式加大业务培训力度,有效提升了干部队伍的综合素质和业务能力。

二、当前市、县两级财政评审工作转型存在的主要问题

自2014年8月财政部预算评审中心更名至今,财政评审工作转型已经进入第5个年头。据了解,截至2017年底,云南、河南、辽宁、山西、宁夏、北京、山东、重庆、海南、青岛10个省级(或计划单列市)财政投资评审中心先后更名为预算评审中心。以山东省为例,除省级财政评审机构外,目前有青岛、潍坊、滨州、东营、聊城5个市的财政评审机构更名为预算评审机构。烟台市、县两级的财政评审机构虽未更名,但基本上都增加了部门预算评审职责。当前,烟台市、县两级在财政评审工作转型中主要存在以下四个问题。

(一)财政评审工作缺少直接的法律法规依据

预算评审体制机制建设相对滞后,无论是财政投资评审还是财政预算评审,目前仅有的依据是来源于《预算法》中"各级政府财政部门负责监督检查本级各部门及

所属各单位预算的编制"的规定，法律依据显然不够明晰。目前，指导全国财政评审工作的文件只有2009年财政部出台的《财政投资评审管理规定》，该规定将财政评审机构与社会中介机构混为一谈，其指导性、针对性及时效性已经很难适应当前的财政预算评审工作。

（二）财政评审机构的性质与职责不相匹配

财政评审机构作为财政支出预算管理的专职机构，机构性质本应是行政管理类单位，或者至少应是参照公务员法管理事业单位。但从实际情况看，财政评审机构的性质至今仍然不尽统一。据了解，目前全国各级财政评审机构绝大多数为参照公务员法管理事业单位和公益类事业单位，少数为行政机构和经费自理类事业单位。以烟台市为例，目前只有市级财政评审机构的性质为参照公务员法管理事业单位，14个县市区级财政评审机构的性质都为公益类事业单位。财政评审机构的事业身份，与其所承担的预算管理职责不相匹配，严重弱化了财政预算评审的职能作用。

（三）财政评审机构的职能定位呈现多样化

由于各地财政评审机构性质的不统一，造成了职能定位的多样化，犹如"八仙过海"，各显其能，各行其是。有些比较健全和规范，有些评审范围很窄；有些是全过程评审，有些是单环节评审；有事前评审，也有事后评价。烟台市、县两级财政评审机构的职能定位情况也不完全一致。例如，烟台市级全过程参与政府投资项目的预算、结算和决算各个环节评审，而烟台开发区、蓬莱市、栖霞市的评审环节都截止到项目结算审查阶段，不参与项目决算审查工作。另外，蓬莱市的结算评审业务，100万元以下的政府投资项目由财政评审机构负责一审，审计部门负责二审定案；100万元以上的项目，全部由审计局委托中介机构进行审查定案。所有这些不统一、不规范的客观现实，都不利于财政评审事业的健康发展，也直接影响着评审队伍的稳定和发展壮大。特别是随着PPP模式、EPC模式及装配式建筑的推广，对评审专业技术人员的要求不断提高，而当前市、县两级评审队伍的专业技术力量相对不足。

（四）烟台市、县两级财政评审机构尚未开展项目支出定额标准体系建设工作

对于项目支出定额标准体系建设工作，烟台市、县两级在部门单位的维修改造项目、征地地上附着物和青苗补偿费标准、布展项目、生活垃圾及污水处理运行费等定额标准方面，初步进行了探索和实践，但目前还属于浅层次，尚未建立统一规范的项目支出定额标准体系。

三、对市、县两级财政评审工作转型的思考

财政评审工作转型是一项具有系统性、复杂性的工作,需要逐步进行,不可能一蹴而就。从当前全国情况看,财政部和约1/3的省级财政部门完成了投资评审向预算评审的职能转型。从山东省情况看,约1/3的市级财政部门和少数几个县级财政部门完成了职能转型。总体看,财政评审工作转型进展较为缓慢。针对以上存在的主要问题,为进一步做好市、县两级财政评审工作转型,我们提出以下四点对策建议。

(一)应进一步提高财政评审的法律地位

加快推进财政预算评审法制建设步伐,进一步建立健全财政评审相关法律法规,在法律法规层面增加财政预算评审相关条款。加快推进《预算法实施条例》立法进程,建议财政部在起草制定《预算法实施条例》时,对财政预算评审职责予以明确,并及时修改《财政投资评审管理规定》有关条款,进一步增强财政评审的法律依据。

(二)应尽快明确财政评审机构的性质

鉴于财政评审机构是财政部门行使财政评审管理职能的专职机构,建议财政部抓住目前正在进行的党和国家机构改革的有利时机,积极与有关部门进行深入沟通协调,尽快对财政评审机构性质进行科学界定,将财政部预算评审中心的机构性质由公益类事业单位转变为行政管理机构,以适应新形势下全国财政评审事业发展的整体需要。如果能够实现这一目标,则全国各级财政评审机构的性质都有转变为行政管理机构的可能。

(三)财政评审工作转型应具体问题具体分析

财政部与省级财政评审机构主要是对专项资金进行评审,而基建工程项目评审较少,因此省级以上财政评审机构实现预算评审与部门预算编制的融合相对容易。而市、县两级财政评审机构主要是对基建工程项目进行评审,专项资金评审项目较少,受目前评审队伍的人员数量、专业能力等情况所限,在开展项目投资评审的基础上,实现预算评审与部门预算编制的融合尚具有一定难度。在目前"鱼"和"熊掌"二者不可得兼的情况下,市、县两级财政评审机构如果放弃目前所从事的基建工程项目投资评审,完全开展部门预算评审,在实际工作中又很难行得通。因为市、县两级的工程项目投资评审工作,已经得到了当地党政领导的高度重视和充分肯定。多年来,烟台市、县两级党政领导越来越认识到,财政评审在财政管理中大有可为,特别是在加强和规范建设资金的预算管理、提高资金使用效益方面,财政评审有着独特的不可

替代的作用。因此,市、县两级财政评审工作转型应该根据实际情况来推进,而不应采用"一刀切"的做法。

我们认为,在市、县两级推进财政评审工作转型,应把好预算和决算两个评审关口,注重提高评审工作质量和工作效率,将过去以基建工程项目评审为主,逐步转变为部门预算评审和基建工程项目评审并重,充分发挥预算评审在预算管理中的职能作用。同时,应持续加强市、县两级评审队伍建设,及时招考或聘任相关专业技术人才,充分发挥社会中介机构的专业技术支持,加大党风廉政建设及评审业务培训力度,努力打造一支政治过硬、业务精通、作风优良、廉洁高效的评审干部队伍,为财政评审事业的健康发展提供强有力的组织保障。

(四)积极探索开展项目支出标准体系建设

市、县两级应结合城建重点项目的管理经验及数据,探索研究开展市级项目支出标准体系建设,为部门项目预算的编制提供技术支撑,为财政资金安排提供合理依据。通过部门单位维修改造等具体项目支出预算评审,逐步积累项目支出定额标准制定所需信息数据,为制定项目支出定额标准奠定基础。对于支出内容相同或相近的同类项目,充分借鉴现有省内外各级财政项目支出定额标准,研究制定符合当地实际情况的支出定额标准。按照"先易后难、急用先行"的原则,稳步推动项目支出定额标准体系建设,充分发挥定额标准的基础支撑作用。

吴中经济技术开发区加强政府投资重大工程建设资金管理的实践与思考

苏州吴中经济开发区财政分局课题组

近年来,各地的财政支出中,基本建设投入占了较大的比重,如何加强重大工程项目的资金管理,建立科学合理的基本建设资金管理制度,成为地方政府提高财政支出管理水平的重中之重。面对这一难题,吴中经济技术开发区以建立全过程资金管理制度为出发点,通过建立基本建设项目库、成立投资评审办公室等具体措施,逐步建立了以"评审—资金预算—项目库—付款审核"为要点的基本建设资金全过程管理体系。

一、吴中经济技术开发区加强政府投资重大工程建设资金管理的做法

(一)加强事前造价控制,以投资概算控制投资规模

1. 尝试在乡镇级开展投资评审。在多年的基本建设实践中,开发区管委会充分认识到设计阶段造价控制的重要性,尽管现阶段一般在区县级政府才有投资评审中心,但考虑到开发区基本建设的规模和管理的需求,开发区管委会成立了以管委会主任为组长的投资评审领导小组,并在领导小组下设投资评审办公室,财政部门负责代管评审办公室日常事务。评审办公室定位为工程概预算管理方面的技术支持部门。在投资评审办公室成立的初期,纳入评审的主要是政府投资的民生工程,如学校、卫生院、垃圾中转站、道路等,评审内容包括概算评审、标底评审和变更备案评审。评审结论作为编制基本建设预算的依据,由财政部门在评审核定的总投资额内,开展后续的资金支付管理。

2. 建立经济技术指标库。评审办公室通过估概算评审实践,以及对已完工工程的造价分析,考虑未来政府投资重大工程的投向,着手分批次建立经济技术指标库,第一批启动学校、垃圾中转站、道路景观绿化等工程经济技术指标的建立,目前已完成了幼儿园、小学、中学的经济技术指标。经济技术指标涵盖了土建、装饰、全部设

施设备、间接费用，形成一个完整的造价控制上限标准。从目前实际运用来看，经济技术指标不仅是概算评审的依据，也反过来从经济性的角度影响了设计单位的设计方案，提高了设计方案的针对性。

3. 参与设计阶段的方案优化。开发区的投资评审工作从一开始就立足于乡镇的实际情况，设计了一套适合本地实际情况的概算评审、标底评审流程。同时，根据各街道农村综合整治项目的特点，创造性地开展了比概算评审细、比标底评审粗的项目预算评审，并在预算评审中提出方案优化建议，提交管委会相关部门以会办的形式确定最终设计方案，评审办公室再按照优化设计方案出具评审报告。通过这种流程设计，评审办公室参与了设计方案的优化，得以充分发挥评审部门作为技术支持部门的作用。

（二）做实基本建设预算，以年度基本建设预算控制建设资金支出"总盘子"

作为乡镇级的基层财政部门，开发区财政部门通过对本区内资金流的梳理，建立了有自身特色的预算体系，即以公共财政预算和基本建设预算为主体，以社会保障支出预算和政府采购预算为补充的"四本预算"，其中基本建设预算全面完整地反映了开发区管委会在基本建设方面的所有投资情况。开发区管委会认为基本建设预算的编制不仅仅是财政部门的例行事务，也是统筹规划次年投资建设项目的全局性工作。与基本建设有关的部门全部参与到基本建设预算的编制过程中，通过部门申报、财政汇总、管委会集体会商、修改完善等多个环节，对全年基本建设规模做了较为完整的计划。同时，对每个项目的立项和建设主体、方案审定权限、资金负担方式等都在编制基本建设预算时提前予以明确，使基本建设项目总规模得到较好控制。

（三）建立基本建设项目库，用信息化手段实现逐笔支付审核

在项目库建立初始，开发区就将项目库的功能定位为"一前一后"管理，"一前"是指根据评审结论确定的项目预算总额，即建设资金的拨付不得超过预算总额，"一后"指的支付环节的逐笔审核。通过软件再开发，开发区的基本建设项目库在常规功能的基础上增加了逐笔付款审核功能，经过多个部门通力配合，历时近一年时间，完成了基本建设项目库的项目数据梳理、合同资料录入等基础工作。现在，每一笔基本建设资金的支付，都必须经过基本建设项目库的审核，在评审报告确定的预算总金额内，必须符合管委会规定的付款条件和付款进度，才能通过系统的审核，财政部门也才能安排资金用于支付工程款。

（四）加强制度建设，为全过程资金管理体系的顺利运行提供制度保障

开发区出台了《工程建设资金支付标准实施细则》《政府投资建设工程变更备案

及会办管理实施细则》等制度，通过这些制度，一是明确了每一类建设项目的付款进度，将包括间接费用在内的所有工程项目支出分为七大类，分别规定了每一类项目在审计前和出具审计报告后的付款进度，并要求各建设单位签订的工程建设合同中，付款条件应与文件规定保持一致，同时制作了付款范例下发到各个建设单位，防止因为理解上的不同而产生超付工程款的情况。二是强化了工程变更备案和会办制度，规定了变更会办的程序和具体要求，将工程变更会办审批的权限按金额分为三个层级，分别授权给建设单位、投资评审办公室和管委会分管领导牵头进行会办审批，规定未办理变更备案和会办手续的工程变更，审计部门将不予认可，财政部门不得支付相应的款项。通过这一措施，不仅使工程变更程序规范化，而且有助于审计部门提前掌握工程变更情况，在一定程度上避免审计环节的争议。

二、吴中经济技术开发区在政府投资重大工程建设资金管理中存在的不足

（一）基本建设项目库的平台作用还未能充分发挥，与财政指标管理系统还不能有效衔接

目前使用基本建设项目库的主要是财政部门，各项基础资料也是通过手工输入、数据导入等方式录入项目库。但基本建设项目库实际可以作为区域内基建项目管理的大平台，包括财政、建设行政主管部门、建设单位都可以作为终端登录项目库，通过分级授权实现信息的实时处理和共享。从目前开发区对项目库数据的实际利用情况来看，离基本建设综合管理平台的目标还存在不小的距离。

（二）乡镇级投资评审机构的定位还不够清晰，与各建设单位的沟通协调还不够

乡镇级投资评审机构与区县级投资评审机构有较大的区别，从各地的实践来看，区县级投资评审机构往往是在发改部门立项前参与估概算的评审，并将评审结论作为立项的依据。乡镇由于没有立项审批权限，投资评审机构的职能更多的是作为政府的技术支持部门，在基建预算编制、投资决策环节提供专家意见，导致决策者出于对评审机构的信任，不论工程类还是货物类，都希望评审提出处理意见，甚至一些金额并不大的设备购置申请，也交给评审部门去审核预算追加的金额是否合理，超过了评审的业务能力范围。

（三）对政府投资重大工程建设项目的资产管理还不够完善，资产的结转、移交等方面还有所欠缺

在项目库建立以前开工建设的项目，虽然已将合同资料录入项目库，但在项目库

中以合同为单位体现投资情况,缺乏对整个项目库的整体反映,导致工程完工后,在建工程的结转必须通过手工方法汇总整理,加上工程款是在完工后两三年的内才能付清,导致在建工程结转、资产移交手续不及时。

三、完善吴中经济技术开发区政府投资重大工程建设资金管理的几点思考

(一) 乡镇财政部门在工程建设项目的资金管理中的职能定位必须清晰明确

根据苏州市财政局对全市范围内乡镇财政开展调研的结果,部分乡镇财政不参与融资资金的管理,而融资资金主要是用于基本建设,相应地部分乡镇财政部门也就不负责基本建设资金管理。但必须看到乡镇财政统筹管理政府性资金的重要性,各类财政资金都应该纳入财政部门的监管范围。具体到对基本建设资金的管理,则必须清晰地定位财政部门在基本建设资金管理中到底承担什么责任、发挥什么作用。开发区财政部门在基本建设资金管理中的角色定位,也经历了较长时间的摸索和实践,从最初仅仅强调资金安全支付,到现在向抓好评审、预算和支付这"一前一后"两个环节转变,反映了财政部门对建设资金管理认识上的变化,体现了财政部门统筹管理资金的能力得到提高。但是在具体工作中,财政部门的职责定位仍需进一步探讨,例如,在付款环节,开发区财政部门负责根据建设单位提供的工程量按合同进行逐笔付款审核,分批次将资金核拨到建设单位,这样导致财政部门对工程项目的管理细化到每一个施工合同,有可能存在审核内容过细的倾向,这些问题都需要边实践边改进。

(二) 将基本建设项目库整合成为基本建设全过程管理的综合信息平台

政府基本建设投资所涉及的单位多、项目多、管理环节多,更需要建立涵盖建设管理全过程的综合信息平台,建设单位、建设行政管理部门、工程监督管理部门、财政部门都可以作为综合信息平台的使用者,通过权限控制,共同维护平台资源,共享平台数据。其中,建设单位负责录入项目基础资料和工程进度,财政部门负责录入概算评审金额和预算金额,并利用项目资料进行支付审核,建设行政主管部门可以利用平台掌握项目的实时进度和投资总规模,监督部门可以利用平台数据发现潜在风险点。但目前开发区的基本建设项目库无论是内容还是发挥的作用上,都离综合信息平台的标准还有不小距离,还需要加强部门之间的沟通,统一认识,共同建设完整反映区域内政府投资建设全貌的综合信息大平台。

(三）进一步完善国资、集体经济组织代建制，加强财政统筹管理资金的能力

目前开发区政府投资建设项目的建设主体包括国资公司和街道集体经济组织，经过近20年的发展，基本形成了一套国资、集体经济组织代建的运作模式，但仍存在代建责权不够明确，代建流程不够规范的问题。从各地开展政府投资重大工程的实践来看，依托国有公司开展政府委托项目代建，可以解决建设主体的问题，也有利于国有企业做大做强。但实行项目代建，必须有一套相对完善的制度设计，特别是在集体经济基础较好的地区，一些政府投资的重大项目也会委托集体经济组织进行代建，这就更需要有一套相对完善的代建制度，对项目概算控制、建设过程监督、项目验收、造价审计、项目回购等重要环节进行规范，既要调动国有企业、集体经济组织的主动性积极性，又要使建设全过程得到严格监督。另外，通过规范化的项目代建制，财政部门的资金管理模式也将发生大的变化，财政管理的重点将不再是逐笔资金的支付，而是前期的概预算控制和后期的项目回购，这将极大地增强财政统筹管理资金的能力，有利于提高建设项目资金管理的针对性，更好地履行财政职能，服务地方经济发展。

财政投资评审工作现状、问题及对策研究

——以荆门市为例

荆门市财政局 丁 岱 陈 新

近年来，随着国民经济的快速发展，政府投资项目越来越多，政府投资项目预算评审作为预算管理和财政监督的一种重要手段发挥了较大的作用，但也存在一些问题，现在广泛调研的基础上，结合新常态及新预算法的新要求，就未来一个时期全市财政投资评审工作做一些探讨和研究。

一、过去近七年来全市财政投资评审工作的回顾与总结

2009年市财政投资评审中心成立以来，全市财政部门以科学发展观为指导，以服务财政改革发展为宗旨，不断健全机构队伍，着力完善工作机制，探索创新评审手段，推进了财政投资评审事业的快速健康发展，主要体现在以下六个方面。

（一）评审理念不断强化

全市财政投资评审工作走过了一段"从不理解到理解""从不支持到认可""从抵触到配合""从要我评到我要评"的艰辛历程。为推动财政投资评审工作，一方面，各地评审机构坚持"不唯减、不唯增、只唯实"的评审理念，严格遵循客观公正、实事求是的工作原则，不断提高服务质量和效率，努力塑造良好的行业形象；另一方面，各级财政部门不断加大宣传力度，广泛借助各种媒体来宣传其作用、意义等，经过不懈努力，财政投资评审的公信力、权威性逐步得到各部门和社会广泛认同，"评审出效益""节支也是增收""评与不评大不一样"的理念逐步深入人心。

（二）评审队伍不断壮大

截至2015年底，全市7个县、市、区都开展了评审工作，5个县、市、区先后设立了专职财政评审机构，掇刀区还纳入行政序列，实行公务员管理。钟祥市、东宝区、掇刀区财政投资评审中心还明确为副科级单位。2015年底，全市评审工作人员

28人，比2009年增加15人。其中市评审中心从2009年的4人，增加到目前的9人；全市评审管理工作人员队伍素质不断提高，其中9人具有造价员以上执业资格，为开展评审工作提供了保障。

（三）评审范围不断扩大

财政投资评审起步时，仅涵盖财政预算安排的基本建设项目。近年来随着财政投资规模的不断加大，评审职能不断强化，评审工作空间得到不断拓展。目前的评审范围从单纯的预算内投资项目拓展到预算外资金、政府性基金、政府融资等所有财政性资金，从单纯新建项目拓宽到新建、扩建、维修等所有建设项目。沙洋县、京山县、掇刀区评审范围覆盖到乡镇。京山县还将征地补偿费纳入评审范畴，收到了积极效果，得到了县领导的肯定。目前，财政投资评审已经成为财政投资管理中不可或缺的重要环节，在服务政府投资决策，强化项目预算管理上发挥着越来越重要的作用。

（四）评审手段不断完善

近年来，各地通过改进评审方式方法，提升沟通技巧，评审作用得以较好发挥。

1. 注重加强项目事前评审。各地紧紧抓住预算评审这个牛鼻子，加强事前评审。通过加强招标上限价格审查，提高项目预算的科学性和准确性。全市预（概）算评审占评审总量的比重不断提高，从2009年的60%提高到2015年的99%。

2. 将直接评审与间接评审有机结合。近年来，随着财政投资规模的不断扩大，财政投资项目大幅增长，出现了评审力量不能满足业务增长需要的矛盾。为有效解决这一问题，各地评审机构不断拓宽工作思路，如市评审中心、钟祥市、沙洋县评审中心、采取自评和外聘专家评审相结合方法，解决了人少事多的矛盾，提高了工作效率，探索出了一条较为规范、可行评审新模式。

3. 运用信息化手段开展评审。市评审中心在全省率先自主开发评审管理软件，建立包括政策法规库、价格信息库、项目管理库、统计报表模块、学习园地等管理平台，建立起同类项目评审的"统一标准"，逐步由"审项目"向"审标准"转变，从而实现评审流程化、责任明晰化、资料准确化、项目追溯化、资源共享化，规范了评审运转流程，增强了项目评审透明度。

（五）评审机制不断健全

各地财政部门结合各自实际，以制度建设为重点，初步建立起部门联动、协作高效的财政投资评审工作机制。一是建立了投资评审外部联动机制。目前，全市有6个县市区以政府或财政局文件形式，明确了财政投资评审范围、内容及财政投资评审职能，并通过合理的职责分工，理顺了财政与审计、监察、建设、招投标管理等部门的关系,形成既各司其职,又相互配合的外部联动机制。市评审中心成立之初,在全省率先将评审工作纳入各单位党风廉政建设考核内容,并主动与审计部门协调,要求结算审计时将是否经过财政评审及预算图纸是否盖有"财政预算评审图纸专用章"纳入审计范畴,有效解决了项目预算评审、项目结算审计"两张皮"的问题,实行财政预算评审和结算审计的无缝对接。二是建立了财政内部运行机制。各县、市、区财政部门结合实际制定完善评审管理办法,对评审项目确定、评审工作流程、相关部门职责、评审结论使用等进行了明确规范,初步建立了"先评审、后下达预算""先评审、后采购""先评审、后拨款""先评审、后批复决算"的"四先四后"运行机制。市评审中心主动协调市财政监督局,将评审工作纳入财政监督检查范围,与财政监督工作统一部署、统一检查,有效地整合力量,保证了评审工作有序有效开展,强化了预算的约束力,降低了基建项目"三超"现象的发生。三是建立了政府投资项目招标前须进行评审的工作机制。掇刀评审科、屈家岭将评审工作纳入招投标工作流程。沙洋县实行不评审、不招标并对招投标全过程进行监督,较好地保证了评审结论的有效利用。

(六) 评审管理不断规范

为规范评审程序,提高评审质量,防范评审风险,各地都建立了一套从资料搜集到评审报告出具环环相扣的内控制度和管理办法。市评审中心在基础工作上实行"六专""六有"。"六专"即"评审登记有专人,评审工作有专案,现场踏勘有专档,核对沟通有专录,报告送达有专簿,资料装订有专柜"。"六有",即在接收项目单位送达资料时核实资料是否做到"有委托评审书、有承诺书、有发改委批文、有施工图、有预算书、有联系人"。在项目评审管理上建立三大机制:一是建立委托中介机构评审机制。制定了《荆门市市级政府投资项目委托评审管理暂行办法》,根据该办法,通过政府采购,确定6家机构为委托评审机构。变原先由坐班专家直接评审为中介机构先初评,坐班专家再进行抽查复核的评审模式,较好地规避了评审风险,提高了评审质量。二是建立项目评审分派遴选机制。所有500万元以上的批量项目都实行抽签选取机构评审,并邀请局监察室、相关业务科室及项目单位代表参加监督。办法实施三个多月来,共开标九次对75个项目8.1亿元投资额进行公开抽签,受到了项目单位和委托评审机构的一致好评。三是建立严格的考核问责机制。制定了《荆门市市级政府投资项目委托评审考核暂行办法》,对中介机构和评审专家评审的每一个项目采取日常和年度相结合的方式进行考核,按照"积分+量化"的思路,将积分与量化有机融合,用积分对中介机构和评审专家的评审时效、评审质量、廉政纪律等进行全方位量化考核。

经过财政部门的不懈努力,财政投资评审工作在提高财政投资效益、加强财政监管、深化财政改革等方面取得了明显成效。具体有以下三个方面。

1. 通过投资评审提高了财政投资效益

近七年来,全市财政评审机构累计完成评审项目6153个,审查金额432.6亿元,审减金额61.2亿元,平均审减率14%。特别是近两年,评审规模呈加速增长态势。评审项目和金额从2009年的386个、23亿元,增长到2015年的1717个、108亿元,分别增长了4.4倍和4.7倍。由此可见,财政评审为政府投资项目节约了大量的真金白银。如图1及图2所示。

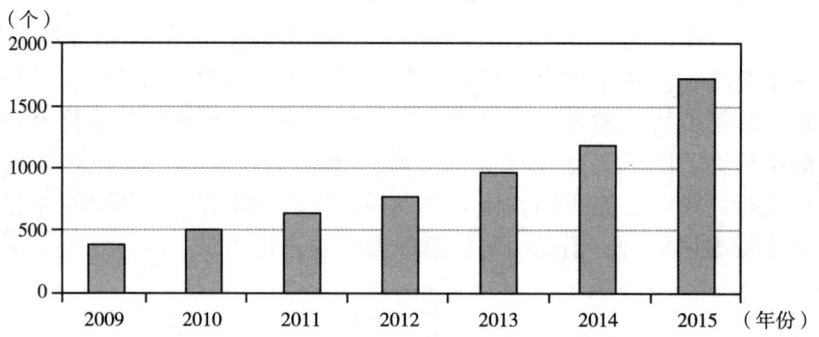

图1　2009—2015年全市财政性投资项目评审数量情况

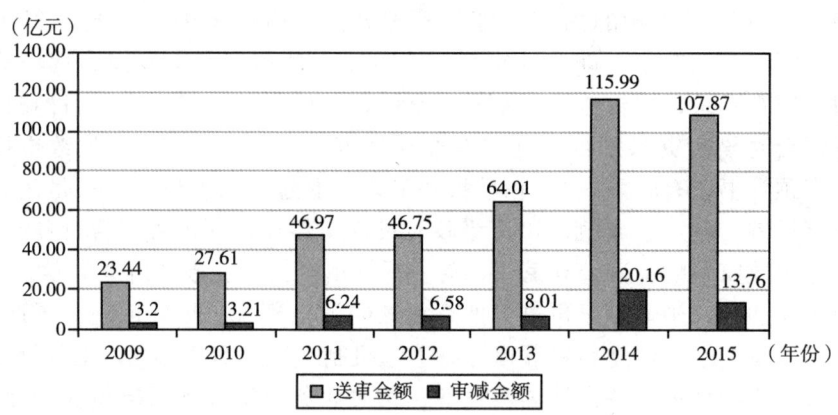

图2　2009—2015年全市财政性投资项目评审金额情况

2. 通过财政评审加强了财政投资监管

在传统的财政投资管理模式下,项目单位提出投资需求,计划部门确定项目,财政部门下达预算。这种模式在项目执行过程中缺少一个专业技术审核环节,无法保证投资项目预算的真实性、准确性,财政部门缺乏应有的话语权,财政管理存在缺位。在此背景下,财政投资评审应运而生。各地财政部门通过建立财政评审制度,将建筑设计、定额造价等工程专业技术手段引入到财政管理中,有效弥补了财政监管手段的不足，不仅堵塞了基本建设支出管理中存在的漏洞，节约了建设资金，提高了财政资金使用效益，还改变了以前项目预算"拍脑袋""砍一刀"的经验管理方式，树立了财政管理基本建设支出的权威性，增强了财政部门在基本建设管理领域的话语权。

3. 通过财政评审深化了财政改革

财政投资评审与各项支出改革密切相关、相辅相成，为财政各项改革提供重要的技术支撑。一是为部门预算编制服务，提高了建设项目预算的约束力。近年来，荆门市加强建设项目预算评审，提高了预算的准确性、真实性，改变了以前项目预算太粗、项目不实等突出问题。二是围绕国库集中支付制度改革，为建设项目财政性资金的集中支付提供技术性、基础性审核工作，为财政资金及时、安全拨付提供了可靠保证。三是为政府工程采购服务，为项目招投标提供最高控制价，防止高估冒算。

总之，七年来取得了一定成绩，为推进全市财政改革发展做出了积极贡献。但也还存在诸多困难和问题。

（1）各地工作开展不均衡。由于各地对财政评审工作认识上的差异，重视程度不一，发展不均衡现象比较突出。有的市县机构健全，制度完善，工作开展有声有色，评审职能得到较好发挥，而个别地方尚未完全开展评审业务，与审计等部门的职责分工尚未理顺；有的地方锐意进取，不断探索财政评审新领域、新手段。而一些地方开拓意识不强，墨守成规，评审改革步伐缓慢，评审职能和业务范围仍然停留在起步时的初级阶段；有的地方积极为评审机构创造良好的外部发展环境，在人员、经费上给予必要保障，而一些地方对财政评审工作重视不够，工作保障不到位，一定程度上制约了评审工作地发展。

（2）评审机制有待进一步完善。由于评审工作性质、评审机构职责、评审业务范围等方面全国没有统一、科学的定位，导致财政投资评审职能还没有得到充分、有效地发挥。突出表现为：一是投资评审未实现全覆盖。部分政府融资项目、事业单位基本建设项目等还没有纳入评审范围，影响了评审职能作用的发挥。二是评审结果的约束性仍需进一步提高。一些项目单位随意变更设计方案，提高建设标准，增加建筑面积，导致结算超预算现象时有发生；少数项目管理部门未经评审或不利用评审结论，下达预算批复，拨付项目资金，缺乏评审约束机制。

（3）评审操作有待进一步加强。在具体组织项目评审中，缺乏统一的规范性标准体系，全市各地差异较大，评审手段、流转程序、质量标准等不规范、不统一。如在流转程序上，多数评审机构被动接受评审任务的现象较普遍，缺乏评审工作计划；在评审方式上，有的评审机构委托中介机构参与投资评审工作上还存在不规范、质量不高的现象。

（4）评审程序有待加强。少数地方为加快项目建设步伐，违背基本建设程序，存在先动工、后评审甚至先招标、再评审等问题，使评审核对签字时间长，评审时效不高。

(5) 评审没有实行全面复核。这在全市目前是普遍存在的一个问题，其主要原因：一是预算评审时间要求太紧，全面复核时间确实来不及；二是少数地方认为预算安排的评审费本来就少，如再复核，评审费没有来源；三是存在认为预算评审对招投标来说只是最高控制价，复不复核作用不大等错误观点。

此外，还存在电力、燃气、供水等单位因内部管理环节多，各项管理费用高且是垄断部门等而不太认可评审结论，使评审陷入僵局，项目难以推进等问题。

这些问题的存在严重制约了全市财政投资评审工作地发展，需要我们高度重视，采取有效措施逐步加以解决。

二、按照《预算法》的要求，建立规范、高效的财政投资评审工作机制

财政投资评审是财政部门的一项全新工作，需要我们按照科学发展观和《预算法》的要求，立足实际，探索研究财政投资评审的重大问题。

(一) 努力完善财政投资评审机制

财政投资评审机制是财政评审工作的组织形式和基本制度，包括管辖权的划分、评审范围的定位、评审级次的确定、组织流程的设计等。当前，加快建立和完善全市财政投资评审机制是从根本上解决各地评审工作发展不统一、不均衡的有效途径。

1. 明确财政投资评审范围。从"财政投资"的概念看，评审范围应限定在财政性资金，包括预算内外各种资金、政府性基金、政府性融资安排的公益性基本建设项目领域，如房屋建筑、市政道路、交通、水利、土地整理等工程。"绩效评价"与"财政评审"的管理手段有着本质区别，不应将其纳入财政评审。这样定位，更彰显行业特色，有利于财政评审更好地服务财政大局，有所不为，才能有所为。

2. 合理划分财政投资评审级次。财政投资评审是一项财政管理制度，需要建立与财政管理体制相一致的评审管理体制和分工体系，即按照统一领导，分级管理的原则确定财政评审管理范围。市财政局指导全市的财政评审工作，通过制度建设，加强对市县指导考核，推进全市评审工作统一、规范发展。各地财政部门按照项目实施主体的预算管理关系和财务隶属关系确定财政评审级次，即：项目实施主体预算管理关系或财务隶属关系属于市的，由市财政部门实施财政评审；属县市区的，由县市区级财政部门实施财政评审，以防止多头管理，避免重复评审和规避评审现象。

3. 规范财政评审操作流程。各地财政部门要建立规范高效的项目评审流程，使财政评审成为财政管理中一项规范的基础工作，预算分配的一个重要环节。要按照基

本建设管理程序，进一步探索和建立"四先四后"的财政评审工作机制。围绕"四个机制"强化财政内部制度建设，明确职责划分、确定岗位职责、规范工作流程，做到分工明确、各司其职、协调配合。

4. 加强评审结论的运用。评审结论是评审工作最终成果，是强化财政评审职能的关键环节。一是要建立评审结论运用的约束机制。一方面明确评审报告作为下达预算、拨付资金和竣工结算的必需文件，建设项目因设计变更、技术原因确需调整概算的，需经过财政评审严格把关。另一方面细化和完善评审报告的内容和格式，更好地适应财政项目管理需要。二是引入社会监督机制，逐步扩大财政投资评审结论的公布范围，扩大财政投资评审的影响力，使财政投资项目管理更加公开、透明。

5. 健全评审管理服务体系。评审管理服务体系建设是推进全市财政投资评审工作规范、快速发展的有效措施。市财政应致力于评审服务体系建设，完善政策引导、业务指导、专业培训、信息交流、人才库建设等方面的政策支持。建立全市财政投资评审目标考核制度，从机制建立、机构设置、职能完善、业务规模、评审质量、内部管理、经费保障、廉政纪律等方面对县市区进行目标考核。同时，搭建评审工作研究、交流的平台，形成上下互动、资源共享的管理服务体系。

（二）健全机构，理顺财政内部关系

1. 要健全完善财政投资评审机构。健全的评审机构是做好财政评审工作的前提和保障。评审工作开展得越好，评审职能也发挥越充分。因此，财政部门需要设立专门的评审机构来独立履行管理职能。

2. 合理划分财政投资评审与财政内部其他管理部门职责。财政评审是一项技术审核行为，在业务发展初期，容易单纯地将其看成是财政投资管理的技术手段，将评审机构定位于专业技术审核机构，项目评审的决定权往往掌握在部门预算管理部门，评审机构只能被动参与。现在看来，这种认识是不准确的。财政投资评审的过程，是对财政资金使用的监督管理过程；它是项目预算编制和资金拨付的技术审核手段，也是对预算的一种监督管理。可见，财政投资评审机构与项目预算管理部门是预算编制、执行和监督相互分离、相互制约的关系，具体而言：项目的预算管理权，项目进不进预算，由项目预算管理部门来确定；项目需要多少资金，项目实施过程的技术变更等具体事项，则由财政评审机构提供专业依据，为预算管理发挥参谋作用；哪些项目纳入评审范围，评审计划的制定，由评审机构根据评审力量与项目预算管理部门协商确定；如何评审、评审流程、评审质量等具体行为，由评审机构组织和管理，并对评审质量和结果负责。

三、努力适应新常态，提高财政投资评审工作水平

面对财政改革发展的新形势新任务，面对新常态，我们要进一步提高认识，统一思想，加强评审组织管理，为财政中心工作服务。

（一）进一步加强组织领导

首先要统一思想，进一步提高对财政投资评审的思想认识。不断健全评审管理机制，创新评审管理手段，使其更好地服务于财政工作大局。其次要加强领导。要建立分工负责的领导工作机制，为充分发挥财政评审职能，提供人员、经费等必要工作条件。三要形成合力。财政部门内部要明确财政评审与资金管理部门的职责分工，完善工作流程，建立科学、高效的工作机制。要积极协调与投资管理、审计、建设等部门的关系，合理划分权责，形成规范、高效的财政投资评审内外部联动机制。

（二）进一步提高评审质量

评审工作质量是投资评审工作的生命线，也是评审中心立足之本。一是建立规范的质量考核标准。市财政将完善行业操作规程、规范评审流程、明确审核内容、统一审核标准、细化考核内容。二是进一步加大复核力度。要建立三级复核制度，对所有工程项目及每道工序必须实行工程技术人员交叉审核，对大中型项目还要实行评审项目负责人、评审中心负责人、评审专家三级复核制。同时还要严格评审程序，加强内控制度建设，明确评审责任，加强责任追究。

（三）进一步提高队伍素质

加强财政投资评审工作必须有一支过硬的评审队伍。一是加强政策理论和业务学习。认真组织学习各项财经宏观政策和业务知识，学习党的十八届三中全会精神和习近平总书记一系列重要讲话精神，积极探索建设学习型机关的方法途径，组织开展形式多样的学习教育活动，增强活动实效，营造浓厚的学习氛围。二是定期组织开展内部培训。定期组织开展有关财政政策、工程造价、财务会计业务专题讲座以及技能提高、心理辅导等培训活动，创新培训的方式方法，注重培训的参与度和效果，逐步建立培训反馈、测评和考核制度，提高干部职工的综合素质，促进工作效能的提升。三是加强党风廉政建设。一方面要加强评审人员世界观的提升和思想道德建设，加强廉政建设教育，使之树立正确的人生观、价值观，培养良好的思想情操；另一方面要加强对党风党纪的领导和监督力度，继续实行廉政回执卡和廉政风险保证金制度，加大追责、问责力度，做到警钟常鸣，常抓不懈，确保单位干部职工贯彻中央"八项规定"精神，严格遵守廉政纪律规定。

（四）紧密结合法治思维、互联网思维等要求，进一步加强投资评审工作

1. 进一步运用法治思维、法制方式推动财政投资评审工作。要学会运用法治思维和法治方式开展工作，解决评审中遇到的困难和问题，做到法定职责必须为、法无授权不可为。

2. 进一步运用互联网思维推进财政投资评审工作。探索评审项目网上报送程序，实行评审工作与部门预算编制项目库申报建设对接，加大评审结论公开力度，实现评审结论网上共享。

3. 进一步加大财政投资评审宣传力度。结合2014年修正的《中华人民共和国预算法》的规定和国务院关于深化预算改革的决定，我们要在做好评审工作的同时，积极宣传评审工作意义作用，让社会认同，领导重视。

4. 进一步加强沟通协调。对内与部门预算管理科室、采购办进行有效衔接，促进评审结论有效利用；对外积极与发改委、公共资源交易管理局、审计、纪检监察等部门联系，实行评审结论互通、评审资源共享。加强市与县市区财政投资评审工作交流，实行上下联动，共同把财政投资评审工作做实、做细、做好。

潍坊市政府购买服务的实践与探索

潍坊市财政局 李元春 宋来忠

推进政府购买服务工作是新时期转变政府职能、提高社会治理能力、创新公共服务提供方式的一项重要内容,是全面深化改革和加快和谐社会建设的一项重要部署,是激发经济社会发展活力的一项重要举措。国务院办公厅《关于政府向社会力量购买服务的指导意见》明确,"十二五"时期初步形成统一有效的购买服务平台和机制,到2020年在全国基本建立比较完善的政府购买服务制度。市、县级贴近基层一线、身处服务前沿、直面群众需求,需要提供的公共服务内容多、需求大、涉及面宽、要求高,推进政府购买服务,着力创新和完善公共服务供给模式,加快建设服务型政府,既面临难得的机遇,也需直面无数困难与挑战。

一、对政府购买服务的理解与认识

政府购买服务是指通过发挥市场机制作用,把政府直接提供的一部分公共服务事项以及政府履职所需服务事项,按照一定的方式和程序,交由具备条件的社会力量和事业单位承担,并由政府根据合同约定向其支付费用。政府购买服务应当按照《中华人民共和国政府采购法》的有关规定,采用公开招标、邀请招标、竞争性谈判、单一来源采购等方式确定。按规定程序确定后,应当签订合同,并可根据服务项目的需求特点,采取购买、委托、租赁、特许经营、战略合作等形式。政府购买服务是对公共服务生产方式的创新,作为一项新生事物,要推进此项工作扎实有序开展,可以从以下几个方面加以理解与认识。

(一)不是不计成本,而是要讲求绩效

首先,按照国务院办公厅《关于政府向社会力量购买服务的指导意见》和财政部《政府购买服务管理办法》精神,政府购买服务只是公共服务供给方式和财政资金使用方式的改进,所需资金应当在既有的财政预算安排中统筹考虑,而非新增一块财政资金;其次,政府购买服务的范围和水平应当与经济社会发展水平相适应,防止失之于宽、失之于高的倾向;再次,实施政府购买服务前,需结合项目的特点及人、

财、物等支出情况,在科学合理测算成本的基础上进行分析比较,只有在包括市场生产成本和政府管理成本的政府购买成本低于政府直接生产的情况下,才会付诸实施;最后,所有政府购买服务项目,均需组织绩效评价,通过对项目实施质量、资金使用效益等进行考核评价,不仅要确保"买得值",更要在区分优劣后总结经验教训,促进后续工作开展。

(二)不是财政单兵突进,而是要多部门配合、整体联动

政府购买服务是一项重大制度创新,也是一项涉及面广、内容复杂、推行难度大的系统工程,不仅涉及多个预算主体和行业行政管理部门,也涉及财政工作的方方面面。要保证此项工作健康有序开展,必须建立"政府统一领导,财政部门牵头,民政、工商管理以及行业主管部门协同,职能部门履职,监督部门保障"的工作机制,形成各司其职、各负其责、齐抓共管的工作格局。一方面,要明确各部门的工作职责,财政部门要切实发挥牵头作用,建立工作协调机制,明确部门责任、分解工作任务、确定工作目标、强化部门配合,形成"千斤重担众人挑"的工作合力;另一方面,要明确财政部门内部政府采购、预算、社保、教科文、行政政法等科室分工,全力做好政府购买服务指导性目录的制定、购买服务项目的选择、预算的审核、绩效评价等工作。

(三)不是大包大揽,而是要"费随事转"

推进政府购买服务最根本的目的就是要促进政府职能转变,解决政府提供公共服务既"养事"又"养人"的问题。因此,政府购买服务工作应当与部门职能转移、事业单位分类改革等相衔接,推动事业单位与主管部门理顺关系和去行政化,推进有条件的事业单位转为企业或社会组织,逐步实现事业单位从"养人"向"养事"转变。事业单位承接政府购买服务的,应按照"费随事转"原则,相应调整财政预算保障方式,以防止出现既通过财政拨款养人办事,同时又花钱购买服务的行为。

(四)不是随意确定承接主体,而是要通过规范操作来选择

"严格程序,竞争择优。积极引入竞争机制,按照公开、公平、公正的原则,坚持费随事转,通过'公开透明、竞争择优'的方式选择承接主体,确保符合条件的社会力量享有平等参与竞争的权利。"这是国务院办公厅《关于政府向社会力量购买服务的指导意见》文件明确的基本原则。该意见还规定,购买服务应按照《中华人民共和国政府采购法》的有关规定,采用公开招标、邀请招标、竞争性谈判、单一来源等方式,依据一定的程序与规则来确定承接主体。这大大压缩了"暗箱操作"的空间,并为社会组织参与公开竞争提供了保障。

（五）不是甩包袱，而是要提高公共服务的质量和效率

实施政府购买服务的项目，是适合采取市场化方式提供且社会力量能够承担的公共服务。同时通过引入公平合理的竞争机制，鼓励符合条件的潜在承接主体参与竞争。而在这一过程中，政府也并非置身事外，依然要为公共服务的提供承担最终责任，这无疑有利于构建多层次、多方式的公共服务供给体系，促进更加方便快捷、优质高效的服务目标的实现。政府购买服务是深化改革之必然，是处理政府与市场、政府与社会关系，推进国家治理体系和治理能力现代化的重要举措。政府购买服务是通过整合和优化各种资源，以不断满足公众日益增长的公共服务需求，促进社会和谐的坚实基础。

二、潍坊市政府购买服务工作开展情况

目前，潍坊市政府购买公共服务工作已经涵盖了大多数公共服务领域，在城乡环卫一体化、公共自行车系统、绿地养护以及安保服务、公共场馆运营管理等领域由点到面、逐步推开，公共服务供给质量和群众满意度不断提高。

（一）城乡环卫一体化

以昌邑市为例，该市自2008年将城乡环卫一体化服务改为向市场购买后，意外催生、做大了环卫产业，"昌邑环卫"已走向全国，承接了省内外100多个环卫项目，合同额由5年前的240万元增长为18.7亿元，在岗环卫工人也由260人发展到目前的3.2万人。

（二）公共自行车系统

2013年10月建设的市区公共自行车系统，是市政府承诺的民生实事之一，也是潍坊市城市建设重点项目计划安排的主要项目之一。该项目分三期建设，总投资2.95亿元（含3年运营费），在奎文、潍城、坊子、寒亭区和高新开发区、滨海开发区、峡山生态经济发展区、保税区共投放32400辆自行车、建设1180个站点。截至2015年5月13日，共运行562天，累计借车6905万人次，日均借车数量20余万次，办理各类借车卡32.76万张。

（三）绿地养护以及安保服务

潍坊市于1998年开始在绿化养护领域尝试购买服务机制，打破政府与养护工人的聘用关系，引导成立养护企业，政府再向他们购买服务，不仅解决了"40""50"人员的就业问题，也大大提高了我市的绿化养护水平。据统计，目前中心城区绿地面

积867万平方米,养护及安保服务企业32家,政府每年支付服务资金6800万元。制定《潍坊市中心城区园林绿化管理考核办法》,根据每季监督考核情况,拨付合同价款的比例。

(四)公共场馆运营管理

潍坊市的鲁台会展中心、潍坊大剧院和音乐厅、奥体公园三个公共场馆都属于政府重点工程,本着盘活政府存量资产、节省财政开支的原则,引入政府购买服务理念,实行不同的管理模式。

1. 鲁台会展中心实行委托运营管理。鲁台会展中心建于2010年,建筑面积12万平方米。该场馆于2013年3月委托中融商汇国际会展有限公司运营管理,管理期限为5年。中融商汇公司确保会展中心前两年培育期内每年不少于30场展览及会议(300个标准展位以上),并确保两年内举办的省部级展会4场。两年后,每年举办的展览和会议增长率不低于10%。市国有资产经营投资集团有限公司定期对经营情况及财务运行情况进行监督考核,并根据考核结果给予一定的会展和运营补贴。该场馆的水电暖供应、安保、设备维护、卫生保洁等服务,由招聘的物业公司统一负责,所需费用由委托方考核后统一支付。

2. 潍坊大剧院和音乐厅实行委托经营管理。潍坊大剧院和音乐厅建于2008年,建筑面积4.3万平方米。该场馆于2013年11月委托北京保利剧院管理有限公司经营管理,由该公司在潍坊注册成立分公司。潍坊保利公司每年除要免费保障政府30场大型会议活动外,还要组织总演出场次不低于130场(自营演出不低于100场,公益演出、合作及租场演出不低于30场),要求年平均上座率均不低于60%,年平均票价均不高于200元。潍坊大剧院每年举办的市民免费开放日活动不少于12次。市文化艺术中心每季度对保利公司组织演出的档次、票价、上座率、资产管理及财务运行情况进行监督考核,并视情给予一定的演出补助。潍坊大剧院和音乐厅物业由保利公司管理,所需费用由该公司承担。

3. 奥体公园实行市场化运作管理。奥体公园建于2008年,建筑面积7.9万平方米。经市政府批准,2010年3月,成立潍坊市奥体公园发展有限责任公司,管理维护经费作为注册资本金,市场化运作。该公司享有对奥体公园的使用权、经营权和收益权,三年后实现自我平衡,政府不给任何补贴。设备维护、物业、安保、绿化等费用由该公司承担。

(五)环卫设备融资租赁

融资租赁,是目前国际上使用最为普遍、最基本的形式。中联重科融资租赁有限公司是中国工程机械行业第一个获得融资租赁资质的企业,也是首家环卫车系列最全厂家,包括清扫机械、市政养护设备和垃圾收运设备等8大类近100个品种的环卫机械产品和系统。潍坊市自2011年10月起,分两批对城区环卫设备进行融资租赁,共融资1.06亿元、租赁各类机械设备354辆、垃圾转运站20个。

(六) 公共文化服务

一是保障公共文化场馆免费开放。自2011年开始,全市共投入资金8700万元,用于各级公共图书馆、文化馆、博物馆、文化站全部实行免费对外开放。二是政府购买公益性文化演出。2014年,全市共投入资金3560万元用于购买公益性文化演出。其中市级深化市直文艺三院转企改制,自2013年起每年拿出300万元购买改制后的潍坊艺术剧院演出产品,免费为基层群众"送戏下乡",2015年增加至600万元。三是政府购买公益性文化岗位。自2013年起,潍坊市针对市图书馆、科技馆等重要文化场馆在筹建和试运行中存在的人员严重不足的情况,面向社会公开招募志愿者和公益性岗位人员。2014年全年增加两馆聘用制人员和社会公益性岗位人员补助经费172.7万元。

三、潍坊市推进政府购买服务工作面临的问题和困难

尽管政府购买公共服务工作已在潍坊市不同领域广泛展开,但从运行情况看,还处于初期阶段,由于思想、制度、机制等方面的原因,下一步推进政府购买服务工作还面临不少困难和问题。

一是思想观念还有待更新。市场主体由于竞争机制的作用,在生产公共服务方面比政府自身更有效率。通过政府购买公共服务,能够有效降低公共服务成本,提高服务质量和效率,加快市场主体和社会组织的培育发展。而现实中,受传统思维影响,人们往往容易陷入公共服务由政府提供,就得由政府来生产的误区,或者从部门利益出发,在惯性思维的推动下,每当增加新的公共服务任务时,不是优先考虑向市场购买,而是要求增加机构,扩充编制,聘请人员,追加开支,因此,政府购买公共服务的意识还有待加强。

二是提供公共服务的社会组织发展较慢,服务面较窄。目前潍坊市公共服务大部分仍由政府事业单位来承担,社会组织发展相对缓慢,相关市场还不健全,相当一部分服务领域缺乏相应的服务主体和服务能力,社会能够提供的、可供政府选择购买的公共服务项目比较少,服务的数量和质量难以保障。

三是工作协调机制不健全。从实践看,政府购买公共服务涉及的服务项目分散在政府各个职能部门,如新型农民培训由农业主管部门管理,而农民工技能培训则是由人力资源和社会保障部门管理。以促进高校毕业生就业的公共服务为例,教育部门是高校毕业生就业的主管部门,人力资源和社会保障部门是就业的主管部门,两个部门都在做同一项工作。财政部门仅仅在资金分配、监管等方面行使职能,而相关部门的基本公共服务目标及资金存在交叉现象,由于缺少综合协调机构参与政府购买公共服

务工作，很容易导致基本公共服务提供效率低下，从而降低财政资金的使用效率。目前，市级与县市区之间、不同部门之间在购买公共服务时存有意见不一、各行其是、管理缺乏等问题。

四是公共服务质量评估困难，绩效管理体系待完善。公共服务不同于一般的公共产品，种类繁杂，质量评价难以统一标准，要想对服务质量进行考核，必须逐步建立起一套多重价值标准、多维度、多元化的指标评价体系，难度非常大，成本非常高。比如在文化服务领域，每年开展送戏下乡、农村电影放映活动都是以次数为标准进行考核和补贴，还没有良好的沟通渠道和评价机制将群众的意见反馈上来、考虑进去。

五是相关制度不健全，滞后于实践。政府购买公共服务与政府采购并不完全相同，需要逐步建立一套完善的政策制度，特别是要尽快对已开展的政府购买公共服务活动进行规范，制定相关规章制度，确保其在制度框架下健康运行。另外，非营利组织的发展也面临一些法律政策方面的制约。当前比较突出的问题是，按照有关法律规定，社会组织要获得合法的登记注册手续，必须先找到一个相关部门作为主管单位，并且对资金、活动场所的要求都很高，即便登记注册成功，也很难享受到税收优惠、资金资助等政策待遇。这些法律规定不但限制了社会组织的"出生"，也大大限制了社会组织的生长发育能力。

四、推进潍坊市政府购买公共服务工作的对策建议

政府购买公共服务有利于促进政府职能转变，推进政府机构改革和社会管理创新；有利于提供公共服务质量和供给效率，满足人民群众多样化的公共服务需求；有利于降低公共服务成本，减少财政支出压力等。同时，政府购买公共服务还是一个系统工程，涉及政府职能转变、市场主体发育、配套制度建设等各个方面，与各级各部门利益及广大人民群众的切身利益密切相关，需要统筹规划，整体推进。今后，我们要结合自身实际，认真贯彻中央、省级政策，解放思想、强化措施，大力推进政府购买公共服务工作深入开展。

（一）制定全市指导性意见，健全制度体系

结合潍坊市实际，根据《国务院办公厅关于政府向社会力量购买服务的指导意见》和《山东省人民政府办公厅关于印发政府向社会力量购买服务办法的通知》，制定修改潍坊市的实施意见和动态调整政府购买服务指导目录。要按照"政府主导、部门负责、社会参与、共同监督"的要求，明确各部门在购买公共服务中的职责，建立高效的工作协调机制；确定购买内容，制定目录，细化购买范围；明确购买方式和基本流程，确保操作规范；培育市场主体和发展社会组织，保障潍坊市政府购买公共服务工作的顺利实施。

（二）注重花钱建机制，深入推进相关领域改革

要结合政府购买公共服务，加快推进行政事业单位、医药卫生、文化体制等相关领域改革，对提供公益性服务的事业单位，积极推进企业化管理，将成本理念、绩效理念引入日常管理，进一步明确服务范围和标准，实行核定任务、核定收支、绩效考核补助的管理办法，加快建立"花钱必问效，无效必问责"的考核机制。同时，健全完善政府购买公共服务资金保障机制，将政府购买公共服务所需经费纳入预算统一管理，建立核定经费补助标准的指标体系，保证资金分配科学、规范。

（三）创新运用市场机制，鼓励民间资本进入公共服务领域

公共服务行业一般具有业务分散、规模小、收益低等特点，应通过降低准入门槛、税收减免、财政补助等方式，引导民间资本的参与。同时，结合社会管理创新，鼓励慈善性、志愿性社会组织发展，支持社会组织开展文化、体育、娱乐等活动，逐步参与社区治安、环卫、困难群体照顾等公共服务。逐步降低社会组织成立条件，简化注册管理程序，通过提供活动场所、部分启动资金等方式鼓励其发展，并在购买服务时给予优惠。对一些工作开展好的给予适当奖励。待其运行规范后，再通过补助、服务外包等方式向其购买服务。

（四）加强绩效管理，保证公共服务供给质量

一是尽快制定公共服务质量控制和满意度评价指标体系，搭建服务提供方与消费方之间的沟通对接平台，为绩效评价提供依据。二是建立第三方监督评估机制，通过第三方监督管理，能保证管理者的独立性，按照科学的方法和标准，对服务机构的服务质量、服务对象满意程度做出客观、准确的评价，同时要建立信用评价体系，为社会组织参与竞争和退出服务领域提供依据和参考。三是建立问责机制，将基本公共服务绩效与提供基本公共服务的主体及相关责任人工作职责挂钩。四是财政部门在加强资金监管的同时，要将基本公共服务绩效管理与资金分配相联系，切实提高政府购买基本公共服务的效益。

（五）循序渐进，逐步扩大购买规模和范围

政府购买服务的进程要与公共服务市场完善及政府机构改革协同进行，相互促进，逐步扩大购买的范围和规模。要坚持先易后难，从市场化程度较高的领域开始，逐步扩大。随着经济发展生活水平提高、市区扩大及新农村建设而新增的一些公共服务，应尽可能实行政府购买，以控制机构、人员的增加。原来由相应事业单位负责供给的公共服务，要通过加快推进行政事业单位体制改革，把能推向市场的全部推向市场，不断提高服务质量。

中国地方政府绩效预算改革实践与思考

——以焦作市为例

焦作市财政局 李新龙

关于实行绩效预算目前有两种不同声音：一种认为中国目前还不具备条件，实行绩效预算只是未来的预算改革方向和目标；一种认为可以在理论层面积极探讨、实践层面进行试点，在一些条件具备的部门和地方可以先行先试。两种看似相左的观点，其实并不矛盾。一个讲的是"将来才怎样"，一个说的是"现在怎么办"。在认识上我们持后一种观点，在实践中我们坚持理论和实践两个方面并重，对政府绩效预算进行了持之以恒、坚持不懈的积极探索和创新尝试。

一、对绩效预算的基本认识

（一）绩效预算的理论研究

绩效预算到底是什么？目前，绩效预算还没有一个准确的、完全的定义。我国对绩效预算领域的理论研究还处于浅层次的准备阶段，对绩效预算的内涵和外延、作用和功能、程序和原则、实际操作及综合运用等所进行的系统性研究还不够，亟待理论创新引导和推动绩效预算改革实践的新发展。同时，虽然财政部、广东、河北以及一些地市进行试点，但实证总结上升到理论层面尚显不足，绩效预算理论研究亟待加强和提升。

（二）绩效预算的认识误区

1. 绩效预算简单化。将绩效预算简单等同于绩效评价的认识显然是不全面的。按照河北省绩效预算改革的做法，绩效预算管理框架体系要包括战略规划、绩效计划、绩效预算、绩效评价报告、改进评价报告五个部分，绩效评价只是绩效预算必要组成部分之一，二者之间是相容不是相等关系。

2. 绩效预算条件论。推进绩效预算主要取决于财力大小和资金充裕度的认识显然是片面的。上海浦东、广东佛山等经济发达的东部地区，湖北恩施、河南焦作等经济不甚发达的中部地区，都在开展绩效预算探索。绩效预算的推行条件是外部社会环境、内部机制体制、财政改革进程等条件综合作用的结果。

3. 绩效预算虚无观。认为开展绩效预算没有什么作用的看法是不正确的。经济发展由量变到质变、财政改革由规模到结构变化这都是一种必然，是内在发展规律在起作用。经济决定财政，财政反作用于经济，绩效预算正在以财政改革形式逐步影响着政府管理方式变革，进而影响着经济的发展。

（三）对绩效预算的基本理解

我们的看法是：绩效预算是公共资源管理和配置的方式，是一个广义概念。绩效预算并不简单是一种预算编制手段，是由投入控制到结果评价转变的财政发展理念的根本变革。财政科学化、精细化是绩效预算的根本主旨，绩效预算是财政科学化、精细化的必然要求。绩效预算是财政改革发展的方向，对地方政府建设、地方经济发展有特别的意义。

二、焦作市绩效预算探索

（一）绩效评价的具体做法

1. 绩效评价体系的建立。（1）机构建设。2005年4月，焦作市成立了由常务副市长任组长，组织、人事、检察、审计、财政等部门组成的"市财政支出绩效评价工作领导小组"，办公室设在市财政局，负责日常工作。市财政局相应成立了"焦作市财政局财政支出绩效评价工作领导小组"，后按预算编制、执行、监督和绩效评价"四权分离"新型财政管理模式的要求成立"财政绩效评价委员会"，从事财政支出绩效评价的改革和创新研究工作。（2）制度建设。出台《焦作市人民政府关于开展财政支出绩效评价的通知》《焦作市财政支出绩效评价实施意见》。修订完善《焦作市财政支出绩效评价指标体系》《财政支出绩效评价专家管理办法》《中介机构参与财政绩效评价办法》《财政支出绩效评价内部协调制度》等，引入第三方评价机制，为进一步做好财政绩效评价工作提供制度保障。（3）业务建设。组织人员先后到财政部和广东、上海、南京、厦门等地区学习绩效评价先进经验。举办"财政支出绩效评价知识培训班"，邀请财政部、上海财经大学等专家教授授课，提升绩效评价水平。加大绩效评价宣传力度，引导预算单位树立绩效评价观念。2008年10月，中国发展研究基金会、财政部财科所、焦作市合作举办"公共预算与政府绩效管理论坛"，国内外40多名专家学者莅临指导绩效预算实践，为焦作绩效预算改革提供强有力的智力支持。

2. 绩效评价工作的开展。（1）2005—2006年：属于绩效评价工作初创期。成立了组织机构，出台了制度文件，开展了业务试点。采取项目单位自评、财政部门重点抽查、重点项目重点评价方法，2005年评价项目59个，金额7580万元；2006年评价项目164个，金额19683万元。（2）2007—2009年：属于绩效评价工作发展期。评价的重点由注重预算单位自评数量，逐步向市委市政府重点建设项目以及人民群众关心的农业、医疗、卫生、教育等民生项目等转变。2009年对焦作市委市政府2008年向全市人民承诺的十件实事中的"村村通""城市供热"等6大项目组织了重点评价。

绩效评价具体工作程序：包括绩效评价工作准备阶段和实施评价阶段、撰写报告阶段。准备阶段主要工作是绩效目标申报、确定评价对象、下达绩效评价通知书、成立绩效评价组织机构、制订绩效评价工作实施方案；实施评价阶段主要工作是资料审核、现场和非现场评价、综合评价；撰写报告阶段主要工作是撰写报告、提交报告、归档存查。

3. 绩效评价成果的体现。（1）2005年，焦作市对"2002—2004年度北山绿化建设资金"进行了重点评价，就项目概况、预期绩效目标、项目评价工作情况、项目执行和实施情况分析、存在问题、评价意见和建议六个方面提出评价意见。评价结果反映出部分绿化资金不到位、绿化成果维护难等问题，也充分肯定这项民心工程的生态效果、经济社会效应，提出继续实施，扩大绿化的评价意见。（2）2009年，焦作市对"政府投资六项民生项目"进行重点绩效评价，并委托第三方河南理工大学进行了专家和公众满意度的社会调查，为市委市政府民生工程建设提供决策依据。按照专业绩效、资金管理绩效、组织管理绩效、社会评价四个方面评价指标体系，六个民生项目评价得分在95.4—89分之间；客观独立第三方河南理工大学采取公共场所随机调查、登门走访、专家评价方式，提供的社会满意度调查得分在71.21—57.78分之间，两者基本在共同区间，说明达到了预期绩效目标效果，基本上得到社会公众认可。

4. 绩效评价的现实意义。一是查出了一些财政资金使用效益不高的问题和原因。尽管有些财政资金在使用上没有违规违纪，但资金最终的使用效果没有达到政府的预期目标，降低了财政资金的使用效率，造成了政府资源的浪费。二是提高了财政部门和预算单位两个方面的积极性。通过几年的业务推动和宣传引导，财政部门"重收入、轻支出""重分配、轻管理"的观念得到转变，资金使用单位的绩效观念得到增强。一些预算单位主动向财政部门汇报资金使用情况和效果，财政部门也对评价结果给予了肯定并将之运用到预算管理中。三是推动了深化公共财政改革的进程。财政资金管理和使用部门建立了自我评价、外部评价和自我监督、外部监督相结合的有效机制，作为焦作预算编制、执行、评价和监督"四权分离"分权制衡体系的重要组成部分，对于推动我市新型财政管理体系加快形成做出了有益的探索。

（二）绩效预算的初步实验

1. 绩效预算的基础条件。（1）政府会计制度。政府收支分类改革的实现，为明晰政府"账本"奠定了基础,但离绩效预算所要求的政府会计目标差之甚远。焦作市国库管理制度与会计委派改革相得益彰,成为将来推行权责发生制的政府会计制度的必要条件。会计委派机构能够及时提供全面、准确的预算单位会计核算资料,协助固定资产清查,督促往来账务清理,对会议费、招待费、车辆燃修费、福利补助费和办公费等重要费用进行预警和监督管理,营造绩效预算的载体平台和基础条件。(2)行政事业资产管理。焦作市在行政事业单位固定资产清查的基础上,建立完善行政事业单位资产管理制度,设置了"政府公务仓",实行了公务车辆"交旧换新",试编了资产购置预算,强化资产监督管理。连接国资部门固定资产管理软件、会计委派中心网络版财务软件,对各行政事业单位的固定资产登记管理、账实核对,实时掌握单位固定资产信息,进一步完善固定资产管理机制,提高我市行政事业单位固定资产管理水平。(3)信息技术支撑。立足互联互通的业务一体化、技术一体化建设目标,自主研发设计了"财经沙盘"这一新型财政综合管理与决策支出系统,能够及时了解掌握各类政策、预算、管理、资金等综合信息,同时为各预算单位提供部门预算、集中支付、单位财务、统发工资等信息支撑。自主设计应用了新型非税收入网络监管平台,在技术上实现了异地作业、多级清算,从目标上实现了"管票、管项目、管资金",从根本上解决了执收单位和银行部门等坐收、滞留等问题,提高了精细化管理水平。

2. 绩效预算的内部试验。(1)体制变革顺应绩效发展方向。以转变财政职能、规范权力运行改革为核心,2007年,焦作财政成立了预算编制局和预算执行局,并与原有的预算监督局、绩效评价中心有效衔接,形成了财政预算编制、执行、监督、评价分离操作权力制衡机制。(2)机构人员改革适应绩效管理。按照科学统一、提高绩效的原则,根据工作需要整合业务职能,优化人员配置,实行"扁平化大办公"管理模式和运行机制,建立了适时适度、适宜有效跨越领导分工和科室界限的大办公室,切实做到决策科学、执行顺畅、监督有力,降低行政成本,提高财政绩效。同时,从推进财政职能转变,提高财政工作效率,建设绩效财政出发,每年确定财政绩效管理目标,组织日常考核和年度考核。(3)预算公开透明表达绩效信息。焦作市将行政审批、财政预算、政府采购、产权交易、公物拍卖、会计委派、政府官员薪酬、重要项目安排等公共财政事项在财政服务大厅向社会公开,所有预算单位和社会公众都可以自由在财政服务大厅办理业务、查看预算报告的文本资料或通过电子触摸屏查询相关信息。在电视台设立专题栏目,在人民广场、火车站、市行政服务窗口等人群集散的地方设立电子屏幕,开展"公共财政与百姓生活"动态报道,及时有效地把事关民生的财政支出和预算变化情况向社会公开,自觉接受人民群众和社会舆论的监督,增强财政透明度。(4)信息公开影响预算政策制定。市委市政府将"为民办实事项目"通过媒体、网络等形式进行项目公示,公开征集意见。从2008年起,焦作市十件实事征集办公室每年都要对年度市委市政府为民办十件实事进行网上公开投票,即对经过各有关部门广泛征求民意和论证初选后筛选出来的实事项目,在市政府门户网站和主要媒体上予以公布,进行公开投票,以确保实事项目更贴近民意,让发展成果更多地惠及广大人民群众。(5)绩效评价影响预算资金安排。在年度政府公共预算中,确定政府绩效原则,将过去分布在组织部、人事局、企业发展服务局等部门和机构的干部教育培训费、北大党政干部培训班、高校毕业生实习基地经费、企业家培训和活动经费等,列入跨部门专项预算,实行全市统筹管理,绩效使用;在财政内部将过去分布在局机关、国资办、会计委派中心、函校的财政教育经费、业务培训费、财政干部培训费等,由局人事科统筹编制年度培训计划和费用预算,集中统一使用。在市直310家预算单位400名会计人员中开展"财政政策、会计实务、财务管理、业务知识、后续教育"五合一培训,提高培训绩效。

3. 绩效预算的外部扩展。(1)社区卫生服务卡改革。①制度概况:按照基本公共服务均等化要求,焦作市在全省率先推行了社区卫生服务卡制度,即城区居民持服务卡在社区卫生服务中心享受保健,财政依照服务卡上的信息记录为城区居民享受保健买单。根据社区提供的公共卫生服务数量和质量,财政向社区提供财政补贴,变过去的财政花钱"养人"到"办事",财政买服务、买结果,改变一些地方存在的"要来钱没法花,花了钱没效果"的被动局面。②绩效管理:财政部门会同卫生部门制定《千分制考核细则》,推行千分考核。成立社区公共卫生服务绩效考评组织,成员由市、区卫生和财政部门代表、公共卫生专家、社区居民代表按各占1/3的比例组成,负责对社区卫生服务机构提供社区公共卫生服务的绩效考评。以社区卫生服务信息管理系统所记录的服务金额为依据,同时在每个社区卫生服务中心发放"社区卫生服务满意度调查表",随机调查20位辖区居民和10位就诊病人,把居民满意度作为考核的重要依据,结合平时通过网络对各中心的抽查,最终由市、区财政和卫生部门按照对社区服务机构的综合考评结果确定财政补助总额,并将考核评价结果进行社会公示。③效果评价:两年来,各级财政为社区卫生共投入资金2000多万元。全市22万户居民已有87%的居民户持有服务卡,已婚育龄妇女、孕产妇、儿童、60岁以上老人、慢性病患者等各类受惠人群都不同程度地免费享受到了财政购买的保健服务。社区卫生服务中心初步实现由单纯的"看病型"向"服务型""治疗型"向"预防型""专业型"向"社会型""被动型"向"主动型"四个转变,城市居民不出社区就能享受到健康教育、预防、保健、康复、计划生育指导及基本医疗等"家庭医生"式的医疗卫生服务。

(2)政府投资性项目"十个百分之百"。①制度概况:焦作市对政府性投资项目实行"十个百分之百"管理创新,努力提高公共预算和政府管理绩效。"十个百分之百"即对所有政府性投资建设项目都要做到百分之百实行科学民主决策,百分之百遵循基本建设程序,百分之百符合国家产业政策,百分之百公开招标,百分之百监理到位、监察到位,百分之百不出质量问题,百分之百不出安全事故,百分之百不拖工期、按时竣工,百分之百预决算审计到位,百分之百不拖欠工程款和农民工工资。②绩效管理:2008年以来,焦作市密集出台了《政府工作规则》《关于建立健全科学民主决策制度的规定》《行政首长问责制暂行规定》《政府信息公开规定》等一系列政府文件,给政府部门立起了一个个"规矩",强调实行科学民主决策,强力推进依法行政,强化问责机制,加快推进政务公开,促进政府正确履行职能,加强行政监督,逐步形成行为规范、运转协调、公正透明、廉洁高效的行政管理体制。特别是政府性投资项目"十个百分之百"管理改革,成为转变政府职能、强化监督制约、规范权力运行、规避行政风险、提高管理绩效的机制创新和重大突破。③效果评价:政府财政性投资项目实行"十个百分之百"管理,抓住了政府科学民主依法决策的关键领域和中心环节,具有科学的理论基础和具体的操作内容,对于提高政府工作的透明度、增强社会的公信力和促进政治民主建设具有历史性战略意义。市财政局根据"十个百分之百"的具体要求,扩大财政评审范围,由以往的以财政预算内资金为主,扩大覆盖到预算外资金建设项目和政府性融资建设项目,拟定了《焦作市政府投资建设项目评审报告复审办法》,并开展了项目复审,委托中介机构对已建和在建的政府投资建设项目进行了抽查复审。目前,财政部门委托中介机构对援川过渡安置板房工程、中站区解放西路改造及绿化工程等5个政府投资建设项目进行了抽查复审,节约财政资金近千万元,节支近20%。

三、绩效预算发展的思考

受政府问责机制、绩效指标体系、行政资产管理、政府会计制度等条件制约,我国目前可能还不具备全面推进绩效预算的环境,但这并不影响包括绩效评价在内的政府绩效管理工作推进。

1. 绩效预算的发展方向。财政部明确了推进财政科学化精细化管理的方向,当前和今后一个时期的任务是"建立完整的政府预算体系,完善预算编制制度,加强预算执行,强化预算监督,建立预算编制与预算执行、预算监督相互制衡、有机衔接的运行机制,提高财政管理绩效",这也必将会被列入财政"十二五"规划的大纲之中,成为指导绩效预算的方向。在我们这样一个规划治国的国度里,这就给我们开展和深化绩效预算改革给出了十分明确的政策信号。

2. 绩效预算的制度设计。历史上澳洲开发时英国移民运送制度的设计,即改革原不合理的"离岸结算"为"到岸结算",从而有效降低死亡率,这告诫了我们制度设计对政府绩效管理具有极其重要的作用,制度科学是绩效成败的关键。目前绩效信息在纳入预算过程中,在绩效结果使用问题上有不同的做法,相应出现报告型、参考型、决策型绩效预算。而我们在各地实践中看到的点名曝光、削减预算等惩戒方式,但很少见到通报表扬、增加等投入对于绩效成果的正向激励。这是因为这个制度设计存在瑕疵思维判断方式,即先行地认为项目单位一定存在少绩效、无绩效,再决定对受众给出评价意见和绩效预算,这种制度不仅不能增进绩效,反而会对绩效优秀者造成打击,影响到绩效成果正效应的发挥。在现实工作中,广州地铁 106 亿元的概算,最终节约了 18 亿元,节省了投资反而被批的现象,就是绩效预算制度设计上存在的缺陷问题,而并非是某个部门、某个人的问题,也只有从制度层面上才能解决。

3. 绩效预算的改革效应。在市场尚未完全发育成熟、政府职能转变不可能完全到位的今天,还需要在绩效制度研究和设计中充分考虑上述因素。那么,在 GDP 考核与投资热情、行政能力扩张与市场机制调节、政府问责与风险防控等方面,就不仅仅是财政或某个部门的制度设计问题,而应是深层次的体制机制和政府职能改革的问题。现阶段,财政通过体制、机制、制度的变革,不断探索绩效预算体系的问题,并且实施对政府改革的影响和反作用。可以考虑通过绩效预算改革,去解决行政成本高与政府绩效低、公车改革难与绩效管理差、罚款越来越多与违规越来越多等难点热点问题。

东莞市塘厦镇预算绩效管理工作的探索与实践

东莞市财政局塘厦分局　李　智　赵素文

预算绩效管理是政府绩效管理的重要组成部分，是财政规范化科学化管理的重要内容和结果要求。党中央、国务院高度重视预算绩效管理工作，多次强调要深化预算制度改革，加强预算绩效管理，提高预算资金的使用效益和政府工作效率。塘厦镇预算绩效管理工作从 2011 年开展至今，积极探索实践，取得了一定成效，也面临着一系列问题和困难，需要认真研究分析、理清思路、探寻方法、努力实践，将预算绩效管理向更深层次推进。

一、2014 年修正的《预算法》下预算绩效管理的重要意义

（一）预算绩效管理是财政部门依法行政的重要手段

2014 年修正的《中华人民共和国预算法》（以下简称《预算法》）要求公共财政预算绩效管理要贯穿预算活动整个过程，由目标导向，编制依据，预算审核重点，执行关注，监督评价，结果审查重点，预算公开，结果应用下一年度预算编制和目标确定环节，形成一个有效的管理环，实现预算全过程覆盖，使得预算绩效管理在预算编制、执行和监督环节均有所体现，在法律层面保障了预算绩效管理工作能够全面顺利推进。为基层实施绩效评价提供了最根本的法律依据，也为财政部门依法行使职权提供了新的途径和手段。

（二）开展预算绩效管理是落实《预算法》的基本要求

《预算法》多处强调了预算绩效管理，是整个预算管理理念的转变，由此也必将带来预算管理模式的进一步转变。值得注意的是，《预算法》明确规定"各级政府、各部门、各单位应当对预算支出情况开展绩效评价"。由此可见，《预算法》将绩效评价的开展上升到法律层面，换言之绩效评价的工作的开展是受法律保护的政府行为，也是各级政府、各部门、各单位的行政义务。

（三）开展预算绩效管理是财税体制改革的必由之路

预算绩效管理于 20 世纪 80 年代在英美等西方国家率先兴起，我国在 2003 年第

十六届三中全会首次提出"建立预算绩效评价体系",开启中国预算绩效管理时代。至《预算法》出台,预算绩效管理体系已趋于完善。

综上,预算绩效管理在我国全面铺开将势在必行。针对当前形势,塘厦镇预算绩效管理工作如何深入开展,如何将预算绩效管理理念贯穿至镇预算管理工作当中,如何让绩效评价成为镇预算管理的有力手段是塘厦镇分局当前面临的重要课题。

二、塘厦镇预算绩效管理工作的开展情况

近年来,为进一步深化预算制度改革,提高财政资金的使用效益,加强财政管理科学化精细化水平,塘厦镇积极开展了预算绩效管理的探索和实践,并取得了初步成效。

(一)塘厦镇经济发展和地方财政收入基本情况

塘厦镇位于东莞市东南部,全镇总面积128平方公里,常住人口约55万人,是广东省中心镇、东莞市五强镇之一、中国千强镇(第五名),经济实力位居东莞市各镇(街)前列。2014年全镇实现生产总值(GDP)267亿元,三级税收收入60亿元,一般公共预算可支配财力20亿元;2015年全镇生产总值(GDP)预计接近300亿元,三级税收收入预计达65亿元左右,一般公共预算可支配财力将超20亿元。逐年增长的财政支出对预算绩效管理提出了更迫切的要求,同时也为其奠定了良好的基础。

(二)积极探索,先试先行

塘厦分局绩效评价工作起步于2011年。在分局领导的高度重视下,塘厦分局已引入了预算绩效管理的理念,我们从实际出发,按照建立高效、责任、透明政府和财政科学化、精细化管理的要求,大胆突破镇级财政机构不健全的障碍,单独设立了财政监查组,抽调专职人员负责,积极推进以绩效管理试点工作,大胆探索符合塘厦镇实际的绩效管理的思路和方法,为绩效管理工作在全镇全面深入开展奠定了基础。

(三)加强业务学习,提升队伍素质

一是强化人才培养。为加强对业务骨干的培养锻炼,全面提高绩效业务水平,从2011年开始,塘厦镇分局已有计划、有步骤地选派负责绩效评价的同志到市局绩效评价科对口学习绩效管理,以适应塘厦镇预算绩效管理工作开展的需要。二是积极开展培训。我们已面向全镇预算单位财务负责人开展了三期预算绩效培训讲座,聘请了专家学者和实操人员讲学,进一步提高了我分局和各预算单位的绩效业务理论水平。

（四）抓紧建章立制，筑牢制度根基

制度建设是工作开展的基础，自开展绩效评价以来，塘厦镇分局把制度建设当作首要任务来抓，在制度规范和工作指南方面都进行了积极的探索。塘厦镇于2014年6月以镇政府的名义印发了《塘厦镇财政支出绩效评价管理暂行办法》，为塘厦镇绩效评价管理工作提供了文件依据，从制度上保障了塘厦镇绩效管理工作的顺利开展。

（五）积极开展试点，稳步实施预算项目绩效管理

一是大力加强项目绩效目标评审。绩效目标管理是预算绩效管理的初始环节，是做好全过程预算绩效管理的基础。塘厦镇分局大力加强项目绩效目标评价工作，主要经历了三个阶段：第一阶段，2014年，由塘厦镇分局对2013、2014年度项目的绩效目标直接审核，对项目的必要性、合理性、可行性、项目预算金额与绩效目标是否相匹配等方面进行评审，并出具评审意见，供预算编制部门参考。第二阶段，2015年，塘厦镇分局委托广东财经大学对塘厦镇的200万元以上项目的绩效目标进行审核，涉及金额超过2亿元。塘厦镇分局根据专家评价意见，结合实际工作情况，对相关项目进行了批复，发挥了事前监督的作用。第三阶段，2016年，明文规定预算绩效目标的申报、评审结果作为预算编审的重要依据，不能通过绩效目标审核的，不予编入当年预算。

二是积极推进绩效自评。塘厦镇分局参考市级项目绩效自评工作方案，选取了部分2013年度项目进行绩效自评，要求预算单位填报自评材料后交塘厦镇分局审核。

三是稳步实施重点绩效评价。我们对塘厦镇社会事务局的2012年"购买社会工作服务经费"专项资金进行了重点绩效评价，由塘厦镇分局人员直接评价，对项目的前期工作、实施过程、实施绩效进行了全面评价，出具了重点绩效评价报告，发挥了事后监督的作用。2013年开始，选取部分重点项目委托第三方评价机构。

三、当前塘厦镇预算绩效管理存在的难点和不足

虽然塘厦镇预算绩效管理取得了初步成效，但毕竟预算绩效管理是一项全新的业务，政策性强，技术含量高，涉及面广，塘厦镇预算绩效管理工作仍处于不断探索和积累经验阶段，在实践中遇到不少矛盾和难题，与新的形势和要求相比也存在一些差距和不足。归结这些难点和不足，既有主观因素，也有客观因素；既有体制机制原因，也有政策技术原因，迫切需要加以研究改进和完善。

（一）绩效理念尚未全面牢固树立

一些部门（单位）领导对绩效管理和评价工作还不甚了解，对绩效管理和评价的意义认识不清，尤其是对"效"的理解不够，还停留在是否按计划完成任务上，认为只要财政资金使用合法合规就行，至于使用效果与己责任不大，因此对绩效工作重视不够，没有将工作重点放在效益和效果方面。项目绩效目标申报、项目绩效自评和财政部门组织的再评价工作不够重视，甚至有抵触情绪，在基础数据收集过程中，不提供资料，造成数据的缺失，增加了绩效评价工作难度。加之塘厦镇尚缺乏绩效评价激励和约束机制，资金使用好坏没有相应的激励约束政策予以对应，更加不能引起预算单位的重视。

（二）设置恰当的绩效指标和指标值难度较大

绩效评价是技术性很强的一项工作，一个项目的效益可能由其他项目或多项政策共同形成，较难设置恰当的个性指标真正客观反映某个项目的真正效益。另外，设置客观的指标值需要大量同行业、同性质的数据为基础，但数据收集较为困难，往往缺乏相关的历史数据、行业数据，大大影响绩效评价工作的质量。

（三）预算绩效管理结果应用水平不高

目前，塘厦镇绩效评价结果仅仅停留在反映情况、找出问题、完善制度层面，其权威性、公信力、实用性不足，加上绩效管理未与预算编制充分结合等原因，评价结果约束力不强，绩效评价往往流于形式，难以做到与规范预算管理、完善预算编制、加强部门管理以及提高财政资金使用效益真正有效衔接起来。

（四）机构设置和队伍建设需要进一步推进

受乡镇财政机构设置的限制，目前只能通过抽调人员负责预算绩效管理工作，人员数量较少。另外，由于预算绩效管理的专业性、复杂性等特性，现有工作人员的业务水平还不能满足绩效管理工作要求，业务素质急需提高，影响了工作的进一步推进。

（五）相关领域改革需要配套推进

一是财政管理责任制度尚未有效确立，不少预算主管部门片面以行政行为的重要性来渲染多花钱的"强势"，对自身的财政管理职责认识不清晰、履行不到位，不遵守甚至藐视各项财政管理制度。二是预算分配机制尚有缺陷，不少预算主管部门"零基预算"意识不强，只以递增比例来度量政府对其的认可度。三是政府部门财务信息透明度不高，预算绩效管理缺乏有效的数据支撑。四是政府收支类改革落实不够

到位，政府财政会计核算体系改革尚未到位，核算信息不够清晰、透明。

四、稳步推进预算绩效管理的对策和建议

（一）致力于形成社会普遍共识

目前对深入推行财政预算绩效管理这一改革的必要性和艰巨性的认识还没有形成社会普遍共识。这就需要以贯彻落实《预算法》为契机，深入开展一场宣传活动，从政治高度认识预算绩效管理问题。要充分利用各种新闻媒体、政府网络平台等，积极宣传预算绩效管理的目的、意义，强化预算绩效意识，培育绩效管理文化，为预算绩效管理创造良好的思想基础和舆论环境。

（二）致力于制度创新和建设

建立部门预算责任制度，发挥各部门在预算绩效管理中的主体作用。强化部门的预算编制和执行主体责任，形成"谁干事谁花钱、谁花钱谁担责"的制度，从预算编制到执行，部门都要切实负起责任。建立绩效问责制度，把预算单位财政资金使用绩效纳入机关建设和效能建设的考核范围，进一步落实责任，提高单位对项目资金使用绩效的重视和开展绩效管理工作的自觉性。

（三）致力于研究建立预算绩效管理基础信息系统

一是建立标准科学的指标体系，建议吸收先进经验，整合、分析现有成果，分别按行业、领域、项目等制定绩效评价指标体系，推动评价工作顺利开展。二是加快建立专家库和中介机构库，增强财政支出绩效评价的公信力，进一步提升绩效评价工作的效率和质量。三是完善绩效评价信息化手段，统一开发财政支出绩效管理信息系统，将信息系统融入预算管理全过程，提高绩效管理的效率与水平。

（四）致力于强化绩效目标管理

建议编制财政预算时，将所有预算单位的项目资金均要纳入预算绩效管理的范畴，各预算单位在申报项目资金的同时，都要提交项目绩效目标，财政部门认真审核绩效目标，并将绩效目标和部门预算一并批复。凡是未申报绩效目标的项目，财政将不予安排资金。

（五）致力于评价结果的应用

一是按照政府信息公开的有关要求，逐步公开财政支出项目预算及绩效评价结果，加强社会公众对财政资金使用效益的监督。二是研究提出将项目绩效目标提交人

大审议的方式方法,加强立法机构对预算管理的监督。三是根据评价结果,针对评价过程中发现的问题,结合评价报告提出的建议,督促预算单位制定切实可行的整改方案,并组织人员就整改方案的落实情况进行监督检查。四是建立评价结果与预算安排有机结合机制,将评价结果作为安排以后年度预算的重要依据,优先考虑和重点支持评价结果好的项目,减少评价结果差的项目资金安排,取消无绩效或低绩效项目。五是建立绩效问责机制,将预算绩效管理纳入政府绩效评估范围,作为行政问责的重要依据。

(六) 致力于绩效管理队伍建设

一是要充分整合多方力量,集中业务骨干充实财政预算绩效管理队伍;二是加大预算绩效管理基础理论和实务操作统一培训力度,对各预算主管部门、预算单位和中介机构等多层次进行辅导和培训。三是进一步加强理论研究,对绩效评价的范围、方法、技术手段进行探索和研究,形成理论和实践互为促进的良好局面。

烟台村级公益事业一事一议财政奖补绩效调查分析

烟台市财政局　刘宝革

村级公益事业建设一事一议财政奖补政策是中央在农村税费改革后，保障农村公益事业实现可持续发展的一项重大制度设计和创新。从 2009 年烟台市蓬莱成为全省首批试点，到 2010 年烟台市全面推开已历时 5 年。实践充分证明，这项政策顺应农村经济社会发展的时代要求，助推了城乡统筹发展和公共服务均等化进程，深得基层干部和农民群众拥护支持，堪称德政工程、民心工程，对于推动三农工作深入发展具有重要意义。烟台市 5 年来的工作绩效主要体现在三个层面。

一、财政奖补撬动大投入，民办公助带动大建设

农村税费改革后推出的村级公益事业一事一议筹资筹劳制度，由于受到农村各种因素制约，加之缺乏配套激励机制，致使制度设计的初衷未能得到有效实现，并一度处于名存实亡的境地。财政奖补政策的出台有效激活了一事一议筹资筹劳制度，重新焕发出农民建设乡村家园的热情，进而引发社会各界共同关注、共同参与的积极性。5 年来，全市投入村级公益项目的各类建设资金 22.73 亿元。其中，各级财政奖补投入 9.39 亿元，引导带动村集体和农民筹资筹劳投入 8.62 亿元，社会各阶层捐赠赞助 3.76 亿元。在一事一议奖补政策的感召下，不但村民的主人翁意识得到提振，更有许多怀有家乡情愫的在外成功人士及其他人士慷慨解囊，为家乡建设捐资捐物，演绎出许多令人感动的佳话。莱州市城港路街道朱旺村在文体活动广场建设中，有 80 多位家乡人士捐助额近 300 万元；王贾村中心社区建设中外来捐助也高达 290 多万元，其中一位在外企业家捐助了 120 万元之多。莱州市为弘扬这种新风尚，制作了《今昔卸甲庵》《朱旺村捐助侧记》两个专题片广泛开展宣传，进一步在社会传导辐射这种善行义举。据初步统计，5 年来烟台全市仅个人捐助就达 2.51 亿元，成为一事一议奖补政策深入人心、深得人心的有力佐证，充分体现了这项政策强大的优势和生命力。目前我市以财政奖补为引导、农民筹资筹劳、社会捐赠赞助的村级多元化公益事业投入机制正日趋完善。

依托这些资金的支撑,5 年来全市共建设各类村级公益项目 4982 个,覆盖全市 4027 个村庄,占全市村庄总数的 62.39%,直接惠及 401 万名村民。建设项目涵盖了村内道路硬化、绿化、美化、亮化、净化等村容村貌整治项目,小型水利设施建设项目,文体娱乐场所建设项目以及新能源利用等,一大批公益项目的建成,使农村基础设施和村容村貌得到很大改观,农村公益事业进入一个加速发展的新时期。

二、直接受益带来显著变化,深层影响具备长远意义

一事一议奖补项目具有农民解决愿望最迫切、受益最直接、公益性最广泛的特点,广大村民能迅速感受到实实在在的变化,对提升农民幸福指数具有直接和显著的作用。奖补政策以其尊重农民意愿、项目类型多样、项目规模不限、奖补方式灵活等优势得到了村民的热烈欢迎。在烟台市近年实施的各类项目中,村内道路硬化占据了首位,这也是民意调查中农民需求居首位的内容。5 年来全市共有 2100 个村庄的农民满足了这一愿望,全市道路硬化率达到 73%,比这一政策实施前的 2008 年提升了 38%。通过全面实施以"三清、五化"为主要内容的村容村貌综合整治,众多村庄"晴天一身土、雨天一身泥"的脏乱差形象成为历史。如今平坦的水泥路面、配套的排水沟渠、绿树鲜花掩映的房前屋后、明亮的路灯、宽敞的文体活动场所,让广大农民享受城乡公共服务均等化的梦想正越来越多的变为现实;农民急需的小水利项目也是烟台市财政奖补的重要内容,5 年来共建设自来水、小水塘、机电井、引水渠等小水利设施项目 1190 个,成为仅次于道路硬化的又一重要奖补对象,众多小项目解决了农民生产生活中的大问题,对促进农民增收发挥了大作用。龙口市兰高镇大张家村由于驻地水源污染,很长时间农民须到其他地方拉水吃,通过财政奖补带动各方投入,实现了村民多年来吃上洁净水放心水的愿望。该村一位在北京的成功人士为此赞助了 80 万元。海阳市发城镇忠厚村近年来村民兴起美国红提种植热,但水利条件不足严重制约着产业发展,2012 年上任的村"第一书记"通过科学规划,在 20 万元财政奖补资金支持下,集中全村力量建设了一处扬水站,有效解决了丘陵地带红提水浇问题,村民当年增收 120 多万元,村民们由衷地感激这一好政策和"第一书记"。

一事一议奖补政策在给农民直接带来实实在在好处的同时,也对农村民主政治建设、社会建设、新型文化建设以及生态文明建设产生了广泛而积极的影响,并将在以后长久时间内对农村一些领域的变革产生深刻影响。主要体现在两个层面。

一是有利于推进基层组织建设和民主政治建设。村民民主议事程序是财政奖补的重要前提,也为实践证明是这一政策的重要法宝。通过引入民议、民决、民建、民管机制,促使民情能够得到了解,民意得到尊重,民智得到发挥,民力得到凝聚,进而有效强化了村民在新农村建设中的主人翁地位和民主政治意识,同时搭建起干群联系

沟通和干事创业的有效平台。通过办民事、解民忧进一步密切了干群关系，对加强村级组织建设和巩固党在农村的执政基础能够发挥积极影响。近年来以一事一议奖补项目建设为契机，烟台市为数不少的村形成了由乱到治、由差转强的变化。一个实施了奖补项目村庄的新面貌，常会带来强烈的正能量效应，使项目村的干部倍感自豪，未实施项目的村庄干部压力陡增，多为村民办实事办好事成为村干部的普遍追求。据调查，在近几年村委换届选举中，项目村干部的连任率大大高于其他村。

二是有利于推进农村新风尚、新文化建设。一大批奖补项目建成后形成的良好宜居条件、优美的生态环境和完备的基础设施，强烈激发了广大农民热爱家园、保护家园和享受美好生活的热情，同时也激发了农民对文体娱乐等高层次精神生活的渴望和追求。在大力改善村容村貌的同时，室内外文体活动场所建设也被列入我市重点支持范围。近年通过一事一议奖补共支持全市1360多个村建设了文体活动室、村内小广场和小公园等项目，同时整合其他资金建设了农家书屋、善行义举四德榜和道德文化墙等项目。这些文体活动场所和道德文化元素在村内营造出良好的文化氛围，正逐步改变着农民传统的生活方式和娱乐形式，引导着农民摒弃传统陋节、倡树文明新风，积极参与健康向上的文化娱乐活动。尤其是近年来在农村中心社区建设的标准化活动场所，已成为农村区域文化活动中心，这些中心除具有较大的室外活动广场外，还配备室内图书室、老年活动室和文化娱乐健身室等，供社区范围内村民开展集中活动或日常交流。如今漫步我市乡野村庄，不时可看到过去只有在城市中才有的景象。每当晨曦初放或夜幕降临，许多村庄的农民便会三三两两来到村内文体活动场所，伴随着自己的爱好和兴趣，或加入到腰鼓队、健身操、交谊舞的欢乐动感队列，或三五成群切磋拳艺、交流牌技，或分组结队在篮球场和羽毛球网前一比高下，连当观众的村民也享受着同样美好的时光。在中心社区文体活动场所，过去相识或不相识的周边村民聚集到一起，互通市场信息，交流农用技术，同时缔结着乡里亲情。一些中心社区以宽阔的广场和园林式的环境吸引着周边村民时常汇聚于此。莱州市东大宋村是一个中心社区，夏日晚上，村内广场里本村和周围村来此活动的村民经常达到300多人。村民们自豪地说，广场建到了家门口，俺们现在也不比城里人差了！村支书对此深有体会：文化活动场所对培养文明和谐风气大有帮助，村风正因此而变得越来越文明。

三、实践探索积累诸多经验，创新突破彰显更好前景

5年来，一事一议财政奖补在实践探索中不断完善，在创新突破中持续提升，积累的诸多经验将更好地推动以后的发展，一事一议财政奖补工作彰显出美好的前景。

一是坚持统筹规划，有序推进。按照城乡统筹发展、新型城镇化和新农村建设总体规划布局，坚持科学合理制定一事一议财政奖补项目建设计划，正确处理当前与长

远、局部与整体、需求与可能的关系，实现项目扎实、有序和均衡推进。坚守"三不"规定，未履行民主议事程序的不奖，违规和变相加重农民负担的不奖，规划保留村范围外的不奖。优先支持班子坚强、基础较好、积极性高的村庄实施奖补项目建设。

二是坚持民主议事，实施阳光工程。规范完善民主议事程序和手续，将各项规定落到实处。项目实施过程中，认真保障农民的知情权、参与权和监督权，落实村务公开制度，消除村民疑虑，真正将好事办好办实，打造阳光工程、民心工程，进而维护农村社会和谐稳定。

三是坚持普惠制和特惠制有机结合，努力扩大受益面。充分体现财政资金公共属性原则，坚持雪中送炭为重，努力扩大政策受益面，争取至2015年将有项目需求的所有村庄全部纳入政策覆盖范围。同时适当锦上添花，打造一批特色项目、亮点项目和精品工程，发挥先行先试和示范带动作用。2012年市级选择基础条件好、自身投入能力强、工作热情高的莱州市金城镇，开展乡村环境连片治理试点，取得了显著成效，2013年该镇上升为省级试点镇，两年来高标准打造精品村庄20多个，成为全省一事一议奖补项目的典范"在省内外产生了积极而广泛的影响。

四是坚持资金优化整合，放大一事一议政策效应。按照项目统筹规划、资金集约投入、管理分口实施的原则，以县级平台为主体，将各部门主题不同、用途类似的资金，如生态文明乡村建设、乡村文明行动、新型农村12社区建设、农村环境综合整治等各类资金，共同投向当地政府规划确定的重点区域和重点项目，最大程度发挥资金的规模效应，促进项目早见效、见大效。

五是坚持规范完善管理制度，确保资金安全高效运作。针对一事一议奖补工作战线长、环节多、环境复杂的特点，建立起从立项、审批、实施、验收、决算、资金兑付、项目管护和绩效评价等全过程覆盖的制度办法，探索建立包括标、中介机构评审、国库集中支付、项目三级验收、纪检监察参与监督的风险防控体系，有效杜绝挤占、用和套取资金等违规违纪问题的发生。烟台市项目实施5年来，市级未接到一起信访案件。

六是坚持项目建设与管护并重，发挥项目长久效益。村级项目"三分建，七分管"。全市积极探索管护机制建设，制定了相关制度、办法和标准，明确管护主体，落实管护责任，组织资金筹集，加强管护考核和奖惩。同时积极开展管护模式创新，形成以村为主体管护、购买专业管护、义务管护等多种管护形式。从今年开始，莱州市列入全省农村公服务运行维护机制建设试点，将加速推动我市村级公益事业运行维护工作的深入实施。

七是坚持锐意改革创新，不断丰富政策内涵。2012年以来，在整体推进一事一议财政奖补工作的同时，注重发掘各地独特优势，支持打造特色项目。如重点支持蓬莱市打造20多个以"蓬莱美丽乡村"为主题的示范村庄，探索发挥蓬莱仙境游品牌效应，进一步拉长产业链条，支持这些美丽乡村将基础设施优势、生态环境优势转化为产业优势，将"美丽"转化为生产力，吸引各方力量、各种要素集聚农村，共同推动乡村旅游业发展，进一步激活农村各类资源和资产，拓宽农民增收渠道，破解农民增收瓶颈制约，让农民共享蓬莱旅游产业发展成果，形成了一批宜居、宜业、宜游的新型农村组织形态，着力构建农村发展的长效机制。这些先行先试工作，与财政部2013年开始的美丽乡村建设试点，在目标定位上高度吻合，蓬莱市也由此成为山东省首批8个美丽乡村建设试点县之一。央视新闻联播在黄金时段也报道了蓬莱美丽乡的建设情况。这些先行先试经验，正成为引领一事一议不断突破升级的有效方向和动力。

荆门市政府采购代理机构存在的问题及对策建议

荆门市财政局 鄢君霞 宋 军 刘 勇

政府采购制度是世界大多数国家和国际经济组织所推崇的一种调节经济的重要手段，是公共财政改革的三大支柱之一，它具有规范财政支出、促进民族经济发展、支持自主创新和节能环保、扶持中小企业和不发达地区以及少数民族地区经济发展、建立廉洁政府、保护国家核心利益的作用。

我国政府采购实行的是集中采购与分散采购相结合的管理模式，集中采购是政府采购的核心与关键，采购代理机构是政府采购的主要当事人，在集中采购活动中扮演重要角色，因此，采购代理机构的整体素质直接关系到政府采购的效益与效率，影响着政府采购的形象。随着我国行政审批制度改革的不断深入，政府采购中的社会采购代理机构（为了区别政府设立的集中采购机构，以下统称"采购代理机构"）的准入改为登记备案制。这种制度改革，对促进大众创业，释放市场潜力，引进竞争机制起到了积极的作用，但由于配套制度与措施没有跟上，采购代理机构是"鱼龙混杂"，执业水平也是良莠不齐，致使政府采购委托代理市场极不规范，如不加以重视，将败坏政府采购的声誉，使政府采购制度改革所取得的成果毁于一旦。

一、我市政府采购工作现状及采购代理机构基本情况

荆门市的政府采购制度改革始于1999年6月。改革之初，政府采购办公室既当裁判员，又是运动员。2005年，成立荆门市政府采购中心，隶属于市政府办公室管理，专门从事政府采购执行工作，实现了"管采分离"。

推行之初，市直政府采购范围只有货物，采购规模只有886万元，比项目预算节约165万元。2016年市直政府采购扩大到工程和服务，采购规模达124819.6万元（包括PPP项目73600万元），比项目预算节约12054.01万元，节约率8.8%，如图1所示。

截至2017年3月底，在市直报备的采购代理机构有25家，代理业务量达35361.61万元，占市直采购总规模的28.3%（不包括PPP项目）。

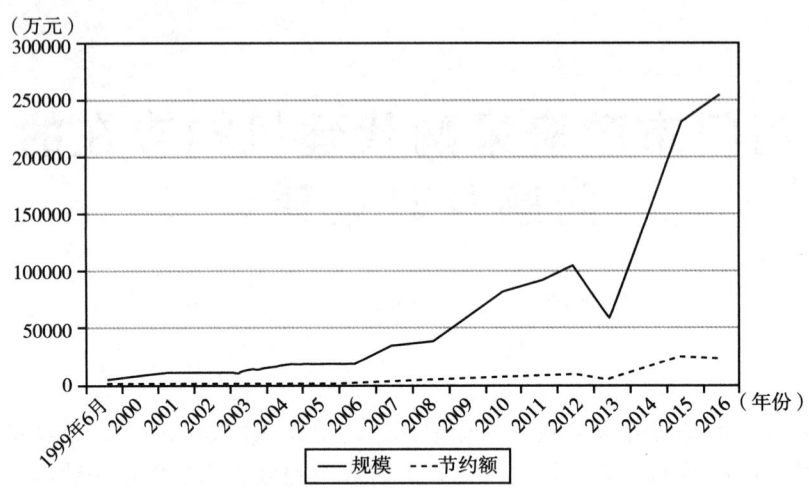

图1 荆门市1999—2016年政府采购规模增长情况

二、我市政府采购代理机构存在的问题

自《财政部关于做好政府采购代理机构资格认定行政许可取消后相关政策衔接工作的通知》（财库〔2014〕122号）下发后，取消了财政部及省级人民政府财政部门负责实施的政府采购代理机构资格认定行政许可事项，代理机构如"雨后春笋"般地涌现出来，"几何数增长"的代理机构需要分食政府采购这块"算术数增长"的蛋糕，加之监管无方和无力，必然导致目前代理机构存在一些问题。

（一）整体素质偏低

政府采购是一个综合知识很强的专业，不仅要求从业人员具有政府采购专业知识，还应具有组织能力、应对能力，同时，还应具备市场经济知识与法律知识等多方面的知识。

荆门市在2012年底以前，只有4家市直代理机构（不包括集中采购代理机构），而2017年3月底登记备案的代理机构却达到了25家。而这些新增的代理机构大多以往都是从事工程建设咨询、代理、监理的，他们之中接触过政府采购专业知识和解释政府采购的人员更是缺乏，对政府采购只是知其然，不知其所以然。整体素质偏低表现在：

1. 政府采购专业人才偏少。由于政府采购专业暂没有"科班生"，一些新成立的代理机构只能用建筑类的各种"师"来代替，当代理政府采购项目业务时，相关人员连政府采购操作的基本程序都不懂，只能未知先干或边干边学。也由于政府采购专业人才"稀缺",采购代理机构之间相互"挖墙脚"(这也是好事,说明政府采购人才吃香),使采购代理机构人员难以稳定。

2. 组织和综合能力差。采购代理机构中能担当起采购项目负责人的人员更是凤毛麟角。一个采购代理机构的人员,不仅仅只做做标书,发发文件,搞几个回复,更重要的是能独立地组织、主持开标(评标)活动,并能在开标(评标)活动中依法处置突发情况,而不是当出现异常情况时,不知所措,甚至"问计于供应商或评委",听从于他们的"指挥",缺少组织和驾驭评审活动的能力。

3. 文字组织能力差。在政府采购活动中,涉及许多采购文件。按《中华人民共和国政府采购法》对采购文件的界定包括:采购活动记录、采购预算、招标文件、投标文件、评标标准、评估报告、定标文件、合同文本、验收证明、质疑答复、投诉处理决定及其他有关文件、资料。有些采购代理机构编写的采购文件不仅文本要素缺失,而且语病较多。某采购代理机构,一个质疑答复函,不到400字,就有五处引用法律不当和常规性用词不当等错误。

(二) 竞争不规范

市场经济是竞争经济,但竞争是规范的、有序的,并非不正当竞争。目前,由于政府采购代理机构入市门槛较低,加之政府采购代理业务市场"蛋糕"不大,采购代理机构为了生存,往往采取非正规手段进行竞争。

1. 采取"场下"进行竞争。所谓"场下"竞争就是指采购代理机构不是做内功,通过比服务、拼质量来提高企业的影响力,扩大业务量,而通过找关系、打招呼、请客送礼等手段来竞争。

2. 采取不计成本进行竞争。代理一个采购项目,其劳动力成本是一定的,还包括办公用品消耗等,所以国家有关部委才有一个采购业务代理收费指导标准。为了获取业务,正常情形下,一些采购代理机构一般在国家收费指导标准的基础上下浮20%收取费用。但有些采购代理机构为了获取业务,不计成本地拼价格,最后只好采取其他手段来弥补或转嫁"损失",如偷税漏税、不交或少交职工的"五险一金"等,或向中标供应商再收取高额的报名费、标书费、专家评审费、场地租用费和中标服务费等。

3. 为拿到业务而为采购人唯命是从。有些采购代理机构为了拿到代理业务不惜违法违规,听从采购人的违规要求,在供应商资格设定上做文章,设定特定人中标,明目张胆地与采购人或供应商串标。

(三) 责任心不强

有些采购代理机构缺乏职业道德,工作责任心不强,造成工作失误,不仅影响了工作效率,还影响了政府采购的声誉。

1. 所做采购文件不规范。有些采购代理机构所做无论是采购公告,还是招标文件等,要么法定要素缺失,要么语病百出,一方面反映出采购代理机构的工作人员业务素质不高,另一方面反映出工作人员的责任心不强,才造成采购文件漏洞百出,只能靠刊登(发)更正公告来补救。

2. 询问和质疑回复不认真。由于有些采购代理机构业务素质不高,或违规听从采购人的无理要求,在采购过程中设置歧视性条款,或没有落实政府采购的政策功能,导致供应商询问和质疑。而对供应商的询问或置若罔闻或敷衍了事,对供应商的质疑也不认真对待,认为反正最后还有投诉,直接把监管部门推到前面。

(四)政策功能落实不到位

政府采购的政策功能包括支持自主创新和购买国货,提高国内企业乃至民族的核心竞争力、支持中小企业、扶持不发达地区和少数民族地区的发展、实行节能减排、保护公共环境、支持老字号企业和监狱企业发展等。作为采购人的代理人采购代理机构,必须在政府采购活动中落实政府采购的政策功能。但有些采购代理机构在政府采购活动中,并没有将政府采购政策与采购活动相融合,主要表现在以下三方面。

1. 对政府采购政策功能不了解。有些采购代理机构对政府采购功能知之甚少,一是不知道有哪些功能;二是如何在政府采购活动中体现政府采购政策,是采取份额预留、还是采取打分优惠,还是采取分包履行,还是采取优先采取等措施。检查中,在与11家采购代理机构的负责人或项目经理谈政府采购政策功能时,有10人根本不知道什么是政府采购政策功能,更谈不上在政府采购活动用什么方式落实政府采购的政策功能。

2. 在采购文件中规定不许联合体参与政府采购活动。《中华人民共和国政府采购法》明确规定:两个以上的自然人、法人或者其他组织可以组成一个联合体,以一个供应商的身份共同参加政府采购。允许联合体投标,是体现支持中小企业参与政府采购活动具体措施。而有些采购代理机构却在采购文件中明确约定不允许联合体投标,无形中剥夺了中小企业参与政府采购的权利。

3. 在资格上设置不合理条款。在政府采购活动中对供应商资格进行特殊要求,是为了保证采购质量,让财政资金发挥最大效益。但不能以此为由,在供应商的资格条件设置上"拔高",有些采购代理机构采取规定供应商的规模、限定供应商注册资本、要求供应商业绩等从而限制小微企业参与政府采购活动。

(五)退出机制不健全

虽然财政部已在起草《政府采购代理机构管理办法(征求意见稿)》,将采购代理机构的管理纳入法制法轨道,但由于目前采购代理机构成立前置条件较少,采购代理机构工作人员任职资格条件没有限制。有些采购代理机构一旦违规被处罚后,立即将公司注销,然后成立新的公司。有些采购代理机构工作人员在一家采购代理机构违规后,立马跳槽到另一家采购代理机构工作。使政府采购监管部门对违法违规的处罚没有起到处罚和惩戒作用。特别是对违法的采购代理机构的工作人员,没有退出或禁止机制。

三、荆门市政府采购代理机构存在问题的原因分析

荆门市的政府采购代理机构存在的问题,究其原因,既有客观原因,也有主观原因,既有大环境所致,又有内生因素。

(一) 客观原因

1. 法规制度不健全。我国的政府采购制度改革已推行20多年,采购代理模式也实行了20多年。虽然在2003年财政部与监察部联合出台了《集中采购机构监督考核管理办法》,但该办法只是针对集中采购机构的,也就是说只针对其行政监察对象的政府集中采购机构及人员,而对于属于社会中介机构的采购代理机构,在长达近20年时间里没有一个相对应的管理办法或管理制度,其行业乱象丛生就不足为奇了。而即将出台(正在征求意见)的《政府采购代理机构管理办法》在对违法的处罚上,对于非行政监察对象的社会中介机构也没有很好的手段。加上我市也没有出台相应的管理制度,致使采购代理机构的管理一直是空白。

2. 职业门槛偏低。自2014年9月起,财政部及省级人民政府财政部门取消了政府采购代理机构资格认定的行政许可,改为网上登记,并实行"自愿、免费、一地登记、全国通用"管理后,采购代理机构的入职几乎没有门槛,采购代理机构成几何数增长。

3. 行业自律缺乏。一个行业的监管,除了法律规定的监管部门以外,还有一个重要的机构是行业协会。财政部自2013年起,连续几年在工作要点中强调,要"积极推动政府采购行业协会建设,建立行业自律机制,推动制定从业行为规范和行为准则,完善采购代理机构内部控制机制。"但因各种原因,我市的政府采购协会却迟迟没有成立,因此,行业自律是空白。

4. 对本地化的采购代理机构重视和支持不够。截至2017年3月底,在市政府采购办报备的采购代理机构有25家,其中在荆门市注册的有11家。2016年有2家在市政府采购办报备的外地注册公司在荆门没有固定的办公场所(代理了一两个项目就走人了)。在同等条件下,属于本地的采购代理机构不被采购人看好,往往将采购代理业务委托给外地的公司,致使本地的采购代理机构发展缓慢。

（二）主观原因

1. 从业人员知识面窄。政府采购是一门涉及面十分广泛的综合性学科。主要包括经济学、管理学、法学、政治学、伦理学、商品与价格学以及其他相关学科方面的知识。具有综合性与交叉性、实践性与应用性、管理性与执行性的特点，因此，要求政府采购从业者不仅有政府采购的专业知识，还需有其他学科的知识。但目前荆门市采购代理机构的从业者中，专科以上学历的只占50%，其中，与政府采购专业相近的本科专业毕业的只有11人，占2.8%。

2. 采购代理机构对员工培训投入不足。采购代理机构的员工大都非科班出身，政府采购相关知识缺乏，而采购代理机构对员工的培训投入不足。截至2017年3月底，荆门市市直（在市政府采购办报备）采购代理机构从业的人员有381人，由公司出资进行政府采购知识继续教育的人次为168人（近三年）。据初步统计，有10家公司的培训费投入每年人均不到100元，每年用于培训的费用在业务费中的比重只占6%，公司专门用于业务学习（培训）的时间每年不到12天。参加政府采购知识专业培养的人也较少，有些采购代理机构工作人员近三年没有参加过政府采购知识的专业培训，所以对近三年来各级监管部门出台的管理制度、规定不了解。

3. 企业管理水平低下。荆门市的采购代理机构管理水平低下主要表现为：一是管理制度不健全；二是资料保管混乱；三是分工不明确，制衡机构不完善。

4. 兼职和临时性思想。在荆门市报备的25家采购代理机构中，有21家是以工程造价、监理为主业，其政府采购代理业务只占总业务量的1/3，有3家公司2016年只做了一笔市直的业务，还有6家一笔市直的业务都没有。只有4家公司主业为代理政府采购业务。有3家注册地非荆门市直的采购代理机构是为项目而"生"，随项目而"死"，接了一两个业务之后就杳无音讯了。目前有一家外地的公司连人都联系不上。

四、解决荆门市政府采购代理机构存在问题的对策建议

政府采购代理机构在政府采购活动中的特殊地位，决定了其行为规范的重要性。因此，针对荆门市采购代理机构存在的问题，建议采取如下对策和措施加以规范。

（一）继续教育制

政府采购是一项集政策性、法律性和专业性于一体的经济活动，它要求其操作者具有较高的综合素质和专业知识。因此，需要在采购代理机构管理中推行继续教育制。一是定期对采购代理机构工作人员进行政府采购法规的培训；二是开展政府采购知识讲座；三是不定期地组织采购代理机构开展政府采购案例分析会。

（二）考核淘汰制

目前，对于采购代理机构执业，我国采用的是登记制，即：凡符合政府采购法及其实施条例规定的社会中介机构，均可以在中国政府采购网或其省级分网站上免费登记进入代理机构名录。代理机构名录登记的代理机构均可获取政府采购管理交易系统中的专家抽取、信息发布等操作权限。且代理机构实行名录管理。省级以上人民政府财政部门按照"一地登记、全国通用"的原则建立代理机构名录。由于采购代理机构的"门槛"较低，致使其参差不齐，所以应采用"宽进严管、考核淘汰"模式进行管理。所以，应出台相应的管理细则或管理办法，对于严重违反政府采购法行为的采购代理机构可以在一至三年内禁止其代理政府采购业务。对其主要负责人严重违反政府采购法行为的禁止担任采购代理机构的法定代表人或禁止执业。

（三）会员管理制

行业协会的民间性、广泛性、自愿性和双重赋权性的特性，可以弥补管理部门对行业管理的不足，它也为行业协会会员间开展相互交流、反映诉求提供了一个平台。因此，在适当的时候，可以成立荆门市政府采购协会。协会的性质为"非营利性社会组织"，它的基本特点为民间性、自愿性、自律性和行业性。协会的职能主要有：政策宣传、咨询服务、调查研究、业务培训、行业自律、学习交流、反映诉求和调解纠纷。

（四）项目经理制

项目经理制是建筑行业中的一种管理模式，它是指在项目建设过程中，用以确立项目承包者与企业、职工三者之间权、责、利关系的一种管理手段和方法。在政府采购代理业务中，引进项目经理制是解决执业人员不足、不专的举措之一。而采购代理机构的项目经理制包括四层意思。一是要求项目经理对采购项目实行全程负责，明责明权。二是只有具备了一定资格或资质的人员才能任项目经理，主持和负责采购代理业务。特别是一些专业性强的采购项目更是如此。三是政府采购管理部门对项目经理进行优先定期培训。四是公开招标项目（包括社会关注度高的项目）的组织者应有两年以上政府采购代理业务的工作经验或经历。

（五）分工专业制

随着社会的发展，社会分工将越来越细，可谓专业人做专业事。政府采购对象可谓包罗万象，从采购对象来分，有货物、工程和服务，从复杂程度来分，大到飞机，小到办公用品。目前，我国出台的《政府采购品目》（2013版）仅货物二级品目中就有20大类，还有三级、四级目录，可见政府采购项目既多又广。时任财政部部长刘昆在2015年的全国政府采购工作会议上的讲话中强调，要"推动代理机构走专业化的发展道路，强化需求代理、合同拟定等专业能力，以专业化提升采购绩效。"只有实行采购代理机构的专业化，才能既满足采购人的专业需求，又节约采购资金，还可落实政府采购的政策功能。才能提高政府采购的效率与效益。因此，采购代理机构的专业化是发展方向，我市应采取一定的措施，培育市场主体，促进采购代理机构向专业化方向发展。

鉴于目前我市政府采购代理机构的现状，可以有针对性地扶持几个家专门从事政府采购代理业务的公司，先从服务和货物两大专业做起，再逐步细分。

（六）信息公开制

信息公开是政府采购的基本原则，也是开展政府采购活动的最基本的要求。此处的信息公开是专指采购代理机构有关信息的公开，所以，应在政府采购的指定媒体上定期公布采购代理机构的相关信息，它包括采购代理机构的基本情况、采购代理机构的执业信息、采购代理机构单位及主要工作人员信用信息情况、对采购代理机构的处罚情况、采购代理机构处理质疑回复的情况和政府采购监管部门对采购代理机构检查结果等信息。

（七）联合督导制

为了落实"双创"政策，促进中介机构的发展，对于我市的采购代理机构应采取一些扶持措施，其中采用联合督导制，帮助采购代理机构尽快规范运作是最直接、最有效、最经济的扶持措施。目前，采购代理机构最大的问题或困惑是对政府采购政策不熟悉、对政府采购规程不了解，急需技术扶持。针对采购代理机构"全国通用"的管理模式，即，既可代理省级业务，也可代理县级业务的情形，对此，省市县可以组成联合督导组对采购代理机构进行指导，特别是市县两级，可以利用检查的机构，分别有针对性对采购代理机构进行督导，帮助他们提高执业水平。通过联合督导，既统一和规范了操作模式，又避免了重复交叉检查。

（八）集采主导制

我国政府采购实行的集中采购与分散采购相相合的管理模式。集中采购既能体现规模效应，又能实行专业化的采购，还能落实政府采购的政策功能，所以，集中采购是政府采购的核心。荆门市政府采购中心成立于2005年，定编12人，2016年底在岗11人。2016年共完成采购批次244项，其中询价采购方式185批次（包括自动化批量采购123次），完成集中采购额1.7亿元，完成PPP项目4批次，

36.9亿元（PPP项目是否属于政府采购法调整的范围和集中采购目录以内的项目有待商榷），所以，从目前的情形看，集中采购机构主导地位没有充分发挥，2016年市政府采购中心人均采购量只有不到2000万元（不包括PPP项目），而且一直维持在这一水平上。荆门市直2016年的采购规模为12.4819亿元，市政府采购中心只占13.6%。

从目前集中采购机构和社会采购代理机构的执行水平来看，无论是管理水平、还是业务能力，集中采购机构都要优于社会采购代理机构，特别是集中采购机构属于行政监察的对象，更有利于管理与监督。为此，一是调整集中采购目录，加大集中采购机构的代理业务量；二是将社会影响大，大型的公开招标采购项目直接委托给集中采购机构，从而充分发挥集中采购机构的主导地位作用。

烟台市政府采购工作探索与实践

烟台市财政局 任信美

在港城烟台，政府采购早已融入百姓生活、社会管理和城市建设的方方面面。走在美丽的大街小巷，无论是小区里多种多样的健身器材，居民楼"穿衣戴帽"，平改坡改造，市区主次干道的维修等与日常生活息息相关的民生工程，还是文化中心、潮水机场建设等关系烟台经济社会发展的重大项目，还有社会养老和就业培训等公共服务项目，处处都可以感受到政府采购带来的实惠。

1999 年，在充分吸取改革开放及经济发展的"养分"后，烟台市政府采购工作开始正式运行。改革之初，就坚持以优化和规范财政支出，提高财政资金使用效益，发挥财政政策的调控作用和导向作用为目标，在优化财政支出的制度设计及管理上做足文章。始终秉承"大采购"理念，创新推行事前、事中、事后三段式全程监督，拓展了政府采购领域，拉长了政府采购链条，逐步建立起一整套独具烟台特色的政府采购运行模式，取得了显著的经济和社会效益，受到了财政部、省财政厅及业内专家的一致认可和高度赞扬，被专家誉为"创造性地贯彻政府采购法的典范""理想的政府采购管理运行机制"。在中央财经大学、山东省财政厅联合举办的"烟台政府采购运行模式研讨会"上，与会专家一致认为，烟台模式充分体现了政府采购改革本意。在这一模式的引领下，烟台市政府采购规模从 1999 年 1 亿元快速增加至 2013 年 154 亿元，15 年累计完成采购额 670 亿元，节约资金 96 亿元，节约率达 12.53%。

当前，烟台市围绕新形势下政府采购改革发展大局，不断创新工作方法，以提升政府采购绩效为目标，从强化论证制度、推进政府采购标准化、加强履约验收工作入手，在优化事前、事中、事后各工作环节，完善采购链条上下功夫，为推动政府采购向纵深发展做出了新的有益尝试。

一、创新建立前期论证制度，政府采购链条更加完整

（一）搭建技术平台，加强政府采购需求管理

在政府采购过程中，不可避免地存在部分采购人"贪大求洋"、追求功能"更多

更新"的现象,而由于政府采购涵盖面广,内容包罗万象,加之监管部门和集中采购代理机构技术人才有限,不能对采购需求进行有效规范和监管,极容易造成采购过剩、多余或不必要,浪费了财政资金。

为解决这一难题,烟台市以政府采购项目是否合理、能否真正实现"物有所需"为目标,充分发挥政府采购贴近市场、拥有大量专家的资源优势,通过搭建技术平台,将专家论证意见引入到政府采购的立项环节。对于采购规模较大、技术较复杂的项目,组织财政部门相关科室、采购人代表、有关专家对拟实施的采购方案进行综合分析和全面论证,并将结果作为财政预算批复的重要依据。具体论证内容包括:一是项目方案是否完整,有无漏项;二是规模和档次是否合理,有无脱离实际的超标准需求;三是功能是否合理,能否满足工作需要;四是方案是否经济,是否存在资金浪费的情况;五是项目概算是否超预算,超预算原因及如何改进等。

(二) 着力把好制度实施的三个"关口"

一是把好论证专家使用关。论证专家的专业能力和道德品质,直接决定着论证工作质量,因此将做好专家使用和管理工作作为抓好论证工作的重点。选取水平高、信誉好、经验丰富的专家参与论证。同时,实行专家评价反馈管理,对每个专家从技术、品行等方面做出客观评价,将评价作为专家考核的重要内容,切实提高专家做好论证工作的自觉性和主动性。二是把好论证质量关。在立项前论证中,以确定项目是否列入政府采购计划为主要内容,对采购项目的必要性、可行性和采购的规模、档次等进行论证;在采购前论证中,紧紧围绕项目预算是否脱离实际、需求编写是否科学完整、采购方式是否合理、技术标准是否规范等主要内容开展论证工作,并根据项目情况采取市场调研、座谈、现场勘查等灵活机动的论证方式,确保工作实效。三是把好科室配合参与关。在以部门预算为基础、投资评审为支撑、政府采购为手段、国库集中支付为保障的"四位一体"财政支出管理模式中,充分发挥政府采购承上启下的作用,加强财政各科室、部门协调联动。在论证中,要求业务科室指派副科以上人员全程参与并做好协同配合,切实保障工作推进力度。

(三) 制度实施有效实现了"四个提升"

第一,通过优化支出管理,提升了资金使用效益。前期论证是烟台市政府采购管理的重要内容,是落实和深化烟台市"四位一体"财政支出管理体系的有效途径。将论证结果作为预算批复重要依据的做法不仅有效优化了政府采购上游预算管理环节,而且深化了与其他财政科室的配套联动,实现了资金使用与监管的有机统一。

第二,通过合理控制采购需求,提升了政府采购实效。通过专家论证,可将采购人不规范的采购要求进行压缩甚至取消,使采购项目达到最合理、最经济的效果。例如,某部门申请采购近 200 万元的省市县三级网络系统,经专家论证后,认为该系统不具备三级联网条件,只需建立一套市级内部网络系统即可满足工作需要。结果,通过政府采购只花了几万元钱采购了几台电脑就解决了问题。

第三,通过整合资源,提升了资源共享程度。各机关、事业单位和团体组织受其职能局限性的影响,在履行相应职能时,不能着眼于全市大局,提出的方案往往仅从自身需要出发,在充分共享全市信息资源方面考虑不周。通过实施前期论证制度,财政部门可充分利用在全市项目中的"知情权",对所建项目可否与已有资源共享进行论证,同时,发挥"话语权",通过沟通协调,将分散在各部门中的资源进行整合,最大限度实现资源共享,避免重复建设。例如,在市水利局某河流域水质监测项目中,原方案每年需要资金40万元。在论证过程中,财政部门了解到市环保部门也在开展此类业务。经沟通协调,水利部门共享了环保部门的部分监测数据。通过数据共享,使水利部门既减少了工作量,又避免了两部门数据不一致的情况,同时每年减少了一半的监测经费。

第四,通过优化采购方案,提升了项目功能档次。前期论证不是单纯地压缩需求、核减预算,更重要的是对采购方案是否完整、功能是否满足要求、设计是否着眼长远等方面进行审核。在必要的时候,还要进一步优化采购方案,增加项目预算。例如,在市人防办某建设项目中,经专家论证,认为该系统应提高建设标准以与国家和省里系统进行对接,从而对方案进行补充修改,预算金额最终由438万元增加至589万元。

二、率先推行政府采购过程标准化,政府采购链条运转更加顺畅

财政部近几年的政府采购工作要点中,都将标准化建设放在了更为突出的位置。政府采购标准化是指为实现政府采购最佳效果而制定的统一、共同、能重复使用的规则,是基于现阶段我国政府采购制度发展现状、主要特点和主要任务而提出的一种发展思路。

(一)立足规范,科学量化,政府采购标准化体系初步建成

2012年初,在总结实践经验、整合制度资源的基础上,对政府采购中的预算管理、采购计划管理、审批采购方式、组织采购活动、合同管理、履约验收管理、结算付款、质疑投诉处理及相关法律责任等八方面内容进行了规范。同时,对建筑工程、工程设备材料等13类公开招标文件以及竞争性谈判、询价、单一来源采购方式采购文件中的招标内容及技术要求、采购人须知、合同格式、投标文件格式进行充分收集,通过固化重要条款,统一文件格式,制定出了全面详尽的采购文件范本。最终,形成了以"规范采购程序,细化业务操作,制定典型范本,科学统一管理"为特征标准化体系建成并实施,实现了管理标准化、程序标准化和文件范文标准化三方面的标准化。

（二）切实抓好标准化贯彻落实工作

好的制度落实不到位就等于零。标准化推行以来，烟台市将标准化的落实作为首要工作来抓。

一是组织开展大规模系统培训。组织全市政府采购监管人员、集采机构从业人员400多人进行免费培训，免费发放《标准化》教材，由业务骨干对标准化主要内容、执行注意事项等问题进行了系统讲解和指导。同时，为全市政府采购监管人员、从业人员、采购单位订阅《中国政府采购报》等学习资料，使全市政府采购人员的业务水平得到有效提高，为标准化建设创造了有利条件。

二是主动走出去强化业务指导。建立健全沟通机制，随时帮助各县市区解决遇到的问题。完善问题收集机制，改年中、年末的总结会为提出问题、解答问题、解决问题会，有针对性地加强对县市区政府采购的指导。组织开展标准化业务巡讲活动，派出业务骨干到县市区、代理机构培训、授课，为县市区提供强有力的智力支持。

三是加强从业人员管理。出台《关于进一步加强政府采购代理机构从业人员管理的通知》，对全市范围内的代理机构执业的人员要求及从业人员的培训、考试、持证上岗、统一备案、违规处罚等进行全面规范与管理，形成了一整套系统的管理办法，实现了对从业人员的全面无缝管理，为标准化的顺利推行提供了人才保障。

四是创新建立分片帮扶机制。针对各县市区政府采购标准化建设进度不一、有先有后的情况，把全市14个县市区划分为3个区片，每个区片组成互助小组，引导县市区之间加强交流与沟通，互帮互助，共同提高。同时，加强对县市区的管理与考核，建立完善的考核办法和奖励机制，引导各县市区结合工作实际，充分利用标准化来规范和完善自身的政府采购工作，为标准化的推行奠定了基础。

（三）标准化建设取得良好成效

一是提高了财政科学化精细化管理水平。政府采购标准化建设要求注重细节、立足专业、科学量化，实现了从信息发布、标书编制，到开标评标，再到签订合同、质疑投诉等全过程程序的优化、采购行为的规范化、采购操作的专业化，极大提高了财政精细化和科学化水平。

二是推动了政府采购基础工作顺利开展。借助政府采购标准化，采购代理机构在编制文件过程中可以直接套用范本，使采购文件编制工作更为便捷高效。同时，由于采购文件条款相对固定、统一，并公开、透明，使一些含有倾向性和地方保护色彩的条款失去了生存空间，一些不合理甚至不合法的暗箱操作受到限制，极大地增加了采购工作透明度。

三是为构建政府采购统一大市场提供了借鉴。政府采购标准化是政府采购领域的"统一度量衡"。实施政府采购标准化之前，各县市区按照各自的理解、经验和习惯形成了不同的管理运行模式，采购执行效果参差不齐，发展很不平衡。标准化实施后，全市工作呈现出协同推进而又亮点纷呈的良好发展局面，这为加快构建全国统一大政府采购市场，从而消除地区间市场分割、行业垄断行为提供了一定的借鉴经验。

三、着力加强事后验收抽查力度，政府采购链条运转更加有效

政府采购合同履约与验收是政府采购工作中的最后一个环节，是政府采购效果得以体现的一个环节。抓好这项工作，是防止供应商在履约过程中存在偷工减料、以次充好以及采购人和供应商串通一气，在验收环节弄虚作假等问题发生的有效措施，对提高政府采购质量、扩大政府采购影响、促进廉政建设具有重大意义。但在实际采购过程中，"重采购，轻验收"的思想依然存在，具体操作中常出现流于形式、走过场的现象和问题，不仅影响了财政资金的使用效益，对采购人的利益造成了危害，也极大败坏了政府采购的声誉，影响了政府采购事业的健康发展。

针对这一问题，烟台市充分发挥职能作用，采取有效措施，加大合同履约与验收的监督检查力度，努力消除履约验收薄弱环节。先后出台《烟台市政府采购当事人行为规范》《烟台市政府采购合同履约和验收管理暂行规定》等规章制度，明确政府采购合同履约验收环节各方的权力和义务，对政府采购供应商、采购人的行为进行规范；同时，政府采购监管部门以采购合同为依据，对政府采购履约验收情况进行抽查。

为确保工作取得实效，不断创新工作方法，强化工作落实。一是创新抽查方式。对典型的、重点的政府采购项目，由政府采购监管人员、负责该项目的采购代理机构、评审专家，三方共同组成抽查小组，对中标供应商、采购人的政府采购合同履约验收情况进行抽查。对于通用办公设备类项目，聘请专业监理公司参与政府采购合同履约验收的抽查。评审专家和专业监理公司的加入，保障了履约验收抽查的科学性、公正性。二是增强抽查力度。烟台市政府采购履约验收抽查的范围，由通用办公设备类项目，扩大到货物、服务类方方面面的项目。三是增强责任意识。在政府采购合同履约验收抽查过程中，注重增强政府采购当事人的履约验收意识，要求供应商、采购人自觉遵守政府采购法律法规，依照政府采购合同，认真履行各自职责，保障自身合法权益。

2011年至今，共抽查政府采购项目合同履约与验收情况100余个，涉及合同额1亿余元。通过不断加强监督检查力度，实现了大多数采购人和供应商能够自觉遵守政府采购法规和制度，严格履行政府采购合同约定的义务的良好局面。

政府购买服务实证研究

——以东莞、温州、保定等8市（区）政府购买服务的实践为例

联合课题组*

政府购买服务（Government Purchase of Services）起源于西方，在美国被称为购买服务合同或合同外包。在我国，政府购买服务曾有"政府购买社会服务""政府购买社会组织服务""政府购买社会工作服务""政府购买社会公共服务"等多种称呼。2014年底，财政部、民政部、工商总局联合印发《政府购买服务管理办法（暂行）》，将政府购买服务定义为"通过发挥市场机制作用，把政府直接提供的一部分公共服务事项以及政府履职所需服务事项，按照一定的方式和程序，交由具备条件的社会力量和事业单位承担，并由政府根据合同约定向其支付费用"。

政府购买服务是转变政府职能、提升公共服务水平、培育发展社会组织的必然要求。进入21世纪以来，上海、南京、深圳、北京等地陆续在政府购买服务方面开展了大量探索和实践，创造了许多具有鲜明地域特色和重要价值的经验。在此基础上，党的十八届三中全会《中共中央关于全面深化改革若干重大问题的决定》提出，推广政府购买服务，凡属事务性管理服务，原则上都要引入竞争机制，通过合同、委托等方式向社会购买。国务院办公厅《关于政府向社会力量购买服务的指导意见》明确，"十二五"时期初步形成统一有效的购买服务平台和机制，到2020年在全国基本建立比较完善的政府购买服务制度。

一、政府购买服务的探索实践

8市（区）中，东莞、温州、保定、烟台、潍坊、苏州吴中属于东部地区，焦

---

* 课题组牵头单位及负责人：东莞市财政局罗军文；课题组成员：东莞市：陈志标、莫淦波、徐栋栋、毛存中（执笔）；温州市：余中平、陈胜利、潘强、林坚、杨海曼；烟台市：刘宝革、许伏秋、李明哲、李林涛；潍坊市：田民利、杨德强、寇瑞国、马松伟、逢希滨、付杰；保定市：王树凯、任永涛、王式兵、陈龙；焦作市：郭法江、张金平、张欣、石杜娟；荆门市：丁岱、董世元、黎清华、杜云峰；吴中区：朱筱菁、顾进方、袁俊、陈岚。

作、荆门属于中部地区，以上市（区）2015年的经济总量、一般公共预算收入规模、产业结构、常住人口与数量、人口城镇化率等情况如表1所示。

表1　　　　　　　　　　8市（区）综合情况概览

城市	经济总量（亿元）	一般公共预算收入（亿元）	产业结构	常住人口（万人）	户籍人口（万人）	城镇化率（%）
东莞	6275.1	518	0.3∶46.3∶53.4	825.41	195.01	88.8
温州	4619.8	403.1	2.7∶45.5∶51.8	911.7	811.2	68.0
保定	3000.3	196.9	11.8∶50∶38.2	1034.9	1200	50
烟台	6446.1	542.7	6.8∶51.6∶41.6	701.4	653.3	60.4
潍坊	5170.5	484.5	8.8∶48.2∶43	927.7	893.7	55.8
焦作	1943.4	115.1	5.6∶62∶32.4	352	370	54.5
荆门	1310.6	69.8	15.1∶53.9∶31	287	300	52.8
苏州吴中	950	121.1	0.1∶41.9∶58	112.1	63.2	71

注：数据截至2016年1月份。

（一）政府购买服务发展历程

8市（区）的政府购买服务大致可以分为三个阶段：初步试水期、集中推进期、政策引导期。

1. 初步试水期（1999—2010年）。8市中，最早探索开展政府购买服务的是温州和焦作。1999年，温州市人力资源和社会保障局购买温州市鞋革协会等行业协会的专业技术评定服务开创了该地政府购买服务的先河。2000年，焦作市探索在财税监督领域开展政府购买服务工作，委托会计师事务所、聘用注册会计师开展会计信息质量检查。其他城市起步相对较晚，2008年，潍坊市在社区卫生服务、城乡环卫保洁领域尝试推行政府购买服务改革；2009年，东莞市在民政局、市妇联、市残联等设置了107个社工岗位探索开展政府购买服务；同年保定市在农村基本养老服务和市政环卫领域等试水政府购买服务等。

这一阶段的发展特点为：中央层面尚未发声，地方政府零星探索；购买服务的领域狭窄、内容单一；缺乏法规政策引导，各项环节尚不规范；但同时我们也看到，政府购买服务的内容逐步由政府履职所需服务转向公共服务，表明各地加快政府职能转型的意识逐渐增强。

2. 集中推进期（2011—2014年）。各地在初步探索的基础上，逐步完善相关政策，将政府购买服务作为一项系统工作整体推进。2011年，温州出台《关于政府购买社会组织服务的实施意见》，明确提出在公共卫生、公共就业、行业性服务、公共文化、社会事务管理与服务等六大领域，向社会组织购买服务；2014年，温州出台《关于政府向社会力量购买服务的实施意见》及《2014—2015年温州市政府向社会力量购买服务年度指导目录》，把原本直接向社会公众提供的171项服务事项，按照一定的方式和程序，交由具备条件的社会力量承担。

2013年，东莞市制定了《东莞市政府向社会组织购买服务工作暂行办法》，明确了政府向社会购买服务的购买主体、购买范围、购买服务程序和方式、购买服务的绩效评价和监督检查等。2014年，东莞市转发执行省政府印发的《政府向社会力量购买服务暂行办法》，该办法将服务承接主体范围扩大为社会力量，新增"补助或奖励"的购买方式，对信息公开的要求也更加严格。

2014年，政府购买服务工作在各地全面铺开、加快推进。荆门市出台了《关于推进政府向社会力量购买服务的意见（试行）》及《2014年荆门市政府向社会力量购买服务指导目录》；保定市出台了《关于推进政府向社会力量购买服务的意见》，同时印发了《保定市政府向社会力量购买服务指导目录》及《市级政府向社会力量购买服务实施办法（暂行）》；潍坊市出台了《潍坊市财政局关于积极推进政府购买服务工作的通知》；烟台市出台了《关于推进政府向社会力量购买服务的实施意见》；苏州市出台了《苏州市政府向社会购买服务实施意见》等。

这一阶段的特点是：中央政府积极总结地方试点的经验教训，着手进行规范指导；地方在实践中不断完善政策体系，各项环节日趋规范；购买内容更加丰富，公共服务日益成为重点；承接主体由社会组织扩大为社会力量。

3. 政策引导期（2015年至今）。2014年12月，为加快推进政府购买服务改革，财政部、民政部、工商总局联合印发了《政府购买服务管理办法（暂行）》，对政府购买服务的概念、购买主体和承接主体、购买内容及指导目录、购买方式及程序、预算及财务管理、绩效和监督管理等方面进行了具体说明和详细界定。该办法作为政府购买服务工作的顶层设计文件，填补了中央层面政府购买服务的政策法规空白，为各地开展工作提供了基本准则及有力指导。

此后，各地根据《政府购买服务管理办法（暂行）》，结合本地实际出台了一批配套文件。如2015年荆门市印发了《关于支持和规范社会组织承接政府购买服务的通知》及《关于加强政府履职所需辅助性事项政府采购管理的通知》；潍坊市印发了《潍坊市财政局关于建立政府购买服务工作推进机制和工作流程的通知》及《潍坊市财政局关于公布〈政府向社会力量购买服务指导目录〉的通知》；烟台市出台了《烟台市政府购买服务管理办法（暂行）》；保定市制订了《政府购买服务范围审核办法》；焦作市印发了《焦作市市级政府向社会力量购买服务预算管理暂行办法》；吴中区出台了《苏州市吴中区政府向社会购买服务的实施意见》和《苏州市吴中区政府向社会转移职能事项目录》等。

这一阶段特点为：中央出台统一的规范指导文件，各地结合实际积极制定配套政策；政府购买服务与政府职能转移同步展开，成为简政放权、转变职能的有力抓手；政府购买服务的监督管理、绩效应用、信息公开日益受到重视，各项管理更加规范。

（二）政府购买服务的购买主体、承接主体及购买内容

在财政部、民政部、工商总局印发的《政府购买服务管理办法（暂行）》中，政府购买服务的购买主体是"各级行政机关和具有行政管理职能的事业单位"及"党的机关、纳入行政编制管理且经费由财政负担的群团组织"。承接主体包括：登记管理部门登记或经国务院批准免予登记的社会组织、按事业单位分类改革应划入公益二类或转为企业的事业单位，依法在工商管理或行业主管部门登记成立的企业或机构等社会力量。

这些规定的亮点在于：一是将政府购买服务与事业单位分类改革有机结合，把具有行政管理职能的事业单位逐渐转为行政机构，把对从事生产经营活动的事业单位及虽然承担公益服务但可部分由市场配置资源的事业单位（公益二类），逐步将其转为企业；二是将承接主体由社会组织扩大至转企改革的事业单位及企业、机构等社会力量，进一步强化政府购买服务的竞争性及择优性，不断提升公共服务的质量与水平，同时激励社会组织加强自身建设。

政府购买服务的类型可以分为狭义和广义两类：狭义的政府购买服务专指政府购买公共服务，如公共安全、劳动就业、社会保障、环境保护等；广义的定义则除了公共服务外，还包括购买政府维持自身运转所需要的服务，如监督检查、绩效评价、财务审计等。《政府购买服务管理办法（暂行）》中提到的政府购买服务内容即为后者。具体如表2所示。

表2　　　　　　　　　　　　政府购买服务基本内容

政府购买服务内容	社会公共服务	基本公共服务	公共教育、劳动就业、人才服务、社会保险、社会救助、养老服务、公共安全、公共交通运输、三农服务、环境治理等领域适宜由社会力量承担的服务事项。
		社会管理性服务	社区建设、社会组织建设与管理、人民调解、社区矫正、流动人口管理等领域适宜由社会力量承担的服务事项。
		行业管理与协调性服务	行业职业资格和水平测试管理、行业规范、行业投诉等领域适宜由社会力量承担的服务事项。

续表

政府购买服务内容	社会公共服务	技术性服务	科研和技术推广、行业规划、行业调查、行业统计分析、检验检疫检测、监测服务、会计审计服务等领域适宜由社会力量承担的服务事项。
	政府履职所需服务	政府履职所需辅助性事项	法律服务、课题研究监督检查、评估、绩效评价、信息化建设与管理、后勤管理等领域中适宜由社会力量承担的服务事项。

从各地情况来看，早先政府购买服务的范围集中于公共卫生、公共就业、行业性服务、公共文化、养老、社会事务管理与服务、市政环卫等领域，随着探索实践的深入，各地根据经济社会发展变化、政府职能转变及公众需求等情况逐步制定完善了本地的政府购买服务目录。如东莞市2015年制定的购买服务指导目录，包含5项一级目录、57项二级目录、323项三级目录；温州市《2015—2016年政府向社会力量购买服务年度指导目录》包括2项一级目录、52项二级目录、171项三级目录；焦作市《政府向社会力量购买服务指导性目录》涉及基本公共服务事项、政府履职所需技术性事项等4大类36款204项等。

值得一提的是，东莞市及温州市将政府购买服务与政府职能转移有机结合起来，进一步转变政府职能、简政放权。2013年，东莞市出台了《东莞市政府向社会转移职能暂行规定》，将20个部门的87项行政审批事项和日常管理事项，如行规行约制定、行内企业资质认定及等级评定、社会事务管理与服务等，转移给75家具备承接政府职能转移和购买服务资质的社会组织。这些社会组织包括社会团体43家，如东莞市律师协会、知识产权保护协会、安徽商会等；民办非企业单位类32家，包括星扬、正阳、大众等社工机构，以及爱苗孤独症患儿家长互助中心等公益组织。

2013年，温州市制定《温州市推进政府向社会组织转移职能工作总体方案》，规定政府履行的辅助性、技术性等职能原则上应以委托、授权、购买服务等方式，逐步转移给社会组织承担。同年，确定温州市鞋革行业协会作为市政府向社会组织转移职能试点承接单位，承接市经信委、市科技局、市财政地税局、市人力社保局、市商务局、市质监局等六家部门的转移职能进行试点。

在此基础上，温州市积极深化政府职能向社会组织转移"第五张清单"改革，2016年市本级安排约4600万元用于推进政府职能转移工作，目前温州市本级第一批34家部门的135项职能已发布转移公告，并与社会组织签订79个职能转移工作协议。其中一些项目收效明显，如温州市商务局将"反国际贸易壁垒"职能转移后，充分发挥行业协会信息发达的优势，有效帮助大量企业预防境外贸易风险等。

与政府购买服务不同,政府转移职能事项表现为:政府部门主动退出、不再承担相应职能,社会组织可以自行决定参与和提供服务,政府部门按照各自职能依据法律、法规、规章进行监管。政府转移职能与政府购买服务一道,体现了政府自我改革、加快转型的勇气与决心。

(三) 政府购买服务的资金情况

各地政府购买服务的资金主要是一般公共预算资金,财政部门在布置年度预算编制工作时,在预算报表中制定专门的政府采购项目表。购买主体按要求填报项目表,并将列入集中采购目录或采购限额标准以上的政府购买服务项目同时反映在政府采购预算中,与部门预算一并报送财政部门审核,待批复下达后组织实施。

其次是福彩公益金。2012年民政部、财政部出台的《关于政府购买社会工作服务的指导意见》中,明确提出要从民政部门留用的彩票公益金中安排资金用于购买社会工作服务。福彩公益金属于政府性基金范畴,在政府购买服务时其使用流程与一般公共预算资金相同。

以东莞为例,2013—2015年全市政府购买服务资金达到69亿元,占同期市本级支出(963亿元)的7%。其中一般公共预算资金67亿元,占比97%,福彩公益金2亿元,占比3%。其他地市近年来政府购买服务资金支出(安排)情况具体如表3所示。

表3　　　　8市(区)政府购买服务资金投入(安排)情况　　　　　单位:万元

地市	2013年	2014年	2015年	2016年
东莞	97494	216736	375741	658988
温州	85300	90100	100080	111000
保定	—	610	15945	17500
烟台	—	157700	201100	220000
潍坊	—	—	57795	59430
焦作	2000	2000	2400	8900
荆门	—	3300	13000	13400
苏州吴中	12016	2593	8999	5216

注:因部分地市一般公共预算与政府性基金预算的统筹力度较大,福彩公益金支出数据难以统计,此数据为整体投入(安排)数目。

从政府资金的拨付与监督层面来看,各地基本以分期拨付的方式对承接主体划拨资金。以东莞为例,政府购买服务项目一般是在签署项目资助协议后拨付总金额的

40%，项目中期评估通过后拨付总金额的 40%，结题评估通过后拨付资金总金额的 20%，也可按 30%：30%：30%：10% 进行拨付；政府购买社工岗位一般是按月拨付或按季度拨付。分期拨付能够对社会组织的服务质量形成有效监督，充分调动社会组织的热情与动力，但也会对部分盈利能力较弱的社会组织造成一定压力。部分地市如温州采取一次性拨付的方式，这样有利于保证承接主体资金及时足额到位，但难以对承接主体形成有效监督和制约。

(四) 政府购买服务的方式

从资金的角度来看，各地政府购买服务的方式可以分为两种。

一是全额购买，即指政府对承接服务的社会力量提供的全额的资金支持，集中于环卫保洁、园林绿化、市政设施养护维修、绩效评价、财务审计、信息化建设与管理、会议经贸活动和展览服务等领域。这些领域市场比较健全，竞争相对充分，适合采取服务外包的方式完全推向市场。

如保定市"十纵八横"主干道及重点路段的保洁工作原先由各区政府负责管理，自 2013 年以来，通过先行试扫、公开招标等方式陆续实施市场化运作，由北京慧丰清轩、深圳金州市政、保定亮城丽都等 13 家保洁公司负责清扫保洁作业。按照机械清扫 6.97 元/平方米，人工清扫 4.8 元/平方米的价格，市财政每年拨付清扫保洁费用约 6300 万元。

二是资助奖励，即政府对社会组织实施的项目提供一定的资金奖励或补助，主要针对学前教育、医疗卫生、养老、就业培训等准公共产品，政府的主要责任是在需求得不到满足或价格超过公众购买能力时，借助财政补助等形式降低价格增加供给，并确保困难群体能够享受到相应服务。如烟台市委托北京保利剧院管理有限公司经营烟台大剧院，采取"政府补贴、目标管理、自主经营、自负盈亏"的模式，要求大剧院每年引进国内外高端文艺演出不低于 50 场，并根据不同演出档次分别给予每场 17 万元、12 万元、9 万元不同补助标准，每年市级财政补贴资金 1500 万元，剧院平均票价保持在 150 元左右，有效降低民众文化消费开支。

又如 2011 年，东莞市安排福利彩票公益金 1000 万元用于开展公益创投活动，向社会公开征集了 28 个项目优秀公益项目予以资助，这些项目均是涉及老人、青少年、残疾人、妇女、新莞人的特色公益服务。经过 2012 年一年的运作，部分项目取得较突出的效果，获得社会好评。2013 年，东莞市对公益创投项目评估在平均分以上、效果较好的 13 个项目进行延续资助一年，进一步巩固项目化资助社会组织发展的成果。

从具体购买流程来看，可以将政府购买服务方式分为：公开招标、邀请招标、竞争性谈判、单一来源采购等方式。如东莞市规定：政府购买服务数额达到 200 万元以上的（含 200 万元），必须采用公开招标方式，政府公布项目内容，社会组织公平竞争；采购数额为50万至200万元的（含50万元），采用竞争性磋商、竞争性谈判、单一来源采购等方式。50万元以下，由各部门报市财政局备案后自行采购。

按规定程序确定承接主体后，购买主体与承接主体要签订合同，明确购买服务的内容、期限、资金结算方式、双方的权利义务事项和违约责任等内容，并根据服务项目的需求特点，确定委托、租赁、特许经营等形式；购买主体要做好合同的监督管理，按时拨付资金。承接主体要严格履行合同义务，按时完成服务项目任务，保证服务数量、质量和效果，严禁转包行为。

（五）政府购买服务的绩效和监督管理

总体来看，各地普遍比较重视对政府购买服务开展绩效和监督管理，主要包括：一是探索推进第三方评价。东莞、保定等市初步建立了由购买主体、服务对象及专业机构组成的综合性评价机制，并探索推进评价结果应用。如东莞市建立了绩效评价专家库，聘请第三方机构对2011—2013年度购买市直社工服务岗位项目开展绩效评价，评价结果为80分，绩效等次为良，但评价报告也指出部分社工岗位设置不合理、个别类型服务未达标、工作量标准设计不合理等问题。保定市建立了政府购买服务退出机制，绩效评价结果较差的承接主体不得参加下一年度政府购买服务项目竞标。二是严格政府购买服务资金的监督管理。各地将政府购买服务资金纳入年度预算中统筹安排，原则上不新增购买服务预算，从源头上把好资金安全关。同时加大对政府购买服务资金的监督检查力度，如东莞市每年对200万元以上大额政府采购服务资金开展监督检查，严格查处违法违规行为。三是强化信息公开。按照"谁组织、谁负责"的原则，要求购主体依法依规、主动公开购买服务的内容、方式、承接主体、资金安排等内容，接受相关部门及社会监督。如东莞市在2016年部门预算信息公开中，首度全部公开政府采购预算信息，进一步提升政府购买服务的透明度。

（六）积极扶持社会组织发展

以社会团体、基金会和社会服务机构为主体组成的社会组织，是我国社会主义现代化建设的重要力量，在改进公共服务供给方式、激发社会活力、维护社会稳定和长治久安方面发挥着积极作用。党中央、国务院高度重视社会组织工作，2016年8月，中央出台了《关于改革社会组织管理制度促进社会组织健康有序发展的意见》，明确提出："支持社会组织提供公共服务……逐步扩大政府向社会组织购买服务的范围和规模，对民生保障、社会治理、行业管理等公共服务项目，同等条件下优先向社会组织购买。"

社会组织作为政府购买服务的重要承接主体，其专业素养及服务水平的决定了政府购买服务的质量。总体来看，各地都有一定数量的社会组织，截至2015年底，温州市目前登记在册的社会组织 3400 家,其中学术团体 187 家,行业协会等其他社团组织 3213 家。东莞市登记在册的社会组织共 3665 家,其中社会团体 713 家,民办非企业单位 2944 家,非公募基金会 8 家。焦作市依法登记注册的社会组织共 1265 家,包括社会团体有 439 家,民办非企业单位有 825 家,基金会 1 家。

各地在培育扶持社会组织发展方面也都做了积极的探索,其中又以东莞走在前列。一是改革社会组织登记注册行政审批制度,鼓励社会力量举办有规模、有特色的社会组织。2012 年底,东莞市出台了《东莞市社会组织登记注册行政审批改革方案》,取消社会组织登记注册前置审批事项 83 项,将社会组织前置审批许可事项压缩为 5 项,将社会组织成立登记审批时限由原来的 60 个工作日缩短为 20 个工作日,对于还达不到登记条件的社区社会组织,探索实行登记和备案双轨制管理。二是加大资金扶持力度。东莞市 2013 年和 2014 年,连续两年安排了社会组织发展扶持专项资金 1000 万元,用于构建枢纽型社会组织体系、社会组织孵化基地建设、政策调研和信息咨询、社会组织能力建设等。三是强化对社会组织人员的指导培训。如焦作市每年对基层管理人及全市性社会组织进行理论和业务知识培训,以提升登记管理人员、社会组织负责人的综合管理能力。保定市积极邀请资深专家前来授课,同时引进先进的社会服务理念和专业方法,为社会组织培养专业化人才。四是积极推进社会组织孵化。2012 年,东莞市划拨了 2464 平方米的政府物业作为社会组织孵化基地的办公场所,截至 2015 年底,壳内孵化 38 家社会组织,服务领域涵盖扶贫、助学、助残、助老、慈善、救灾等各个方面,入驻组织已开展活动 5000 多次,动员志愿者超过 4 万人次,服务群众逾 80 万人次。东莞市社会组织孵化基地已成为省创新社会管理试点项目。五是推动社会组织等级评估。东莞市于 2012 年起正式启动了社会组织评估工作。截至目前共有 240 家社会组织参评,评出 3A 以上等级社会组织 95 家,在社会上起到了良好的示范作用,基本达到了"以评促建""以评促规范"的预期效果。

二、政府购买服务的成效及存在问题

(一) 政府购买服务的成效

一是加快政府角色转变。改革开放之前,我国的社会福利由国家直接提供、垄断经营,政府既是公共服务的生产者也是提供者,政府扮演的是管理的角色。政府购买服务推广之后,部分公共服务交由社会组织或事业单位来生产,政府成为公共服务政策的制定者和公共服务的购买者、监督者,加快了由统包统揽的"全能型"政府向政社分离、职责清晰的"有限政府"的转变。同时,政府购买服务加快了事业单位的分类改革,厘清了政府与市场的边界,有利于打造"小政府、大社会、活市场"

的良好格局。

二是提供优质公共服务。公共服务垄断经营的模式下,政府由于竞争动力的缺乏及官僚主义作风的影响,往往无法提供质优价廉、针对性强的公共服务。政府通过公开招标等方式购买服务,引入竞争机制进行市场化运作,有利于充分发挥社会组织的专业性,可以实现服务的最佳供给及公共资源的有效配置,有效提升了公共服务水平。如保定市在购买的市政环卫作业服务后,环卫作业运行质量、管理水平、市区道路环境卫生得到有效提升。目前,保定市区已有24条(段)主次街道和保定火车站、高铁站广场及周边5条(段)道路实行了清扫保洁市场化,总面积512.2万平方米,占全市清扫保洁总面积的28.9%。

三是降低了行政成本。政府向社会力量购买服务是一种资源有效整合的过程,从"养人"到"养事"的转变,能够促使社会力量更加有效的利用各项资源,从而达到降低行政成本的效果。如烟台市在2015年城乡环卫专项规划编制项目中,采用竞争性谈判的采购方式,将预算金额为100万元的项目,压缩到58万元,资金节约率达42%。焦作市2015年共组织实施劳动就业培训、资产评估绩效考核、中介审计服务、环卫清扫服务等204个政府购买服务项目,计划金额12364万元,执行金额10807万元,节约资金1557万元,资金节约率12.6%。

四是培育壮大了社会组织。社会组织为争取服务项目,会根据公共服务需求特点,不断提升自身专业性和规范性,不断加强自身建设。政府通过购买服务为社会组织提供了资金支持和广阔的发展空间,也促进了社会组织的发展壮大。如保定市区现有登记注册的47个保洁服务公司和160多个家政服务公司在,与政府签订购买服务合同后,相关企业获得一定的资金支持,进而加大人、财、物投入力度,增加保洁频次,提升保洁质量,自身综合实力不断壮大。

(二)政府购买服务存在的问题

总结下来,目前政府购买服务还存在"五大短板"。

一是观念短板。部分政府部门存在理论认识与思想观念的误区,出于本部门利益,或者对社会组织不信任,不愿主动将有关职能转移出去。比如温州市经济师评审工作及经济师考试报名组织工作,温州市经济师协会多年争取至今未果。或者当有新的公共服务项目或事项增加时,部分政府部门不是优先考虑向社会组织购买,而是要求增添编制、增拨经费、扩大办公场地。更有甚者搞"内部购买""暗箱操作""权力寻租""官社勾结",通过委托授权等方式,将服务项目交予有官方背景的社会组织,甚至安排人员成立社会组织骗取政府资金等,与政府购买服务的初衷背道而驰。究其原因还是存在观念短板,没有提升认识、与时俱进。

二是政策短板。一方面,到目前为止,政府购买服务领域还没有形成完善的法律体系。作为政府购买服务的顶层设计文件,《政府购买服务管理办法(暂行)》终于在近年出台,但从"管理办法"到法律条文还有很长的路要走。即使在现行《政府采购法》中,采购的服务也仅限于政府自身运作的后勤服务,不包括公共服务。由于无法可依,政府购买服务或将面临政策限制及现实困境。另一方面,相应的配套政策和措施尚不完善,除已经出台的《政府购买服务管理办法(暂行)》外,其他相关的《政府购买服务预算管理办法》《政府购买服务采购管理办法》《政府购买服务绩效考核办法》等等,都需要加快制定出台。

三是资金短板。目前,政府购买公共服务的资金来源于一般公共预算资金及福利彩票公益金,在公共财政预算安排中,政府购买服务没有专项科目,未成为经常性预算,从而严重制约了政府购买服务的开展,甚至会出现资金兑现困难等问题。在一些购买项目中,合同签了,项目也做了大半年,但是合同约定的款项却迟迟不能到账。如温州市服装商会外贸服装分会,2012年11月向市外经贸委申请"境外营销体系分布规划"项目已获批,但至2013年底资金仍未到位。另一方面,政府资金分批拨付,给一些收入来源单一的社会组织造成一定压力。如东莞市某镇政府购买服务资金按照3∶3∶3∶1的比例分四批到位,资金流转周期长,导致部分社会组织员工薪酬不能正常发放,严重挫伤员工工作热情。

四是承接短板。虽然各地社会组织发展已经初具规模,但与当前社会的建设发展需要相比还存在相当差距,一方面社会组织中有实力、有成果,拿得出、打得响、信誉高的"精品""名牌"不多,社会组织参与社会管理和社会服务的能力不强,独立开展服务和运营项目的水平不高;另一方面内部治理结构不完善,存在"强人治会""出资者办会""负责人控会"等倾向,权威性不足,公信力不高,缺乏专业化、职业化、高素质的管理队伍。虽然政府购买服务的需求很大,但真正适合承接服务的社会组织却不多。就东莞情况来看,全市共有3665家社会组织,具备承接政府职能和购买服务资质的社会组织仅182家,不足5%,多数社会组织还是游离于政府购买服务之外。

此外,值得警惕的是部分承接主体出现了"二政府化"倾向,自身定位逐渐混淆。从承接主体的角度看,资本逐利性决定了他们承接公共服务,更多的是从自身利益最大化、赚取较高额利润的角度出发,想方设法与政府搞好关系、得到政府转移的职能和经费,而较少考虑公众的实际需求来提供公共服务,可以说作为承接主体社会组织和企业仅是扮演"政府代理人"的角色。以温州市医学会为例,其专职工作人员有4位是事业编制(其中3位编制在医学院,1位在中医院),行政化倾向较重,与原来的主管部门藕断丝连、关系密切,在承接服务时很难保持自身独立性,容易演变为"二政府"。

五是管理短板。首先是跨部门的工作机制尚不健全。政府购买服务涉及财政、民政、审计等部门,是一个系统工程,需要各部门分工明确、协调配合,共同推进,但目前除保定市成立了政府购买服务工作领导小组外,其他地市尚无跨部门的工作协调机制；其次是需求评估机制缺失。有些购买服务的项目只着眼于政府职能的转移，没有经过充分的需求评估，导致购买服务项目只是在数量上增长，但在种类多元化、服务专业化、服务的目标定位上都与实际需求有一定的距离；最后是评估反馈机制尚不普及。按照《政府购买服务管理办法（暂行）》要求，财政部门应当推动建立由购买主体、服务对象及专业机构组成的综合性评价机制，推进第三方评价。但就东莞而言，对政府购买服务项目的绩效评估也仅限于部门自评，尚未全面推进第三方评价。荆门市目前仅有市城市管理局2014年垃圾灭蝇除臭项目进行过绩效评价，作为第二年单一来源采购参考依据。烟台市、焦作市也都提出，目前本地的绩效评价体系尚不完善，难以对承接主体执行合同情况进行有效的监督和评价。

三、政府购买服务的改进建议

改进政府购买服务工作，要以法规先行、公平竞争、平等合作、质效统一为原则，着重抓好以下几方面工作。

（一）加快政府职能转变

一是要深化思想认识。通过政府购买服务提供高质量的公共服务，是转变政府职能、建设服务型政府的题中之义，也是深入推进简政放权、全面深化改革的必然要求。政府部门要进一步转变观念，给予社会力量更多的信任和发展空间，与其进行平等合作，努力实现互利共赢。二是加快制定政府职能转移目录，凡被列入政府转移目录的领域，原则上不再新设机构、增加编制和人员，其服务产品的供给主要由具备资质的社会力量承担。三是深化事业单位分类改革，推进有条件的事业单位转为企业或社会组织，同时削减已向社会组织或企业转移职能的事业单位的人员编制，逐步实现事业单位从"养人"向"养事"转变，进一步厘清政府与市场边界。四是提升政府的监管能力。作为购买主体，政府各部门要加强学习培训，深入理解掌握购买服务的各项政策规定，切实提升在预算管理、质量监控、效益评估、合同管理等方面的各项能力，同时提高公共服务提供成效在领导干部绩效考核中的比重。

（二）完善法规政策机制

完善相关法规政策体系、做到有法可依有据可循，是政府购买服务有序进行的基本保证。一是要完善现行的《中华人民共和国政府采购法》，把政府采购范围扩大至向社会力量购买公共服务，并提出具体的购买原则和标准，也可考虑制定《政府购买公共服务法》，使政府购买服务做到有法律可依，同时鼓励地方根据各地实际探索具有较强操作性的配套政策，建立上下联动的政策体系。二是完善政府购买服务目录。要在充分考虑本地实际及开展公共服务需求调查的基础上，完善政府购买公共服务目录，将购买内容集中到公众需求强烈、绩效容易鉴别、政府容易管理且市场竞争充分的服务项目上，避免政府借购买服务之名行转移职能之实。三是规范购买流程，达到限额以上的服务项目必须实施公开招标，进一步健全购买服务的招投标机制，规范政府权力，扩大专家组范围，实行社会公众、审计监察部门的全程参与，确保实现购买服务招标过程的透明性和公开性。四是建立跨部门的统筹协调机制，成立政府购买服务领导小组，由分管该领域的市领导任组长，财政、民政、审计等相关职能部门明确分工、协调配合、整体推进，形成"千斤重担众人挑"的工作合力。

（三）强化财政保障机制

完善财政保障机制是确保政府购买服务平稳运行的基础条件。一是建立可持续性运行的财政预算机制。设立政府购买公共服务专项科目，列入部门年度预算，经同级人大批准后公布实施，确保政府购买资金的常态化、持续化、制度化。二是探索建立重点突出、结构合理、运转有序的政府购买公共服务项目库。对政府购买服务项目进行收集储备、分类筛选、评审论证，按照评分高低及轻重缓急进行预算安排，未列入项目库的，不予编列年度预算。三是保持政府购买公共服务持续性。将列入政府购买公共服务项目库的项目，按照项目发展特点和发展周期，划分为常年型和项目型两类，对具有持续性、长期性且较为稳定的常年型公共服务项目，3—5年采购一次；对临时新增的或短期的项目型公共服务项目，一年一采购，以确保公共服务的有序性和延续性。四是优化财政资金支出结构，增加政府用于基本公共服务的投入，同时通过建立各种公益性基金，吸引集聚社会资本，引导社会力量参与社会发展建设，使之成为政府购买服务资金的另一个重要来源，缓解政府基本公共服务支出压力。

（四）完善监督评估体系

一是建立政府购买服务项目动态监管机制。动态监管的实质是过程管理，即在服务项目购买的申请、评审、立项、招标订约、实施、调整、结项、评估及信息反馈等环节进行严格监管，做到事前注重审核把关、事中注重过程跟踪、事后注重评估总结。二是建立由政府主管部门评价、服务对象评价以及独立第三方评价构成"三位一体"的评价体系，对资金使用绩效及公共服务的质量进行全面评估，并强化绩效评估的结果应用，对绩效评估差的社会组织，要求其限期整改，否则取消其从事公共服务资格。三是要强化信息公开机制，及时公开财政预算及部门和单位的政府购买服务活动的相关信息，搭建政府购买公共服务的信息平台，使政府采购完全在阳光下运行。四是强化问责机制。建立承接主体承接政府购买服务行为信用记录，对弄虚作假、冒领财政资金以及有其他违法违规行为的承接主体，依法给予行政处罚，并列入政府购买服务黑名单；给公共利益造成重大损失时，要追究政府相关部门的监管责任。

（五）培育发展社会组织

社会组织发展成熟与否直接关系到公共服务的质量与效率。针对目前部分地区社会组织发展滞后的问题，政府要在政策上加强倾斜引导。一是加快社会组织管理体制改革。降低社会组织准入门槛，简化登记手续，除法律法规、政策文件规定外，将工商经济、公益慈善、社会福利类、科技类社会组织和社区社会组织的业务主管单位改为业务指导单位，实行由民政部门直接登记。二是营造公平竞争的政策环境。政府购买服务应充分注意事业单位与民办非营利组织之间的公平性，为民办非营利组织提供更公平的政策环境。三是建立激励机制。充分考虑承接主体的合理收益，对在养老、教育、医疗等公共服务中发挥重要作用的社会力量，通过税收减免、以奖代补、财政贴息、提供场地、人才培训等手段，扶持其发展壮大，提高其服务社会的能力。四是加强社会组织综合监管。规范社会组织内部管理，健全社会组织法人治理结构，完善社会组织诚信自律机制；加大信息披露力度，对社会组织重大活动、资产财务、接受使用捐赠资助、收费项目及标准等情况，实行信息公开；建立社会组织资质评估和监管机制，并与承接政府职能转移和购买政府服务的资质挂钩。五是社会组织要切实加强自我建设，完善自身管理运营机制，提升项目设计与社区居民需求的一致性，在实际运作中，努力提升项目质量，积极打造自身品牌，争取政府的持续支持。同时，大力拓宽筹资渠道，提高组织运作过程的透明度，赢得社会公信力。

四、社会组织及政府购买服务案例分析

（一）东莞市白玉兰家庭服务中心

白玉兰家庭服务中心是由东莞市妇联指导成立的社会组织。首家白玉兰家庭服务中心（东城东泰社区）于2010年正式启用，经过数年发展，目前已有白玉兰中心33个，白玉兰服务室56间，在企业建立白玉兰服务室1间，服务覆盖人群达76万人。白玉兰中心本着"妇儿为主，家庭为本，社区为基础"的理念，采取综合服务的形式，为个人及家庭提供全面的"一站式"家庭服务。由于中心在化解家庭矛盾、引领社会组织发展等方面发挥了积极作用，2011年白玉兰中心被全国妇联和人保部评为全国妇联系统先进集体，2012年荣获民政部首届全国优秀社会工作服务项目三等奖和第二届广东省妇联工作创新奖，2014年入选全省十个"广

东省社会创新实验基地"。

1. 主要做法。一是链接各类资源。白玉兰中心积极争取各级党委政府和社会各界支持,着力解决中心发展的场地、资金等困难。全市白玉兰中心仅2013年就整合市、镇、村三级以及社会合作机构等的运作经费达到668万多元。2014年,中心实施妇联十件民生实事之一,链接社会资源项目31个,总金额达到50万元。2014年获得市财政购买两个社会工作服务项目的经费达90多万元。2015年获得市财政购买东莞市反家暴社工援助计划的经费35万元。二是促进规范发展。制定统一的实施指引、绩效考核方案、特色服务实施方案等规章制度,逐步形成"政府资源+社会资源"的资源配置模式、"妇工+社工+义工"的队伍结构模式和"规定动作+自选动作"的项目服务模式,确保白玉兰中心科学、有序、规范发展。三是打造特色服务。近四年来,白玉兰中心立足实际需求,先后推出关爱特攻队、危机处理小组、阳光女工工作坊、家圆行动、反家暴社会行动五大特色服务。四是延伸服务手臂。白玉兰中心链接各类组织200多家,为社区群众提供服务,合作承接公益项目。五是优化人才队伍。聘请3名香港督导、3名督导助理,指导社工提高水平。白玉兰社工团队至今已培养6名督导助理、3名见习督导。白玉兰中心还制定志愿服务队实施指引,发展志愿者4000多名。

2. 主要成效。一是满足多元化服务需求。白玉兰中心为广大妇女儿童和家庭提供个案辅导,心理咨询,危机处理,互助、治疗小组等专业服务。中心的"危机处理小组",成功处理自杀、丧偶危机、产后抑郁等社区家庭危机事件80余起。截至2015年7月,全市白玉兰中心共跟进个案2728个,开展小组活动8103节,举办社区活动6242个,提供咨询服务21803次,开展社区走访19567次,开展巾帼志愿服务1万多次,服务覆盖人群达76万人。二是积极推进项目运作。2013年,各白玉兰中心与其他机构合作项目共31个,资金达127万多元。"反家暴家圆行动""白玉兰女工驿站——企业女员工关怀计划"等项目获得第二届中国公益慈善项目大赛实施类铜奖;2014年,中心社工提交的"邻里互助·友爱共融——志愿者领袖培训小组"项目荣获第三届全国优秀社会工作案例二等奖;道滘镇白玉兰设计的童心缘——新莞人随迁子女社区融入计划,荣获第三届中国公益慈善项目大赛创意类电视大赛决赛银奖。

(二) 烟台市购买居家养老服务

为积极推动居家养老服务发展,烟台市大力推动居家养老服务信息平台建设,全市累计建成居家养老服务信息平台7处,发展入网企业、组织5000多家,服务老人6万多户。自2014年起,烟台市以居家养老信息平台为基础,对现有各类呼叫平台、政府热线等进行整合升级,在全市范围内打造覆盖更广、功能更全、服务更优的"89000"民生服务平台。服务对象依托此平台可第一时间享受到热情周到、细致入微的服务。

1. 主要做法。2012年6月,烟台市出台了《关于加快社会养老服务体系建设的意见》,通过政府购买服务的方式对居家养老服务给予补助。市级对中心区(芝罘区、莱山区,下同)60岁以上生活不能自理或半自理的城镇"三无"(无经济来源、无劳动能力、无法定赡养人)老年人、城镇低保家庭中生活不能自理的老年人和"三老"(老烈属、老伤残军人、老复员军人)优抚对象实行政府购买服务,每月为每户提供不少于30小时的购买服务,包括生活照料、家政服务、康复护理、医疗保健、精神慰藉等。市财政按每人每小时6元的标准给予补助,其余部分由区财政负担。其他县市区参照上述补助标准确定本辖区补助标准。对市中心区内高龄老年人和部分特殊对象加入居家养老服务信息网络的费用,由市财政与区财政各负担50%。

2. 主要成效。芝罘区等地于2006年便实行了居家养老服务政府购买服务制度。2012—2013年,市级投入300万元,县级投入500多万元,用于购买居家养老服务,累计购买服务20多万小时,承担了2.6万名老年人信息平台年服务费,有效提升了老年人的福利保障水平,取得了较好的社会效益。

(三)保定市购买中心城区环卫服务

自2013年以来,保定市在"十纵八横"主干道积极探索推进环卫作业市场化,有效提升了财政资金使用效率及市区环卫运行质量和管理水平。

1. 主要做法。通过先行试扫、公开招标等方式,将"十纵八横"主干道及重点路段的清扫保洁、垃圾收集、洗扫洒水、冬季除雪等公共服务外包给北京慧丰清轩、深圳金州市政、保定亮城丽都等13家保洁公司负责。按照机械清扫6.97元/平方米,人工清扫4.8元/平方米的价格,市财政每年拨付清扫保洁费用约6300万元。2013年,市财政局组织对市区环卫作业市场化工作进行了绩效评价。2016年,由市执法局对各环卫作业公司清扫保洁质量进行监督管理,按照"扁平化指挥、精细化管理"的原则,对各公司的作业车辆实行定人、定车、定路段、定标准的"四定"管理模式,并加大督导检查力度,严格落实奖惩,做到当天检查,当天通报,进一步保障了环卫服务水平。

2. 主要成效。一是创新了环卫体制机制。实行环卫作业市场化运作,通过政、事分开,管理与作业分离,实现了由"花钱养人"向"花钱办事"转变。二是提高了清扫保洁质量。实行政府购买环卫作业服务后,街道的清扫保洁频率加大,保洁时间延长,保洁效果有了明显改善,市民满意度大幅提升。三是提升了环卫保洁企业的作业水平。各环卫保洁公司在环卫投入、清扫保洁质量上、工人待遇等方面相互有比较,充分竞争,有利于企业不断提升自身专业性,进而促进环卫作业整体水平的提升。

（四）潍坊市购买社区卫生服务

为建立健全社区卫生服务体系，提升社会卫生服务水平，潍坊市探索形成了"政府主导、公益性质、市场机制、购买服务"的社区卫生服务模式，截至2010年，全市基本实现"双百双零"目标，即：社区卫生服务机构和公共卫生项目覆盖100%城镇居民；公共卫生服务零收费和基本药物零加成。

1. 主要做法。一方面，引入竞争机制，搭建购买公共卫生服务平台。通过公开招投标，从1000多个各类医疗卫生机构中，择优确定了16个社区卫生服务中心和64个社区卫生服务站，平均从业人员分别达到18人和9人，民营机构占40%，搭建起了完善的服务网络。另一方面，转变投入方式，打造购买公共卫生服务链条。一是明确购买内容。将建立居民健康档案、健康教育、高血压糖尿病等慢性病管理、老年及妇儿保健等10大类20项基本公共卫生服务项目纳入购买范围。二是测算项目成本。聘请第三方专业机构，对服务项目成本进行测算，按照略高于成本原则，确定人均经费标准。三是规范服务行为。制定基本公共卫生服务作业指导书，明确项目的提供内容、操作流程和质量标准，实行全程跟踪监管。四是核定购买资金。实行"先预拨、后结算"办法，年底根据考核结果，结算购买服务资金；对运行机制完善、效果明显、群众满意的机构，给予适当奖励。五是畅通拨付渠道。为保障资金及时到位，设立市级专户，归集市、区两级资金，直接支付到服务机构。

2. 主要成效。一是通过引入竞争和绩效考评机制，提升了财政资金使用效率。二是在政府政策的扶持下，社区卫生机构服务能力明显提高，收益逐步增加。三是居民享受到免费的公共卫生服务和质优价廉的基本医疗服务，目前潍坊市社区医生入户率达80%，健康档案建档率超过90%，社区医疗费用降低30%以上，居民健康水平大大提升。

（五）焦作市购买基本公共卫生服务

为促进基本公共卫生服务逐步均等化，焦作市依托基本公共卫生服务管理系统，通过政府购买服务为五城区100万居民提供基本公共卫生服务，有效提升了群众满意度。

1. 主要做法。通过公开招标，焦作市确定了42所医疗卫生机构承担基本公共卫生服务工作，其中政府举办11所，医院领办7所，企事业单位职工医院转型21所，民办3所，在全市形成了结构合理、布点均匀、全方位覆盖的基本公共卫生服务网络。每个服务机构所得的补助资金通过服务记录和考核结果核算，改变了以往根据人口数量和人均补助标准拨付的旧模式。2013—2015年，全市共投入购买服务资金11590万元，其中中央财政补助6246万元，省财政补助2075万元，市财政补助1693万元，区财政补助1576万元。

2. 主要成效。一是为城乡居民提供了较为全面的公共卫生服务。截至目前，已为92.4万城市居民建立了健康档案，居民累计建档率92.8%；开展不同类型的健康教育讲座等活动11725场次；儿童免疫接种率达98%以上；管理高血压128410人，糖尿病52484人，重性精神病管理2957人；2015年全市免费婚检达31000对。二是服务机构实现了积极转变。为了争取基本公共卫生服务补助，服务机构在不断增加服务供给、提高服务质量的过程中，逐步实现了"四个转变"，即由"看病型"向"服务型""治疗型"向"预防型""专业型"向"社会型""被动型"向"主动型"转变。三是补助资金得到了有效利用，按照新的补助资金核算方式，补助资金的每一分钱，对应的都是居民接受的每一项具体服务，资金绩效大幅提升。

第四篇　民生事业与财力保障

烟台市财政民生投入成效、问题及对策建议

烟台市财政局 周 波
中国工商银行烟台市分行 李玉华

保障和改善民生是经济发展的核心目标，也是拉动消费、促进经济发展方式转变的重要举措。近年来，烟台市各级财政部门坚持民生财政理念，将发展经济与改善民生紧密结合，持续优化支出结构，强化民生投入，把更多的财政资源倾注于民生，着力解决利涉百姓切身利益的民生问题，有力推动了烟台民生事业的快速发展。

一、近年来烟台市财政民生投入的成效

近年来，烟台市财政民生投入不断加大。2013年、2014年、2015年全市财政民生投入分别实现420亿元、455亿元和517亿元，占同期财政支出比重达到77.5%、79.1%和80.3%，民生支出占财政支出的比重逐年攀升，每年4/5的财力用于民生事业的发展，2015年的财政民生投入是"十一五"同期2010年的2.1倍，年均增幅达到15.7%，高于同期财政支出增幅。烟台市财政民生投入的持续增长，有力地推动了各项民生事业的发展，特别是与群众利益密切相关的社保、就业、医疗、教育等方面更是实现了较快发展，有效提升了社会公众的福祉。具体如下。

（一）统筹城乡社会保障体系建设，实现社会保障全民覆盖

2011年，烟台市在新型农村养老保险、城镇居民养老保险试点的基础上，整合归并为城乡居民社会养老保险，与企业养老保险、机关事业单位养老保险一起构架起多层次、广覆盖的养老保险体系，全市529万名居民参保，实现了养老保险的全民覆盖，2015年全市养老金支出达到215亿元。社会救助体系不断完善，社会救助标准自然增长机制初步建立。"十二五"期间，烟台市城乡低保标准由人均361元和161元提高至529元和326元、五保集中供养和分散供养标准分别由不低于3700元和1600元，提高至不低于6000元和3400元，稳稳兜住了困难群众的基本生活。实施积极的就业政策，设立专项创业扶持资金，提高创业补贴标准，开展就业援助专项活动，2015年为4.3万名"4050"等就业困难群体发放社保补贴、岗位开发补贴、培

训补贴等9100多万元。"十二五"期间,烟台市财政社会保障和就业支出累计完成356亿元。

(二)推进医疗卫生体制改革,公共卫生服务水平大幅提升

完善居民医疗保险制度,烟台市2014年将城镇居民基本医疗保险和新型农村合作医疗制度整合为居民基本医疗保险制度,城乡居民大病保险人均政府补助标准由2010年的120元提高到2015年的380元,"十二五"期间,烟台市城乡居民医疗保险政府补助资金超过61亿元。健全基本公共卫生服务保障机制,全市人均经费补助标准由"十一五"时期的人均15元提高到2015年的人均40元,服务项目由9大类11项,增加到12大类45项,投入基本公共卫生服务10.3亿元,惠及城乡居民近700万人。基本药物制度、基层医疗卫生机构补偿机制和老年乡村医生生活补助制度建立完善,市级财政每年安排1166万元,对困难县市区基本药物制度进行补助,提升基层医疗卫生服务能力。安排医疗卫生信息化建设资金近5000万元,结合"智慧烟台"建设,推进全市医疗卫生信息化改革,打造卫生信息平台。支持食品药品监管体制改革,市级财政安排专项资金1900多万元,用于采购食品安全检测及办公设备,增加检验机构检验范围,提高检测能力。加强公共卫生防治体系建设,大力支持手足口病、H1N1流感防治等突发公共卫生事件的应急反应和救治,目前烟台市已初步建成涵盖市、县、乡、村四级的医疗防治体系。"十二五"期间,烟台市医疗卫生和计划生育支出接近200亿元。

(三)教育投入持续加大,教育事业实现优先发展

"十二五"期间,烟台市教育一般预算投入完成502亿元,占同期财政支出平均比重19%,年均增长16.7%,支出占比及增长幅度均高于全省平均水平,教育投入走到了全省的前列。财政教育投入的大幅增长,有力地推动了公共教育服务体系的建立。学前教育方面,2012—2013年,市级每年安排学前教育奖补资金1000万元,对经济欠发达的县市区新建幼儿园和改扩建幼儿园进行奖励,推进了"政府主导、社会参与、公办民办并举"的办园体制建设,2015年学前教育生均公用经费标准超过300元/人。义务教育方面,2007年烟台市在全省率先实行城乡义务教育经费保障机制改革的基础上,进一步提标扩面,连续6次提高中小学公用经费补助标准,将农村义务教育学校公用经费标准提至每生每年小学710元、初中910元,将家庭经济困难寄宿生生活费补助提至每生每年小学1000元、初中1250元,补助比例扩至在校寄宿生的15%,同时组织实施义务教育阶段学校校舍安全工程、校园安保、农村中小学校教学仪器更新、211工程、农村义务教育学校校舍标准化建设等教育惠民工程,全市中小学办学条件和教学质量明显提升,中小学适龄学生入学率均达到100%。高中教育方面,实施普通高中家庭经济困难学生国家资助制度,推进普通高中规范化建

设。中职教育方面,从 2013 年起每年安排资金 7000 万元,全面实行中职免学费制度,同时鼓励支持工学结合、校企合作,促进经济发展和职业教育紧密结合,形成了与经济社会发展人才需求相对接的职业教育培养体系。高等教育方面,市级拨付高校化债资金 6.88 亿元,帮助高职院校化解债务,防范财务风险,促进地方高校持续健康发展。

(四)重点文体工程深入推进,公共文体服务体系建设取得明显成效

大力推进文体重点工程建设,以关键突破带动文体事业加快发展。"十二五"以来,市级累计安排资金 6 亿元,深入实施广播电视村村通、文化信息资源共享、农村电影放映、农家书屋、乡镇文化站、"五馆一站"免费开放以及城区健身路径、农民健身工程等重点文体工程,全市广播电视村村通实现有线无线全覆盖,乡镇综合文化站、农村文化大院、农家书屋全面建成投入使用,农村电影年放映近 8 万场,实现了每村每月 1 场电影的目标,数字化放映率达到 100%,博物馆、公共图书馆、文化馆站等"五馆一站"全部对社会免费开放,全民健身器材实现村级(社区)全覆盖,15 分钟文化活动圈和体育健身圈初见雏形,全市搭建形成起涵盖"市、县、乡、村"四级的公共文体服务网络,烟台荣获"全国全民健身示范城市""省公共文化服务体系建设示范区""国家公共文化服务体系示范区"等多项殊荣。文化载体建设取得重大进展,近年来,烟台市投入 70 多亿元兴建了烟台文化中心、体育公园、滨海文化广场、福山区青龙山文化广场、莱山市民文化广场、莱州文化中心等一系列高规格、高档次的文体基础设施,烟台文体载体建设水平位居全省前列。公共文体服务不断拓展提升,百姓文体生活日益丰富。每年预算安排专项资金,支持开展送戏下乡、公益电影放映,对群众文艺及全民健身进行免费辅导,举办全民健身运动会,全市 10 个专业艺术院团和 1000 多家业余文艺表演团队常年活动于乡村基层,年均为百姓演出 3 万多场,打造出了"烟台文化艺术节""烟台市专业艺术院团演出季"等一批著名文化品牌,实现了"天天有展览,周周有演出,月月有主题,欢乐伴全年"的公共文体服务目标,百姓文体生活日益丰富多彩。

(五)支持商贸流通和涉农事业发展,城乡一体化加速推进

着力解决利涉百姓切身利益的粮油食品安全问题,加强储备粮管理。近两年来,市级累计拨付粮食风险基金 6830 万元、在确保市级 10 万吨地方储备粮安全的基础上,实施粮食轮换计划,保障地方储备粮食安全。同时,在全市范围内推进放心粮油示范工程建设,对放心粮店和主食厨房分别每个补助 3 万元和 5 万元。实施城市公交、居民供暖财政补贴,推进"菜篮子"工程建设。"十二五"以来,市级财政累计拨付资金 2.59 亿元,支持公交集团车辆更新、场站建设和对老年人、残疾人乘车进行补贴;拨付资金 1.26 亿元供热补贴,保障居民正常供暖;投入 5586 万元实施"放心菜""放心肉""放心早餐"等"菜篮子工程",满足百姓安全健康饮食需求。强化农业基础设施建设,完善支农惠农政策,促进农民增收。2015年,全市投入"三农"资金超过50亿元,重点支持农田水利、水源地保护等基础设施建设以及新品种培育、农作物良种补贴、农机直补等,促进农业增效、农民增收、农村发展。支持农村生态环境整治,推进城乡统筹协调发展。加快"美丽乡村建设""乡村连片治理"和"百镇千村"等惠民工程建设,整治农村环境,改善村容村貌,完善农村基础设施条件。"十二五"以来全市建设各类村级公益项目9523个,惠及村9482个、村民479万人次。

(六) 保障性安居工程建设快速推进,城镇居民住房条件大幅改善

进一步加大保障性安居工程投入力度,建立完善起多层次住房供应体系。从2014年起,烟台市在全省率先实行了廉租房、公租房和经济适用房"三房合一、梯度保障、租补分离、明收明补、不租不补"的住房保障模式,同时将新就业无房职工和外来务工人员纳入保障范围。积极落实住房保障制度,鼓励符合保障条件的住房困难家庭通过在市场长期租赁住房,同时通过配建、改建、收购盘活市场住房存量,增加保障房供应量,努力缓解中低收入家庭住房困难。2015年,全市对近9000多户符合条件的中低收入家庭发放了保障性住房租赁补贴,新建、改建、筹集公共租赁住房900套,完成棚户区改造18584户。全市保障性安居工程的推进实施,大幅度改善了城了镇居民住房条件,提升了城镇综合承载能力,为城镇化、工业化进一步发展创造了良好的发展环境。

二、目前烟台市财政民生投入存在的问题和困难

近年来,烟台市各级财政部门不断加大对民生事业的投入,保障和促进民生发展的政策密集出台,民生事业实现了快速发展。但与之同时,经济增长速度的放缓、县域经济发展不均衡,加之百姓民生需求的不断提升,烟台民生事业财政保障工作面临着严峻的挑战。

(一) 经济增长速度放缓与民生支出的刚性增长,给财政民生保障带来巨大压力

我国经济在实现30多年高速发展后,目前的增长速度逐步放缓,进入了发展的平稳期,即经济增长的"新常态"阶段。经济增长速度的放缓,也影响了财政收入的增长,地方财力的扩张速度明显降低。烟台市财政收入增长速度,由"十一五"期间平均的21.6%,逐年下降到2015年的10.7%,2016年预计增长10%,整体呈逐年下降趋势。而与之同时,以社会民生为代表的社会问题在不断凸显,财政保障改善民生的支出压力急剧增加。如教育部门出台的《国家中长期教育改革和发展规划

纲要》明确提出财政性教育经费支出占 GDP 比重达到 4% 以及近年来城乡社会保障体系的大范围提标扩面，形成了巨大的财政增支压力。此外，民生支出属于刚性支出，增上去就难以减下来，民生支出的无限性与财政收入的有限性成为当前财政预算安排的难点。

（二）县域间经济发展不平衡，影响了全市民生事业的均衡发展

民生改善注重的是普惠性地改善，强调均衡性和协调性，要求民生保障措施能全局统一推进。就烟台市来说，虽然烟台属省内经济发达地区，但由于县域间经济发展水平失衡带来的政府间财力差异加大问题，愈加成为影响和制约烟台民生事业发展的焦点问题。受地域范围、人口数量等因素影响，衡量地方政府的财力雄厚程度，更具考量性的是人均财力水平。按照财政供养人口口径计，烟台市 2015 年人均财力为 25 万元，县区平均为 24.1 万元，其中有 4 个县市区超过县区平均水平，9 个县低于县区平均水平。县区中人均财力排名前三的分别是开发区、莱山区和龙口市，人均财力分别为 99.5 万元、69.5 万元和 43.7 万元，排名后三的分别是莱阳市、栖霞市和长岛县，人均财力分别为 10.7 万元、10.8 万元和 14.3 万元，人均财力排名第一的开发区是排名最后的莱阳市的 9.3 倍。县域间政府财力的差距，使得在县市区民生改善上难以政策同步，财力好的县市区可以做到步子大一点、标准高一些，而财力薄弱的县市区连一些国家出台的基本民生保障政策都难以及时落实，全市民生建设协调推进受到影响。

（三）财政民生投入管理制度方面还存在问题，亟待改进和完善

一是财政民生投入方面仍存在着"越位""缺位"和"不到位"的问题，一些可以由政府、市场共同实施的准公益性事业，政府大包大揽，保障过度，而应由政府负起责任的纯公益事业却又财力不足，形成欠账。较为典型的如高等教育的过度投入以及基础教育、公共卫生、环境保护等方面的投入不足问题。二是民生事项决策机制还不够完善，有些项目决策缺乏科学的论证，出台的民生事项临时性、短期性为多，缺乏长期性和制度性约束。不少民生事项实际为政绩工程、面子工程，浪费了宝贵的财政资源。三是缺乏民生领域社会资金导入机制，相关制度建设滞后匮乏，民营资本进入及退出渠道不畅，难以发挥财政资金引导社会资金参与民生建设的作用。目前，虽然在公共基础设施建设方面自上而下都在大力推进 PPP 公私合作模式，但总体进展缓慢，短期内还难以见到显著成效。四是民生投入绩效评价机制还有待完善，绩效评价对加强公共管理水平，提升民生投入支出效益的作用还没有充分发挥。

三、完善烟台市民生保障体系建设的财政对策

保障和改善民生是政府的职责，财政部门应担当起更多的责任。鉴于民生改善的

艰巨性与复杂性，以及地方财力的可承受能力，财政民生投入上要处理好改善民生与发展经济的关系、民生建设短期性和长远性的关系，不断加大对民生事业的支持保障力度，推动建设财政向民生财政转型。

（一）支持经济加快发展，保障财政民生投入的可持续增长

民生建设，离不开财政的支持，充足的财力是保障和改善民生的坚实基础与物质保障。财力源于经济的发展，只有坚持发展经济，做大财政收入蛋糕，才能奠定改善民生的财力基础，保证财政民生投入的可持续增长。针对烟台市目前经济发展现状，今后要大力支持经济结构转型升级，促进经济可持续快速增长。要发挥财税政策的导向作用，促进产业结构调整，加快构建以服务业为主导的现代产业体系，促进服务业与制作业、农业的联动发展，全面提升产业升级。积极支持包括产业研发、市场营销在内的先进制造业发展，推动产业链和价值链向高端拓展。落实支持现代服务业发展的相关政策，大力发展现代金融、现代物流、文化创意、服务外包等高端服务业和新兴服务业，促进发展电子商务。支持节能环保，把低碳产业作为产业升级、培育新的经济增长的切入点和突破口。加快东部新区建设，隆起高新区经济发展突破带，大力发展海洋经济。强化人才建设，为推动企业转型升级提供人才支撑。加大科技投入，促进经济发展由要素拉动、投资拉动向创新拉动转型。

（二）优化调整财政支出结构，完善利于民生改善的财政转移支付制度

按照构建民生财政和理顺政府与市场关系的要求，进一步优化调整财政支出结构，减少财政资金直接用于市场竞争领域的投入，大力压缩"三公"经费及一般性事务支出，挤出更多财力用于民生事业发展。不断加大对民生事业的财政投入力度，新增财力优先向社会民生倾斜，确保民生支出增长幅度高于一般性预算支出增长幅度，提高民生支出占财政支出的比重。加快完善事权与财权相匹配的财政转移支付制度，压减专项转移支付资金，提高一般性转移支付比重，实现财力向基层下移，逐步建立起县级基本财力保障机制，增强基层财政保障和改善民生服务的能力。建立财力的横向调整机制，增加对人均民生支出水平低、发展后劲不足的欠发达县市区的财政转移支付力度，缩小县域间基本公共服务均等化差距，着力解决县域间民生事业发展不平衡问题。

（三）发挥财政投入对社会资金的引导作用，形成民生建设的多元化投入机制

民生建设是政府和社会的共同职责，而且由于民生需求的多样性及多层次性，民生领域同样具有较为广阔的市场空间，需要政府政策放开和合理引导，吸引鼓励社会资金和民间资本进入民生领域，形成民生建设的多样化投入机制。主要从以下几方面着手。

1. 要保障基本，坚持基础民生建设政府负主要职责、财政投入为主的原则，切实保障基础教育、公共医疗、环境保护等基本公共民生事业发展。

2. 要政策放开，扩大基础民生以外的民生事业向社会开放领域，给予给社会资金合理的发展空间，鼓励和引导民间资本参与民生事业建设。

3. 要平等对待，对参与民生事业的社会力量在机构设置、资质认定、税收政策和政府购买服务等方面，与公立机构享有平等的待遇。

4. 要完善财政资助机制，合理利用政府补贴供给方和补贴需求方的调节手段，增加百姓民生服务的选择权，促进民生领域社会资本合理竞争。

5. 要创新方式方法，推行政府购买、公私合营、特许经营、合同委托、服务外包、土地出让、协议配建、PPP等方式，引入市场机制和采取市场的方法保障和改善民生。

（四）深化财政管理制度改革，提升财政民生投入支出效益

进一步推进预算编制改革，细化支出预算编制，强化部门预算约束，大力压减"公务出国、公务接待、公务用车"三公经费规模，挤出财力用于民生建设，保证财政民生投入合理增长，逐步提高民生支出比重。完善民生支出的决策机制，加强项目论证和信息反馈，制定科学合理的民生支出分配标准，增强民生事项预算安排的科学性和合理性，统筹兼顾地方财政承受能力和发展的可持续性。深化财政投资评审、政府采购和国库集中支付制度改革，增强支出安排的透明度，缩减资金拨付流程，规避民生投入被挪用、侵占和截留问题。积极推进财政支出绩效评价，完善民生投入绩效考评指标体系，健全民生投入追踪问效机制，对民生投入的资金管理、项目执行、成效反馈等关键环节进行科学考评，并将结果反馈应用于预算安排。加强财政监督管理，将民生投入全过程纳入财政监管范围，坚持专项监督与日常监督相结合，不断加强财政监督查处力度，及时发现问题和薄弱环节，落实整改措施，切实提高财政民生投入的支出效益。

烟台市就业创业情况调查报告

烟台市财政局　王金钟

2013年，烟台市始终紧密围绕经济发展大局，深入实施就业优先战略和更加积极的就业政策，在创造充分就业机会、营造公平就业环境、提高良好就业能力等方面采取了一系列有效措施，推动全市就业工作实现了总量稳步增长、质量不断提高、效能显著提升、局势持续稳定的良好态势。由于受国家经济增速放缓和下行压力加大的影响，一些企业特别是小型微型企业经营困难，新增就业岗位总量下降，劳动力结构性矛盾加剧，就业形势依然严峻。为充分了解烟台市就业创业的新情况，研究进一步完善支持就业创业政策和加强就业专项资金使用管理的措施，近期，我们在分析全市促进就业创业情况的基础上，对各县市区就业创业工作开展调查研究。

一、就业创业基本情况

2013年，全市进一步加强就业形势的研究，增加财政投入、提升就业服务能力、推进创业扶持政策落实，较好完成各项就业目标任务。年终就业目标考核仅次于青岛、泰安。全市新增城镇就业17.4万人，完成任务计划166.9%，其中失业职工再就业2.8万人，完成任务计划128.4%，困难群体再就业0.6万人，完成任务计划122.4%；新增农村劳动力转移就业3.77万人，完成任务计划150.8%；应届高校毕业生总体就业率稳定在90%以上；城镇登记失业率3.25%，低于省控制指标0.65个百分点。

（一）就业资金投入不断加大

各县市区在财力较为紧张的情况下，通过统筹安排财政就业专项资金和失业保险基金扩大支出范围试点资金，逐步加大就业资金投入力度，保障就业困难群体项目支出，支持各项就业创业扶持政策的落实。2013年，全市用于促进就业的资金达3.4亿元，其中：财政预算安排就业专项资金支出1.2亿元，失业保险基金扩大支出范围促进就业资金2.2亿元。用于社会保险补贴7591万元，职业培训补贴3534万元，创业及岗位开发补贴1464万元，扶持公共就业服务1325万元。增加小额担保贷款基金

17225万元。龙口市投入就业资金2722万元，比上年增长18%；开发区投入就业专项资金2516万元，比上年增长32%；芝罘区投入就业专项资金2502万元，比上年增长15%。

（二）就业资金监管不断强化

各县市区以提高资金使用效益为重点，以落实就业促进政策为目的，进一步完善就业补助资金的审核、拨付和监管流程。建立就业资金稽核制度，强化就业资金审批发放的监督稽核，保证就业资金安全。就业办内部专门成立稽核部门，凡是涉及就业资金支出的项目，支出前均由业务科室做出说明，稽核部门确认后才能发放；在落实优惠政策过程中，稽核部门对违规发放、发放标准不符等问题即查即纠；就业资金发放后，稽核部门对发放情况进行核实，确保优惠政策真正落到实处。同时市级就业部门成立了就业资金使用督导稽查领导小组，采取系统抽查和现场检查相结合的方式，定期对县市区就业资金使用情况进行督导检查，杜绝违规违纪问题发生。

（三）创业带动就业工作不断创新

2013年，各县市区加大创业政策的扶持力度，将创业政策、创业培训和创业服务有效结合，大力推进创业孵化基地建设，培养劳动者创业意识和能力，以创业带动就业。全年新创办个体工商户和私营企业43748个，比上年度增加16%，其中享受一次性创业补贴3713个，带动就业14.2万人。全年共发放各类创业补贴2785笔，共计1187万元。一是抓好小额担保贷款政策落实，充分利用今年烟台市扩大小额担保贷款基金规模的契机，进一步加大劳动密集型小企业的宣传力度，及时做好小微企业的贷款扶持工作。市级安排担保基金1.1亿元，12个县市区安排担保基金达到1000万元；全年共为1111名创业者发放小额担保贷款4.36亿元，同比增长53%；支出小额担保贷款贴息资金856.33万元，资金到位率达100%。二是在全省率先建立了系统的大学生创业培训管理制度。会同人社部出台了《大学生创业培训实施方案》，全程规范和完善了创业培训工作内容，公开评审认定了4家培训机构。全年培训大学生3812人，完成年度计划的127%。三是创业载体的服务功能进一步增强。烟台市大学生创业园成功晋升"省级大学生创业示范园"，并被教育部、科技部认定为"国家高校学生科技创业实习基地"，目前已入驻项目230个，完成年度计划的115%，争取省补助资金300万元。新认定鲁东大学等4家市级创业示范孵化基地，补贴资金180万元。全市初步形成了"一园、八基地"扶持大学生创业的格局，成功孵化企业520个，带动就业5400多人，倍增效应突出。

（四）职业技能培训不断完善

积极开展就业技能、岗位技能提升培训和创业培训，使城乡劳动者达到上岗要求或掌握初级以上职业技能,切实发挥职业培训在解决就业结构性矛盾中的基础性作用。全年开展就业技能培训6.57万人,其中农民工3.26万人,失业职工1.11万人,新成长劳动力0.48万人。开展各类创业培训1.72万人,成功创业0.52万人,带动就业2.33万人。创新创业培训模式,构建多元化创业培训机制,针对失业职工和农民工开展技能发展型培训,针对高校大学生开展智力成长型培训,针对各类城乡劳动者开展市场灵活型培训,进一步提升创业培训的针对性和有效性,提升就业质量。

(五) 公共就业服务效能显著提升

规范各项业务经办流程,对就业补贴、创业补贴、失业登记、就业培训等业务经办流程进行了统一规范,推进就业服务工作更加公正、公开和透明。开发应用就业服务网上经办系统,实现就失业登记、就业培训、招聘求职、补贴申领和信息查询等各项业务"外网受理、内网办理、柜网联动、一站服务",烟台市做法在全省公共就业服务工作创新推进会上进行推广。围绕新形势下就业热点、难点问题,深入县市区开展专项督导检查和专题调研,为科学决策提供信息参考。加强失业统计管理,健全信息汇总、分析、上报渠道,确保及时准确掌握就业形势变化;我市也成功列入全省两个失业预警试点城市。

(六) 就业创业宣传形势不断突破

专门安排资金用于就业创业宣传工作,在通过报刊、网站抓好创业宣传的同时,着力将宣传重点向广播、电视等媒介延伸。与烟台电视台合作,拍摄了20集创业典型宣传片,在黄金时段滚动播放。在全市范围内高密度地开展了"创业在烟台"集中宣传活动,组建工作领导小组,抽调精干力量,配合各大媒体宣传采访、组稿,组织筹备相关宣传活动,进一步扩大创业宣传覆盖面和影响力。全年共计在《山东就业》《烟台日报》《烟台晚报》等媒体发表宣传稿件170余篇。

二、当前存在的主要问题

(一) 就业结构性矛盾仍然突出

从当前劳动力供求的技能结构上看,无技能和低技能的劳动力过剩,中高技能的劳动力明显不足。据统计,我市2013年办理就业登记备案手续17.4万人,其中城镇新成长劳动力7.2万人,外来务工人员(农村劳动力转移)6.8万人,失业职工2万人,大中专技校毕业生1.4万人。城镇失业人员和农村劳动力的技能素质相对偏低,就业领域较窄,没有政府和政策扶持,再就业难,就业稳定性差。而新成长劳动力又存在知识结构和技能水平不能与市场良好对接问题,造成用工难,就业也难。一方面传统行业出现大量人员下岗失业,另一方面新兴产业、行业和技术性职业却人才短缺。劳动力素质与岗位需求的突出矛盾已成为制约企业迅速发展的瓶颈。所以,劳动力总量供大于求和结构性矛盾仍较突出,解决企业招工难与劳动者就业问题的举措方法还需进一步创新突破。

(二)公共就业服务体系还需进一步改进完善

公共就业服务体系与推进大就业格局、实现公共服务均等化,满足高校毕业生、新生代农民工的就业需求还不相适应。基层城乡劳动力资源调查、就业援助等基层基础工作不够扎实,精细化服务水平还不够高,难以满足就业工作贴近基层、服务民生的发展要求。针对不同群体需求,还缺乏灵活多样的服务方式和便捷、针对性强的服务,有待进一步加强。

(三)针对促进大学生就业财税政策不够具体

目前,扶持高校毕业生就业的政策措施比较多,但实际上毕业生真正能享受的政策却不多。比如促进就业最明显的社保补贴政策,只有困难家庭毕业生才能享受,扶持面非常窄。当前从就业渠道看,中小企业是吸纳高校毕业生的主力军。2013年,我市中小企业提供的就业岗位占需求总量的70%以上,实际到中小企业就业的高校毕业生也达到2.2万人,占就业总量的60%以上。但部分中小企业一直存在着用人制度不规范、发展空间窄等问题,造成毕业生解约率近几年居高不下,目前我市解约毕业生中近80%来源于中小企业,这已经影响到高校毕业生到中小企业就业的积极性。因此,应进一步改善中小企业就业环境,积极鼓励、引导毕业生到中小企业就业,促进烟台经济健康发展。

(四)税收政策覆盖范围过窄,部分优惠政策额度低

目前,对个人税收优惠政策仍局限于持《就业失业登记证》和《高校毕业生自主创业证》人员,没有将所有个体从业者纳入扶持范围。此外,税收优惠政策只覆盖到商贸企业、服务型企业、劳动就业服务企业中的加工型企业和街道社区具有加工性质的小型企业实体,没有将吸纳就业能力强的建筑业、制造业等非公经济行业纳入优惠政策范围。部分优惠政策额度有限。如税收优惠额度几年来都是按每人(每户)每年4000—8000元依次扣减营业税、城市维护建设税、教育费附加和个人以及企业所得税等,对创业的劳动者和企业没有实质性的吸引力,也难以真正发挥税收优惠促进就业创业政策效力。

(五)就业资金使用和管理水平有待进一步提高

在资金使用上,不少县市区存在就业资金支出进度较慢,没有严格按照预算序时

进度执行，造成上半年预算执行不到位，下半年突击支出，年底强调就业资金账户"零"结余的不正常现象。在资金用途上，地方财政预算安排及扩大失业金范围两类资金在促进就业方面的功能定位不清晰，各自的侧重点不够明确，协同促进就业的作用没有得到充分发挥。在地方政府责任上，有的县市区配套资金投入不平衡，存在等、靠、要思想，对省级补助资金有明确挂钩要求的项目安排了资金，对没有明确要求的则安排较少或者未安排。

三、加快实施更加积极就业政策建议

（一）健全就业创业财税政策长效机制

一是进一步加大财政资金投入。财政投入不仅能够直接拉动就业，还可通过乘数放大效应带动社会投资以增加就业。因此，应继续加大就业的投入规模和投入比例，促使财政对就业的投入与经济增长和结构调整的良性互动。二是调整优化就业支出项目。对已不适应经济社会发展需求的支出项目，要根据就业形势变化及时进行调整优化，同时，就业支出项目应逐步由保障性就业向促进性就业倾斜。

（二）应适时调整完善就业援助政策

在积极稳定现有企业用工，确保现有就业援助政策落实的基础上，应根据就业工作重点，适时完善困难群体就业援助尤其是公益性岗位补贴政策，以及政策到期后对部分就业特殊困难人员重新失业的后续援助政策，进一步细化援助对象的界定、补贴水平、发放办法等。运用好培训补贴进一步提高各种人群的劳动者技能，尤其是要进一步明确大学生就业创业的培训补贴具体办法，利用社保补贴及税收优惠政策，扶持劳动密集型小企业，激励他们提供更多的就业岗位，使更多的未就业者实现就业。

（三）应加大对创业带动就业的支持力度

在总结目前推进创业带动就业工作经验的基础上，对现有创业扶持政策进行梳理、调整和完善；加大对创业带动就业的支持力度，运用租赁补贴等扶持政策，推动大学生创业孵化基地、创业产业基地和创业园建设，为他们创业提供场所，营造一个好的创业氛围；改变小额担保贷款救急不救贫的做法，增加创业启动资金，切实解决大学生创业初期贷款难、融资难等问题，开通"创业担保贷款绿色通道"，解决创业资金不足问题；支持各地根据产业特色开展农民创业试点工作，发挥先进示范效应，以点带面促进创业，并以创业带动就业。

（四）应扩大就业财税优惠政策范围

扩大优惠税种和减免额度。在现有的优惠税种基础上，增加增值税、消费税等税种,同时,建立自然增长机制,逐步提高对个人或企业税收优惠额度,并根据其盈利能力延长相关税收优惠期限。放宽优惠人员范围。目前所有就业优惠政策大多都是针对城镇户口人员,对农业户口人员涉及面小,目前,随着经济社会发展和城镇化进程,外来务工人员、失地失业农民增多,就业创业财税政策对户籍限制应随社会发展做相应调整。

(五) 应加强就业资金筹集和使用管理

根据就业工作需要合理安排就业专项资金预算和扩大失业金范围支持计划,保障促进就业支出需要;引导社会资金援助促进就业工作,拓宽就业资金筹措渠道;规范资金使用,加快资金支出进度。发挥就业资金绩效。按照财政科学化、规范化、精细化管理要求,制定科学、合理、客观的就业资金绩效评价体系,积极开展就业资金支出绩效评价,进一步完善就业政策,健全就业长效机制,发挥就业资金使用效益。加大就业资金的监管,采取年度检查和专项审计相结合的办法,强化监督,杜绝骗取、贪污、挪用资金事件发生,确保就业资金最大化的用于促进就业工作。

保定市困难群众基本生活救助制度调研报告

保定市财政局　李照力　绳春梅　楚瑞珏

一、现行制度

2014年，国务院印发《社会救助暂行办法》，标志我国社会救助体系政策设计和管理逐步完善，结合遂后印发的《国务院关于全面建立临时救助制度的通知》《国务院关于进一步建立健全特困人员救助供养制度的意见》《国务院办公厅转发民政部等部门关于进一步完善医疗救助制度　全面开展重特大疾病医疗救助工作意见的通知》等文件，形成我国现有困难群众基本生活救助制度模式，包括：最低生活保障制度（低保制度）、特困供养制度、临时救助制度、医疗救助制度、受灾人员救助制度、住房救助制度、就业救助制度、教育救助制度和社会力量参与的"8+1"社会救助制度模式。

（一）低保制度

目的是保障困难群众基本生活的基础性、托底性制度，目标是应保尽保。涉及与养老、福利、就业、扶贫开发等政策衔接。低保对象是共同生活的家庭成员人均收入低于当地低保标准且符合当地低保家庭财产状况规定的家庭。低保标准由省、自治区、直辖市或者设区的市级人民政府按照当地居民生活必需的费用确定、公布，并根据当地经济社会发展水平和物价变动情况适时调整。低保金补差发放按照共同生活的家庭成员人均收入低于当地低保标准的差额发放。2016年保定市发放城乡低保金47320万元，中央和省级财政下拨补助资金48606万元、市级财政拨付补助资金1650万元。

（二）特困人员救助供养制度

2016年，按照国务院印发《关于进一步建立健全特困人员救助供养制度的意见》，将城市"三无"人员救助制度与农村五保供养制度统筹整合为特困人员救助供养制度。

特困人员救助供养：综合性政策组合保障，涉及与养老、医疗、低保、孤儿保障等制度衔接。对象为无劳动能力、无生活来源且无法定赡养、抚养、扶养义务人或者其法定赡养、抚养、扶养义务人无赡养、抚养、扶养能力的老年人、残疾人以及未满16周岁的未成年人。特困人员救助供养内容包括4个内容：提供基本生活条件、对生活不能自理的给予照料、提供疾病治疗和办理丧葬事宜。供养标准由省、自治区、直辖市或者设区的市级人民政府确定、公布。

（三）临时救助制度

以解决城乡群众突发性、紧迫性、临时性基本生活困难问题为目标，编实织密困难群众基本生活安全网，切实保障困难群众基本生活权益。救助对象为因火灾、交通事故等意外事件，家庭成员突发重大疾病等原因，导致基本生活暂时出现严重困难的家庭；因生活必需支出突然增加超出家庭承受能力，导致基本生活暂时出现严重困难的最低生活保障家庭；遭遇其他特殊困难的家庭。救助方式包括发放临时救助金、救助物品、提供转介服务。

（四）专项救助制度

包括：医疗救助、住房救助、教育救助、就业救助等。

1. 医疗救助。目的是保障城乡困难群众获得基本医疗卫生服务。对于符合条件的困难群众，可以通过城乡医疗救助制度帮助其缴纳参加城乡居民基本医疗保险、大病保险费用并对其难以负担的基本医疗自付费用给予补助。

2. 住房救助。目的是通过配租公共租赁住房、发放住房租赁补贴、农村危房改造等方式帮助住房困难的救助对象解决居住问题。在农村，农村危房改造遵循"三最"原则，为经济最困难、住房最危险的农户解决最基本的住房安全问题。对象瞄准四类人群：住房困难的低保家庭、分散供养的特困人员、建档立卡贫困人口、贫困残疾人。

二、存在问题

党的十八大以来，我国社会救助制度的发展体现了体系化、全面化、多元化等趋势，困难群众基本生活救助工作全面展开，但从制度设计、政策执行、工作管理等层面分析，仍有一些方面需进一步改进：

（一）社会救助资源管理分散

我国的社会救助体系由低保和若干专项救助项目组，社会救助项目是在我国经济不同的发展时间根据不同需求及紧迫度逐个建立的。各项救助工作的组织管理分散在民政、卫生计生、教育、住房和城乡建设、人力资源社会保障、扶贫、残联等多个部门。救助项目的划分也并非采用同一标准，有些按人群分类（如低保、特困人员救助供养），有些按困难类型分类（如医疗救助、教育救助等）。因此，不同的政策可能对同一困难类型或者同一类救助对象进行重复保障。由于救助管理职能和资源分散，整个救助体系存在顶层设计不完善、"层层打补丁"等问题，政策资金交叉重合严重，碎片化明显。

各个部门管理的社会救助资源较为分散、缺乏整合，呈现"多龙治水"局面。部门之间信息难以充分共享，在安排资金和确定对象时缺乏统筹衔接，导致救助政策公平性不足，救助缺失与福利依赖并存，重复救助与救助盲区并存。使保基本的社会救助制度逐渐呈现福利化趋势，救助和福利的边界日益混淆，同是由于社会救助资源管理分散、"政出多门"，导致了社会救助政策设计缺乏统筹考虑，项目资金缺乏整体安排，使财政资金使用效益大大降低。

（二）低保"福利捆绑"、隐性福利等问题突出

《社会救助暂行办法》要求医疗、教育、住房等专项救助与低保资格挂钩。部门由于将低保对象作为施政对象操作便捷、行政成本低、社会效益明显等原因，对低保户又附加不少待遇福利。

目前保定市与低保挂钩的救助项目有义务教育阶段免收杂费，免费提供教科书/农村义务教育阶段提供生活费补助，免收住宿费；普通高中教育发放国家助学金；中等职业教育免收学费；参加新型农村合作医疗的个人缴费部分给予补贴；患病住院的其医疗费用经基本医疗保险、大病保险和其他补充医疗保险支付后，个人及家庭难以承担的符合政策规定的医疗费用给予补助；患有重大疾病、慢性病需要长期门诊治疗的，经基本医保报销后，个人及其家庭难以承担的符合政策规定的门诊医疗费用，给予补助；农村危房改造；子女就业救助；供暖救助；基本水费补贴；免基本丧葬服务费等。

相比之下，低收入家庭既不能申请低保，也不能享受专项救助和诸多附加福利，实际贫困程度超过低保户，导致了"贫困陷阱"，出现了"悬崖效应"，影响了政策的公平性。

（三）合理调整标准

从标准调整看，社会救助标准是社会救助制度设计的核心要素之一，是界定救助范围、核定救助对象、确定救助水平以及合理安排救助资金的重要依据（社会救助标准的高低也事关就业激励问题）。

社会救助是基于家计调查的转移支付项目，以低保为例，是通过补差形式使低保

家庭收入达到当地低保标准。

近年来我市城乡最低生活保障标准随着经济社会发展水平和物价变动情况适时调整。每年市政府发布全市城乡最低生活保障标准指导意见，各县（市、区）依据此标准结合当地经济社会发展情况，确定当地保障标准。

社会救助申请对象和救助资格审核审批机构之间存在着严重的信息不对称。由于我国的社会征信体系不完善，居民家庭收入和财产登记机制尚未建立，开展低保家计核查工作缺乏有效的收入监控和调查统计手段，也缺少甄别低保对象的社会信用基础。特别是随着就业形式日趋多样化、收入来源多元化，更难以对灵活就业人员的外出务工收入及其他隐性收入进行核查。在农村，农户的家庭收入也存在很大不稳定性，很难以货币来计量。所以单靠一个民政（扶贫）部门能力不足，不是按照制度设计要求的根据家庭收入补差，出现个别群众隐瞒家庭收入与财产，编造虚假信息"骗保""赖保""错保"现象。

三、下一步政策建议

按照习近平总书记扶贫开发讲话精神和中央关于打赢脱贫攻坚战的决定要求，国务院办公厅印发《民政部等部门关于做好农村最低生活保障制度与扶贫开发政策有效衔接指导意见的通知》（国办发〔2016〕70号），从加强政策衔接、对象衔接、标准衔接、管理衔接入手，提升困难群众基本生活救助综合效益。

（一）实现困难群众基本生活救助资源优化与体系统筹

1. 统筹社会救助制度建设。在困难群众基本生活救助制度建设的顶层设计上，突出问题导向，重点破解社会救助"碎片化"问题，实现社会救助由"补缺型"制度安排转变为能够兜住困难群众底线的"无漏型"综合救助体系。对功能相近、对象重合度高的社会救助政策进行统筹归并。加强基本生活救助与专项救助之间的有效衔接和协调发展，形成梯度化、体系化救助格局。

2. 统筹社会救助工作管理。以现有困难群众基本生活救助工作联席会议制度（民政部门牵头）或地方政府建立的协调管理机制为依托，围绕社会救助对象的各项需求，在救助管理中探索各种跨部门的协同协作形式，鼓励地方或成立社会救助综合管理机构，或明确由民政部门集中管理社会救助事务，相关部门按照各自职责给以协同配合，确保"政出一门"与救助资源的统筹使用。

3. 统筹社会救助资金使用。以整合困难群众基本生活救助资金为突破口，将直接补助困难群众的资金和用于基本生活保障的资金逐步归并社会救助资金。借鉴财政涉农资金统筹整合使用试点经验，对分散在多个部门管理的救助资金进行统筹整合，使救助资金"多个口子进，一个口子出"。

针对困难群众基本生活救助资金的"碎片化"，充分发挥有限救助资源的最大效用，2016年省财政厅印发《关于修订河北省省级"困难群众基本生活救助及补助"资金管理办法》，将省级预算安排的最低生活保障、临时救助、特困人员供养、孤儿基本生活保障、城乡医疗救助资金、贫困残疾人生活补贴、重度残疾人护理补贴、生活无着的流浪乞讨人员救助资金统一合并为"困难群众基本生活保障及救助补助资金"，县级政府结合当地实际情况，统筹使用、分项列支，更科学合理运用救助资金。2017年财政部印发《中央财政困难群众救助补助资金管理办法》，将中央财政安排的最低生活保障、特困人员救助供养、临时救助、流浪乞讨人员救助、孤儿和艾滋病病毒感染儿童基本生活保障工作的资金统筹使用、分项列支，提高资金使用效益，支持地方做好困难群众救助工作。

4. 统筹搭建社会救助信息平台。搭建困难群众基本生活救助信息平台（共享、沟通、公开、监督）。通过技术手段打破部门壁垒，运用大数据工具统一整合各部门、社会组织、慈善力量掌握的社会救助资源数据，推动救助资源供给、救助信息和救助需求的对接，实现纵向贯通、横向互联，避免重复救助或遗漏救助。

（二）强化社会救助内外部政策衔接

1. 内部衔接。一是优化困难群众基本生活救助项目结构，逐步将现行既按困难类型又按救助对象划分困难群众基本生活救助政策，统一调整为按困难类型设计困难群众基本生活救助政策。二是清理附加福利，逐步取消附加待遇。过多的附加待遇不仅造成困难群众家庭和低收入家庭之间的不公平，也对有劳动能力者就业形成负面激励。三是科学确定专项救助的对象，将医疗、教育等专项救助范围拓展至低保户以外的低收入家庭，缓解支出型贫困对困难群众基本生活救助制度带来的压力。

变完全由政府负担的消极困难群众基本生活救助为政府引导的积极社会救助，重在对公民的社会救助权利的积极干预和对受救助者自我发展能力的提升，救助的实施与救助对象的工作情况紧密挂钩。

虽然无条件的救助措施能在维护社会稳定、缩小贫富差距等方面发挥积极作用，但容易导致受助者对救助的依赖。欧美的工作福利模式和拉美现金转移支付方式（CCT模式），都在实施救助时附加一定的条件，适当强调受助者应尽的义务，使救助取得更好的成效。这种做法不但大大增强了政策的导向性，在实施救助的同时体现出施助方的政策意图，而且因需要受助者履行相应义务而抑制了不工作坐领救济的"贫困文化"的产生，尤其是减少了这种文化对受助家庭中儿童成长的不利影响。

2. 外部衔接。一是社会救助与扶贫开发衔接，首先对象衔接，实现精准扶贫、精准救助、精准兜底，做好对象识别与比对。对有就业能力的、能够通过扶贫政策实现脱贫的困难群众救助对象，应纳入扶贫范畴。对无就业能力或就业能力极弱的、确实无法通过扶贫政策实现脱贫的，通过低保兜底保障。其次是标准衔接，遵循低保标准科学制定、动态调整的工作机制，做好与扶贫标准的统筹衔接，确保符合条件的困难群众救助对象纳入建档立卡范围，享受扶贫优惠政策。第三是政策衔接，不能简单将建档立卡人口全部纳入低保范围，仅靠低保制度解决所有贫困人口的脱贫问题。还是要强调自立自救，避免过于宽松的低保政策导致"养懒人"的负激励现象。第四是管理衔接，扶贫、救助信息的互联互通，会商交流、台账比对。

2015年底，国家扶贫办掌握的建档立卡贫困人口为5600万人左右，民政部统计的农村低保对象纳入扶贫建档立卡范围的，仅占建档立卡对象的约1/3，占全部农村低保对象（4900万人）的36%。2016年底，保定市21个县（市）建档立卡贫困人口占同期农村低保人口比例为10%—80%。针对上述情况，河北省已完成建档立卡贫困人口的核查工作。2017年9月省委办公厅、省政府办公厅印发《关于深化农村低保精准认定精准核查机制改革的指导意见的通知》，进一步深化农村低保精准认定、精准核查工作，扎实推进农村低保与扶贫开发政策的有效衔接。

二是困难群众基本生活救助与促进就业的关系，变消极救助为积极救助。对于有劳动能力的救助对象，通过就业救助，规定救助期限、逐年减少救助金、奖勤罚懒等措施，实现救助政策与积极劳动力市场政策有机配合，促使救助对象获得工作后有序退出救助，减少"福利依赖"。发挥就业救助、教育救助等造血式项目功能，提升救助对象的自我发展能力，消除其寻找工作中的障碍，阻断贫困的代际传递。

（三）明确地方政府在筹资与管理中的责任

我国区域间差距巨大的现实情况，中央财政转移支付资金在落实宏观调控政策、促进基本公共服务均等化等方面具有重要作用，救助的筹资与管理责任由中央和地方共担。从2009年开始，中央财政占比一直在70%左右，地方依赖中央现象比较严重。2014—2016年，中央财政安排低保补助资金占比保持在50%左右，资金总量呈逐年上升趋势。2016年保定市发放城乡低保金47320万元，中央和省级财政下拨补助资金48606万元、市级财政拨付补助资金1650万元，出现个别县级财政不拿钱的现象。容易导致地方随意扩面、放松审核的道德风险。下移低保等社会救助项目财政支出责任，强化县级政府承担起筹资与加强支出管理的主体责任，将低保覆盖面控制在合理范围。

（四）健全组织保障与管理机制

1. 事前改进以家计核查为核心的资格审核制度，做好"事前预防"。应全面推进救助申请家庭经济状况核对工作，健全家庭经济状况核算方法和核查机制，提升基层政府核查能力。探索将"劳动力系数"作为核定家庭收入的重要手段，推进救助对象认定综合指标体系建设。劳动力系数：核定家庭收入时，根据申请者的年龄、残疾程度、患病情况等因素综合确定个人劳动力系数，再根据该系数和当地农民人均纯收入（或最低工资标准）对其收入进行推算，以此促进有劳动能力的对象通过就业实现自立。

2. 事中巩固救助审批与监督评估机制，规范"事中监管"。从救助申请—审核—审批—公示等各个环节入手，严格监控整个流程。同时加强资金管理与评估，大力推进绩效评价，将评价重点由工作管理拓展到政策执行及工作对社会经济的影响效果，并进一步强化结果运用。

3. 事后健全行政问责与信息披露机制，落实"事后整治"。强化以惩戒为基础的法律法规，加大违规行为处罚力度。

将社会救助相关信息纳入国家诚信管理体系，健全失信信息披露制度，将"骗保"等行为记入诚信档案。加强政策宣传和舆论引导，避免政策指引不够清晰、公众对救助政策的了解不足等问题。

4. 事有人管，加强基层经办能力建设，确保"事有人管"。通过整合现有资源、调剂编制或政府购买服务等多渠道，充实基层社会救助工作力量。加强工作人员知识储备与专业技能培训，提升基层救助服务管理能力与政策执行能力。2017年8月省政府办公厅印发《关于加强基层民政服务能力建设的通知》，通知要求进一步加强基层民政服务能力建设、更好地服务广大人民群众，一要健全基层民政服务体制机制，优化服务功能、完善服务体制、健全服务机制、规范服务流程、创新服务手段；二要加强基层民政服务队伍建设，选好配强基层民政工作人员、加强业务培训和考核考察。

吴中经济开发区村改居财政经费保障的调研报告

吴中经济开发区财政分局课题组

近年来，随着城镇化进程的加快，吴中经济技术开发区范围内，随着村村合并的推进，不少农村社区逐渐消失，取而代之的是在拆迁安置小区内集中居住，并成为城市社区。"村改居"与传统的农村居委会及城市建制社区有很大的不同，兼具农村居委会和城市社区的双重特点，在实际运转中也出现很多问题，迫切需要加以解决。为此，财政局专门组织人员对该问题（特别是财政经费保障问题）进行了调研。课题组成员先后走访了拆迁安置居民最多的越溪街道和郭巷街道，听取了街道面上情况汇报及部分典型性"村改居"运转情况汇报，交流探讨了很多问题，在此基础上形成了该调研报告。

一、吴中经济技术开发区"村改居"的形成

吴中经济技术开发区地处长江三角洲核心位置，据沪宁、京杭南北门户要塞，下辖越溪、城南、郭巷、横泾四个街道，合计 33 个社区（村），共 27444 户，合计 109415 人，有村干部共 335 人，其他管理人员 208 人，据统计，2013 年农民人均纯收入约为 25758 元。四个街道经济发展水平和程度略有不同，因此"村改居"所面临的问题也有所不同。

吴中经济技术开发区"村改居"的形成大致可以分为三个阶段。

一是撤村建社区阶段。2007 年，吴中区被民政部确定为"全国农村社区建设实验区"，并制定出台了《关于加快推进全区农村社区建设工作的意见（试行）》，将村委会改建为农村社区，并明确了农村社区的功能定位和建设标准。在全区的统一部署下，郭巷街道、越溪街道原行政村全部改建为全方位综合管理的农村社区，并逐步建设了一站式服务大厅、卫生服务站、治安警务室等社区公共设施。在这个阶段，农村社区仍然完整地保留了"村"的形态，社区兼有发展经济和社会管理两大职能。

二是早期动迁安置社区。随着吴中经济技术开发区城市化的加快推进，农民居住地被集中征（使）用，整体动迁的农民集中建造形成了动迁安置小区。在动迁安置

小区内，既有村民因拆迁而自建的房屋，也有政府统一建造的动迁房，不管是自建房还是动迁房，都以独幢别墅、联排别墅为主。在这个阶段，农村社区仍然相对完整，社区管理的空间范围明确，同时居民还拥有和享受村级集体经济发展的成果。

三是新型动迁安置小区。由于土地越来越稀缺，为了提高土地集约利用水平，从2007年开始，吴中区明确动迁安置小区不允许建联排别墅，取而代之的是以高层建设为主的大型拆迁安置小区。由于安置房以高层建筑为主，并且小区规模都比较大，原来的农村社区空间范围被完全打破，一个小区内集聚了几个村的被征地农民，加上房屋交易频繁，大量外来人员流入，社区人员构成比较复杂，社区治安综合治理形势严峻。

二、吴中经济技术开发区"村改居"基本情况

（一）人口及社区干部基本情况

表1为2013年吴中经济开发区"村改居"相关情况。

表1　　2013年吴中经济技术开发区"村改居"人口及社区干部情况

街道	村（社区）数（个）	户数（户）	人口（人）	村干部人数（人）
合计	33	27444	109415	543
城南	6	3367	13557	98
越溪	8	6081	26429	135
郭巷	11	10968	40698	173
横泾	8	7028	28731	137

从表1可以看出，截至2013年底，吴中经济技术开发区4个街道共有33个社区，27444户，109415人、543名村干部，平均每个街道8.25个社区，平均每个社区831.6户、3315.6人、16.45名村干部。

（二）社区财务收支情况

表2为2013年吴中经济开发区财务收支情况。

表2　　2013年吴中经济技术开发区"村改居"财务收支情况　　单位：万元

街道	总收入	其中稳定收入	总支出	结余
合计	34635	24783	23874	10761
城南	8798	5380	5128	3670

续表

街道	总收入	其中稳定收入	总支出	结余
越溪	10505	8306	7716	2789
郭巷	7314	5810	5758	1556
横泾	8018	5287	5272	2746

从表2可以看出，截至2013年底，4个街道社区总收入为34635万元，其中稳定收入24783万元，占比71.55%；总支出23874万元，结余10761万元。平均每个社区总收入1049.5万元、稳定收入751万元、总支出723万元、结余326.1万元。但具体到每个社区，收支水平存在参差不齐的情况。收入最高的为旺山村，为2824万元，最低的为郭巷的尹山358万元。支出最大的也为旺山，2688万元，最低的为郭巷的徐浜，293万元。

（三）社区固定支出情况

表3是开发区内社区固定支出情况。

表3　　　　　　　　　2013年社区固定支出明细情况　　　　　　单位：万元、%

街道	总支出	工资	占比	优、供、补等福利	占比	公共设施养护	占比	党务费	占比
合计	12948	5787	44.69	4491	34.68	1835	14.17	835	6.45
城南	3345	1234	36.89	1413	42.24	576	17.22	122	3.65
越溪	3689	1510	40.93	1518	41.15	417	11.3	244	6.61
郭巷	3106	1826	58.79	577	18.58	408	13.13	295	9.5
横泾	2808	1217	43.34	983	35.01	434	15.45	174	6.2

从表3可以看出，2013年四个街道社区固定总支出为12948万元，平均每个社区392.36万元；其中工资支出5787万元，占比44.69%，平均每个社区支出175.36万元；优、供、补等福利支出4491万元，占比34.68%，平均每个社区136.09万元；公共设施养护支出1835万元，占比14.17%，平均每个社区55.6万元；党务费支出835万元，占比6.45%，平均每个社区25.3万元。从各街道来看，工资支出占比最高的是郭巷，近六成，最低的是城南，1/3多一些；优、供、补等福利占比最高的是城南，超过四成，最低的是郭巷，20%都不到；公共设施养护支出占比四个街道差距不大。

三、吴中经济技术开发区"村改居"过程中存在的问题

（一）行政区域全部打破，管理难度加大

郭巷街道的安置房社区大多为3000户以上的大型拆迁安置小区，一个小区内往往要安置好几个原农村社区的居民，以尹东社区为例，尹东社区的建设共分九期约145万平方米，目前已交房三期约19万平方米，前两期为多层住宅，后期全部为高层电梯公寓，已交房的部分安置了5个原农村社区的居民。而郭巷街道的另一个大型安置小区国泰社区共有户籍人口8070人，社区内实际居住了23000人左右，为了管理好这个超大型社区的各项社会事务，社区成立了自己的联防队、城管队、绿化队、警务室、电工组，还聘请了两个物业公司负责门卫和保洁。

（二）社区功能定位不明晰

在"村改居"的初期，农村社区的功能定位为集行政办公、社区党建、社会救助、社会福利、生产服务、医疗卫生、计划生育、社会治安、科技教育、文化体育、劳动保障、法律服务功能于一体的综合性农村社区。但随着社区的拆迁重构，农村集体经济组织原有的土地、湖面等要素资源都不复存在，社区发展经济的基础越来越薄弱，甚至有个别社区重新跌回薄弱村的行列。另外，随着大量外来人口涌入，社区既要承担城市社区的职能，又要承担农村社区的义务。如越溪街道的龙翔社区，有外来人口约2万人，社区除了要承担传统村委会的职能，还增加了城市社区居委会的服务职能，如外来人口的治安管理、计划生育、卫生保洁、供水排污设施维护等，社会管理任务负担较重。

（三）社区组织架构出现空壳化趋势

由于安置房还没有交付，不少拆迁居民还在外过渡，拆迁居民有的自行租房、有的走亲靠友、有的购买商品住房。村干部也是被拆迁户，也需要在外过渡，这种状况造成一些社区组织出现空壳化的现象，党建工作、民主选举等工作都难以正常开展。

（四）财政经费保障范围不明确

拆迁安置以后，吴中经济技术开发区采取了一系列措施扶持社区集体经济，扶持集体经济抱团发展、为安置小区建设配套商业用房、推进"一村两楼宇"项目等具体措施，使拆迁以后的社区仍能够有一定的稳定收入，加上上级的各类专项扶持资金，目前"村改居"以后的社区大多能够做到收支基本持平。因此，除了民政救助、小区物业管理费等专项补贴外，财政部门对"村改居"以后的农村社区基本不再给

予其他经费保障。社区范围内的村干部工资、治安、保洁、绿化、设施维修、社区服务等均由社区自行解决经费。而城市社区的所有经费均由财政预算安排，这就产生了不平衡问题。

四、"村改居"社区财政经费保障的政策建议

根据目前存在的问题，结合上级政策和我区实际纯城市社区的做法，及"村改居"社区发展的趋势，建议对"村改居"社区的财务管理、经费保障采用"分开管理、区别对待"的原则，即社区与村分开、社区经费与村集体经费区别对待。

（一）坚持政府主导下的向纯城市社区、服务型社区转变的理念，是做好"村改居"社区经费保障工作的基础

随着城镇化建设的不断推进，"村改居"社区终将完成向城市社区的过渡。社区是社会管理的基本单位、和谐稳定的基础、服务居民的平台，承担着保障、就业、法律、卫生、养老、文体、教育、便民、人口9大管理职能，这些都要在公共财政保障的范围内。

（二）坚持"分开管理、区别对待"，是做好"村改居"社区经费保障工作的原则

1. "分开管理"主要是将"村改居"社区经费与村集体经济组织经费分开管理。（1）将社区经费纳入街道预算中，由开发区财政全额保障，实行国库集中支付，这样将彻底解决会计处理及财经纪律方面的问题。保留现在的社区账和村集体经济组织账，只处理历史遗留问题及村集体经济组织的经济业务（包括原村民的福利），不处理与社区正常开支相关的业务。保留的账务由街道财务负责代理记账，由街道审批监督。（2）理清社区资产及村集体经济组织资产的产权，所产生的收益分别纳入社区经费预算及村集体经济组织账务。（3）加强对村集体经济组织财务的监管。"村改居"社区只设报账员，由街道财务服务中心代理记账并负责平时监管，年度开发区审计部门组织审计。建设类项目按项目管理的办法操作，该公开招投标的要组织公开招投标。同时要加强对"村改居"社区报账员的业务培训，健全民主理财小组，按要求开展民主理财。（4）规范租赁收入的管理。首先要管好收款票据的使用，其次要逐步推进有纪检部门参与的厂房、土地等资产的公开拍租。近年来开发区推广了集体资产监管交易服务平台，目的就是通过网络平台发布信息，吸引更多有实力的投资者，形成市场竞争，从根本上规范集体资产租赁行为。

2. "区别对待"主要是经费保障上要区别社区经费和村集体经济组织经费。（1）对社区经费要在上级政策的基础上，按开发区实际情况、按部门预算的办法进行核定。

对于没有进入开发区人事部门人员数据库的人员报酬,可参照原村集体分配的做法。(2)对村集体经济组织的经费,财政基本上只涉及动迁资产的补偿,要结合文件精神,严格按"入股分红的模式补偿,将分红经费纳入财政预算。(3)对于既无动迁补偿又无收入来源的"村改居"社区,财政要按纯城市社区经费管理的模式适度安排社区管理经费。

(三)合理安排财政经费保障社区就业、卫生、文体、教育、环境和治安等社区建设

1. 加大财政对"村改居"居民就业的扶持力度,多渠道解决社区居民的转岗就业和社会保障工作。(1)加强对居民转岗就业培训和指导,加强劳动技能培训工作,引导"村改居"居民转变就业观念,提高自身素质。建立健全就业保障登记工作制度。(2)成立社区劳动服务站,承担辖区内劳动关系协调工作,引导就业。卫生保洁、门卫等公益性事业岗位优先考虑"村改居"居民,对"村改居"居民的学历要求应适当放宽。

2. 加大"村改居"公共文化事业经费投入,全面推进文化惠民工程。(1)投入经费用于组织"村改居"社区居民开展公益性、服务性的社区活动,提高基层社区群众广泛参与社区活动热情。安排全区文化站经费和"村改居"社区文化室建设经费,创造新形势下满足群众精神生活的新形式。(2)加大学前教育经费投入,促进教育公平。逐步加大对"村改居"社区学前教育的投入力度,通过成立中心幼儿园社区分园的方式,从硬件投资、教育水平两方面提高"村改居"社区的学前教育水平。

3. 本着循序渐进的原则,加大财政投入基础设施、公共设施的建设力度,推进"村改居"社区服务设施建设和环境提升。(1)把"村改居"社区纳入城市社区管理,由政府承担起原来由村负责的市政基础建设、治安管理、消防等社会事务。为缓解财政压力,在资金上可视情况由居民和原村集体资产合理承担一部分。(2)规范社区环卫保洁经费投入,改善社区居民生活环境。逐步推进环卫经费投入的预算标准化,按照环卫保洁的工作量核定环卫保洁经费,并且安排专项资金用于环卫设施设备的添置和更新。(3)扩大江苏省村级公益事业建设一事一议财政奖补优惠政策的适用范围,使"村改居"社区也能从中受惠,加快城市化发展的步伐,其中涉及的奖补资金全部由区财政来承担。

(四)制定对"村改居"财政投入的长期规划,减轻村集体经济组织负担,实行"政经分离"

1. 开发区财政部门将"村改居"工作需要投入的经费纳入年度预算。(1)制定财政投入计划,确定在今后一段时间内财政投入和村财支出的比例和运行中将采取的比例变化,及如何过渡的总体时间表。(2)社区工作人员的工资、福利待遇应有统一的标准,参照有关文件规定予以落实,经费应全部由财政负担。对于"村改居"的社区,除财政支付的经费外,村级集体经济组织是否可对社区工作人员进行一定的补偿,开发区应明确规定,并制订标准。

2. 出台村改居指导意见,对村改居应具备的条件、改制后管理运作、经费保障等进行规范。(1) 对村改居的社区经费,在调研、协商的基础上确定合理的过渡期,合理确定开发区财政、集体经济组织对社区经费的承担比例,逐步将社区运作经费纳入财政预算。(2) 加快制订政府公共服务事项目录及相适应的资金预算,明确政府应当承担的公共服务建设责任,为村集体经济组织减负。建议出台一个规范性文件,按照政府、集体、运营行业部门各承担一定比例的投入,道路建设可由开发区财政投入一部分,从政策上明确各方职责。(3) 破解社区物业管理难题,提升社区管理"造血功能"。安置小区建造过程中可适当安排部分配套用房,用"抱团发展"的思路进行资产经营,一方面完善社区配套功能,另一方面也逐步减轻财政在这方面的长期负担。其资产收益必须全部专项用于社区的各项公共管理支出,不得挪为他用,更不得支付给社区工作人员。

(五) 指导社区转变思想观念和工作方式,积极创新"村改居"社区的投入机制和服务形式,促进社区综合发展

1. 培养专业化的社区工作者队伍,明确社区居委会职责。村委会和居委会在工作职能、公共事务管理、执行政策等方面存在显著差别。指导"村改居"的社区工作者明确居委会职责,行为上改变以往村委会的方式方法,确保按社区工作要求开展和完成各项工作。

2. 进行社区投入机制创新,拓宽资金吸纳渠道。一方面加大对社区的财政投入,另一方面开辟政府财政拨款之外的资金来源,充分运用各种社区资源,如鼓励社会捐赠、组织自愿者服务、运用市场力量等,通过投资机制的创新,缓解"村改居"过程中开发区的财政压力。

3. 建立"村改居"社区集体资产管理交易和财务监控平台,促进社区集体资产和集体经济管理的改革发展。(1) 成立社区财务管理办公室,科学规范社区居民委员会财务行为,提高财务管理水平。财务办作为社区公共收支和财务工作的管理部门,负责社区本级公共收支预算管理工作,组织、管理各项收入,核拨各项支出;代表社区行使股份合作经济组织的集体股所有者权益,指导和监管本辖区内股份合作经济组织的会计核算、财务管理及资产运营。财务办按规定向开发区财政报送有关预算报表,由财政分局汇总后报开发区管委会。社区财政收支由开发区审计部门按期审计。(2) 成立社区集体资产和财务中心,统一建设模式与软件系统,建立全区联网的财务监控平台,对转制社区集体资产实行信息化动态台账管理,对转制社区集体土地、物业出租等资产交易事项实行"程序化管理、电子化审批、信息化服务"。

供给侧结构性改革背景下保定市精准扶贫工作研究与对策

保定市财政局　李彦庆　刘德茂　李树贵　刘　伟

一、精准扶贫的提出及含义

众所周知，扶贫攻坚是我们党和政府当前和今后一个时期工作的重中之重，全党、全社会也都充分认识到扶贫攻坚的重要意义，如期完成脱贫攻坚任务是全面建成小康社会的根本需要，既体现了社会主义的本质要求，又体现了深刻的民生内涵，我们必须高度重视，认真研究，采取有效的措施，完成好既定的脱贫任务。而这个有效的措施就是精准扶贫，也就是指针对不同贫困区域环境、不同贫困农户状况，运用科学有效程序对扶贫对象实施精确识别、精确帮扶、精确管理的治贫方式。

（一）精准扶贫

1. 精准扶贫的提出。中华人民共和国成立后，中国政府一直致力于发展生产、消除贫困的工作。但真正严格意义上的扶贫，是在改革开放以后提出并大规模实施的。直到1978年，中国仍有2.5亿农村人口处于未得温饱的贫困状态，随着改革开放的进行，经济得到迅速发展的同时，贫困人口也在迅速减少，到1985年减少到1.25亿人。为进一步加大扶贫力度，中国政府自1986年起采取了一系列重大措施：成立专门扶贫工作机构，安排专项资金，制定优惠政策，并对传统的救济式扶贫进行彻底改革，确定了开发式扶贫方针。自此，中国政府在全国范围内开展了有计划、有组织和大规模的开发式扶贫，特别是1994年3月确定的"八七扶贫规划"，即力争用7年左右的时间，基本解决8000万农村贫困人口的温饱问题，到2000年基本消除农村绝对贫困。进入新世纪，我们先后制定了《中国农村扶贫开发纲要（2001—2010年）》和《中国农村扶贫开发纲要（2011—2020年）》，进一步推动了扶贫攻坚工作向深层次发展，也深化了对扶贫工作的认识，改进了脱贫工作的方法和措施，扶贫成效也非常明显。我们的贫困线标准从1986年农村人均纯收入200元到2015年的2800元，先后使7.1亿人摆脱了贫困，农村居民生活水平得到了切实的提高。虽然我们的扶贫工作取得了突出的成效，但截至2015年，全国还有5575万贫困人口没有摆脱贫困。如果要确保2020年全面建成小康社会，贫困人口做到如期脱贫，以往那种"漫灌式""输血式"的传统扶贫模式已不能为继了，必须用新的理念和方法来指导和实践。

2013年11月，习近平总书记在湖南湘西花垣县十八洞村考察时首次提出了"精准扶贫"，强调扶贫要实事求是，因地制宜。要精准扶贫，切忌喊口号，也不要定好高骛远的目标。随之，中共中央办公厅印发《关于创新机制扎实推进农村扶贫开发工作的意见的通知》，国务院相关部委相继出台《关于印发〈建立精准扶贫工作机制实施方案〉的通知》和《关于印发〈扶贫开发建档立卡工作方案〉的通知》，对精准扶贫工作模式的顶层设计、总体布局和工作机制等方面都做了详尽规制，推动了习近平精准扶贫思想的全面开展。

之后，习近平总书记在各地考察扶贫或在中央扶贫会议上多次提到要实施精准扶贫、精准脱贫，阐述精准扶贫的深刻内涵，指明精准扶贫的工作方法，强调精准扶贫的重要意义，并带动全党、全社会对精准扶贫的新认识，极大地推动了扶贫攻坚工作向深层次发展，取得了令人瞩目的成绩。

2. 精准扶贫的内涵。精准扶贫思想是中国政府当前和今后一个时期关于贫困治理的指导性思想，其生成的理论基础是"共同富裕"根本原则，现实基础是"全面建成小康社会"的宏伟目标。自从2013年10月提出"精准扶贫"的概念后，精准扶贫的含义在不断地深化、扩展，尤其是2015年6月在贵州考察时将精准扶贫思想概括为"扶贫对象精准、项目安排精准、资金使用精准、措施到户精准、因村派人精准、脱贫成效精准"。对此，我们可从以下三个方面进行理解。

第一，"精准化"理念是精准扶贫思想的核心要义。一直以来，中国扶贫工作不论是在贫困人群的识别，或是扶贫政策的制定实施上，都缺乏精细化的工作理念。农村扶贫的主要特点是区域瞄准，没有识别到户，如最初的"三西地区扶贫工程"到现在的集中连片地区。这种扶贫模式在短期内集中了政策和资金资源，能够切实帮助部分贫困人口脱贫，或创造部分贫困群体脱贫的硬性基础设施条件。但也存着一些不容忽视的问题，如贫困群众的收入测算不准确，帮扶目标不精准；扶贫资金"天女散花"没有靶向，致使"年年扶贫年年贫"等，而精准扶贫的提出正是在总结数十年扶贫工作经验、教训之上，根据目前中国贫困群众状况所提出的针对性举措。精准扶贫包括了精准识别、精准帮扶、精准管理和精准考核，要求将精准化理念作为扶贫工作的基本理念，贯穿于扶贫工作的全过程。

第二，"分批分类"理念是精准扶贫思想的基础工具。按照贫困地区和贫困人口的具体情况，实施"五个一批"工程。一是发展生产脱贫一批，引导和支持所有有劳动能力的人依靠自己的双手开创美好明天，立足当地资源，实现就地脱贫。二是易地搬迁脱贫一批，贫困人口很难实现就地脱贫的要实施易地搬迁，按规划、分年度、有计划组织实施，确保搬得出、稳得住、能致富。三是生态补偿脱贫一批，加大贫困地区生态保护修复力度，增加重点生态功能区转移支付，扩大政策实施范围，让有劳动能力的贫困人口就地转成护林员等生态保护人员。四是发展教育脱贫一批，治贫先治愚，扶贫先扶智，国家教育经费要继续向贫困地区倾斜、向基础教育倾斜、向职业教育倾斜，帮助贫困地区改善办学条件，对农村贫困家庭幼儿特别是留守儿童给予特殊关爱。五是社会保障兜底一批，对贫困人口中完全或部分丧失劳动能力的人，由社会保障来兜底，统筹协调农村扶贫标准和农村低保标准，加大其他形式的社会救助力度。

第三，"精神脱贫"理念是精准扶贫思想的战略重点。扶贫先扶志，不论造成贫困有何种直接原因，精神贫困始终是主观上的首要根源。精神贫困首先体现在缺乏脱贫致富的勇气、信心等主观意愿。树立脱贫信心、营造脱贫环境，帮助贫困群体充分认识到自身优势以及主观能动性的重要性，拿出敢想敢干的毅力和决心，在精神上与贫困绝缘，是习近平精准扶贫思想的战略重点。

此外，应当从精准扶贫的工作流程设计和精准扶贫政策体系两条路径着手，推动实践精准扶贫思想。

第一，科学设计精准扶贫的工作流程。之前我们也开展过贫困户的识别和分类工作，但精准度不高，造成符合条件的目标群体没有全部受益，而现阶段精准扶贫的流程设计必须提高有效性。其首要路径是设计精准扶贫工作流程的科学机制，包括贫困户的精准识别、精准帮扶、动态管理和精准考核四个环节。

第二，形成完整的精准扶贫政策体系。精准扶贫政策涉及财政补助、金融支持、社会救助、产业发展等多个领域的公共政策，精准扶贫政策体系应当兼顾统一性和灵活性。一是政策体系必须要在全国范围内保持同级别的政策强度，保证各个贫困地区整体在2020年如期脱贫；二是允许和鼓励各级、各地扶贫单位因地制宜、因人定策，灵活开展个性化扶贫工作。

（二）供给侧结构性改革背景下精准扶贫

2015年11月10日，中央财经领导小组第十一次会议上，习近平总书记强调，在适度扩大总需求的同时，着力加强"供给侧"结构性改革，着力提高供给体系质量和效率，增强经济持续增长动力，推动我国社会生产力水平实现整体跃升。这是首提"供给侧结构性改革"概念，之后，各方围绕"供给侧结构性改革"进行了广泛的研究和讨论。

1. 供给侧结构性改革背景下精准扶贫的提出。在新经济形势下，国家顶层设计适时推出了"供给侧结构性改革"，意在从提高供给质量出发，用改革的办法推进结构调整，矫正要素配置扭曲，扩大有效供给，优化供给结构，对需求变化的适应性和灵活性，提高全要素生产率，以促进经济社会持续健康发展。

既属重要民生工程也属重要经济活动的扶贫，与供给侧结构性改革有着十分密切的关系。扶贫的"扶"与"贫"在一定意义上说就是"供给"与"需求"的关系，贫困群众最"需"与最"求"的是什么？这是扶贫投入侧改革最需要优先考虑的。所谓供给侧结构性改革下精准扶贫就是从扶贫投入侧入手，通过优化扶贫投入结构，增强有效供给来提高扶贫质量，进而推进精准扶贫，精准脱贫，其核心在于进一步提高扶贫的针对性和实效性。

由此，当精准扶贫作为一种顶层设计推出时，它呈现的正是公共政策的供给。扶贫开发，是一项我们一直执行的、从未停歇的政策，而精准扶贫的提出，正是针对传统扶贫思路的再造，提高供给质量，让社会政策供给更加契合现代社会的需求。所以，对照精准扶贫，就是一场供给侧结构性改革。

2. 供给侧结构性改革背景下精准扶贫的特点。供给侧结构性改革两个突出的特点，一个是着力减少无效的供给，另一个是着力增加有效的供给。在之前的扶贫开发工作中，我们的目标是以区域为单位的，着眼连片地区、贫困县去建设基础设施，完善公共服务，提升社会发展水平，在当时的情境下，起到了很好的促进作用，随着工作的深入，这种方法的效果是越来越不明显，许多的政策也偏离了实际，政府的种种努力变成了低层次甚至无效的投入，就像现实中总是用需求侧的措施来刺激经济，开始的时候能够促进经济保持较高的增长率，但到后期就会乏力，经济出现诸多问题。而供给侧结构性改革背景下精准扶贫就是在扶贫开发领域进行的供给侧结构性改革，就是要给贫困户一个内生调整和发展的空间，调整和改变生产生活方式，而不仅仅是要求政府的投入；就是要调整改革政府供给政策，比如增加资金投入、减少行政审批，促进金融创新，改变产业支持方式等，既满足个体化需求，又能有利于社会协调联动、整体发展；就是要重新定义政府和贫困户之间的关系，政府的角色由参与型转到服务型，并通过建立制度确保长效，实现效率的提升和效果的实现。

（三）基于供给侧结构性改革下精准扶贫的意义

在当前中国面临两项攻坚任务，扶贫攻坚就是其中之一，我们在社会发展的大环境下，根据变化了的实际，及时变革工作的指导思想和方法措施，进而达成经济社会发展的目的，这是与当前正在进行的供给侧结构性改革在本质上是一致的。供给侧结构性改革背景下的精准扶贫工作，就是要从提高扶贫供给质量出发，用改革的办法推进扶贫攻坚工作的转换，矫正要素配置扭曲，扩大有效供给，提高供给结构对需求变化的适应性和灵活性，提高全要素生产率，更好满足广大人民群众的需要，实现贫困群众的脱贫致富。通过开展精准扶贫工作就是要增强发展动力，提高贫困县的经济社会发展效率；通过简政放权，改革创新，依托制度的革新提升扶贫的成效和发展的层次，进而促进社会水平的整体跃升。

二、供给侧结构性改革背景下精准扶贫工作中存在的问题及原因分析

保定市现有9个扶贫开发工作重点县。2015年底,有建档立卡贫困人口45.3万人,占农村人口的5.6%;贫困地区面积1.38万平方公里,占全市总面积的62.4%。其中阜平、涞源、涞水、易县、唐县、顺平、曲阳、望都8县被列入国家重点扶持的燕山—太行山集中连片特困地区,博野县是省级扶贫开发工作重点县。

(一)存在的主要问题

经过多年的扶贫开发,在国家、省扶贫规划和相关扶贫政策的引领下,市县各级紧紧依托本地优势,不断开拓创新,扎实工作,扶贫攻坚工作取得了显著成效,但在工作中也存在着不容忽视的问题亟待解决。

1. 扶贫对象不精准且主观脱贫意识差。我们一般讲扶贫是指一个贫困地区,一个贫困县,是一个大的、范围的概念,而不是精准到户,致使一些扶持政策的落实不能完全落实到每一户贫困群众身上,帮扶的着力点不实,同时造成一些非贫困户在享受国家帮扶政策的红利,相应的造成国家资源的无效支出。部分贫困户想创业但苦于没有启动的资金、技术、项目实施等相关方面的支持,由于我们的帮扶政策不精准而使这些人不能完全享受国家的帮扶政策,只能是守着几分薄田过苦日子。同时,由于帮扶政策的不精准,造成更多的贫困户"等、靠、要"思想严重,不愿积极就业,一心想享受国家救助,如有的群众看到工作队时讲:你们过来带了多少钱给我们?没带钱就别来了,主观上不想为、不作为这个内因是制约贫困群众脱贫致富的重要因素。

2. 财力保障不足,供给支撑力度不强。由于保定市贫困县大部分属于太行山区,贫困程度较深,各项基础设施比较薄弱,项目建设的难度大,所需资金量非常大,即使财政专项扶贫投入逐年增加,如中央和省级2016年共下达专项扶贫资金58315万元,比2010年增加了50695.5万元;2016年市本级安排扶贫专项资金10390万元,较2010年增加了10090万元,但与贫困地区和贫困人口的发展需求相比,扶贫投入仍显不足,资金短缺是困扰贫困县发展的主要因素之一。除了财政专项扶贫资金总量不足外,同时还有其他涉及扶贫的资金渠道很多,分别由不同部门下达和管理,主要涉及扶贫、农业、农工委、林业、水利、交通、国土、人社、卫生计生、民政、住房建设、教育及财政等十三个部门,政策目标和资金方向互不相同,各部门掌握的资金都是按各自规定分配使用,存在分散、细碎、撒胡椒面的现象,全面监管难度大;加之部分资金对贫困地区的特惠倾斜不够,如有的中央转移支付需要地方政府按照一定比例进行配套,而贫困县财力有限,无法落实配套资金,而上级资金也会形成滞留,

无法形成有效的扶贫合力，进而影响项目建设和实施效果。

3. 供给的内容还不丰富，稳定脱贫的难度大。由于以往多采取广覆盖、大范围、宽领域的"漫灌式"扶贫，再加上贫困村分布广，所以除了给予米面油等生活物资上的救济外，主要是给村里修路，整房子，打井，建渠，围塘坝，还有就是发给贫困群众一些周转畜禽或一些林果树苗，这些工作发展层次较低，作用发挥不明显，如周转畜禽被贫困群众分着吃了，一些果树苗因为缺水而旱死，结果是年年扶贫年年贫。由于政策、资金、技术、基础设施、劳动力等多方面原因，贫困地区的产业始终没有大的起色，不能长效的保证群众增收，以及多种原因引起的返贫现象也非常普遍，使得贫困群众稳定脱贫的难度很大。在社会保障、医疗救助、科教文卫、生活服务等方面没有做好全方位的保障，覆盖面不足，延伸不充分，群众的生活（无论是物质方面还是文娱、精神方面）还在低层次徘徊，质量不高，脱贫致富的难度很大。

4. 供给主体的整体合力未形成。在当前的扶贫工作主体中，主要是各级政府利用财政专项资金，依托扶贫政策组织和带领贫困地区的群众开展脱贫攻坚工作，而实际上，各级各部门协调统筹不到位，衔接不紧密，没有形成攻坚合力，都是各干各的；部分干部的工作主动性明显不足，上级推一推就动一动，扎实为群众服务的态度打了折扣，群众工作路线落实不扎实；部分干部存在抵触和畏难心理，上下配合不够密切，合力合拍不够到位；受助的贫困县、贫困村与实施帮扶的各部门各单位，甚至社会上的关怀帮助统筹安排还不到位，供需对接不合缝，信息反馈还不顺畅，如以县为主体的扶贫力量统筹平台建设的不健全，统筹水平有待提高，社会助困爱心的公开公示还有不足，从中可以看出各方面力量联动形成合力还需要进一步加强。

5. 社会参与度不高。虽然我们在宣传报道中能够看到政府主导的扶贫攻坚工作取得巨大成绩，也能看到一些社会组织或个人对贫困地区或贫困群众给予钱、物上的支持和救济，解决一些当下的困难和难题，但这对解决贫困是远远不够的。宣传工作没有做细做实，人们的认识还有待转化，全社会的力量没有充分动员起来。一些民营企业及个体工商户参与扶贫的责任感不强，支持的力度不大；一些社会组织和志愿者组织参与的程度还不够，没有充分发挥他们的专业作用，还有普通人群的积极性没有调动起来，助贫、助弱、助困的时代新风还没形成共识；部分群众对扶贫存在着错误看法，认为那些扶贫先进个人或集体或事迹，都是表面文章，做给人看的，也使得一些群众不愿主动参与进来，所以从整体上看以政府为依托，多元社会主体参与的局面还没有形成。

（二）主要原因分析

问题是在工作中出现的，也只能在发展中去解决它，但首先是需要我们认真分析出现问题的原因，或主观的，或客观的，找到根源所在。

1. 贫困群众脱贫的意识及能力还不强。一方面是部分贫困群众年龄偏大，文化素质不高，思想保守，观念落后，没有发展动力，缺乏脱贫自信心，对扶贫政策领悟不到位，脱贫致富能力欠缺，眼界不开阔，对如何发展产业、如何脱贫致富仍然茫然无知。还有一部分群众脱贫愿望是被唤起了，但缺少从头做起、从小事做起的务实思想，他们经不起磨炼、耐不住等待、受不了苦干。此外受自然条件限制和农产品、畜产品市场价格波动大及自身技术薄弱等因素影响，部分贫困户主动发展产业的积极性不高，畏难情绪突出，懒于自我发展。加之之前国家诸多惠农政策的实施和兑现、社会各界捐资捐物，致使部分群众对扶贫攻坚工作产生了误解，认为扶贫就是政府给保障，自己脱贫的意识不强。另一方面就是一些村镇干部、贫困群众对扶贫政策知晓不全面不细致不透彻，部分脱贫思路不对，措施走样，影响了贫困群众对扶贫攻坚的理解认同，贫困群众脱贫的主动性和积极性不足。

2. 相关财政政策灵活性不够。在我国财政管理体制中，预算管理制度明确划分出中央与地方的事权和支出划分，并决定收入划分，在当前的分税制财政管理体制下，大部分收入都由中央支配，地方可掌握的资金有限，所以在扶贫攻坚上地方的投入就会相对不足。虽然中央通过转移支付的途径将部分资金下达地方，但有的用在了保运转上，有的还需要地方配套，由于地方财力不足而影响项目实施，形成资金滞留，没有全部用在扶贫攻坚上。加之在资金管理方面实行的是上级下拨资金只能用于专项事务且单独核算的专项资金管理制度，虽然有些资金规模较大，但因为这些资金是专款专用，也就是人们常说的：买醋的钱不能打酱油，就造成贫困地区一方面需要更多资金开展扶贫相关工作，另一方面大量资金躺在账上睡大觉，不能发挥应有的作用。

3. 全面脱贫配套措施还不完善。让贫困群众过上小康生活需要全方位支撑，首先是群众没有稳定的经济收入来源，当前贫困地区的农业产业规模小，链条短，层次低，抗风险能力差，群众获得的收益小，保证群众长期稳定脱贫致富的条件不成熟。其次是群众没有一个更加安全舒适的生活条件，由于自然条件的限制，部分群众的安全饮用水还没有完全解决，部分村组道路还没有硬化，部分群众的居住环境还很恶劣。此外一些扶贫搬迁户由于没有收入支撑，搬迁小区配套设施不足，造成生活困难。第三是群众没有更丰富的精神生活，读书看报、体育锻炼、文艺节目等这些都很缺乏，生活质量还不高。第四是部分群众的特殊状况没有得到充分的解决，以前是只要脱贫了，政府就不管了，但因病、因学造成的返贫人员就没有充分的保障好，人民群众面对的医疗问题以及新形势下的养老方式都使得部分群众的生活境遇不是很好，影响了脱贫致富和全面小康目标的实现。也就是说我们在产业政策、社会保障、科教文化、生活设施等公共服务和基础设施都还没有做到有效联结，形成有效支撑，影响了帮扶措施效果的释放。

4. 扶贫工作队伍的作用没有充分发挥。扶贫工作是一个系统工程，不仅需要贫困户的努力，更需要更多的外部力量去带动促进，而在现实中没有扩展参与群体，没有充分发挥政府系统人员的积极性。在实际中存在上热下冷的现象，有的部门、村镇干部对扶贫工作认识不足、重视不够、工作开展不到位，加之当前党中央不断加大对扶贫资金的检查、审计、纪检等工作力度，加大对违规违法使用扶贫资金的追责、查处力度，扶贫攻坚的政治压力和业务压力增大，对扶贫攻坚存在一定畏难情绪；尤其是县扶贫办的单打独斗、工作压力大、能力不足和村两委人员的综合素质不强等原因，使得政府力量发挥不充分；个别干部工作不够深入，没有与贫困群众产生感情共鸣，开展工作行动迟缓，敷衍塞责，工作方法简单，缺乏有力的扶贫措施，扶贫效果显现不明显。此外，扶贫工作队和第一书记的思想没有转变，按照以前的做法，即带点资金过去搞点面上的事情，帮扶的效果不明显。同时在致富带头人的支持和培养上还有待提高，不能放开眼界，想办法去鼓励和帮助有潜力的带头人去干事业，助扶贫。

5. 在扶贫宣称上还不到位，社会存在片面认识。由于我们在宣传教育上的不细致、不精准，使群众对扶贫工作产生了一些片面认识。在当前看，政策的公开、会议的安排，领导的讲话精神占据了相当的比例，在内容上都是重视反映而忽视参与，缺乏深入报道，产生的情感共鸣少等问题，影响了人们对扶贫的认同。人们普遍认为扶贫就是政府的事，不应该在全社会来承担；而在政府部门里，大家认为是扶贫部门的事，其他部门的作用不大，政府部门整体参与的氛围不浓厚，特别是在扶贫具体工作上，各部门间的关系还不顺畅。除了部分贫困群众有一些错误的认识外，更多的人认为扶贫是有钱人该做的事，是大企业该做的事，是有关行业、有关组织该做的事，而不是由普通百姓来做的，人们对扶贫的认识还不正确。更甚者有的还认为扶贫是别人的而事不关己，更不关心，甚至对扶贫先进的人和事认为是作秀，这些错误的看法都影响着工作向深层次推进。

三、基于供给侧结构性改革背景下精准扶贫工作的对策

在分析扶贫攻坚中存在的问题及原因中可以看到，是我们提供的无论是扶贫政策还是帮扶措施有些不合时宜了，与社会发展的要求不相适应了，与贫困群众的需求不合拍了，需要我们调整政策，改变措施，丰富内容，有的放矢，以更加精准的政策措施实现贫困群众脱贫致富。

（一）用供给侧理念激发群众创造精神

在供给侧结构性改革中，首先要弄清"需"的内容是什么，我们才能在供给侧有的放矢，才能实现做好的供需平衡的结果。

1. 帮助贫困群众树立正确的脱贫思想。我们要针对当前部分贫困群众存在一些认识上的偏差和消极心态，认真分析原因，对症下药，树立正确的脱贫思想，"扶贫

先扶志"观念不改,贫困难消。首先要加大扶贫政策的宣传力度,把精准扶贫中各个环节的落实以群众思想认识上的到位、心态上的积极主动作为前提条件,把落实思想引导作为扶贫攻坚先导条件,更要贯穿扶贫攻坚全过程,自始至终要帮助群众领会精准扶贫脱贫的真实内涵。其次要用产业扶贫协调推进其他各项工作的开展,用实际的致富效果促成贫困群众思想的转变,在基本生活得到保障的基础上,从小处、易处做起,量身定做针对性强、组合式、持久性的帮扶措施,"授之以渔",使之收入增加,致富能力提升,逐步使贫困群众提高认知水平、改善心态、增强信心。此外要注意发挥榜样的力量,特别是身边人的致富样本,充分发挥示范模范作用,用实实在在的"富"激发贫困群众争先抢后脱贫。

2. 扎实做好思想引领和教育工作。内因是起决定作用的因素,我们做好思想引领和教育工作,就是要激发贫困群众依靠自身努力脱贫致富的内生动力。要尊重群众主体地位,让群众做主,而不是替群众做主,习惯于传统"扶持""救济"等思维,习惯扮演"给予者"角色,习惯管理群众的一些基层干部,需要创新新时期群众工作的能力与方法,注重发挥群众的主观能动性和聪明才智。要落实群众的知情权、参与权和监督权,特别是在精准扶贫条件下,发动贫困群众积极参与村镇脱贫规划编制、项目选择实施、资金使用管理监督等全过程,以充分激发群众的主体意识与热情,让群众成为脱贫攻坚的主力军。要充分发扬基层民主,"扶持谁""谁来扶""怎么扶""如何退",以及从贫困户的精准识别到具体的帮扶政策的制订,都需要尊重民意,吸纳群众意见,广泛发动群众参与。只有让人民群众自我管理、自我服务、自我教育、自我监督,才能充分调动人民群众的积极性,使有限的扶贫资源得到高效、合理的利用,实现精准扶贫。

(二)为扶贫攻坚提供充分的资金保障

充足的资金保障是开展各项工作的前提,针对以往"巧妇难为无米之炊"的困境,就需要不断改善投入结构,增加投入数量,努力保证能做事,做成事。

1. 不断加大财政专项扶贫资金投入。不断强化各级政府坚持把扶贫攻坚作为财政支出的优先保障领域。首先是建立市级扶贫资金投入机制,在落实省要求各市及重点县每年要拿出公共财政预算收入的1%—2%专项用于扶贫开发的要求基础上,保持逐年适度增加,与打赢扶贫攻坚战的要求相适应,2010年安排市级财政专项扶贫资金投入300万元,2016年实际支出安排10390万元,增长了33.6倍,2017年预算安排13280万元,较2016年提高30.3%。其次是积极争取中央和省级财政专项扶贫资金支持,大力推动保定市扶贫攻坚工作开展,2010年共争取省以上专项扶贫资金7619.5万元,2016年争取58315万元,增幅达到6.65倍,截至2017年3月底已争取省以上资金42767万元,比2016年同期的38227万元增长了20%,积极保障保定市各项扶贫攻坚任务按计划推进。

2. 认真开展统筹整合财政涉农资金工作。为了优化财政涉农资金供给机制，破解各部门之间的条块分割、撒胡椒面式的投入方式对扶贫攻坚工作的掣肘，提高扶贫资金使用效益，形成"多个渠道引水，一个龙头放水"的扶贫投入新格局，以激发贫困县内生动力，以摘帽销号为目标的支持贫困县开展统筹整合财政涉农资金试点工作，给我们资金投入上提供了新的力量。要求各部门及时修订完善有关制度，取消一些不合时宜的政策，如上级专项转移支付资金取消地方政府承担的配套要求，支持贫困县开展统筹整合财政涉农资金试点工作。将涉及农村建设发展的扶贫、农业、水利、林业、交通、社保等方面的资金统一用于精准扶贫工作，在整合范围内有20项中央资金、20项省级资金及31项市级资金和20项县级资金，以县为实施主体根据本地脱贫攻坚规划和实施方案，自主安排使用资金，并承担资金安全、规范、有效使用的具体责任。通过此项工作，极大地提高了财政投入的数量和质量，2016年中央、省以上专项扶贫资金58315万元，整合后省以上资金达98867.63万元，而全年中央、省、市、县四级共整合资金132938.1万元，支持各县脱贫攻坚工作的开展。

3. 调动社会其他资金进入扶贫领域。扶贫攻坚不能仅仅靠财政投入来支撑，必须调动更多更大的社会资金进入扶贫开发领域。创新财政资金使用方式，推广政府和社会资本合作，实施以奖代补、贴息等多种方式，撬动金融和社会资本投向农业农村，支持精准扶贫。依托省级农业信贷担保公司，加强沟通和协调，尽快发挥我市担保风险金作用，在我市成立分公司，并积极支持有条件的县与省农业信贷担保有限公司合作，设立分支机构，并尽快实现实质性运营，支持贫困地区农业产业发展。发挥我市国控集团、扶贫攻坚开发投融资平台、扶贫开发产业投资基金的作用，积极开展市场化运作，推动扶贫开发工作发展。

(三) 进一步调整和完善扶贫开发政策

扶贫政策所面对的贫穷是经济社会发展程度低，居民收入水平低及生活质量低等为特征的绝对贫穷，并主要以收入多少为标准来衡量，而在经济社会发展的当下，特别是供给侧结构性改革背景下，需要我们在收入、教育、健康、生活条件、就业、保障等全方位提供高质量的供给，并在精准的前提下，使每一名贫困群众都能够过上小康的生活。

1. 完善兜底政策的保证。改变以往针对帮扶贫困群众就是给钱给物的做法，在保证最低生活标准基础上，完善农村社保和医保这些兜底政策。逐步提高低保、"五保"补助标准，扩大低保覆盖面，对符合农村低保条件的贫困群众做到"应保尽保"。实现扶贫线与低保线的两线合一，落实农村最低生活保障标准是3360元/人·年。加大财政支持力度，加强农村敬老院养老院建设，提高管理服务水平，同时全面推进城乡居民社会养老保险，逐步将贫困人口纳入代缴范围，让贫困群众实现"老有所养"。逐步扩大新农合报销药品目录范围，对农村低保、五保对象参加新农合个人缴费部分由财政全额补助，取消在县级医院住院新农合补偿起付线，降低大病保险起付线，增加慢性病病种，提高慢性病的封顶线和报账比例，减少因病致贫或返贫现象地发生，同时要进一步简化程序和报销手续，让群众更便利的享受政策。积极推进"救急难"工作，落实临时救助配套资金，对因病、因灾、因残等特殊原因致贫的困难家庭实施临时特别救助，当前农村特困人员的供养标准4380元/人·年要落实好，逐步建立完善重度残疾人生活补贴和护理补贴制度，进一步加大对农村孤儿和事实无人抚养儿童的保障力度。在此基础上，要引导社会力量加大帮扶救助力度，帮助群众渡过难关。

2. 加大产业政策的调整。要在更大的范围和更高的层面上去调整之前的产业政策。首先在农业产业方面，一方面根据贫困县、贫困村具体的生态条件、自然禀赋，调整种植结构，发挥自身优势，培植特色产业和主导产业。要在建立与贫困户利益链接机制的基础上，鼓励农民加入合作社，服务龙头企业，进入现代农业园区，通过扩大规模，提高水平，重点培植区域特色种植产业，如脱毒马铃薯、错季蔬菜、食用菌、优质小杂粮、中药材等，按照"多村一业、多乡一品"集中连片的发展思路，培育知名品牌。在畜禽养殖业中，引导农户发展适度规模经营，还要结合山场、林场、草场及"三荒"等自然条件，发展生态养殖，打造地理标志产品，如直隶黑猪、太行蜂蜜。另一方面是支持林业产业发展，充分利用现有资源，建设优质林果基地，通过一二三产融合，提高林果产品产业化水平，大力发展林下种植，拓宽贫困群众收入渠道，壮大林木花卉产业发展，重点发展林业生态产业，健康产业，特别要大力推进国储林工程建设，让贫困群众在绿化、守林、护林及以后的经济和生态效益中收益。其次是要拓展产业发展内容，一是要发展生态旅游业，借助省旅发大会的契机，在提高旅游服务设施的基础上，做强做大白石山、狼牙山、易水湖、清西陵、野三坡五大景区建设，重点实施特色旅游扶贫工作，推进金牌农家乐建设和旅游平台建设，让贫困群众能够在春夏秋冬四季都有事做，有钱赚。二是要加强光伏扶贫支持，通过户用光伏发电扶贫、村级光伏扶贫电站、地面光伏电站扶贫和农光互补电站等模式，让贫困户通过新能源获得长久收益。三是开展电子商务扶贫，加强与各大电商平台的合作，建设县级电商专属平台，推进电商产业园建设，鼓励发展村级电商网点，通过互联网+方式让群众致富。四是大力发展家庭手工业，针对贫困村留守妇女、老人等半劳动力较多的情况，以"一乡一业、一村一品"为导向，构建"企业+家庭""专业合作组织+家庭"的发展模式，发挥京津冀市场多而大的优势，发展箱包、玩具、服装、石雕等项目，实现在家门口脱贫致富。

3. 其他扶贫政策的落地。确保长久脱贫不是完成一两项工作就可以实现，需要全要素的支持。首先是农村基础设施建设要加强，把农村的交通搞好是致富的前提，联通铁路（保忻铁路、环京绕城高铁），拓展高速公路网（太行山高速、曲港高速、荣乌高速），推进农村等级公路和乡村路的建设。建设好水利设施为贫困群众的生产生活提供有力保障，实施农村安全饮水工程，解决 102.51 万人饮水安全改善工程，加强中小型农田水利设施建设和小流域综合治理及节水改造工程，提高防汛抗旱能力及水生态环境改善；加强农村电网改造升级，构建覆盖更广，技术支撑更可靠的服务系统，通过贫困地区 39 个电站及特高压电网和智能微电网的建设，来支撑贫困地区的发展；要不断提升信息通信技术的支持能力，通过三网融合，加快信息基础设施建设，2017 年 80% 的贫困地区行政村通光纤，实现 4G 基站网络全覆盖。其次是继续加大教育领域的投入。全面推进贫困山区义务教育寄宿制学校建设，实现小学 2 公里（含）以上、初中 2.5 公里（含）以上的 2.3 万名学生应宿尽宿，从根本上解决山区学生上学远、上学难的问题。要加强贫困县义务教育学校建设，提高高中办学条件，改善薄弱学校和学前教育办学条件。要大力发展职业教育，发挥九县职教协作机制，改善办学条件，加强技能培训，提高学历和技能。实施好贫困家庭教育救助行动，根据小学、中学、大学、职业教育等不同阶段，做好相关补助、公益金和助学贷款等发放工作。同时做好教师素质提升工作，在提高教师生活待遇的基础上，开展优化队伍、特岗教师招聘、乡村教师支持行动、三区（贫困地区、民族地区和革命老区）教师支持计划、结对帮扶等活动，通过教育的实践，断绝贫困的代际传承。第三是让贫困群众有一个良好居住环境。按照程序、补助标准和建设要求，落实好农村低保户、五保户、残疾人贫困家庭和一般贫困户的危房改造工程，落实好 34332 户的改造目标；做好 7 个易地扶贫搬迁项目，解决和改善近 3 万户，7.6 万余人的生活住宅环境；整合现有资源，建设集办公议事、村务公开、事务代办、信访代理、医疗卫生、邮政服务、购物超市、文化娱乐、信息技术服务等于一体的村民中心。开设具有广播、阅读、科普等功能的文化活动场所和完善休闲、健身、锻炼的器械和场所，让群众有一个进行文化体育活动的设施和场所；搞好美丽乡村建设，区分重点村、中心村、专业村等不同任务，抓紧完善规划，依托投融资平台，建好包括民居、道路、绿化、公共服务等在内的美丽乡村。

（四）建立既能脱贫又能致富的完整产业链条

只有依靠特色的产业发展，依靠完整的产业链条，才是扶贫开发的关键支撑，是实现真脱贫的有力依靠，必须加强完整产业链条的建设。

1. 实施特色农业产业扶贫。贫困县在特色、优势农业方面都有自己的传统、项目和产品，我们要充分利用当地的资源优势，围绕发展品质农业、高效农业，建设一批蔬菜、林果、杂粮、中药材、食用菌、畜禽、牛奶等特色种植、养殖和林产业基地，提高农业发展质量。在此基础上，建设农副产品生产加工基地和农产品深加工项目，做大做强蔬菜加工、有机奶加工、畜禽加工等产业，引导实现农产品加工规模化、标准化、专业化生产，通过建立仓储、物流配送设施、完善新鲜蔬菜、冷链物流服务体系，促进农业规模化生产和一二三产业融合发展，让更多贫困户分享农业全产业链和价值链增值收益。同时积极推动农业品牌战略，支持商标注册、品牌策划等措施，培育特色农产品，大力发展无公害农产品、绿色食品、有机农产品和地理标志农产品，开展多种形式的产品宣传推介，特别是农业部、国务院扶贫办等国家层面组织的农业扶贫对接会、展览会、研讨会，以品牌增效益、促扶贫。我们要积极鼓励贫困县通过农民合作社、龙头企业、种养大户、家庭农（林）场及现代农业园区等新型农业经营主体的发展，创新土地托管、土地流转、订单农业、畜禽托养、土地经营权股份合作等方式，为贫困户提供技术、市场、信息等服务，优先吸纳安置贫困户劳动力就业，优先收购贫困户农副产品，通过新型经营主体与贫困村、贫困户建立稳定增收的利益联结机制和分享机制，拓宽贫困户收入渠道，保障贫困户在农业产业中获取稳定的收益。

2. 加强生态旅游业扶持。要依托贫困县自然、历史、文化、民俗和景点等资源，通过科学运作，加强规划编制，建设一批旅游扶贫示范区、示范村和旅游小镇，引导贫困户发展民俗村和农家乐。进一步加强旅游公共服务设施建设，通过招商引资、项目引进、企业推荐、资金补助等方式，支持贫困县发展文化旅游、休闲度假、农业休闲、康体健身、户外运动、冰雪运动等旅游产品，推进旅游产业发展升级。指导贫困户发展旅游合作社，通过入股、租赁、合作经营等方式盘活利用集体土地、闲置农宅、涉农资金等生产要素，整体打造，开发地方特色浓郁的乡村旅游产品，建设休闲农庄、乡村酒店、农家院、特色民宿以及自驾露营、户外运动、亲子和养老养生等乡村旅游产品，培育一批金牌农家乐、风情小镇、特色旅游名村、度假乡村、精品民宿。实施旅游＋农业、旅游＋手工业、旅游＋互联网等"旅游＋"示范工程，鼓励和支持贫困户将当地农副土特产品、民族传统工艺品、特色旅游商品和纪念品等通过旅游渠道就地就近或网店销售，推出一批乡村旅游优质旅游产品推荐名录，提升旅游业对扶贫的"造血"功能，带动周边贫困人口实现稳定增收。

3. 综合手段提升产业扶持。在做好农业产业扶贫和旅游扶贫的基础上，要不断丰富扶持内容提高贫困户的脱贫增收手段。支持新能源扶贫，根据各县情况，不断完善基础设施，推进光伏、风能、光热综合利用等项目及配套设施设备的建设，确保贫困户得到长远的利益获得。发展现代物流商贸，利用农批对接、农超对接、农企对接、农社对接及订单农业的机遇，建设一批产品集散型和生产批发型市场，新建和改造一批集零售、餐饮、文化、生活、配送等于一体的多功能乡镇商贸中心，在重点专业市场、产业聚集区，大力发展集展示、交易、仓储、流通加工、运输、配送、信息功能于一体的物流平台，在提升标准化、现代化的同时，实现贫困户收入的增加，生活质量的提升。大力支持"互联网＋扶贫"，通过综合优惠政策和支持政策，不断加大县级电子商务平台级的建设，围绕县域特色产品和土特产品与知名电商合作建设电商服务体系，推动电商进村，实现一县一中心，一村一网点，让电商为贫困户脱贫致富提供更广阔空间。要重视和加强金融扶贫的工作，采取综合措施，鼓励和引导各类金融机构下乡，以政—银—担—保—券体系为依托，支持贫困县经济社会发展；在金融政策宣传和培育金融队伍的基础上，不断提高对贫困县和贫困户的信贷投放力度，完善服务体系，丰富金融产品，健全融资担保体系，发挥保险保障作用，利用证券优惠措施，提高贫困县融资发展的水平，让金融扶贫成为产业扶贫的重要支撑和保障。

（五）建立过硬的扶贫队伍

毛主席说：正确的路线确定后，干部就是决定性的因素。在当前确立了精准扶贫的思想后，如何高效实施成为关键，需要多层面的力量来抓好落实。

1. 加强政府扶贫力量的建设。根据当前的政府管理体制，县级是最关键的一级，扶贫开发的成功与否关键在县，必须加强县级扶贫队伍的建设。要进一步加强县扶贫攻坚领导小组的建设，除了健全组织外，更重要的是建立起科学、有序的工作制度，并尽量减少人为干预。要进一步落实各级党政一把手负总责的扶贫开发工作领导责任制，县委书记、县长为贫困县扶贫开发工作第一责任人，通过领导带头、牵头确保扶贫工作的扎实推进。要不断加大县扶贫办的建设力量，进一步理顺关系，提高待遇，增加编制，扩充人员，建设一支愿意扎根基层、有责任、敢担当、善落实的高素质基层干部队伍，通过学习、教育和培训，不断提升统筹、协调、管理的能力，解决小马拉大车的问题，真正发挥好参谋部和作战部作用。在乡镇，落实党委书记和乡镇长为本地扶贫攻坚第一责任人的基础上，组建扶贫攻坚办公室，配备主管扶贫工作的专职副乡镇长，配备工作能力强、年轻有为、有培养前途的工作人员，各贫困村也设立扶贫工作室，由村两委班子成员负责日常工作，做好政策宣传、档案管理、具体项目落地等工作。

2. 提高致富带头人的能力素质。致富带头人就是收入水平超过当地农民平均水平，在生活生产上比较富裕，并且能够带动周围农民脱贫致富奔小康的人。带头人主要有农村基层干部、科技人员、市场销售人员、外出务工返乡人员、退伍军人、大学生村官、合作社发起人、龙头企业负责人、农业园区负责人等，它们充分利用政策、知识、经验、资金、市场等各种因素，或从事着以一、二、三产融合的现代农业，或从事着物流、商贸、技术、服务等第三产业。在当前的扶贫政策环境以及贫困村（户）的现状下，致富带头人是实施精准扶贫的关键着力点，诸如贫困户的思想引导、政策宣讲、示范带头、产业落实等方面有天然的便利，必须要把这支队伍培育好、建设好、发展好，通过重视和发挥人的作用，实现脱贫目标的实现。要帮助致富带头人提升经营水平，通过学习教育，增强带头人自身的实力，更要支持他们采用新技术提升技术含量，利用现代管理手段提升现代化水平，利用新模式提升组织发展后劲。鼓励和支持致富带头人带动更多贫困户，通过财政资金支持、项目优先支持、信息优先考虑、土地流转支持、用地指标协调、科技服务等政府方面的支持，通过建立利益链接机制，让贫困户享有长期稳定的收入，实现脱贫致富的效果。

3. 发挥工作队、第一书记、社会力量等其他人员的作用。在激发贫困群众内生动力的同时，加强贫困地区以外力量的支持，并使之内化为群众能力素质的转变和提升，也是非常重要的工作。工作队、第一书记都是原单位思想政治素质好，作风正派，事业心、责任感和服务意识强的骨干，综合能力强。要在全市1082个贫困村全覆盖的基础上，充分发挥好自身优势，落实好实施脱贫和发展规划、加强贫困村基础建设、培育和壮大特色优势产业、强化技术技能培训、培养村级致富带头人队伍、调处化解矛盾纠纷等"六大任务"，发挥好政策"宣传员"、发展"服务员"、党建"指导员"、维稳"调解员"等"四员"作用，紧紧围绕扶贫攻坚"治穷、治弱、治乱"目标任务，全力破解扶贫攻坚难题，确保精准扶贫工作有序高效推进。同时要积极利用社会的一切关注、关心、关爱扶贫工作参与者的力量，争取贫困村、贫困户发展所需的资金、技术、理念、物资等方面资源，开展志愿活动、"百企帮百村"等活动，解决生活生产初级问题的基础上，实现跨越式发展。

（六）创新宣传方式服务精准扶贫

在供给侧结构性改革下精准扶贫工作中需要调动和发挥社会全要素的力量，围绕脱贫这个目标而发挥作用，这就需要加强宣传发动工作，努力营造浓厚的扶贫攻坚舆论氛围，在教育贫困群众解放思想，改变发展理念的同时，引导和激励全社会各方面力量做好扶贫攻坚工作。

1. 丰富宣传内容。对全市扶贫攻坚基本情况、各级关于扶贫的相关扶持政策进行宣传，特别是习近平总书记关于扶贫工作的系列重要讲话精神、国务院扶贫开发领导小组会议精神、省市各级领导对扶贫工作的重要讲话及会议指示精神进行宣传，让社会各界对扶贫政策法规有一个比较清晰的了解，并增强对扶贫工作的感情认知。深入挖掘基层脱贫攻坚的鲜活做法、好的典型、成功经验；宣传基层组织在脱贫攻坚中发挥先锋模范作用，带领群众脱贫致富的新情况，来自基层一线的报道往往最有说服力。对保定市扶贫开发中的重大活动、重要决策部署、政策措施、公告公示等进行宣传，围绕创新社会扶贫参与机制和社会扶贫开展宣传，宣传社会力量参与扶贫开发的主要做法以及社会帮扶动态和重大活动等，在全社会形成人人支持扶贫、人人参与扶贫的良好氛围。

2. 创新宣传手段。以约稿、撰写信息等形式制作简报，围绕"领导关怀""扶贫攻坚论坛""产业扶贫""易地搬迁工程建设""社会帮扶""身边的扶贫"等方面宣传。加强与各级党委、政府门户网站、宣传部门的对接，同时利用好本部门网站，定期发送脱贫攻坚信息。以专题活动、知识问答、摄影大赛等多种形式，结合精准脱贫重要活动策划主题活动。与省市各媒体对接，开辟专栏、专版、专刊、专题片进行宣传。在保定市区重要通道及醒目位置制作公益广告，利用电子屏、LED屏、宣传栏、宣传橱窗等公共场所滚动播放精准扶贫、精准脱贫相关内容。利用"微博保定"

"保定微讯"、保定政府客户端等宣传新媒介,发布最近的扶贫动态和扶贫政策。编制扶贫文艺节目,用相声、小品、戏曲、舞蹈等群众喜闻乐见的形式宣传扶贫政策、脱贫典型。通过发放扶贫宣传资料、张贴宣传标语、制作漫画墙等方式,向群众宣传精准扶贫、精准脱贫的最新政策,让群众知晓的基础上提高参与的积极性。

3. 完善宣传措施。将信息宣传任务分解到有扶贫任务的县(市)区、各市直部门,加大稿件报送考核力度,及时反映有关动态、经验做法、特色亮点。推动媒体联动,有组织、有计划、有步骤、有重点地做好报刊、电视、广播等主流媒体宣传,坚持抓主流媒体,盯重要平台,抠关键节点,推重点稿件。精心制作"扶贫攻坚明白纸"、帮扶手册、宣传单、政策墙、宣传栏、文艺节目等,通过群众喜闻乐见的形式达到人人关心扶贫、人人重视扶贫、人人支持扶贫、人人参与扶贫的良好氛围。充分运用新闻报道、典型宣传、专题专访、巡回宣讲等形式,大力宣传脱贫攻坚好的做法和成效,特别是那些可借鉴、可复制、可推广的经验;加强对网络和传播平台的引导,不给负面信息提供传播渠道,积极为脱贫攻坚营造良好氛围,助推精准扶贫、精准脱贫工作健康开展。

达州市公共财政民生支出困境及对策研究

达州市财政局 李 敏 李晓军

近年来,达州市委、市政府高度重视保障和改善民生,财政部门千方百计增加收入,积极调整和优化财政支出结构,不断加大公共财政对民生领域的投入,每年公共财政用于教育、社会保障和就业、医疗卫生、公共文化、保障性住房、脱贫攻坚和生态环境保护等方面的民生支出比例在整个财政支出中达到70%以上,确保了市委市政府9项民生工程和18件民生实事如期完成,达州700万民众享受到了经济社会发展成果和公共财政的阳光,人民群众的幸福指数得到了有效提升。

一、达州市公共财政民生支出概况

(一)从公共财政民生支出总量上看

以2018年为例,全市公共财政民生支出总量达到296.37亿元。其中:教育支出74.3亿元,文化体育传媒支出5.6亿元,医疗卫生支出51.89亿元,社会保障和就业支出53.4亿元,住房保障支出28.19亿元,脱贫攻坚22个专项支出65.71亿元,节能环保支出6.66亿元。

(二)从公共财政民生支出占比看

从2011—2018年,全市公共财政民生支出占一般预算公共财政支出的比重每年都稳定在70%左右。

(三)从各类民生支出与财政收入的占比分析上看

以2018年为例,全市一般公共预算收入101亿元,一般公共预算支出417.97亿元,其中,全市民生支出实现296.37亿元,占全市一般公共预算支出的比重为70.91%,连续7年稳定在70%以上。

二、达州公共财政民生支出存在的具体困难和原因分析

(一) 财政收入总量偏小、规模不大、资金支出缺口较大

由于受地方财力影响,达州市地方公共财政收入总体规模不大,民生支出总量偏小,尤其是民生支出保障水平较低,人员支出基本靠本级财政支付,项目支出由上级专项资金作为主要资金来源,地方配套整合力度小,资金缺口较大。

(二) 公共财政民生支出结构不尽合理、比重不均衡

虽然达州市公共财政规模在逐年增长,但是各类民生支出结构有不合理现象,各支出之间存在明显差距,从以上的数据可以看出,达州市公共财政对教育、医疗、社会保障和就业的支出比重较大。

(三) 刚性需求支出多,保民生压力大

由于财政自身可用财力较少,保障能力较弱,对上级转移支付依赖程度较高,可用财力仅能维持"保工资、保运转、保基本民生",往往是入不敷出,其余支出全靠上级补助。

(四) 民生支出资金管理有待进一步规范,支出绩效评价滞后

民生支出进度偏慢、效益不高、使用不规范等问题在基层和乡镇一级表现较为普遍。一些单位民生专项资金没有实行单独核算,与单位日常性开支混同一起核算反映;有的支出票据不合规,收支核算不规范。在民生支出绩效评价方面,按照上级财政部门的要求,绩效评价工作仍还处于起步阶段,重前期立项、轻后期评价的状况并没有从根本上改变。

以上存在的具体困难和存在问题的主要原因,归纳起来主要有以下三个方面。一是地方经济发展不平衡不充分,新兴财源发展后劲不足,自身造血功能不高,财力支撑不够。二是民生保障改善需求日益加大。地方需要配套方面无法全额保障,部分民生项目只能按照最低保障标准予以配套。三是我市经济发展相对滞后,地方政府税收来源比较贫瘠,财政资金相对短缺,依靠上级财政转移支付的状况还没有得到根本改变。

三、对策措施及有关建议

(一) 深化财政改革,增强县乡公共服务能力

1. 严格落实 2014 年修正的《中华人民共和国预算法》和国务院深化预算管理制

度改革的要求。全面推行乡镇财政资金绩效分配法，切实把从严治党落实到乡镇财政资金分配上，科学合理地分配乡镇财政资金，优化财政资源配置，推进乡镇财政依法行政、依法理财，打造规范、公开、透明的财政资金分配制度。

2. 坚持"促发展"与"防风险"并重，在公共服务领域积极规范推广运用PPP模式，着力提升公共服务供给质量和效率。进一步完善《政府向社会力量购买服务实施办法》，拓宽政府和社会资本合作项目范围，加大城市供水、供电、供气、污水和垃圾处理、流域治理、保障性安居工程、地下综合管廊、节能减排、教育、医疗和养老服务设施等城市基础设施及公共服务重点领域实施PPP模式力度。

3. 加强政府性债务的化解和风险防控，进一步完善《政府性债务管理办法》，强化政府性债务的监督管理，规范县乡举借、使用和偿还政府性债务的行为，完善政府性债务管理体制，防范和化解政府债务风险。

（二）增强地方财政实力，加大民生项目投入力度

从目前来看，中央、省、市民生项目支持力度逐步加大，而县级由于财力匮乏，财政投入有缩小的趋势。因此，要努力克服经济下行压力的影响，按照"依法征收、应收尽收"的原则，加强与税务部门的会商交流，做到精准预测，确保收入均衡入库，努力缩短收入差距。充分利用综合治税信息平台，进一步提高综合治税成效。积极建立政府性投资项目税收征管新机制，认真落实外地房地产和建设施工企业就地注册纳税措施。认真解决民生资金"上进下退"问题，制订有关政策，严格地方民生资金的增长比例和规模，保障民生资金的投入质量。

（三）优化财政支出结构，保障重点民生实事需求

一是狠抓财政节支，严格预算支出管理，牢固树立"节支也是增收"的观念和"过紧日子"的思想，大力压缩一般性支出，集中财力保障脱贫攻坚、改善民生等重点支出项目资金。二是调整优化财政支出结构，突出保障重点，提高支出的有效性和精准度。三是坚持把向上争取作为缓解收支矛盾、确保收支平衡的重要举措，积极争取中央和省上各类资金，力争上级在额度安排上对达州市予以更大的倾斜扶持。四是强力推进政府预算管理。坚持民生优先，优化民生支出结构，推动不同民生领域协同发展的原则，强化预算编制，提升民生领域投入水平。强化预算执行质量监控，确保投入民生领域的财政资金达到合理的预算执行目标。推进预算执行年中评估和动态调整统筹运用，全面建立完善财政支出绩效评价机制。

（四）拓展资金筹集渠道，提高民生支出保障水平

针对各地所辖区内棚户区改造、异地搬迁、交通等城乡公用事业、公益性基础设施建设等资金需求，多渠道筹集资金，积极引导市场机制，力争通过PPP模式等方

式解决。积极争取新增政府债券资金，专项建设基金等，拓宽筹资渠道，做大财政收入"蛋糕"，把新增财力用于保障和改善民生及社会事业发展上，培育新的经济增长点，形成财政增收、民生支出有力的长效机制。

（五）建立健全民生支出绩效考评和监督管理制度，构建民生支出公平性监督机制

推动建立科学的民生资金支出绩效评价体系，构建动态、全过程的支出绩效监控机制，不断提升民生资金使用效益，不断降低行政成本。建立以绩效为导向的预算分配机制，对项目实施绩效评价，将资金使用效果与资金分配挂钩，督促项目主管部门和项目建设单位切实承担起项目绩效管理的责任。加强公共财政民生支出使用监督，建立健全民生支出绩效评价、考核、监督、问责等制度，确保民生资金特别是重点民生项目资金及时到位并严格按规定用途使用。

革命老区精准扶贫财政实践与思考

——以四川省达州市为例

达州市财政局　李晓军

在经济发展进入新常态的新形势下，国家更加关注扶贫和民生工作。从2014年起将每年的10月17日设立为"扶贫日"，充分体现了中央对贫困地区、贫困群众的关心厚爱，对扶贫开发工作的高度重视。四川省委十届六次全会专题全面部署扶贫开发攻坚，发出决战全面小康的动员令，吹响全力精准扶贫的冲锋号。随即，中共达州市委三届九次全会研究部署了新阶段、新形势下达州的扶贫攻坚工作，审议通过了《中共达州市委关于决战决胜扶贫攻坚同步全面建成小康社会的决定》。实施精准扶贫需要政府主导、群众主体、部门联动、全社会参与才能啃下扶贫攻坚这块"硬骨头"，奋力夺取脱贫奔康的全面胜利。

一、达州精准扶贫现状及成效

（一）基本现状

达州，是西部革命老区，地处川渝陕结合部，幅员1.66万平方公里，总人口约690万人，是典型的人口大市、农业大市。2011年，达州市有贫困人口121.61万人，贫困发生率达21.85%，远远高于全国、全省平均水平，贫困人口数量居全省第2位。2013年，全市有贫困村828个、农村贫困人口74.15万人，居全省首位（全省625万人、全国8249万人）；贫困发生率为13.53%，高于全国8.5%、全省8.6%的平均水平。2014年，全市贫困人口有63.66万人（全省497.65万人），占12.79%；贫困发生率为11.62%（全省7.7%），比全省高出3.92个百分点。2015年，全市贫困人口有49.85万人（全省380万人），占13.11%；贫困发生率为9.16%（全省5.88%），比全省高出3.28个百分点。具体详见达州市2010—2015年贫困人口规模和贫困发生率数据表。2015年，达州市以精准扶贫、精准脱贫为手段，以改革创新为动力，坚持区域发展与精准扶贫"两轮驱动"，实施"五大扶贫工程"，全力推动扶贫攻坚，扶贫开发工作取得明显成效。2015年，全市共投入各类扶贫移民资金6.98亿元，实现精准减贫13.2006万人。具体如表1所示。

表1　　　　达州市2010—2015年贫困人口规模和贫困发生率统计表　　　　　单位：万人

类别	2010年	2011年	2012年	2013年	2014年	2015年
贫困人口（万人）	121.6127	93.02	78.5314	69.8766	63.657	49.85
贫困发生率%	21.85	16.85	14.25	12.75	11.62	9.16
减贫数（万人）		28.5926	14.4886	8.6548	10.4963	13.2006

资料来源：达州市扶贫移民局。

（二）主要特点

从达州市2010—2015年贫困人口规模和贫困发生率数据表分析后可以看出达州市扶贫开发存在以下几个主要特点：一是贫困人口规模大；二是贫困人口覆盖面宽；三是贫困发生率高；四是减贫难度大；五是贫困程度深。

（三）工作措施及取得的主要成效

针对贫困人口多、贫困程度深的实际困难，达州市委市政府多措并举实施扶贫开发战略，全力攻关贫困难题，取得了一定的成效。贫困人口由2010年的121.61万人，到2015年49.85万人，减贫人数达到71.16万人，完成扶贫目标任务的59.01%。如图1所示。

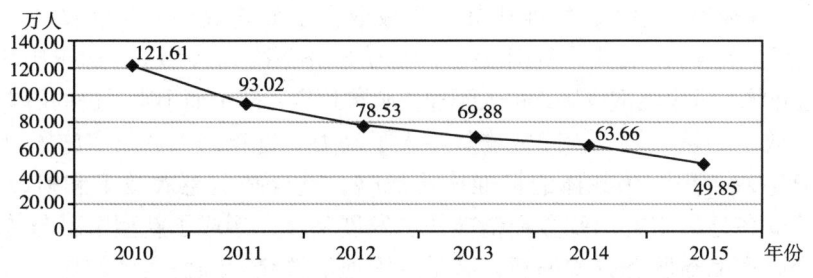

图1　2010—2015年达州市贫困人口变化曲线

取得这些成效的原因主要归结于以下四个方面。

一是经济发展战略为扶贫开发奠定了坚实基础。达州扶贫开发工作在省委、省政府和市委、市政府的坚强领导下，紧紧抓住新一轮西部大开发和秦巴山区连片扶贫开发等重大机遇，立足于省委对达州提出的"努力在次级突破中走在前列"和"探索新形势下欠发达地区新型城镇化道路"的两大历史任务，坚持科学发展、加快发展、追赶跨越的工作基调，围绕建成川渝陕结合部区域中心城市和川东北经济区核心增长极的两个定位，坚定不移地推进"三大总体战略工程"，经济社会发展取得了新成绩，为扶贫开发工作奠定了坚实的经济基础和能力保障。

二是政策密集出台为精准扶贫提供了保障。2015年7月，中共达州市委三届九次全会研究部署了新阶段、新形势下达州的扶贫攻坚工作，审议通过了《中共达州市委关于决战决胜扶贫攻坚同步全面建成小康社会的决定》。提出了全市每年减少农村贫困人口15万人左右，到2018年，实现全市省定贫困县全部"摘帽"；到2019年，实现全市国家扶贫开发重点县、828个建档立卡贫困村全部"摘帽"；到2020年，实现全市23.2万户、63.6万农村贫困人口如期脱贫，贫困县农民人均纯收入比2010年翻一番以上，实现基本公共服务均等化、社会保障全覆盖的扶贫攻坚目标任务。2015年，达州继续深化扶贫改革，创新攻坚机制，出台了精准扶贫等配套改革文件和支撑性的落实措施。市委印发了《关于进一步做好对口定点扶贫工作的通知》，确定了新一轮市领导对口联系、市直部门（单位）定点帮扶贫困村工作，大力推进"五大扶贫工程"和"六到农家"活动，着力解决贫困村、贫困户实际困难和问题。市政府制发了《扶贫开发重点工作实施计划（2015—2020年）的通知》，细化了道路畅通、饮水安全、电力保障、产业增收、乡村旅游、危房改造、卫生计生、文化建设、信息化、教育扶贫、技能培训、生态环境等12项重点工作，明确了部门（单位）的目标、任务和责任，强化了工作重点。

三是多管齐下扶贫战略初见成效。近年来，达州市扶贫开发工作，紧紧抓住转变方式、强化"造血"、加大投入、整合力量四个关键，瞄准最贫困的地区、最迫切的问题、最紧要的事项，坚持多管齐下、综合施策，在厘清发展思路、培育主导产业、提升基础条件、抓好服务保障等下功夫，精准扶贫攻坚战取得了显著效果。全市农村贫困人口从121.61万人减少到49.85万人，贫困发生率从21.85%下降到9.16%，达州扶贫开发已经由解决温饱问题、巩固温饱成果，进入到加快脱贫致富、向全面小康迈进的历史性阶段。

四是财政金融精准发力为脱贫攻坚注入了动力。近年来，达州实施了以财政金融支持"扶贫惠农工程"为载体的精准扶贫战略，整合扶贫惠农政策和财政金融资金等资源，建立各地风险补偿基金和精准扶贫发展基金，形成了新型金融与传统金融协调配合，金融产品与服务方式创新，满足贫困地区群众及经济实体差异化、多层次的融资需求，实现金融服务全覆盖，切实解决贫困地区金融服务难题。2015年共投入各类扶贫资金6.98亿元，市级财政落实驻村帮扶项目资金、工作经费1500万元，实施点对点帮扶，实现了驻村帮扶干部工作组（队）对全市所有贫困村全覆盖、市县领导和帮扶单位对全市所有贫困村全覆盖、帮扶责任人对全市所有贫困户全覆盖的"三个全覆盖"工作格局。2015年精准减贫132006名农村贫困人口。

二、精准扶贫存在的困难和问题

达州作为全省扶贫攻坚任务最繁重的市（州），贫困面宽、量大、程度深状况没有根本改变,住房难、行路难、饮水难、用电难、上学难、就医难、通信难、增收难等问题依然存在,因病、因残、因灾致贫返贫现象突出。加上经济发展基础和速度受限,财力薄弱,对扶贫开发投入少,对上依存度较高等多重因素,达州的精准扶贫工作存在较多困难和问题。如达州万源市,按2013年农民人均纯收入2736元扶贫标准,万源目前还有农村贫困人口10余万人,贫困发生率达19.8%,居全省前列。万源市系国家扶贫开发工作重点县(市),2013年达州市人均GDP仅16725元,仅占全省的0.1%。如此现状的不仅仅是万源市,达州的渠县、宣汉县也有着相同的情况。达州,受地理位置和经济发展的多重影响,精准扶贫量大面宽,精准扶贫工作在短时间内难以解决主要问题,存在着许多困难和问题。从基础设施看,基础设施落后是导致贫困的主要因素。达州地形地貌以山区、丘陵为主,其中山区占70.7%,丘陵占28.15%,农村道路建设和水利设施建设成本高、难度大,全市尚有"十二五"规划内37.8万、规划外130万农村人口存在饮水难和饮水安全问题,多数农田渠系配套不够,中低产田土占总耕地的57%,路、水、电、气等基础设施末段建设严重滞后,抵御自然灾害能力弱。全市行政村虽已通公路,但存在通路不通畅,不通畅村达742个;农村还有无电户6061户2.35万人;还有18万户70万人没有进行农网改造;150万户群众无法正常收看广播电视节目甚至无法收看市、县本地广电节目。农村中小学学生宿舍、食堂建设面积严重不足,缺口达44.64万平方米,配套设施严重缺乏。自然灾害频发也是导致贫困增加的外部影响因素。达州境内分布有"秦巴山地灾害区""川东伏旱气候区""川东暴雨滑坡区",属于我国自然环境脆弱地带。自2004年以来,"9·3""7·8""6·25"多年连续遭受百年不遇的暴雨洪灾、旱灾和雨雪冰冻灾害袭击,累计直接经济损失达300多亿元。因自然灾害频发,因灾致贫返贫问题十分突出。据统计,十年来,达州市因自然灾害影响造成13.72万户48.02万人返贫致贫。

三、精准脱贫攻坚战财政对策及建议

财政作为金融扶贫计划的牵头部门,在精准扶贫攻坚战中主动作为,精准发力,肩负起扶贫攻坚的历史重任是担当更是职责所在。

(一)实施多元投入战略,加大对精准扶贫的资金支持力度

资金支持是精准扶贫攻坚战的财力保障和重要抓手,构建多方位多层次的资金支持体系对精准扶贫来说至关重要。

1. 做大财政"蛋糕",加大财政投入力度。当前,达州经济发展处于中低速发展的新常态时期,财政收支压力巨大。面对刚性支出逐步增加,财政收入中低速增长已无法满足经济社会发展的需要。在新常态发展时期,财政部门要以新思路新举

措，积极应对，主动作为，精准发力，加快财税体制改革步伐，积极调整和优化财政支出结构，做大做强财政"蛋糕"，提高财政保障能力。同时，要建立新增财力投入机制。严格落实市、县区财政当年新增财力用于扶贫开发的财政资金投入增长机制要求。

从2011年到2015年财政对扶贫开发的支持力度看，总体是达到了逐年增加，充分发挥了财政资金"四两拨千斤"作用，积极引导社会资金注入扶贫开发的领域，为扶贫开发工作做出了积极贡献。但是，根据精准扶贫总体战略的要求，达州要在2020年实现全面脱贫的目标，财政还需要对精准扶贫加大投入力度。因此，财政部门要按照《达州市改革财政专项扶贫资金管理使用机制实施细则》管理办法，严格落实县（市、区）新增一般转移支付、少数民族地区待遇县转移支付和资源有偿出让收益的50%以上要用于综合扶贫开发。县级财政每年年初要足额预算精准扶贫资金，同时不断调整优化支出结构，从严控制一般性支出，确保财政专项扶贫支出年平均增长幅度高于财政经常性增长幅度。同时，要盘活精准扶贫的存量资金，用增量加存量的有效办法，做大精准扶贫的"蛋糕"。

2. 强化扶贫资金预算管理。深化部门预算改革，提高扶贫资金预算的科学化、精细化水平。从预算环节入手，推进精准化的扶贫预算，带动扶贫工作的精准化。市县财政在编制预算时要单列民生改善、项目建设、社会保障等领域用于扶贫开发的专项资金。同时细化项目内容，将扶贫开发项目细化具体到每一个贫困县区、每一个贫困乡镇、每一个贫困户。

3. 建立整合涉农资金投入机制。建立整合涉农资金投入机制。及时制定出台《关于整合财政性资金促进精准扶贫的指导意见》，指导各县（市、区）切实加强涉农资金整合，紧紧围绕市委三届九次全会和市委《决定》精神，按照"六个一批"扶贫攻坚计划和"十大专项行动"的要求，以精准扶贫为载体，把基础设施、产业发展、社会事业、生态保护、能力建设等涉农项目和资金，合理安排、打捆使用，集中解决贫困地区、贫困农户急需、急盼的突出问题，整合更多的政策和资金用于精准扶贫。在今年国务院办公厅、省政府办公厅出台《关于支持贫困县开展统筹整合使用财政涉农资金试点实施意见》后，及时代市政府拟定了《达州市关于支持贫困县开展统筹整合使用财政涉农资金试点的实施意见》，通过加大定向财力转移支付力度，尽可能将资金和项目管理权赋予县（市、区）；在确保完成规划任务的前提下，允许县级在同类项目中，整合统筹使用相关渠道下达的补助资金。同时，以县为主体，制定整合资金推进扶贫攻坚实施方案，将涉农资金整合贯穿于预算编制、资金分配、资金使用和资金管理的每一个环节，形成"多个渠道引水、一个池子蓄水、一个龙头放水"的扶贫投入新格局，提升整合实效，助推减贫脱贫。截至目前，全市共整合各类涉农资金31.41亿元，有力支持了农村基础设施建设、农业产业化发展、幸福美丽新村建设、精准脱贫等重点项目建设。

4. 充分发挥财政杠杆作用，引导社会资金投入。积极探索运用多种形式大力发展小额信贷，引导各类社会资金投入扶贫攻坚，探索财政贴息支持农业产业发展的补助方式，完善推动城乡一体化发展的金融服务机制。探索发展村级发展互助资金贷款，支持农民发展特色种养殖业、农副产品加工业和交通运输业，发展壮大村级优势产业。探索建立精准扶贫小额贷款机制。由市县财政和银行共同出资设立精准扶贫贷款风险补偿基金，对精准扶贫小额贷款等的损失予以补偿，并建立风险补偿长效补充机制。引导各类金融机构积极参与扶贫攻坚，通过贴息撬动贫困村产业发展。

5. 积极研究上级相关财税政策，加大向上争取项目和资金的力度。近年来，中央制定和出台了一系列加快推进革命老区、贫困地区发展的政策，尤其是2016年中央制定的川陕革命老区振兴发展规划出台后，进一步加大了对贫困地区、革命老区发展和扶贫开发的支持力度。财政部门要认真研究涉及的财政转移支付政策、税收优惠政策等相关政策，加大上争取项目和资金的力度。从2001年起，中央财政单独设立了地方革命老区转移支付，资金规模到2014年，中央对地方革命老区转移支付规模已经达到57亿元，比2013年增长10.8%。为了充分发挥资金的使用效益，让老区人民切身感受到党中央的温暖，中央明确省级和市级财政要将中央对革命老区的转移支付资金分配落实到对中国革命做出较大贡献且财政较为困难的连片革命老区，用于帮助老区人民群众改善生产生活条件。并要求有条件的地区可以在预算中安排一些资金，增加对革命老区转移支付规模。2015年，省财政厅在精准扶贫攻坚战略中提出了"1+4+4"的财政扶贫政策体系工作思路，在2016—2020年的扶贫资金平衡方案上要给予贫困地区大力支持，同时构建了贫困地区财力保障机制、财政扶贫资金到村到户帮扶机制、贫困地区县级涉农资金统筹整合机制，制定了促进贫困地区跨区域合作财税利益分享实施办法、均衡性转移支付单列贫困地区补助办法，精准扶贫财政金融政策管理办法、财政支农项目资产收益扶贫实施办法等多项精准扶贫政策，将对贫困地区的精准扶贫给予全力支持。因此，达州财政部门要积极配合有关部门，积极向上争取有关政策和补助资金，以增加对达州精准扶贫的投入。

（二）创新投资收益扶贫模式，全力攻坚精准扶贫

1. 积极推进财政支农资金形成资产股权量化改革试点，赋予建档立卡贫困户更加充分而有保障的财产权和财产收益权，拓宽缺劳力、缺技术和丧失劳动能力的农村贫困户持续稳定的增收渠道。一是财政支农资金投入到村或农民合作社、农民用水合作组织部分形成的资产，经试点组织成员同意后，划出一部分，采取优先股的方式量化到贫困户，实行贫困户收益保底、按股分红。二是财政支农资金投入到农村集体经济组织形成的资产，可先设立贫困户股份，仅贫困户享受，剩余部分再按一人一股量化给农村集体经济组织成员，并确保贫困户分红底线。三是鼓励龙头企业与农民专业合作社或农村集体经济组织共同利用财政支农资金成立实体，明晰双方持股比例。农

民通过农民专业合作社或农村集体经济组织持有实体股份,并设立贫困户优先股,剩余股份再按规定量化。

2. 创新开展精准扶贫小额信贷模式。引导金融机构对农村建档立卡贫困户在核定的额度和期限内发放"免担保、免抵押"贷款,政府通过贴息、风险补偿、购买保证保险等措施降低贷款风险,加大对建档立卡贫困户信贷支持,促进其发展增收项目,帮助贫困户尽快脱贫致富。

3. 建立精准扶贫小额信贷基金和风险补偿基金。从2015年到2020年,市级财政每年安排3600万元,其余各县市区各500万元。建立精准扶贫风险补偿基金是精准扶贫小额信贷基金的重要保障措施。各县市区可按不低于贷款余额的5%安排贷款风险补偿基金,并在以后年度按照不低于当年新增贷款的5%安排贷款风险补偿基金。同时落实精准扶贫贷款贴息资金。县级财政可整合各级财政安排的精准扶贫贷款贴息资金,用于安排不超过5%的年利率给予建档立卡贫困户的贷款贴息。如达州市开江县在精准扶贫攻坚战中建立产业扶贫小额信贷基金、产业扶贫风险补偿基金和产业扶贫贷款贴息资金,为该县精准扶贫提供了有力保障。该县在1.89万户建档立卡贫困户中,凡购买小额信贷保证保险,保险机构将按我国最低标准收取扶贫信贷保证保险资金,县财政给予全额补贴。开江还设立了扶贫小额信贷风险补偿基金专户,2015年开江县财政首次注入资金100万元,按照不高于1∶10的比例投放贷款,损失风险由合作保险公司承担70%,剩余30%由政府、银行各承担50%。

(三)强化扶贫资金管理,提高资金使用效益

1. 建立健全资金监管制度。按照《四川省财政专项扶贫资金管理办法》和《关于进一步加强扶贫项目资金监管工作的意见》等要求,制定完善《市级财政专项扶贫资金管理办法》,坚持财政扶贫资金专户管理和县级财政报账制管理,封闭运行,确保专户储存、专人管理、专账核算。

2. 健全财政专项扶贫资金绩效考评机制。根据四川省财政专项扶贫资金管理、财政扶贫资金绩效考评实施、专项扶贫资金投入考评等办法规定,建立对各县(市、区)年度扶贫开发计划、项目批复与执行情况、财政扶贫资金的使用过程、项目实施及其效果等进行综合性考核与评价,切实提升财政扶贫资金管理使用的规范性、有效性和安全性。

3. 实施追踪问效。按照"项目跟着规划走,资金跟着项目走,监督跟着资金走"的原则,把加强财政扶贫资金绩效管理贯穿于扶贫资金分配、拨付、使用以及扶贫项目的立项、审批、实施、检查、验收全过程,切实提高扶贫项目实施效果和财政扶贫资金使用管理绩效。

4. 扶贫资金监督管理常态化。定期将财政扶贫资金的分配、项目安排以及项目到村情况在相关媒体上进行公示公告。同时,发挥监察、审计等部门的作用,加大违

法违纪行为惩处力度。扶贫项目实施中所需大宗物资、材料符合政府采购目录的，要按照政府采购的有关规定实行政府采购，采购物资实行财政直接支付的办法。同时，必须建立严格的物资领用和保管制度。

（四）充分发挥职能作用，全力推动精准扶贫工作

精准扶贫在获得充裕资金支持的同时，更离不开项目来支撑。精准扶贫项目是改"输血"为"造血"的重要抓手，财政部门在精准扶贫项目上要给予高度关注和大力支持。要会同农业、交通、水利、卫生、文化教育等部门，加快推进对贫困地区的基础设施、农村产业发展、文化建设和农村教育事业的发展进程。要通过科学规划和建设贫困地区的交通、水利、电力、通信等基础设施，构建骨干网络、改善区域发展条件，完善末端建设、方便群众生产生活；通过积极培育贫困地区特色支柱产业，建立贫困群众稳定增收来源，拓宽脱贫致富渠道；通过以扶贫新村建设为载体，加快推进危房改造，同步提升扶贫新村公共服务和社会管理等综合配套服务水平，建设幸福美丽家园；通过健全卫生计生服务体系，提高服务能力，加大疾病预防控制力度，做好计划生育工作，加大对计划生育扶贫对象的扶持力度，优先实施相关扶贫项目，逐步解决因病致贫、因病返贫问题；通过发展有线电视、直播卫星、地面数字电视等方式提高电视覆盖率，利用村级组织活动场所开展群众性文化活动；通过基础教育、能力培训等多种途径，全面提高贫困人口素质，增强就业创业能力，打牢脱贫致富的根基，阻断贫困代际传递链条。

第五篇　经济转型与产业发展

突破转型发展关键节点的政策建议

潍坊市财政局办公室　李春光　李伟嵩　逄希滨

在全市转型发展的关键期，为把握战略发展机遇，实现"走在前列，起好带头作用"目标，立足发挥财政杠杆作用，提高公共资源利用效率，推动加快转型升级，按照"创新机制、集约资源、重点突破"思路，围绕环保、土地、金融、创新、创业、建设、国际化7个关键节点，提出一系列政策和措施建议，力争经过几年努力，到"十三五"末期，真正由外延扩张转向内涵提升，实现以转型升级为特征的更高层次新发展。

一、建立生态发展引导机制

总的思路是，按照"市级统筹、属地管理、上下联动、共同推进"原则，以建立统一、公正、权威、科学的监测认定体系为基础，以激励政策为引导，以严格执法为保障，建立生态发展引导机制，促进经济与环境协调发展。

（一）建立生态发展转移支付制度

根据各县市区功能划分，对水源地、环境保护区等禁止或限制开发的地区，根据生态建设的直接成本，以及放弃发展的机会成本，给予转移支付补偿；对节能减排成效突出、超额完成指标，以及推进生态修复、释放环境容量的县市区，通过转移支付给予奖励，让贡献者不吃亏。

自2016年开始，筹集转移支付资金2亿元以上，以后每年增加、扩大规模。资金主要有3个来源渠道：一是整合市级环境治理、生态保护、节能减排资金，并从每年新增财力中安排一部分资金；二是以科学的检测体系为依托，根据大气、水环境指标变化，市级对增加排放或突破环境容量的县市区，以惩罚性措施集中部分财力，且惩罚力度远高于污染企业税收贡献，让污染者不得利；三是争取上级生态环保等相关资金，纳入市级统筹使用，专项用于建立引导生态发展的转移支付制度。

（二）建立生态产品交易制度

通过市场交易，发现生态产品价值，促进生态产品向高效率部门流动。一是建立一级交易市场。根据省下达潍坊市的主要污染物排放总量指标,综合考虑环境容量、经济发展、功能区定位等因素,合理分配至县市区。各县市区根据发展需求,通过市公共资源交易中心自主进行指标交易。环境质量未达要求的县市区只能卖出、不得买入。二是发展二级交易市场。各县市区在总量控制的基础上,通过公开拍卖、出让等方式,出售、分配企业排污权额度,企业可自由进行市场化交易。三是建立排污权储备制度。环境能源交易中心加快完善机制、启动运营,积极参与县市区污染物排放指标、企业排污权交易,自主回购政府、企业指标或排污权进行储备,适时投放市场,重点支持市委、市政府确定的战略性新兴产业、重大科技示范等项目建设。

(三) 加大节能环保产品支持力度

一是对取得节能、环保、绿色等自愿性产品认证的,给予一定补助,加快推广节能环保产品。二是对生产过程环保、排放达标企业的产品,以及绿色节能环保产品,优先纳入政府采购范围。三是适时开展环保立法,探索建立环保产品认定体系,完善环保指标纳入建筑质量强制标准体系,对具备一定规模的环保产业、获得绿色建筑评价标识的项目,加大扶持力度,推动尽快形成产业化。

(四) 全面提升环保监测和执法保障水平

一是提升环保监测和执法保障水平,立足建立统一、公正、权威、科学的监测认定体系,市、县两级财政足额安排预算资金,加大环保投入,支持购置环保监测设备、环保执法装备,提高全方位监测能力,建立覆盖全市的执法体系。二是建立环境问题举报重奖制度,各级财政安排环境问题举报奖励资金,大幅度提高奖励标准,实行市级平台统一受理,加大处罚力度,充分调动全社会监督积极性。

二、强化土地集约利用激励机制

总的思路是,通过调整现行土地管理体制、建立激励约束机制,构建土地集约节约利用政策引导体系,促进产业转型升级和内涵式发展。

(一) 改革现行土地管理体制

为调动各区干事创业积极性,提高项目落地效率,按照属地管理、收益共享原则,市级将除储备地之外的其他土地管理权限,下放到各区,由各区按照市政府总体规划,自行开展项目建设,市与区按一定比例分享土地收益,促进形成各区发展合力。

(二) 盘活存量闲置土地和非法占地

加大闲置土地处置力度,对用地单位自身原因造成土地闲置的,闲置满1年按土地出让价款的20%征收土地闲置费；闲置满2年的，无偿收回土地使用权。对非法占地形成的实物建筑，按规定清理回收后，尽快办理产权手续、进入市场交易，盘活闲置土地资源。

（三）建立新增用地激励约束机制

在土地出让协议中，增加土地单位面积投资强度、税收贡献、环境排放等约束条款，并将用地单位执行约定条款情况，作为兑现落实各类财政补助和优惠政策的前提，切实引导用地单位集约、节约用地。鼓励建设使用多层标准化厂房，按应缴基础设施配套费一定比例予以补助；对入驻的中小企业给予房租补贴，减轻企业土地投资成本，提高土地集约利用效率。

（四）鼓励企业向园区集聚发展

鼓励发展产业园区，对省级以上开发区（产业园区）3年内实现的土地收入、行政事业性收费，全部返还园区，用于加快完善水电路、管网、排污治污、通讯、供气、供热等基础设施体系，为企业入园提供完善的生产条件。对进园企业、项目，达到集约用地和环保排放标准的，按照实现地方税收，给予一定比例补助。借鉴滨海建设经验，建立全市统一的"飞地"财政体制，调动各级鼓励企业进园发展积极性。

三、创新企业融资帮扶机制

总的思路是，通过完善政策激励机制，降低融资门槛和融资成本，建立多层次资本市场体系，畅通直接融资渠道，提高全社会直接融资比重，从根本上缓解企业融资难、融资贵问题。

（一）构建政策性融资担保体系

2015年底前，每个县市区至少成立一家注册资本1亿元以上政策性担保公司；2016年底前，注册资本增加到3亿元。在此基础上，建立以市再担保公司为龙头、以市内优质担保机构（包括县市区政策性担保机构）为主体，覆盖全市担保机构的担保联盟体系，力争2016年底前，搭建起注册资本总额达到50亿元的担保联盟体系，最高融资担保能力达到400亿元以上，进一步提高担保融资在银行融资中的比重，在降低企业融资门槛、提高融资能力的同时，使企业融资成本整体降低5%—10%，有效缓解融资难、融资贵问题。

（二）构建无缝隙过桥贷款政策

一是支持银行提供展期贷款服务，并组织企业对银行服务进行评价，评价结果作为政府资源倾斜的依据,激励银行提供利率优惠和贷款展期,减少因银行断贷导致的断崖式企业融资危机。二是对银行不予展期的贷款项目,凡是银行承诺续贷的,依托市级政府引导基金、政策性担保机构、投融资平台等政府性资金池,提供全方位过桥贷款、过桥担保服务,实现困难企业全覆盖。三是依托资产管理公司,对政策性过桥贷款和担保形成的不良资产,通过债权转股权等方式进行处置;对全市金融环境有较大影响的全局性关键节点和不良贷款进行化解处置,防范区域性金融风险。

(三)建立直接融资促进机制

一是实行企业上市费用弹性补助政策。市级财政安排5000万元,帮助企业垫付上市前期费用。对成功上市的,上市后返还相关费用;没有上市的,作为财政补助费用列支。二是鼓励发展股权投资业务。对新设立或在我市开展风险投资业务的私募股权、投资基金等风投机构,给予财政补助政策;对风投机构引进的高级管理人才,给予奖励政策,加快构建覆盖企业不同发展阶段的风险投资体系,为企业股权融资创造条件。三是发展区域性股权交易中心。改造提升潍坊产权交易中心,强化股权交易功能,作为"五板市场",为挂牌企业提供直接融资和股权交易服务。对挂牌交易企业,给予一定费用补助。四是提升市县两级政策性担保公司信用等级和担保能力,市级争取达到2A+以上评级,尽快取得债券和票据发行增信功能,支持企业通过债券市场融资。

四、打造科技创新推动机制

总的思路是,突出研发、科技成果转化等关键环节,大力培植种子期、成长期科技企业,着力构建风险投资、科技金融服务和科技公共服务"三个体系",全面优化创新资源配置,加快建立适应科技发展规律、具有明显竞争力的区域创新体系。

(一)建立科技创新风险投资体系

一是设立政策性天使投资基金。首期规模3亿元,初期通过市场发现、专家评估方式选取30个种子期、初创期科技型中小企业,给予股权投资和综合性金融服务支持。逐步扩大基金规模,并按照普惠性原则,面向市场、统一标准、公开申报,筛选更多项目进行支持。力争用3—5年时间,培育一批细分行业的领军企业,打造一批创新企业集群,成为引领全市创新发展的中坚力量。二是引导扩大科技创新领域风险投资。对投资我市高科技项目的风险投资基金,若产生损失,给予一定比例风险补偿。对在潍坊市注册的风险投资机构,投资高新技术成果转化项目、高新技术企业或政府支持的科技计划以及产业化项目的资金,累计超过其投资总额70%的,参照高新技术企业优惠政策给予补助。三是强化关键技术创新投入。对填补国际国内空白、事关长远和转型发展的重大技术创新,产业链关键核心技术研发、成果转化以及产业化项目,由市政府有关部门建立项目库,排出顺序,经市政府决策后,集约各类资源重点支持、集中突破,尽快产生效益。

(二) 构建多元化科技金融服务体系

一是支持科技企业融资担保贷款。依托市县政策性担保公司,联合担保机构、银行业金融机构,共同设立科技担保风险资金池,为科技型中小微企业提供担保贷款。二是支持发展科技保险业务。鼓励科技企业和保险机构开展科技保险业务试点,对保险机构在科技企业研发、成果转化、产业化过程中,提供的产品研发责任保险、产品责任保险、专利保险、关键研发设备保险等险种,并对企业给予优惠保险费率的,自开展业务起3年内按科技保险保费收入,给予不超过20%的保费补贴。三是推进知识产权质押融资。对科技型中小企业以专利权、商标权质押融资的,财政给予评估费补贴和贴息补助;对开展专利质押贷款担保的担保机构,给予补助;对开展知识产权质押融资的金融机构,按照发放贷款额度给予风险补偿。

(三) 完善科技创新激励政策体系

一是支持高等院校、医疗机构、科研院所以科技成果作价入股企业,实施股权激励及分红激励试点,使研发者和创新者合理分享产品收益。二是对做出突出贡献的科研人员和经营管理人员,实施期权、技术入股,股权激励等多种形式的奖励,对科技人才取得股权奖励应缴纳的个人所得税,给予全额补助政策,激发科技人才开展自主创新和科技成果转化积极性。三是实施创新产品优先采购政策,主管部门制定创新产品认定办法,财政部门编制政府采购自主创新产品目录,并优先安排采购预算;对首次投放市场的创新产品实行政府首购;自主创新产品参与评标时,给予一定比例价格扣除。

五、建立大众创业促进机制

总的思路是,通过降低创业成本、强化资金支持、完善创业平台,全力推进大众创业,力争"十三五"期间,全市市场主体数量年均增长15%以上,比"十二五"时期(预计14%左右)提高1个百分点以上,在全市掀起创业热潮。

(一) 打造"零成本"的创业环境

一是坚持"非禁即入"原则,凡法律法规未禁止的行业和领域,一律向所有创业者开放。除法律、法规另有规定外,取消有限责任公司最低注册资本3万元、1人有限责任公司最低注册资本10万元、股份有限公司最低注册资本500万元的限制。

二是将小型微利企业所得税优惠政策，由年度应纳税所得额低于10万元扩大到低于20万元的小微企业，并将"减低征收"提高为"全额免征"，超出国家优惠范围部分实行"先缴后补"，最大限度降低创业成本，发展"铺天盖地"的草根经济。三是在市政务服务中心划定专区，设立公共创业服务中心，实行创业项目"一口受理、并联审批、一站服务"，简化登记手续，审批结果在即时公开发布，并建立行政审批服务电话录音备查制度，提高服务效率。

（二）加强对创业项目和创业者资金支持

一是加大小额担保贷款支持力度。在市级已有担保基金1亿元基础上，继续增加规模，增强贷款支撑能力；对符合条件的小微企业，最高贷款额度提高到300万元；对无不良信贷记录的企业项目和创业者，允许再申请一次小额担保贷款。二是市级每年从失业保险滚存结余基金中安排不少于1亿元，设立创业带动就业扶持资金。对首次领取营业执照并正常经营1年以上的小微企业，给予一次性创业补贴，补贴标准由不低于1万元提高到1.2万元；对吸纳就业人员，并与其签订1年以上劳动合同的，给予每个岗位2000元的一次性创业岗位开发补贴。三是实施自主创业人才奖励。对符合条件的创业人才，给予个人所得税、购房契税补贴等优惠；对落户我市的高校毕业生等，继续实施租房、购房补贴等普惠性政策，增强对创业适龄人群的吸引力。

（三）打造与时俱进的创业载体和服务平台

一是启动"高校招商"。通过投融资平台以政府储备地对价入股等方式，吸引高等院校来潍设立分校或建立新校区，营造年轻、活跃的城市氛围，使更多青年毕业生定居潍坊，扩充创业骨干力量和后备军。二是支持互联网众筹创业，对已完成首轮筹资的众筹项目，根据评估给予政策性风险投资、担保增信等支持，推动优秀创业计划加快转化为实体项目。三是支持引进B2B、B2C等领军企业及配套服务商，给予研发推广费用补助、物流费用补贴、地方税收贡献奖励等优惠政策，支持形成链条完整的电商产业集群，推动电子商务与创业项目深度融合。四是鼓励社会力量兴办众创空间，对配套比较完善、聚集一定规模创业团队的众创空间（孵化器），给予融资支持、设施补助、成果激励等政策扶持，支持企业、投资机构、行业组织等以市场化方式建设运营众创空间。五是对在潍坊市举办的创业训练营、创新创业大赛、创客成果展等活动给予一定奖励，引导高端人才带着项目和资源来潍创业。

六、拓展可持续的投融资机制

截至2014年底，全市政府性债务余额为1320亿元，列全省第2位，债务率为113%，居全省第4位。在当前政府性债务规模较大的情况下，总的思路是，在化解存量债务、防范债务风险基础上,改革投融资模式,创新融资渠道,建立起可持续的基础设施投入机制,确保潍坊市重点项目建设顺利推进,城市功能更加完善,中心城区吸引力进一步提升。

(一) 防范化解存量债务风险

利用地方政府置换债券资金,将成本高、期限短的政府债务,置换为成本较低、期限较长的债务,减轻财政负担,优化地方政府债务结构,防范化解系统风险。用好新增债券资金,加大对保障和改善民生支持力度,统筹安排公路、铁路、水利、城市公共基础设施建设改造、智慧城市建设等项目。

(二) 深化投融资平台公司改革

2015年底前,完成市级投融资平台公司市场化改革,完善公司法人治理结构,赋予完整的法人财产权,全面建立现代企业制度,提高对公共项目建设的支撑能力。同时,通过政府使用付费、购买服务等方式,帮助各平台公司建立可持续运作机制。

(三) 拓展多元化投融资渠道

一是争取期限长、利率低的政策性贷款。积极与国开行、农发行对接合作,加快利用政策性贷款改善区域性基础设施条件,力争今年获批30亿元以上。二是推行融资租赁建设模式。以园区片区开发、能源、交通、通信、水利等基础设施建设领域为重点,制定灵活的项目建设和租金返还方案,引入社会投资,缓解政府投资压力。三是大力推广PPP建设模式。根据财政部规范运作要求和我市财力情况,市级每年可撬动PPP项目建设投入100亿元。今年在成功运作济青高铁潍坊段项目、融资40亿元基础上,再选取1—2个事关全局的重大项目集中突破。下一步,市级加强与社会资本合作,组建PPP运作基金,首期规模100亿元,以后根据建设需求逐步扩大规模,力争5年内撬动社会资本投资500亿元以上,着力支持园区开发、片区建设以及机场、港口、轨道交通等重大项目建设,构建起城市建设投融资长效机制。

七、构建国际化发展推进机制

总的思路是,抓住全球经济一体化发展机遇,以经济国际化、城市国际化为重点,助推企业面向全球高效配置资源,参与国际产业整合和分工,提升城市国际化水平,加快推进国际、国内市场深度融合,提升城市整体实力和国际竞争力。

(一) 支持企业拓展国际市场

一是大力输出优势产能,支持以高端制造、现代农业等为代表的优势企业,面向国际开拓新市场、新业务；鼓励创建国际贸易自主品牌，对企业申请注册国际商标、建设境外营销网络的，给予一定经费补助，培育一批国际知名品牌、企业。二是鼓励企业面向国际市场进行并购重组，扩大市级政府性并购基金规模，通过股权投资等形式，为企业并购重组提供流动性支持，并根据并购重组企业新增地方财政收入情况，以奖励方式给予补助，帮助企业快速实现技术、品牌、市场等领域的转型升级。三是对参与制定国际标准的企业，给予相应奖励补助，推动企业积极采用国际标准和国外先进标准，促进产品质量向国际要求和先进水平靠拢，消除贸易壁垒。

（二）积极承接国际产业转移

一是顺应全球产业升级和转移趋势，突出国内庞大的消费市场和我市区位、资源、产业优势，面向国际市场，安排一定资金，加大城市宣传推介力度。二是推动离岸外包产业发展，对企业离岸外包业务产生的地方税收，给予一定比例奖励；对新组建或引入的离岸外包企业，给予一次性奖励；采取以奖代补方式，支持外包产业集聚园区建设，加快引进和培育一批龙头型外包企业。三是对世界500强等跨国公司进驻潍坊，一事一议制定优惠政策，增强对核心企业吸引力。

（三）加快建设国际化城市

一是打造国际化交通基础设施。支持建设潍坊港航运中心，提升潍坊港服务能力和运营水平；支持开通潍坊至日韩、东南亚、欧洲等国际航线，方便进出口货物高效进出；支持增加潍坊机场至重点口岸城市航班密度，方便客商入境北京、上海等口岸后转机直达潍坊。二是建设国际化城市配套设施。支持打造具有国际水准的教育、文化、医疗卫生等公共服务设施，对国际医院、国际学校（幼儿园）、面向海外高层次人才的国际社区等建设项目，在土地价格、配套费等方面给予优惠，构建国际化的城市环境。三是支持办好"潍坊杯"国际青少年足球邀请赛、中日韩产业博览会等国际性赛会活动，开展城市品牌营销，提升国际知名度和影响力。

扶持温州市实体经济发展的财税政策研究

温州市财政局课题组[*]

实体经济是温州市安身立命之本,是区域经济提速发展的动力中枢,也是城市建设完善提升的前提基础。当前温州市实体经济建设面临严峻考验,随着交通基础设施的逐步完善与信息网络的广泛运用,温州沿海地区发展经济的地理优势在慢慢减弱,廉价劳动力先发优势逐渐消失。在资源环境与要素支撑上,温州市也正在被其他省市追赶甚至超越。温州经济正面临着不进则退的尴尬局面,地方政府不能为企业营造好的发展环境,企业就会"用脚投票"。这其中财政税收政策就是区域经济环境的重要一环。思考扶持实体经济的财税政策,首要的出发点不是为了收税,关键是要着眼长远发展,培养优质税源。要坚持"保内"与"引新"相结合,既要全力巩固好温州现有税源,又要积极通过贸易回归、招商引税等方式向区外要资源、要税源。要坚持"扶大"与"抓小"相结合,既要大力扶持行业龙头企业、高成长型企业、总部经济、特色小镇等市场主体发展,又要以税收的成长性、行业的先进性为标准,发现和培育一批苗子企业,并引导本土中小企业加快转型,坚决淘汰落后产能,全面治理"低小散"企业。

一、温州市实体经济发展状况及特点分析

(一)近年来温州市实体经济发展稳中有进

1. 消费出口"双增长",实体经济市场环境向好。作为拉动经济发展的"三驾马车",消费对区域经济发展的激活作用越来越大。2014—2016年,温州市社会消费品零售总额分别为2410.36亿元、2674.38亿元、3006.90亿元,年均增长率为12.00%。2017年上半年,温州市完成限额以上批零业商品销售额1844.0亿元,同比增长26.40%,社会消费品零售总额1515亿元,同比增长9.80%,消费对经济增长贡献正在提升。如图1所示。

---

[*] 课题组组长:余中平;课题组成员:林坚、杨海曼(执笔)、蔡华华(执笔)、饶宁、韩加斌、胡捷。

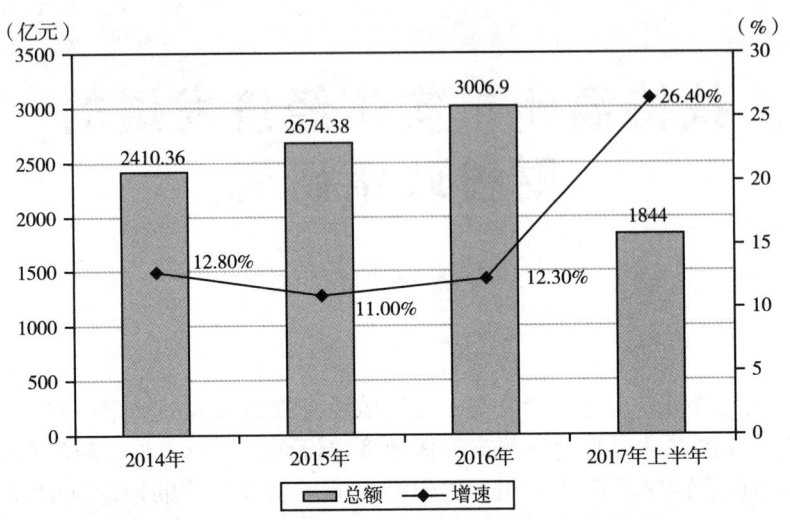

图 1　2014—2017 年上半年温州市社会消费品零售总额及增速

出口方面，2014—2016 年，温州出口额分别为 1051.00 亿元、1060.30 亿元、1060.40 亿元。2017 年上半年，温州出口 539.10 亿元，同比增长 12.90%，增速较 2016 年同期提高 15.10%，出口供给局面有明显改善；其中高新技术产品出口 14.70 亿元，同比增长 14.00%，机电产品出口 247.90 亿元，增长 15.90%，出口结构逐步升级。如图 2 所示。

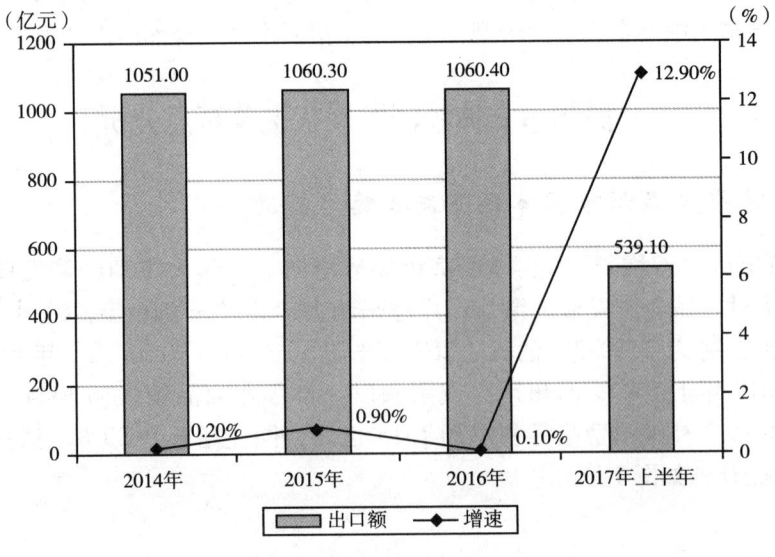

图 2　2014—2017 年上半年温州市出口总额及增速

2. 工业企稳回升，实体经济基础不断稳固。2012 年温州经历了局部金融危机，实体经济受到较大打击，2012 年工业总产值同比下降了 0.50%，2013 年同比仅增长 4.50%。而 2014 年以来，工业正呈现企稳回升态势，2014—2016 年温州工业增加值分别为 1586.25 亿元、1658.50 亿元、1760.51 亿元，分别增长 6.20%、6.30%、7.10%，其中规模以上工业企业实现工业增加值分别增长 5.90%、6.30%、7.90%。2017 年上半年温州实现工业增加值 734.20 亿元，同比增长 7.10%，其中规模以上工业实现增加值 533.70 亿元，同比增长 8.00%，企业逐步走出"两链"风险困局，给全市经济快速发展提供了稳固基础。如图 3 所示。

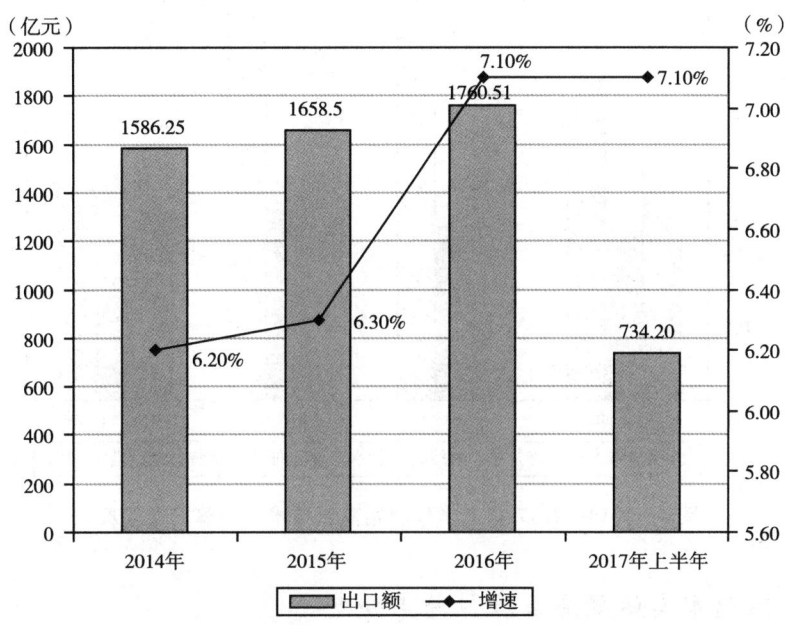

图 3　2014—2017 年上半年温州工业增加值及增速

3. 新动能蓄势待发，实体经济竞争力不断增强。随着产业板块结构不断调整，新产业、新技术、新业态持续发生聚变，催生出新的经济增长点。2014—2016 年，温州市规模以上工业科技活动经费支出分别为 40.2 亿元、44.3 亿元、49.1 亿元，年均增长 11.2%。2017 年上半年温州市规模以上工业科技活动经费支出 31.2 亿元，同比增长 26%，超过全省平均 3.1 个百分点，增速居全省第 5 位。

研发创新的不断加码为实体经济新旧动能转换提供了动力，全市高新技术产业、装备制造业、战略性新兴产业实现快速增长。2014—2016 年规模以上工业企业中，高新技术产业增加值分别为 331.7 亿元、401.2 亿元、451.4 亿元，同比分别增长 8.2%、8.1%、9.6%；装备制造业增加值分别为 416.2 亿元、474.1 亿元、512.1 亿元，同比分别增长 8.0%、7.7%、9.4%；战略性新兴产业增加值分别为 208.6 亿元、237.7亿元、261.3亿元，同比分别增长8.2%、8.5%、10.3%。

2017年上半年规模以上工业企业中，高新技术产业、装备制造业、战略性新兴产业增加值分别同比增长9.6%、10.6%、8.2%，三者占规模以上工业比重分别为40.0%、45.3%、12.8%，较2016年同期明显上升。规模以上工业实现新产品产值638.5亿元，同比增长26.8%，增速高于全省平均6.1个百分点，产品持续更新换代为温州实体经济市场竞争力提供了有力支撑。如图4所示。

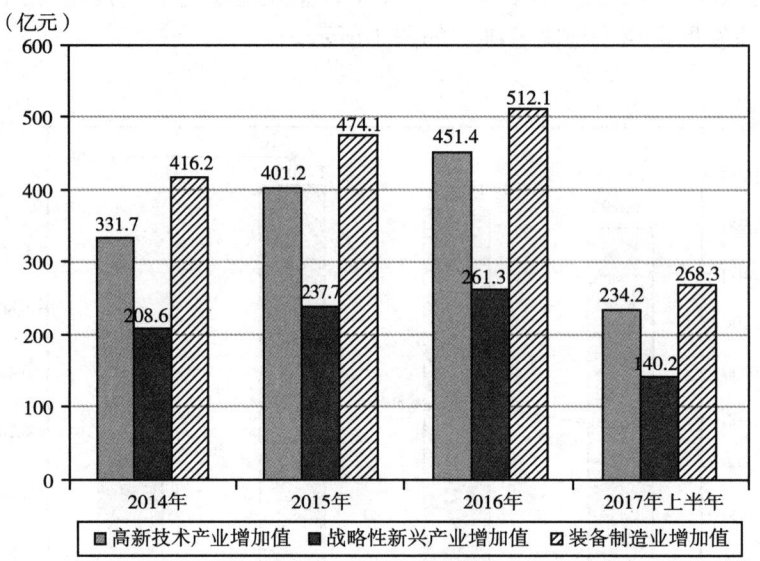

图4　2014—2017年上半年温州高新技术产业等产业情况

（二）温州市实体经济区域性特点分析

1. 民营经济市场活力十足，企业"谋新""求实"理念加强。作为民营经济发源地，早在改革开放之初温州就发动千家万户搞工业生产与自主经营，形成了小商品、大市场的发展格局，开创了享誉全球的温州模式。近年来，温州市民营企业保持快速发展，2016年全市规模以上工业企业4865家，实现工业增加值1149.8亿元，同比增长7.9%，其中民营企业4650家，增长贡献占比88%，民营经济已成为全市工业运行的重要推动力。近年来，受国际金融危机、"两链"风险、产业结构调整等因素影响，温州工业经济陷入低谷。但随着温州国家金融综合改革和振兴实体经济一系列政策的实施，温州实体经济重新焕发活力，活跃的民间资本与活络的企业家重新找准实体经济发展定位，脚踏实地深耕主业，谋求高精技术创新与传统产业改造结合。

2017年上半年，实体经济尤其是制造业形势逐渐回暖，二季度全市企业景气指数与企业家信心指数分别为118.65、119.48，与2016年底相比分别上升4.26%与

5.26%，均处于"相对景气"区间，预示实体企业发展信心进一步增强。

2. 区域经济"抱团"发展，传统产业支撑作用明显。温州企业通常以某一行业一两个产品为龙头，众多上下游关联企业相互支撑，在空间上大量集聚。这些企业集群产品齐全，相互配套，信息成本低，竞争激烈，显示出旺盛的生命力，产生了区域性的规模效应和品牌效应。目前温州市已建成"中国鞋都""中国电器之都"等30多个"国"字号生产基地，并形成电气、鞋业、服装、汽摩配、泵阀五大优势支柱产业。2017年上半年，全市2304家传统支柱产业规上企业合计实现工业增加值对规上工业增长贡献率为49.3%，支撑拉动作用显著。

3. "敢想敢做"创业精神较强，"走出去"发展趋势明显。温州人素有"敢为天下先"的创业气魄，据统计有超过1/3的温州户籍人口在外地工作生活，在外温州人超过200万人。2017年上海民营企业百强中有上海均瑶有限公司、上海胜华电缆有限公司、上海美特斯邦威服饰有限公司等9家温商企业，其中均瑶集团高居第九位。另外，异地创业的温州企业家较为团结，"传帮带"氛围浓厚，尤其是以商会形式建立的经营网络，更是极大增强了在外温州企业家的向心力与凝聚力。据统计，在外温州人已在268个地级以上城市成立温州商会，通过全国温州商会总会到省级商会、再到地市级商会的层级对接体制，使得在外温企生产资源充分整合、营销网络交叉覆盖、行业优势形成互补，实现创业发展的聚变反应。

二、从财税角度看温州实体经济发展面临的挑战

（一）受资源要素与市场波动影响，实体企业盈利能力差，后续财源增长乏力

1. 实体经济回升基础尚不稳固，财源增长不乐观。温州实体企业大多从事传统行业，盈利空间较小，对国内外市场变化较为敏感。尤其近几年国际竞争日趋激烈，国际贸易摩擦成为新常态，汇率波动影响有所放大，外贸产业环境性风险呈现加重趋势。而国内市场受经济增速回落、固定资产投资放缓、经济刺激政策"退出"等因素影响，短期内也难以完全弥补外需大幅萎缩带来的影响。相比之下消费需求近年来呈现稳步增长态势，但就其需求总量而言仍无法在担当起经济发展"主引擎"作用。

2017年上半年，温州实体经济有所回暖，但增长态势有待进一步观察，尤其是用电量、财政收入等相关指标并不乐观，企业经营仍然困难，与省内个别兄弟城市相比差距有扩大趋势。2017年上半年，温州工业用电量增长5.0%，低于全省平均水平2.7个百分点。经济决定财政，从财政收入看，2017年上半年全省各地市收入增速都很快，温州市财政总收入、一般公共预算收入增幅均居全省第11位

（倒数第一），其中财政总收入增幅仅为全省（16.7%）的一半，收入形势依然严峻，而且尤其值得注意的是上半年嘉兴的财政总收入已经超过温州，且嘉兴财政收入质量优于温州，其税收收入占一般公共预算收入的比重超过95%，而温州不到85%。嘉兴市财政收入在近几年超过温州市的可能性在加大，温州财政收入的"铁三角"地位岌岌可危。

2. 土地、资金等实体资源要素短缺，财源成长空间受限。在"七山一水二分田"的温州，1000多万常住人口主要集中于沿海沿江2000多平方公里的区域内，城市规划建设又主要集中在200多平方公里的狭小区域，局部区域人口、产业过度集中，空间承载压力巨大。再加上沿海地理环境限制，土地后备资源极为匮乏，而结构性产业过剩又导致部分存量用地亩产效益不高，新兴高端产业面临无处落脚的局面。2017年上半年，温州小微企业园区成交的土地价格普遍在50万元每亩以上，而同期上海的类似园区土地价格仅在9万元每亩，差距巨大。此外，企业经营发展所需要素中，反响较大的仍是融资难、成本高的问题，由于温州企业以小微企业为主，且缺乏不动产抵押物，在银企关系中处于弱势地位，自身也存在经营不规范、账务不透明的短板，融资难度大，议价能力弱。尤其是2012年温州经历局部金融危机后，为了降低贷款不良率，银行对实体企业收贷明显，实体企业贷款额度呈现不断下降趋势。2017年上半年，温州实体企业贷款额同比下降了50亿元。这也导致企业只能选择利率更高风险更大的信托基金、互保贷款甚至是民间借款，进一步加大了企业金融成本的不确定性。

3. 成本大幅上涨导致企业效益低，制约相关税收增长。2017年以来各项工业原材料均有不同程度上涨，根据国家统计局公布数据显示，2017年6月份原材料购进价格指数从50.4上升到57.9，增幅极为明显，其中原油、铜、铝、稀土等工业原材料与2017年低点相比均增长10%以上，而螺纹钢与2017年低点相比涨幅更是高达20%左右。对以传统行业起家的温州企业而言，如此大的价格波动极大压缩了利润空间，很多企业为求生存不得不回绝订单缩减生产。此外人力成本逐年上涨也给实体企业转型发展背上了包袱，据统计"十二五"期间温州企业人均工资年均增长13.6%，远高于同期企业利润年均4.5%的增幅。

从税收角度看，增值税与企业销售收入相挂钩，企业所得税反映相应企业的盈利能力。领军、高成长型企业代表了温州制造业龙头企业的发展规格与速度，2017年上半年，温州346家领军、高成长型企业的主体税种增值税与企业所得税同比增幅均很低，其中增值税增长1.3%，企业所得税下降1.9%，表明348户企业当前及后期盈利能力不足，而这将制企业后期的纳税能力及规模提升。

（二）财源结构有待优化，新旧动能转换较慢

1. 传统产业税收贡献仍占多数，战略性新兴产业发展缓慢。2017年上半年，温

州规模以上工业中电气、鞋业、服装、汽摩配、泵阀五大传统支柱产业增加值占到全部规上工业增加值49.3%，而战略性新兴产与信息经济核心产业制造业增加值只占9.0%与11.5%。税收是经济的晴雨表，从税收结构来看也是传统制造业占优，第二产业中传统制造业和现代制造业税收比重不协调。2017年上半年温州战略性新兴产业在第二产业贡献的税收占比仅1.3%，这也侧面反映制造业新动能仍处于成长期与培育期。另外，2017年上半年温州第三产业增加值已占GDP的60%以上，但从税收来看，第三产业贡献主要集中在房地产业、批发零售业等传统行业，新兴服务业提供的税收收入依然极低，工业配套服务业和城市高端服务业发展仍较缓慢。

2. 科技创新短腿制约，实体经济发展内生动力较弱。科技创新是温州最突出的一块短板，科技、人才支撑力不足成为温州实体经济发展一个致命弱点。2016年，温州市研发投入占GDP比重为1.78%，远低于全省、全国平均水平；规模以上工业企业中，有研发活动的企业仅占1/4，建有研发机构的不到1/5，每百个规模以上工业企业研发机构数为19.7个，比全省平均水平低2.6个。在全国117个国家级高新区中，温州高新区排名第92位，除此之外至今还没有一家省级高新区。

从税收上看，温州信息、健康、时尚、文化这四个产业税收收入占新动能产业税收收入的比重不足5%，新旧动能转化面临着后劲不足的严峻挑战。（按照省委相关文件规定，新动能主要包括信息、健康、时尚、金融、装备制造与文化等六大行业。旧动能主要为纺织、服装、皮革、化工、化纤、造纸、橡胶塑料、建筑、有色金属加工、农副食品加工、批发零售业。）2016年全省纳税百强企业排名中，对比杭、甬、温在纳税百强中行业分布情况，杭州在高新技术企业和信息业遥遥领先，分别有6户高新技术企业和8户信息业入围，宁波则有6户高新技术企业入围，相比之下温州无一高新技术企业入围，入围的7户企业中仅正泰电器属装备制造业。

3. 龙头企业带动力不强，大平台大产业大项目支撑弱。温州有不少行业龙头企业一枝独秀，但对区域产业辐射影响不大，没有产业链"以大带小、以点扩面"的效果。作为龙头企业上下游的配套企业也存在同行业同质化低端竞争激烈、产业价值链不高、企业生产型制造向服务型制造转型意识不强的问题。如森马服饰，尽管为温州创造了大量的税收，但其上游供应商几乎都在外地，温州区域内仅一两家企业入围，对温州服装产业链发展并未起到积极的推动作用。从财政税收角度看，根据2017年上半年温州第二产业税收排名前十大行业和第三产业税收排名前十大行业统计数据，行业中前20名企业税收占行业税收比重达80%以上的有12个行业，低于50%的仅4个行业，重点行业中领军企业、重点税源较为集中，产业链内部层次梯队尚未形成。

此外，温州企业发展仍欠缺大平台与大项目支撑，瓯江口新区、浙南产业集聚区等2大省级产业集聚区平台仍未形成成熟发展环境，对大项目大企业的吸引落地力度不足，对地方财政的增收贡献还不明显。如2016年温州瑞安市新引进的总投资超5

亿元工业重大产业项目，但预计2017年带来制造业税收增量仅100万元，瑞安高新技术产业园进驻企业47户，预计2017年税收增量仅200万元。

（三）企业税费"负担感"较重，政策激励作用仍需加强

1. 税费结构性负担过大，实体企业"痛感"明显。横向比较而言，温州宏观税收负担（财政总收入占GDP的比重，数据源自各地统计公报）并不算高。以2016年为例，温州宏观税负为14.1%，同期上海是38.9%，杭州是20.8%，宁波、苏州是21.3%。但从企业角度分析，其提出的税负实际指"税加非税加社保占利税总额的比重"，若从上述口径出发，按照2016年规上企业数据推算，则温州企业"税负"将近60%，自然"负担感"沉重。其中实体企业意见较大的是逐年递增的社保费负担，2006年浙江省开始实施"五费合征"，按照企业职工工资总额作为基数缴纳单位部分社保费，温州市虽然执行35%折扣比例，但折后仍然超过了大部分企业实际员工参保的基数。加上近年来员工工资以每年10%以上速度递增，对企业压力更加明显。

2. 税制改革红利未充分释放，部分税收优惠缺乏持续性与针对性。随着"营改增"试点全面推开，所有行业纳入增值税抵扣链条，据统计，全国"营改增"5年来累计减税1.61万亿元。然而，大部分温州企业尚未完全享受到营改增政策红利，一方面是由于传统行业固定资产大多购买较早无法享受进项抵扣，另一方面则是成本结构原因，温州企业多属劳动密集型，人工成本无法进行抵扣。而且现行税法规定对技术转让、技术开发与技术服务免征增值税，虽减轻了技术服务提供方税负，但由于免税收入无法开具专用发票用于抵扣进项，反而影响了企业购买技术服务开展更新换代的积极性。此外，部分现行优惠政策制度设计不够完善，如高新技术企业享受优惠税率需要符合研发费用占比、高新收入占比等几大条件，只针对进入成熟阶段的企业，新创业但发展前景较好的创新公司无法享受。又如固定资产加速折旧政策，对初创的科技型中小企业减税实用性不强，加上计算复杂涉及前后年度税会调整，企业享受优惠积极性不高。

3. 产业基金撬动能力不足，奖补政策缺乏针对性与持续性。作为引导投资的重要平台，温州产业基金主要引导社会资本进入本地高新技术、生命健康、文化创意等新兴行业。但是由于运行机制原因，现有产业基金存在流程冗长烦琐较长、运行效率不高等问题，截至2016年12月，全市政府产业基金到位规模为20亿元，设立的子基金中政府认缴的金额合计只有14亿元，资金使用率仍然偏低。而且由于本地新兴行业较少，优质投资对象稀缺，使得产业基金吸引"外资"能力不强。

另外，温州现有的财政奖补政策类型较多更新较快，但金额10万元以下占了绝大多数，且通常是蜻蜓点水式分散地进行奖励，使得有发展潜力的优质项目无法得到持续培育、政策效应不强、资金使用绩效低。

三、实体经济与实体行业税收相关性的实证分析

针对实体经济发展短板,围绕推进转型升级、激励创业创新、促进轻装减负的税收政策目标,我们需要量化分析几大主体税种对实体经济发展起到的不同作用。由于温州样本数据的局限性,本课题组选择以全国数据进行实证分析,搜集了2001—2015年我国实体经济产业增加值及对应实体产业增值税与营业税、企业所得税、个人所得税、房土两税的收入数据,并建立相关性分析模型,目的是为了揭示流转税、所得税、财产税与实体经济发展之间存在的关联性,为下一阶段的财政税收政策建议提供理论依据。(注:为便于分析,本文中实体经济GDP采用全行业GDP剔除房地产业与金融业GDP的口径,实体税收统计口径如上保持一致,数据源自中国税务年鉴等)。如图5所示。

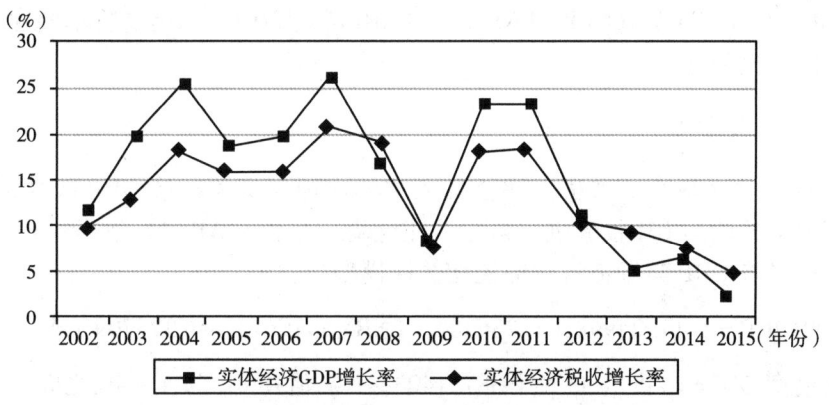

图5 2002—2015年我国实体经济GDP与实体经济税收增长率变动曲线

(一)描述性统计分析

从图中可以看到,我国2002—2015年实体经济税收增长率曲线与GDP增长率曲线基本保持一致,上升与下降的年度非常吻合。而且从两者间增长率曲线的变化趋势也可以看出,实体经济税收增减都是同步"放大"了实体经济GDP的变化,这与我国以流转税作为收入主体不无关系。

(二)平稳性检验

为了减少模型变量间的波动性,消除异方差,以及得出变量增长率之间的关系,对所有变量取自然对数形式。由于变量样本是时间序列数据,为了避免变量之间出现

伪回归现象，事先需要对变量进行平稳性检验。使用 EVIEW6.0 对各序列进行单位根检验（不包含常数项与趋势项），检验结果如表 1 所示。

表 1　　　　　　　　　　　单位根检验结果

变量	ADF 统计量对应概率	结论
$\triangle^2$LNRGDP	0.0002	平稳
$\triangle^2$LNRVATRYYT	0.0003	平稳
$\triangle^2$LNREIT	0.0001	平稳
$\triangle^2$LNRPIT	0.0001	平稳
$\triangle^2$LNRPT	0.0007	平稳

对各变量进行二阶差分后，在 10% 的显著性水平上所有变量均通过单位根检验。可见 LNRGDP、LNRVATRYYT、LNREIT、LNRPIT、LNRPT 均是二阶单整序列，符合协整检验的前提条件。

（三）建立方程

利用 OLS 法（最小二乘法）建立几大主体税种与实体经济 GDP 线性回归模型，分别使用 DW 校验与 LM 校验进行自相关性检验，并加入 AR(1) 进行修正。

对实体经济 GDP 与增值税营业税相关性模型为：

$$LNRGDP = -11.24998 + 1.236284 \times LNRVATRYYT + 0.325709 \times AR(1) \quad (1)$$

上述模型 DW = 1.859311，F = 387.1403。DW 值在 dU 与 4 - dL 之间，无自相关性（n = 15，k = 2 时，dL = 0.946，dU = 1.543）。

对实体经济 GDP 与企业所得税相关性模型为：

$$LNRGDP = -2.839645 + 0.848743 \times LNREIT \quad (2)$$

上述模型 DW = 1.229013，F = 1274.013。DW 值不在 dU 与 4 - dL 之间，DW 校验失败。使用 LM 校验自相关性，p 值为 0.1139，则模型不存在自相关性。

对实体经济 GDP 与个人所得税相关性模型为：

$$LNRGDP = -5.154702 + 1.027423 \times LNRPIT + 0.389715 \times AR(1) \quad (3)$$

上述模型 DW = 1.634683，F = 789.3051。DW 值在 dU 与 4 - dL 之间，无自相关性。

对实体经济 GDP 与房土两税相关性模型初步设定为：

$$LNRGDP = 1.402017 + 0.688884 \times LNRPT$$

上述模型 DW = 1.115538，F = 1694.448。DW 值不在 dU 与 4 - dL 之间，DW 校验失败。使用 LM 校验自相关性，p 值为 0.0138，则模型存在自相关性。

加入 AR（1）修正后，得到模型：

$$LNRGDP = 1.781859 + 0.665803 \times LNRPT + 0.502448 \times AR(1) \quad (4)$$

上述模型 DW = 1.401589，F = 754.4682。DW 值不在 dU 与 4 - dL 之间，DW 校验失败。使用 LM 校验自相关性，p 值为 0.0574，则模型不存在自相关性。

(四) 协整检验

为判断上述四个回归方程（1）—(4) 因变量与自变量之间是否协整，需要对修正后的回归方程的残差序列平稳性进行 ADF 检验。检验结果如表 2 所示。

表 2　　　　　　　　　　ADF 检验结果

变量	ADF 检验统计量概率	ADF 检验统计量数值	1% 临界值	5% 临界值	10% 临界值	结论
RESID（1）	0.0027	-3.381696	-2.754993	-1.970978	-1.603693	平稳
RESID（2）	0.0016	-3.671144	-2.771926	-1.974028	-1.602922	平稳
RESID（3）	0.0088	-2.815924	-2.754993	-1.970978	-1.603693	平稳
RESID（4）	0.0004	-4.311054	-2.771926	-1.974028	-1.602922	平稳

由表中的协整检验结果可以看出，在 1% 的显著性水平下 t 统计值均小于给定的标准值，因此可以确定四个回归方程的残差是平稳序列，因变量与自变量之间均为协整关系。这也说明实体经济 GDP 与几大实体税种收入存在长期均衡关系。

(五) 格兰杰因果检验

格兰杰因果检验是用于分析两个变量之间相互因果关系的一种常用方法。在 EVIEWS6.0 中对四个模型取 1 到 4 阶滞后的情况下进行，得到如表 3 所示的结果。

表 3　　　　　　　　　　格兰杰因果检验结果

	1 阶滞后	2 阶滞后	3 阶滞后	4 阶滞后
增值税营业税对实体经济	0.4411	0.4899	0.5376	0.2880
实体经济对增值税营业税	0.1356	0.1118	0.1813	0.1371
企业所得税对实体经济	0.9476	0.7749	0.8039	0.8877
实体经济对企业所得税	0.2379	0.3166	0.8607	0.7366

续表

	1阶滞后	2阶滞后	3阶滞后	4阶滞后
个人所得税对实体经济	0.0198	0.2872	0.0104	0.0598
实体经济对个人所得税	0.6358	0.7123	0.0436	0.0175
房土两税对实体经济	0.2083	0.3366	0.1503	0.2160
实体经济对房土两税	0.0073	0.0133	0.0368	0.1776

（六）实证结论分析

从调整后的回归模型，可以得出当实体行业增值税营业税合计收入增加1%时，实体经济GDP增加1.24%；当实体行业企业所得税收入增加1%时，实体经济GDP增加0.85%；当实体行业个人所得税收入增加1%时，实体经济GDP增加1.03%；当实体行业房土两税收入增加1%时，实体经济GDP增加0.67%。

目前增值税、营业税等流转税由于占据实体行业税收收入主体地位，其对实体行业GDP影响大于所得税与财产税。税务部门应重视流转税在目前税收体系中发挥的作用，妥善落实后续政策，避免对实体行业发展带来较大波动。

在所得税方面，个人所得税对实体经济的影响比企业所得税大，因此应该更加注重个人所得税的完善。以房土两税为代表的财产税目前作为收入平稳增长的"压舱石"，对实体行业GDP影响较小，从夯实地方税基、抑制经济波动出发，今后税务部门要加大对财产税重视力度，挖掘房土两税税源，促进地方收入稳固增长。

根据格兰杰因果检验结果，实体经济GDP对后四年的增值税营业税增长均有较一定推动作用，以后两年拉动作用最为明显。实体行业个人所得税和实体经济互为因果，且个人所得税可以对后三年的实体经济产生显著影响，实体经济可以对后四年的个人所得税收入产生显著影响。可见，个人所得税对实体经济的影响是一个长达3年的过程，税务部门落实个人所得税征管时应着眼长期，考虑政策执行与征管举措对实体行业发展的长期效应。实体经济GDP与实体行业企业所得税之间相互关系并不明显，可能与实体行业企业所得税收入占比较低有关，也侧面说明目前实体经济企业所得税政策力度需要进一步加强。实体经济对后一年的房土两税拉动作用明显，推测是由实体经济增长带来生产场地需求扩大造成。

四、助力温州市实体经济发展的财税政策选择

（一）提供"一揽子"政策助力产业整合，培育企业做大做强

1. 提供专项政策帮扶，积极推动企业上市。温州民营经济发展较为活跃，但囿

于家族式经营模式,"小富即安"意识普遍,产业内"冒尖"企业少,对整体行业起带队龙头作用的上市企业更是凤毛麟角。眼下正值中央推行证券市场注册制改革,企业上市迎来难得的"窗口期",政府部门应抓住有利时机,加紧安排"上市专员"对接本土优质企业,及时引导在外温商上市公司回归。积极宣传市委市政府"上市工作十条"有关奖励扶持举措,主动辅导企业享受兼并重组、股份制改造、非货币性资产投资等优惠政策"套餐",详细了解企业改造上市过程中的问题困难与实际需求,及时进行反馈与解决。按照"改制一批、辅导一批、报备一批、上市一批"的思路,争取到2018年底报会辅导企业38家、力争突破60家,争取到2021年底上市公司累计超100家,打造形成与温州"铁三角"地位相称的资本市场"温州板块"。

2. 加快处置"僵尸企业",加速优质资产整合。抓住处置僵尸企业这个"牛鼻子",推进产业转型升级,带动行业整合集聚,积极贯彻改制重组、拍卖执行、债务处置等相关税收减免政策,同时考虑降低特殊性重组优惠政策门槛,加快企业优质资产整合。面向"两链"风险企业,完善企业资产损失税前扣除政策,对效益高、前景好的企业实际发生的担保损失,可依据法院或处置办出具被担保企业资不抵债证明先予以税前扣除,待企业行使追索权后再计入所得,减轻当期税负压力,加快恢复"造血"功能。持续深入开展城镇土地使用税政策调整促进土地集约节约利用工作,进一步细分行业类档级别,扩大行业涉及范围,加大优惠扶持力度。

(二)充分释放税制改革红利,加速新旧动能转换

1. 进一步贯彻普惠减税政策,着力推进减税降费。不折不扣落实"营改增"各项政策,全行业纳入抵扣链条,对老项目以及特定行业采取过渡性措施,确保所有行业税负只减不增。取消13%税率,原按13%征税的23类货物税率统一降为11%,进一步简并增值税税率结构。同时要研究落实制造业、金融业、建筑业等行业增值税政策改进,并适时推进增值税立法。贯彻《关于贯彻落实降低企业成本减轻企业负担工作方案》规定各项税费普惠措施,落实暂停征收地方水利建设基金、失业保险费率下调以及集中减征社会保险费等政策,确保小微纳税人增值税3万元以下免征规定享受到位,积极宣传小型微利企业享受企业所得税应纳税额从30万元提高到50万元最新优惠政策,助力广大小微企业轻装减负。

2. 推进落实科技创新专项激励政策,加快培育新动能成长。综合运用产业基金、BOT投资等方式引导社会资本投向创意园区、科技加速器、产业小镇等优质"两创"平台,并进一步贯彻落实股权激励、技术投资等专项税收优惠政策,促进资本与"知本"加快融合。参照科技孵化器财政税收优惠政策将先进创业平台纳入减免范围,为新兴产业培育提供良好环境。加强固定资产加速折旧、研发费加计扣除等间接性优惠政策力度,建议进一步扩大可加计扣除研发费用范围,提高外聘研发人员与委托外单位研发支出加计扣除比例,允许研发费用加计扣除在企业所得税预缴申报

"先享后管"。针对新推出的科技型中小企业研发费用加计扣除政策进行专项调研宣传，主动提醒符合条件的企业进行优惠资格备案，同时建议将研发费用比例提高到75%规定与"产学研"建设结合起来，鼓励企业与高校、科研机构进行项目对接与委托研究，加速技术人才要素向终端产业集聚。

（三）发挥财税政策引导作用，推进城市现代化转型

1. 以"大拆大整"为突破口，推进城市基础设施完善。发挥产业基金与基础设施投资资金带动作用，吸引社会资本进入民生设施建设与公共服务平台领域，加快城市综合环境建设步伐。国地税部门联合实施"四无"生产经营单位税收违法整治专项行动，清理"低小散乱"经营户，树立依法纳税理念。持续深入开展城镇土地使用税政策调整促进土地集约节约利用工作，进一步细分行业类档级别，扩大行业涉及范围，加大优惠扶持力度，同时通过土地、供电、环保、安监等多部门差别化待遇形成合力"剪刀差"，倒逼"低小散"腾退轮转，为实现"大建大美"腾出建设空间。

2. 加强环保产业政策扶持，营造良好城市人居环境。秉持"绿水青山"发展理念，以"剿灭劣Ⅴ类水""五水共治"等政府重点工作为先导，综合运用财政政策引导扶持环保产业发展，大力宣传绿色生态理念，提高企业节能减排项目补助标准，鼓励传统产业实施环保技术改造，推动工业企业实现绿色转型发展。同时，落实污水处理企业免征增值税与房土两税、资源综合利用产品减免增值税、企业所得税以及购进环境保护、节能节水和安全生产专用设备抵扣企业所得税应纳税额等环保优惠政策。重视培育与引进人才资源，考虑引入高等院校项目落地或开展"县校合作"培育专项人才，并对入选国家和浙江省"千人计划"、温州市"580计划"的紧缺人才给予优惠补贴。同时扎实推进房地产业去库存各项财政优惠政策，推进经适房、廉租房、限价房等住房保障举措，抑制房价过快上涨。大力发展现代服务业、城市产业、楼宇经济，以城市功能转型推动"产城人"融合发展，打造宜居宜创业的现代化都市。

（四）推进财税服务建设，优化创业创新发展环境

1. 落实"放、管、服"，践行"最多跑一次"服务承诺。以"最多跑一次"为中心目标，优化财税各项服务举措，推行"一窗受理、集成服务"，落实诚信假设、实名认证、留存备查等制度，工作重心从事前审核转为后续管理。办理过程中简化资料要求，加快业务流程，实现业务"一趟办、马上办、网上办"。完善政府非税收入线上线下一体化收缴，完善行政事业性收费项目纳入统一公共支付平台收缴，开展线上线下支付渠道融合创新。同时，借助公众号、支付宝等平台拓展移动办税场景应用，推动纳税人掌上申报、缴税、查询、开票功能全面应用。持续开展便民办税春风行动，以"浙商回归""十百千""下乡入企"活动为载体，对重点税源企业和成长型企业继续实行"一对一"清单式服务，同时组建财税政策辅导团，加强企业学堂

建设，切实提高企业的税法认知度与遵从度。

2. 深化部门协作，推动信息化建设。实体企业发展与财政、工商、税务、经贸、科技、质监、金融、住建、统计等多个部门密切相关，贯彻落实有关产业财政税收政策也需要各有关部门的密切配合和协作。建议由市委市政府牵头，建立实体企业联络制度，搭建部门数据信息传递渠道，同时定期召集部门与企业代表开展需求座谈与问题协调，共同推进实体经济快速发展。尤其是要推进财政、地税、国税合作不断深化，在企业财政优惠政策享受、信息交换、数据互补、联合办税、协同征管等方面按照规范升级合作，推行协同办公，着力实现服务高度融合，执法高度整合，信息高度聚合，打造财政地税便民便企综合体。大力推广会计与税收信用评价应用，与信贷、社保、就业、交通、公安等部门协同建立财税保障机制，加强会计和税收信用体系社会情境推广与金融信贷应用。

加快温州产业集聚区发展的财政政策研究

——以温州市瓯江口、浙南沿海先进装备制造产业集聚区为例

联合课题组[*]

一、产业集聚区发展规划及目前进展情况

(一) 规划情况

1. 温州瓯江口产业集聚区。温州瓯江口产业集聚区是全省第一个获批的产业集聚区,2011 年温州市出台《温州瓯江口产业集聚区发展规划》,发展规划确定为"一心两轴八区",分别是打造一个新区中心,以功能复合为特点,现代物流、集商务办公、现代商贸、金融保险、产业服务为一体的城市中心。

由于瓯江口产业集聚区规划编制时间较早,未能充分反应省产业集聚区高水平发展的精神和温州发展的实际情况需要。2014 年,温州对规划进行优化调整,调出洞头本岛、龙湾中心区、空港新区及温州经开区,调入乐清经济开发区拓展片、柳白新城。调整后的瓯江口新区规划范围包括瓯江口新区和洞头县、乐清市的部分区域,突出重点规划区、核心区两个层次,重点规划区包括瓯江口新区一期、乐清经济开发区拓展区、乐清柳白新城、大小门临港产业区;核心区为瓯江口新区一期,面积约 30 平方公里。

2. 温州浙南先进装备制造产业集聚区。温州浙南先进装备制造产业集聚区是浙江省 15 个省级产业集聚区里最后一个获批的,成为继瓯江口产业集聚区后温州市第二个省级产业集聚区。2013 年 12 月 30 日,《温州浙南先进装备制造产业集聚区设立

---

[*] 联合课题组组长:余中平;副组长:陈胜利;课题组成员:温州市财政局:林坚、杨海曼(执笔);温州市地税局:狄恺;温州市经济技术开发区财政局:陈锡颖;温州市地税局直属一分局:缪健健、许分和;温州市瓯江口区财政局:陈光伟、陈诚;洞头县财政局:陈后平、朱红波、林万程;温州市地税局龙湾分局:朱林光、杨育华。

方案》得到浙江省人民政府的批复,温州浙南沿海先进装备产业集聚区位于瓯江以南沿海区域,定位突出"浙商回归""省际边界""对台合作"主题,力争通过5—10年的努力,建成浙江民营经济转型升级的示范区,浙南地区经济崛起的引领区,浙江对台合作交流的先行区。规划范围包括温州经济技术开发区、龙湾区、瑞安市、平阳县的沿海区域,总面积62.34平方公里,辐射带动苍南等周边县区发展。其中,核心区块位于温州经济技术开发区,面积34.4平方公里。

2014年6月,温州市审议通过了《温州浙南沿海先进装备产业集聚区发展规划》(送审稿),确定集聚区总体布局为"一心、两带、四区"。所谓"一心"就是指"核心区块"。该区块包括温州经济技术开发区的滨海园区和金海园区,将成为浙南汽车整车及关键零部件研发、制造与销售基地,激光与光电高端装备省级高新技术产业园区。"两带"即沿海产业发展带和河海生态保护带。浙南产业集聚区将形成空港新区、瑞安塘下、瑞安阁巷和平阳宋埠等四大重点产业区块。空港新区产业区块引导发展通用航空制造业、机械装备制造业,同时加快传统产业转型升级。瑞安塘下产业区块布局为加快发展动力、传动、承载、转向、电子等汽车系统产品。另外还将结合温州城市轨道交通线路的规划建设,培育轨道交通装备制造企业等。瑞安阁巷产业区块以汽车及摩托车零部件、机械制造、高分子材料等先进制造业为重点。平阳宋埠产业区块依托现有基础,引导印刷包装、金融机具等特色机械制造业向规模化、高端化发展。同时承接数控机床、现代仪器仪表等大型制造企业,并大力发展塑料、薄膜、胶黏剂和涂料等高分子新材料产业。

(二) 目前进展情况

1. 温州瓯江口产业集聚区。到2013年底,瓯江口产业集聚区已开发建设面积30.8平方公里,占重点规划区总面积的51%,高于全省15个产业集聚区平均水平(33%)。2011—2013年,固定资产投资累计完成429.5亿元,其中基础设施投资241.6亿元,占投资总量的56.2%,基础框架已全面拉开。围海造地高速推进,空间拓展较快。区域内总人口达到47.8万人,城镇建设取得较大突破,区域内乡镇街道公共服务设施日益完善,集聚辐射能力日益提升。围绕美丽温州建设,开展"三改一拆""四边三化"等工作,新区医院、温州工贸学院等一批公共服务项目加速推进,城乡面貌取得较大改善。

2013年,瓯江口产业集聚区"高新化"传统产业、现代服务业(商贸、物流)、先进装备制造、新能源、新材料等五大主导特色产业营业收入占到总量的82.3%;入驻企业数达到1688家。截至2013年底,产业项目累计投资257.7亿元,在建和完成产业项目200余项;累计招商引资276亿元,引进项目34个,其中50亿元以上、20亿—50亿元项目各2个,分别是温州液化天然气(LNG)项目(一期)、泰地港口石化和温州新会展项目、温州港集团大门岛散货中转码头工程项目。

2. 温州浙南先进装备制造产业集聚区。到 2013 年底，温州浙南沿海集聚区内多式联运的基础设施框架已初步形成，拥有规划建设中的沈海高速公路复线、新 104 国道、滨海大道等沿海道路交通大通道，上望码头作业区、南岸码头作业区、鳌江作业区、西湾作业区等港口码头。电力、供气、水利、通信等基础设施保障能力也在不断增强。其中，供水能力达 30 万吨/日，现有 3.5 万伏、22 万伏变电所向区内供电，污水处理能力 20 万吨/日，管道天然气总储备量达 30 万立方。

温州经济技术开发区金海园区全部由滩涂围垦区域构成，目前尚有近 1 万亩的可建设空间，后备土地资源充裕。且符合温州市土地利用总体规划、城市总体规划和用海规划的相关要求，要素保障充分，能够实施集中连片开发。

在产城融合发展方面，温州经济技术开发区是温州大都市区建设的重要组成部分，除下辖几大园区外，还授权委托管理星海、天河、沙城、海城四个街道，已经具备产城融合发展的基础。规划布局上，更加注重产业功能、城市功能和生态功能和谐共生，产城融合发展潜力巨大。

在管理体制上，纳入核心区块的滨海园区和金海园区由温州经济技术开发区管理委员会直接负责开发、建设与管理，开发主体明确且唯一。作为浙南闽北地区首家国家级经济技术开发区，温州经济技术开发区管委会具有 20 多年的运作经验，已形成较为高效和顺畅的管理体制。

二、产业集聚区财政收入现状及后续财源预测分析

（一）财政收入现状

1. 温州瓯江口产业集聚区。按照原瓯江口产业集聚区规划口径统计，到 2013 年底，温州瓯江口产业集聚区实现地区生产总值 428.75 亿元，完成工业总产值 891.66 亿元，财政总收入 51 亿元，其中公共财政收入 23.26 亿元，规模以上工业企业（以下简称"规上工业企业"）高新技术产业增加值占规上工业企业增加值比重为 8.6%，服务业增加值占 GDP 比重为 29.82%。如表 1 所示。

表 1　　　　　　　　　原温州瓯江口产业集聚区经济财政情况

指标	2011 年	2012 年	2013 年
地区生产总值（亿元）	357.15	382.69	428.75
工业总产值（亿元）	880.79	858.89	891.66
财政总收入（亿元）	42.8	50.2	51
公共财政收入（亿元）	20.39	22.68	23.26

续表

指标	2011年	2012年	2013年
其中：税收收入（亿元）	19.69	21.41	22.92
规上工业企业高新技术产业增加值占规上工业企业增加值比重（%）	8.7	8.2	8.6
服务业增加值占GDP比重（%）	29.93	29.87	29.82

注：数据来源于温州市发改委，这里的数据均是指2011年规划时的范围，即包括瓯洞一体化新区、洞头本岛、龙湾中心区、空港新区及温州经开区。因此，从2014年开始，规划区域调整后，各大数据指标均产生了较大的变化。

2014年，瓯江口产业集聚区规划进行优化调整，调出洞头本岛、龙湾中心区、空港新区及温州经开区，调入乐清经济开发区拓展片、柳白新城。如果按照新的区域口径统计，则2013年温州瓯江口产业集聚区实现地区生产总值46.1亿元，完成工业总产值137.3亿元，财政总收入11亿元，其中公共财政收入5.1亿元，规模以上工业企业高新技术产业增加值占规模以上工业企业增加值比重为23.5%，服务业增加值占GDP比重为25.3%。如表2所示。

表2　2013年新温州瓯江口产业集聚区经济财政情况

地区生产总值（亿元）	46.1
工业总产值（亿元）	137.3
财政总收入（亿元）	11
公共财政收入（亿元）	5.1
其中：税收收入（亿元）	4.6
规模以上工业企业高新技术产业增加值占规模以上工业企业增加值比重（%）	23.5
服务业增加值占GDP比重（%）	25.3

2. 温州浙南先进装备制造产业集聚区。2013年，温州浙南先进装备制造产业集聚区实现生产总值200亿元，完成工业总产值481亿元，其中战略性新兴产业占比达21.3%，财政总收入14.9亿元，其中公共财政收入7.1亿元。2013年，核心区块滨海园区和金海园区共实现生产总值175亿元，完成工业总产值446亿元，实现财政总收入13.5亿元，其中公共财政收入6.5亿元，如表3所示。

表3　　　　2013年温州浙南先进装备制造产业集聚区经济财政情况

地区生产总值（亿元）	200
工业总产值（亿元）	481
财政总收入（亿元）	14.9
公共财政收入（亿元）	7.1
其中：税收收入（亿元）	6.5
战略性新兴产业占比（％）	21.3

（二）后续财源预测分析

1. 财政实力：显著增强。经济决定财政，从温州市2个省级产业集聚区经济发展基础条件看，区域经济将快速增长，预计两个集聚区地区生产总值年均增速均高于全市平均增速，财政实力将显著增强。主要因素如下：一是发展空间十分充裕。两个集聚区都拥有大量可开发建设的滩涂资源，后备土地非常丰富，适宜大规模集中连片的开发建设。二是基础设施日趋完善。两个集聚区内多式联运的基础设施框架已初步形成，基础设施保障能力也在不断增强。三是产城融合条件较好。两个集聚区是按照沿海产业新城的理念在规划建设，城市用地和产业用地联动布局，具备良好的产城融合条件。

从规划目标看：从近期看，到2017年底，瓯江口产业集聚区地区生产总价值有望突破110亿元，全社会固定资产投资累计达到500亿元，财政总收入突破24亿元，地方财政收入达到11亿元；浙南先进装备制造产业集聚区地区生产总价值有望突破280亿元，全社会固定资产投资累计达到450亿元，财政总收入突破25亿元，地方财政收入达到12亿元。

从远期看，到2020年底，瓯江口产业集聚区地区生产总价值将突破500亿元，全社会固定资产投资累计达到1000亿元，财政总收入突破130亿元，地方财政收入达到65亿；浙南先进装备制造产业集聚区地区生产总价值有望突破400亿元，全社会固定资产投资累计达到900亿元，财政总收入突破100亿元，地方财政收入达到50亿。

2. 财源行业：以制造业为主。从当前财源行业看，温州两个产业集聚区均以第二产业为主，其中：瓯江口产业集聚区以先进制造业为主，主要财源行业有临港装备制造业、原材料深加工业、港航物流、电工电气、节能环保等；2013年，这几个主要行业税收收入占总税收收入的比重为40％。浙南先进装备制造产业集聚区则以汽车关键零部件制造、激光与光电、食品机械、电器机械等为特色的产业体系，2013

年这几个特色产业体系贡献税收超过总税收的50%。

从后续财源行业看，瓯江口规划目标主要是一大主导产业、二大特色产业，涵盖了临港装备制造业、原材料深加工业、港航物流、电工电气、节能环保5个行业，尤其是临港装备制造业是第一大重点培育的主导产业。

而浙南先进装备制造产业集聚区核心区块的主导产业是以激光与光电产业为主导的战略性新兴产业，未来有望建设中国（温州）激光与光电产业集群的重要研发和生产基地。而且主导产业还在日益壮"大"，近年来已经引进多个产业大项目，集聚一大批市场竞争力强且对集聚区主导产业链形成具有带动作用的优势企业。预计到2020年，实现工业总产值919亿元，其中战略性新兴产业占比达36.8%以上，主导特色产业主营业务收入占全部企业主营业务收入的比重85%以上，贡献税收占全部企业的90%以上，主导产业集聚效应逐步显现。

因此，这几个主导行业将是两大集聚区后续财源的重要增长点。

3. **财源区域分布：集中在已建成的成熟区**。从温州市2个省级产业集聚区的区域财源看，主要集中在已建成比较成熟的区域，而近年来新建的围垦项目，大多处于招商或者建设阶段，短期内还较难产生大量的财政收入。

从浙南先进装备制造产业集聚区的财源分布看，主要集中在核心区块所在的温州经济技术开发区，该区位于浙江省海洋经济发展示范区和海峡西岸经济区的战略交汇点，地处海陆空交通枢纽的中心，于1992年经国务院批准设立，经过20多年的开发建设，区位交通优势十分明显，已形成较为完善的设施网络，基础配套条件基本成熟。2013年，该核心区块财政总收入占浙南先进装备制造产业集聚区财政总收入的比重超过80%。而空港新区、瑞安塘下产业区块、瑞安阁巷产业区块、平阳新兴产业区块财政总收入占浙南先进装备制造产业集聚区财政总收入的比重不到20%。

瓯江口产业集聚区财源也主要集中在乐清经济开发区拓展区和乐清柳白新城，而新建的核心区块瓯江口新区一期还处于建设中，现有企业33家，但大多数企业还未开工生产，现阶段主要税收收入为印花税、契税等，预计2014年底企业才陆续投入生产。

【案例1】

大小门临港产业区财政收入集中在成熟区。大小门临港产业区是瓯江口产业集聚区的重点税源区域，功能定位是以临港石化、港航物流为主导，发展临港装备制造、大宗商品加工等临港产业，打造国家级化工产业基地、大宗原材料集散和精深加工基地。目前的税源主要布局在以下三个功能区：（1）小门岛临港石化产业功能区；（2）港口物流产业功能区；（3）临港产业功能区。其中，小门岛临港石化产业功能区为已建成的成熟区域，2013

年财政收入占大小门临港产业区财政收入的99%以上。而港口物流产业功能区和临港产业功能区属于新围垦区，几乎还没有财政收入。

4. 后续财源增长点：集中在新围垦区域。从产业集聚区的后续发展看，财源的增长点主要集中在新建围垦区域，新建围垦区域财政收入占集聚区财政收入的比重将逐年增加。首先，近年来新建围垦区域固定资产投资和工业性投资增长迅速，尤其是基建工程投资增长很快，带动了地方税费的快速增长，尤其是带来了大量的耕地占用税和契税。

其次，随着新建区域大量企业的投入生产，这些企业在当地大多数属于大中型企业，项目属于大中型项目。因此，将成为重要的税收增长点。从温州市两个集聚区的发展规划可以看出，瓯江口产业集聚区核心区块瓯江口新区一期为新建围垦区域，浙南先进装备制造产业集聚区核心区块温州市经济技术开发区为已建成的区域。2017年以前，浙南先进装备制造产业集聚区规划的各项经济财政指标均远高于瓯江口产业集聚区。而2017—2020年，随着新建企业的大量开工生产，瓯江口产业集聚区将迎来爆发式增长，地区生产总值将从2017年的110亿元增长到2020年的500亿元，财政总收入将从24亿元增长到130亿元。

【案例2】

快速成长的新围垦区企业。浙南先进装备制造产业集聚区中的塘下产业区块和阁巷新兴产业区块两大产业集聚区为新围垦区域。其中：已投产使用的有迅达汽车工业公司、浙江力诺流体控制公司、温州力邦企业公司、温州云顶专用汽车制造公司、陕汽云顶公司五个单位，其中迅达汽车工业股份有限公司厂区最早，于2011年结项并投入生产。五个单位2013年度共实现销售额6.3亿元，入库税费合计1431万元，其中税收入库593万元，比2009年增收了3倍多，年均增长33.65%，处于快速发展期。

5. 财政收入征收部门：国税组织收入占比高。从财政总收入的征收部门看，国税在集聚区的收入中占比远远高于地税，而且这一占比还有继续走高的趋势。从瓯江口产业集聚区看，2013年财政总收入中国税部门组织的收入占到71%，地税不到30%。从浙南先进装备制造产业集聚区看，2013年财政总收入中国税部门组织的收入占到63%，国税部门组织的收入同比增长6%，而地税部门组织的收入占比36%，同比下降10%。从未来发展趋势看，未来国税占比还将继续升高，主要原因如下：一是按照现有体制，征收增值税的企业，企业所得税也归国税征收，后续国税税收增长速度必将明显快于地税税收增长速度。二是集聚区以工业制造企业为主，营业税少，加上"营改增"改革，地税税源在减少。

三、制约产业集聚区财政收入增长的因素分析

(一) 管理体制不顺畅

1. 规划不稳定，布局不科学。温州市两个产业集聚区规划未能充分反映省产业集聚区高水平发展的精神和温州发展的实际情况需要，产业集聚区在建设过程中的问题较多。如规划范围广、面积大，重点区块和建设主体多，核心区块不突出，资源要素配置分散，集聚区建设十分滞后。此外，在产业集聚区空间布局上也极度不稳定，2014年前，瓯江口产业集聚区包括瓯江口新区一期、洞头本岛、龙湾中心区、空港新区及温州经开区等，而2014年瓯江口产业集聚区又划出洞头本岛、龙湾中心区、空港新区及温州经开区。规划的频繁变动给区域经济的发展造成了极大的影响。

而浙南先进装备制造产业集聚区是浙江省最后一个获批的省级产业集聚区，部分规划园区属于典型的先有企业后有园区，没有统一科学的规划，布局比较散乱，存在"争项目、铺摊子"的现象。尤其是核心区块产业布局散乱，有大小园区10个，既造成了有限资源的严重浪费，也造成了项目和企业的无序竞争。

2. 存在"小马拉大车"现象。温州市两个产业集聚区现有行政管理体制和开发建设运作机制复杂，"六统三分"的管理体制实施难度较大，难于形成统一的规划布局、要素配置、重大项目招商和支持政策。如瓯江口产业集聚区建设涉及洞头、龙湾等两个行政主体、温州经济技术开发区、瓯江口新区两个管理主体和机场、温州港两个集团公司，其管辖面积为370平方公里，在实际运作中，370平方公里的瓯江口产业集聚区由瓯江口新区管委会跨行政区域进行统筹协调，属于"小马拉大车"，无名且无力，而瓯江口产业集聚区领导小组办公室仅是非常设机构，无固定编制和人员，统筹协调名不正、言不顺，虽有相应的会议制度，但无相应的行政效力，经多次明确协调，效果不佳。由于现有运作机制和考核机制的不完善，导致各个主体对此项工作不够重视，仍处于应付甚至推诿状态。

(二) 支撑环境薄弱

1. 基础设施配套不够完善。温州市两个产业集聚区现有基础设施与当前的开发建设要求有较大的反差，难于形成有效而及时的支撑，区域交通、电力、防洪排涝等基础设施仍很薄弱。如瓯江口新区正处于开发建设中，基础设施尚在全面推进中，77省道近两年内尚无法形成通行能力；龙湾、洞头建成区现有商业设施、社区服务网络、医疗卫生体系、公共活动空间等公共设施落后，限制了区域城市功能的提升和完善。浙南先进装备制造产业集聚区除了温州市经济技术开发区，其他区

域仍处起步阶段，基础设施和服务设施薄弱。其中，道路、水电、污水处理、热力管网等建设还没有完全到位。按照目前的建设工期，平均每年用地发展速度仅为2.19—10.97平方公里，基础设施跟不上步伐，产业集聚区发展相对滞后，产业集聚的承载能力不足。

2. 软环境建设不足。资源、市场、人才、信息、休闲娱乐等公共服务平台，这构成了产业发展的软支撑环境。前者通过基础设施与重大工程的投入解决。产业集聚区的发展，必然产生工业化带动城市化的效应，对资源、市场、人才、信息等方面需求更迫切。但温州市2个产业集聚区距离城市建设区较远，大部分区域均位于远郊区，一方面相对偏僻的区位因素降低了对人才的吸引力；另一方面本地的高等教育规模和水平比较低，为企业发展所需的人才支撑能力有限，造成软支撑环境薄弱。

【案例3】

> 软环境不足导致招工难。温州市经济技术开发区滨海园区是浙南先进装备制造产业集聚区的核心区块，以制造业为主。但目前滨海新区还仅仅是一个工业园区，生活设施还远远没有达到宜居的程度，近期企业反馈中普遍反映招工难，招工难的原因不是工资低（制鞋业平均工资3000—4000元，高于鹿城区鞋都），也不是治安不好，而是工人下班后没有合适的休闲娱乐场所，年轻的外来工作者的精神及物质需求没有地方得到满足，因此更多的工人宁愿选择工资待遇及治安相对较低的鞋都。

（三）产业结构不合理

1. 主导产业不够集聚。目前温州市两个产业集聚区均规划了十余个功能区，但即使是温州市经济开发区也还没有一个已经完全成型相对集聚的功能区，每个功能区都是混在一块，既有工业、农业，也有服务业、居民区，即使有一些工业园区，也是小打小闹，主导产业缺乏核心竞争力，难以形成高、新、大的产业集聚。缺乏成型的区域规模的产业，温州的18个小行业在园区内都存在，但从数量上看，没有形成规模效应，从质量上讲，也缺少大的龙头产业。主导产业不够集聚导致的结果是产业集聚区的竞争力低下、经济辐射能力较弱，无法通过专业化分工获得外部规模经济，使其竞争优势难以持续，带动区域发展的能力不强。

2. 产业链不完整。温州市两个产业集聚区内部企业产业链不完整，上下游企业衔接不紧密，产业氛围淡薄，知识共享和相互学习的机制不健全。在园区的建设中只重视引进企业的数量和招商的资金量大小，忽视了产业连接，忽视了产业关联度，使园区内企业大多只是地理空间上的集聚，只是企业的简单堆砌，并不是真正意义上的企业集群。

【案例4】

　　衔接不紧密的产业链。温州两个产业集聚区的主导产业临港装备制造业、原材料深加工业、激光与光电产业的原材料都要靠区外购入，这样不仅降低了企业的生产效率和效益，而且影响产业集聚区的带动力和竞争力。另外，从温州两个产业集聚区发展情况来看，存在上游的研发设计与下游的市场营销、售后服务等脱节现象，除服装、汽摩配等少数几种产业集群外，其他产业集群产业链过短且不完整，各环节衔接不紧密。

（四）企业规模小亩产税收低

1. 企业规模普遍偏小。温州市两个产业集聚区普遍缺乏大型、超大型及行业龙头企业，尚未形成龙头带动、中小型企业协调跟进的产业集群。从两个产业集聚区企业销售收入来看，2013年销售收入超亿元企业共60多家，占总企业数的比重不到5%，销售超10亿元的只有3家，占比不到0.30%，产业集聚区内大多数企业仍停留在生存的创业期或发展的瓶颈期，远没有步入发展的快车道。加上受国内市场竞争加剧，外围市场萎缩的双重挤压，企业盈利能力下降明显。

【案例5】

　　温州经开区企业盈利能力下降。2011年后，温州市经济技术开发区主要工业企业主营业务收入增幅逐年下降，2013年度仅增长2.57%，主要工业企业利润率同比下降占64.71%，净资产收益率同比下降的更是高达76.47%，而利润率高于5%的仅占29.41%。

2. 亩产税收不高。2013年，瓯江口产业集聚区和浙南先进装备制造产业集聚区亩产税收分别仅有0.9万元、1.5万元，在全省15个产业集聚区中处于垫底位置，远远落后于其他产业集聚区。如2013年，杭州城西科创产业集聚区亩产税收达到115万元，宁波杭州湾产业集聚区亩产税收22万元，台州循环经济产业集聚区亩产税收9.12万元，宁波石化经济技术开发区亩产税收7万元，均遥遥领先于温州的两个产业集聚区。由于企业贡献税收不多，项目顺利投产和达产的难度较大。同时由于集聚区发展、招商的迫切要求，工业土地出让价格较低，出让成本倒挂，在大投入、大建设背景下财力负担越发沉重。而引进的企业又是以制造业为主，地方税占比太低，地方财政收入增速有限，而地方财政收入有限又反过来制约政府在公共领域的投入，影响了集聚区的建设进度。

【案例6】

　　温州市经开区企业地税亩产税收低。到2013年底，温州市经济技术开发区用地面积前25户企业，除宏泽环保热电有限公司外其余全部是制造业企业，共计用地3697亩。正常生产企业只有13户，用地1863亩。25户企业2013地税亩产税收不到1万元。

（五）财政收入统计和政策支撑不健全

1. 财政收入模块不健全。目前，由于财政税收征管隶属不变以及还未建立属于产业集聚区的"财政税收收入模块"的情况下，温州市2个产业集聚区内各类财政税收收入上缴多头管理，如瓯江口产业集聚区各类财政税收须上缴温州市财政、龙湾区财政、经济技术开发区财政，每月的财政税收数据需分别从各财政、国税、地税部门搜集后再统计，且统计集聚区内数据难度非常大，数据口径也不一致，存在误差较大，导致产生的数据失去了真实性和可靠性。不能全面及时的反映产业集聚区财政税收收入情况，给财政税收收入经济指标带来不确定的因素。

2. 政策支撑不健全。省有关部门给予省级产业集聚区一系列的优惠政策有：产业集聚区所在县（市、区）应安排不低于50%的年度新增建设用地计划指标用于产业集聚区建设；每年给予四百万补助资金，对落户产业集聚区范围内的新投资企业予以一定的税收减免；给予产业集聚区建设项目入驻腾出一定的排污总量指标等等。为承接省委、省政府的系列优惠政策，2013年年初，温州市委市政府也出台了《关于加快推进瓯江口产业集聚区开发建设的实施意见》，但在用地、财政资金补助等方面，并没有极具含金量的优惠政策和支持措施。而浙南先进装备制造产业集聚区目前还没有出台实施意见。

四、促进产业集聚区财政收入可持续发展的政策建议

（一）加强对支撑环境建设的财政资金保障

1. 加快基础设施建设的财政保障措施。按照"结构优化、重点突出、网络布局"的原则，统筹区内交通运输设施建设，构建高效便捷、多式联运的现代化综合交通网络，强化集聚区内外联系。实施财政倾斜保障。市、县（市、区）两级财政加大对集聚区建设的支持力度，充分发挥财政资金的杠杆作用。对核心区、重点规划区开发建设设定优惠期，对核心区、重点规划区市级以下地方财政收入、土地出让金收入、地方财政收入省级财政返还部分全额返还产业集聚区。

2. 拓宽投融资渠道。强化银行贷款、项目融资等传统融资途径，积极开展平台企业债、资本市场融资等直接融资模式，提高资金使用效率。推进发挥温州地区民资优势，进一步探索放宽基础设施、公共服务设施、产业平台设施建设等领域社会资本准入模式和管理办法，积极引导民间资金参与集聚区建设。推行企

业投资"负面清单",鼓励和引导民间资本进入法律法规未明确禁止准入的行业和领域。

3. 搭建发展平台。首先,落实和完善人才政策。贯彻落实《温州市引进高层次人才的若干规定》等文件,对产业集聚区急需的重点高层次人才,经市有关部门认定后可实行"一人一策"。贯彻落实国家"千人计划"、省"海外高层次人才引进计划"和省"新世纪151人才工程",打造创业创新团队,以及重点行业和高新技术领域的学科学术带头人。在各市、县级建设的人才公寓、人才保障性住房中切块分配到产业集聚区。

其次,建设主导产业的公共科技服务平台,为企业开展产品研发、成果转化、检测认证、知识产权保护和科技信息咨询等提供全方位服务。注重重点实验室、工程技术研究中心、大型科学仪器协作共用平台等平台建设,面向区内企业开放共享。深化区域科技合作,加快科技成果转化,支持区内企业与国内外科研院所共建各类创新载体。重视科技中介机构和技术市场建设,健全产业集聚区创新服务体系。

(二) 明确财政引导产业发展的原则和重点

1. 财政扶持产业发展的原则。(1) 符合经济转型升级要求。符合国家和浙江省相关规划对区域发展定位的要求,符合相关产业政策的发展导向,充分体现经济转型升级的要求,着力集聚战略性新兴产业、现代服务业和具有较强竞争力的优势产业,打造承载产业转型升级的大平台。(2) 符合高成长强带动要求。依托区位优势、产业基础和资源要素条件,注重发挥比较优势,着力培育发展成长性强、市场潜力大、带动效应强且有利于产业链构建的产业,培育特色产业集群,打造区域经济发展新高地。(3) 符合可持续发展要求。充分考虑区域生态环境承载能力,尽可能选择符合循环经济和低碳经济发展方向、具有可持续发展特征的产业;同时,着力集聚创新要素,增强科技创新对产业发展的引领和推动作用,提升产业发展的内生动力。

2. 财政扶持产业发展的重点。根据重点产业领域的选择原则,综合考虑温州两个产业集聚区的产业基础、市场需求、政策导向、周边竞争等因素,确定重点产业领域,以临港装备制造业、交通运输装备制造业为主导产业,兼顾发展机械装备制造、高分子新材料两大特色产业,配套发展现代商贸、现代物流、科技服务、信息服务等现代服务业。鼓励有实力的企业通过兼并、重组等形式促进行业内部整合,鼓励企业以资本、技术、品牌、营销网络等为基础建立战略联盟,引导企业通过上市等多种形式借力发展。

(三) 完善财政政策与收入统计体系

1. 落实和争取财政优惠政策。用足用好《省委办公厅、省政府办公厅关于加快推进产业集聚区建设的若干意见》（浙委办〔2010〕74号）中有关税收优惠政策。其中符合要求的新投资企业和迁入项目主体税种省得奖励性补助应全部用于相应分区建设。对进入产业集聚区的规模特别大、带动效应特别强的重大项目和重点企业，实行特殊的优惠政策，补助年限及基期起始等可视情况予以专题研究。积极争取上级财政政策支持。争取列入国家、省级重点项目，争取国家和省级财政支持。对符合条件的重大产业项目，积极向上申报，争取省级重大产业项目财政奖励。

2. 根据亩产税收奖优汰劣。(1) 根据亩产税收贡献实施差别化财政优惠政策，将有限的财政资金用在"刀刃"上。切实优化各类财政补助、奖励性资金支出结构，按照亩产税收分档分级奖励，提升资金使用效率。如：企业申请技改资金、科三经费、节能降耗等项目补助时，可按照企业亩产税收不同档次给予不同比例奖励。(2) 探索研究差别化的税收优惠政策。积极向上争取差别化的房产税、城镇土地使用税征收政策，进一步发挥税收对提高土地利用效率的调节作用。研究运用差别化的税收优惠政策，对符合条件的企业按照亩产税收级次给予不同幅度的税费减免。(3) 完善评优评先机制。将亩产税收作为各类评优评先、资格认定的先决条件，切实提升优秀类企业信誉与知名度，努力打造榜样效应。

3. 建立财政收入模块。为精确统计财政收入数据，建议顶层设计瓯江口产业集聚区财政税收收入统计模块，最好单独设立征管机构，落实产业瓯江口集聚区征管机构人员，精确统计财政税收收入数据。

（四）跳出财政对政府的建议：加快体制机制创新

1. 完善协调机制。强化市产业集聚区规划建设工作领导小组办公室的作用和职能，市产业集聚区办作为协调指挥机构，利用发改委综合管理部门的优势，进一步发挥其在综合协调、资源统筹等方面的作用和能力，加强指导和上下协调，做好对温州两个产业集聚区服务工作。

2. 理顺管理体制。推进实体化运作。市级层面设立统一的产业集聚区管委会。按照集聚区管委会实体化运作的要求，管委会负责整个集聚区的统筹管理和核心区块的开发建设，包括统一负责规划编制、重大基础设施建设、产业和项目准入、招商引资、要素配置、行政审批、信息统计等方面的统筹管理职能。按照省级产业集聚区建设需求，进一步理顺内设机构和运作机制。

3. 优化服务环境。进一步明确集聚区管委会在行政审批中的地位、职能，并依托实体化的集聚区管委会，率先在产业集聚区开展深化审批制度改革试点，审批和管理部门通过委托授权、管辖授权、委托派驻机构办理等方式，赋予集聚区管委会相对独立、较为完整的、"准行政区"的经济社会管理权限，权限真正向集聚区下放或授权，尽快做到"办事不出门，审批不出区"。积极开展"化零为整"的前置审批，负面清单之外、符合产业导向的企业投资项目率先做到"零审批"。全面推行投资项目审批代办制，加快建设善招商、勤服务的"店小二"型干部队伍，使产业集聚区成为审批效率最高、服务环境最优的区域。

4. 强化监督考核。健全各重点规划区开发建设进度和科学发展水平考核体系，重点在发展重大项目引进、集聚创新要素、高效开发土地等方面制定评估指标和考核机制，并把主要建设任务将列入市委、市政府对各级、各部门工作考核的重要内容。将部门统计工作纳入产业集聚区目标责任制考核体系，加强部门统计的协同配合、形成工作合力，推动部门统计工作逐步走向规范化。

振兴温州工业经济的财税政策思考

温州市财政局课题组[*]

一、温州市工业经济及其财税收入现状

(一) 温州市工业经济总体情况

截至2013年底,温州市实现工业总产值7253.84亿元,比上年增长4.5%;工业增加值1767.98亿元,占全市生产总值的比重达50.3%。全市规模以上工业企业4313家,实现工业总产值4418.48亿元,比上年增长3.5%。其中,轻工业产值1532.58亿元,增长2.4%;重工业产值2885.90亿元,增长4.1%。规模以上工业销售产值4256.48亿元,增长2.3%,其中完成出口交货值695.77亿元,下降1.5%,占销售产值比重为16.4%。见表1。

目前,温州已经形成了机械、电子、化工、医药、船舶、电力、建材、轻纺、食品、塑料、五金、优特钢、工艺美术等门类比较齐全的工业体系,其中电工电器、鞋革、服装、印刷包装、泵阀仪表、汽车摩托车配件,以及打火机、眼镜、剃须刀、锁具、制笔等行业在全国乃至世界上享有盛名。

(二) 温州市工业经济按规模分类情况

1. 温州规模以上工业发展情况。2013年,温州规模以上工业中,实现高新技术产业总产值1480.50亿元,增长4.8%。全年新产品产值720.88亿元,增长46.2%;新产品产值率为16.3%,比上年提高4.8个百分点。按行业分,有12个大类行业产值超100亿元,实现工业总产值3619.40亿元,占规模以上工业总产值比重81.9%,其中电气机械及器材制造业、皮革毛皮羽毛(绒)及其制品业、电力热力的生产和供应业、通用设备制造业、纺织服装服饰业、橡胶塑料制品业等六大类行业年产值超过200亿元。

---

[*] 课题组组长:陈胜利;课题组成员:林坚、李侠(执笔)。

表1　　2013年温州市规模以上工业经济情况

指标	单位数（家）	工业总产值	
		实绩（亿元）	比重（%）
总计	4313	4418.48	100
国有企业	18	254.11	5.8
集体企业	12	16.47	0.4
股份合作制企业	165	73.73	1.7
有限责任公司	912	1073.76	24.3
股份有限公司	70	383.47	8.7
私营企业	2842	2214.58	50.1
"三资"企业	288	393.70	8.9
联营企业	3	3.46	0.1
其他企业	3	5.20	0.1

注：此数据来源于《2013年温州市国民经济和社会发展统计公报》。

2. 温州规模以下工业（指年主营业务收入低于2000万元的工业企业和个体工业）发展情况。2013年，温州市规模以下工业实现总产值2835.36亿元，比上年增长6.0%，增幅提高3.2个百分点，高于2013年1季度、上半年和前3季度的2.8%、3.1%和4.8%增幅，全年呈现逐季回升的态势。从经营状况看，全年四季度均有八成以上的企业认为当前综合经营状况良好或者一般，其中认为良好的企业达15%以上，年末达到16.6%，为全年最高水平。规模以下工业企业涉及的主导行业中，"文教、工美、体育和娱乐用品制造业"和"专用设备制造业"主营业务收入增幅最明显，同比分别增长26.5%和25.4%，对规模以下工业增长贡献率达9.5%和9.7%；"电气机械和器材制造业""皮革毛皮制鞋业""橡胶和塑料制品业"和"通用设备制造业"同比分别增长17.6%、16.1%、6.8%和6.3%，增速均高于上年。①

（三）温州市工业经济财税收入与结构情况

2013年，温州市第二产业地方税收收入入库93.10亿元，下降1.1%。制造业入库58.70亿元，同比减收4.80亿元，下降7.6%。其中制造业18个特色行业地税收入37.90亿元，同比下降7.3%，除水暖洁具同比增长0.98%外，其余18个特色行

---

① 资料来源：温州市统计局。

业均同比下降,降幅在1.9%—31.0%之间。主要是2012年以来温州市制造业相关经济指标表现不佳,如2012年规模以上工业总产值同比下降1.4%,工业用电量同比下降4.0%;加上2013年1—11月规模以上工业企业总产值仅增长3.3%,工业增加值仅增长5.7%,工业用电量仅增长2.5%。经济指标的低增长显示工业企业经营困难没有得到根本性缓解,况且局部借贷风波阴影尚未散去,企业互保隐性风险仍不断集聚,经济基础弱难以支撑税收增长。

从国地税合计数来看,2013年温州市工贸行业国地税税收收入共计入库319.3亿元,同比增长5.2%(不含国税调库共计入库284.1亿元,同比增长2.1%),其中国税税收收入236.6亿元(占国地税74.1%),同比增长9.2%,地税税收收入82.7亿元,同比下降4.7%。其中工贸行业重点税源企业销售收入2168亿元,同比增长1.2%,国地税税收收入共计入库107.3亿元,同比下降1.5%(不含国税调库共计入库94.0亿元,同比下降1.8%),也表现出工贸行业经济税收运行不景气状况。

二、温州振兴工业经济发展的财税政策及其效应分析

(一)"扶工兴贸"政策

扶持工业经济发展,市政府从财政扶持政策等环节入手,出台和完善促进市区楼宇经济和总部经济发展、鼓励企业整合重组、加快建立现代企业制度推进区域资本市场建设、促进外贸增长、帮扶小微企业转型升级等一系列"扶工兴贸"类实施意见。

1. 财政扶持政策。对总部企业的财政扶持政策,按其纳税地方留成部分给予奖励。对通过整合重组的企业,其上缴税收地方财政留成部分比上年度新增部分(重组第一年为实缴税金减去上一年度整合重组前各企业实缴税金之和),由同级财政予以50%奖励,连续实行三年;对负债率高、严重资不抵债的企业实行承债式并购重组的,自并购重组年度起,并购重组企业新增税收地方留成部分,由同级财政予以连续三年给予全额奖励。对进出口龙头企业,其涉及的有关规费给予返还和表彰奖励,上年出口额500万美元(含)以上的生产企业和出口额1500万美元(含)以上的外贸流通企业,当年出口额超上年出口额部分,按一定比例返还有关规费,产品属于高新及机电的加大扶持力度;对上年进口额500万美元(含)以上的企业,当年进口额超上年进口额部分,按一定比例返还有关规费。

2013年,市财政全年下达产业转型升级资金8545.7万元,支持"机器换人""总部经济"行业公共服务平台等七大类项目。另外,审核下达现代港口物流发展资金2518万元、服务业专项资金1207万元、旅游发展资金4033万元、产品质量发展

资金1050万元、低碳发展专项资金1240.6万元、民航发展专项资金1875万元，有力地支持了国家低碳城市试点工作、现代服务业、质量强市、港口物流等事业的发展。

2. 税收优惠政策。总部企业的税收优惠政策。对新引进的省外总部企业，经地税部门批准，三年内可免征房产税、城镇土地使用税和水利建设专项资金；按有关规定，可依法免征、减征企业所得税。对整合重组企业，经申请同意可按《浙江省社会保险费征缴办法》（省政府第188号令）的规定，参照困难企业享受缓缴社会保险费等优惠政策；对整合重组企业涉税业务由相关部门对企业做好税收政策辅导工作，按规定落实税收有关优惠政策，尽可能地降低企业重组成本。对进出口企业，推行出口退税分类管理，加快企业退税进度。2013年，温州市共临时性下浮社保费、减免水利基金等各项规费9.48亿元，在促进经济增长发挥了积极的作用。

小微企业的税费政策扶持。温州市进一步落实国务院和省政府已出台的扶持小微企业发展的各项税费优惠政策。在一系列税收优惠政策的扶持下，温州市微型企业或创业初期企业的生存能力明显提高，在参与抽样调查的775家年产值低于500万元的样本企业中，2013年关闭的企业仅37家，远低于上年的76家，而2013年新增的57家样本企业也全部存活。

（二）科技创新类政策

温州市积极落实国家创新驱动发展战略，在完善区域创新体系、加快创新型城市建设方面做出了多项举措，并取得一定成效，先后获全国科技进步先进市、国家知识产权示范城市、全国首批促进科技和金融试点地区等荣誉称号，温州市激光与光电产业集群列入科技部创新型产业集群试点（培育），温州高新园区获国务院批准升格为国家级高新技术产业开发区，温州市大学科技园被科技部、教育部认定为国家级大学科技园。

1. 财政扶持政策。加大科技投入力度，市财政每年安排3000万元专项资金，专门用于鼓励支持创新型城市（县、区）、科技强市（县、区）、市级以上科技创新载体（功能区和中心镇）建设及其先进奖励经费，对研究与试验发展活动投入多、成效大的单位给予适当奖励补助；鼓励生产要素向战略性新兴产业、高新技术产业、现代服务业转移。通过设立高额资金奖励、加强校企合作、给予科研经费资助、建立创业投融资体系、提供税收优惠等多项举措，优先支持温州高新区先行发展。引进消化吸收再创新，市财政从2012年起每年追加5000万元设立激光与光电产业集群建设专用经费，用于加强激光与光电产业集群等战略性新兴产业的创新平台、人才队伍、技术研发、成果转化。2013年，市财政依法落实科技资金2.02亿元，占市本级财政支出比例达到4.5%以上，以试点示范促进科技和金融结合，成为全国第六个"知识产权投融资服务试点城市"。

2. 税收优惠政策。依法落实高新技术企业的税收激励政策。进一步落实企业研发经费150%抵扣应纳税所得额、高新技术企业减按15%税率缴纳所得税、创业投资企业和科技企业孵化器税收优惠等重点政策，引导、支持和鼓励企业增加研发投入，降低企业创新的成本和风险；温州高新区、大学科技园、孵化器等科技创新基地内符合规定的企业和项目，其缴纳的税收所形成的地方财政收入，在3年内给予奖励性补助；专业投资机构以股权投资方式投资于未上市的中小型高新技术企业2年以上的，可按规定抵扣应纳税所得。

（三）金融创新类政策

为充分调动金融机构对中小企业贷款的积极性，温州市制定了金融机构考核办法和激励机制，鼓励金融机构加大对中小企业贷款，增加对中小企业的信贷投放和支持。

1. 财政扶持政策。（1）实行财政补助激励政策。对于年度考核良好的小额贷款公司，考虑到小额贷款公司风险较大、经营成本较高等因素，对主动让利力度较大的小额贷款公司实行适当的补助激励，按照当年贷款加权平均利率低于12.15%（含）、当年贷款加权平均利率高于12.15%且低于14.58%（含）两个档次，分别按日均贷款余额的相应比例给予补助。（2）建立小额贷款公司的计提拨备和风险补偿机制。鉴于小额贷款公司服务对象的高风险性和服务农村经济所产生的社会效益，建立风险补偿机制，范围包括农户和农村经济组织的农林牧渔业贷款、农户的创业贷款及50万元（含）以下的小额贷款等3项（不重复计奖），按照贷款日均余额的一定比例予以补偿。（3）鼓励融资性担保机构做大做强。对担保机构组建联保平台的，给予平台50万至100万元奖励；对担保机构组建集团，实收资本达1亿元以上的，给予30至50万元奖励；新设立、增资或重组后的融资性担保公司，注册资本达到1亿元以上的，年日均担保责任余额（不含汽车贷款担保业务）达到净资产5倍后，给予不高于100万元的奖励。

2013年，市财政安排补助资金2734万元，对市区6家小额贷款公司给予税费返还，解决企业反映的历年遗留问题；出台了《温州市鼓励和支持金融业发展改革与创新业绩考核办法》，安排拨付财政专项资金420万元，鼓励银行业加大对地方经济社会发展的支持力度。

2. 税收优惠政策。（1）对小额贷款公司实行税费返还补助。小额贷款公司缴纳的各项税费，地方政府有权限减免的，经批准后予以减免；不能减免的，地方政府留成部分专项用于充实小额贷款公司的风险补偿金，期限3年。（2）继续落实好融资性担保机构税收优惠政策。根据融资性担保机构担保业务收入免征三年营业税政策，对符合规定的融资性担保机构做好营业税免征的初审和推荐工作。对经国家工信部和国家税务总局批准获得免征营业税资格的融资性担保机构，市级和各县（市、区）税务部门要及时给予办理免税手续。

三、振兴工业经济发展及财税政策存在的问题与不足

(一) 温州工业经济方面存在的问题分析

1. 用工成本上升快,不敢扩大生产规模。2014年7月,据国家统计局温州调查队近日对全市2913家规模以下工业企业(年主营业务收入2000万元以下工业企业)抽样调查显示:65.4%的被调查企业认为"用工成本上升快"同比提高15.1个百分点,居各问题之首。上半年,温州市规模以下企业应付职工薪酬约68.40亿元,从业人员的平均月工资2143元,同比增长6.9%,部分企业甚至超过20%。虽有53%的企业认为当前无招工需求,但其中不少企业是由于用工成本不断上升,加之对今后的市场形势难以判断,用工数尽量维持在保住大客户、老客户,以至企业生产规模难以扩大。分行业看,"纺织服装业""通用设备制造业"和"皮革制鞋业"等劳动密集型行业对"用工成本上升快"问题反映最为突出,分别占调查企业73.9%、69.4%和68.2%。

2. 原材料成本上升快,企业缺乏议价空间。53.9%的被调查企业认为"原材料成本上升快",居各问题第2位。上半年,全市规模以下工业企业的主营业务成本238.77亿元,同比增长12.0%。如瑞安某装饰材料有限公司负责人介绍,公司生产的主要原料苯酚近五年来从4900元/吨涨至14900元/吨,尿素从1300元/吨涨至2500元/吨;永嘉某生物工程有限公司以茶碎末作为主要原材料,其单价从去年的5000元/吨上涨到今年的7000元/吨。小微企业大多只能通过价格优势争取客户,原材料价格上涨时,为保住固有客源,难以提价弥补损失。分行业看,"专用设备制造业""文教、工美、体育和娱乐用品制造业"和"印刷和记录媒介复制业"三大行业受原材料成本上升困扰最为明显,分别占调查企业61.4%、60.0%和58.6%。

3. 市场需求不景气,减产停产现象增多。37.2%的被调查企业认为"市场需求不足",比一季度提高4个百分点,比上年同期提高10个百分点,居各问题第3位。大多数企业目前手持订单1—3个月以内,属于仅维持经营的状况。2季度,有921家样本企业因市场问题出现生产萎缩,有116家去年正常生产的样本企业因此而停产。

4. 工业土地用地不足。近年来,温州市工业供地数占全市建设用地总量在23%左右,远低于全省40%的平均水平。工业用地不足进一步影响了温州工业发展的潜力。

(二) 财税政策存在的问题与不足

1. 财政市场导向不足。(1) 市场导向性不足。近年来虽然温州推行多项举措来

支持发展工业经济,但效果甚微。一是对于创新产业扶持资金过少。扶持专项资金在10万元以下的占大多数,其激励效果不强。二是对于一些补助资金的设计门槛过高。比如一些支持中小企业发展的财政资金,符合补助条件的多为中等企业,小微企业符合条件的甚少,而真正需要这些补助的小微企业却无缘优惠政策。三是财政资金投入的效益不高。财政补助资金向来有"重审批、轻绩效"的诟病,一些财政资金一旦下放就很少有人去关注其效益。(2)金融风波仍未解除。自2008年金融风暴以来,温州企业出现大面积资金链断链现象,另一方面,企业间的互保更使这一问题加剧。虽然政府经过多方努力,通过重组、破产等手段稍缓企业债务问题,但仍未解决根本,银行不良贷款率较高、社会信贷受损、互保互联风险仍未消除。截至2014年7月底,全市企业贷款余额3601亿元,比年初少35亿元。根据对各大银行业金融机构调查显示,四季度全市企业在银行业金融机构到期贷款金额共1200亿元,其中预计还款困难的54亿元,约占4.5%。

2. 税收优惠效益不佳。(1)税收优惠过于单一。相较财政扶持政策,温州现行关于工业经济的税收优惠政策只能依据上级有关规定,方式过于单一,主要是免征或减征两种直接的减免措施,优惠的力度与幅度均不大。如温州虽为金融改革试点城市,但其仍同其他地方的金融行业享受同样的优惠政策。

(2)税收优惠受面窄。2013年,全市享受企业所得税优惠政策26783户,减免企业所得税额2.54亿元,企业享受面虽达到41.49%,但享受减免税额只占实际应纳所得税的16.52%。从具体优惠政策的受惠面看,也不尽如人意。据市住建委"墙改办"2013年10月《温州市区新墙材企业享受增值税免征、减半征收情况汇总名单》,涉及全市共计66户,新墙体材料享受增值税优惠平均受惠面仅40.62%,市区企业优惠政策享受面仅33.33%。

(3)小微企业受惠难。温州小微企业众多,2013年底全市纳税人登记户数为32.22万户。在现行增值税税收优惠政策中,直接降低增值税法定税率以鼓励小微企业的优惠措施不多,又缺乏专门针对小微企业降低投资风险、鼓励技术创新、提高核心竞争力等方面的税收优惠政策,使中小企业对普惠性的优惠政策参与度虽然很高,但实际享受优惠税额少。截至2013年底,温州市享受税收优惠的起征点以下纳税人户数约占正常状态的纳税人的52.12%,实际受惠税额约占当年全市税收优惠总税额的28.90%,户均受惠税额2187元。同时,在企业所得税收优惠政策中,企业享受企业所得税优惠的前提是必须获得收入或利润,对部分当前处于发展困境的企业不能起到"雪中送炭"的政策效应。诸如高新技术企业优惠、研发费加计扣除、科技创新等税收优惠政策认定标准十分严格,使得优惠政策覆盖面狭小。2013年温州市小微企业享受优惠政策25987户,平均每户小微企业减免税额只有4756元。

四、美国地方政府发展工业经济的经验与启示

（一）美国密西西比州财政支持工业经验借鉴

1. 美国密西西比州支持工业创新的财税政策。（1）鼓励企业之间、科技与工业之间合作和伙伴关系的建立。密西西比州政府优先给予那些计划推进先进制造的机构财政补助，特别强调政府—产业—大学的伙伴关系以及多个行业受益的先进技术（如机器人技术，材料的开发，和添加剂制造）。

（2）州政府以收入中性的改革为目标，提出了一系列劝阻外包、鼓励内包的财税政策。如取消海外航运作业的税前扣除并以收入中性为原则提供新的激励措施，并建议给予那些迁到密西西比州的企业20%的所得税抵免作为其迁到美国的成本损失的补偿。将州内生产激励政策作用于那些在本州创造就业机会的生产制造商并且对先进制造业企业进行税收加倍扣除。对厂房和设备百分之百的投资费用化进行重新授权，建议延长2012年将企业设备投资全部费用化的规定，以此来刺激在本州的投资，并在接下来的两年，为大小型企业提供50亿美元的税收减免，并由财政在随后的几年内收回大部分。永久扩大研究和实验税收抵免，提议进行永久的研究和实验税收抵免，同时加强简化税制。

2. 美国密西西比州重振工业举措。（1）利用税收政策，改善制造业的商业环境。州政府出台了税收及土地使用等方面优惠政策，支持制造企业在二线城市或郊区设立产业外包基地。与此同时，联邦政府于2012年公布"总统企业税制改革框架"，运用税收杠杆的奖励和惩罚手段来吸引企业回国投资和创造就业岗位，鼓励企业本土创新，打击跨国公司海外避税。（2）进一步改进现有人才教育和培训体系，政府设立入学和毕业基金，帮助从业者提高职业技能和创新能力，加大对社区大学和工业培训项目的资助，为制造业提供高质量的技术工人和工程师。

3. 美国工业的发展趋势。加快发展高端制造业已成共识。美国政府倡导回归的制造业更多的是利用国内高素质的人力资源、一流的技术创新能力等发展的高端制造业。国际金融危机使美国政府和民众认识到经济发展不能仅依赖于金融创新和信贷消费，需要重塑制造业，特别是高端制造业。同时，美国投资成本、土地租赁以及工资待遇等生产要素发生积极变化，产业界通过技术创新、管理创新和制度创新，不断降低企业成本，提高生产效率和产品附加值，为制造业振兴创造了条件。另外，美国先进的高等教育体系培养出来了高素质产业工人和工程师，为发展高端制造业提供保障。

（二）对温州发展工业经济的启示

1. 从密集型产业向高端产业转型。近年来，温州市的工人工资福利、运输物流、

土地、融资等成本逐步增加，不断削弱温州劳动密集型产业竞争力。高端产业作为现代产业体系的脊梁，对于温州加快转变经济发展方式具有重要战略意义。从美国等主要发达国家工业经济的发展历程看，政府提供了不可或缺的财税政策支持，并且财税政策具有产业导向明确、可操作强、效果直接等特征，其经验值得我们借鉴。

2. 加大对制造业的政府资金支持。鼓励企业之间、科技与工业之间合作和伙伴关系的建立。进行创新研究是一项高风险投资，一旦创新成果失败，前期投资就变成了沉没成本，因此，尽管内部资金的融资创新的重要来源，但是由于种种原因私人部门用于创新的资金不足，政府应加大对制造业的资金支持，例如，以股权投资的形式，给企业注入资金；为企业提供担保获取信贷款项。政府注资，建立科研机构，鼓励企业之间、大学与企业之间进行沟通与合作，政府还应该完善知识产权保护法，保护企业研发成果不受侵害。

3. 对研发创新性人才的政策补助。人才一直是科技创新的核心要素。美国采用加大出境企业和人员的企业和个人所得税，减轻留在境内制造业的税负。因此，我们应该对外籍来我国企业进行制造业创新研发的专家实行更多的个人所得税税收优惠。对从事创新性工作的本国人才也要加大个人所得税的减免力度，鼓励更多的人才进入创新研发领域。与此同时，美国先进的高等教育体系培养出来了高素质产业工人和工程师，就为其发展高端制造业提供保障。温州要切合实际，发挥高校园区的作用，培养一批本土的高素质人才。

五、振兴工业经济发展的财税政策建议

（一）财政方面的建议

1. 完善"扶工兴贸"财政政策，大力发展"机器换人"。加大完善支持产业转型升级、现代服务业发展、质量强市建设，重点推进战略新兴产业、总部经济发展和小微企业创业园、产业集聚区建设等方面的制度建设。大力推进"机器换人"。围绕电气、鞋服、汽摩配等传统产业，制定实施分行业"机器换人"行动方案，实施一批重点技改项目，培育一批示范企业，发展一批为企业"机器换人"提供方案设计、设备采购、装备开发等专业服务的服务机构。通过召开现场会、编印案例集等方式加大宣传推广力度，将"机器换人"转变成企业的自主行为。加大项目补助力度，扩大"机器换人"的覆盖面，实现劳动生产率和增加值率双提升。

2. 支持高端产品的研发和自主化。政府可以利用财政贴息等支持手段鼓励企业开发高端产业技术，探索建立高端产业发展与重大项目建设的联动机制。加大对高端产业的财政资助，采取前补助方式支持，对于具有明确的、可考核的高端项目采取后补助方式支持。

3. 支持地方金融发展。安排好专项资金，保障开展各项金融改革所需经费。贯彻《浙江省温州民间融资管理条例》，防范和化解金融风险，推动民间金融规范化、阳光化。探索地方金融资产财务监管的方式，继续实施小微企业贷款风险补偿、农业贷款风险补偿、银行业考核奖励等政策，发挥财政资金杠杆作用，引导小额贷款公司、融资性担保公司、银行等金融企业支农、支小，促进金融支持温州经济社会的发展。此外，还要加强对资金风险的控制力度。一方面，要逐步回收应收账款；另一方面，让企业不再盲目扩张，对负债经营更加谨慎。

4. 加大对人才的培育。加大公共财政投入，着力扶持发展吸纳就业能力强的企业。以基层公共服务平台建设为重点，完善覆盖城乡的公共就业创业服务体系。做好重点群体就业工作，加强职业技能培训，设立高技能人才培养和外来务工人员提升培训补助资金，实施人才集聚工程。同时完善失业保险制度，构建稳定就业的长效机制。

5. 助推企业整合重组。整合重组是企业做强做大的有效抓手，更是当前温州一些企业走出困境、迎来新生的重要途径，破产处置则是建立在完善的市场经济体制、现代企业治理的基础上的司法操作，企业通过破产甚至还能重整、和解。鼓励有实力的企业抓住契机，加大力度推进企业整合重组，一方面用市场手段向困难企业伸出援手，另一方面也有利于整合产业链，进一步做强做大。最近市政府联手市中院建立了企业破产处置工作联席会议制度，进一步加大对困难企业的司法救助，积极探索企业破产处置新举措，提高企业破产审判工作效率，有效防范和化解金融风险，有力维护和促进温州市经济健康稳定发展。

（二）税收方面的建议

1. 完善企业在研究和实验阶段的财税政策。我们可以借鉴美国永久扩大研发的税收抵免政策：在永久抵免的基础上，对研发难度大、研发周期长、国际化前沿的技术适当延长结转抵扣年限、抵减以前年度盈余、甚至可以申请退还以前年度已缴纳的税款。并且，借鉴美国对厂房和设备百分之百的投资费用化的政策，加大厂房的税前抵免扣除费用，例如，进一步完善加速折旧政策、加大厂房和设备投资费用化的扣除比例。

2. 对研发创新性人才的税收优惠。美国政府采用加大出境企业和人员的企业和个人所得税，减轻留在境内制造业的税负。我们可以对外籍来我国企业进行制造业创新研发的专家实行更多的个人所得税税收优惠，比如，延长结转抵扣年限、退还以前年度已纳部分税款。对从事创新性工作的本国人才也要加大个人所得税的减免力度，鼓励更多的人才进入创新研发领域。

3. 落实政策优服务。全面落实所得税优惠政策。加大优惠政策宣传力度，提高税收政策支持实体经济发展的实效。继续推进战略性新兴产业、产业集聚区、特色工业设计基地建设，促进经济转型升级。积极帮扶重点税源企业解决税收疑难。做好政策解读、宣传辅导，为企业改制重组提供税收政策服务，积极帮扶企业运用优惠政策降低重组成本。

（三）其他方面的建议

1. 加快发展重点企业。大企业、大集团是工业经济快速稳定增长的关键，也是温州发展所缺少的。鼓励工业经济开展并购重组，真正打造一批"航空母舰"。深化企业股改，引导企业进入适合自身特点的多层次资本市场。同时，还要推进小微企业"个转企""小升规"，推动企业升级，要及时宣传好、落实好"小升规"企业税费返还、资金补助等政策，提升企业"小升规"积极性。

2. 大力推进平台建设。目前，温州园区发展水平处于全省落后位置，2013年园区工业产值占全省比重仅4.9%。要做大做强园区经济，加快整合提升。加快小微企业园建设，加强监管，规范运作，还要解决规划对接、融资等难题。大力推进基础建设，结合园区整合提升和小微企业创业园建设，做好水、电、路等基础配套建设，完善公共服务体系，打造功能齐全、配套完善、产业集聚的发展平台。

3. 发展温州的临港经济和临空经济。海港、空港是温州优势所在、潜力所在。坚持港口与城市、港口与港口、港口与产业、港口与内陆、港口与铁路之间的联动，打造"亲港城市"。推进通用航空基地、机场交通枢纽等建设，大力发展临空经济。与此同时，加快建设综合保税区、保税物流中心（B型），加快建设电子口岸，着力提升温州口岸的竞争力和影响力。

焦作市中小企业融资问题研究

焦作市财政局　李喜明

一、焦作市中小企业融资现状及问题

(一) 焦作市及其中小企业的发展情况

焦作市位于河南省西北部，北依太行与山西省接壤，截至 2013 年末总人口达到 366.60 万，常住人口为 351.41 万，城镇化率为 52.02；截至 2013 年全年全市地区生产总值 1707.36 亿元。近年来随着中部崛起战略的实施，各地政府也积极推出相关政策鼓励经济发展，中小企业、小微企业是中国经济发展的动力所在，对于推进产业结构调整、转变经济增长方式有重要助力作用，因而从中央到地方各级政府都极力推进中小企业的发展。早在 2002 年，国家就出台了《中华人民共和国中小企业促进法》，党的十七大和十八大报告分别提出了要"推进公平准入，改善融资条件，破除体制障碍，促进个体、私营经济和中小企业发展"和"提高大中型企业核心竞争力，支持小微企业特别是科技型小微企业发展"的明确要求，在这种宏观政策指导下，焦作市委、市政府高度重视中小企业的发展，采取财政扶持、税收扶持、收费优惠、用地优先、信贷支持等政策，我市中小企业快速发展，数量增加，规模扩大，结构改善，在国民经济和社会发展中的地位和作用日益增强。

据统计局数据显示在 2012 年焦作市中小企业的数量为 5253 家，占到全市市场主体总数的 90% 以上，在国民经济中占有十分重要的地位。由图 1 可知，焦作市的中小企业的工业增加值在 2012 年和 2013 年占全市工业增加值的比例分别为 80.59% 和 79.64%。同时，中小企业已成为焦作市财税的重要支撑，早在 2011 年所创造的利税总额就达到 202.84 亿元，占到当年税收总额的 61.2%。此外，焦作市的中小企业在 2011 年吸纳就业人数 23.09 万人次，占到全市就业总人口的 58.2%，成为缓解焦作市就业压力，转移农村劳动力的主要渠道。

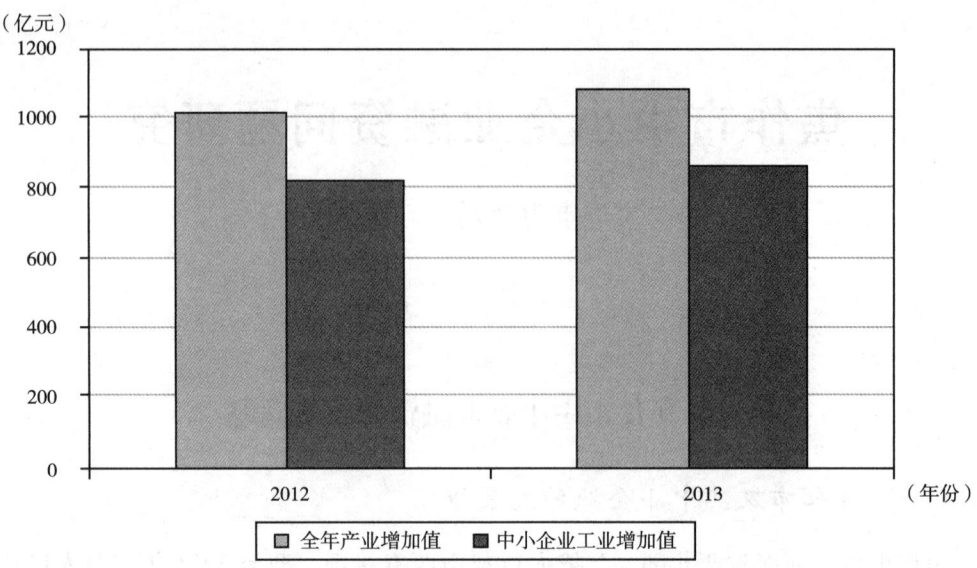

图 1　焦作市 2012、2013 年各企业工业增加值

资料来源：焦作市 2012 年、2013 年国民经济和社会发展统计公报。

（二）焦作市中小企业的融资途径及现状

图 2 显示的是我国企业的主要融资渠道。有资料表明，我国 87% 的中小企业发展所需资金主要源自于自有资金，24% 的中小企业从银行获取贷款，13% 的企业以民间集资方式获取资金。对于焦作市这样一个经济还欠发达的中部地级市而言，中小企业融资存在途径单一、融资困难的问题。由图 3 可知，在 2013 年焦作市的企业融资渠道主要是民间融资，其规模达到融资总规模的 86%，政府融资和外资渠道仅占到 14%，而通过股票上市和债券进行融资的方式也由于中小企业自身经营状况和信誉度问题受到极大限制。

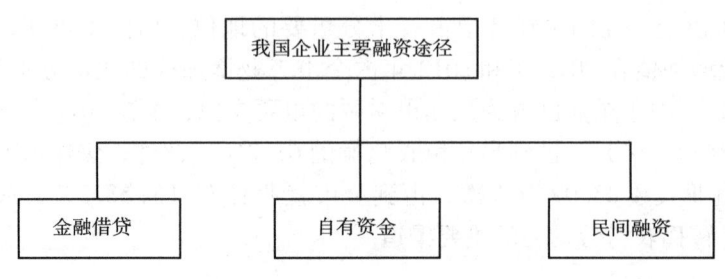

图 2　我国企业主要融资途径

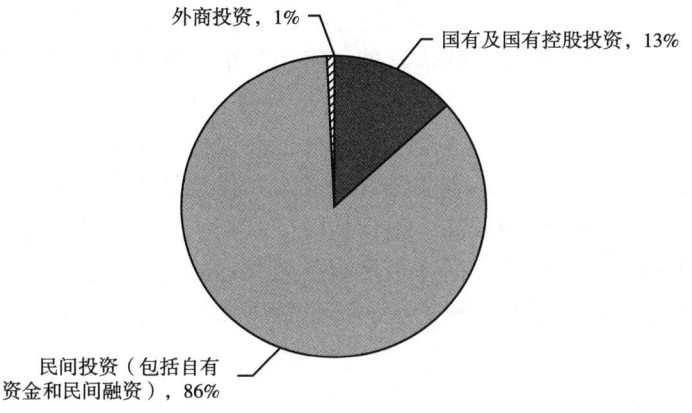

图 3　焦作市 2013 年社会固定资产投资状况

资料来源：焦作市 2013 年国民经济和社会发展统计公报。

二、焦作市中小企业融资难的原因分析

（一）内部原因

1. 企业规模小、自身积累不足、缺乏抵押物。焦作市的中小企业多是劳动密集型的私营企业，经营规模小、自有资产少、缺乏向银行进行融资的抵押物品，而且这些中小企业的经营范围主要是传统制造业务，生产技术相对落后、产品结构单一，对于市场波动的敏感度大，抗风险能力差，生产经营的稳定性程度较低，其破产率远高于大型企业，很难符合金融机构放款的条件和民间金融的要求。特别是在金融危机后，以国有商业银行为首的金融机构普遍提高放款条件，民间资本也在不同程度上紧缩放款规模。对金融服务尚不发达的中部城市焦作而言，中小企业囿于很难获得自身条件从而很难获取本身资本以外的融资。

2. 中小企业管理方式落后、财务会计制度不健全。焦作市的中小企业多是家族式的私营企业，经营者和员工的素质普遍较低，缺乏现代先进的管理意识，管理方式很大程度上脱胎于家族式管理，缺乏一套完整有效的管理制度，在很多方面存在着组织管理混乱的问题，特别是很多企业的财务制度不健全、会计信息失实、财务报表不完善，导致企业的对外信息不透明。然而，焦作市内的商业银行和其他金融机构正是通过对企业财务状况的了解对其进行信用等级评定，并依据信用评级决定贷款与否以及贷款额度。由于中小企业财务状况的不透明导致与银行之间的信息不对称，中小企业在融资中处于逆向选择的地位，银行及其他金融机构在不掌握完全信息的情况下，出于投资的谨慎性，一般会认定给中小企业投入资金的风险较高，从而会选择不发放或少发放贷款给中小企业。

3. 中小企业融资过程中存在的交易费用。交易费用即交易成本，是围绕交易契约所产生的成本，具体包括事前的信息搜寻费用、事中的谈判费用以及事后的履行和控制费用。交易费用的存在阻碍着双方进行交易的可能性。中小企业由于自身的特性，资金需求具有快速、短期、额度小等特征，而银行发放每笔贷款所需的调查、监管费用大体相同，这就导致中小企业融资的成本和代价都很高。同时，与大型企业相比，中小企业贷款的违约风险较高，银行从降低放贷风险和节约成本及费用的角度出发，会减少对中小企业的贷款。而在金融服务欠发达的焦作市，金融机构以及非金融机构对中小企业进行放款过程中所产生的交易费用尤高，限制了市域内中小企业的大规模融资。

（二）外部原因

1. 政府部门的原因。（1）焦作市的金融体制改革滞后，金融服务难以惠及中小企业。我国的金融体制改革滞后于经济体制改革，导致金融发展相对滞后于经济发展，金融结构相对不健全，这是造成中西部地区中小企业融资难的体制障碍。目前，焦作市虽然基本形成了以国有商业银行为主，多种金融机构共同发展的金融格局，但是并未能打破以国有银行为主的银行业主导金融服务的地位，市内的国有商业银行对于其所服务对象处于卖方市场的地位，并且对于接受贷款的市场主体的选择具有高度封闭的态势。此外，由于商业银行的趋利性和保证放款安全的需要以及宏观层面并未对金融机构放款进行明晰指导，焦作市内的金融机构的信贷投放明显倾向于国有或国有控股的大中型企业，即便是对中小企业提供信贷支持，也主要倾向于国有和集体的中小企业。总之，宏观层面的金融体制改革滞后以及政府未能实行有效激励和明晰指导，导致金融服务部门对于企业性质形成一种偏好，导致中小企业特别是民营中小企业很难从正规金融服务部门获得支持其自身发展的信贷资金。（2）焦作市相关部门缺乏应有的政策规划与引导、法律规范亟待完善。在国家层面，我国目前只是按行业和所有制性质分别制定政策法规，缺乏一部统一规范的中小企业立法，虽然在2003年施行《中华人民共和国中小企业促进法》，但是只是政府层面从笼统意义上开始关注并力图助力中小企业的发展，并不能保证不同所有制性质的中小企业法律地位和权利的平等。同时，我国政府对于中小企业的发展未能制定一个总体性的政策，从而对中小企业的发展难以进行有效规划，这就造成了地方政府在制定中小企业政策时没有明确的参照标准，焦作市政府及相关部门虽然对市域范围内的中小企业提供财政支持、税收减免等方面的优惠，但是缺乏统一的、行之有效的适用于市域内中小企业融资的政策法规。（3）缺乏统一的中小企业管理机构体系。我国各地市的中小企业融资困境的存在，很大程度上是因为没有一个像美国和日本那样专门负责对中小企业的融资进行协调，以促成政府、中小企业及金融以及非金融服务组织有效联动的机构。一个专门服务于中小企业融资的政府机构的存在不仅可以有效解决中小企业融资困难的问题、改善中小企业的资金管理,而且对于优化中小企业的外部环境,树立中小企业的形象,实现贷款机构与中小企业的有效对接,将会对其起到关键性的作用。焦作市政府及相关部门并未针对中小企业的融资及管理成立一个统一协调的机构,对中小企业的管理分散于政府的各个部门,而各部门权责相对分散,不能有效及时地为中小企业的发展提供更多帮助。

2. 金融机构的原因。(1) 市域内银行融资体制偏好的制约。对于作为国民经济最主要参与主体的中小企业,政府在财政、税收等方面予以优惠,并鼓励银行等金融机构以及社会资本为中小企业融资提供便利,但相较于政府在农业、进出口等方面的政策性银行,我国缺乏专门为中小企业服务的金融机构。加之我国金融体制的市场化改革不够彻底,对于金融机构的激励机制不健全,导致国有商业银行以及其他金融机构在经营目标和发放贷款方面存在特殊偏好,对国有大中型企业青睐有加。而对于中小企业因为发放贷款的单位成本较大型企业要高,而且风险更大,出于对风险和成本的规避,金融会对中小企业的放款数额。特别是在经济危机后,我国商业银行越来越重视信贷资金的安全,在面对较大风险时,往往对中小企业"惜贷",这使得中小企业的融资更加困难重重。同样,在焦作市,中小企业的融资困境与金融机构的偏好和趋利性不无关系。(2) 市域内资本市场的不成熟。我国资本市场尚处于不完善的阶段,证券市场有严格的准入条件,对债券融资和股票融资都有严格的规定。而且,我国的证券市场对国有性质的企业在政策上相对倾斜,并重点扶持国有大中型企业上市融资,这就挤占了中小企业融资的范围。同时,国家在企业公开上市等方面限定苛刻的条件,中小企业不可能满足公开上市的苛刻条件,只能依靠传统的方式融资,但是即便中小企业能够发行债券和股票,绝大多数融资的实现也仅能以柜台交易的方式进行,而柜台交易对于中小企业而言存在着较高的交易成本和风险,以致急需资金的中小企业无法有效利用资本市场渠道筹集所需资金。此外,我国虽已开放中小企业板块,但并未降低中小企业的上市门槛。作为中部地区的焦作市,在资本市场的建设方面仅及国内的平均水平,市域内的上市公司只有四家企业,加上市民缺乏在股票机债券投资方面的热情,使得焦作市内的资本市场难以为辖区内的中小企业提供广阔的空间。(3) 金融机构数量、种类过少,金融服务相对短缺。我国现有的信贷体系是以国有性质的商业银行为主,作为中小企业资金主要供给者的地方性中小银行以及小额投资担保公司在数量和分布上相对不足,不能够满足广大中小企业和村镇地区企业的融资需求。焦作市的银行金融机构有四大国有银行、农信社、邮政储蓄等国有性质的商业银行,属于地方的商业银行有焦作市商业银行、洛阳银行等,此外,焦作市政府及相关机构为助力市域内中小企业的发展,由财政出资成立数个信用担保机构,但是由于参与的企业数量少、注入的资金数量少和放大倍数小,担保协会或者机构现有的能力远远不能满足市域范围内中小企业融资需求。而且,焦作市的金融机构分布不合理,城区网点密度远大于村镇,对于实有中小企业数量达到9122户的焦作来说,中小企业向金融机构融资的状况不容乐观。

3. 社会方面的原因。(1) 民间借贷的不规范。民间借贷是正规金融有益和必要的补充，具有制度层面的合法性。自2003年以来，国家逐步放开了民间小额信贷的限制，并制定了一系列扶持政策，但是直至2011年11月开始中国央行和最高人民法院发布了一系列通知公告，有条件的承认民间借贷的合法性，承认民间借贷是金融市场的一部分，并在2012年进一步规范民营金融市场。但是民间借贷市场的完善需要进一步的立法规范和政策支持。就焦作市而言，辖区内的民间借贷机构蓬勃发展，但是这些机构良莠不一，借贷程序不规范，造成了许多不必要的纠纷，为中小企业的融资造成很大不利。而且焦作市的民间借贷规模仍然处于初步阶段不能满足增速迅猛的中小企业经济的融资需求。(2) 中小企业信用担保体系不完善。我国担保机构以政策性担保机构为主，商业性和互助性担保机构的数量仅占担保机构数量的1/3。政策性担保机构的资金来源主要是财政资金注入，变动性较大，不能满足中小企业的需求。同时，由于缺乏对中小企业的有效监管，致使中介机构的评估结果在很多时候与事实不符，得出的评估报告结论可信度不高。目前，焦作辖区内，以中小企业为受保主体的担保机构不多。据统计，目前焦作全市仅有信用担保机构40多家，远不能满足实际需要。这也成为焦作市中小企业融资难的一个重要原因。

三、解决中小企业融资困境的对策与建议

焦作市中小企业融资问题产生的原因也普遍存在于全国各个地方，所以解决这一问题的对策也将具有指导意义，以下是从四个角度提出的对策建议。

（一）从企业本身角度

1. 中小企业要提高自身的内部融资能力。中小企业融资的重要途径之一是内部融资，而且内源性融资成本低于外源性融资成本。中小企业的经济效益直接影响内部融资能力，因此焦作市政府及相关部门要继续推进中小企业体制改革，鼓励支持域内中小企业建立现代企业管理制度，加大技术投资，面向市场转变经营理念，重视人才创新能力，提高产品市场占有率，形成自身的核心竞争力，在降低成本的基础上提高产品质量，创新营销理念，提升企业信誉度，从而实现经济效益的提高，以自身新增产值作为企业融资的重要来源。

2. 中小企业要建立健全财务体系并增强信用意识。金融机构以及非金融机构之所以对中小企业融资缺乏热情，在很大程度上是因为市域内的中小企业自身的信誉度较低，不能很好满足放款机构所要求的信用等级。焦作市政府及相关机构应在鼓励中小企业健康发展的同时，鼓励中小企业重视自身信用等级建设，推行信用融资的理

念,并逐步完善域内的信用等级评价体系,公开相关信息,让中小企业明晰其资信等级的评定和产品服务质量一样是企业生存和扩大资金来源的生命线。中小企业信誉度的提升一方面需要政府的外部支撑和鼓励,另一方面也需要注重企业自身的文化建设,要有高度的信用观念,通过合法诚实经营为自己提升信用等级,从而创造更多的现金流,以自身造血来满足融资需求。与此同时,域内的中小企业要规范和加强自身的财务制度体系建设,完善信息公开制度,通过提升信息透明度来赢得放款机构的信任,缓解中小企业与金融以及非金融机构之间的信息不对称问题,促进双方关系的良性发展。

3. 中小企业要主动密切彼此间的联系,推进中小企业间的集群融资。焦作市域内的中小企业经营场地相对分散,未能享受到企业集群带来的福利共享,实现彼此间的资源优化配置,特别是资金源的互利。实现中小企业彼此间的联系,中小企业,加强企业经营者之间的联系,互通信息形成资源共享,可以有效缓解企业发展资金不足的困境。在经济相对落后的焦作地区可以建立中小企业聚集发展的工业科技园区,从而使园区内中小企业资金余缺拆解能力提高,降低闲置资金率,同时还可以推进园区内企业之间的互保联保,使单体资信和融资效率得到切实提高,从而切实提升焦作市域内中小企业的融资额度。

(二) 从资本市场角度

1. 市政府要创新融资模式,鼓励和引导民间资本发展。政府利用财政手段扩大投资是缓解中小企业资金压力的重要措施,但是民间资本对于中小企业的可持续发展也拥有不可替代的作用,民间资本的投入不仅能减轻政府投资压力,有效缓解中小企业融资难的困境,还可以提升社会福利。我国已经出台了"国四条"等一系列鼓励和引导民间资本发展的政策措施,未来还应继续放宽市场准入限制,焦作市政府应在国家政策的引导下,根据本市市情并结合实际扩大政府投资,利用独资、合资等多种手段鼓励和引导民间资本参与到中小企业的融资业务上来,推出更加符合本地中小企业发展的融资模式,从而推动焦作市域内公平市场的建立,实现多种所有制经济共同发展,调动中小企业发展的内部动力。

2. 建立多层次资本市场。证券市场是资本运作的一个重要场所,但是与发达国家相比,我国证券市场发展还不完善,特别是缺乏专门为中小企业提供融资服务的二级市场,因此,焦作市政府及相关部门应在市域内积极扶持证券公司的发展,争取和支持上级政府进一步加快完善中小企业、创业板块的政策。与此同时,市政府和相关部门还可以利用公共资源为域内中小企业争取国内的企业债券市场和长期票据市场的惠利,并且积极推动租赁和典当等新形式的融资机构的设立,为域内中小企业提高更全面的直接融资服务。

(三) 从金融机构角度

第一，焦作市政府及域内的金融监管机构应在国家深化金融体系建设的大背景下，加强本地区的金融体制改革，支持中央关于加快推进国有商业银行股份制改革的相关政策，积极鼓励和支持地方性商业银行、村镇银行、小额投资担保公司的设立，从而打破域内金融服务由国有商业银行垄断的局面，对于给予中小企业信贷支持的金融服务机构应在财政和税收方面提供极大便利，以期建立一个约束和激励同行的信贷管理体制并能有效协调利益与风险的关系，从而提供更优质的金融服务。

第二，市政府及相关机构可以专门建立支持中小企业发展的中小型金融机构。仅仅依靠市域内的国有商业银行是无法完全解决中小企业贷款难问题，因此，大力发展中小金融机构十分必要，借鉴美日等国和国内经济发达地区的经验，可以由政府财政出资与金融机构合作建立一定数量的专门为中小企业服务的中小型金融机构，但在建立过程中要注意在一定程度上增加这些中小金融机构的自主性，使其能根据试产需求和风险状况及时调整贷款数量与期限，满足中小企业客户的不同贷款需求。

第三，在国家政策允许的前提下，焦作市政府及相关金融监管部门要积极鼓励域内金融机构面向市场创新金融产品类型。金融创新是市场经济发展的客观要求，能够形成投资者与融资者共赢的局面。一方面金融机构开展多种形式的金融活动实现区别对待中小企业客户，量身定制中小企业不同发展阶段的融资服务，最大限度实现潜在利益，并促进企业发展，开创银企双赢局面。另一方面多样的融资选择为中小企业融资提供了更宽松开放的环境，有利于活跃中小企业市场发展。

第四，提高域内金融机构信息处理能力。由于焦作市域内金融机构和中小企业之间存在严重的信息不对称情况以及信贷调查复杂困难等状况，域内的金融机构急需提高其信息处理能力，市域内的金融机构可以通过吸收专业人才设立专门部门从而增强对中小企业信息的处理能力，优化信贷流程为中小企业及时有效地提供信贷服务，在金融工作的不断推进中形成一整套有效并且完善的适合焦作市域内中小企业的信用评价体系。同时，应在金融机构内部加强监督并制定一些激励措施确保信贷信息调查的全面真实有效，从而最大限度地避免金融服务过程中的道德风险。

(四) 从政府角度

中小企业资金来源很重要一部分是来自政府的资金支持，资料显示国外发达国家政府资金在企业外来资金份额中可达到10%左右，其他援助措施还包括税收优惠、贷款优惠、财政补贴、风险补偿等，我国中央政府和各地政府目前也进行了一系列探索。综合国内外研究成果以及焦作市实情，焦作市政府可从以下几方面为缓解中小企业融资困境提供助力。

1. 在市政府的权限内继续完善相关法律法规。首先依据国家和上级政府的相关政策要求，制订具体的中小企业发展的法规。中小企业融资难有一个制度原因就是融资过程缺乏法律保障，只有明确中小企业产业政策及相应义务等法律地位，明确作为市场调节者的政府在中小企业融资担保方面所应承担的权利和义务，才能有效打消金融服务部门贷款给中小企业的顾虑、保障其自身利益，从而在一定程度上缓解中小企业的融资困境。其次应在市域范围内建立统一的中小企业行政主管机构。完善的政策需要一个统一的行政主管机构来贯彻推行，并且切实了解中小企业融资问题为其发展提供有效帮助。最后建立多层次的中小企业间接融资和融资担保法律制度。焦作市域内的中小企业融资渠道较狭窄，融资结构复杂，融资市场也较混乱，因此建立一部多层次中小企业政策性和商业性间接融资法规十分必要。与此同时，在中小企业信用担保方面也应注重相关法规的构建，从而规范担保机构的担保行为并能保障担保机构与担保企业的合法利益。

2. 制订并落实财政税收扶持政策。财政和税收政策是政府调节宏观经济的有效工具，在解决中小企业融资问题方面更应该积极运用财税扶持政策。焦作市政府及相关部门可以利用财政补贴鼓励域内中小企业发展：如补助有现实成果的科研开发项目，补贴中小企业员工培训费用。运用政府采购制度扶植中小企业发展：政府采购是一种新型财政创新制度，对扶植中小企业发展可发挥重要作用，但是需要注重完善采购政策，提高政府采购效率及政府形象。落实税收优惠政策：目前焦作市域内对于中小企业的管理还比较混乱，乱收费多收费现象时有发生，加重了企业负担，阻碍企业健康持续发展，因此必须规范相关部门执法行为，切实贯彻国家关于促进中小企业发展而实行的税收优惠政策如减免退税等，真正减轻中小企业负担享受税收优惠。

3. 在政府引导下建立中小企业信用评级系统。焦作市域内的中小企业存在融资困境的一个重要原因就是由于其与金融服务机构以及非金融服务机构间存在着严重的信息不对称，从而影响放款机构对于需要融资的中小企业难以形成切实的信用评定，从而加大中小企业的融资成本和融资难度。

在放款机构和中小企业信息不对称的现实条件下，中小企业加强自身信用建设的同时还需要一个完善的信用评定系统，为银行等金融机构提供较为可信的信用资料。因此，焦作市政府可以第三方的方式协调工会等相关部门推进信用评级体系的建设及运行，降低中小企业融资成本，协调放款机构和中小企业之间的关系，切实为缓解中小企业融资难提供助力。

参考文献

[1] 刘晓敏. 对中小企业融资问题的思考 [J]. 经济研究导刊，2010（19）.

[2] 殷鹏程. 金融危机下我国中小企业融资 [D]. 太原：山西财经大学，2010.

[3] 展超. 探索中小企业融资问题 [J]. 今日科苑，2008（18）.

[4] 刘斌. 政府扶持与中小企业发展 [D]. 郑州：郑州大学，2007.
[5] 国务院关于促进中小企业发展情况的报告 [R]，2009.
[6] 吴群. 全球金融危机下中小企业发展环境探析 [J]. 南京政治学院学报，2008（6）.
[7] 吴瑕. 融资有道—中小企业融资的八大渠道 [M]. 北京：中国经济出版社，2010.
[8] 孔曙东. 国外中小企业融资经验及启示 [M]. 北京：中国金融出版社，2007.
[9] 韩国文. 完善支持中小企业发展的金融服务体系 [J]. 商业时代，2003（17）.

保定市支持民营经济发展的财税政策研究

保定市财政局　康爱民　王延杰　陈伟光　王式兵

民营经济是保定市经济发展的主体，是全市财税收入的主要来源，是增加社会就业的主渠道。近年来，保定市民营经济在持续发展和不断做大做强的过程中，还面临着一些瓶颈因素的制约。必须采取更加积极的财税政策，营造更加宽松的经济发展环境，帮助民营经济减压纾困，支持民营经济产业升级改造，提振民营经济发展信心，为民营经济持续创业和发展注入新的动力。

一、保定市支持民营经济发展措施与成效

（一）支持民营经济发展采取的主要措施

多年来，保定市围绕支持民营企业创业、支持民营企业发展、支持民营企业技术创新、管理创新、品牌创新等方面，制定了一系列优惠政策措施。

1. 加大了创业扶持力度。市政府在原来每年安排创业资金，支持创业的基础上，从2014年起，分别从市就业专项资金、失业保险基金中调剂1500万元，设立市级创业扶持资金，扶持创业发展。对孵化创业项目多、创业孵化服效果好的中小企业创业辅导基地、高校创业孵化园、大学科技园和产学研基础，给予50万元市级创业扶持资金奖补；对创办3年内租用经营场地和店铺的小微企业，按100平方米以上的每年不超过5000元、100平方米以下的每年不超过3000元的标准进行补贴，实际租金低于以上标准的，据实补贴；对毕业2年内高校毕业生、就业困难人员和因化解产能、治理大气污染涉及企业失业人员，初次从事个体经营和创办小微企业的，给予创业者不超过3年的社会保险补贴；对毕业学年内有创业愿望的职业院校学生和已创业的小微企业主纳入到免费培训范围，对创业培训后到创业实训基地参加实训的，按每人每月300元的标准给予创业实训基地不超过3个月的创业实训补贴。进一步扩大小额担保贷款担保基金的扶持范围，将创业者创办小微企业和网络创业纳入小额担保贷款扶持范围，对创业初期自筹资金不足的，可按规定给予最高额度10万元的小额担保贷款；对创办劳动密集型小企业吸纳就业达一以规定比例，签订1年以上期限劳动合同

并缴纳社会保险费的,可按规定给予最高额度200万元的贴息贷款。

2. 加大了民营企业支持力度。2011年以来,为落实保市政〔2011〕65号文件,市财政每年安排2500万元、各县(市、区)每年安排不少于500万元的中小企业发展专项资金,并逐年扩大规模。用于支持民营经济公共服务体系建设、中小企业科技创新、技术改造和标准化建设。市级重大科技专项、结构调整、扶持战略性新兴产业、发展文化产业、农业产业化、市场建设、促进进出口等专项资金要加大对民营企业的支持力度。在政府采购方面,支持符合条件的民营企业产品和服务进入政府采购目录,年度预留政府采购项目预算总额的30%以上专门面向中小企业,其中预留给小微企业的比例不低于60%。对于非专门面向中小企业的项目,采购人或者采购代理机构要对小微企业产品价格给予6%至10%的扣除,用扣除后的价格参与评审。大中型企业与小微企业组成联合体共同参加政府采购,小微企业占联合体份额达到30%以上的,给予联合体2%至3%的价格扣除。

3. 支持了企业技术创新。一是结合省"三个一百"工程,按照"分类指导、重点培育、强化扶持、加快发展"的原则进行培育和管理。市每年筛选30家行业排名居前、技术水平领先、发展潜力较大的企业,在资金、土地、人才等方面予以扶持。二是组织民营企业实施品牌战略,对认定为"中国驰名商标""中国名牌产品"称号的企业,在省政府奖励的基础上,当地政府再给予奖励30万元;对认定为省级著名商标、名牌产品的企业,当地政府一次性奖励10万元;对获河北省著名商标、河北省中小企业名牌产品和市知名商标者的企业,市政府给予一次性奖励5万元。三是市及县(市、区)工业技术改造年度资金安排不低于60%的资金用于民营企业技改项目贴息。对企业采用国内外先进适用的新技术、新设备、新工艺、新材料对现有设施、生产工艺、装备进行改造的技改项目,由市财政按照年度工业固定资产实际投资额(年度实际设备投资)给予奖励。投资额在1亿元以上的奖励200万元;5000万—1亿元的奖励100万元;1000万—5000万元的奖励50万元。四是支持民营企业强化质量、标准化和计量等基础管理,对国际标准第一起草单位或企业标准直接提升为国际标准的企业市财政一次性奖励100万元;对参与制订国际标准、国家标准的企业市财政分别给予一次性奖励20万元、10万元;对参与制定行业标准和地方标准的企业奖励5万元。

(二)保定市民营经济发展的成效

多年来,保定市采取的支持民营经济发展的财税政策措施,调动了民营经济发展的内在动力,使民营经济保持了持续发展状态。民营经济领域的增加值、缴纳税金和容纳就业人数的增长幅度均高于全市平均水平。截至2013年,全市民营经济组织已发展到26.5万家,呈现了小规模、大群体的发展态势。民营企业增加值占全市生产总值的68.1%,上缴税金占全市财政收入的79.9%,占全市税收收入的%,民营企业解决的就业人数占全市第二、第三产业就业人数的84%。表1给出了保定市民营经济发展的基本情况。

表1　　　　　　　　　　保定市民营经济发展基本情况

年份	民营经济组织数量（万个）	民营规模以上工业企业数量（个）	民营经济增加值		民营经济缴纳税金		
			数额（亿元）	占GDP比重（%）	数额（亿元）	占全市财政收入比重（%）	占全市税收比重（%）
2008	23.6	1192	1048	66.3	60.7	40.3	49.4
2009	24.3	1320	1164	53.8	69.9	53	49.9
2010	25.2	1489	1185	57.8	122.6	59.8	67.2
2011	26.1	1240	1629	66.5	194.8	73.2	88.3
2012	27.2	1379	1849	68	230	73.9	91.4
2013（不含定州）	26.5	1563	1805	68.1	260	79.9	90.3

资料来源：保定市工信局。

2013年受京津冀治理大气污染、压缩过剩产能和取缔"土小企业"影响，虽然民营经济组织数量有所减少，但其创造的增加值和缴纳税金仍呈现增长状态。

从保定市民营经济组织数量变化和民营经济增加值、缴纳税金占全市比重的变化情况看，民营经济是全市经济发展的主体，是全市最重要的财税收入贡献者。由于其容纳的就业人数占全市第二、第三产业就业人数的比重高达84%，民营经济也是全市最主要的就业领域。正是由于民营经济是全市经济、财税、社会就业的主体，是保定市财政经济发展和社会就业最重要的支撑力量，必须高度重视民营经济发展问题。

二、当前民营经济发展遇到的主要问题

从当前和今后发展来看，保定市民营经济在取得成效的同时，未来的持续发展，正面临着一系列瓶颈因素的制约。

（一）民营经济准入门槛高，限制了业务范围的拓展

我国对民营经济准入领域实行的是渐进性放开的改革政策，近年来，尽管在产业政策上开始允许民营经济进入能源、基础设施建设等领域开展经营活动，但政策性规定的准入门槛过高，使许多民营企业遭遇了"看得见、进不去"的"玻璃门"现象。

如在能源经营领域，对加油站必须达到连续经营15家以上的民营企业，才能从事加油站经营服务的政策门槛规定，制约了民营经济进入该经营领域。

（二）民营经济缴纳的税费高，税费负担过重

从总体上看，民营经济的税费负担率高，税费负担重的局面还没有得到有效缓解。以2012年为例，保定市民营经济增加值为1849亿元，占全市GDP的68%，而民营经济缴纳税金230亿元，占全市财政收入74%，占全市税收的91.4%。从具体政策看，尽管把增值税和营业税起征点由原来每月2000—5000元提高到了目前每月5000—2万元，但该起征点仍然太低，以每月最高2万元为例，按照盈利率10%计算，意味着每月获得2000元经营净收益就必须纳税，相对于个人所得税中的3500元加"三险一金"的免征额而言，自主创业者的税收负担明显高于一般就业者的税收负担，不仅未能鼓励自主创业，反而抑制了自主创业，抑制了小微企业发展。

（三）民营经济"融资难""融资贵"困局尚未打破

由于民营经济以数量众多的中小微企业为主，保定市绝大部分民营经济面临"融资难"和"融资贵"问题。除了少数几家规模较大的民营企业实现了上市融资外，大部分民营企业主要依靠贷款融资。其中，在贷款融资方面，数量众多的小微企业由于缺乏足够的抵押品，很难从正规银行获得贷款，不得不依靠短期民间融资，付出高额利息。即便是少数能够获得贷款的中小微企业，还要付出利率上浮30%的高利率代价。以中小企业和微型经济为主要载体的保定市民营经济，普遍处于资金链高度紧张和融资难、融资贵的经营困局。

（四）盈利空间遭遇两头挤压，加剧了民营经济发展困难

一方面，由于受国内产能过剩的影响，PPI呈现走低和下降状态，导致工业企业相对收入下降，外汇市场中的人民币币值处于高位状态，冲减了出口企业的收入。另一方面，土地价格上涨导致的厂房建设和厂房租金不断攀升，工资上涨和普及三险一金政策过程中的劳动力成本不断上升，企业承担的环境治理成本投入的增加，所有这些因素综合导致了企业经营成本的快速上升。由于导致相对收入下降的因素和导致企业经营成本上升的因素叠加在一起，形成了对企业盈利空间两头挤压的局面，导致企业盈利空间越来越小，利润率越来越低，进一步加剧了民营经济发展困难。

三、支持民营经济发展的财税政策建议

针对保定市民营经济发展的重要作用及发展中面临的实际问题，必须以帮助民营经济减压纾困，支持民营经济产业升级改造，扩大民营经济发展领域，增加民营经济

盈利空间，提振民营经济发展信心为目标，采取更加积极的财税政策，营造更加宽松的经济发展环境，为民营经济持续创业和发展注入新的动力。

（一）进一步放开民营经济投资领域，拓宽民营经济业务范围

一是要继续深化经济体制和事业单位投融资体制改革，放宽民营企业的市场准入范围，鼓励和支持民间投资参与水利、交通、能源、公交、污染治理等基础设施和公益事业的投资，鼓励和支持民营经济组织参与教育、卫生、体育、文化等事业的发展。

二是要降低民营经济的准入门槛，适当放宽支持民营经济的准入条件。鼓励省内外个体工商户、民营企业通过购买、承包、租赁、联合、兼并等方式，参与国有企业改制、改组、改造，推动一般竞争性领域的"国退民进"，盘活国有存量资产，拓展民营经济发展空间。

三是实行激励性财政政策，鼓励和支持民营经济组织兴办社会公益事业，在符合资质资信条件的前提下，对民营经济组织举办社会公益事业的，财政应给予一次性资助或奖励，并按照国家优惠政策，依据其社会公益性特点，给予相应的减免税税收优惠。

（二）降低民营经济税费负担，减轻民营经济税费压力

一是加大结构性减税力度，降低小微企业税收负担。重点是加快推进"营改增"税制改革，降低现代服务业民营企业的税收负担，建议继续提高"营改增"后的税收起征点，把增值税起征点由每月收入5000—2万元调整到每月收入2万—4万元，既可以维护税收公平，又能为小微企业减轻税收负担，发挥税收鼓励创业和促进民营经济发展作用。同时，对符合条件的从事高新技术、环保、社会福利等国家鼓励行业的民营企业，以及安置吸纳国有、城镇集体企业下岗职工、失业人员的民营企业，按照国家政策，给予相应税收优惠。

二是继续清理整顿各种行政事业性收费项目，降低民营经济费用负担。重点是贯彻依法行政原则，清理整顿收费行为，取消不合理收费，对保留的收费项目，要依法规范和降低收费标准，同时把收费项目、依据、标准等向全社会公布；贯彻廉洁行政原则，严厉打击各种"吃、拿、卡、要"行为；贯彻高效行政原则，为民营经济提供良好的公共服务，优化发展环境。

三是适当降低工商业用地成本，减轻民营经济土地成本负担。重点是按照"以产兴城、产城融合"的产业经济发展要求，以大力促进民营产业经济发展为导向，合理配置工商企业土地资源，适当下调工商业用地价格，通过政府土地收入对工商业适当转让，降低民营经济土地成本。

四是实施集中治理污染，降低民营企业单位环境成本。重点是推行产业集群园区

化发展模式，把产业集中到园区中发展产业集群，既可以节约土地资源，降低土地成本，又能够在园区内集中治理污染排放，通过对企业排放污染的集中性、规模化治理，降低单个企业自身治理污染所付出的环境治理成本。

（三）发挥税收杠杆作用，助力民营经济发展

一是推行"税收贷款"政策，缓解民营经济融资困难。主要是对连续多年纳税信誉记录良好、结算量较大且稳定的企业，由政府按照纳税额为企业提供授信支持，银行根据企业实情提供按纳税额几倍比例额度的信用贷款。此举既能解决对税收做出突出贡献的企业融资问题，缓解民营企业"融资难"和"融资贵"矛盾，又能为银行放贷提供可信度更高的考核途径，还有利于调动企业依法纳税的积极性。

二是推行税收激励政策，增强纳税企业荣誉感。建议每年召开一次民营企业纳税大户年度表彰大会，以税收中的超收盈余资金奖励民营企业纳税大户，树立好的典型，发挥榜样带动作用，在全市企业中形成积极纳税的荣誉感，减少偷税漏税现象。

三是贯彻税收公平原则，给予各种经济成分"一视同仁"待遇。重点是解决不同经济成分的企业不同待遇问题，给予民营企业与国有企业在纳税、经营用地、贷款及享受优惠政策方面的同等待遇，对民营企业要实行"三同""三不"，即同环境、同政策、同待遇，不加码、不歧视、不干扰。协调和解决好异地投资的区域税收分享问题，按照地域管辖权优先原则，采用抵免法处理异地投资的区域税收分配关系。

（四）加大对民营经济发展的资金支持力度，优化对民营经济的公共服务

一是在支持经济发展的财政预算资金安排上，对具体扶持对象不再区分所有制性质，给予民营企业与国有企业同等政策待遇。在政府招标采购政策上，完全放开民营经济作为竞标者的准入条件，给予民营企业与国有企业同等政策待遇，并在同等条件下，优先采购中小企业提供的产品和服务。

二是发挥财政资金的引导功能和"汲水"效应，支持民营企业积极开展技术研发，增加科技含量，支持民营经济产业结构升级改造，提升民营经济的产业层次，在符合国家项目立项政策的前提下，高新技术贴息项目和农业综合开发多种经营项目的资金安排，应向动力强、效率高的民营企业倾斜。

三是建立和完善主要面对个体工商户、民营企业的中小企业信用担保体系，加大为中小企业融资提供再担保服务的力度，通过贷款担保、贴息等方式，拓宽个体工商户、民营企业的融资渠道，引导、聚集社会资本，壮大民营企业的实力。

四是要安排专项资金，支持民营经济服务体系建设，同时加大财政税收政策的宣传力度，使民营企业和个体工商户能够及时准确地了解掌握有关信息，为其享受财税优惠政策、获得资金支持提供便利条件。

五是充分发挥财政部门的会计管理职能,组织面向个体工商户、民营企业会计人员的业务培训,督促、指导民营企业健全财务管理制度与内部控制制度,规范和加强会计基础工作,提高民营企业整体素质和管理水平。

(五) 鼓励发展金融租赁业,支持民营经济发展

集融资与融物为一体,以融物代替融资的金融租赁是产业与金融结合的最佳纽带,可以最大限度地缓解企业购置固定资产面临的资金困难,有助于解决中小企业"融资难"和"融资贵"问题,促进企业发展。

一是鼓励发展金融资租赁公司,发展融资租赁业务。目前,全国金融租赁公司仅有23家,且空间分布很不平衡,还主要集中在上海、天津、北京和几个主要省份,市县两级尚未成立专门的金融资租赁公司,影响了金融租赁业务发展和对民营经济的支持。保定市可以通过支持保定商业银行的金融业务创新,给予相应的财税政策优惠,鼓励和支持其积极申请发展金融租赁业。

二是引导民营企业通过设备租赁,缓解融资成本压力。对于实体经济领域的企业而言,实现由融资向融物转变,遵循"不求所有,但求所用"的经营理念,从金融租赁公司承租资产,可以最大限度地缓解企业购置固定资产面临的资金困难,有助于解决中小企业"融资难"和"融资贵"问题,实现轻装发展。

(六) 积极引导民间资本流向,促进其良性循环

利用和引导好民间资本流向,促进其良性循环,有利于为民营经济中的中小企业发展提供相应的资金支持,应鼓励民间资本在正常监管下合法、高效地投入民营经济,构建民间资本与民营经济之间"内循环"的有效途径。

一是贷款发放要允许区域间合法有序流动。目前对小额贷款公司(以下简称"小贷公司")的经营范围有明确的界定,严禁跨区经营,这就造成了小贷公司资金在本区域内循环现象,当小贷公司无钱可贷时,其他区域小贷公司即使有充裕的资金,也不得伸出援助之手,但实际运作中民间资本仍然靠非正规途径跨区流动,应当改进监管条例和监管方法,促进民间资本合法有序流动。

二是要适当放宽贷款金额的限制。目前单户企业的贷款余额不得超过小贷公司资本金的3%,单笔贷款不得超过50万元的规定明显偏低,应根据企业规模大小,效益好坏以及偿还能力的高低来综合判断,对那些偿还能力强,产品销路好的企业不应当受3%的限制,单笔50万元更是缺乏科学合理的根据,应当尽快加以改进。

支持民营经济发展的财政政策研究

——以潍坊市为例

潍坊市财政局 刘锡田 孙 超 逄希滨 张茂锦

民营（非公有，下同）企业是社会主义市场经济不可或缺的重要组成部分。现阶段，发展以中小企业为主体的民营经济对全面建成小康社会具有重要的战略意义。近年来，我国民营企业面临重大发展机遇。潍坊市抓住机遇，出台大量优惠政策支持民营企业获得较快发展。

一、潍坊市民营经济发展概况

表1为2008—2013年潍坊市民营经济的相关情况。

表1   2008—2013年潍坊市民营经济产值、利润、数量情况

年份	产值（亿元）	占全市比重（%）	户数（万）	增幅（%）	从业人员（万）	注册资金（亿元）
2008	1376.1	55.20	21.2	10.7	121.2	942.7
2009	1533.1	56.20	25.3	19.5	135.3	1246.5
2010	1770.5	57.30	29.6	16.7	164.7	1525.9
2011	1941.2	54.80	33.3	12.5	171.0	1914.4
2012	2226.9	55.50	36.8	10.6	161.8	2218.6
2013	2469.3	55.86	41.3	12.2	190.2	2566.7

数据显示，2008—2013年，民营企业产值保持稳定增长态势，占GDP的比重始终在55%以上；民营企业户数六年累计增加20.1万户，环比增长10%以上，并吸纳了全市15%以上的人口就业。2008—2013年，我市民营企业注册资金由942.7亿元增长1624亿元至2566.7亿元，增幅达172%，远超过新增户数增幅，说明潍坊市民营企业的规模在迅速膨胀。

表2为2008—2013年潍坊市民营经济纳税情况。

表2　　　　　　2008—2013年潍坊市财政收入和民营经济纳税情况

年份	财政总收入（亿元）	公共财政预算收入（亿元）	税收收入（亿元）	民营经济纳税额（亿元）	占全部税收比重（%）
2008	260.0	132.0	248.0	173.1	69.8
2009	299.5	158.0	283.5	206.4	72.8
2010	380.9	202.4	366.7	266.6	72.7
2011	466.8	253.9	448.1	328.9	73.4
2012	530.0	306.1	525.2	398.1	75.8
2013	586.8	383.9	588.5	450.8	76.6

2008—2013年，我市财政收入保持了较快增长，财政总收入实现了翻番，税收收入增长137%。其中，民营经济对财政和税收的贡献突出，2008—2013年，潍坊市民营企业纳税额累计增长近278亿元，增幅160%，高于全市财政总收入和税收收入增长幅度，且民营经济纳税额占全部税收的比重2013年达到76.6%，较2008年增加近7个百分点。说明民营经济未来发展势头良好，对经济发展的贡献将进一步增大。

二、当前民营经济发展遇到的主要瓶颈分析

（一）"融资难"

民营企业"融资难"历来是制约其发展的重要因素。金融体制上，我国金融体制使得民营企业主要依赖银行贷款，但是银行缺乏对民营企业放贷的积极性，民营企业的融资需求不能得到满足；国有商业银行仍处于绝对垄断地位，民间借贷受到抑制；直接融资条件较为苛刻，大多民营企业难以涉入。银行方面，民营企业的性质加剧了贷款的信息不对称，使得国有商业银行主要对大型国企开展业务；中小民营企业贷款额度不高，对资金的时间要求也较高，银行对其贷款无法获得规模经济，贷款成本较高。从企业来讲，民营企业一般规模较小，资金实力弱，抵押品少，且难以获得担保，贷款能力较弱；中小民企财务状况波动大，抗风险能力较低；当前很多民营企业存在恶意骗贷现象，违约风险较大，恶化了民营企业整体融资环境。

（二）准入门槛高

虽然近年来我国民营企业的行业准入门槛逐渐放宽，但仍然存在诸多问题。表现在：一是民营企业要进入历来由政府部门严格控制或垄断程度较高的行业和领域，总

是不同程度上存在着行业规制和市场进入限制不合理、政府服务不到位、公共机构工作人员思想观念不适应的现象。二是新的行业和领域一般具有规模大、资金密集和技术密集等特点,大多数民营企业无法达到市场准入的"门槛"。金融危机以来,面临复杂的经济形势,各垄断行业对民营企业的排挤更加强烈。

(三) 税费高

民营企业大多以劳动密集型或资源密集型为主,附加值低,利润少,高税费增加其发展压力。一是税费种类多、负担重。我国平均税负水平为45%,是美国的两倍。全国工商联粗略统计,目前向中小企业征收行政性收费的部门有18个,收费项目达69个大类。一件报价75元的衣服,其面料和辅料成本为50元,加工费为25元,缴纳国税3.63元,地方教育附加费0.44元,水利基金0.02元,社保费2.77元,总税费为6.86元,综合税费率达27.44%。二是违规收费现象仍然存在。少数基层执法部门和某些协会违规收取"赞助费""会员费""服务费",企业年检搭车收费,变相"三乱"问题加重了企业负担。根据调研,潍坊某企业反映该企业共参加了8个协会(最多的企业参加了十几个协会),会费最多的一个协会5万元,最少的2000元,每年共计20万元。三是垄断行业高于市场价核定设备购买费用标准、预交费用和收取押金等。某企业证实,凡涉及电力方面的施工,都由电力部门制定设计、工程施工单位,设备购买、费用标准都由他们核定,而且高出市场价4—8倍,费用近35万元。

(四) 经营成本高

民营企业面临越来越高的经营成本。一是劳动力成本。通货膨胀助推工资上涨。员工培训投入越来越多。2012年修正的《中华人民共和国劳动合同法》在社会福利、解聘员工、带薪休假等方面提出了更高的要求,增加企业的用工成本约15%—20%,企业生产成本增加约5%。2008—2013年,潍坊在岗职工年平均工资累计上涨50%以上,企业劳动力成本大大增加。二是原材料成本。国家统计局数据显示,2009年工业生产者购进价格指数(原材料、燃料、动力购进价格指数)为92.1,2013年上升到96.5,上升幅度达到近5%。受原材料上涨等因素的影响,潍坊制造业龙头企业潍柴、福田等利润状况都有不同程度的恶化。三是人民币升值压力。统计显示,2013年底人民币对美元汇率中间价突破6.10,创2005年汇率改革以来新高,累计升值约30%。人民币汇率波动增加了民营企业出口的风险和成本,影响其国际竞争力。尤其是纺织、服装行业,据估算,人民币每升值1%,棉纺织行业利润将下降12%,毛纺织行业下降8%,服装行业下降约13%。

(五) 外部环境压力

民营企业的发展除受自身条件的限制以外,面临着越来越严峻的外部环境。一是国际环境恶化导致需求不足。美国经济复苏前景难料，欧洲债务危机影响持续，新型经济体国家经济增长趋缓等，使国际市场需求减少；以美国为首的西方发达国家推行再工业化，进一步加剧了国际竞争。国际贸易保护主义抬头，出口环境恶化。二是国内财政货币政策调整加剧国际竞争。随着市场化的不断推进和财政货币体制改革，尤其是加入WTO后，国家逐步减少对企业的直接行政干预和政策扶持，主要提供政策引导和公共服务，长远来看有利于民营企业发展，但短期将面临更加激烈的国际竞争，部分民营企业存在破产风险。三是发展方式转变面临转型压力。为落实科学发展观，更好的节约资源和保护环境，国家积极倡导节能减排、绿色环保，民营企业比较集中的纺织、印染、皮革、石材等污染比较严重的传统产业，面临节能减排、技术改造等方面的压力。

三、潍坊财政支持民营经济发展的主要做法及成效分析

潍坊市委、市政府和各部门高度重视民营经济培育和成长，在认真贯彻落实国家各项扶持民营企业发展的政策基础上，针对我市实际，出台了一系列政策措施，减轻企业负担，优化发展环境，解决发展难题，积极扶持民营企业发展。

（一）培育和支持民营经济发展

一是积极推进股份制改革。根据市场发展需要，积极推进股份制改革，引进现代公司管理制度，推动有条件的企业上市改制，吸收民间资本。二是倡导全民创业，搞活民营经济。鼓励引导自主创业，扶持小微民营企业发展。结合潍坊市实际，拟订《关于进一步促进全民创新创业的若干意见》，从审批、税费、投资、政府采购等环节入手，扶持自主创业和民营企业发展。三是降低创业门槛。鼓励、支持行业主管和工商管理部门放宽准入限制，实行法定最低注册资本，鼓励个人创办企业、个体户转型升级。

（二）解决民营企业融资难问题

1. 打造草根金融体系，完善金融产业扶持政策。鼓励发展担保、小额贷款公司、村镇银行等具有旺盛生命力的"草根"金融业态；将小微企业贷款纳入风险补偿政策范围，进一步扩大小额担保贷款政策覆盖面，撬动更多金融资源向民营经济倾斜。自2008年开始，为鼓励金融机构增加对小微企业的信贷支持力度，对金融机构的小微企业新增贷款给予风险补偿，极大提高了金融机构对中小企业的信贷投放积极性。截至2013年底，我市金融机构小微企业贷款余额为845.9亿元，比上年增加170.6亿元，增长25.3%。

2. 鼓励各类非银行金融组织发展。根据潍坊市经济社会发展的形势和城乡二元

结构的现状,从开办补助到税收优惠等多各方面,出台了多项扶持政策给予倾斜,有力地促进了新型金融组织发展。截至目前,全市已初步建立了一个"覆盖城乡、多层次、立体化"的金融体系。2013年全市小额贷款公司、村镇银行等新型金融组织累计发放贷款近亿元,有效地缓解了民营企业的"融资难"题。

3. 鼓励民营企业进行股份制改造和上市融资,扩大直接融资规模。制定出台《关于进一步加快企业股票发行和上市工作的意见》,从企业改制、税费减免、土地使用和奖励措施等多个方面给予鼓励扶持,鼓励企业改制上市。截至2013年底,全市共有35家公司、39只股票在境内外上市,累计募集资金505亿元,上市公司户数和股票数量均居全省第1位。

4. 成功发行中小企业集合票据和区域集优票据。我市以政府信用作担保,与兴业银行合作,采取"政府组织、统一冠名、统一担保、分别负债、集合发行"的模式,通过银行间债券市场发行了潍坊市首期中小企业集合票据,带动企业新增投资20亿元,开启了我市民营中小企业融资的新渠道,降低了融资成本。

5. 成立金融服务公司,为民营企业提供"过桥还贷"资金服务。为帮助中小民营企业渡过难关,我市筹资成立了金融服务公司,按照"财政出资、专人管理、面向企业、有偿使用"的原则,对基本面好、符合国家产业政策和信贷政策,但资金周转暂时出现困难的企业,帮助其按时还贷续贷提供垫资服务,帮助企业克服"资金短路"困难。

(三)从审批、税费、投资、政府采购等环节入手,扶持民营企业发展

1. 放宽民营企业审批限制。放宽企业注册限制,降低市场主体进入相关领域门槛;鼓励引导民营经济和社会组织发展,逐步放开管理权限、取消主管部门挂靠登记;鼓励民间资本投资社会事业领域,将社会投资受理和审批通过件数作为考核相关部门工作的重要指标。

2. 减轻民营企业创新创业税费负担。对新创办的小微民营企业,取消管理类、登记类和证照类行政事业性收费,规范税费征收;对小微民营企业,实行税收优惠政策,3年内新增税收地方留成部分给予等额补助;对因创业需要,在城区购买首套商品住房及商用房,给予上缴契税等额补助。对来潍创新创业的大学以上毕业生,除提供孵化器服务平台外,分别给予住房补贴、购房补助。

3. 完善政策性风险投资和担保体系。发挥政府主导成立的各类风险投资和担保机构作用,对中小民营企业贷款担保占总业务额50%以上的担保机构,3年内上缴税收地方留成部分,给予等额奖励。市县两级有关部门组织对担保机构进行综合评价,对中小民营企业贷款担保绩效突出的担保机构,由财政部门给予一定的资金补助。积极引导发展会员制担保机构;为壮大担保实力,扩大担保额度,对管理规范、并达到一定规模的担保机构,政府可适当参股。

4. 充分发挥政府采购功能，支持民企发展。完善政府采购管理办法，将民营企业自主创新和自主品牌产品及服务纳入政府采购目录，在同等条件下优先采购民营企业产品，对重点民营企业及产品给予扶持。支持民营企业和品牌的发展。

四、当前财政政策支持民营经济发展存在的问题和不足

近年来，国家陆续出台了一些支持民营企业发展的政策措施，如增加中小民营企业贷款规模和建立财政补贴机制、财政支持担保机构建设等。这些政策对解决民营企业"融资难"、促进民营经济发展方面起到了一定的积极作用，但是政策的实施效果与初衷仍然有一定的差距。

（一）优惠政策有限，形式简单，范围窄，效率低

一是优惠形式不够多样化。针对中小企业的专门性财政政策较少，大多包含在一般性财税政策之中，特点和作用不够明显；现行关于中小企业的税收优惠政策仅局限于免征或减征两种措施，没有使用国际通用的加速折旧、投资抵减、延期纳税等优惠政策。同时，还缺乏可以降低企业投资风险、鼓励企业吸引人才、降低企业融资障碍的相关政策。二是服务对象存在局限。现行优惠政策受益的通常是已经盈利的企业，而那些需要扶持的亏损企业并未受益，甚至在一定程度上存在"锦上添花多、雪中送炭少"现象。目前各类支持中小企业发展的财政专项资金实际上主要惠及中型企业，而恰恰最需获得扶持的小微企业被拒之门外。

（二）部分政策过于注重形式，解决实际问题效果不佳

以解决民营企业融资难的相关政策为例，虽然中小民营企业融资市场体系的基本框架已经建立，但是在指导思想上，只重形式，不注重实质。在直接融资方面，虽然建立了中小企业板、创业板和创业投资体系，但是其上市条件非常苛刻，除了极少数的科技型、成长性中小民企外，对大部分尤其是劳动密集型等低收益中小民企作用有限。间接融资方面，没有进行深化的信贷改革，四大国有银行仍处于垄断经营地位，中小银行发育不足，民企信贷业务不强。内生于民营经济的民间信贷，没有取得合法地位，发展不足且不规范，影响其服务民营企业的能力。风险投资也只关注优质、成熟的公司。扶持中小民营企业发展的一些政策措施过于依赖行政手段，信息、法律、金融制度等环境建设滞后，没有从根本上解决民营企业"融资难"、贷款门槛高的问题。

（三）行政干预多于政策引导

在市场经济条件下，政府与企业是平等的关系，政府支持民营企业的发展是出于

公共服务的需要，财政政策只是一种激励机制，对中小企业的创立和运营起到引导作用，引导企业趋利避害，不具强制力。当前，政府对民营企业的发展行政干预太多，制定各种量化指标和考评标准，甚至影响企业发展方向和发展战略，对企业的扶持也主要靠财政直接资金投入，没有真正起到服务和引导作用，长远看也不利于企业的自主发展。

（四）政策落实存在障碍

当前扶持企业发展的相关政策着力点比较分散、政策之间缺少衔接、尚未形成完善的结构体系甚至相互矛盾冲突；与此同时，财政性资金在管理使用过程中也存在着一些体制性、机制性障碍，影响了资金使用效益的发挥。有些政策落实走样，或迟迟不能兑现，损害了政府的公信力。有些招商优惠政策弹性较大，招商谈项目时给予的政策不明确，导致出现一些"拉锯式"谈判，影响投资效率。"重招商""轻留商"问题仍然存在，项目落地前后收到的关注度落差很大，"留商"发展的政策措施落实不到位。

五、支持民营经济发展的政策建议

政府应该转变政府职能，强化公共服务。宏观上，着力建立公平竞争的"游戏规则"、加强基础设施建设、鼓励重点企业优先发展、协调区域经济发展；在微观上，完善和协调现有的财政支持政策，创新鼓励民营企业发展的政策机制，从而进一步推进中小企业的健康发展。建议从以下几个方面重点突破，支持民营经济发展。

（一）建立财政与金融互动机制，拓宽民营企业融资渠道

加大财政投入与财政作为，积极探索"财银合作"新渠道，实现财政、银行与企业"三赢"，帮助民营中小企业解决"融资难"问题。一是扶持、壮大地方金融机构与融资平台。实行财政性存款动态分配和财政存款服务竞标等办法，引导各商业银行加大对重点建设项目和民营企业的投入。鼓励外部金融机构入驻，扶持农村银行、贷款公司、信用担保公司等多种面对中小企业的小型民营金融服务机构的发展与壮大。二是探索融资新渠道。探索建立产权交易市场，完善风险资本的进出机制，为民营企业资产流动、股权交易提供服务。探索、研究民营企业集合发债试行，帮助成长性好、经营业绩优的成长型民营企业通过发债的形式融资，为民营企业扩大中长期项目投资提供稳定的资金支持。加大对改制上市企业的财政支持力度，引导企业通过上市进行再融资。三是支持金融创新。积极探索灵活多样的抵押方式，如无形资产、专利权、股权抵押和海域使用证、保单、仓单、退税单质押等。加快探索建立会员制和区域性再担保机构。四是建立民营企业信用担保和信息披露平台。采用合作担保方式，让民营企业通过内部相互之间的产品、资金、信息的流动与信用组合来构建供应

链融资体系；完善企业信息披露平台，解决民营企业尤其是中小民营企业信息不对称问题，降低银行贷款风险，缓解中小民营企业"融资难"问题。

（二）放宽民营企业对垄断行业的市场准入

进一步解放思想、转变观念、落实措施，加快消除市场准入障碍，为民营企业提供一个平等竞争的投资环境；进一步开放教育领域、卫生医疗领域、基础设施和公用事业领域，积极鼓励民营资本进入这些领域，提高各个领域的市场化程度；鼓励民营企业参与国有中小型企业的产权流动、资产重组和结构调整，鼓励民营企业与国有企业通过市场在自愿互利的条件下进行联合和合作，支持个体户承包、租赁国有小型企业，鼓励民营企业向发展现代信息业、服务业和物流业等；在进一步放宽民营企业准入领域、降低准入门槛的同时，应该对国有企业、国有资产有所限制。

（三）支持外贸型民营企业转型升级

通过税收减免、提供优惠贷款和贷款担保、优先安排民企自主品牌商品参加展会、放宽企业"走出去"鼓励性政策适用范围、加大知识产权保护力度，进一步完善民企转型升级的政策支持体系。对于在开拓新市场、开发新产品和树立自主品牌等方面取得进展的民营企业提供必要的扶持，同时应当逐步改善企业技术装备升级需要的基础设施配套条件。

（四）优化民营企业发展的软环境

一是消除对民营企业的歧视。政策层面上，政府在制定各项产业振兴政策时，应充分考虑民营企业在产业链中的生存环境，不以绝对的规模化和企业所有制性质进行区别待遇，鼓励和支持民营企业产业集群化发展。在重大项目投资的上下游配套建设中，积极引入民间资本，促进民营企业参与建设。二是规范税费征收，简化行政审批。进一步推进税费改革，清理不合理收费，将部分的"费"改为"税"，对符合产业政策、环保政策的企业给予相关税费减免。简化退税环节和审批程序，提高退税效率；深化行政审批改革，进一步明确责任，减少审批环节，提高审批效率。三是完善法律和制度建设。完善法律制度建设，做到有法可依；严格依法行政，减少行政干预和权力寻租；完善市场制度，建立公平、公正、合理的市场环境，优化市场资源配置，提高市场运行效率。

（五）重视人才和创新

采用科学的管理方法和手段，建立"引得进、用得好、留得住"的人才机制，鼓励科技创新。一是注重人才的引进。对现有培训投入重点向民营企业的人才培养倾斜。实行经济补贴办法，对企业急需紧缺引进高级人才，给予安家费、购房补贴、生活津贴和特殊保障津贴等；对引进人才的子女入学给予特殊照顾。二是做好人才培养、培训工作。鼓励高校、职业技术学校要根据经济社会发展需要，大力培养各类企业紧缺的实用性人才，财政给予一定的经费补助。鼓励人才继续学习深造和学术交流活动等并给予有关费用补贴。提高实用型技术人才教育培训能力，鼓励发明创新。三是推进科技创新。政府与企业、高等院校合作建立科技孵化器，加大对高科技行业如新材料、云计算、生物医药、绿色能源、航空航天等领域的科研投入和科技成果转化，抢占科技前沿，培育新的经济增长点。五是引导民企产业升级和集约化生产。鼓励民营企业转变生产方式，并设立专项资金，支持民企降低生产成本、提高生产效率；保护知识产权的基础上，推广先进技术，提高资源利用率，推广使用新能源；鼓励企业进行深加工和产业升级，创立自主品牌，增加产品附加值，提高竞争力。

保定市装备制造业税收变动及财源培植研究

保定市财政局 王占革
中国工商银行满城支行 王 猛

保定市装备制造业发展起步早,国家"一五"时期建设的八大厂,奠定了保定制造业发展的基础,"十五"和"十一五"时期,汽车制造和新能源产业的快速崛起,使保定市赢得了发展先机,以汽车制造和新能源为主导的装备制造业已经成为保定经济的重要支柱,也是保定市财政的主体财源。当前,国内经济环境错综复杂,经济面临较大的下行压力,财政收入形势较为严峻,加快装备制造业财源建设与发展,对于推动全市经济稳定增长,保障财政收支平稳运行,具有十分重要的意义。

一、装备制造业税收运行的主要特点

(一)从税收总量和增幅变化看,阶段性分化特征明显

保定市装备制造业纳税总额变化振幅较小,纳税总额增长的变化幅度较大,呈现了不同阶段性上的变化特点。如图1所示。

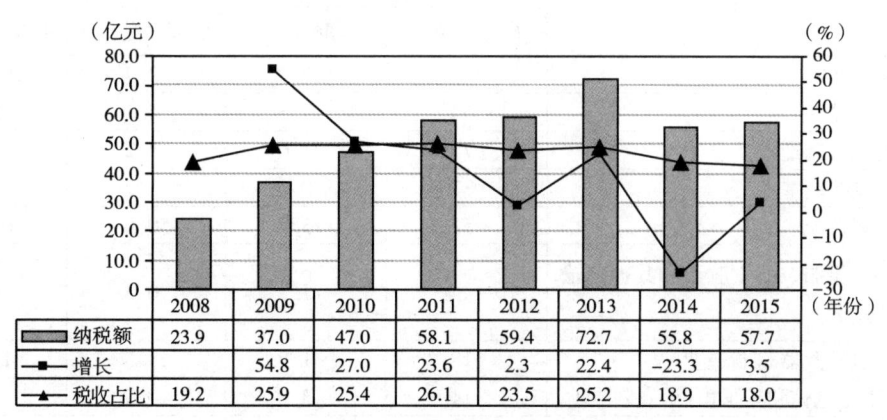

图1 保定市装备制造业税收贡献情况

资料来源:由保定市国税、地税统计数据整理得出。

1. 2009—2013年是装备制造业纳税规模高速增长期。这一时期，保定装备制造业发展最快，税收增长贡献最为突出。以汽车制造业为龙头的保定市装备制造业快速发展，装备制造业纳税额从2009年的37亿元上升到2013年的72.7亿元，年均递增24.9%，占全市制造业税收的比重由2009年的50%上升到2013年的54.5%，占据全市制造业纳税的"半壁江山"。

2. 2014—2015年是装备制造业纳税规模增长放缓期。这一时期，受国际和国内经济增长放缓、出口下滑等因素影响，保定市汽车制造业、光伏和风电等行业产品销售和出口受到巨大冲击，纳税额大幅下降。2014年保定市装备制造业纳税额55.8亿元，同比下降23.3%，下滑明显；2015年纳税额57.7亿元，同比增长3.5%，下滑趋势有所扭转，出现了止跌回升态势。

（二）从行业结构看，汽车制造业、电气机械及器材制造业发挥了财源支柱作用

在保定市装备制造业领域，汽车制造、电气机械及器材制造2个子行业是保定市重点发展的主导产业，也是税收贡献的第一梯队，其纳税额占装备制造业纳税总额的81.3%；金属制品、通用设备制造和专用设备制造3个子行业的税收贡献相当，是保定市重点发展的产业、税收贡献的第二梯队，其纳税额占装备制造业纳税总额的16.5%；铁路、船舶、航空航天和其他运输设备制造、计算机、通信和其他电子设备制造、仪器仪表制造行业实力不强，规模以上企业数量少，纳税规模小，税收贡献不突出（见表1），是保定市行业结构的短板。

表1　　　　　2013年保定市装备制造业税源分布情况

行　业	规模以上企业		纳税额	
	户数（户）	比重（%）	金额（亿元）	比重（%）
装备制造业合计	371	100.0	72.7	100.0
1. 金属制品业	64	17.3	4.1	5.6
2. 通用设备制造业	78	21.0	4.2	5.8
3. 专用设备制造业	37	10.0	3.7	5.1
4. 汽车制造业	51	13.7	50.6	69.6
5. 铁路、船舶、航空航天和其他运输设备制造业	4	1.1	0.3	0.4
6. 电气机械及器材制造业	118	31.8	8.5	11.7
7. 计算机、通信和其他电子设备制造业	11	3.0	0.9	1.2
8. 仪器仪表制造业	8	2.2	0.5	0.6

资料来源：《保定经济统计年鉴》、税务部门统计数据。

1. 汽车制造业税收贡献最为突出。近年来，保定市以长城汽车为代表的一批汽车整车及零部件企业迅速成长，产业规模、产业聚集度和税收贡献度进一步提高，已成为全市制造业的龙头主导行业和全市工业税收增长的重要支撑。保定市汽车制造业税收贡献总量、占装备制造业纳税额比重均列装备制造业8个子行业之首。以汽车制造业纳税最多的2013年为例，保定市拥有汽车制造业规模以上企业51户，占装备制造业规模以上企业总数的13.7%；2013年实现税收50.6亿元，占装备制造业纳税额收的70%，比上年增长58%，增速接近装备制造业平均水平的2.6倍；户均实现税收9970万元，为装备制造业户均水平的5倍。

作为保定市装备制造业的绝对主力，汽车制造业作为保定市工业第一行业的支柱地位目前无法动摇，汽车制造业税收已经成为保定市财政收入的重要来源，如果综合考虑汽车制造业带动的物流、金属制品等其他行业，汽车制造业对保定市财政收入的贡献将进一步加大。所以，保定市汽车制造业纳税的变化和起伏，可以说就是保定市装备制造业乃至工业企业纳税变化的"晴雨表"，对全市税收的影响不可小觑。从《保定市汽车制造业税收贡献情况》（见表2）看2009年以来保定汽车制造业的纳税变化，与前文分析的保定装备制造业的两个发展阶段基本同步。2013年以前，为保定汽车制造业的高速增长期，纳税额从2009年的13.9亿元上升到2013年的50.6亿元，年均递增40.9%，大大高于同期装备制造业24.9%的平均增速；占全市装备制造业税收的比重由2009年的37.8%上升到2013年的69.6%。2014年开始，汽车制造业受到了人民币汇率不断上升、出口下滑、国内汽车市场放缓等多重因素影响，出现了前所未有的困难形势。保定市出口的传统车型皮卡车受国外贸易壁垒限制、人民币升值双重因素影响，国外订单大幅减少，加上2014年长城汽车新车型哈弗H8两度推迟上市、中兴汽车更新升级车型等因素影响，2014年保定市汽车整车产量、销量、出口3项指标同比均出现负增长，纳税额出现下滑38.1%，减收近20亿元，如此大幅减收近年来少有。好在长城汽车凭借哈弗SUV的热销和中兴汽车与广汽的合作改型，2015年，保定市汽车制造业纳税下滑的局面得到了遏止，税收企稳回升。

表2　　　　　　　　　　保定市汽车制造业税收贡献情况

年份	纳税额（亿元）	增长（%）	占全部税收比重（%）	占装备制造业纳税比重（%）
2009	13.9	53.7	9.8	37.8
2010	20.0	43.1	10.8	42.6
2011	27.9	39.7	12.5	48.1
2012	32.0	14.5	12.7	53.9

续表

年份	纳税额（亿元）	增长（%）	占全部税收比重（%）	占装备制造业纳税比重（%）
2013	50.6	58.0	17.5	69.6
2014	31.3	-38.1	10.6	56.2
2015	36.2	15.6	11.3	62.7

资料来源：由保定市国税、地税统计数据整理得出。

2. 电气机械及器材制造等其他产业税收贡献降低。2006—2010年间，以天威英利和国电联合动力为代表的保定新能源企业受到国家政策的利好刺激，得到了飞速发展，通过推进"保定·中国电谷"建设，一大批与新能源相关的企业聚集和发展，带动了保定电气机械及器材制造业、通用设备制造业、专用设备制造业快速增长。2010年全市电器机械及器材制造业纳税增幅达到了48.3%，全部税收占比也达到了7.2%。但是由于光伏产品主要靠出口国际市场，对外依存度高，受国际市场影响大，从2011年下半年开始，美国和欧盟对我国光伏产品的双反调查，严重打击了产品的出口（见表3），使保定市相关企业受损严重，以外销为主的光伏行业出口受阻，产品价格下滑，出口额逐年下降，部分企业由盈利丰厚转为全线亏损，全市新能源规模以上企业从2011年的26户减少到2014年的20户，纳税额一路下滑。2013年全市电气机械及器材制造业纳税8.5亿元，同比下降了40.4%，不足2011年的60%（见表4），尽管随着中欧和中美之间的贸易战达成和解，国内市场的进一步开拓，2014年情况有所好转，纳税额由负转正，但企业产销和出口仍未实现根本性好转，2015年电气机械及器材制造业纳税仍出现了20.4%的负增长。

装备制造业其他行业如通用设备制造、专用设备制造、金属制品等2010年以来纳税额占全部税收的比重呈逐年减少趋势，税收贡献降低。

表3 2010年以来保定光伏重点企业出口情况 单位：万美元

企业		2010年	2011年	2012年	2013年	2014年
天威英利新能源	出口	105618	53682	18047	11645	8921
	增长（%）	1.7	-49.2	-66.4	-35.5	-23.4
英利能源（中国）	出口	56663	109305	75104	60914	74454
	增长（%）		92.9	-31.3	-18.9	22.2

资料来源：由统计数据整理得出。

表4　　　　　　　保定市电气器材及设备制造业税收贡献情况　　　　　　单位：亿元

项目	纳税额	增长（%）	占全部税收比重（%）	占装备制造业纳税比重（%）
2009年	9.0	38.8	6.3	24.3
2010年	13.3	48.3	7.2	28.4
2011年	14.4	8.2	6.5	24.9
2012年	14.3	-1.1	5.6	24.0
2013年	8.5	-40.4	2.9	11.7
2014年	10.6	24.3	3.6	19.0
2015年	8.4	-20.4	2.6	14.6

资料来源：由保定市国税、地税统计数据整理得出。

二、影响装备制造业税收贡献的因素分析

从税源决定税收角度看，保定市装备制造业税收在规模上和增长幅度上呈现的拐点性变化，主要是装备制造业中的各企业的经营业绩的变化决定的，从总体上看，保定市装备制造业财源发展方面主要有以下几个方面问题。

（一）企业规模实力小，自主创新能力较弱

一是规模实力小。经济发展很大程度上取决于大企业大集团的发展，尽管保定市近年来发展和形成了一批规模较大的集团企业，但就整个装备制造产业而言，在全国有影响力、规模大的企业集团不多，独立上市企业少，中小企业数量多、规模小的特点仍然比较明显。从装备制造业纳税最多的2013年度情况看，纳税额超过1000万元的企业仅37户，龙头企业长城汽车股份公司纳税37.7亿元，位居全市第1位，但与国内其他整车制造企业的超百亿元税收相比，仍有不小的差距。二是自主创新能力总体上较弱。产品多以劳动密集型、加工型和价值链低端产品为主，高新技术与传统装备工业改造结合不够，特别是技术密集型的重大成套设备少，自主品牌出口受到国际市场冲击和制约较大，在国际分工中处于产业链的低端，出口效益不高、出口受阻问题突出。

（二）产品供求结构矛盾仍较突出，受市场变化冲击较大

目前，全球经济增长乏力、人民币升值、贸易壁垒等形成的出口萎缩难以在短期内改变，对保定装备制造行业产品出口冲击很大。一是从光伏产业看，2014年英利集团光伏相关产品出口额相当于2010年、2011年的一半左右，由于国内市场开发不

足，外需萎缩形成的缺口难以靠国内市场消化，企业陷入生产经营困难的境地，部分光伏企业处于停产、半停产状态，高度依赖国际市场的传统发展模式难以为继，运行中出现了产品产销率放缓、效益较大幅度下降、企业成本压力增大等问题。二是从汽车产业看，汽车出口量持续下滑，2014年全市汽车整车出口5.4万辆，仅为2011年的48%，出口量比2013年下降31.2%。2015年国内汽车市场陷入低迷，尽管长城汽车凭借其自主知识产权的哈弗SUV的热销维持了产销量的基本稳定，但从长期看，汽车、光伏包括风电等行业市场供求矛盾短期内难以彻底改观，保定装备制造业实现稳定快速发展面临巨大压力。

（三）高端装备制造占比低，行业结构还需进一步完善

从装备制造业产业构成看，传统装备制造业仍占相当大比重，新兴装备制造、高端装备制造所占的比重低，铁路装备和航空航天装备、计算机、通信和其他电子设备制造、仪器仪表制造等科技含量高、附加值高的高端装备制造业发展落后，突出表现在规模以上企业数量和纳税规模都比较少，2013年，这3个行业规模以上企业23家，占装备制造业规模以上企业总数的6.3%，纳税额1.7亿元，占装备制造业纳税总额的2.2%，尚未形成对经济和财政的有力支撑。从装备制造业产品构成看，产品档次不高，缺乏高、精、尖的技术和产品，产品利润率偏低，且与其他地区装备制造业同业化明显，产品竞争优势有待进一步提升。

（四）结构性减税效应日趋显现，与部分行业税收减收形成叠加效应

一是增值税转型改革。2009年，由生产型增值税转变为消费型增值税，允许抵扣固定资产进项税额，对设备更新改造、自主创新及装备制造业发展起到了促进作用，但对全市增值税的减收形成较大影响。二是"营改增"和国家对"小微企业"的税收优惠政策，形成了一定政策性减收。三是取消或停征行政事业性收费政策影响。近年来国家陆续出台了一系列取消或减征行政事业性收费的政策，切实减轻了企业负担，但同时直接减少了装备制造业的非税收入。另外国家出台的固定资产加速折旧政策、扩大税前扣除范围等结构性减税和装备制造业税收增长放缓叠加，也进一步影响了装备制造业税收增长。

（五）装备制造业新增项目偏少，后续税源缺乏

近年来，保定市政府加大了招商引资力度，但总体效果不够突出，兵装集团重组保定天威集团承诺在保定市范围内投资不少于300亿元用于发展新能源及输变电产业，但未落实到位。长城汽车天津公司、天威英利海南公司、天威集团合肥公司的设立，输出了部分税源。目前保定市装备制造业主要依赖于原有的骨干企业，新开办的装备制造业企业规模普遍偏小或尚未投产达效，对保定市经济和税收的增长贡献有限。

三、加快装备制造业财源建设的对策建议

如何提升保定市装备制造业发展水平，培育和壮大装备制造业财源基础，是保定市面临的现实问题。当前，国家启动实施"中国制造2025""互联网+行动"两大战略，国内制造业正处于"调结构、转方式"的战略机遇期，同时，保定市正处于京津冀协同发展、京津保率先联动发展的良好合作期，只有制订和实施切实可行的对策，才能够促进保定市装备制造业持续健康发展，不断提高装备制造业的税收贡献。

（一）推进京津保产业对接协作，着力打造京南制造业基地

从环首都经济圈、京津冀协同发展的大局出发，研究和定位保定装备制造业的发展战略，统筹制订和部署装备制造业的整体发展规划，充分利用好京津功能定位调整、部分产业外移这样的历史性机遇，推进京津保联动，着力加快推进产业对接协作，理顺三地产业发展链条，形成区域间产业合理分布和上下游联动机制。立足于制造业基地的定位，主动承接京津地区转移过来的制造业落地，探索建立国家级的"承接产业转移示范园区"、利用发展"飞地经济"、共建产业园区、共建运营主体等方式，更多的引进京津一些先进的装备制造企业落户保定，依托原有的产业基础、研发优势、人才优势、资源优势，以建设白洋淀科技城、京南现代产业基地、首都服务功能承接区为载体，发展高端装备制造、新能源、节能环保和临空经济、现代物流等产业，把保定打造成为京南装备制造业的重要基地。

（二）推进产业集群化发展，发挥龙头企业带动作用

产业集群化发展是装备制造业发展的必然要求，也是装备制造业增强国际竞争力的必然选择。美国硅谷电子设备业群、明尼阿波利斯医学设备业群、德国的索林根的刀具业群、斯图加特的机床业群等，都是世界上较为典型的产业集群。我国产业集群也已在广东、江苏等地区初具规模。推进保定装备制造业的发展，要坚持用产业集群理念谋划，注重发挥龙头企业在产业集群中的核心作用，着力提升汽车制造、输变电装备制造、光伏风电装备制造产业的聚集程度和集群的竞争力，发展几个中国乃至世界知名的大企业、大集团。一方面，注重发挥装备制造业龙头骨干企业的辐射和带动作用，鼓励和支持优势企业兼并重组，进一步优化装备制造业产业结构、产品结构和企业组织结构，着力培育一批具有自主创新能力、自主品牌和较强竞争力的龙头骨干品牌企业和名牌企业，增强保定市装备制造业的知名度，提高保定装备制造业的整体竞争力和市场占有率。另一方面，注重发挥高新技术产业区、工业园区、产业孵化器的辐射带动功能，做好内引外联，争取更多的高新优势企业入驻园区，形成集聚效应和规模效应，促进保定市装备制造业集群化发展。

（三）加大财税政策扶持力度，进一步拓宽企业融资渠道

在落实国家宏观政策和贯彻国家结构性减税政策的基础上，保定市应针对装备制造业及重点企业，给予其产业升级改造等方面的政策倾斜和扶持。一是加大财税政策支持和扶持力度。一方面用足用好现有政策，对于已有的税收优惠政策要不折不扣地执行到位，落实企业技术开发费税前扣除、固定资产加速折旧等激励政策，培育和保持企业发展后劲，提升企业可持续发展能力，及时落实出口退税政策，支持装备制造产品出口，开拓国际市场；另一方面要积极争取政策，立足保定实际，积极争取有利于保定装备制造业发展的相关优惠政策。二是充分发挥财政资金对产业发展的引导作用，促进产业升级，扩大扶植领域，鼓励现有的企业做大做强。三是建立财政专项资金支持装备制造业企业发展。对企业的技术创新和技术改造给予资金支持，鼓励企业加快技术创新和技术改造，提升技术水平。同时还要对先进装备制造业和新兴装备制造业企业实施优先配置土地、资源的政策；在引导金融支持装备制造业方面，重点是加大金融支持力度，拓宽融资渠道，引导金融机构和社会资金加大投入，争取更多的金融支持，鼓励符合条件的装备制造企业上市融资。

（四）推进校院企密切合作，着力提高自主创新能力

充分抓住国家实施"中国制造2025""互联网+"行动两大国家级战略以及推进和实施"智能制造"的历史契机，着力提升保定装备制造业的创新能力和竞争实力，推动保定"制造"向保定"创造"转变。一是贯彻创新发展的理念。通过采取技术引进、消化吸收、科技攻关、国际合作等多种形式，广泛开展与科研院所、技术中心的联合设计、联合制造，增强自主创新能力；鼓励企业与科研院所、大专院校联合开展研发工作，健全产、学、研紧密结合的利益分配机制和风险承担机制，支持建立关键装备产品国家级企业技术研发中心，加快研究成果的产业化进程，形成较强的配套和集成优势。二是落实科技创新优惠政策。进一步落实企业研发费用加计扣除、高新技术企业税收优惠等鼓励企业自主创新的有关政策，促进企业增加科技研发投入；充分发挥增值税转型政策对企业科技进步的促进作用，鼓励企业加大技术改造力度，加快设备更新，推动企业技术进步。三是加强创新人才培养。充分利用好保定的高校多、院所多、技术中心多的资源优势，多途径培养专业人才，吸引国内外高水平专业技术人才，为装备制造业长远发展培育雄厚的后备力量。

（五）弥补保定产业短板，引进和培育后续税源

针对保定市装备制造业在产业结构上存在的多数企业规模小、层次低，过于依赖传统骨干企业，高端产业少等问题，保定市一方面应进一步提升政府公共服务水平，全面优化产业经济发展环境，增强发展环境对产业项目的吸引力。另一方面，政府在

项目审批、用地审批、园区基础设施建设、行政事业性收费减免、政府采购、上市融资、发行债券等方面，应重点围绕弥补产业短板的要求，给予政策倾斜，加强政府引导，注重招商引资企业的后续服务工作，为企业发展创造一个宽松的环境。同时，还要充分利用保定毗邻京津、港口、机场的区位优势，铁路、高速公路四通八达的交通优势，劳动力丰富、成本低廉的人力资源优势，抓住环首都经济圈建设、"南资北移"的有利时机，加大招商引资力度，吸引一批市场潜力大、关联程度高、带动能力强、产业基础好的重大项目、龙头项目落户保定；鼓励企业加强对外合作，吸引外部投资，发展高端产业项目，培植新的税源。通过弥补保定市产业短板，促进装备制造业进一步做大做强，提升保定市装备制造业的市场竞争力，提高保定市装备制造业的税收贡献，把装备制造业打造成保定市的第一财源支柱。

京津冀协同发展机遇对
扩大消费的影响研究

潍坊市财政局课题组

扩大消费,特别是居民消费,是启动经济内生增长的巨大引擎,也是实现经济持续健康发展的根本。对于扩大居民消费,我们认真分析了国内外相关经验和实践措施,有几个问题需要进一步厘清:一是针对一般消费品开展的促销活动。基本上由市场主体自发组织,很少有政府出面组织的。从基本面上看,潍坊市批发和零售业贸易额,自2008年以来一直保持20%左右的较高增幅,高出城乡居民收入增幅约10个百分点,反映出潍坊市城乡居民对一般消费品的消费比较旺盛;同时,潍坊市产业目前仍以生产中间产品行业为主,用直接手段鼓励一般消费品促销,对当地产业发展拉动作用不大,并易造成不公平竞争。二是对低收入群体进行临时性补贴。一般在高通胀或严重经济危机时期,为保障低收入群体基本生活需求,采取此类特殊政策措施,如2009年台湾、香港以及杭州发放过消费券。目前潍坊市对低收入群体的保障和社会救助日趋完善,经济又处于持续稳定增长期,暂时没有必要出台针对性的补贴政策。三是对特定商品进行引导性消费。这也是在危机情况下的应急之举,不具有可持续性。在经济关联度日趋紧密的情况下,地方如果从大面上推动,往往拉动的是其他地方产品的消费,因此,对特定产品的消费引导,也只能选择特定地方的产品(如对地产LED灯的政府采购)或在特定范围内实施。

扩大居民消费,从基础上看,应努力建立起扩大消费需求的长效机制:一是改革收入分配制度,大力推动全民创新创业,多渠道增加农民收入,提高城乡居民收入水平,使其"有钱花"。二是完善社会保障体系,提高公共服务水平,解决居民消费后顾之忧,令其"敢花钱"。三是加快推进城镇化进程,扩大消费市场,培育新的消费增长点,解决"有处花"问题。四是创新现代化金融工具和手段,为扩大消费提供支撑,使其"方便花"。五是着力优化消费环境,提高居民消费意愿,使其"放心花"。

结合潍坊市特点和实际,我们对近期拉动消费提出20条建议意见,秉承的基本原则:一是对市场发育不完善的领域和环节,通过政府政策引导,扩大有效供给并刺激需求,形成新的消费热点。二是对政府应保障好但未完全做好的基本公共服务,通过强化,满足群众需求,并刺激其他消费需求。三是拉动消费的政策措施能够直接带动我市相关产业发展。四是抑制不合理消费，促进外部效应良好的消费行为。五是出台的政策措施不会对正常的市场秩序造成干扰和损害，影响公平竞争。具体从以下几方面入手。

一、促进住房刚性消费

（一）继续对刚性需求给予契税补助

将对进城务工人员、城区新组建家庭人员购买首套普通商品住房，以及自主创业人员购买商用房给予契税补助政策时限，由原确定的截止到2012年延长至2015年。

（二）扩大创业人才住房补贴政策范围

由进入创业孵化器的博士、硕士、学士创业者，扩大到纳入大学生创业计划的大专以上毕业生及合伙人，在2013—2015年内，其购买普通商品住房分别给予9万元、6万元、3万元、2万元补贴。

（三）拓宽住房公积金使用范围

截至2012年底，全市住房公积金结余达27.7亿元，占缴存余额的35.9%。建议将公积金使用范围拓宽到自住房屋租金及装修，以及低收入家庭缴纳物业费、取暖费及支付子女学费等领域，盘活资金，增强居民消费能力。

二、拉动地产品消费

（一）通过政府采购拉动地产品消费

将自主创新、节能环保等地产品，更多地纳入政府采购范围，实行优先首购或订购，如公务用车、执法专用车，优先采购地产的新能源汽车。结合公共自行车租赁系统、标准化学校、乡镇图书馆及城镇全民健身工程等公共服务设施建设，对其所需大宗设备、设施和用品，市级统一通过政府采购优先采用地产品，发挥规模效应，扶持中小企业发展。

（二）支持装备制造业融资租赁

对在潍坊市注册的融资租赁公司，为潍坊市机械装备制造企业提供大宗机械装备、农用机械设备提供融资租赁服务的，对其当年新增融资额按基准利率给予不超过15%的补贴，用于降低设备租赁者的租赁成本。

三、扩大公共服务类消费

（一）加快推进民间资本投资社会事业的步伐

建议对教育、医疗卫生、养老等领域，主管部门都要出台相关意见，全面放开准入门槛，政府的职责回归到主要实施规划和监管。同时，对拥有审批权限的主管部门，将审批的社会资本投资额度、办件数量作为主要考核指标，从根本上打破民间资本进入的"玻璃门"，增加优质公共服务资源，满足多层次、多元化的市场需求。

（二）推进社会化养老服务发展

1. 加快构建多层次的新型养老服务体系。在2012年出台《关于推动中心城区社会化养老服务机构发展的意见》基础上，加大支持力度，将潍坊市养老服务业打造成在全省乃至全国的典范。大幅度提高对社会化养老机构的建设、运营补助标准；降低开办营利性养老机构门槛，并参照社会化养老机构政策，给予适当的开办、运营补助。

2. 扩大政府购买养老服务范围。对机构养老和居家养老的老年人，扩大政府购买养老服务范围，由对不能自理老年人群扩大到对自理、半自理和不能自理老年人群，给予不同标准的补贴，引导其选择社会化养老服务方式，转变养老理念。

3. 打造"北方养老度假区"。发挥潍坊市相对南方地区"冬暖夏凉"的气候优势以及相对周边青烟威沿海城市的价位优势，鼓励养老机构吸引外地人员来潍养老度假，按团队入住超过一定时间段的标准给予一定奖补，做大做强我市养老服务产业。

（三）引导居民绿色出行

潍坊市目前汽车保有量278万辆，居全省第1位，全国第5位，交通拥堵、空气污染等负外部效应已开始显现。引导居民绿色出行已十分紧迫。可从以下几方面多管齐下，尽早收效。

1. 尽快构建"大公交体系"。加快新增、优化线路，提高覆盖率；大幅度增加公交车，并全部选用新能源车辆；延长公交车（特别是通往中心城区以外的）运营时段；通过加大财政补贴力度，将票价降至不高于北京的标准。

2. 大幅增加出租车数量。目前潍坊市"打出租车难"现象十分突出，居民出行不便，且不利于出租车行业可持续发展。建议年内新增出租车500辆，并建立出租车与城区面积、人口联动增长机制，满足市民出行需求。

3. 培育高端汽车租赁公司。鼓励其购买、更换节能环保或新能源汽车，对占比50%以上的，纳入行政事业单位公车服务定点范围。

4. 控制减少污染气体排放。缩短车辆强制报废年限；控制货车在城区运行的时段、路段；在中心城区率先建立排气检测随机抽查制度，对排气超标的本地车予以强制大修或淘汰、外地车给予重罚。

四、促进现代服务类消费

（一）打造潍坊地标式高端写字楼

潍坊市中心城区因缺乏高档次的标志写字楼，直接影响知名企业进驻潍坊的积极性和热情。据我们了解的情况，中心城区办公用房期房价格趋于上升，说明市场对写字楼需求比较多。结合总部基地建设，建议尽快通过优先供地、税费优惠、配套减免等政策，加快建设"潍坊地标"的高端写字楼，增强潍坊总部经济承载力，吸引更多高层次企事业总部及分支机构入驻。

（二）鼓励社区服务业发展

对新创办的、专为社区服务配套的专业机构和社区服务业项目，按照上缴税收给予一定比例的补助；对社区经营性服务项目给予政策扶持，引导有实力的品牌连锁企业，到社区设立各类便民利民网点。

（三）培育发展会展经济

引进、培育会展专业服务公司，比照高新技术服务企业给予税收等政策优惠。鼓励举办大型展会、争办国内品牌展会及国际性展会，按照达到标准摊位数量，分层次增加展位补贴，放大会展经济的带动作用。

五、扩大旅游文化消费

（一）推行旅游景点淡季免门票

在每年的12月至次年2月份，对沂山、富华游乐园、金宝乐园等核心景点免门票，吸引旅行社团体游客及自助游客来潍旅游、消费，由各级财政按照上年门票收入给予一定比例的补贴。

（二）进一步激励地接社吸引外地游客

对潍坊市地接社接待外地旅行社团体游客实现营业收入，上缴营业税给予等额补助，激励其吸引外地游客的同时，"培强做大"地接旅行社。

(三) 打造更具特色和吸引力的品牌景点

将诸城恐龙涧、沂山、杨家埠等核心景点尽快推向市场，按市场化运作模式实施深度开发和提升，打造成在全国可以叫响的旅游景点，对经营主体给予5年内上缴税金地方留成部分等额补助；加快在滨海区启动"东方不沉湖"招商建设，形成更具"轰动效应"的旅游品牌资源，真正将潍坊市由"旅游周转地"打造成"旅游目的地"。

(四) 加快对接引进"奥特莱斯"项目

"奥特莱斯"（Outlets）即"世界名牌折扣中心"，汇集全球顶级时尚品牌，因销售的货品均为换季、库存、工厂尾货及新造特供产品，又一般处于交通便捷的城市边缘区域，土地、建造及仓储成本相对较低，加上销售带来的规模效应，使其拥有相当大的价格优势（1—6折不等），深受时尚商品消费者追捧。目前，泰安"奥特莱斯"项目在建中，半岛城市尚无。而在半岛城市中，潍坊市具有地处半岛城市中间、旅游必经城市等地利优势，而滨海区"远离市区""成本较低"与"交通便捷"的优势兼备。前期已经有过初步接触，建议有关部门加快跟进、对接，在滨海区央子街办周边引进建设"奥特莱斯"项目，辐射半岛地区的消费人群，同时带动旅游、住宿、餐饮等消费。

(五) 培育潍坊演艺市场

1. 引进、培育文化、体育中介机构，在潍举办有影响力的文艺演出及体育赛事，当前要加快与东方演艺集团合作洽谈进程，建设潍坊东方演艺基地，引进各类精品演出。

2. 支持潍坊演艺公司、艺术高校塑造文化精品。

3. 依托东方演艺集团，对潍坊学院、潍坊艺术学校等艺术教育资源进行整合提升，建立东方演艺教育基地，开展各类演艺教育，培养中高级演艺人才，开拓社会演艺教育市场。

(六) 集中资源打造重大题材的影视剧

从近年国内成功的运作案例看，打造群众喜爱的重大影视作品，对某一区域、景观的宣传拉动具有相当大的影响力，是一个传播快、效率高、收益大的捷径。潍坊市民间文化资源丰富，各类评选项目中潍坊市几乎占到全省的30%左右，乐道院、风筝、年画等题材深受文化界人士青睐，如著名导演郭林倾力打造电视剧《年画》已完成拍摄，就是以杨家埠木版年画为题材；台湾导演李安也曾公开表示要拍摄以潍坊风筝为题材的电影。

建议落实专门机构和人员，积极与国内国际知名影视投资机构、导演接洽、合作，依托我市重点文化题材，集中力量尽快打造一部具有重大影响力的影视作品，发挥艺术作品的感染力和扩散力，推动我市由景观城市向文化旅游名城转变。

六、优化消费环境

（一）鼓励金融机构扩大信用消费贷款规模

开展为期半年的试点，对各银行业金融机构向非公务人员发放信用消费贷款的新增额度，按合同约定实际发生的利息，由财政部门给予不超过30%的补贴，用于对贷款使用人的补助，弥补坏账损失，以及银行开展信用消费所产生的费用补偿。

（二）降低物流成本

目前，潍坊市市域内仍有7个国省道收费站，供养收费员500余人，近年每年实现收费收入约1亿元，人员相关费用约5000万元。建议逐步取消市域内国省道收费站，由相关部门与省对接，先行取消中心城区"出入口"的4个收费站，降低物流以及出行成本，增强地产品竞争力，方便居民出行。供养人员在两年内分流结束，分流人员相关费用由财政给予保障。

（三）拓宽消费时间空间

在节假日、夏季实行商场延时经营、公交车延时运营，丰富潍坊夜生活，放大夜间消费。落实好职工带薪休假制度，保障职工休息休假权的同时，使群众有充裕的时间进行文娱、旅游、健身、保健等体验性服务消费。

财政支持焦作市现代农业生产发展的调研报告

焦作市财政局 康黎明

为认真贯彻落实党中央、国务院关于发展现代农业、扎实推进社会主义新农村建设的战略部署,促进农业稳定发展和农民持续增收,2008年起焦作市所辖的温县、博爱县、武陟县、修武县四个县先后被确定为现代农业生产发展资金项目实施县,先后实施了粮食产业、畜牧产业、蔬菜产业三类现代农业生产发展资金项目。自项目实施以来,焦作市严格按照中央、省对项目的要求,积极组织实施,项目进展顺利,取得了显著成效。

一、财政支持焦作市现代农业生产发展的基本情况

2008年,中央财政设立了现代农业生产发展专项资金,焦作市所辖的温县、博爱县被确定为第一批现代农业生产发展资金粮食产业项目县。温县2008—2012年连续五年实施粮食产业项目;博爱县2008—2012年连续五年实施粮食产业项目,2010—2013年连续四年实施畜牧产业项目;武陟县2009—2013年连续五年实施畜牧产业项目,2011—2013年连续三年实施粮食产业项目;修武县2010—2013年连续四年实施蔬菜产业项目。2008—2013年,焦作市累计获得中央、省现代农业发展资金1.62亿元,县级财政配套资金1290万元,整合各类财政资金2.8亿元,带动社会投入资金8309万元。

(一) 主要做法

1. 成立领导小组,为项目开展提供组织保障。各项目县政府都专门成立了以县政府主要领导为组长,各相关部门负责人为成员的领导小组,并设立了规划组、资金组、技术组、宣传组等,分别负责项目规划、资金管理、技术和宣传工作。明确职责分工,责任到人。各部门严格按照各自分工,通力配合,强化责任意识,齐抓共管,确保现代农业生产发展项目按时保质完工。

2. 落实整合资金,提高规模效益。根据实施现代农业项目的需要,结合农业发

展规划和县域主导产业发展实际，以提高支农资金使用效益、促进农业增效、农民增收为目的，以扶持壮大优势主导产业、发挥区域资源优势为重点，充分发挥现代农业生产发展资金引导作用，以现代农业发展规划为平台，加大涉农资金的整合力度，集中财力支持现代农业建设，不断提高涉农资金的使用效益。财政部门积极与农业、水利、畜牧、林业等涉农部门沟通协调，按照"渠道不乱、性质不变、统筹安排、集中使用、各负其责、各论其功、形成合力"的原则，积极整合相关涉农资金，统筹用于支持优势主导产业发展，形成协调配合、良性互动的工作机制，最大限度发挥财政资金的规模效益。

3. 加强资金项目管理，切实发挥项目效益。一是将制度建设摆在最突出的位置，切实细化和完善管理制度体系。在项目管理中，我们认真执行政府采购、县级报账制、国库集中支付、投资评审、绩效考评和检查验收等各项制度，规范项目管理，保证资金安全和施工质量，促进项目的顺利实施。

修武县结合当地实际，制定了"先建后补"具体的实施细则，出台了《修武县2012年现代农业项目资金以奖代补实施方案》，2013年在项目实施过程中，又对以奖代补实施方案进行了认真修订和完善。

二是竞争选择项目区。武陟县结合实际情况每年初定三个项目区，然后抽调水利、农业、农机等有关部门业务人员组成评审小组，对三个项目区进行实际考察、听取介绍、优势评定。通过比较项目区干部群众的积极性、乡村干部的重视程度、实施工程的增产潜力、资金整合规模效益等有关情况，在充分考虑各方面因素的基础上最终确定出当年实施的项目区。

三是加强工程建后管理，确保工程长期良性运行。武陟县结合项目工程特点和小型水利产权制度改革要求，以保证工程实效为目的，引导各村成立节水灌溉服务公司。项目工程实行公司统一管理，统一收费，公司实行单独核算，独立运行。管理费支出主要用于工程运行费、工程维修费、管理人员报酬等，收费标准由村民代表大会决定，同时制定管理人员岗位职责，强化责任，确保工程有人管，有人用，能最大限度发挥工程效益。

4. "三项结合"提升现代农业项目建设水平。在现代农业生产发展资金项目工程选择布局时和当地"百千万"工程建设规划中的"万亩方"或"千亩方"有机结合起来，实行集中连片实施，推进产业带建设，形成规模效益。

与土地流转相结合。以现代农业项目为切入点，修武县把土地流转作为发展蔬菜规模经营的突破口，按照"依法、自愿、有偿"的原则，积极引导农民把土地流转给产业化龙头企业、农民专业合作社，打造蔬菜规模化种植基地，使有限的土地产生更大的经济效益。县财政为此设立专项扶持资金，对承接土地流转连片规模在200亩以上的，县财政每年每亩补贴200元，连补2年；对承接土地流转连片规模在500亩以上的，连补3年。

与新型农业生产经营主体相结合,将其作为推进现代农业生产发展资金项目的重要载体,赋予其项目申报主体地位,鼓励符合条件的参与竞争立项。积极探索将符合条件的项目资产移交农民专业合作组织,引导合作组织建立健全项目资产管理制度,确保项目资产长期发挥效用。共扶持农民专业合作组织88家,农业产业化龙头企业5家。

(二) 主要成效

通过实施现代农业生产发展资金项目,有效地改变了项目区现有生产条件,解决了灌溉保证率低等一系列问题,提高了粮食产量,增加了农业生产效益和农民收入,并使生态环境有所改善,使项目区达到田成方、林成网、渠相通、路相通、旱能灌、涝能排,基本实现了田园化的标准。

一是改善了项目区农业生产基本条件。通过实施新打和修复机电井、埋设管道、架设输变电线路、疏浚渠道、衬砌渠道和修建生产道路等工程建设,改善了项目区农业生产条件,基本达到田地平整肥沃、水利设施配套、田间道路畅通、林网建设适宜、科技先进适用、优质高产高效的总体目标,项目区抵御自然灾害的能力显著增强,粮食综合生产能力明显提高。截至2013年底,粮食产业项目区新增有效灌溉面积10.2万亩,建设高标准农田7.33万亩,修建田间道路126千米,修建渠系39千米,年节水1000万立方米,年亩均增产小麦20公斤。蔬菜项目新建温室、大棚等设施面积1600万亩,改造温室、大棚等设施面积200万亩,蔬菜产业面积达14.1万亩。

二是提升了项目区农业科技示范和带动作用。在良种和技术推广方面,建立和完善良种繁育基地,推广高产优质良种,对农民实施技术培训。在测土配方施肥方面,完善配肥站设备,加强土壤墒情与耕地质量监测,增强公益性服务能力,提高了耕地质量。在保护性耕作方面,支持保护性耕作机具购置,实施农机技术培训、示范和宣传。如蔬菜项目开展技术培训1.8万人次,推广实用生产新技术、新品种15项次,新品种、新技术普及率达85%以上。畜牧项目奶牛单产达到7吨,提高7.7%,肉牛个体产肉量达到250公斤,提高13.6%。人工授精率基本达到100%,良种覆盖率达到100%,科技贡献率达到60%以上。

三是改善了农业生态环境。实施现代农业项目能够有效带动秸秆、畜禽粪便等农业生产环节产生的废弃物得到充分利用,改善项目区的农业生态环境,为建设"美丽乡村"发挥积极的作用。

四是推进了新型农业生产经营主体发展。通过实施现代农业项目,扶持了一批农民专业合作社、家庭农场、专业大户及农业产业化龙头企业,培育和壮大了新型农业经营主体。共扶持农民专业合作组织88家,农业产业化龙头企业5家。

五是促进了农民增收。通过实施现代农业项目,提高了农业生产的规模化、标准化水平,促进了农业增效和农民增收。如蔬菜项目带动农户13000户,户均收入增加

2000 元，增加就业机会 1700 个。

二、存在的主要问题和困难

（一）现有资金规模与现实需求存在较大差距

中央财政 2013 年安排的资金是 100 亿元，河南省只有 4.95 亿元，占比不到 5%，焦作市 2300 万元。由于现代农业项目的现有资金总规模有限，一方面项目县覆盖范围小，另一方面扶持资金少，粮食项目县一年的资金总额是 700 万或 800 万元，畜牧、蔬菜项目县一年的资金总额是 500 万元，扶持的范围受到很大限制。这与各县大力发展现代农业，迫切要求改善农业基础设施条件的巨大资金需求存在着较大矛盾。

（二）项目规定的扶持范围较窄

目前河南省扶持的主导产业有粮食（以小麦、玉米为主）、畜牧（奶牛和肉牛）、蔬菜、茶叶、木本油料（油茶、核桃）五类产业，扶持我市的有粮食、畜牧、蔬菜三类产业。扶持的产业面较窄，而近年来发展势头强劲的县域支柱性产业、特色性产业，如焦作市的"四大怀药"、肉鸡养殖则未能列入扶持范围。

（三）财政扶持环节存在一定的局限性

按照中央、省的规定，粮食产业项目只支持农田水利建设环节，就连与之必须配套的高压、低压线路也不在范围，更别说其他的环节了。畜牧产业只支持奶牛、肉牛养殖场基础设施建设环节，直接导致养殖场有钱建设、无钱发展，养殖所需的大量流动资金极度匮乏。

（四）整合资金难度大、整体效益差

一是整合资金形式化。在现行条块管理体制下，由于受部门利益、职能等制约，在实际整合和统筹涉农资金过程中，仍不可避免的一定程度上存在着"各吹各的号，各打各的锣"各自为政的现象，所谓的整合资金，只是流于形式，要么是"拉郎配"，要么是"被整合"，仅仅是对其他部门使用和管理的支农资金的统计汇总，并未实现真正意义的资金整合。

二是未真正形成上下联动的整合机制。在现行管理体制下，以县级为平台整合支农资金，只是使上级涉农部门间难以协调的矛盾"下移"到县里。上级各个涉农部门的专项资金都有自己的一整套项目管理制度、资金管理办法，以县为主整合和统筹使用资金的难度可想而知。

三是成龙配套程度不高。在整合资金项目实际操作过程中，由于受各部门项目管理、资金规模、实施时间、范围等限制，整合资金项目相互之间配套性不够。这种情况在现实中并不罕见。如实施农田水利设施建设的项目区内，整合的田间道路项目、农田林网项目、机井通电项目等与之相互配套程度不高，往往是规模大小不一，很难全面覆盖，整体效益不高。

（五）项目有效施工时间短

根据中央、省加强绩效管理的要求，现代农业项目的最终确定要经过自下而上、自上而下的过程。即由县级逐级申报（初次）、绩效自评（连续）、省级考核、中央考核，中央确定总规模后，再逐级确定下达，这样下来一般情况就到了7、8月份，而项目要求要在次年的3月底完成。项目实施必须按要求实行政府采购、投资评审等程序，加之，恰逢冬季施工，中间又有春节，这样下来，要在规定的时间内完成建设任务，有效地施工时间很有限。

（六）管护机制尚不健全

项目建成后，虽然办理了产权移交手续，落实了责任主体，但是重建轻管的思想意识依然存在，后续的维修养护措施、经费落实不到位，有效、健全的管护机制未能真正建设起来，在一定程度上影响了农业基础设施长期效益的充分发挥。

三、政策建议

（一）进一步加大扶持力度

一是大幅度增加现代农业项目投资总额，扩大项目县覆盖范围，使尽可能多的县市实施现代农业项目。

二是增加单个项目县的扶持额度，进一步加快项目实施步伐。

三是增加项目支持产业。要尽快把发展势头强劲的县域支柱性产业、特色性产业纳入支持的产业中来。

四是扩大扶持环节和建设内容范围。现代农业项目扶持范围应进一步扩大，不仅要包括基础设施建设，而且要涵盖新品种、新技术推广、服务体系建设、流资贷款贴息、工程维修养护支出等方面以及确需支付的工程设计费、监理费、招标代理费等相关费用。

（二）政府出台奖补相关指导性意见

建议上级出台"先建后补""以奖代补""以物代资"、财政贴息等方面的指导性意见。以便项目县有法可依、有章可循，避免出现盲目局面。

（三）建议赋予地方一定的自主权

如在项目实施过程中的赋予地方一定的一般性调整的权限；项目政府采购招标结余资金额度内的免于报批等。

（四）整合和统筹使用涉农资金要适当放权

实行上级宏观指导、县级自主选项，积极推进审批权限下放工作，赋予县级更多的自主权，为以县级为主体开展整合资金工作奠定良好的基础。

（五）项目实施进度放缓

建议项目实施时间向后稍微延迟一些，次年6月底前实施完成较为合适。

（六）集中连片项目资金分配方式

建议项目建设在集中连片的前提下，适当考虑安排部分资金用于零散地块、边角地块的基础设施建设及配套问题。

（七）同类工程统一标准

现代农业项目、小农水重点县、千亿斤田间工程、农业综合开发等项目的同类型工程要统一建设标准、投资标准。

财政促进烟台文化产业发展的对策

烟台市财政局 张明玉

文化产业是新兴产业,是经济发展极具潜力的新增长极。烟台近年来高度重视发展文化产业,财政部门也立足本职,发挥财政职能予以大力扶持,烟台文化产业实现了快速发展,呈现出加速腾飞的良好势头。

一、主要做法

烟台在支持文化产业发展上多措并举、重点突破,紧抓关键环节促进产业发展。

(一)注重政策引导,加大帮助扶持

文化产业作为新兴业态和产业经济,需要政府的政策扶持。近年来,财政部门先后参与制定了《关于深化文化体制改革加快文化产业发展的若干政策》《关于加快工商扶持力度促进文化产业发展的意见》《关于加快推进全市文化改革发展的实施意见》等一系列政策措施,对全市文化产业发展进行引导扶持,不断优化文化产业发展的政策环境。正确的引导和强力的措施,推动了烟台文化产业的快速发展,2013年烟台文化产业增加值实现360亿元,是2009年的2.18倍,实现了5年翻一番的目标,文化产业增加值占GDP比重达到6.5%,超过了5%的支柱产业认定门槛,成为拉动烟台经济增长的重要支柱产业之一。

(二)加大资金投入,落实优惠措施

为支持文化产业发展,2010年市级出台了《烟台市文化产业发展专项资金管理办法》,每年市级安排500万元,采取补助、贴息、奖励等方式扶持重点文化企业和重点文化产业项目,4年来已累计投入2000万元,扶持产业项目108个,撬动社会投资300多亿元。在扶持高端演艺市场方面,每年财政安排烟台大剧院演艺及运营补助1500万元,借助保利院线演艺资源优势,开拓高端演艺市场,普及高雅艺术,培育潜在文化消费群体。此外,为鼓励精品影视创作,市级财政每年安排2000万元影视创作专项资金,用于支持烟台本土精品影视创作创新。对于国家、省出台的一系列

扶持文化产业发展的财税优惠政策，财政部门也主动协调工商、税务等部门予以落实，帮助文化企业最大化享有财税优惠政策，减轻企业税收负担，促其轻装简行加快发展。

（三）加强载体建设，实施三大工程

文化产业载体建设，是推动文化产业发展的方式。这几年，财政部门坚持重点突破，以"大集团、大项目、大园区"建设为重点，实施了文化产业载体建设三大工程，切实增强文化载体对文化产业发展的支撑推动作用。大集团建设上，重点扶持烟台日报传媒集团、烟台广电集团等国有龙头企业膨胀发展，发挥龙头企业对文化产业发展的示范带动作用；大项目建设上，大力推进胶东文化广场、张裕葡萄酒城等重大文化产业项目建设，目前烟台在建和规划建设过亿元的文化产业项目达到133个，仅2013年新开工亿元以上项目就超过30个；大园区建设上，推进加快烟台广告创意产业园、烟台报捷文化创意产业园等重点园区建设，鼓励文化企业、文化产业项目向园区聚集，推动形成规模效应，拉伸文化产业的增值链条，打造具有强大辐射带动作用的产业高地。截至2013年底，烟台已建成国家级文化产业园（基地）3个，省级文化产业园（基地）9个。

（四）深化体制改革，激发市场活力

烟台市文化体制改革近年来迈出重要步伐。改革中，财政部门切实履职，主动担当，积极筹措资金承担改革成本，保证了改革的顺利进行。烟台文化体制改革重点推进了四方面工作：一是理顺建立起大部门文化管理体制，推动文化管理由"办文化"向"管文化"转变，释放激发文化发展的内生活力；二是推进国有经营性文化单位转企改制，成立了华夏传媒集团，对国有文艺剧团、电影公司、影剧院进行了"事改企"改革，将优势文化资源注入文化市场；三是在"局台分设"的基础上组建新的广播电视台，探索新的制播分离体制；四是推进了事业单位内部"三项制度"改革，以转变机制为入手，提高文化单位文化服务的质量和水平。总的看，烟台的文化体制改革取得了较好效果，先后获得"山东省文化体制改革先进市"和"国家文化体制改革先进地区"称号。

（五）加强金融融合，拓宽投融资渠道

文化产业发展，离不开金融资本的支持。文化产业作为新兴产业经济，政府的投入仅是一方面，更重要的是社会资本的参与和支持。为推进文化产业与金融对接，吸引金融资本和民间资本进入文化领域，拓宽文化产业发展的融资渠道，烟台市与山东鲁信集团进行了深度合作，共同合资入股成立了烟台文化产业投资基金，基金总规模5亿元，首期募集资金1亿元。目前资金募集阶段基本结束，即将挂牌进入实质性项目

考察投资阶段。成立的烟台文化产业投资基金，将重点对烟台文化企业进行股权投资，发挥提升烟台骨干文化企业文化创新能力和市场竞争力，培强做大在全国有影响的文化龙头企业。

（六）注重人才培育，提供智力支撑

文化产业是以人力资源创造高附加值的产业，人才对文化产业发展非常关键。为加强文化产业人才培育，财政部门安排专项资金支持实施了人才培育三大工程。一是"培才育才"工程，引进山东大众报业集团在烟投资兴办山东文化产业职业学院，培养输送文化产业方向高级应用型人才；二是"招才引才"工程，将文化产业高端人才纳入全市人才引进培养"双百计划"和"千人计划"，吸引优秀文化创意人才落户烟台；三是"产业聚才"工程，以文化产业园区建设为重点，对人才园区创业给予政策扶持，鼓励文化企业和文化产业项目向园区迁移，形成产业规模，吸引集聚优秀文化产业人才。

二、存在问题

烟台文化产业近年来发展势头迅猛，成绩显著，但也存在着一些亟待解决的问题。主要的有以下五点。

（一）文化产业发展内生动力不足

文化产业要保持长期快速发展，深化文化体制改革激发文化产业内生发展动力至关重要。目前，烟台文化体制改革同国内大多数地区一样，步入了改革的深水区，改革步伐的放缓，影响了文化市场对文化资源配置作用的全面发挥，文化企业市场化程度不高，难以尽快建立起自主经营、自负盈亏、自担风险、自主创新的现代文化市场经济主体。

（二）龙头企业辐射带动作用不强

烟台目前尚缺乏在国内叫得响、叫得硬，知名高、品牌影响大的重量级文化龙头企业。烟台日报传媒集团、烟台广电集团等国有大型文化企业，其企业规模、市场份额、盈利能力、品牌影响力在国内、省内相比仍然偏小偏弱，产业集中度和集约化程度不高，产业链条拉伸度不够，品牌影响力不强，文化龙头企业对文化产业整体发展的辐射带动作用不明显。

（三）文化产业投融资体系建设亟待加强

文化产业发展，与资本市场的对接非常关键。烟台目前文化产业投融资渠道较为

单一，企业发展主要是靠自身积累和政策性支持，由于文化产业"轻资产"的特性，文化企业较难达到银行贷款抵押和风险控制要求，银行等金融机构对文化企业的信贷规模维持在较低水平。此外，目前文化产业领域缺乏资本退出渠道，外资、民资等社会资本文化产业介入度总体不高，文化企业融资难问题成为制约烟台文化产业发展的重要问题。

（四）文化产业发展存在结构性问题

按照国家对文化产业核心层、外围层和相关层的分类方式，烟台文化产业发展存在结构性问题，高附加值的影视创作、文化艺术服务等核心层和外围层发展水平不高、比重偏低，文化用品、文化设备等低附加值的相关层比重偏大，致使文化产业经济贡献率不高。此外，文化产业与科技等相关行业融合度仍待加强，文化产业创新能力不足，创意文化发展滞后。

（五）高端文化产业创意及管理人才不足

文化产业人才分为创意人才和管理人才。目前烟台文化产业人才在总体不足的情况下，高端文化创意人才和复合型管理人才短缺问题尤为突出，表现为：创意人才方面，多为复制型和模仿型人才，缺乏优秀的创新型人才，文化企业原创作品少，核心竞争力不强；管理人才方面，既懂文化艺术又懂经营管理，既擅长市场营销又熟知资本运作的复合型高级管理人才匮乏，高级管理人才引进难、引进后留住难的问题较为突出。

三、工作对策

当前，烟台文化产业迈入了新的发展阶段，立足财政本职，发挥财政职能支持推进烟台文化产业发展将大有作为。

（一）履行保障职责，推进文化体制改革

文化体制改革，是破除制度桎梏，创新工作机制，激发文化产业内在发展活力，实现文化产业长期快速发展的根本途径。烟台文化体制改革目前已进入攻坚期，需要财政部门持续的投入与支持。财政部门在支持推进文化体制改革上，一是要主动担当，承担维稳成本，保障改革进行；二是要一定时期内继续加大投入，对改革单位"扶上马，送一程"，帮助其化解改革初期的实际困难，促其"破困"发展，增强生存能力；三是要为改革单位创造提供生存和发展的空间，通过加大文化领域政府购买服务范围和力度，搭建企业发展的平台；四是加强文化资产管理，在运用文化资产资源促改革谋发展的同时，严格履行文化资产财政监管职责，防止国有资产流失，确保国有文化资产保值增值。

（二）落实扶持政策，创新扶持方式

政策扶持对文化产业发展至关重要。为加快发展文化产业，推动文化产业成为国民经济支柱性产业，国家在工商税收、投资融资、土地资产等方面出台了一系列扶持措施，需要财政部门积极落实，帮助文化企业享受到应有的政策优惠，通过用足用实优惠政策，实现企业自我加速膨胀。同时，要结合新的发展形势，按照市场的理念、市场的方法创新对文化产业的扶持方式，将财政直接投入转为间接市场扶持，积极探索金融机构文化产业贷款奖励、贷款贴息、信贷补偿、风险基金等更加市场化的手段扶持文化企业发展。此外，要大力支持文化产业信息网、文化产权交易市场等服务平台建设，利用平台的资源集聚优势，促进文化产业发展。

（三）促进产业融合，推动文化产业转型升级

当前文化产业发展进入了新的阶段，促进文化产业与科技、旅游、金融等相关产业的融合，赋予文化产业更多"创意""创新"内涵，是促进文化产业转型升级，实现长期快速发展的关键。这方面，财政部门要发挥职能优势，在支持各产业发展时要统筹兼顾、资源整合、因势利导，推动文化产业与相关产业对接融合。科技融合上，强化创新驱动，将文化产业领域的科技研发优先纳入科技发展计划，用科学技术提升传统文化产业，创造新的文化业态；旅游融合上，深入挖掘旅游产业的人文资源，用文化包装旅游，用旅游承载文化，打造烟台特色文化旅游品牌；金融融合上，强化财税政策扶持和资金引导作用，推动文化产业与金融资本对接，吸引金融资本和民间资本进入文化产业领域，打造文化产业投融资平台，拓宽文化产业发展的融资渠道。

（四）实施品牌战略，带动文化产业发展

文化品牌是文化生产力和竞争力的浓缩，是文化产业发展的关键要素和重要推动力。针对目前烟台文化产业缺乏知名品牌的现状，大力支持品牌建设，围绕烟台文化资源优势和地方特色，打造知名文化品牌，提升烟台文化产业发展的核心竞争力。一是打造特色文化品牌，深入挖掘烟台山水文化、海洋文化、仙道文化、开埠文化、红色文化等优势资源，构建打造优势互补、特色鲜明、竞相发展的特色文化品牌，促进生产要素向文化产业聚集；二是打造新兴产业品牌，推进实施"创意烟台"计划，优先发展科技含量高、附加值高的"双高"新兴文化产业门类，优化提升烟台文化产业结构；三是打造文化企业品牌，实施大集团发展战略，以烟台日报传媒集团、烟台广电集团等大型国有文化企业集团为骨干，以资本资产为纽带，充分发挥市场机制的作用，做大做强一批跨行业、跨领域、跨地区的本土文化企业集团。

（五）健全工作机制，加强人才引进培养

烟台文化产业发展，需要更多高素质的文化人才。加强文化产业人才的引进培养，是当前迫切的工作。人才引进培养要立足烟台实际，坚持以人为本，健全工作机制，把烟台打造成人才集聚的"洼地"和成长的价值"高地"。具体包括：一是完善培养机制，发挥烟台大学、鲁东大学、山东文化产业职业学院等学校的资源优势，培养我市急需的文化产业专业人才，选拔有潜力的青年，通过委托培养、定向选送、短期交流等方式，培育一批具有国际文化视野的复合型文化产业人才；二是完善引进机制，推进实施人才引进培养"双百计划"和"千人计划"，引进我市急需的高端文化产业人才，鼓励优秀文化产业人才通过兼职、合作、定期服务、技术开发、项目引进、科技咨询等方式到烟台市创业；三是完善用人机制，坚持任人唯贤、唯才是举、能上能下、能进能出的用人导向，将优秀文化产业人才选拔到关键岗位上；四是完善激励机制，加大对优秀人才的奖励扶助，允许个人以其拥有的文化品牌、创作成果等作价入股，逐步建立由市场调节、企业自主分配、职工民主参与、政府监控指导的文化产业薪酬体系。

建立和完善养老产业服务体系

——基于栖霞市的调研与思考

栖霞市财政局　郝　伟　张志兴　范振凯　吴绍丽

"十三五"时期，是全面建成小康社会的决胜阶段，是我国顺利完成第一个百年奋斗目标，并以崭新面貌向第二个百年奋斗目标迈进、实现中华民族伟大复兴中国梦奠定基础的关键时期，也是栖霞市创新驱动、转型升级的重要时期。按照栖霞市"做精一产、做强二产、做优三产"的思路，笔者一直思考能否将养老产业作为"做优三产"、调整结构和优化升级的重点，通过营造有利于养老产业发展的政策和体制环境，推进养老产业规模化、品牌化、网络化经营，为栖霞经济赶超发展增加新动力。为此，笔者进行了深入的调研和思考，下面谈谈粗浅的认识和看法。

一、栖霞市养老产业发展的现状及存在的问题

栖霞市现有人口62.5万人，60岁以上人口12.9万人，占总人口的20.6%。全市现有农村敬老院15处，民办养老机构4处，城市社区7处，农村幸福院31处，另有3处养老机构依托农村敬老院建立，属于一个机构，两块牌子。拥有床位3857张，千名老年人拥有床位29.87张，距离上级要求的千名老年人拥有床位35—40张尚有很大差距。

目前，栖霞市计划建设4处中心敬老院，即保留苏家店敬老院，将其余14处乡镇敬老院整合至松山、桃村、杨础以及翠屏四处中心敬老院，桃村中心敬老院（挂栖霞市社会福利中心牌子）已经建成，松山、杨础中心敬老院正在建设，主体工程已经完工，翠屏中心敬老院正在规划，4处中心敬老院建成后，床位将达到2590张。

栖霞市养老产业的矛盾和问题突出表现在以下几个方面：一是政府养老机构档次低。政府养老机构大多是利用20世纪70—80年代的旧学校改造而成，条件差、规模小、档次低、维护费用高，提供的服务内容主要是食与住，缺乏高标准护理服务、医疗服务、休闲服务，无法满足农村五保对象集中供养和社会养老需求。二是政府养老机构养老费用标准低。五保对象集中供养标准过低，与民办养老机构的社会老人代养费有一定差距。三是管理人员服务水平低。栖霞市农村敬老院多由镇（街、区）政府或民政工作人员兼任院长，个别敬老院请临时工负责，年龄偏大、文化程度低，没

有管护经验，管理服务水平偏低。四是居家养老负担沉重，压力大。受经济条件和网络服务不健全制约，目前栖霞市居家养老面临经济和精神负担重、缺乏专业护理和便捷上门服务等诸多难题，在未来，面对二四格局（两个子女负担四个长辈），养老问题将愈发突出。五是养老观念落后。个人层面，受传统以家庭为主养老观念的束缚，绝大部分老年人顾及自己的尊严和子女的面子，不愿去养老机构，子女们怕担不孝骂名，怕受无能指责，也不愿把老人送到养老机构。政府层面，责任意识不浓，缺乏跟进举措，养老服务业基本处于自我发展状态。社会层面，对养老的责任主体缺乏明晰认识，随波逐流、漠然视之，没有形成浓厚的舆论氛围，没有起到积极的推动作用。

二、国内外养老产业发展值得借鉴的先进经验

俗话说，他山之石，可以攻玉，国内外养老产业发展的先进经验，可以作为我们的榜样，可以转化为我们的智慧，我们可以从三个层面学习研究和借鉴。

（一）世界典型养老服务模式

世界上典型的养老服务模式有三种：一是北欧式的统一主义福利模式，即国家对全体国民的福利服务制定统一标准，通过公共机构向全体国民提供均质的福利服务；二是新自由主义模式，即引入市场机制，减少政府责任，以民间服务机构为中心，强调自立和互相帮助；三是多元化模式，即政府、家庭、社区、工作单位、民间组织共同参与，服务主体多元化。

（二）国内养老服务模式

国内现在的养老服务模式大致分为两类：一是居家养老，以家庭为依托，以社区化、社会化为补充，既满足了老人居家养老的传统观念需求，又实现了社区帮助和社会服务。受传统孝道文化影响，部分老人喜欢在自己所熟悉的家园养老，希望通过子女和社区照顾来安享晚年。家庭和社区根据老人的需求通过市场化运作来提供服务，不仅能充分有效配置资源，降低养老成本，还能使老人不脱离社会，满足"故土难离"情感，使养老受益最大化。二是机构养老，就是老人进住养老院，费用由个人负担的养老方式。机构养老的方式多种多样，大致分为政府举办、个人举办、集体举办、街道举办和村镇举办，等级也不相同，有星级养老院，也有低标准养老院。机构养老的特点是养老服务由专门的机构提供，机构内拥有适宜老年人身体保健、生活起居和医疗健康的设施条件，服务人员职业化、专业化程度高，能够为不同类型、不同需求的老年人提供专业化或半专业化的生活照料和医疗护理服务，使老年人得到较为集中和良好的照顾与有序的生活。同时，机构养老还能为老年人建立与同辈群体交流

的平台，有益于老年人的身心健康。近年来，一些地方已经把养老服务当成一种"产业"打造发展，部分社会资本（包括外资）也纷纷抢占这个具有无限开发前景的市场。

（三）烟台市养老服务业现状及面临的问题

截至2015年底，烟台市建成养老机构247处，各类养老床位5.13万张，千名老人拥有床位35.3张。随着社会经济的发展，老年人已不仅仅停留在吃饱、穿暖、没病没灾的层面需求上，"老有所养、老有所医、老有所乐、老有所学、老有所教、老有所为"已成为老年人追求的目标。据烟台市民政部门统计，烟台市区现仅有一个高标准养老机构，位于莱山区，床位1000张，设施齐全，服务质量好，信誉度高，综合条件是最好的，成为烟台市区老年人入住的最佳选择，目前登记排队等候入住的老年人达1000多人。烟台其他县市区养老服务机构做得比较好的有莱州的桃源山庄、招远的社会福利中心，但都离烟台市区较远，不能有效满足烟台市区以及其他县市区高端养老服务需求，没有高标准养老机构的县市区有一定经济条件且需要高标准服务的老年人，往往会选择烟台市区条件相对好一点的养老机构入住。

从以上情况可以看出，烟台地区能提供优质服务的高端养老机构严重不足，无法满足有一定经济条件、需要高质量服务的老年人入住需求；一些养老机构硬件方面很先进，但服务质量差强人意，也不是老年人的理想选择地。基于以上原因，烟台市政府在"十三五"规划中提出："合理规划养老设施，支持社会力量兴办老年养护型、医养结合型机构，打造滨海宜居养老胜地"，足以说明烟台市委、市政府十分重视烟台养老服务业的发展，也为栖霞市养老服务产业的发展指明了方向。

三、栖霞市发展养老产业的政策和环境优势

栖霞市发展养老产业既有政策优势，也有得天独厚的环境优势，具体分析如下。

（一）政策资金优势

2014年，山东省人民政府出台的《山东省人民政府关于加快发展养老服务业的意见》指出：鼓励支持各类投资主体参与养老服务业发展。加大对外开放力度，吸引境内外投资者以独资、合资、合作等方式举办、运营养老机构。与此相配套，各级纷纷出台相应的补助政策。一是省级补助政策。建设补助方面，自2014年起，省财政对新增养老床位不少于20张、符合有关部门规定资质条件的养老机构，按核定床位给予一次性建设补助，对东、中、西部地区每张床位分别补助4500元、5500元、6500元；运营补助方面，自2014年起，对已运营、养老床位不少于20张、符合有关部门规定资质条件的养老机构，按实际入住的自理、半自理和不能自理老年人数

量,省财政分别给予每人每年360元、600元和720元的运营补助,连补3年。二是烟台市级补助政策。建设补助方面,自2014年起,对新增养老床位不少于20张,符合有关部门规定资质条件的养老机构(含区域性敬老院),按核定床位给予一次性建设补助,各区范围内每张床位补助5000元,其他县市每张床位补助4000元,栖霞市的补助资金由市县两级财政分别承担40%和60%;运营补助方面,自2014年起,烟台市财政对运营1年以上,符合有关部门规定资质条件的养老机构,按实际入住的自理、半自理和不能自理老年人数量,分别给予每人每月50元、100元和120元的运营补助,连补3年,栖霞、长岛等七县市区全部由烟台市级财政负担,其他县市区市县各负担50%。另外,烟台市每年从福利彩票公益金中安排大量的资金用于养老服务业的建设和运营补助,可视养老服务机构建设情况积极争取。

(二)地域环境优势

栖霞市位于烟台中心区域,离烟台仅1小时车程,高速路贯串东西南北,四通八达,是名副其实的烟台后花园,栖霞作为全国名闻遐迩的苹果之都和优秀旅游城市,以其特有的区位,分明的四季,丰富的水系,青翠的山峰,决定了它是承载生态养生养老的绝佳之地。休闲、养生是现在许多有条件的老年人追求的养老目标,栖霞长春湖区域具备得天独厚的自然条件:区位条件——烟台市的水源地,水质优良,空气清新,湖光山色,美不胜收;气候条件——冬无严寒,夏无酷暑,气候宜人;森林资源——植被良好,林木茂盛,森林绿化覆盖率达90%以上;水利方面——自然及人工水库、湖泊众多,水质优良,水资源丰富。长春湖周边区域,尤其是豹山口村周边几十平方公里区域,离栖霞市区仅10分钟车程,属丘陵地带,坐落于层层群山环绕之中,植被丰富,地势开阔,生态环境优异,自然风景优美,经过农业综合开发多年的打造,荒山变成了花果山,花、草、树、果满山遍野,非常适宜开发养生养老基地,这些都构成了栖霞发展养老产业的自然优势。

(三)发展规划优势

烟台市在"十三五"规划中明确提出"推进栖霞融入烟台中心城区"的战略构想,为栖霞市发展养老产业提供了难得的机遇,独特的地理位置和优越的气候环境,奠定栖霞市发展高端休闲养老产业的基础,可在"十三五"期间利用自身优势把发展养老产业作为经济发展的突破口,把栖霞打造成烟台市的养老产业基地。

四、栖霞市发展养老产业的思路目标及意见建议

栖霞市发展养老产业具有得天独厚的优势,但也不能一哄而上,要有明确的思路目标和强力的工作举措。

(一) 思路目标和发展重点

从目前市场需求以及栖霞市前期养老机构建设情况看，栖霞市未来养老服务产业发展的目标应定位于：打造以高端、医养结合、休闲养生养老服务机构为主，以养老家政服务机构（或公司）为辅的综合型养老基地。

一是高端养老机构。栖霞目前在建或拟建的区域化养老机构有四家，全部建成后床位可达到2590多张，基本能满足栖霞市普通人群的养老需求。栖霞养老产业未来发展的目标人群应为烟台地区特别是烟台市区有一定经济条件、追求高质量养老服务的需求人群。高端养老机构必须具备两个条件，第一个条件是机构内的硬件设施要达到甚至超过国内先进养老机构水平，能满足老年人娱乐、健身和养老服务的各项需求；第二个备件是必须拥有高质量的服务，也就是平时所说的要达到"星级"服务水平，机构内服务人员必须持证上岗，拥有养老专业人才水平和素养，并具备康复、护理、营养、心理咨询等专业知识，以满足老年人的各项服务要求，为老年人提供一流的服务和养护。

二是休闲养生养老机构。休闲养生养老是近年来新兴的养老服务方式，是一种以家庭或组团为主，可随意自主选择居住时间和户外活动的养老方式，既可以是"候鸟式"养老，也可以是长期居住养老，比较适合四肢健全、喜欢自主生活且有一定活动能力的老年人群，养老机构内应同时拥有集中居住场所和分散居住场所，以满足不同人群的需求。老年人在机构内可随意选择户内户外休闲活动方式，如种植、养殖、垂钓、采摘等。长春湖周边的豹山口区域以其有利的地形地貌和生态优势，非常适合发展休闲养生式养老服务业。需要特别指出的是，"候鸟式"养老近年来已被越来越多的地区和老年人关注，海南省已利用其有利条件在海口和三亚等城市率先发展"候鸟式"养老，这些养老机构需提前半年预订才能入住，对海南的经济发展发挥了积极推动作用。通过到上海、苏州等地考察，我们了解到，因到异地居住宾馆费用较高，而"候鸟式"养老机构居住费用较低，安全、伙食、医疗等各方面都有很好保障，一些喜爱旅游的老年人甚至部分年轻人，往往选择"候鸟式"养老机构入住。经实地考察，农业综合开发打造的豹山口区域可建设数量众多的"候鸟式"养老住宅群落，利用烟台、栖霞的旅游资源和气候优势，把养老与旅游结合，吸引省内外特别是内陆地区的游客和老年人到此进行"候鸟式"短暂居住和养生养老，有着广阔的市场发展前景。

三是医养结合型养老机构。医养结合型养老机构就是在养老机构内设置专业医疗机构，现已成为中国养老服务业发展的必然趋势，其优点是大大方便了老年人的日常保健，老年人生病后足不出户即可第一时间接受抢救和治疗，病愈后在机构内实现一票结算，这种"一站式"医疗服务方式，极大提高了老年人重大、危急病情的抢救成功率和治愈率，同时也减轻了患者家属的各种负担，从中央到地方政府目前都大力提倡发展医养结合型养老机构，我国目前养老服务业超前发展的上海、苏州等地的高端养老机构均采用此模式，烟台地区的莱州桃源山庄、招远社会福利中心等大型民办养老机构也采用此模式。

四是家政式养老服务机构。家政式养老服务是机构养老的一种有效补充，服务人群主要是居家式养老的老年人，优点是无须建设庞大的机构，无须占用大面积土地，投入资金少，机构内的养护人员经过培训取得证书后即可上岗。服务方式是机构内的养护人员到家庭或社区内为老年人提供服务，服务对象按服务时间支付报酬，老年人或其子女可从护理队伍中选择自己喜欢的养护员为他们提供不同的服务，能有效解决老年人的生活需求。

（二）建立养老产业多元化的保障机制

一是缓解要素制约。积极贯彻落实国家宏观调控政策，加强土地、水、能源的调控和节约利用。规范土地集约存量和新增土地，保障养老产业发展用地需要；加快建设与养老产业配套的水利、医疗、娱乐、教育、休闲旅游等设施，营造养老产业发展良好的要素条件。

二是建设养老产业多元化资金筹措机制。加快建立以政府投入为引导、企业投入为主体、社会投入为补充的多元化投资体制，积极探索政府与社会资本合作（PPP）、引进养老产业投资基金、利用保险资金投资养老产业等模式，从根本上破解资金投入瓶颈制约。国内已知的保险公司投资养老地产项目，一为泰康人寿与万科于2013年签署战略合作协议，依托万科的优势，合作建设养老地产项目；二为太平人寿在上海推出高端养老社区，并与其养老保险产品"悦享金生"进行捆绑销售；三为泰康人寿在武汉、北京和上海等地自建养老社区，效益都非常好，我们可以积极借鉴引进。

三是强化养老产业项目拉动。强化高端引领理念，突出养老项目对"十三五"规划实施的支撑作用，争取一批养老产业项目纳入上级规划项目库，全力实现"谋划储备一批、开工建设一批、投产达效一批"的良性循环局面，建成一批投资规模大、竞争能力强的养老项目集群。据不完全测算，落地一个投资10亿元、占地300亩的养老项目，建设期直接带动本地建筑、机械、钢材、水泥等行业的发展，可实现建设期税收6000万元，运营期则可直接带动当地的就业培训、娱乐消费、医疗健康、休闲旅游等产业发展，增加消费环节税收。同时，一个大型养老服务机构就是一个巨大的消费市场，能有效带动工商业和周边农、牧、渔业的发展，增加群众收入；栖霞区域外老年人的子女到栖霞养老服务机构探望父母，吃、住、游也可带动栖霞服务业的发展。

四是加大人才智力支持。医养结合、休闲、养生的养老服务体系建成后，照料和护理老年人需要大量的陪护、保健、心理咨询、后勤保障人员，促进了社会就业和再就业，增加了城市人口，增加了人才和智力需求，教育与人社部门、医疗机构可与养老机构签订培训合同，进行专业培训，定向培训养老护理、营养、心理咨询等人才，在保证养老机构正常运转的同时，带动教育、医疗事业发展，提高城市人口的综合素质。

（三）意见建议

1. 抓好顶层设计。建议市里出台《关于加快发展健康养老产业的实施意见》，全面谋划健康养老产业发展的具体目标、工作内容和具体举措，为健康养老产业发展指明方向；建议相关部门加大对健康养老产业发展的工作指导和调度，建立信息共享平台，构建健康养老产业的沟通交流机制。一是成立健康养老工作专门领导机构。由相关市领导牵头，民政、卫生、发改、财政、国土等相关部门参与，加强统筹协调和重大问题解决，抓好具体工作落实。二是建立联动推进机制。推行部门联席会议制度，明确相关职能部门在健康养老工作中的责任，实行台账管理，力促工作落实。三是建立监督评估机制。建立专业机构对全市健康养老事业发展、养老机构运作、养老服务质量进行监督、评估，建立数据库，强化日常管理，提升管理水平。四是建立健康养老工作考核机制。将健康养老服务发展指标纳入栖霞市政府绩效考核目标和民生实事项目，促进养老产业健康快速发展。

2. 加大政策扶持力度。为栖霞市健康养老项目审批开辟绿色通道，建立行政审批一站式快捷服务通道，对涉及健康养老产业的事项快速决策快速审批，对健康养老产业在政策和资金方面给予大力支持；鼓励发展健康养老产业新技术、新业务、新模式，对健康养老产业中小企业给予银行贷款政策支持和税费减免优惠；鼓励参加健康养老产业相关展会，对企业参加展会给予展位费补贴、新闻宣传等方面的支持；政府采购项目优先采用本地养老企业的产品及服务。

3. 打造产业品牌。一是加快提升健康养老产业服务水平。以老年人需求为导向，在家政服务方面提供人性化、个性化、高品质、高品位服务，为其量身定制送餐、绿色食品供应、生活照料、专业护理等订单式、保姆式服务。二是加快配套健康养老产业服务项目。突出重点区域和行业，明确发展优势和重点，引进融合高端健康服务、康复疗养、休闲度假、绿色人居于一体的大型生态健康养老养生城项目，打造模式多样、特色鲜明的健康养老养生园区，可以采取举办"苹果节""登山节""温泉节"等方式，利用栖霞市良好的健康养老养生资源吸引相关人群。三是加快引进健康养老养生产业服务机构。引导房地产企业采取引进合作伙伴、房产返租等形式，完善健康养老养生配套服务设施，打造健康养老养生型社区。

4. 加快养老养生与文化旅游融合。一是充分利用栖霞市丰富的旅游资源，开发集差异化、独特性、有较强吸引力于一体的健康养老、休闲健身的旅游产品。二是充分发挥养老养生旅游产业在产业融合、经济结构调整中的作用，通过养老养生旅游的发展提高旅游业附加值，增加养老养生旅游在旅游业发展中的份额。三是充分挖掘栖霞市底蕴深厚的道教、农耕文化资源，以"道法自然""人与自然和谐相处"的健康养老文化支撑健康养生产业发展。

5. 加强人才队伍培养。人才是健康养老产业发展的关键，目前，有健康养老技能的人才极为匮乏，建议把健康养老高层次人才纳入栖霞市人才引进工程，大力引进健康养老产业高级管理人才、研发人才和专业技师，按照有关规定享受优惠政策；大力发展健康养老产业人才职业教育培训，鼓励高职与高端培训机构合作，引进名师名家，开设相关专业课程，培训健康养老产业专业人才；积极与医学院校开展合作，争取设立培养高层次健康养生医务、护理人员的专业机构，建设健康养生经营管理、服务人员培训及实训基地。

近年来，虽然栖霞市的经济发展有所好转，财政收入逐年增长，但我们应该认识到，栖霞市的工业企业发展在烟台市仍居于后位，税收的增长并不能满足财政刚性支出的需求。在当前国际、国内经济不景气的大环境下，我们应该认真思考如何充分利用栖霞市的区位、生态和资源优势，把栖霞市打造成烟台地区的养老服务产业基地，以养老服务产业链条为突破口，推动栖霞经济快速转型升级，力争在"十三五"期间步入快速发展轨道，为栖霞经济的赶超发展增添新的不竭动力。

潍坊市物流业发展情况调研报告

潍坊市财政局　张连学

物流业是支撑国民经济发展的基础性、战略性产业，也是需要与制造业、商贸业、农业、信息业以及金融业等深度融合发展的产业。目前，潍坊市已初步形成了涵盖工业、农业、商贸服务业等领域，仓储、运输、加工、分拨、配送、快递、保税、冷链、信息、物流金融等门类较为齐全的现代物流产业体系。

一、物流业发展现状及存在的问题

近年来，潍坊市物流业保持稳定增长，对经济的支撑能力不断提升。但面临新的形势和挑战，与市委、市政府部署要求相比、与先进地市相比，在规模与效益、结构与质量等方面仍有较大差距。

（一）产业规模不断扩大，但运输能力结构性矛盾突出

2016年，全市社会物流总额实现20491.9亿元，同比增长13.6%，居全省第5位；其中，农产品物流总额838亿元，居第1位；工业品物流总额13642.9亿元，居第3位。公路货运量完成2.368亿吨，同比增长8.6%。货运规模居于全省前列，但货运严重依赖公路运输，占比超过90%，其他运输方式的货运量较小。与济南、青岛、烟台相比，港口与航空吞吐量相差甚大，且港口联运方式单一，制约了港口的发展。见表1、表2。

表1　潍坊市与周边三市物流能力对比

项　目	潍坊	济南	青岛	烟台
社会物流总额（亿元）	20491.9	21287.5	28672.9	22062.5
港口吞吐量（亿吨）	0.37	无	5	2.65
港口集装箱吞吐量（万标箱）	34.6	无	1801	260

续表

项 目	潍坊	济南	青岛	烟台
国际集装箱班轮航线（条）	1	无	32	20
港口联运方式	公	无	公、铁、管道	公、铁、管道
航空货运吞吐量（万吨）	2.2	10	20.4	5

表2　　　　　　　　　2012—2016年全市物流业规模

指　标	2012年	2013年	2014年	2015年	2016年
社会物流总额（亿元）	13681.4	15639.3	16942.9	18031	20491.9
公路货运量（万吨）	23226	24601	22145	23072	23680
港口货物吞吐量（万吨）	2031	2332	2603	3018	3704
航空货邮吞吐量（万吨）	1.79	1.73	2.02	2.05	2.22
水上货运量（万吨）	1264.3	1366.6	1403	1475.3	1619
铁路货运量（万吨）	120	123	259.6	311.1	460
快递业务量（亿件）			2976.8	6141.8	10442.9

（二）各类园区建设加快，但整体运营效益不高

截至目前，全市建成较大物流园区32处，临港物流园、空港物流园、高铁物流园、食品谷冷链物流园、综合保税区中俄农副产品冷链物流园等主体园区规划和建设加快推进，鲁东物流中心、泓德物流园、中百大厨房等一批大型物流基地、物流中心和配送中心初具规模，寿光农产品、青州花卉、临朐铝型材等县市特色物流园区多点布局。

但现有物流园区多以综合服务型和商贸服务型两大类为主，占比超过3/4，缺乏电子商务、机械装备、电子信息等其他类型的专业化物流园区布局。大部分园区经营各自独立，交通条件和空间位置相近，功能、服务、物流品种类似，同质化竞争严重，园区之间未形成网络化的物流服务体系。园区经营以出租及物业管理为主，缺乏交易服务、供应链金融、信息服务等多元化增值服务，与国内先进地区和园区存在一定差距。

（三）物流企业数量多，但规模普遍较小

全市工商注册物流企业3733家，其中3A级及以上物流企业29家（4A级14家，

5A级4家），3A级以上物流企业仅占企业总数的0.78%，小微企业大量存在。对比相邻地市3A级以上物流企业数量，与青岛、烟台相差20家、36家，与济南持平，列山东省第三位。冷链企业多是传统的仓储、运输企业和农产品批发市场兼营冷链业务，专业化水平不高，尚无全国冷链星级企业。见表3。

表3　　2016年省内部分城市物流指标情况

地市	社会物流总额		物流固定资产投资			3A级以上物流企业			
	总额（亿元）	增幅（%）	总额（亿元）	增幅（%）	占全部投资比重（%）	5A	4A	3A	合计
山东	200131.6	5.2	5258.2	-4.6	10	28	111	103	242
济南	21287.5	12	469.4	47.6	11.8	7	14	8	29
青岛	28672.9	5.9	828.2	7.1	11.1	7	22	20	49
烟台	22062.5	8.6	684.3	-12	12.9	1	21	49	65
淄博	17323.2	9.1	218.7	24.5	7.1	3	7	3	13
临沂	26523.5	8.2	274.1	-1	7.6	3	13	8	24
潍坊	20491.9	13.6	457.8	11.9	9	4	14	11	29

（四）物流总额增长较快，但税收贡献度较低

2016年潍坊市社会物流总额达到20491.9亿元，同比增长13.6%，增幅居全省前列。交通运输、仓储和邮政业实现税收收入8.94亿元，同比增长10.1%。其中，实现国税收入56195万元（交通运输业51485万元，仓储业1555万元，邮政业3155万元）；地税收入33160万元。虽然邮政业税收居全省前列（目前26个品牌快递企业分拨中心在我市聚集），但万元营业额实现国税收入仅为2.74元，比济南市（11.73元）、烟台市（4.28元）、临沂市（2.97元）分别低8.99元、1.54元、0.23元。

占国税收入70%左右份额的道路运输业，其税收贡献率与济南、临沂等地相比差距较大。主要原因一是道路运输业户小、散、弱。全市道路运输户数达41829户，但95%以上是个体运输业户，运输企业规模也普遍偏小，基本不需要交企业所得税。二是道路运输企业竞争力较差。龙头企业培育政策缺乏，行业未有效整合，全市拥有百辆车辆以上的运输企业仅有36户，业务承揽仍以低价竞争为主要手段，核心竞争力不足，承揽市外运输业务较少，域内运输业务也大量外流。三是外地政策洼地效应分流潍坊市税源。道路运输业税收以增值税为主，具有非常强的流动性，哪里税收优

惠就到哪里开税票,哪里开票就在哪里交税。周边济南、临沂等地市常年实施优惠的财税政策,分流了潍坊市部分道路运输业税收。

(五) 物流管理体制亟须进一步理顺

物流业是一个开放的产业,包括运输、仓储、装卸、搬运、包装、流通加工、配送分拨、信息处理等基本要素,是一项跨行业、跨部门、跨地区、甚至跨越国界的系统工程。目前商务部门作为物流工作的牵头部门,承担着规划、协调、服务、指导全市物流业发展的职责,但部门、县市区之间存在多头管理、重复审批现象,协调推进机制和职责分工不够清晰,没有真正形成工作合力,亟须在机构设置层面进行突破性创新。

(六) 发展软环境有待进一步改善

近几年,市委市政府下大力气治理经济发展软环境,取得了较好效果,但从调研情况看,仍存在收费高、办事效率低的现象。据物流企业反映的情况。例如,部分路段未设置明显限行标志,大量运输车辆经过后被罚款,提高了企业经营成本,影响了企业运营效率;根据规定外来人口租房、购车、子女上学等需要办理暂住证,有物流企业千方百计引进物流人才,到有关部门办理暂住证用了6个月时间,办事效率低影响了高端人才引进。我市大部分物流企业经营者缺乏国际化视野与长远规划,高层次、管理经验丰富的物流经营管理人才匮乏,在一定程度上制约了企业的创新发展和提档升级。

二、我市发展物流业的优势

潍坊市发展物流业具有区位、交通、产业等方面得天独厚的优势。

(一) 区位优越

潍坊地处山东半岛中部,北临渤海莱州湾,半径200公里内,辐射青岛、济南、烟台、淄博、临沂、日照等11个地市,覆盖山东省74%的人口和80%的GDP产值。先后被确定为全国二级物流园区布局城市、区域性流通节点城市、区域性商贸物流节点城市、区域重点联运枢纽城市、高铁枢纽城市和高铁物流枢纽城市等。

(二) 交通便捷

海陆空立体交通体系完善,境内有青银、长深、青兰、潍莱、荣乌、潍日6条高速公路连接内外,胶济、胶新、大莱龙等8条铁路与中国铁路大动脉相连接,高铁"一纵四横"规划布局加快布局。潍坊港是国家一类开放口岸,开通釜山国际集装箱航线和9条集装箱内贸航线。潍坊机场已开通北京、上海、广州、厦门、海口等多条航线，是山东省航空货运枢纽。

（三）产业基础雄厚

全市工业已形成机械装备、石化盐化、纺织服装、造纸包装、食品加工、电子信息等支柱产业，规模以上工业企业主营业务收入突破13000亿元。农业产业化起步较早，是全国重要的农产品生产加工出口基地、国家现代蔬菜种业创新创业基地和农业国际合作示范区，禽肉、蔬菜出口均占全国的1/8。总部经济、创意设计、文化旅游、健康养老、金融服务等现代服务业迅速发展。已经与193个国家和地区建立了经贸合作关系，有66个国家和地区的客商在潍坊投资兴业，年进出口总额1249亿元。2016年全市地区生产总值实现5522.68亿元。

三、外地先进经验做法

2016年国家确定了首批29个示范物流园区，主要包括货运枢纽型、商贸服务型、生产服务型、口岸服务型、综合服务型五种类型。其中山东省有3个，分别是济南的山东盖家沟国际物流园、临沂经济技术开发区现代物流园、青岛胶州湾国际物流园。这些园区的创新做法与示范特色主要体现在以下几个方面。

（一）规划选址方面

园区的选址定位从物流需求发生地与送达地、流向与流量以及区位综合交通条件出发，多数临近或嵌入商品集散地（如商品批发市场、电商产业园等）、工业集聚区（如经济开发区、高新技术开发区等）和口岸（自贸、综合保税区）等，尽量贴近物流需求。多数园区距铁路货场、航空场站、港口码头或高速公路出入口5千米范围内，其中18个园区包含了铁路现代物流中心或已引入铁路专用线，具备了多式联运条件。如重庆西部现代物流园将铁路重庆集装箱中心站纳入其中，成为中欧班列发运基地；大连保税区（物流园区）将铁路专用线对接到港口泊位，便于开展公铁海联运。

（二）功能布局方面

多数物流园区根据服务对象需求，谋划"定制化"的功能布局；从服务、辐射区域经济发展的需要出发，设定功能布局，避免同城同质低水平重复建设；从设施设备综合利用、物流组织合理配置的角度考虑，优化功能布局，尽可能提高设施设备利用率；从园区内外交通运输组织顺畅，生产、生活区域分割，车辆通行停靠装卸作业有序的角度来考虑功能布局。如武汉东西湖综合物流园根据市场需求，设定电子商务与快递、现代物流、保税物流和多式联运四大板块，形成合作共赢、协同发展的格局；湖南金霞现代物流园设置能源、医药、粮食、钢贸、食品等物流板块，与周边产业形成了功能互补、产业联动、效益叠加的良好态势。

（三）招商运营方面

发挥物流园区枢纽作用，服务区域支柱产业，完善以物流服务为核心的特色产业集群，促进物流业与制造业、商贸业融合发展。如临沂经济技术开发区现代物流园依托开发区主导产业，发展工程机械、医药、钢材、五金、农产品等专业物流，同时引进并培育大型专业现代物流企业，为园区制造业企业提供供应链服务，形成现代物流业与先进制造业联动发展态势。

（四）服务模式方面

示范物流园区有些普遍性做法，一是利用设施设备集中配置优势，提供集约化的物流服务。如货物到发、中转、装卸、搬运、储存、配送、信息服务、分拣、包装、流通加工、托盘共用等。二是利用各类物流企业集聚的优势，提供供应链式的增值服务。如金融物流、货运代理、咨询与方案设计、市场交易、贸易代理、商品展示、设施设备租赁、保价运输、保险代理、中介与担保、报关报验、监管保税等。三是利用布局集中的优势，提供基础配套服务。如物业管理、工商、税务、保险、邮政通信、银行、停车、综合维修、加油加气、住宿、餐饮等。四是充分利用园区集聚效应，提供跨区域、跨运输方式、跨业态、跨国界的创新服务。如四川遂宁中国西部现代物流港管委会建设政务服务中心，首批承接的15个职能部门、86项行政权力、17位工作人员全部到位，审批事项办结率100%，群众满意率达99%。

（五）技术条件方面

示范物流园区运用"互联网＋高效物流"相关技术走在行业前列，通过政府主导、园区自建或与政府共建公共信息平台，物流强度、劳动生产率等主要运行指标处于领先地位。许多园区仓储、运输、配送等业务信息系统有效集成，物流信息上下游透明共享，设备与货物基本实现条码化管理，自动识别、无线传输、集成传感等物联网感知技术已有应用，业务操作可视、可控，为运营管理提供了实时数据支持。多数园区托盘、周转箱、集装箱等集装单元器普遍应用，自动化仓储系统、RF拣选系统、搬运装卸设备、输送分拣设备作效率与管理水平较高。

（六）管理体制方面

示范物流园区都有统一的运营管理机构，为园区规划建设和运营管理提供保障。多数园区通过政府设立平台型公司，负责园区前期土地开发，"七通一平"招商入园。有的园区设立物流公司或产业基金,帮助入园企业共同发展;也有的引进区域合作伙伴,共同投资管理;还有的引入政府监管机构,创新监管模式,将海关、检验检疫融入业务流程,加快了通关速度,推进了跨境电子商务发展。山东盖家沟国际物流园区推进产权制度改革,将村办集体企业改制为村民持股的股份制企业,从一个小型配货站发展成为全国知名的综合物流园区。

四、加快现代物流业发展的措施及建议

(一)建立完善管理体制

鉴于物流产业的开放性,以及跨行业、跨部门、跨地区、跨国界的特点,为加快推进我市物流产业及园区转型发展,由市政府成立专门的管理办公室(委员会)或成立领导小组,由市领导任组长,各相关部门为成员单位,为物流园区、物流企业规划建设和运营管理提供体制机制保障。推进政府相关部门、企业及行业协会,供方、需方及第三方,市内、省内、国内及国外,"产学研用"多方协同共享;以物流园区为枢纽载体,使各种运输方式之间、线路与节点之间实现合理分工、顺畅衔接,不同要素资源、不同区域、不同行业之间实现优化配置;实现物流业与制造业、商贸业、农业、金融业及信息业深度联动融合。

(二)制订出台扶持政策

在落实好国家、省物流产业相关支持政策基础上,参照先进地区做法制订出台市级扶持政策。主要采取土地和税收优惠、项目补助奖励、基金支持等措施,加快物流园区规划建设和物流企业做大做强,支持物流信息化和标准化建设,鼓励物流新技术、新模式、新业态,支持物流人才引进培养。培育扶持现有物流企业和物流园区转型升级,提升品牌影响力和竞争实力;吸引世界500强和全国知名物流企业来我市投资发展;科学规划发展增量,新规划建设的物流园区要高标准、高起点,体现现代物流的特点和要求。针对潍坊市物流业户规模小、数量大、层次低的现状,发挥龙头企业和重点园区平台作用,吸引整合物流业零散业户集聚,壮大地方税源。

(三)优化物流发展环境

公安、工商、税务、海关、国检、交通运输、邮政管理等相关部门,简化物流领域审批程序,提高审批效率,规范执法。打造促进物流业发展的一流软环境。

后 记

党的十八届三中全会指出，全面深化改革的总目标是完善和发展中国特色社会主义制度，推进国家治理体系和治理能力现代化。政府在国家治理中扮演着重要角色，提高政府治理能力和治理水平是实现全面深化改革总目标的有力支撑。财政是国家治理的基础和重要支柱，深化财税体制改革是实现全面深化改革总目标的重要保障。各级政府结合地方实际在提升治理能力和治理水平方面进行了诸多探索，在财政管理创新和改革实践方面形成了各具特色的"地方经验"。

中国财政学会城镇财政研究专业委员会目前共有11家会员单位：广东省东莞市财政局、浙江省温州市财政局、山东省烟台市财政局、山东省潍坊市财政局、河南省焦作市财政局、湖北省荆门市财政局、河北省保定市财政局、江苏省苏州市吴中区财政局、陕西省榆林市财政局、广东省佛山市南海区财政局、四川达州市财政局。城镇财政研究会聚焦城镇财政改革与发展中的热点前沿问题，通过开展专题调研、座谈研讨、学术年会等多种形式的科研活动，将理论与实践有机融合，积极发挥学术社团咨政建言的作用，服务好改革发展中心工作。

《地方政府治理与财政改革实践》是城镇财政研究专业委员会推出的第六本论文集。本书收录了各会员单位基于工作实际或调查研究所形成的论文或研究报告，以及城镇财政研究会重点协作研究课题成果。本书包括财政体制与财政政策、供给侧结构性改革与财政管理创新、地方经济发展与财政管理实践、民生事业与财力保障、经济转型与产业发展五部分。各会员单位对本书的编辑出版提供了大力支持。学会秘书处承担了本书的框架设计、选编组稿、章节安排以及编纂等具体事务,中国财政经济出版社高进水副总编辑对本书出版给予了支持帮助。在此一并致谢!

由于编者水平所限,编纂过程中的差错纰漏在所难免。敬请读者批评指正!

本书编委会

2019 年 5 月